PRÁTICA PENAL
para EXAME DA OAB

Ana Flávia Messa

PRÁTICA PENAL
para **EXAME DA OAB**

Contém modelos, dicas de estudo
e *ranking* das peças práticas

16ª Edição
2025

- A autora deste livro e a editora empenharam seus melhores esforços para assegurar que as informações e os procedimentos apresentados no texto estejam em acordo com os padrões aceitos à época da publicação, *e todos os dados foram atualizados pela autora até a data da entrega dos originais à editora.* Entretanto, tendo em conta a evolução das ciências, as atualizações legislativas, as mudanças regulamentares governamentais e o constante fluxo de novas informações sobre os temas que constam do livro, recomendamos enfaticamente que os leitores consultem sempre outras fontes fidedignas, de modo a se certificarem de que as informações contidas no texto estão corretas e de que não houve alterações nas recomendações ou na legislação regulamentadora.

- Data do fechamento do livro: 04/12/2024

- A autora e a editora se empenharam para citar adequadamente e dar o devido crédito a todos os detentores de direitos autorais de qualquer material utilizado neste livro, dispondo-se a possíveis acertos posteriores caso, inadvertida e involuntariamente, a identificação de algum deles tenha sido omitida.

- Direitos exclusivos para a língua portuguesa
  Copyright ©2025 by
  Saraiva Jur, um selo da SRV Editora Ltda.
  Uma editora integrante do GEN | Grupo Editorial Nacional
  Travessa do Ouvidor, 11
  Rio de Janeiro – RJ – 20040-040

- **Atendimento ao cliente: https://www.editoradodireito.com.br/contato**

- Reservados todos os direitos. É proibida a duplicação ou reprodução deste volume, no todo ou em parte, em quaisquer formas ou por quaisquer meios (eletrônico, mecânico, gravação, fotocópia, distribuição pela Internet ou outros), sem permissão, por escrito, da **SRV Editora Ltda.**

- Capa: Tiago Dela Rosa
  Diagramação: Desígnios Editoriais

- **DADOS INTERNACIONAIS DE CATALOGAÇÃO NA PUBLICAÇÃO (CIP)
  ODILIO HILARIO MOREIRA JUNIOR – CRB-8/9949**

M583p   Messa, Ana Flávia
Prática Penal para o Exame da OAB / Ana Flávia Messa. - 16. ed. - São Paulo : Saraiva Jur, 2025.

664 p.
ISBN 978-85-5362-449-2 (Impresso)

1. Direito. 2. OAB. 3. Exame de ordem. 4. Prática penal. I. Título.

	CDD 345
2024-4101	CDU 343

Índices para catálogo sistemático:
1. Direito penal   345
2. Direito penal   343

À minha vovó Leonor, in memoriam, exemplo de vida.
Aos meus pais, pelo auxílio na minha formação.
Aos meus irmãos, por todo o carinho.

Ao meu amigo R.T., in memoriam, pelo legado de
honra, honestidade e trabalho.

Agradecimentos

Agradeço aos meus alunos, fonte de inspiração na labuta do magistério.

Agradeço ao professor Gianpaolo Poggio Smanio, pela orientação e ensinamentos na dissertação de mestrado.

Agradeço aos colegas de magistério, pelo apoio na divulgação.

Agradeço à Samantha Rangel, pela edição desta obra.

Apresentação

Muito honrado em apresentar a obra *Prática penal para exame da OAB*, da autora Ana Flávia Messa, cabe registrar inicialmente a minha satisfação em ter sido seu orientador no curso de mestrado da Universidade Mackenzie, onde a então mestranda efetuou brilhante defesa, atingindo aprovação com louvor e nota máxima atribuída, tornando-se mestre em direito.

Demonstrou a autora, na ocasião dos debates sobre a dissertação, enorme conhecimento do Direito Penal e Processual Penal, além de erudição ímpar, qualidades reconhecidas por todos os seus colegas e alunos, na Universidade Presbiteriana Mackenzie e em cursos preparatórios para o exame da OAB.

O livro traz uma visão atualíssima sobre o exame da OAB, seus critérios de avaliação e os temas de estudos imprescindíveis para a prova.

Apresenta a autora uma visão geral teórica sobre os temas de direito processual penal, apontando conceitos precisos e enxutos, como devem ser mostrados em livros preparatórios para exames e concursos, possibilitando o estudo, a recordação e memorização necessários por parte dos alunos.

Além disso, dispõe de modelos de petições e recursos de acordo com a melhor técnica processual, que deverão ser seguidos pelos alunos a fim de obterem o sucesso almejado e poderem exercer a advocacia, carreira que tanto fez pelo bem do nosso País.

Parabéns à autora e à Saraiva Jur, certo do sucesso desta obra.

São Paulo, junho de 2005.

Gianpaolo Poggio Smanio
Procurador-Geral de Justiça do Estado de São Paulo (biênio 2016/2018), Doutor em Direito pela Pontifícia Universidade Católica de São Paulo (PUC-SP), Professor do Complexo Jurídico Damásio E. de Jesus, da Escola Superior do Ministério Público de São Paulo e da Universidade Presbiteriana Mackenzie.

Prefácio

Este livro tem como objetivo auxiliar estudantes de Direito, candidatos a exames da Ordem dos Advogados do Brasil (OAB) e profissionais da área a aplicar os conhecimentos jurídicos teóricos na realidade prática. Muitas dificuldades surgem no terreno da prática jurídica do Exame da OAB, o que representou uma fonte de inspiração e de incentivo na busca das soluções e também no fornecimento de ideias de diretrizes básicas contidas nesta obra. O estudante ou bacharel, ao se deparar com algum trabalho nesta área, como a elaboração de uma peça processual, acaba copiando modelos de livros sem criar uma identidade própria do Exame da OAB. Não pretendemos esgotar o assunto, mas dar uma orientação geral nessa disciplina, que, segundo o MEC, constitui matéria curricular e autônoma nas Faculdades de Direito. O Capítulo 1 deste livro contém noções básicas sobre a OAB, Exame da OAB e a avaliação no Exame, ou seja, o sistema de notas, os critérios e o cargo de examinador. Consta também um *ranking* das peças práticas mais cobradas na 2ª fase de penal. O Capítulo 2 fornece a visão geral dos Procedimentos Criminais, previstos no Código de Processo Penal e em Leis Especiais. O Capítulo 3 contém um roteiro prático para a realização da 2ª fase do Exame da OAB, desde a leitura do enunciado até a escolha da peça prática pertinente. No Capítulo 4, há dicas do cabimento e desenvolvimento jurídico da peça prática penal cabível. Além disso, constam recomendações práticas para o dia do exame e um rol dos princípios jurídicos que podem ser usados na fundamentação das peças e questões. Os Capítulos 5 a 11 apresentam os modelos das peças práticas na área penal, inclusive com explicação teórica do seu cabimento e procedimento. E, por fim, o Capítulo 12 traz informações sobre o "Pacote Anticrime", seu conteúdo, finalidade e alterações no Código Penal.

A Autora

Nota à 16ª Edição

É com profunda satisfação que registro o acolhimento da obra *Prática penal para exame da OAB*.

Fruto de uma intensa pesquisa para entregar o conhecimento jurídico de forma clara e objetiva, por meio de conteúdos relevantes, a presente obra está atualizada, consideradas as relevantes alterações normativas, jurisprudenciais e doutrinárias.

Em sua essência, o livro visa oferecer ao candidato do exame da OAB elementos que lhe proporcionem a necessária preparação para a prova.

Cumprimentos,

Ana Flávia Messa

Sumário

Agradecimentos VII

Apresentação IX

Prefácio XI

Nota à 16ª Edição XIII

Lista de Figuras e Tabelas XXIII

1 Visão Geral do Exame da OAB 1

  1 Exame da OAB 1

    1.1 Liberdade de ação profissional: eficácia contida 1

    1.2 Restrição legal à liberdade de ação profissional: profissão de advogado 2

    1.3 Estrutura do Exame da Ordem 4

  2 Avaliação no Exame da OAB 8

    2.1 Fases no Exame da OAB 8

    2.2 Critérios de avaliação na prova prático-profissional do Exame da OAB 8

    2.3 Advertência 9

    2.4 Avaliação na argumentação jurídica 10

  3 Organização no Exame da OAB 12

    3.1 Coordenação Nacional do Exame de Ordem 12

    3.2 Comissão Nacional de Exame de Ordem e Comissão Nacional de Educação Jurídica 13

    3.3 Colégio de Presidentes de Comissões de Estágio e Exame de Ordem 13

    3.4 Comissões de Estágio e Exame de Ordem dos Conselhos Seccionais 13

3.5 Banca Examinadora da OAB 13

3.6 Banca Recursal da OAB 14

4 Dispensa do Exame de Ordem 14

5 Programa da prova prático-profissional 15

6 *Ranking* das peças práticas 16

7 Como estudar para a Segunda Fase da OAB 20

7.1 Dicas sobre a peça prática 20

7.2 Dicas sobre as questões práticas 27

7.3 Recomendações finais 27

2 Visão Geral dos Procedimentos Criminais 29

1 Procedimento comum 29

1.1 Procedimento ordinário 29

1.1.1 Cabimento 29

1.1.2 Previsão legal 29

1.1.3 Procedimento 29

1.2 Procedimento sumário 56

1.2.1 Cabimento 56

1.2.2 Previsão legal 56

1.2.3 Procedimento 56

1.3 Procedimento sumaríssimo 58

1.3.1 Cabimento 58

1.3.2 Previsão legal 58

1.3.3 Procedimento 58

2 Procedimentos especiais 62

2.1 Código de Processo Penal 62

2.1.1 Procedimento do júri 62

2.1.2 Procedimento dos crimes de falência – Lei n. 11.101/2005 69

2.1.3 Procedimento dos crimes de responsabilidade dos funcionários públicos 72

2.1.4 Procedimento dos crimes contra a honra 75

2.1.5 Procedimento dos crimes contra a propriedade imaterial 77

2.1.6 Procedimento de restauração de autos extraviados ou destruídos 80

2.2 Leis especiais 81

2.2.1 Procedimento dos crimes de abuso de autoridade 81

2.2.2 Procedimento dos crimes de lavagem de dinheiro 82

2.2.3 Procedimento dos crimes contra o sistema financeiro 85

2.2.4 Procedimento dos crimes do Estatuto da Criança e do Adolescente 89

2.2.5 Procedimento do crime organizado 97

2.2.6 Procedimento da Lei de Drogas – Lei n. 11.343/2006 99

2.3 Aspectos de leis especiais 105

    2.3.1 Interceptação telefônica 105

    2.3.2 Fundo Nacional de Segurança Pública (FNSP) – Lei n. 13.756/2018 108

    2.3.3 Disque-Denúncia 109

    2.3.4 Crimes hediondos 111

    2.3.5 Transplante de órgãos 113

    2.3.6 Tortura 117

    2.3.7 Proteção a vítimas e testemunhas 122

    2.3.8 Estatuto do Idoso 123

    2.3.9 Identificação criminal 124

    2.3.10 Contravenções penais 126

3 Realização da 2ª Fase do Exame da OAB 131

1 Leitura do problema 131

2 Cabimento da peça 144

  2.1 Como descobrir a peça prática cabível? 144

    2.1.1 Peça cabível 145

3 Questões práticas 147

4 Dicas da Peça Prático-Profissional da OAB 157

1 Dicas de cabimento da peça prático-profissional 157

  1.1 Relaxamento de prisão em flagrante e liberdade provisória 157

  1.2 Relaxamento/revogação ou *habeas corpus* 158

  1.3 Queixa-crime e requerimento de instauração de inquérito policial 158

  1.4 *Habeas corpus* 158

  1.5 Revisão criminal e *habeas corpus* 158

  1.6 Reabilitação criminal 158

  1.7 Memoriais 159

  1.8 Recurso 159

  1.9 Livramento condicional 159

  1.10 Mandado de segurança 160

2 Desenvolvimento jurídico da peça prática penal cabível 160

  2.1 Admissibilidade 160

    2.1.1 *Habeas corpus* 160

    2.1.2 Queixa-crime 161

    2.1.3 Recurso 161

  2.2 Teses no *habeas corpus* 162

    2.2.1 Tese de nulidade 162

    2.2.2 Tese de abuso de autoridade 164

    2.2.3 Tese da extinção da punibilidade 165

    2.2.4 Tese da falta de justa causa 166

2.2.5 Mais de uma tese no mesmo enunciado 167

2.3 Relaxamento ou revogação de prisão 167

2.3.1 Introdução 167

2.3.2 Prisão em flagrante 169

2.3.3 Prisão temporária 171

2.3.4 Prisão preventiva 172

2.4 Resposta à acusação 175

2.5 Recurso criminal 179

2.5.1 Embargos de declaração 179

2.5.2 Embargos infringentes e de nulidade 179

2.5.3 Carta testemunhável 179

2.5.4 Apelação criminal 180

2.6 Memoriais 182

2.7 Revisão criminal 182

2.8 Mandado de segurança em matéria criminal 182

2.9 Benefício na execução penal 183

3 Teses de defesa específica 183

3.1 Falsa morte do agente 183

3.2 Cheque dado em garantia de dívida 184

3.3 Não apresentação das alegações finais pelo querelante 184

3.4 Excesso de prazo 184

3.5 Incompetência do juízo 186

3.6 Escusa absolutória 186

3.7 Falta de exame de corpo de delito 186

3.8 *Trottoir* 187

3.9 Exclusão de antijuridicidade 187

3.9.1 Legítima defesa 187

3.10 Cerceamento de defesa 189

3.11 Ilegitimidade de parte 189

3.12 Não configuração de prisão 190

3.13 Furto de uso 190

3.14 Insuficiência probatória 191

3.15 Prescrição da pretensão executória 191

3.16 Ilegalidade da prisão em flagrante 192

3.17 Emprego de arma de fogo 193

3.18 Fixação da pena-base: antecedentes 193

3.19 Terceira fase da dosimetria da pena: causas de aumento e de diminuição 193

3.20 Determinação do regime inicial de cumprimento da pena privativa de liberdade. 193

3.21 Princípio da insignificância 193

3.22 Outras teses 194

4 Princípios constitucionais 196

4.1 Princípio do juiz natural 197

4.2 Princípio do duplo grau de jurisdição 198

4.3 Princípio do *favor rei* 198

4.4 Princípio do promotor natural 198

4.5 Princípio da persuasão racional 199

4.6 Princípio da correlação 200

4.7 Princípio da *iura novit curia* 200

4.8 Princípio da iniciativa das partes 201

4.9 Princípio da verdade real ou material 201

4.10 Princípio da presunção de inocência 201

4.11 Princípio da motivação das decisões judiciais 202

4.12 Princípio do contraditório 203

4.13 Princípio do devido processo legal 203

4.14 Princípio da ampla defesa 203

4.15 Princípio da inadmissibilidade de prova ilícita 204

4.16 Princípios da ação penal pública 204

4.17 Princípios da ação penal privada 205

4.18 Princípios da nulidade 205

4.19 Princípios dos prazos 205

4.20 Princípios do JECRIM 205

4.21 Princípios recursais 206

4.22 Princípio da publicidade 206

5 Estrutura da peça prática penal cabível 206

5.1 Montagem da peça 206

5.2 Componentes da peça 208

5.2.1 Endereçamento 208

5.2.2 Preâmbulo 209

5.2.3 Dos fatos 211

5.2.4 Do direito 212

5.2.5 Pedido 214

5.2.6 Parte final 214

6 Recomendações práticas para o dia do Exame da OAB 214

7 Orientações gerais do Exame da OAB 218

5 Peças da Fase Pré-Processual **220**

1 Peças entre a fase investigatória e antes da propositura da ação penal 220

2 Introdução 220

3 Fase investigatória 221

4 Espécies de procedimentos investigatórios 230

5 Características do inquérito policial 231

XIX

6 Juiz de garantias 235

7 Acordo de não persecução penal 238

8 Representação 243

9 Requerimento 252

10 Relaxamento de prisão em flagrante 257

11 Revogação de prisão 268

12 Prisão domiciliar 277

13 Medida cautelar alternativa de prisão 280

14 Liberdade provisória 283

6 Fase da Propositura da Ação Penal 297

1 Introdução 297

2 Queixa-crime 298

3 Queixa-crime subsidiária 306

7 Peças Incidentais 312

1 Resposta à acusação (também chamada de defesa inicial) ... 312

2 Defesa prévia ou inicial no júri 320

3 Defesa preliminar 323

4 Exceção 329

5 Conflito de jurisdição 339

6 Sequestro 343

7 Arresto 348

8 Pedido de especialização de hipoteca legal 350

9 Incidente de falsidade 354

10 Incidente de insanidade mental 357

11 Pedido de explicações em juízo 361

12 Habilitação do assistente 363

13 Restituição de coisa apreendida 366

8 Alegações Finais (Memoriais) 371

9 Dos Recursos Criminais 385

1 Teoria geral 385

2 Carta testemunhável 393

3 Embargos de declaração 406

4 Embargos infringentes e de nulidade 418

5 Apelação 424

6 Recurso em sentido estrito 441

7 Recurso ordinário constitucional 452

8 Recurso extraordinário 455

9 Recurso especial 463

10 Do agravo em recurso especial e em recurso extraordinário: agravo de admissão.. 471

11 Agravo interno 475

10 Ações Autônomas 478

1 *Habeas corpus* 478

2 Mandado de segurança 504

3 Revisão criminal 514

11 Peças da Execução Criminal 526

1 Livramento condicional 531

2 Reabilitação criminal 544

3 Agravo em execução 550

4 Pedido de remição 565

5 Pedido de detração penal 574

6 Pedido de indulto 579

7 Pedido de progressão de regime 585

8 Pedido de lei penal benéfica 597

9 Pedido de unificação de penas (art. 111 da LEP) 603

10 Pedido de extinção de punibilidade 607

11 Pedido de comutação de pena 610

12 "Pacote Anticrime" 615

XXI

Lista de Figuras e Tabelas

Cadeia de custódia	38
Fluxograma do procedimento ordinário	55
Fluxograma do procedimento sumário	57
Fluxograma do procedimento sumaríssimo	61
Fluxograma do procedimento do júri	68
Fluxograma do procedimento dos crimes de falência	72
Fluxograma do procedimento dos crimes de responsabilidade dos funcionários públicos	74
Fluxograma do procedimento dos crimes contra a honra	76
Fluxograma do procedimento dos crimes contra a propriedade imaterial	79
Fluxograma do procedimento de restauração de autos extraviados ou destruídos	81
Procedimento dos crimes de abuso (pena abstrata)	82
Fluxograma do procedimento dos crimes de lavagem de dinheiro	85
Fluxograma do procedimento dos crimes contra o sistema financeiro	87
Fluxograma do procedimento dos crimes do Estatuto da Criança e do Adolescente	91
Fluxograma do procedimento dos crimes de tóxicos (arts. 33 a 37 da Lei n. 11.343/2006)	99
Situações variadas	166
Procedimento geral do processo criminal	219
Investigação criminal	220
Esquema da representação	224
Esquemas do requerimento	230
Exemplo prático de requerimento	240
Fluxograma do pedido de revogação de prisão	252
Defesa preliminar	302

Fluxograma da exceção de incompetência, litispendência, ilegitimidade de parte e coisa julgada ... 310

Fluxograma da exceção de suspeição ... 311

Fluxograma do conflito de jurisdição ... 318

Fluxograma do sequestro ... 323

Fluxograma da hipoteca legal ... 328

Fluxograma do incidente de falsidade ... 332

Fluxograma do incidente de insanidade ... 336

Fluxograma do pedido de explicações em juízo ... 339

Restituição de coisa apreendida ... 346

Carta testemunhável ... 374

Embargos de declaração ... 389

Embargos infringentes e de nulidade ... 399

Apelação ... 409

Recurso em sentido estrito ... 424

Recurso ordinário constitucional ... 430

Recurso extraordinário ... 437

Recurso especial ... 444

Interposição simultânea dos recursos extraordinário e especial ... 445

Do Agravo em Recurso Especial e em Recurso Extraordinário: Agravo de Admissão 449

Habeas corpus ... 469

Procedimento do mandado de segurança ... 486

Procedimento da revisão criminal ... 498

Fluxograma do pedido de livramento condicional ... 516

Pedido de remição ... 547

Pedido de detração penal ... 553

Visão Geral do Exame da OAB 1

1 Exame da OAB

1.1 Liberdade de ação profissional: eficácia contida

A Constituição Federal assegura em seu art. 5º, inciso XIII, a liberdade de ação profissional, atendidas as qualificações profissionais que a lei estabelecer.

A cláusula da liberdade de profissão (art. 5º, XIII, da CF) assegura o direito constitucional a exercer qualquer trabalho, ofício ou profissão, atendidas as qualificações profissionais que a lei estabelecer. Trata-se de um elemento da dignidade da pessoa humana construída com a finalidade de permitir plena realização de um projeto de vida e princípio constitucional que, à luz da exegese pós-positivista, influencia toda a legislação infraconstitucional do nosso ordenamento jurídico (*Informativo* n. 372/2008 do STJ).

A liberdade de exercício de profissões não é absoluta, sofre restrições na medida em que a própria Constituição comete ao legislador a atribuição de estabelecer as qualificações indispensáveis ao exercício das profissões. A restrição ao direito fundamental – o exercício de profissões e ofícios – está submetida à reserva legal qualificada, não podendo ser formalizada por fonte jurídica diversa da legislativa[1]. Noutros termos, a liberdade quanto à escolha do exercício de qualquer trabalho, ofício ou profissão só pode ser afetada por meio de lei.

A **liberdade de ação profissional** é uma **norma de aplicabilidade imediata e eficácia contida**, ou seja, norma em que a lei tem por objetivo, único e exclusivo, regulamentar determinada profissão, estabelecendo a qualificação mínima que deve possuir aquele que pretenda exercê-la.

A liberdade de ação profissional é considerada norma autoaplicável até a edição de ato normativo posterior, que lhe restrinja eficácia. Trata-se de direito passível de ser usufruído imediatamente e em toda sua extensão, sem a neces-

---

[1] RE 603.583, rel. Min. Marco Aurélio, *DJe* de 25-5-2012; e RE 511.961, rel. Min. Gilmar Mendes, *DJe* de 13-11-2009.

sidade de interposição legislativa, mas somente enquanto não sobrevier lei ordinária restringindo seu âmbito de aplicação. Compete privativamente à União estabelecer tais restrições à liberdade de exercício profissional, legislando sobre as condições a serem observadas para o exercício de profissões (CF, art. 22, XVI – Compete privativamente à União legislar sobre organização do sistema nacional de emprego e condições para o exercício de profissões)[2].

Trata-se de **norma constitucional de eficácia contida**, pois produz efeitos imediatos, mas pode ter seu âmbito diminuído por lei infraconstitucional. Desse modo, a lei pode estabelecer os critérios que habilitam uma pessoa ao desempenho da atividade escolhida, objetivando, com essas limitações do direito individual, a proteção da sociedade[3]. Como observa José Afonso da Silva[4]:

> "Normas de eficácia contida, portanto, são aquelas em que o legislador constituinte regulou suficientemente os interesses relativos a determinada matéria, mas deixou margem à atuação restritiva por parte da competência discricionária do Poder Público, nos termos que a lei estabelecer ou nos termos dos conceitos gerais nelas enunciados".

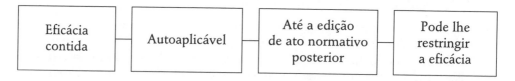

1.2 Restrição legal à liberdade de ação profissional: profissão de advogado

Em relação às restrições legais à liberdade de exercício profissional, a doutrina e a jurisprudência têm apontado duas características essenciais para essas restrições:

a) **proporcionalidade:** a restrição legal deve ser fundamentada em critérios racionais e razoáveis, de forma a não violar o conteúdo essencial da liberdade de ação profissional. Segundo jurisprudência do STF, a liberdade de ação profissional segue um modelo de reserva legal, que não confere ao legislador o poder de restringir o exercício da liberdade a ponto de atingir o seu próprio núcleo essencial[5];

b) **congruência:** as qualificações exigidas pela lei para o exercício da profissão devem ser pertinentes com a função a ser desempenhada, amparadas

---

[2] ADIn 5.235/DF, rel. Rosa Weber.

[3] O art. 5º, XIII, da Constituição da República é norma de aplicação imediata e eficácia contida que pode ser restringida pela legislação infraconstitucional. Inexistindo lei regulamentando o exercício da atividade profissional dos substituídos, é livre o seu exercício (MI 6.113 AgR, rel. Min. Cármen Lúcia, j. 22-5-2014, P, *DJe* de 13-6-2014).

[4] SILVA, José Afonso da. *Aplicabilidade das normas constitucionais*. São Paulo: Malheiros, 1998.

[5] RE 511.961/SP, rel. Min. Gilmar Mendes, j. 17-6-2009, Órgão Julgador: Tribunal Pleno, publ. 13-11-2009.

no interesse público, estabelecidas em condições equitativas e relacionadas à capacitação técnica;

c) **proteção:** a intervenção dos Poderes Públicos na liberdade de exercício
de atividade, ofício ou profissão deve sempre manter correspondência
com o objetivo de proteger a coletividade contra possíveis riscos decorrentes da própria prática profissional ou de conferir primazia à promoção
de outros valores de relevo constitucional[6].

A profissão de advogado foi regulamentada por Lei (Lei n. 8.906/94 e respectivas alterações e regulamentações), que estabeleceu as qualificações profissionais necessárias para o exercício da profissão, inclusive a obrigatoriedade da
feitura do Exame da OAB que, por sua vez serve perfeitamente ao propósito de
avaliar se estão presentes as condições mínimas para o exercício escorreito da
advocacia, almejando-se sempre oferecer à coletividade profissionais razoavel-
mente capacitados[7].

O inciso IV do art. 8º da Lei n. 8.906/94 é compatível com o princípio da
proporcionalidade, porquanto fundado no interesse público consubstanciado
na proteção da sociedade contra o exercício de profissão capaz de gerar graves
danos à coletividade[8]. Neste diapasão, acentua o Ministro relator Marco Aurélio, em seu voto, no RE n. 603.583:

> "Há de entender-se a aprovação no exame, sem equívocos, um ele-
> mento que qualifica alguém para o exercício de determinada profissão.
> Qualificar-se não é apenas se submeter a sessões de ensino de teorias e
> técnicas de determinado ramo do conhecimento, mas sujeitar-se ao teste
> relativamente à ciência adquirida... O exame da Ordem serve perfeita-
> mente ao propósito de avaliar se estão presentes as condições mínimas
> para o exercício escorreito da advocacia, almejando-se sempre oferecer à
> coletividade profissionais razoavelmente capacitados".

---

[6] ADin 5.235/DF, rel. Rosa Weber; ADPF 183/DF, rel. Min. Luiz Fux.

[7] A instituição de ensino que oferece curso de bacharelado em Direito sem providenciar o reconhecimento deste no Ministério da Educação e Cultura (MEC), antes de sua conclusão – resultando na
impossibilidade de aluno, aprovado no exame da OAB, obter inscrição definitiva de advogado –,
responde objetivamente pelo serviço defeituoso. Trata-se de responsabilidade objetiva, nos termos
do art. 14 do CDC.

[8] RE 603583/RS, rel. Min. Marco Aurélio, j. 26-10-2011, Órgão Julgador: Tribunal Pleno do STF;
"Alcança-se a qualificação de bacharel em direito mediante conclusão do curso respectivo e colação
de grau. (...) O Exame de Ordem (...) mostra-se consentâneo com a CF, que remete às qualificações
previstas em lei" (RE 603.583, rel. min. Marco Aurélio, j. 26-10-2011, P, *DJe* de 25-5-2012). "Não
há qualquer ausência de norma regulamentadora que torne inviável o exercício profissional dos
graduados em direito. O impetrante do mandado de injunção busca, em verdade, a declaração de
inconstitucionalidade do exame de ordem para inscrição na OAB – providência que não cabe nesta
via" (MI 2.227 AgR, rel. min. Ricardo Lewandowski, j. 24-10-2013, P, *DJe* de 14-11-2013).

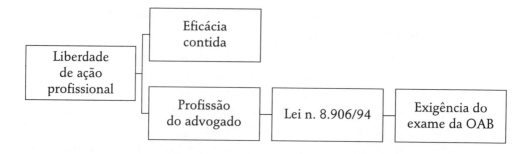

1.3 Estrutura do Exame da Ordem

O Exame da Ordem é uma prova de aferição de conhecimentos jurídicos básicos e da prática profissional do bacharel em Direito.

A aprovação no Exame de Ordem é requisito necessário para a inscrição nos quadros da OAB como advogado, nos termos do art. 8º, IV, da Lei n. 8.906/94.

O Exame de Ordem é regido pelo Provimento n. 144, de 13 de junho de 2011, e suas alterações posteriores constantes dos Provimentos 156/2013, 167/2015, 172/2016, 174/2016, 212/2022 e 213/2022, todos do Conselho Federal da OAB, observada a Resolução CNE/CES n. 5, de 17 de dezembro de 2018 (alterada pela Resolução CNE/CES n. 2, de 19 de abril de 2021).

O Exame de Ordem é prestado por bacharel em Direito, ainda que pendente sua colação de grau, formado em instituição regularmente credenciada. Poderão prestar o Exame de Ordem, além do **bacharel, os estudantes de Direito do último ano do curso ou do nono e décimo semestres.**

É facultado ao bacharel em Direito que detenha cargo ou exerça função incompatível com a advocacia prestar o Exame de Ordem, ainda que vedada a sua inscrição na OAB.

É facultado ao portador de diploma estrangeiro que tenha sido revalidado na forma prevista no art. 48, § 2º, da Lei n. 9.394, de 20 de dezembro de 1996, prestar o Exame de Ordem.

Nos termos do provimento n. 212/2022 (que altera o provimento n. 144/2011), o examinando prestará o Exame de Ordem perante o Conselho Seccional da OAB de sua livre escolha.

Após a realização da inscrição no Exame de Ordem, o candidato fará a prova perante o Conselho Seccional escolhido, permanecendo vinculado ao local onde realizada a inscrição para todas as fases do certame. Mediante requerimento fundamentado e comprovado dirigido à Coordenação Nacional do Exame de Ordem, pode o examinando, em hipóteses excepcionais e caso acolhido o pedido, realizar a segunda fase em localidade distinta daquela onde realizada a primeira.

Serão realizados três Exames de Ordem por ano. Tal exame é dividido em duas partes:

a) Prova objetiva

   1. **Tipo de prova:** questões de múltipla escolha

   2. **Quantidade de questões:** são apresentados 80 (oitenta) testes

   3. **Formato das questões:** com quatro opções cada, elaboradas e aplicadas sem consulta, de caráter eliminatório. As questões da prova objetiva poderão ser formuladas de modo que, necessariamente, a resposta reflita a jurisprudência pacificada dos Tribunais Superiores.

   4. **Conteúdo exigido:** matérias do currículo mínimo de todos os cursos jurídicos em conformidade com a Resolução n. 5/2018, do Conselho Nacional de Educação (institui as Diretrizes Curriculares Nacionais do Curso de Graduação em Direito e dá outras providências).

   5. **Disciplinas profissionalizantes obrigatórias e integrantes do curso de Direito, fixadas pela Resolução n. 5, de 17 de dezembro de 2018:** Direitos Humanos, Código do Consumidor, Estatuto da Criança e do Adolescente, Direito Ambiental, Direito Internacional, Filosofia do Direito, Direito Financeiro, Direito Previdenciário, Direito Eleitoral, bem como Estatuto da Advocacia e da OAB, seu Regulamento Geral e Código de Ética e Disciplina da OAB.

   6. **Aprovação:** é exigida a nota mínima de 50% (cinquenta por cento) de acertos para submeter-se à prova subsequente: para habilitação à prova prático-profissional.

   7. **Vedação:** é vedado o aproveitamento do resultado nos exames seguintes.

   8. **Conteúdo mínimo de 15% (quinze por cento):** a prova objetiva conterá, no mínimo, 15% (quinze por cento) de questões versando sobre Estatuto da Advocacia e da OAB e seu Regulamento Geral, Código de Ética e Disciplina, Filosofia do Direito e Direitos Humanos.

   9. **Eixo de Formação técnico-jurídica:** o conteúdo das provas do Exame de Ordem contemplará as disciplinas do Eixo de Formação técnico-jurídica, Direitos Humanos, do Estatuto da Advocacia e da OAB e seu Regulamento Geral e do Código de Ética e Disciplina, Direito Eleitoral, Direito Financeiro e Direito Previdenciário, apenas na primeira fase, podendo abranger o conteúdo do Eixo de Formação Geral.

      Eixo de Formação Geral: tem por objetivo oferecer ao graduando os elementos fundamentais do Direito, em diálogo com as demais expressões do conhecimento filosófico e humanístico, das ciências sociais e das novas tecnologias da informação, abrangendo estudos que envolvam saberes de outras áreas formativas, tais como Antropologia, Ciência Política, Economia, Ética, Filosofia, História, Psicologia e Sociologia.

b) Prova prático-profissional

1. **Sujeito:** é uma fase acessível apenas aos candidatos aprovados na fase objetiva.

2. **Estrutura:** é formada por duas partes: a) elaboração de peça profissional; b) questões práticas discursivas. É uma prova de caráter eliminatório.

3. **Elaboração de peça profissional:** redação de peça profissional privativa de advogado em uma das áreas de escolha do candidato: penal, civil, trabalhista ou tributário ou constitucional ou administrativo ou empresarial; a peça prática vale 5,0 (cinco) pontos.

4. **Questões práticas:** sob a forma de situações-problemas, na área de opção do candidato; a extensão máxima do texto será de 30 (trinta) linhas para cada questão; poderão ser formuladas de modo que, necessariamente, a resposta reflita a jurisprudência pacificada dos Tribunais Superiores. As questões práticas valem 5,0 (cinco) pontos (um e vinte e cinco pontos para cada questão).

5. **Conteúdo da prova prático-profissional:** Direito Administrativo, Direito Civil, Direito Constitucional, Direito Empresarial, Direito Penal, Direito do Trabalho ou Direito Tributário e do seu correspondente direito processual.

6. **Material:** são permitidas consultas a legislação, súmulas, enunciados, orientações jurisprudenciais e precedentes normativos sem qualquer anotação ou comentário. É vedada a utilização de obras que contenham formulários e modelos.

Materiais permitidos

- Legislação não comentada, não anotada e não comparada.
- Códigos, inclusive os organizados que não possuam índices estruturando roteiros de peças processuais, remissão doutrinária, jurisprudência, informativos dos tribunais ou quaisquer comentários, anotações ou comparações.
- Súmulas, Enunciados e Orientações Jurisprudenciais, inclusive organizados, desde que não estruturem roteiros de peças processuais.
- Leis de Introdução dos Códigos.
- Instruções Normativas.
- Índices remissivos, em ordem alfabética ou temáticos, desde que não estruturem roteiros de peças processuais.
- Exposição de Motivos.
- Regimento Interno.

- Resoluções dos Tribunais.
- Simples utilização de marca-texto, traço ou simples remissão a artigos ou a lei.
- Separação de códigos por clipes.
- Utilização de separadores de códigos fabricados por editoras ou outras instituições ligadas ao mercado gráfico, desde que com impressão que contenha simples remissão a ramos do Direito ou a leis.

Materiais proibidos

- Códigos comentados, anotados, comparados ou com organização de índices estruturando roteiros de peças processuais.
- Jurisprudências.
- Anotações pessoais ou transcrições.
- Cópias reprográficas (xerox).
- Utilização de marca-texto, traços, símbolos, *post-its* ou remissões a artigos ou a lei de forma a estruturar roteiros de peças processuais e/ou anotações pessoais.
- Utilização de notas adesivas manuscritas, em branco ou impressas pelo próprio examinando.
- Utilização de separadores de códigos fabricados por editoras ou outras instituições ligadas ao mercado gráfico em branco.
- Impressos da internet.
- Informativos de Tribunais.
- Livros de doutrina, revistas, apostilas, calendários e anotações.
- Dicionários ou qualquer outro material de consulta.
- Legislação comentada, anotada ou comparada.
- Súmulas, Enunciados e Orientações Jurisprudenciais comentados, anotados ou comparados.

7. **Não validade:** será desconsiderado, para efeito de avaliação, qualquer fragmento de texto que for escrito fora do local apropriado ou que ultrapassar a extensão máxima permitida.

8. **Pontuação para aprovação:** é considerado aprovado o candidato que obtiver **nota igual ou superior a 6,0 (seis) inteiros, vedado o arredondamento.**

9. **Reaproveitamento:** o examinando reprovado pode repetir o Exame de Ordem, efetivando o reaproveitamento da primeira fase por uma única vez no exame subsequente.

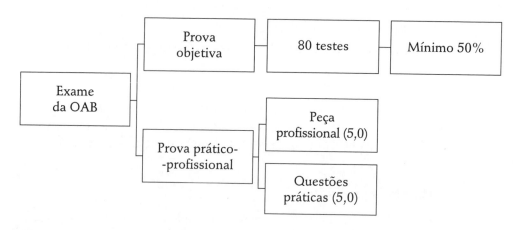

2 Avaliação no Exame da OAB

2.1 Fases no Exame da OAB

a) **Primeira fase:** para avaliação do Exame na primeira fase, verifica-se a pontuação: se atingir o número de 40 ou mais, está aprovado e habilitado à prova prático-profissional; caso contrário, reprovado, devendo fazer novo exame.

b) **Segunda fase:** a peça profissional valerá 5 (cinco) pontos e cada uma das questões, 1,25 (um e vinte e cinco) pontos. Será considerado aprovado o examinando que obtiver nota igual ou superior a 6 (seis) inteiros, vedado o arredondamento.

2.2 Critérios de avaliação na prova prático-profissional do Exame da OAB

Para **avaliação do Exame na segunda fase**, são observados os seguintes critérios:

a) **adequação ao problema apresentado:** nesse item, o examinador avalia se o candidato compreendeu o problema apresentado para desenvolver a resposta; e se o candidato acertou o endereçamento da peça prática. De acordo com a FGV, quando se trata de recurso, são avaliados dois endereçamentos – o da interposição e o das razões;

b) **capacidade de exposição e interpretação:** o examinador avalia a capacidade do candidato de apontar a(s) tese(s) jurídica(s) na peça profissional;

c) **domínio do raciocínio jurídico:** o examinador verifica se o candidato tem encadeamento lógico nas ideias colocadas na sua argumentação jurídica, e um pedido completo, que contemple as teses desenvolvidas;

d) **fundamentação e sua consistência:** o examinador avalia se o candidato demonstrou a tese de maneira lógica e correta, inclusive com indicação correta dos dispositivos legais que dão fundamentação, além do reforço doutrinário e jurisprudencial;

e) **correção gramatical:** o examinador avalia a observância das regras gramaticais como acentuação gráfica, concordância e outras;

f) **técnica profissional:** o examinador verifica se o candidato sabe montar a peça prática, de acordo com a legislação e a prática advocatícia. De acordo com a FGV, o critério de avaliação é denominado estrutura correta e abrange divisão de partes/indicação de local, data, assinatura. Cabe ressaltar que caso a peça profissional exija assinatura, o examinando deverá utilizar apenas a palavra "ADVOGADO". Ao texto que contenha outra assinatura, será atribuída nota 0 (zero), por se tratar de identificação do examinando em local indevido. A pontuação fica entre 0,00/0,10.

2.3 Advertência

* **PEÇA INADEQUADA:** peça que não esteja exclusivamente em conformidade com a solução técnica indicada no padrão de resposta da prova, ou apresentação de resposta incoerente com situação proposta ou ausência de texto; no caso de peça inadequada, o examinando receberá nota ZERO na redação da peça profissional ou na questão.

* **INDICAÇÃO CORRETA DE PEÇA PRÁTICA:** é verificada no *nomen iuris* da peça concomitantemente com o correto e completo fundamento legal usado para justificar tecnicamente a escolha feita.

* **MERA TRANSCRIÇÃO DE DISPOSITIVOS LEGAIS:** a mera transcrição de dispositivos legais, desprovida do raciocínio jurídico, não ensejará pontuação.

* **NULIDADE:** é nula a prova prático-profissional que contiver qualquer forma de identificação do examinando.

* **APROVEITAMENTO:** ao examinando que não lograr aprovação na prova prático-profissional será facultado computar o resultado obtido na prova objetiva apenas quando se submeter ao Exame de Ordem imediatamente subsequente. O valor da taxa devida, em tal hipótese, será definido em edital, atendendo a essa peculiaridade.

2.4. Avaliação na argumentação jurídica

Na correção da peça profissional, os examinadores analisam de forma detalhada a parte da argumentação jurídica (desenvolvimento jurídico), avaliando o conhecimento do candidato sobre teses jurídicas existentes na área de sua opção. A título de exemplificação, seguem abaixo modelos de correção feitos pela FGV.

1. XVIII Exame OAB – 2ª FASE – Padrão de correção Direito Penal: peça prática é Apelação

Item	*Pontuação*
1 – Petição de interposição: Endereçamento correto (0,10) e Fundamento legal para petição de interposição (0,10)	0 / 0,20
2 – Razões de Apelação: Endereçamento correto	0 / 0,10
3 – Teses Jurídicas inclusive sobre a necessidade de reforma da decisão	0 / 3,60
4 – Pedidos	0 / 0,90
5 – Prazo	0 / 0,10
6 – Estrutura: interposição e razões; local, data e assinatura	0 / 0,10

2. VI Exame OAB – 2ª FASE – Padrão de correção Direito Penal: peça prática é pedido de relaxamento de prisão

Item	*Pontuação*
1 – Estrutura correta (divisão das partes / indicação de local, data, assinatura)	0 / 0,25

2 – Indicação correta dos dispositivos legais que dão ensejo ao pedido de relaxamento de prisão – art. 5º, LXV, da CRFB OU art. 310, I, do CPP.	0 / 0,5
3 – Endereçamento correto – Juiz de Direito da XX Vara Criminal da Comarca...	0 / 0,25
4.1 – Desenvolvimento jurídico acerca da nulidade do auto de prisão em flagrante por violação ao direito a não produzir prova contra si (0,5) [art. 5º, LXIII, da CRFB OU art. 8º, 2, "g", do Decreto 678/92 (Pacto de San José da Costa Rica)] (0,25) *Obs.: A mera indicação do artigo não é pontuada.*	0 / 0,5 / 0,75
4.2 – Em razão da colheita forçada do exame de teor alcoólico e consequente ilicitude da prova (0,5) [art. 5º, LVI, OU art. 157 do CPP] (0,25) *Obs.: A mera indicação do artigo não é pontuada.*	0 / 0,5 / 0,75
5 – Desenvolvimento jurídico acerca da nulidade do auto de prisão em flagrante por violação ao direito à comunicação entre o preso e o advogado, bem como familiares (0,8), nos termos do art. 5º, LXIII, da CRFB OU art. 7º, III, do EOAB (0,2). *Obs.: A mera indicação do artigo não é pontuada.*	0 / 0,8 / 1,0
6 – Desenvolvimento jurídico acerca da nulidade do auto de prisão em flagrante por violação à exigência de comunicação da medida à autoridade judiciária e à defensoria pública dentro de 24 horas (0,8), nos termos do art. 306, § 1º, do CPP OU art. 5º, LXII, da CRFB (0,2). *Obs.: A mera indicação do artigo não é pontuada.*	0 / 0,8 / 1,0
7 – Pedido de relaxamento de prisão em razão da nulidade do auto de prisão em flagrante (0,25) e expedição de alvará de soltura (0,25).	0 / 0,25 / 0,5

3. **V Exame OAB – 2ª FASE – Padrão de correção Direito Penal: peça prática é Apelação**

Item	*Pontuação*
Estrutura correta (divisão das partes / indicação de local, data, assinatura)	0 / 0,25
Indicação correta dos dispositivos legais que dão ensejo à apelação (art. 593, I, do CPP)	0 / 0,5

Endereçamento correto da interposição	0 / 0,25
Endereçamento correto das razões	0 / 0,25
Indicação de *reformatio in pejus* (0,20)	0 / 0,20
Desenvolvimento jurídico acerca da ocorrência de *reformatio in pejus* (0,40). Art. 617 do CPP (0,15)	0 / 0,15 / 0,40 / 0,55
Incidência da prescrição da pretensão punitiva (0,30). Desenvolvimento jurídico (0,45)	0 / 0,30 / 0,45 / 0,75
Não incidência da qualificadora de abuso de confiança OU desclassificação para furto simples (0,3). Desenvolvimento jurídico (0,45)	0 / 0,30 / 0,45 / 0,75
Atipicidade material da conduta OU Princípio da bagatela (0,3) Desenvolvimento jurídico (0,45)	0 / 0,30 / 0,45 / 0,75
Desenvolvimento jurídico acerca da incidência, em caráter eventual, da figura do furto privilegiado	0 / 0,25
Desenvolvimento jurídico acerca da substituição da pena privativa de liberdade por multa OU suspensão condicional da pena (*sursis*) e do processo OU diminuição da pena por *bis in idem*	0 / 0,25
Pedido correto, contemplando as teses desenvolvidas	0 / 0,25

Antes das novas diretrizes gerais fixadas pelo Conselho Federal da OAB, o candidato podia consultar doutrina e jurisprudência para realizar a prova prático-profissional.

Com a nova padronização do Exame da OAB Nacional, estabelecida pelo Provimento n. 144/2011 e alterações, **só é permitida ao candidato consulta a legislação, súmulas, enunciados, orientações jurisprudenciais e precedentes normativos sem qualquer anotação ou comentário, na área de opção do examinando.**

Dessa forma, com as novas regras do Exame da OAB, pode-se perceber que o candidato terá de estudar doutrina e jurisprudência, estabelecendo um aprofundamento teórico das teses jurídicas existentes na sua área de opção, com técnicas de memorização do conteúdo, para, então, estar preparado para realizar a segunda fase da prova prático-profissional.

3 Organização no Exame da OAB

3.1. Coordenação Nacional do Exame de Ordem

a) **Designação:** pela Diretoria do Conselho Federal e será composta por: I – 3 (três) Conselheiros Federais da OAB; II – 3 (três) Presidentes de Conselhos Seccionais da OAB; III – 1 (um) membro da Escola Nacional da Advocacia; IV – 1 (um) membro da Comissão Nacional de Exame de Ordem; V – 1 (um) membro da Comissão Nacional de Educação Jurídica; VI – 2 (dois) Presidentes de Comissão de Estágio e Exame de Ordem de Conselhos Seccionais da OAB.

b) **Composição:** contará com ao menos 2 (dois) membros por região do País e será presidida por um dos seus membros, por designação da Diretoria do Conselho Federal.

c) **Vedação:** participação de professores de cursos preparatórios para Exame de Ordem, bem como de parentes de examinandos, até o quarto grau.

d) **Atribuições:** organizar o Exame de Ordem, elaborar o edital e zelar por sua boa aplicação, acompanhando e supervisionando todas as etapas de sua preparação e realização.

3.2 Comissão Nacional de Exame de Ordem e Comissão Nacional de Educação Jurídica: órgãos consultivos e de assessoramento da Diretoria do Conselho Federal da OAB.

3.3. Colégio de Presidentes de Comissões de Estágio e Exame de Ordem: órgão consultivo e de assessoramento da Coordenação Nacional de Exame de Ordem.

3.4. Comissões de Estágio e Exame de Ordem dos Conselhos Seccionais: fiscaliza a aplicação da prova e verifica o preenchimento dos requisitos exigidos dos examinandos quando dos pedidos de inscrição, assim como difunde as diretrizes e defende a necessidade do Exame de Ordem.

3.5. Banca Examinadora da OAB

a) **Designação:** Coordenador Nacional do Exame de Ordem.

b) **Atribuições:** elaborar o Exame de Ordem ou atuar em conjunto com a pessoa jurídica contratada para a preparação, realização e correção das provas, bem como homologar os respectivos gabaritos.

c) **Vedações:** no mesmo certame, a participação de membro da Banca Examinadora na Banca Recursal; participação de professores de cursos preparatórios para Exame de Ordem, bem como de parentes de examinandos, até o quarto grau.

d) **Publicidade:** serão publicados os nomes e nomes sociais daqueles que integram a Banca Examinadora designada, bem como os dos coordenadores da pessoa jurídica contratada, mediante forma de divulgação definida pela Coordenação Nacional do Exame de Ordem. A publicação dos nomes ocorrerá até 5 (cinco) dias antes da efetiva aplicação das provas da primeira e da segunda fases.

3.6. Banca Recursal da OAB

a) **Designação:** coordenador Nacional do Exame de Ordem.

b) **Atribuições:** decidir a respeito de recursos acerca de nulidade de questões, impugnação de gabaritos e pedidos de revisão de notas, em decisões de caráter irrecorrível, na forma do disposto em edital.

c) **Vedações:** no mesmo certame, a participação de membro da Banca Examinadora na Banca Recursal; aos Conselhos Seccionais da OAB são vedadas a correção e a revisão das provas; participação de professores de cursos preparatórios para Exame de Ordem, bem como de parentes de examinandos, até o quarto grau.

d) **Legitimidade recursal:** apenas o interessado inscrito no certame ou seu advogado regularmente constituído poderá apresentar impugnações e recursos sobre o Exame de Ordem.

e) **Publicidade:** serão publicados os nomes e nomes sociais daqueles que integram a Banca Recursal designada, bem como os dos coordenadores da pessoa jurídica contratada, mediante forma de divulgação definida pela Coordenação Nacional do Exame de Ordem. A publicação dos nomes ocorrerá até 5 (cinco) dias antes da efetiva aplicação das provas da primeira e da segunda fases.

4 Dispensa do Exame de Ordem

De acordo com o Provimento n. 167/2015 ficam dispensados do Exame de Ordem:

a) os postulantes oriundos da Magistratura e do Ministério Público;

b) os bacharéis alcançados pelo art. 7º da Resolução n. 2/94, da Diretoria do Conselho Federal da OAB:

I – os bacharéis em direito que realizaram o estágio profissional de advocacia (Lei n. 4.215/63) ou o estágio de prática forense e organização judiciária (Lei n. 5.842/72), no prazo de dois anos, com aprovação nos exames finais perante banca examinadora integrada por representante da OAB, até 4 de julho de 1994; II – os inscritos no quadro de estagiários da OAB, até 4 de julho de 1994, desde que realizem o estágio em dois anos de atividades e o concluam, com aprovação final, até 4 de julho de 1996; III – os matriculados, comprovadamente, nos cursos de estágio referidos no inciso I, antes de 5 de julho de 1994, desde que requeiram inscrições no Quadro de Estagiários da OAB, e o concluam com aprovação final, juntamente com o curso, até 04 de julho de 1996; IV – os que preencheram os requisitos do art. 53, § 2º, da Lei n. 4.215/63, e requereram suas inscrições até 4 de julho de 1994; V – os que, tendo suas inscrições anteriores canceladas em virtude do exercício, em caráter definitivo, de cargos ou funções incompatíveis com advocacia, requerer novas inscrições, após a desincompatibilização. Parágrafo único. Os bacharéis em direito que exerceram cargos ou funções incompatíveis com a advocacia, inclusive em carreira jurídica, sem nunca terem obtido inscrição na OAB, se a requererem, serão obrigado a prestar Exame de Ordem.

c) os advogados públicos aprovados em concurso público de provas e títulos realizado com a efetiva participação da OAB até 5 de setembro de 2016 (data da publicação do Provimento n. 174/2016 do Conselho Federal da OAB sobre Exame de Ordem). Terão o prazo de 6 (seis) meses, contados a partir do dia 5 de setembro de 2016, para regularização de suas inscrições perante a Ordem dos Advogados do Brasil.

5 Programa da prova prático-profissional

Com a nova padronização do Exame da OAB Nacional estabelecida pelo Provimento n. 144/2011, com as alterações posteriores, a prova prático-profissional consiste numa redação de peça profissional e aplicação de quatro questões, sob a forma de situações-problema, compreendendo as seguintes áreas de opção do examinando, quando da sua inscrição: Direito Administrativo, Direito Civil, Direito Constitucional, Direito Empresarial, Direito Penal, Direito do Trabalho ou Direito Tributário e do seu correspondente direito processual.

No edital do Exame da OAB vem anexada a matéria de cada área de opção do examinando.

Direito Penal

1 História do Direito Penal. 2 Criminologia. 3 Política Criminal. 4 Princípios penais e constitucionais. 5 Interpretação e integração da lei penal. 5.1 Analogia. 6 Normal penal. 6.1 Classificação e espécie das infrações penais. 6.2 Concurso aparente de normas. 7 Aplicação da Lei Penal. 7.1 Lei Penal no Tempo. 7.2 Lei Penal no Espaço. 8 Teoria Geral do Delito. 8.1 Conduta. 8.2 Relação de Causalidade. 8.2.1 Teoria da imputação objetiva. 8.3 Tipo penal doloso. 8.4 Tipo penal culposo. 8.5 Tipicidade. 8.6 Antijuridicidade. 8.7 Culpabilidade. 8.8 Condições objetivas de punibilidade e escusas absolutórias 8.9 Consumação e tentativa. 8.10 Desistência Voluntária. 8.11 Arrependimento eficaz. 8.12 Arrependimento posterior. 8.13 Crime impossível. 9 Erro. 9.1 Erro de tipo. 9.2 Erro de proibição. 9.3 Erro de tipo permissivo. 10 Concurso de Pessoas. 11 Penas e seus critérios de aplicação. 12 Origens e Finalidades da pena. 12.1 Teorias da pena. 12.2 Espécies de penas. 12.3 Aplicação da pena. 12.4 Concurso de crimes. 12.5 Suspensão con-

dicional da pena. 13 Efeitos da condenação. 14 Reabilitação. 15 Medidas de segurança. 15.1 Execução das medidas de segurança. 16 Causas Extintivas de Punibilidade. 17 Ação Penal. 18 Crimes em espécie. 19 Execução Penal. 19.1 Lei 7.210/84. 19.2 Livramento condicional. 19.3 Progressão e regressão de regime. 19.4 Remição. 19.5 Detração. 19.6 Incidentes de execução. 20 Legislação Penal Extravagante. 20.1 Leis Penais Especiais.

Direito Processual Penal

1 Princípios constitucionais e processuais penais. 2 Sistemas processuais penais. 3 Aplicação da lei processual penal. 3.1 Interpretação e integração da lei processual penal. 3.2 A lei processual penal no tempo e no espaço. 4 Imunidades processuais penais. 5 Inquérito Policial. 6 Ação Penal. 6.1 Denúncia, queixa-crime e representação. 6.2 Espécies de ação penal. 7 Ação Civil *ex delicto*. 8 Jurisdição e Competência. 9 Questões e Processos Incidentes. 10 Direito Probatório. 11 Do Juiz, do Ministério Público, do Acusado e Defensor, dos Assistentes e Auxiliares da Justiça. 12 Atos de comunicação no processo – Das citações e intimações. 13 Atos judiciais – Despacho, decisão e sentença. 14 Da Prisão e demais Medidas Cautelares. 15 Liberdade Provisória. 16 Procedimentos do CPP. 17 Procedimentos especiais na legislação extravagante. 18 Nulidades. 19 Recursos. 20 Ações Autônomas de Impugnação. 21 Disposições gerais do Código de Processo Penal. 22 Institutos de execução penal. 23 Graça, anistia e indulto. 24 Legislação Processual Penal Extravagante. 25 Procedimentos de investigação criminal; Acordo de não persecução penal; Audiência de custódia; Exame de corpo de delito, perícias e cadeia de custódia da prova.

6 *Ranking* das peças práticas

De acordo com os gabaritos oficiais dos Exames da OAB, podem-se perceber quais as peças práticas mais cobradas no Exame da OAB:

- EXAME 110: revisão criminal (ponto 1); recurso ordinário constitucional (ponto 2); contrarrazões de recurso em sentido estrito (ponto 3);
- EXAME 111: embargos infringentes (ponto 1); recurso em sentido estrito (ponto 2); contrarrazões de apelação (ponto 3);
- EXAME 112: *habeas corpus* (ponto 1); contrarrazões de recurso em sentido estrito (ponto 2); agravo em execução (ponto 3);
- EXAME 113: recurso em sentido estrito (ponto 1); *habeas corpus* (ponto 2); apelação (ponto 3);
- EXAME 114: recurso ordinário constitucional (ponto 1); agravo em execução (ponto 2); apelação (ponto 3);
- EXAME 115: revisão criminal (ponto 1); agravo em execução (ponto 2); recurso em sentido estrito (ponto 3);

- EXAME 116: *habeas corpus* (ponto 1); apelação (ponto 2); alegações finais da defesa (ponto 3);
- EXAME 117: recurso em sentido estrito (ponto 1); *habeas corpus* (ponto 2); queixa-crime (ponto 3);
- EXAME 118: apelação (ponto 1); alegações finais (ponto 2); *habeas corpus* (ponto 3);
- EXAME 119: requerimento de sequestro de bem (ponto 1); mandado de segurança com pedido de liminar (ponto 2); agravo em execução (ponto 3);
- EXAME 120: agravo em execução (ponto 1); *habeas corpus* (ponto 2); embargos infringentes e de nulidade (ponto 3);
- EXAME 121: recurso ordinário constitucional (ponto 1); revisão criminal (ponto 2); apelação (ponto 3);
- EXAME 122: revisão criminal ou *habeas corpus* (ponto 1); *habeas corpus* (ponto 2); apelação (ponto 3);
- EXAME 123: recurso em sentido estrito (ponto 1); apelação (ponto 2); mandado de segurança ou agravo em execução (ponto 3);
- EXAME 124: apelação (ponto 1); *habeas corpus* (ponto 2); embargos de declaração (ponto 3);
- EXAME 125: *habeas corpus* (ponto 1); recurso em sentido estrito (ponto 2); *habeas corpus* (ponto 3);
- EXAME 126: apelação (ponto 1); *habeas corpus* (ponto 2); apelação ou *habeas corpus* (ponto 3);
- EXAME 127: *habeas corpus* ou agravo em execução (ponto 1); *habeas corpus* (ponto 2); recurso em sentido estrito (ponto 3);
- EXAME 128: apelação (ponto 1); revisão criminal (ponto 2); *habeas corpus* (ponto 3);
- EXAME 129: *habeas corpus* (ponto 1); apelação (ponto 2); *habeas corpus* (ponto 3);
- EXAME 130: apelação (ponto 1); agravo em execução (ponto 2); embargos infringentes (ponto 3);
- EXAME 131: apelação (ponto 1); recurso em sentido estrito (ponto 2); queixa-crime (ponto 3);
- EXAME 132: recurso em sentido estrito (ponto 1); revisão criminal (ponto 2); pedido de progressão de regime (ponto 3);
- EXAME 133: alegações finais (ponto 1); *habeas corpus* (ponto 2); recurso em sentido estrito (ponto 3);
- EXAME 134: recurso em sentido estrito (ponto 1); apelação (ponto 2); alegações finais (ponto 3);
- EXAME 135: apelação (ponto 1); pedido de liberdade provisória (ponto 2); agravo em execução (ponto 3);

- EXAME 136: recurso ordinário constitucional (ponto 1); relaxamento de prisão (ponto 2); apelação (ponto 3);
- EXAME 137: revogação de prisão preventiva (ponto 1); queixa-crime (ponto 2); recurso em sentido estrito (ponto 3);
- EXAME 138: recurso em sentido estrito;
- EXAME 139: memoriais;
- EXAME 140: queixa-crime;
- EXAME 141: memoriais;
- EXAME 2010.2: recurso em sentido estrito;
- EXAME 2010.3: recurso em sentido estrito;
- IV EXAME: apelação;
- V EXAME: apelação;
- VI EXAME: relaxamento de prisão em flagrante;
- VII EXAME: apelação;
- VIII EXAME: resposta à acusação;
- IX EXAME: memoriais;
- X EXAME: revisão criminal;
- XI EXAME: recurso em sentido estrito;
- XII EXAME: apelação;
- XIII EXAME: apelação;
- XIV EXAME: memoriais;
- XV EXAME: queixa-crime;
- XVI EXAME: agravo em execução;
- XVII EXAME: memoriais;
- XVIII EXAME: apelação;
- XIX EXAME: contrarrazões de apelação;
- XX EXAME: memoriais;
- XXI EXAME: resposta à acusação;
- XXII EXAME: apelação;
- XXIII EXAME: memoriais;
- XXIV EXAME: agravo em execução;
- XXV EXAME: resposta à acusação;
- XXVI EXAME: memoriais;
- XXVII EXAME: contrarrazões de apelação;
- XXVIII EXAME: recurso em sentido estrito;
- XXIX EXAME: agravo em execução;
- XXX EXAME: apelação;

- XXXI EXAME: recurso em sentido estrito;
- XXXII EXAME: memoriais;
- XXXIII EXAME: apelação;
- XXXIV EXAME: recurso em sentido estrito;
- XXXV EXAME: apelação;
- XXXVI EXAME: resposta à acusação;
- XXXVII EXAME: alegações finais ou memoriais;
- XXXVIII EXAME: agravo em execução;
- XXXIX EXAME: apelação;
- XL EXAME: apelação;
- XLI EXAME: apelação.

Com base nos exames da OAB, pode-se indicar um *ranking* das peças práticas mais cobradas na segunda fase do exame na área penal:

1º – Apelação;
2º – *Habeas Corpus*;
3º – Recurso em Sentido Estrito;
4º – Alegações Finais ou Memoriais;
5º – Agravo em Execução;
6º – Revisão Criminal;
7º – Queixa-Crime;
8º – Empate: Recurso Ordinário Constitucional – Resposta à acusação;
9º – Empate: Embargos Infringentes e de Nulidade – Contrarrazões de Apelação;
10º – Empate: Relaxamento de Prisão em Flagrante – Mandado de Segurança – Contrarrazões de Recurso em Sentido Estrito;
11º – Empate: Peças incidentais – Embargos de Declaração – Peças da Execução Penal – Liberdade Provisória.

7 Como estudar para a Segunda Fase da OAB

Na segunda fase do exame da OAB, o candidato que optar pela área penal deve seguir as seguintes dicas para obter o sucesso desejado.

7.1 Dicas sobre a peça prática

I – **Preparação do material do dia da prova**: o material de apoio é essencial para consulta e fundamentação da peça prática. Na área penal, o candidato deve levar para a prova: a) Código Penal; b) Código de Processo Penal; c) Constituição Federal; d) objetos pessoais: caneta, lápis, borracha.

O candidato não pode esquecer-se de buscar material atualizado, que ofereça índice (sistemático e remissivo) fácil e detalhado. Também não pode esquecer-se de levar no dia da prova a carteira de identidade e o cartão de inscrição da OAB.

São permitidos os seguintes materiais no Exame da OAB: Legislação não comentada, não anotada e não comparada; Códigos, inclusive os organizados que não possuam índices estruturando roteiros de peças processuais, remissão doutrinária, jurisprudência, informativos dos tribunais ou quaisquer comentários, anotações ou comparações; Súmulas, Enunciados e Orientações Jurisprudenciais, inclusive organizados, desde que não estruturem roteiros de peças processuais; Leis de Introdução dos Códigos; Instruções Normativas; Índices remissivos, em ordem alfabética ou temáticos, desde que não estruturem roteiros de peças processuais; Exposição de Motivos; Regimento Interno; Resoluções dos Tribunais; Simples utilização de marca-texto, traço ou simples remissão a artigos ou a lei; Separação de códigos por clipes; Utilização de separadores de códigos fabricados por editoras ou outras instituições ligadas ao mercado gráfico, desde que com impressão que contenha simples remissão a ramos do Direito ou a leis.

II – **Estudo das peças**: o candidato deve fazer um planejamento de estudo com base no edital exigido pela OAB. Deve lembrar que método de estudo e disciplina são as bases para a aprovação no exame da OAB. O candidato deve seguir os seguintes passos para o estudo dirigido:

a) **preparação do material de estudo**: o candidato deve ter o Código Penal comentado, o Código de Processo Penal comentado, um Manual de modelos de peças práticas e a coleta dos exames da OAB;

b) **estudo teórico da peça**: com resumo ou fichamento das ideias principais (sugiro que o candidato siga o seguinte roteiro para resumir: **previsão legal, autor, réu, competência, finalidade, características, procedimento e observações complementares**). Em relação aos artigos de lei e súmulas opte na peça prático-profissional não transcrever, mas apenas indicar de forma correta;

c) **leitura**: ler de 2 a 5 temas, por dia, de Direito Penal e Processo Penal;

d) **exercícios**: efetuar exercícios sobre a peça estudada no dia;

e) **treinamento**: reservar uma hora e meia por dia para treinar argumentação jurídica, ou seja, redigir peças para obter habilidade com a prática penal do exame da OAB e com o tempo para a realização da peça. O candidato deve usar folhas oficiais da FGV.

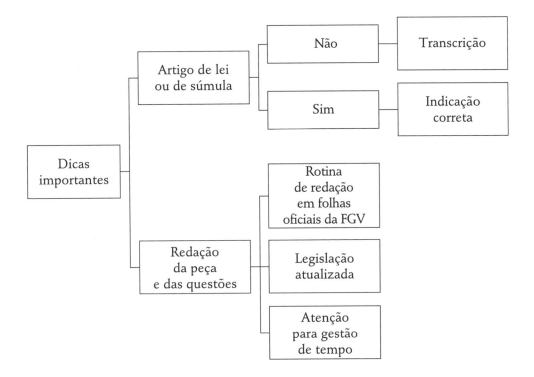

III – **Base da peça**: é recomendável que o candidato faça leitura de doutrina de Direito Constitucional na parte dos Direitos e Garantias Fundamentais e dos Princípios Constitucionais, para fortalecimento dos argumentos jurídicos a serem usados na fundamentação da tese.

É importante ressaltar que o estudo da área penal deve partir ou iniciar-se da Constituição Federal, pois a Constituição é a norma hierarquicamente superior a todas as demais e funciona como parâmetro a ser seguido na interpretação, aplicação e integração das normas jurídicas. Os princípios são as ideias centrais do sistema jurídico.

Algumas dicas sobre a importância dos princípios:

a) são os mandamentos nucleares do sistema; b) são os alicerces de um sistema; c) definem a lógica e a racionalidade do sistema; d) dão tônica e harmonia ao sistema; e) são as bases do ordenamento jurídico; f) são as ideias fundamentais e informadoras da organização jurídica da nação; g) são as linhas-mestras, os grandes nortes, as diretrizes magnas; h) dão coerência geral ao sistema; i) traçam os rumos a serem seguidos pela sociedade e pelo Estado; j) dão estrutura e coesão ao sistema; k) fortalecem o respeito à Constituição e garantem respeito a um bem da vida indispensável à essência do Estado democrático; l) orientam, condicionam e iluminam a interpretação das normas jurídicas; m) cumprem uma função informadora, devendo as diversas normas do ordenamento jurídico ser aplicadas em sintonia com os princípios; n) são vetores para soluções interpretativas; o) são ideias-matrizes; p) são normas qualificadas (validade maior); q) se forem desrespeitados, haverá quebra de todo o sistema jurídico; r) são direitos positivos; s) são fontes do direito; t) são ideias-bases de normas jurídicas; u) são nortes da atividade interpretativa e judicial.

IV – Linguagem adequada: o candidato deve atentar para:

a) o uso correto das regras gramaticais e preferencialmente as normas do novo acordo ortográfico;

b) a estética da peça, com letra legível e sem abreviaturas;

c) a linguagem direta, com termos adequados, sem repetição de vocábulos, o único termo que pode ser repetido sem problemas é o referente à designação da parte (exemplo: agravante, apelante, requerente);

d) o uso de caligrafia legível na elaboração das respostas às perguntas e da peça prática, podendo o candidato optar por utilizar letra "de forma";

e) no tocante à ortografia, se o candidato estiver com dúvida, deve utilizar um sinônimo.

V – Leitura do enunciado: o candidato deve ler o enunciado, para identificar os dados essenciais (esqueleto com base nas informações do enunciado):

a) **infração penal praticada:** o candidato deve identificar se é crime ou contravenção penal;

b) **ação penal:** o candidato deve verificar se é caso de ação penal pública (incondicionada ou condicionada) ou privada (personalíssima ou subsidiária ou exclusiva);

c) **pena abstrata:** o candidato deve verificar qual a pena prevista na lei, em seus limites mínimo e máximo;

d) **pena concreta:** o candidato deve verificar qual a pena fixada pelo juiz na sentença criminal condenatória ou a medida de segurança fixada na sentença absolutória;

e) **rito processual:** o candidato deve verificar qual o procedimento cabível no caso concreto – rito especial ou rito ordinário ou rito sumário ou rito sumaríssimo;

f) **momento processual:** o candidato deve precisar o momento em que o caso concreto está de acordo com o rito;

22

g) **situação prisional:** o candidato deve verificar se o cliente envolvido na situação-problema está preso ou solto; se estiver preso, não esquecer de pedir a medida de soltura;

h) **cliente:** o candidato deve verificar quem é o beneficiário de sua medida criminal – pode ser o réu ou a própria vítima;

i) **tese:** o candidato deve verificar a argumentação que utilizará como base na fundamentação da sua peça prática; as teses tradicionais de defesa são: nulidade processual, abuso de autoridade, falta de justa causa e extinção da punibilidade;

j) **competência:** o candidato deve identificar qual o juízo competente para o endereçamento da peça prática;

k) **pedido:** o candidato deve mencionar o provimento jurisdicional compatível com o caso concreto.

Infração penal	Ação penal	Pena abstrata e concreta	Rito processual	Momento processual
Situação prisional	Cliente	Tese	Competência	Pedido

VI – Rascunho da peça prática: após a leitura atenta e a coleta dos dados contidos na situação-problema, o candidato deve, no rascunho, traçar um resumo dos fatos e dos argumentos jurídicos que serão utilizados na fundamentação da tese. O rascunho serve para evitar rasuras e possibilitar a elaboração da peça prática com melhor estética e precisão.

VII – Elaboração da peça prática:

a) o candidato, ao inserir na peça prática, pelo menos, uma doutrina e uma jurisprudência (**de acordo com o estudo e a memorização**), objetiva conferir maior consistência à fundamentação; **NÃO É OBRIGATÓRIO;**

b) dentro do mesmo tópico, pular uma linha; na mudança de tópicos na peça, pular duas linhas; cada parágrafo deve ter no máximo 8 (oito) linhas, sob pena de confusão de raciocínio;

c) a descrição dos fatos deve ser concisa, direta e com linguagem simples; o candidato não pode inventar dados nem copiar o problema.

VIII – Do direito:

No direito, o candidato deve seguir um roteiro estrutural na argumentação da tese:

a) **apontamento da tese:** o candidato deve mencionar a tese (nulidade, extinção da punibilidade, falta de justa causa ou abuso de autoridade). Após citar a tese, o candidato deve expor o motivo, ou seja, narrar o porquê da tese. Por fim, o candidato deve fazer referência ao fundamento legal e/ou constitucional;

b) **demonstração da tese:** o candidato deve arrolar os argumentos que indicarem os artigos de lei e princípios jurídicos violados com a ocorrência da tese exposta no parágrafo inicial;

c) **fundamentação da tese:** mencionar doutrina e jurisprudência. Na citação doutrinária e jurisprudencial, não há necessidade de especificar página, ano e edição do livro ou número do acórdão; colocar de forma genérica (**de acordo com o estudo e a memorização**), objetiva conferir maior consistência à fundamentação; **NÃO É OBRIGATÓRIO**;

d) **conclusão:** retomar o parágrafo em que foi apontada a tese, com outras palavras.

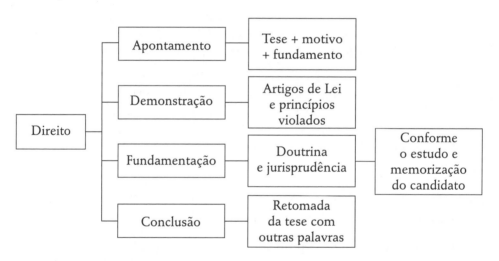

Vejamos alguns exemplos:

1) TESE DE NULIDADE PROCESSUAL

– **apontamento da tese:** no caso em tela, ocorreu nulidade processual (tese), em virtude da falta de intimação das partes na expedição da carta precatória na oitiva das testemunhas (motivo da tese), nos termos dos arts. 222 e 564, inciso IV, ambos do CPP, combinados com o art. 5º, inciso LV, da CF (fundamento legal).

– **demonstração da tese:** a referida falta de intimação representou um vício procedimental, desrespeitando, dessa forma, a ordem legal e, consequentemente, o princípio da legalidade, alicerce do Estado Democrático de Direito (a nulidade processual viola a lei).

– **fundamentação da tese:** doutrina: Segundo Fulano de tal, inquérito é procedimento. Jurisprudência: Segundo jurisprudência do STJ, o inquérito policial prescinde de contraditório.

– **conclusão:** dessa forma, houve nulidade pela falta de intimação processual, já que a regularidade procedimental exige respeito e observância às exigências legais, no sentido de buscar a justa composição da lide.

2) TESE DE FALTA DE JUSTA CAUSA

Enunciado: "A" está sendo processado segundo denúncia que lhe imputa violação do art. 121, § 2º, inciso III, 1ª parte combinado com o art. 14, II, do Código Penal, porque teria tentado matar "B" mediante aplicação de injeção venenosa. O laudo do Instituto Médico Legal é taxativo, concluindo que a substância ministrada não tinha potencialidade lesiva, ou seja, era inócua. O Ministério Público apresentou alegações finais, postulando a pronúncia de "A" nos termos da denúncia. Como advogado de "A", pratique o ato processual adequado ao rito processual.

– **apontamento da tese:** No caso em tela, ocorreu falta de justa causa (tese), em virtude do crime impossível (motivo da tese), nos termos do art. 17 do Código Penal (fundamento legal).

– **demonstração da tese:** O crime impossível restou demonstrado pela ineficácia absoluta do meio empregado, já que o laudo do Instituto Médico Legal foi taxativo no sentido de concluir que a substância ministrada não tinha potencialidade lesiva, ou seja, era inócua.

– **fundamentação da tese:** Doutrina: Segundo Noronha, no crime impossível não há tentativa, por não haver início de execução da ação típica. Jurisprudência: Segundo jurisprudência do STJ, a alegação de crime impossível pela ineficácia absoluta do meio demanda incursão no terreno fático-probatório, o que torna imprescindível a constatação por laudo pericial.

– **conclusão:** Dessa forma, houve falta de justa causa pela ocorrência de crime impossível, não podendo subsistir a imputação feita ao acusado, dada a inexistência de crime a punir.

3) TESE DE ABUSO DE AUTORIDADE

Enunciado: "A" está condenado por furto qualificado e foragido. Valendo-se de atestado de óbito falsificado, obteve do juiz das execuções criminais a extinção da punibilidade. Descoberta a fraude, o próprio magistrado cassou a sua decisão que já houvera passado em julgado, determinando a expedição de novo mandado de prisão contra "A". "A" continua foragido. Apresentar perante o órgão judiciário competente as razões da medida proposta.

– **apontamento da tese:** No caso em tela, ocorreu abuso de autoridade (tese), já que a sentença transitada em julgado faz coisa julgada formal e material, inexistindo, no Brasil, revisão contra o réu (motivo da tese), nos termos do art. 62 do Código Penal (fundamento).

– **demonstração da tese:** Se a sentença que decretou extinção da punibilidade já transitou em julgado, o processo não pode ter andamento e contra o suposto morto não pode ser intentada ação penal pelo mesmo objeto.

– **fundamentação da tese:** Segundo a doutrina, a sentença faz coisa julgada formal e material como qualquer outra fundada em prova falsa. Segundo a jurisprudência, a decisão lançada nos autos assume caráter de manifestação do Estado, que só pode ser revisada por meio de recurso.

– **conclusão:** Dessa forma, ocorreu abuso de autoridade, devendo ser mantida a decisão de extinção da punibilidade, já que não existe revisão contra o réu.

4) TESE DE EXTINÇÃO DA PUNIBILIDADE

Enunciado: Em queixa-crime interposta por "A" contra "B", após decorrida a instrução a ação penal privada alcançou a fase das alegações finais. No ensejo, foram regularmente intimados o querelante e o seu patrono para a apresentação das alegações. No entanto, decorrido o prazo legal, tais alegações não foram oferecidas e o processo foi à conclusão para a sentença. O juiz julgou a queixa procedente e condenou "B" a um mês de detenção, concedendo-lhe a suspensão condicional da pena. A sentença transitou em julgado. Elaborar a peça profissional adequada a resolver a situação de "B".

– **apontamento da tese:** No caso em tela, ocorreu extinção da punibilidade (tese), já que houve perempção (motivo da tese), nos termos do art. 107, IV, do CP.

– **demonstração da tese:** A ausência do querelante em razão de sua inércia ou desinteresse, a qualquer ato do processo a que deva estar presente, traduz inequívoco abandono de causa.

– **fundamentação da tese:** Segundo a doutrina, perempção é a perda do direito de demandar o querelado em face da inércia do querelante. Segundo o TJ/SP, a perempção como causa extintiva de punibilidade assenta-se na negligência do querelante quanto a andamento da causa.

– **conclusão:** Dessa forma, deve ser decretada a extinção da punibilidade, com fundamento na perempção em razão da negligência do querelante no andamento da causa.

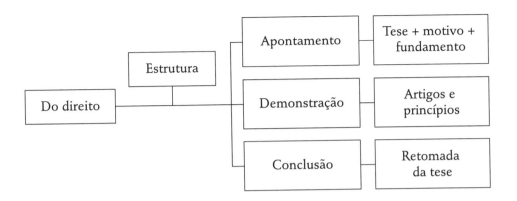

7.2 Dicas sobre as questões práticas

Na elaboração das respostas às questões práticas, o candidato deve seguir um roteiro para obter a pontuação necessária. Vejamos:

a) **leitura atenta da questão**: o candidato deve entender o que se pede na questão proposta pela OAB. A extensão máxima do texto será de 30 linhas para cada questão. Será desconsiderado, para efeito de avaliação, qualquer fragmento de texto que for escrito fora do local apropriado ou que ultrapassar a extensão máxima permitida;

b) **busca após a leitura**: o candidato deve procurar a resposta, em primeiro lugar, na lei, e, depois, na doutrina e na jurisprudência, **já estudadas pelo candidato no preparo para a prova**. A procura na lei será feita com base no índice remissivo dos Códigos;

c) **fundamentação**: na resposta, o candidato **deve apresentar um fundamento legal ou constitucional**, bem como mencionar todas as correntes doutrinárias e jurisprudenciais sobre o assunto.

d) **advertência**: nota zero nas questões práticas em caso de: não atendimento ao conteúdo avaliado; ausência de texto de resposta; letra ilegível.

7.3 Recomendações finais

a) **Identificação**: a prova não pode conter qualquer tipo de **identificação do candidato**. Nos termos do Provimento n. 144/2011, com as alterações posteriores, é nula a prova que contenha qualquer forma de identificação do examinando;

b) **Divulgação**: é vedada a divulgação de nomes e notas de examinandos não aprovados;

c) **Marcações**: é possível: 1) simples utilização de marca-texto, traço ou simples remissão a artigos ou a lei; 2) separação de códigos por clipes e/ou cores, providenciada pelo próprio examinando, sem nenhum tipo de anotação manuscrita ou impressa nos recursos utilizados para fazer a separação; 3) utilização de separadores de códigos fabricados por editoras ou outras instituições ligadas ao mercado gráfico, desde que com impressão que contenha simples remissão a ramos do Direito ou a leis;

d) **Sanção:** o examinando que, durante a aplicação das provas, estiver portando e/ou utilizando **material proibido**, ou se utilizar de qualquer expediente que vise burlar as regras do edital de abertura, especialmente as concernentes aos materiais de consulta, terá suas provas anuladas e será automaticamente eliminado do Exame.

Visão Geral dos Procedimentos Criminais

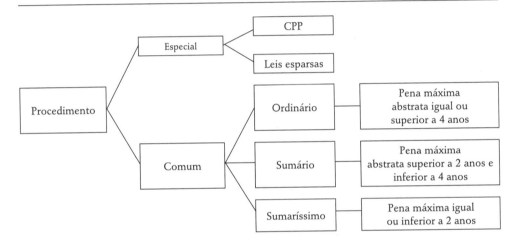

1 Procedimento comum

1.1 Procedimento ordinário

1.1.1 Cabimento

Crimes com pena máxima em abstrato igual ou superior a 4 (quatro) anos.

1.1.2 Previsão legal

Artigos 394 a 405, todos do CPP.

1.1.3 Procedimento

1. Oferecimento da denúncia ou queixa

a) se for queixa-crime, após seu oferecimento é aberta vista ao Ministério Público para eventual aditamento no prazo de três dias do recebimento dos autos. O silêncio no prazo representa não aditamento. Sobre o aditamento de ação penal privada exclusiva há uma discussão doutrinária a respeito da inclusão de novo corréu:

a1) não é possível aditar novo coautor, pois o Ministério Público não pode substituir a vítima no interesse e na legitimidade de agir;

a2) Tourinho Filho[1]: é possível aditar novo coautor, pois o Ministério Público é o fiscal da lei, devendo zelar pela indivisibilidade;

a3) Demercian[2]: é possível aditar coautor quando restar demonstrado desconhecimento por parte da vítima;

b) o número máximo do rol de testemunhas é oito, não se compreendendo nesse número as que não prestam compromisso, as referidas e as que nada souberem que interesse à decisão da causa;

c) o Ministério Público ao oferecer a denúncia e o querelante ao apresentar a queixa podem requerer as diligências que entenderem necessárias ou convenientes para a prova que pretendem produzir. Cabe ao juiz deferir ou rejeitar, quando não interessarem à prova ou forem expedientes protelatórios.

2. Decisão liminar do juiz

a) **Positiva:** recebimento da denúncia ou queixa; no despacho de recebimento o juiz: (1) expede mandado de citação do acusado, (2) o acusado é citado para apresentar resposta à acusação ou defesa inicial ou resposta inicial, por escrito, no prazo de 10 dias.

a1) **motivo do recebimento:** quando atender aos requisitos do art. 41 do Código de Processo Penal e não contiver vício do art. 395 do Código de Processo Penal;

a2) **recurso:** não cabe, possibilitando-se ao acusado o *habeas corpus*; se for crime de competência originária de tribunal, cabe agravo (art. 39 da Lei n. 8.038/90);

a3) **fundamentação:** sobre a necessidade de fundamentar a decisão de recebimento da peça inicial acusatória existem duas correntes:

– a primeira corrente sustenta que é necessária a fundamentação, pois a CF, no art. 93, inciso IX, exige que todas as decisões judiciais sejam fundamentadas;

– a segunda corrente sustenta que não é necessária, pois a decisão de recebimento tem a natureza de um despacho, salvo se for crime fa-

---

[1] TOURINHO FILHO, Fernando da Costa. *Processo penal.* São Paulo: Saraiva, 1997. v. 1, 2 e 3.

[2] DEMERCIAN, Pedro Henrique. *A oralidade no processo penal brasileiro.* São Paulo: Atlas, 1999.

limentar; a jurisprudência dos Tribunais Superiores possui o entendimento de que a decisão que recebe a denúncia possui natureza jurídica de despacho, não necessitando fundamentação exauriente por parte do Magistrado quanto aos motivos do seu recebimento. Trata-se de declaração positiva do juiz, no sentido de que estão presentes os requisitos fundamentais do art. 41 e ausentes quaisquer hipóteses do art. 395, ambos do CPP.

a4) **efeito:** o recebimento da denúncia interrompe o prazo prescricional, conforme o art. 117, inciso I, do CP;

a5) **natureza:** decisão interlocutória simples, pois é decisão sobre marcha processual, sem julgamento do mérito;

a6) **prazo:** cinco dias, conforme o art. 800, inciso II, do CPP;

a7) **suspensão condicional do processo:** se for crime cuja pena mínima privativa de liberdade não supere um ano antes do recebimento, o Ministério Público pode apresentar proposta de suspensão condicional do processo.

b) **Negativa:** rejeição da denúncia ou queixa.

b1) **motivo:** quando não atende às formalidades do art. 41 do CPP ou incide em uma das situações do art. 395 do CPP;

b2) **recurso:** cabe Recurso em Sentido Estrito (art. 581, I, do CPP); no caso de infração de menor potencial ofensivo, cabe apelação (art. 82 da Lei n. 9.099/95); se for crime de competência originária de tribunal, cabe agravo (art. 39 da Lei n. 8.038/90);

b3) **fundamentação:** é necessária, conforme o art. 93, inciso IX, da Constituição Federal, que prevê o princípio constitucional da motivação das decisões judiciais;

b4) **não nulidade:** se o magistrado, de forma sucinta, se manifestou sobre as matérias que poderiam levar à rejeição da denúncia e deixou de enfrentar questões atinentes à **reconstrução histórica dos fatos**, não há que se falar em nulidade do ato judicial[3];

b5) **natureza:** decisão interlocutória mista terminativa que faz coisa julgada formal, ou seja, decisão que encerra a relação processual, sem julgamento de mérito;

b6) **prazo:** cinco dias, conforme o art. 800, inciso II, do CPP.

---

[3] STJ, AgR no RO em HC n. 2019/0226595-3, rel. Min. Rogerio Schietti Cruz, 6ª T., j. 13-12-2019.

b7) Súmula 709 do STF: salvo quando nula a decisão de primeiro grau, o acórdão que provê o recurso contra a rejeição da denúncia vale, desde logo, pelo recebimento dela.

b8) Súmula 707 do STF: constitui nulidade a falta de intimação do denunciado para oferecer contrarrazões ao recurso interposto da rejeição da denúncia, não a suprindo a nomeação de defensor dativo.

b9) motivos da rejeição: 1) inépcia da inicial ocorre quando há irregularidade que impeça a compreensão da acusação, em flagrante prejuízo à defesa do acusado, com a não observância dos requisitos do art. 41 do CPP; 2) falta das condições da ação; 3) falta de pressuposto processual; 4) falta de justa causa, ou seja, falta do suporte mínimo necessário que comprove os indícios da materialidade da infração penal e sua respectiva autoria, para a viabilidade e a seriedade da acusação.

c) **Após o recebimento da denúncia ou queixa:** o processo se desenvolverá por meio de uma sequência de atos processuais, que serão analisados a seguir.

3. Citação do réu

a) **Ato processual:** manifestação de vontade que produz efeitos no processo;

b) **Ato oficial:** determinada por ordem do juiz, salvo no Juizado Especial, em que pode ser determinada de viva voz na Secretaria.

c) **Ato de comunicação processual:** é ato pelo qual se chama o acusado, denunciado ou querelado a juízo para apresentação da defesa, ou seja, para responder à acusação por escrito no prazo de 10 dias, possibilitando o exercício da ampla defesa e do contraditório efetivo.

d) **Disciplina jurídica:** será feita de acordo com as regras legais previstas nos arts. 351 e seguintes do CPP:

e) **Chamamento:** ato que comunica o réu de que há contra ele uma acusação, ao mesmo tempo que o chama para que venha defender-se no processo; o sujeito passivo da citação é o acusado (denunciado ou querelado).

f) **Insano mental:** a citação será feita na própria pessoa do insano, salvo no caso de insanidade mental reconhecida em juízo, em que a citação será feita na pessoa do curador nomeado.

g) **Pessoa jurídica:** a citação será feita na pessoa do representante legal;

h) **Execução penal:** não há necessidade de citação, exceto na hipótese do art. 164 da Lei n. 7.210/84;

i) **Natureza jurídica:** é uma garantia individual em face do princípio do contraditório e da ampla defesa;

j) **Nulidade:** na ausência, há nulidade absoluta (art. 564, III, *e*, do CPP); na irregularidade, há nulidade relativa (art. 564, IV, do CPP);

k) **Efeito:** completar à instância ou relação processual (art. 363 do CPP);

l) **Revelia:** ocorre quando o réu é citado ou intimado pessoalmente para qualquer ato, deixar de comparecer sem motivo justificado, ou, no curso do processo, muda de endereço sem prévia comunicação ao Juízo. Se for citado por edital, não comparecer nem constituir defensor, haverá suspensão do processo e do prazo prescricional; se comparecer ou constituir defensor, o processo prosseguirá. Nos crimes de lavagem de dinheiro, conforme o art. 2º, § 2º, da Lei n. 9.613/98, se o réu for citado por edital e não comparecer nem constituir advogado, o processo seguirá até o julgamento, com a nomeação de defensor dativo;

m) **Espécies:** pessoal: mandado, precatória, rogatória, carta de ordem e requisição; ficta: edital e hora certa.

m1) **mandado:** é feito quando o réu estiver em local certo, no território de jurisdição do juiz da causa;

m2) **precatória:** é feita quando o réu estiver em local certo, mas fora do território de jurisdição do juiz da causa;

m3) **rogatória:** (a) quando o réu estiver em local certo e sabido, no exterior; (b) quando o réu estiver em legações estrangeiras (sede de consulados ou embaixadas);

m4) **carta de ordem:** (a) quando é feita de tribunal para juiz; (b) de Tribunal superior para Tribunal de segunda instância;

m5) **militar:** expedição de ofício requisitório ao chefe do serviço, para que este faça a citação. Se estiver fora do território do juízo processante, a citação será por precatória;

m6) **preso:** será pessoal, ou seja, o oficial de justiça dirige-se ao estabelecimento penitenciário, faz a leitura do mandado, entrega a contrafé (cópia do mandado e da acusação) e faz a certidão da ocorrência;

m7) **funcionário público:** pode ser por mandado ou precatória, mas há necessidade de notificar o chefe da repartição, para que providencie a substituição do funcionário;

m8) **edital:** quando o acusado não for encontrado. O prazo da defesa começará a fluir a partir do comparecimento pessoal do acusado ou do defensor constituído. A citação por edital na hipótese de local inacessível continua a existir, por aplicação analógica do art. 256, inciso II, do CPC/2015;

m9) **hora certa:** quando, por 2 (duas) vezes, o oficial de justiça houver procurado o citando em seu domicílio ou residência sem o encontrar, deverá, havendo suspeita de ocultação, intimar qualquer pessoa da família ou, em sua falta, qualquer vizinho de que, no dia útil imediato, voltará a fim de efetuar a citação, na hora que designar. No dia e na hora designados, o oficial de justiça, independentemente de novo despacho, comparecerá ao domicílio ou à residência do citando a fim de realizar a diligência. Se o citando não estiver presente, o oficial de justiça procurará informar-se das razões da ausência, dando por feita a citação, ainda que o citando se tenha ocultado em outra comarca, seção ou subseção judiciárias. A citação com hora certa será efetivada mesmo que a pessoa da família ou o vizinho que houver sido intimado esteja ausente, ou se, embora presente, a pessoa da família ou o vizinho se recusar a receber o mandado. Da certidão da ocorrência, o oficial de justiça deixará contrafé com qualquer pessoa da família ou vizinho, conforme o caso, declarando-lhe o nome. Feita a citação com hora certa, o escrivão ou chefe de secretaria enviará ao réu, executado ou interessado, no prazo de 10 (dez) dias, contado da data da juntada do mandado aos autos, carta, telegrama ou correspondência eletrônica, dando-lhe de tudo ciência.

n) **Importância:** a citação, ato essencial do processo, é exigência fundamental ao exercício do contraditório. Trata-se do conhecimento, pelo acusado, de todos os termos da acusação, para que possa participar ativamente da produção de provas e influenciar o convencimento do juiz. É por meio dela que o indivíduo toma conhecimento dos fatos que o Estado, por meio do jus puniendi lhe direciona e, assim, passa a poder demonstrar os seus contra-argumentos à versão acusatória (contraditório, ampla defesa e devido processo legal) – *Informativo* n. 688/2021 do STJ.

o) **Deputado Federal:** recebida a denúncia antes de o réu ter sido diplomado como Deputado Federal, apresentada a defesa escrita, é de ser examinada a possibilidade de absolvição sumária, segundo a previsão do art. 397 do Código de Processo Penal, mesmo que o rito, por terem os autos sido remetidos ao Supremo Tribunal Federal, passe a ser o da Lei 8.038/90" (AP 630 AgR, Rel. Min. Ricardo Lewandowski, Tribunal Pleno, j. 15-12-2011, *DJe* de 22-3-2012).

p) **WhatsApp:** é possível a utilização de *WhatsApp* para a citação de acusado, desde que sejam adotadas medidas suficientes para atestar a autenticidade do número telefônico, bem como a identidade do indivíduo destinatário do ato processual, nos termos do *Informativo* n. 688/2021 do STJ.

4. Resposta à acusação ou defesa ou resposta inicial

a) **forma:** peça escrita;

b) **prazo:** 10 dias;

c) **termo inicial do prazo:** intimação; no caso de citação por edital, a partir do comparecimento pessoal do acusado ou do defensor constituído;

d) **nulidade:** falta de concessão de prazo para apresentação da defesa inicial;

e) **legitimidade ativa:** acusado, por meio de profissional habilitado;

f) **conteúdo:** (1) pode juntar documentos; (2) arrolar testemunhas; (3) requerer diligências; (4) incompetência do juízo; (5) especificar provas; (6) tudo o que interesse à defesa do acusado; (7) oferecer justificações;

g) **não apresentação no prazo legal:** juiz nomeará defensor para oferecer a defesa no prazo de 10 dias;

h) **pedido de indicação** *a posteriori* **de rol de testemunhas:** a REGRA é a de que, ultrapassado o prazo processual adequado, há preclusão do direito de arrolar testemunha. Porém, existem DUAS EXCEÇÕES em que há possibilidade de admissão da oitiva a destempo: a) como testemunha do juízo, nos termos do art. 209 do CPP, tendo em vista ser o magistrado o destinatário da prova; b) impossibilidade do contato do defensor público com o acusado e busca de verdade real: não há preclusão, pois não houve inércia da defesa, ficando ao prudente arbítrio do magistrado o deferimento do pedido formulado, que não viola os princípios da paridade de armas e do contraditório (*Informativo* n. 565/2015 do STJ);

i) **nulidade:** inexiste nulidade na desconsideração do rol de testemunhas quando apresentado fora da fase estabelecida no art. 396-A do CPP (REsp 1.828.483/MG, Rel. Ministro Rogerio Schietti Cruz, Sexta Turma, j. 3-12-2019, *DJe* de 6-12-2019);

j) **providência após apresentação da resposta à acusação:** apesar de não prevista em lei no procedimento ordinário, é imperiosa a oitiva do Ministério Público, mormente no caso de apresentação de fatos novos ou provas novas, em homenagem ao princípio do contraditório. Após manifestação do MP, se não for caso de absolvição sumária, o juiz dará prosseguimento ao feito, designando data para a audiência de instrução e julgamento a ser realizada.

5. Absolvição sumária

a) **conceito:** é a possibilidade de julgamento antecipado da lide;

b) **previsão legal:** art. 397 do CPP;

c) **cabimento:** I – existência manifesta de causa excludente da ilicitude do fato (art. 23 do Código Penal); II – existência manifesta de causa excludente da culpabilidade do agente, salvo inimputabilidade; III – que o fato narrado evidentemente não constitui crime (ausência de tipicidade, impossibilidade jurídica do pedido); IV – extinta a punibilidade do agente;

d) **natureza:** decisão de mérito, passível de coisa julgada material, a absolvição sumária possui hipóteses restritas (art. 397 do CPP), notadamente porque encerra juízo de mérito a respeito do cometimento do delito denunciado[4];

e) **recurso:** apelação, salvo no caso de extinção da punibilidade, em que o recurso oponível continua sendo o recurso em sentido estrito, nos termos do art. 581, VIII, do CPP;

f) **julgamento de apelação interposta pelo Ministério Público contra sentença de absolvição sumária:** o Tribunal não poderá analisar o mérito da ação penal para condenar o réu, podendo, entretanto, prover o recurso para determinar o retorno dos autos ao juízo de primeiro grau, a fim de viabilizar o prosseguimento do processo. O enfrentamento antecipado do mérito da ação penal pela segunda instância afronta a competência do Juízo de primeiro grau, com clara supressão de instância, em violação ao princípio do juiz natural, dos princípios do devido processo legal, da ampla defesa e do duplo grau de jurisdição (*Informativo* n. 579/2016 do STJ);

g) **decretação:** a absolvição sumária só é possível se evidenciada uma das hipóteses previstas no art. 397 do CPP. Na dúvida deve existir a devida instrução probatória.

6. Não decretação de absolvição sumária

a) **Providência judicial:** se após o oferecimento da resposta à acusação o juiz verificar que não é caso de absolvição sumária, designará dia e hora para a audiência, ordenando a intimação do acusado, de seu defensor, do Ministério Público e, se for o caso, do querelante e do assistente.

b) **Conteúdo:** com a não decretação da absolvição sumária, o magistrado, ao proferir decisão que determina o prosseguimento do processo, deverá ao menos aludir àquilo que fora trazido na resposta à acusação, não se eximindo também da incumbência de enfrentar questões processuais relevantes e urgentes (*Informativo* n. 556/2015 do STJ).

c) **O *caput* do art. 399 do CPP:** ao estabelecer ato de recebimento da denúncia ou queixa, gerou divergência na doutrina. Para alguns, o primeiro recebimento previsto no art. 396 do CPP tem natureza provisória e o segundo recebimento previsto no art. 399 do CPP tem natureza definitiva e que gera a interrupção do prazo prescricional. Para outros, o segundo recebimento é apenas uma ratificação do primeiro recebimento, de forma que não gera a interrupção do prazo prescricional. Adotamos a posição de que existe apenas um recebimento, que é o previsto no art. 396 do CPP.

d) **Intimação do acusado:** cabe ressaltar que se o réu estiver fora do território do juízo processante, a intimação será feita por precatória; se o réu estiver preso, haverá a requisição da apresentação do acusado em juízo em dia, hora e local designados.

---

[4] AgR no AREsp 1.427.631/SP, rel. Min. Joel Ilan Paciornik, 5ª T., *DJe* 23-9-2019.

e) **Identidade física:** o Código de Processo Penal estabelece que *"o juiz que presidiu a instrução deverá proferir a sentença"* (art. 399, §§ 1º e 2º), adotando, de forma expressa, o princípio da identidade física do Juiz, ou seja, o Juiz que colher a prova deve julgar o processo.

7. Audiência de instrução e julgamento

a) **prazo máximo:** *60 (sessenta) dias*; trata-se de um prazo impróprio, ou seja, inexiste sanção em caso de sua inobservância;

b) **atos processuais:** (1) declarações do ofendido, (2) inquirição das testemunhas arroladas pela acusação e pela defesa, nesta ordem, (3) esclarecimentos dos peritos, (4) acareações, (5) reconhecimento de pessoas e coisas e (6) interrogatório do acusado;

c) **concentração:** as provas serão produzidas numa só audiência;

d) **indeferimento:** o juiz pode indeferir as provas consideradas irrelevantes, impertinentes ou protelatórias; o deferimento da produção de provas é faculdade do juiz, no exercício de sua discricionariedade motivada;

e) **indeferimento injustificado de prova pelo juiz:** poderá acarretar a nulidade absoluta. Se a prova recusada for favorável ao acusado, o indeferimento ensejará *habeas corpus*; se produzir prova contra o acusado, o indeferimento poderá ensejar a correição parcial ou mandado de segurança;

f) **requisito da perícia:** se forem necessários esclarecimentos dos peritos, as partes deverão requerer previamente (art. 400, §§ 1º e 2º). Será dada prioridade à realização do exame de corpo de delito quando se tratar de crime que envolva: I – violência doméstica e familiar contra mulher; II – violência contra criança, adolescente, idoso ou pessoa com deficiência;

g) **documentação:** termo lavrado em livro próprio, assinado pelo juiz e pelas partes, contendo breve resumo dos fatos relevantes nela ocorridos;

h) **gravação:** sempre que possível, o registro dos depoimentos do investigado, indiciado, ofendido e testemunhas será feito pelos meios ou recursos de gravação magnética, estenotipia, digital, ou técnica similar, inclusive audiovisual, destinada a obter maior fidelidade das informações. No caso de registro por meio audiovisual, será encaminhada às partes cópia do registro original, sem necessidade de transcrição.

i) **Disposições gerais da prova:**

i1) **persuasão racional:** o juiz formará sua convicção pela livre apreciação da prova produzida em contraditório judicial;

i2) **proibição de fundamentação na decisão judicial:** exclusivamente nos elementos informativos colhidos na investigação, ressalvadas as provas cautelares, não repetíveis e antecipadas;

i3) **prova do estado das pessoas:** serão observadas as restrições estabelecidas na lei civil;

i4) **ônus da prova:** a prova da alegação incumbirá a quem a fizer;

i5) **atuação probatória de ofício pelo juiz:** I – ordenar, mesmo antes de iniciada a ação penal, a produção antecipada de provas consideradas urgentes e relevantes, observando a necessidade, adequação e proporcionalidade da medida; II – determinar, no curso da instrução, ou antes de proferir sentença, a realização de diligências para dirimir dúvida sobre ponto relevante;

i6) **inadmissibilidade:** são inadmissíveis, devendo ser desentranhadas do processo, as provas ilícitas, assim entendidas as obtidas em violação a normas constitucionais ou legais (preclusa a decisão de desentranhamento da prova declarada inadmissível, esta será inutilizada por decisão judicial, facultado às partes acompanhar o incidente). São também inadmissíveis as provas derivadas das ilícitas, salvo quando não evidenciado o nexo de causalidade entre umas e outras, ou quando as derivadas puderem ser obtidas por uma fonte independente (considera-se fonte independente aquela que por si só, seguindo os trâmites típicos e de praxe, próprios da investigação ou instrução criminal, seria capaz de conduzir ao fato objeto da prova) das primeiras;

i7) **vedação:** o juiz que conhecer do conteúdo da prova declarada inadmissível não poderá proferir a sentença ou acórdão.

Cadeia de custódia

Conceito: conjunto de todos os procedimentos utilizados para manter e documentar a história cronológica do vestígio (todo objeto ou material bruto, visível ou latente, constatado ou recolhido, que se relaciona à infração penal) coletado em locais ou em vítimas de crimes, para rastrear sua posse e manuseio a partir de seu reconhecimento até o descarte.

Finalidade: assegurar a originalidade, a autenticidade e a integridade do vestígio, garantindo assim a idoneidade e transparência na produção da prova técnica.

Realização: aqueles que entram em contato direta ou indiretamente com o material probatório e estão presentes do momento em que se tem conhecimento do fato delituoso até o esgotamento definitivo do interesse do Estado na preservação do vestígio.

Trâmite do vestígio na cadeia de custódia:

início: preservação do local de crime ou com procedimentos policiais ou periciais nos quais seja detectada a existência de vestígio. O agente público que reconhecer um elemento como de potencial interesse para a produção da prova pericial fica responsável por sua preservação;

reconhecimento: ato de distinguir um elemento como de potencial interesse para a produção da prova pericial;

isolamento: ato de evitar que se altere o estado das coisas, devendo isolar e preservar o ambiente imediato, mediato e relacionado aos vestígios e local de crime;

fixação: descrição detalhada do vestígio conforme se encontra no local de crime ou no corpo de delito, e a sua posição na área de exames, podendo ser ilustrada por fotografias, filmagens ou croqui; é indispensável a sua descrição no laudo pericial produzido pelo perito responsável pelo atendimento;

coleta: ato de recolher o vestígio que será submetido a análise pericial, respeitando suas características e natureza; a coleta dos vestígio deverá ser realizada preferencialmente por perito oficial, que dará o encaminhamento necessário para a central de custódia, mesmo quando for necessária a realização de exames complementares;

acondicionamento: procedimento por meio do qual cada vestígio coletado é embalado de forma individualizada, de acordo com suas características físicas, químicas e biológicas, para posterior análise, com anotação da data, hora e nome de quem realizou a coleta e o acondicionamento. O recipiente para acondicionamento do vestígio será determinado pela natureza do material. Todos os recipientes deverão ser selados com lacres, com numeração individualizada, de forma a garantir a inviolabilidade e a idoneidade do vestígio durante o transporte. O recipiente deverá individualizar o vestígio, preservar suas características, impedir contaminação e vazamento, ter grau de resistência adequado e espaço para registro de informações sobre seu conteúdo. O recipiente só poderá ser aberto pelo perito que vai proceder à análise e, motivadamente, por pessoa autorizada. Após cada rompimento de lacre, deve-se fazer constar na ficha de acompanhamento de vestígio o nome e a matrícula do responsável, a data, o local, a finalidade, bem como as informações referentes ao novo lacre utilizado. O lacre rompido deverá ser acondicionado no interior do novo recipiente;

transporte: ato de transferir o vestígio de um local para o outro, utilizando as condições adequadas (embalagens, veículos, temperatura, entre outras), de modo a garantir a manutenção de suas características originais, bem como o controle de sua posse;

recebimento: ato formal de transferência da posse do vestígio, que deve ser documentado com, no mínimo, informações referentes ao número de procedimento e unidade de polícia judiciária relacionada, local de origem, nome de quem transportou o vestígio, código de rastreamento, natureza do exame, tipo do vestígio, protocolo, assinatura e identificação de quem o recebeu;

processamento: exame pericial em si, manipulação do vestígio de acordo com a metodologia adequada às suas características biológicas, físicas e químicas, a fim de se obter o resultado desejado, que deverá ser formalizado em laudo produzido por perito;

armazenamento: procedimento referente à guarda, em condições adequadas, do material a ser processado, guardado para realização de contraperícia, descartado ou transportado, com vinculação ao número do laudo correspondente;

descarte: procedimento referente à liberação do vestígio, respeitando a legislação vigente e, quando pertinente, mediante autorização judicial.

Central de custódia:

existência: em todos os Institutos de Criminalística deverá haver uma central de custódia;

finalidade: guarda e controle dos vestígios;

gestão: deve ser vinculada diretamente ao órgão central de perícia oficial de natureza criminal;

conteúdo: toda central de custódia deve possuir os serviços de protocolo, com local para conferência, recepção, devolução de materiais e documentos, possibilitando a seleção, a classificação e a distribuição de materiais, devendo ser um espaço seguro e apresentar condições ambientais que não interfiram nas características do vestígio;

entrada e saída: na central de custódia, a entrada e a saída de vestígio deverão ser protocoladas, consignando-se informações sobre a ocorrência no inquérito que a eles se relacionam. Todas as pessoas que tiverem acesso ao vestígio armazenado deverão ser identificadas e deverão ser registradas a data e a hora do acesso;

registro: por ocasião da tramitação do vestígio armazenado, todas as ações deverão ser registradas, consignando-se a identificação do responsável pela tramitação, a destinação, a data e horário da ação;

devolução: após a realização da perícia, o material deverá ser devolvido à central de custódia, devendo nela permanecer;

não espaço ou condições de armazenar determinado material: deverá a autoridade policial ou judiciária determinar as condições de depósito do referido material em local diverso, mediante requerimento do diretor do órgão central de perícia oficial de natureza criminal.

violação da cadeia de custódia: é a inidoneidade do caminho que deve ser percorrido pela prova até sua análise pelo magistrado. Sobre a violação existe divergência, de forma que há dois posicionamentos:

a) ilegitimidade (ou ilicitude) da prova, de maneira que não pode ser admitida no processo[5]; tem como objetivo garantir a todos os acusados o devido processo legal e os recursos a ele inerentes, como a ampla defesa, o contraditório e principalmente o direito à prova lícita;

b) esse tipo de vício deve ser resolvido pela atribuição de "menor valor ao meio de prova" em questão[6].

fraude processual: é proibida a entrada em locais isolados, bem como a remoção de quaisquer vestígios de locais de crime antes da liberação por parte do perito responsável, sendo tipificada como fraude processual a sua realização.

parâmetro: todos vestígios coletados no decurso do inquérito ou processo devem ser tratados como descrito na lei, ficando o órgão central de perícia oficial de natureza criminal responsável por detalhar a forma do seu cumprimento.

8. Declarações do ofendido

a) **conteúdo:** será qualificado e perguntado sobre as circunstâncias da infração, quem seja ou presuma ser o seu autor, as provas que possa indicar, tomando-se por termo as suas declarações;

b) **requisito:** intimação;

c) **não comparecimento injustificado:** o ofendido poderá ser conduzido à presença da autoridade;

d) **direito de comunicação:** o ofendido será comunicado dos atos processuais relativos ao ingresso e à saída do acusado da prisão, à designação de data para audiência e à sentença e respectivos acórdãos que a mantenham ou modifiquem. As comunicações ao ofendido deverão ser feitas no endereço por ele indicado, admitindo-se, por opção do ofendido, o uso de meio eletrônico;

---

[5] LOPES JR., Aury. *Direito processual penal.* 15. ed. São Paulo: Saraiva, 2018.

[6] BADARÓ, Gustavo. A cadeia de custódia e sua relevância para a prova penal. In: SIDI, Ricardo; LOPES, Anderson Bezerra (Org.). *Temas atuais da investigação preliminar no processo penal.* Belo Horizonte: D'Plácido, 2017.

e) **direito territorial:** antes do início da audiência e durante a sua realização, será reservado espaço separado para o ofendido;

f) **providência complementar:** se o juiz entender necessário, poderá encaminhar o ofendido para atendimento multidisciplinar, especialmente nas áreas psicossocial, de assistência jurídica e de saúde, a expensas do ofensor ou do Estado;

g) **obrigação judicial:** preservação da intimidade, vida privada, honra e imagem do ofendido, podendo, inclusive, determinar o segredo de justiça em relação aos dados, depoimentos e outras informações constantes dos autos a seu respeito para evitar sua exposição aos meios de comunicação.

9. Audiência para oitiva das testemunhas de acusação

a) **conceito:** testemunha relata ao juiz as suas percepções sensoriais sobre fato relevante do processo;

b) **são informantes (não prestam compromisso de dizer a verdade):** (1) menores de 14 anos; (2) doentes e deficientes mentais; (3) os dispensados de testemunhar;

c) **são dispensados de testemunhar (é opção, desde que não seja possível obter ou descobrir a prova do fato e de suas circunstâncias):** (1) ascendente; (2) descendente; (3) afim em linha reta; (4) cônjuge; (5) irmão; (6) filho adotivo;

d) **são proibidas de testemunhar:** pessoas que têm obrigação de sigilo profissional, em razão de função, ministério, ofício ou profissão, salvo se, desobrigadas pela parte interessada, quiserem dar seu testemunho. Esta proibição é estendida ao advogado (mesmo autorizado pelo cliente, não pode testemunhar), Juiz e Ministério Público;

e) **lugar do depoimento:** foro do juízo; exceção: fora da sede do juízo: (1) pessoas impossibilitadas por enfermidade ou velhice; neste caso, o lugar será o local onde estiverem; (2) autoridades do art. 221 do CPP podem marcar dia, hora e local para inquirição;

f) **quando a testemunha residir fora do juízo processante:** ela será ouvida pelo juízo do local de sua residência; as partes devem ser intimadas da expedição da carta precatória (Súmula 155 do STF). Se residir fora do país, pode ser expedida carta rogatória se demonstrada previamente a sua imprescindibilidade, arcando a parte requerente com os custos de envio. Tanto a expedição da precatória como a da rogatória não suspenderão a instrução criminal;

g) **quando a testemunha não conhecer a língua oficial:** será nomeado intérprete;

h) **produção antecipada do depoimento testemunhal:** quando houver fundado receio de que a prova desaparecerá (morte, ausência ou esquecimento) na época da instrução criminal. O depoimento será feito de ofício ou a requerimento de qualquer das partes. De acordo com a Súmula 455 do STJ, "a decisão que determina a produção antecipada de provas com base no art. 366 do CPP deve ser concretamente fundamentada, não a justificando unicamente o mero decurso do tempo". É justificável a antecipação da colheita da prova testemunhal com arrimo no art. 366 do Código de Processo Penal nas hipóteses em que as testemunhas são policiais. O atuar constante no combate à criminalidade expõe o agente da segurança pública a inúmeras situações conflituosas com o ordenamento jurídico, sendo certo que as peculiaridades de cada uma acabam se perdendo em sua memória, seja pela frequência com que ocorrem, ou pela própria similitude dos fatos, sem que isso configure violação à garantia da ampla defesa do acusado (*Informativo* n. 595/2017).

i) **depoimento da testemunha:** (1) qualificação; (2) compromisso de dizer a verdade, salvo casos de dispensa; (3) relato sobre os fatos, não podendo indicar suas apreciações pessoais, salvo quando inseparáveis da narrativa do fato; (4) perguntas das partes (inquirição direta, ou seja, as partes perguntam de forma direta às testemunhas, permanecendo o juiz com o papel de fiscalizador, já que pode indeferir perguntas que não tiverem relação com a causa, impertinentes ou já respondidas): sempre em primeiro lugar, a parte que arrolou a testemunha, depois a parte contrária; (5) lavratura do termo; (6) assinatura;

j) **se a testemunha for intimada e não comparecer por motivo injustificado:** (a) o juiz pode determinar a sua condução coercitiva (art. 218 do CPP); (b) pode aplicar a multa do art. 453 do CPP; (c) pode processar por crime de desobediência; (d) pode condenar ao pagamento das custas da diligência;

k) **prazo:** o prazo da oitiva será de 20 dias, quando o réu for preso, e de 40 dias, quando o réu for solto;

l) **incomunicabilidade entre testemunhas:** antes do início da audiência e durante a sua realização serão reservados espaços para a garantia da incolumidade das testemunhas;

m) **oitiva por videoconferência:** permitida a presença do defensor, podendo ser realizada, inclusive, durante a audiência de instrução e julgamento.

10. Audiência para oitiva das testemunhas de defesa: mesmo procedimento da oitiva das testemunhas de acusação. Não pode ocorrer inversão na oitiva das testemunhas; em primeiro lugar sempre será a acusação, sob pena de nulidade absoluta.

11. Acareações

a) **cabimento:** será admitida entre acusados, entre acusado e testemunha, entre testemunhas, entre acusado ou testemunha e a pessoa ofendida, e entre as pessoas ofendidas, sempre que divergirem em suas declarações sobre fatos ou circunstâncias relevante;

b) **forma:** os acareados serão reperguntados, para que expliquem os pontos de divergência, reduzindo-se a termo o ato de acareação. Se ausente alguma testemunha cujas declarações divirjam das de outra, que esteja presente, a estas se darão a conhecer os pontos da divergência, consignando-se no auto o que explicar ou observar. Se subsistir a discordância, expedir-se-á precatória à autoridade do lugar onde resida a testemunha ausente, transcrevendo-se as declarações desta e as da testemunha presente, nos pontos em que divergirem, bem como o texto do referido auto, a fim de que se complete a diligência, ouvindo-se a testemunha ausente, pela mesma forma estabelecida para a testemunha presente. Essa diligência só se realizará quando não importe demora prejudicial ao processo e o juiz a entenda conveniente;

c) **natureza:** a acareação é providência facultativa, a critério do juiz, não direito do acusado (*Informativo* n. 245/2005 do STJ).

12. Reconhecimento de pessoas e coisas

a) **reconhecimento de pessoas:** I – a pessoa que tiver de fazer o reconhecimento será convidada a descrever a pessoa que deva ser reconhecida; II – a pessoa, cujo reconhecimento se pretender, será colocada, se possível, ao lado de outras que com ela tiverem qualquer semelhança, convidando-se quem tiver de fazer o reconhecimento a apontá-la; III – se houver razão para recear que a pessoa chamada para o reconhecimento, por efeito de intimidação ou outra influência, não diga a verdade em face da pessoa que deve ser reconhecida, a autoridade providenciará para que esta não veja aquela; IV – do ato de reconhecimento lavrar-se-á auto pormenorizado, subscrito pela autoridade, pela pessoa chamada para proceder ao reconhecimento e por duas testemunhas presenciais;

b) **reconhecimento de objeto:** será feito com as cautelas estabelecidas no reconhecimento de pessoas, no que for aplicável;

c) **reconhecimento plurissubjetivo:** se várias forem as pessoas chamadas a efetuar o reconhecimento de pessoa ou de objeto, cada uma fará a prova em separado, evitando-se qualquer comunicação entre elas;

d) **reconhecimento fotográfico:** é nula a condenação fundamentada em reconhecimento fotográfico que, além de ter sido realizado com grande lapso temporal dos fatos, encontra-se em contradição com os depoimentos prestados pela vítima, não sendo possível a sua convalidação em juízo (*Informativo* n. 746/2022 do STJ);

e) **necessidade no reconhecimento pessoal:** para a jurisprudência do STJ, o reconhecimento de pessoa, presencialmente ou por fotografia, realizado na fase do inquérito policial, apenas é apto para identificar o réu e fixar a autoria delitiva quando observadas as formalidades previstas no art. 226 do Código de Processo Penal e corroborado por outras provas colhidas na fase judicial, sob o crivo do contraditório e da ampla defesa (HC 598.886/SC, Ministro Rogerio Schietti Cruz, Sexta Turma, *DJe* 18-12-2020). Se a vítima é capaz de individualizar o autor do fato, é desnecessário instaurar o procedimento do art. 226 do CPP (*Informativo* n. 733/2022 do STJ).

13. Interrogatório do réu

a) **natureza:** meio de defesa e meio de prova;

b) **características:** (1) ato personalíssimo: só o réu pode ser interrogado; (2) ato público: qualquer pessoa pode assistir; (3) ato judicial: somente o juiz pode interrogar; (4) ato não preclusivo: pode ser realizado em qualquer momento;

c) **presença na audiência do interrogatório:** (1) do defensor: deve ser durante o interrogatório, sob pena de nulidade; (2) Ministério Público: pode ou não comparecer;

d) **réu preso:** será interrogado no estabelecimento carcerário, se forem preenchidas três condições: (1) garantida a presença do defensor; (2) haver segurança para o juiz, membro do Ministério Público e auxiliares; (3) garantida a publicidade do ato;

e) **defesa e Ministério Público:** podem fazer perguntas no final do interrogatório, em caráter complementar; o juiz pode indeferir as impertinentes e irrelevantes;

f) **por precatória:** é possível;

g) **direitos do acusado:** confessar, negar, silenciar e mentir;

h) **negativa de responder a perguntas de qualificação:** contravenção do art. 68, prevista no Decreto-lei n. 3.688, de 3-10-1941;

i) **espécies:** (1) analfabeto com deficiência de se comunicar: intervenção de intérprete; (2) estrangeiro: intérprete; (3) mudo: perguntas orais e respostas escritas; (4) surdo: perguntas escritas e respostas orais; (5) surdo-mudo: perguntas e respostas escritas;

j) **procedimento:** (1) qualificação; (2) ciência da acusação; (3) silêncio (o juiz informa o direito de permanecer calado e de não responder a perguntas que lhe são formuladas); (4) mérito (seguir o roteiro do art. 187 do Código de Processo Penal). De acordo com a Lei n. 13.257/2016, do interrogatório deverá constar a informação sobre a existência de filhos, respectivas idades e se possuem alguma deficiência e o nome e o contato de eventual responsável pelos cuidados dos filhos, indicado pela pessoa presa;

k) **Ilegalidade:** é ilegal o encerramento do interrogatório do paciente que se nega a responder aos questionamentos do juiz instrutor antes de oportunizar as indagações pela defesa (*Informativo* n. 732/2022 do STJ);

l) **interrogatório por sistema de videoconferência:**

l1) **caráter:** excepcional;

l2) **determinação:** juiz, por decisão fundamentada;

l3) **iniciativa:** de ofício ou a requerimento das partes;

l4) **finalidades:** prevenir risco à segurança pública, quando exista fundada suspeita de que o preso integre organização criminosa ou de que, por outra razão, possa fugir durante o deslocamento; viabilizar a participação do réu no referido ato processual, quando haja relevante dificuldade para seu comparecimento em juízo, por enfermidade ou outra circunstância pessoal; impedir a influência do réu no ânimo de testemunha ou da vítima, desde que não seja possível colher o depoimento destas por videoconferência, nos termos do art. 217 do Código de Processo Penal; responder a gravíssima questão de ordem pública;

l5) **requisito:** da decisão que determinar a realização de interrogatório por videoconferência as partes serão intimadas com 10 (dez) dias de antecedência;

l6) **direitos do preso:** a) entrevista prévia e reservada com o seu defensor; b) acesso a canais telefônicos reservados para comunicação entre o defensor que esteja no presídio e o advogado presente na sala de audiência do Fórum e entre este e o preso;

l7) **fiscalização:** a sala reservada no estabelecimento prisional para a realização de atos processuais por sistema de videoconferência será fiscalizada pelos corregedores e pelo juiz de cada causa, como também pelo Ministério Público e pela Ordem dos Advogados do Brasil.

14. Fase do art. 402 do CPP: diligências requeridas pelas partes

a) **prazo:** não há, pois devem ser requeridas de imediato;

b) **ordem:** Ministério Público – querelante – assistente – defesa;

c) **conteúdo:** diligências cuja necessidade se origine das circunstâncias ou de fatos apurados na instrução;

d) **requisito:** intimação, em nome da ampla defesa;

e) **prazo da decisão:** cinco dias, pois é interlocutória simples;

f) **indeferimento indevido:** nulidade do processo por cerceamento. O acusado pode utilizar o *habeas corpus* e a acusação, da correição parcial ou mandado de segurança;

g) **não requerimento ou indeferimento:** alegações finais;

h) **momento:** após o interrogatório, ao final da audiência.

15. Fase do art. 403 do CPP – alegações finais

a) **conteúdo:** dedução das pretensões e apreciação das provas. Segundo Tourinho[7], na fase das alegações, cumpre fazer uma apreciação das questões de fato apuradas no processo e, inclusive, sobre questões jurídicas, procurando mostrar a procedência e juridicidade do pedido;

b) **ordem:** Ministério Público – querelante – assistente – defesa;

c) **prazo:** vinte minutos, prorrogáveis por mais dez minutos;

d) **necessidade de intimação:** precisa, em homenagem à ampla defesa;

e) **forma:** oral;

f) **forma escrita:** (1) caso complexo; (2) número elevado de acusados. O prazo é de 5 dias para apresentação de memoriais;

g) **se houver mais de um réu:** *o tempo previsto para a defesa de cada um será individual;*

h) **prazo do advogado do assistente:** dez minutos, após as alegações finais do Ministério Público; neste caso prorroga-se *"por igual período o tempo de manifestação da defesa";*

i) **omissão:** o juiz tem poderes diante da omissão de alegações finais pelo advogado para oportunizar à parte a substituição dele no causídico ou, na inércia, para requerer que a Defensoria Pública ofereça as alegações finais (*Informativo* n. 715/2021 do STJ);

j) **pedido de absolvição feito pelo MP:** há a faculdade excepcional do julgador condenar o acusado em contrariedade ao pedido de absolvição do *Parquet*, desde que haja fundamentação substancial, já que o art. 385 do CPP é compatível com o sistema acusatório e não foi tacitamente derrogado pela Lei n. 13.964/2019 (*Informativo* n. 765/2023 do STJ);

k) **recusa do advogado a oferecer as alegações finais:** é forma ilegítima de impugnar as decisões judiciais. Neste caso, ou nomeia defensor *ad hoc* ou até mesmo providencia a destituição do causídico. Dessa forma, não há que se falar em ilegalidade ou abuso de poder, mas, sim, em adoção de medidas legítimas para resguardar a duração razoável do processo e o poder do juiz para conduzi-lo (*Informativo* n. 715/2021 do STJ);

l) **não oferecimento no júri:** a ausência do oferecimento das alegações finais em processos de competência do Tribunal do Júri não acarreta nulidade, uma vez que a decisão de pronúncia encerra juízo provisório acerca da culpa.

16. Sentença: O juiz profere sentença em dez dias; caso não se encontre habilitado, prorrogáveis por mais dez dias. Quando houver apresentação de memoriais, o juiz tem o prazo de dez dias para proferir a sentença.

a) **requisitos formais:** (1) relatório: história relevante do processo (dispensado no JECRIM); (2) fundamentação: indicação dos motivos de fato e de direito, com a apreciação de toda a matéria da acusação e defesa; (3) dispositivo: decisão propriamente dita;

---

[7] TOURINHO FILHO, Fernando da Costa. *Manual de processo penal*. São Paulo: Saraiva, 2003. p. 607.

b) **princípio da correlação:** o juiz tem de julgar o acusado pelos fatos narrados na ação penal; o acusado se defende dos fatos alegados, e não da capitulação legal da infração penal;

c) **publicação da sentença criminal:** (1) se tiver sido proferida em audiência: com a leitura da sentença; (2) se não tiver sido proferida em audiência: com a entrega em cartório;

d) **efeitos da publicação da sentença:** (1) regra: com a publicação, a sentença torna-se irretratável; (2) exceção: erros materiais (podem ser corrigidos de ofício) e a oposição de embargos de declaração;

e) **taxa:** se o réu for condenado, está obrigado a recolher taxa judiciária de 100 UFESPs, salvo no Juizado Especial Criminal;

f) **sentença absolutória:**

f1) **fundamentos:** (1) inexistência do fato; (2) prova da não existência do fato (o fato existe, mas não há prova de sua ocorrência); (3) fato atípico; (4) prova de não ter o réu concorrido para a infração penal; (5) estar provado que o réu não concorreu para a infração penal; (6) existência de circunstância excludente de ilicitude ou de isenção de pena; (7) prova não suficiente para condenação;

f2) **efeito principal:** mandar colocar o réu em liberdade, salvo necessidade de prisão por outro motivo;

f3) **outros efeitos:** ordenar a cessação das medidas cautelares e provisoriamente aplicadas; aplicar medida de segurança, quando for o caso;

f4) **sentença absolutória imprópria:**

   a) **Conceito:** é a que impõe medida de segurança;

   b) **Súmula 527 do STF:** o tempo de duração da medida de segurança não deve ultrapassar o limite máximo da pena abstratamente cominada ao delito praticado;

g) **sentença condenatória:**

g1) **condenação:** é ato do juiz que visa impor sanção penal ao autor da infração penal;

g2) **elementos da condenação:** subjetivo: a) ativo: é ato exclusivo do Poder Judiciário; b) passivo: agente culpável reconhecido por um fato típico e ilícito. *Formal*: obediência ao devido processo legal. Objetivo: aplica em sentença uma pena;

g3) **fundamento:** prova suficiente de autoria e materialidade da infração penal;

g4) **requisitos:** as circunstâncias agravantes ou atenuantes definidas no Código Penal, e cuja existência reconhecer; as outras circunstâncias apuradas e tudo o mais que deva ser levado em conta na aplicação da pena, de acordo com o disposto nos arts. 59 e 60 do Código Penal; aplicará as penas de acordo com essas conclusões; fixará valor mínimo para reparação dos danos causados pela infração, considerando os prejuízos sofridos pelo ofendido; determinará se a sentença deverá ser publicada na íntegra ou em resumo e designará o jornal em que será feita a publicação; decisão sobre a manutenção ou, se for o caso, imposição de prisão preventiva ou de outra medida cautelar, sem prejuízo do conhecimento da apelação que vier a ser interposta;

g5) **efeitos:** (1) lançamento do nome do réu no rol dos culpados, após o trânsito em julgado; (2) obrigação de indenizar; (3) confisco: perda dos instrumentos e produtos do crime; (4) suspensão dos direitos políticos enquanto durarem os efeitos da condenação; (5) efeitos secundários do art. 92 do CPP; (6) suspensão ou proibição de obter permissão ou habilitação para dirigir veículo automotor, de dois meses a cinco anos, após transitar em julgado, por crime de trânsito;

h) **efeitos da condenação**

h1) **conceito:** são consequências que atingem, de modo direto ou indireto, a pessoa do condenado por sentença penal irrecorrível. Não se limitam ao campo penal;

h2) **pressuposto:** sentença penal condenatória (proferida em regular ação penal, impondo pena ao autor, coautor ou partícipe, em um crime ou contravenção) transitada em julgado (é a decisão judicial que não mais comporta recurso). A sentença que aplica medida de segurança aos inimputáveis não produz efeitos da condenação, pois tem natureza de sentença absolutória (ausência de condenação). A sentença que aplica medida de segurança aos semi-imputáveis produz efeitos da condenação, pois tem natureza condenatória. O juiz condena com redução da pena, e depois, se recomendável, substitui a pena diminuída por medida de segurança;

h3) **efeito principal:** é a consequência jurídica direta e imediata – imposição da pena ou medida de segurança (semi-imputáveis);

h4) **efeitos secundários ou reflexos ou acessórios ou mediatos ou indiretos da condenação:** a) natureza penal; b) natureza extrapenal;

i) Súmula 631 do STJ: o indulto extingue os efeitos primários da condenação (pretensão executória), mas não atinge os efeitos secundários, penais ou extrapenais;

j) **efeitos secundários de natureza penal:** inscrição do nome do condenado no rol dos culpados; revogação, obrigatória ou facultativa, do *sursis* ou do livramento condicional; reincidência; impossibilidade de concessão de suspensão condicional do processo; impossibilidade de concessão do *sursis*, se caracterizada a reincidência em crime doloso; impossibilidade de concessão de vários privilégios; aumento ou interrupção do prazo de prescrição da pretensão punitiva executória, evidenciada a reincidência; caracterização da contravenção penal do art. 25; fixação do regime fechado para cumprimento da pena privativa de liberdade; configuração de maus antecedentes; revogação da reabilitação; conversão da pena restritiva de direitos em pena privativa de liberdade; vedação da concessão de privilégios a crimes contra o patrimônio; impossibilidade de concessão de transação penal;

k) **efeitos secundários de natureza extrapenal:** a) genéricos (art. 91 do CP); b) específicos (art. 92 do CP).

    k1) **efeitos extrapenais genéricos:**

        Indenização e confisco: são produzidos em toda condenação; são automáticos (não precisam ser expressamente declarados na sentença); recaem sobre todos os crimes; previstos no art. 91 do CP.

    k2) **efeitos extrapenais específicos** (os efeitos previstos no art. 92 do CP devem ser interpretados restritivamente. Não havendo previsão legal expressa sobre a cassação de aposentadoria no referido artigo, não pode o juiz criminal determiná-la, nos termos do *Informativo* n. 505/2012 do STJ):

      1. **Incapacidade para o exercício do poder familiar, tutela ou curatela**

        requisitos: a) crime doloso; b) pena de reclusão; c) vítima tem que ser filho, tutelado ou curatelado;

        tipo de incapacidade no caso da vítima do crime doloso e punido com reclusão: é permanente, sendo vedada reintegração do agente na situação anterior;

        tipo de incapacidade no caso de outros filhos, pupilos ou curatelados: é provisória, ou seja, o condenado, se reabilitado, pode voltar a exercer o poder familiar, tutela ou curatela;

        tipo de aplicação do efeito da incapacidade para o exercício do poder familiar, tutela ou curatela: não é obrigatória, podendo o juiz declarar na sentença esse efeito; pouco importam a quantidade da pena e o regime prisional. Sua pertinência deve ser avaliada no caso concreto, principalmente quando o crime provoque incompatibilidade para o exercício do poder familiar, tutela ou curatela. A incapacidade para o exercício do poder familiar, tutela ou curatela não é aplicada aos crimes contra a assistência familiar, salvo o previsto no art. 245 do CP (entrega de filho menor a pessoa inidônea);

        reabilitação: após a reabilitação na incapacidade para o exercício do poder familiar, tutela ou curatela, volta a exercer o múnus com outros, mas nunca em relação às suas vítimas anteriores;

tipo de efeito: não é produzido em toda condenação; não é automático – precisa ser expressamente declarado na sentença.

2. Perda do cargo ou função pública

requisitos na perda do cargo, função pública ou mandato eletivo nos crimes praticados com abuso de poder ou violação de dever para com a Administração Pública: (a) conceito de funcionário público; (b) se o crime ocorreu no exercício das funções exercidas pelo agente, se ele se valeu das facilidades proporcionadas por sua função para praticar o delito; (c) alcança qualquer função pública, não se limitando àquela momentaneamente exercida pelo agente. A pena para aplicação da perda do cargo, função pública ou mandato eletivo nos crimes praticados com abuso de poder ou violação de dever para com a Administração Pública tem que ser pena privativa de liberdade por tempo igual ou superior a um ano;

requisitos para aplicação da perda do cargo, função pública ou mandato eletivo nos demais casos: (a) qualquer crime; (b) pena privativa de liberdade; (c) superior a 4 anos;

reabilitação: possibilita exercer outro cargo, função ou mandato. O efeito da perda do cargo, função pública ou mandato eletivo é permanente, já que o condenado, ainda que seja posteriormente reabilitado, jamais poderá ocupar cargo, função ou mandato objeto da perda, salvo se o recuperar por investidura legítima;

Não aplicação: ainda que condenado por crime praticado durante o período de atividade, o servidor público não pode ter a sua aposentadoria cassada com fundamento no art. 92, I, do CP, mesmo que a sua aposentadoria tenha ocorrido no curso da ação penal (*Informativo* n. 552/2014 do STJ).

3. Inabilitação para dirigir veículo

requisitos: (a) o crime deve ser doloso; (b) utilização do veículo como meio de execução para a prática de crime doloso;

diferença: entre a inabilitação e a interdição temporária de direitos de suspensão de autorização ou habilitação para dirigir veículo, é a de que a suspensão somente é aplicada aos crimes culposos de trânsito – veículo utilizado para fins lícitos, mas surge crime não desejado; já na inabilitação, o veículo é utilizado para fins ilícitos, como meio para realizar o crime.

4. De natureza política da condenação:

perda do mandato eletivo;

suspensão dos direitos políticos:

- Quando houver condenação criminal transitada em julgado – efeito automático;

- Abrange direitos políticos de natureza ativa e passiva; não importa o regime prisional. Na suspensão não importa a substituição da pena privativa de liberdade por restritiva de direitos ou multa. A suspensão não influencia no *sursis* e no livramento condicional. A suspensão dura até a extinção da sanção penal.

5. **De natureza trabalhista da condenação:** rescisão do contrato de trabalho por justa causa. A condenação definitiva faz coisa julgada na justiça do trabalho; se a execução da pena não tiver sido suspensa, ocorre demissão por justa causa. Efeito automático.

l) **confisco**

11) **conceito:** é a perda ou privação de bens do particular em favor do Estado. Como efeito da condenação, é a perda de bens de natureza ilícita em favor da União. Visa impedir a difusão de instrumentos de crime e vedar indevido locupletamento patrimonial do agente.

12) **objeto:** produtos (coisas adquiridas diretamente com o delito ou mediante sucessiva especificação ou conseguida mediante alienação ou criadas com o crime) e instrumentos do crime (são as coisas materiais empregadas para a prática e execução do crime – serão confiscados quando seu fabrico, alienação, uso, porte ou detenção constituir fato ilícito). Não podem ser objeto do confisco veículos, embarcações, aeronaves ou quaisquer outros meios de transporte, salvo quando utilizados para a prática de crimes previstos na Lei de Drogas ou quando sua fabricação ou uso constituir fato ilícito. Os instrumentos de contravenção penal não podem ser objeto do confisco, pois a lei penal deve ser interpretada restritivamente.

13) **questionamento:** o lesado e terceiro de boa-fé podem questionar o confisco, mesmo que os objetos forem ilícitos, pois podem ter autorização especial para possuir ou utilizar tais objetos, por embargos de terceiro. O produto do crime deve ser restituído ao prejudicado do crime ou ao terceiro de boa-fé, ainda que seja bem cujo fabrico, alienação, uso, porte ou detenção constitua fato ilícito, desde que tal pessoa, por sua qualidade ou função, tenha autorização para ser seu proprietário.

14) **titular do objeto do confisco:** a União, integrando o patrimônio do fundo penitenciário nacional.

15) **destino:** após a apreensão os bens são inutilizados, leiloados ou recolhidos a museu criminal (se houver interesse na sua conservação). Os bens imóveis, ainda que transferidos a terceiro, serão sequestrados.

m) Confisco alargado

    m1) **cabimento:** na hipótese de condenação por infrações às quais a lei comine pena máxima superior a 6 (seis) anos de reclusão.

    m2) **conceito:** perda, como produto ou proveito do crime, dos bens correspondentes à diferença entre o valor do patrimônio do condenado (I – de sua titularidade, ou em relação aos quais ele tenha o domínio e o benefício direto ou indireto, na data da infração penal ou recebidos posteriormente; e II – transferidos a terceiros a título gratuito ou mediante contraprestação irrisória, a partir do início da atividade criminal) e aquele que seja compatível com o seu rendimento lícito.

    m3) **inversão do ônus da prova:** o condenado poderá demonstrar a inexistência da incompatibilidade ou a procedência lícita do patrimônio.

    m4) **iniciativa:** deverá ser requerida expressamente pelo Ministério Público, por ocasião do oferecimento da denúncia, com indicação da diferença apurada.

    m5) **sentença condenatória:** o juiz deve declarar o valor da diferença apurada e especificar os bens cuja perda for decretada.

    m6) **instrumentos utilizados para a prática de crimes por organizações criminosas e milícias:** deverão ser declarados perdidos em favor da União ou do Estado, dependendo da Justiça onde tramita a ação penal, ainda que não ponham em perigo a segurança das pessoas, a moral ou a ordem pública, nem ofereçam sério risco de ser utilizados para o cometimento de novos crimes.

n) Tipos de decisões:

    n1) **vazia:** sem fundamentação;

    n2) **suicida:** fundamentação contraria o dispositivo;

    n3) **subjetivamente:** 1) **simples:** proferida por uma pessoa; 2) **plúrima:** proferida por um órgão colegiado; 3) **complexa:** proferida por mais de um órgão;

    n4) **interlocutória:** 1) **simples:** resolve questão processual sem julgamento de mérito; 2) **mista ou com força definitiva:** encerra o processo (terminativa) ou uma etapa processual (não terminativa), sem julgamento do mérito;

    n5) **sentença própria ou em sentido estrito:** soluciona a causa com julgamento do mérito: 1) **condenatória:** procedência da pretensão punitiva; 2) **absolutória própria:** improcedência da pretensão punitiva; 3) **absolutória imprópria:** improcedência da pretensão punitiva, com imposição de medida de segurança; 4) **terminativa de mérito:** julga o mérito, sem absolver ou condenar.

o) fenômenos da sentença:

Itens	*Emendatio libeli*	*Mutatio libeli*
Terminologia	Emenda na acusação.	Mudança na acusação.
Conceito	Dar ao fato definição jurídica diversa (mudar o artigo de lei), sem modificar a descrição do fato contida na denúncia ou queixa.	Nova definição jurídica do fato, diante de prova da infração penal não contida na acusação.
Providência	Nenhuma, mesmo que implicar aplicação da pena mais grave.	Com aditamento: o Ministério Público deverá aditar a denúncia ou queixa, no prazo de 5 (cinco) dias. Em seguida, será ouvido o defensor do acusado no prazo de 5 (cinco) dias e, admitido o aditamento, o juiz, a requerimento de qualquer das partes, designará dia e hora para continuação da audiência, com inquirição de testemunhas, novo interrogatório do acusado, realização de debates e julgamento. Sem aditamento: o juiz atua de acordo com o art. 28 do CPP. Não recebido o aditamento, o processo prosseguirá.
2ª instância	Pode ser aplicada.	Não pode ser aplicada, conforme a Súmula 453 do STF.

p) embargos de declaração:

    p1) **prazo:** 5 dias;

    p2) **motivo:** I – esclarecer obscuridade ou eliminar contradição; II – suprir omissão de ponto ou questão sobre o qual devia se pronunciar o juiz de ofício ou a requerimento; III – corrigir erro material;

    p3) **efeito:** interruptivo.

q) intimação da sentença:

    q1) **pessoal:** Ministério Público, defensor dativo, defensor público, defensor constituído e réu;

    q1) **por edital:** réu não encontrado ou revel: prazo do edital: (a) se for condenado a pena privativa de liberdade igual ou superior a um ano: 90 dias; (b) nos demais casos: 60 dias.

Fluxograma do procedimento ordinário

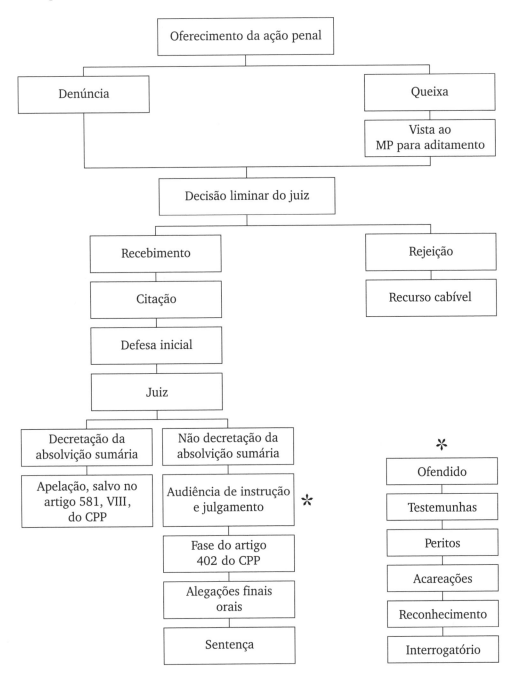

1.2 Procedimento sumário

1.2.1 Cabimento

Crimes com pena máxima em abstrato superior a dois anos e inferior a quatro anos.

1.2.2 Previsão legal

Arts. 531 a 538, todos do CPP.

1.2.3 Procedimento

1. Oferecimento da denúncia ou queixa

2. Decisão liminar do juiz

a) **positiva**: recebimento da denúncia ou queixa; no despacho de recebimento o juiz: (a) expede mandado de citação do acusado; (b) o acusado é citado para apresentar defesa ou resposta inicial, por escrito, no prazo de 10 dias;

b) **negativa**: rejeição da denúncia ou queixa.

3. Citação do réu

a) defesa inicial;

b) decretação de absolvição sumária e fim do processo.

4. Não decretação da absolvição sumária: será realizada audiência una de instrução, debates e julgamento

5. Audiência de instrução, debates e julgamento:

a) tomada de declarações do ofendido;

b) oitiva das testemunhas de acusação;

c) oitiva das testemunhas de defesa;

d) esclarecimentos dos peritos, desde que requeridos pelas partes;

e) acareações;

f) reconhecimento de pessoas e coisas;

g) interrogatório do acusado.

6. Alegações orais de 20 minutos, prorrogáveis por mais 10 minutos

7. Sentença

Fluxograma do procedimento sumário

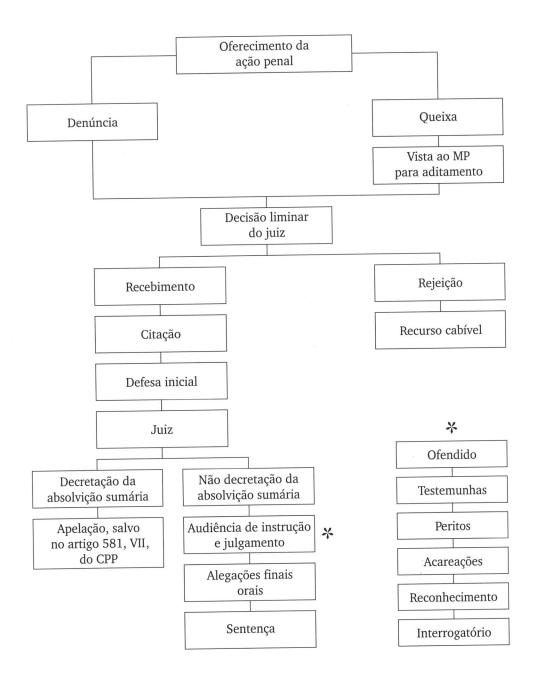

Itens	Ordinário	Sumário
N. máximo de testemunhas	Até 8.	Até 5.
Prazo máximo para conclusão da audiência de instrução e julgamento	60 dias.	30 dias.
Fase das diligências	Existe previsão no art. 402 do CPP.	Não há previsão.
Memoriais	Há previsão no art. 403, § 3º, do CPP.	Não há previsão.
Pena máxima cominada	Igual ou superior a 4 anos.	Acima de 2 anos e inferior a 4 anos.

1.3 Procedimento sumaríssimo

1.3.1 Cabimento

Nas infrações de menor potencial ofensivo: todas as contravenções penais e todos os crimes que tenham pena máxima em abstrato igual ou inferior a dois anos.

Haverá remessa ao juízo comum: a) não encontrado o acusado para ser citado, o Juiz encaminhará as peças existentes ao Juízo comum para adoção do procedimento previsto em lei; b) se a complexidade ou circunstâncias do caso não permitirem a formulação da denúncia, o Ministério Público poderá requerer ao Juiz o encaminhamento das peças existentes ao Juízo comum para adoção do procedimento previsto em lei.

1.3.2 Previsão legal

O procedimento sumaríssimo está regulado pelas Leis n. 9.099/95 e 10.259/01.

1.3.3 Procedimento

1. Praticada a infração de menor potencial ofensivo, será lavrado o Termo Circunstanciado, com encaminhamento imediato do autor do fato e do ofendido ao juizado.

2. Audiência preliminar

a) esclarecimento por parte do juiz da conciliação;

b) composição dos danos civis:

   b1) **cabimento:** quando houver prejuízos à vítima;

   b2) **participação do Ministério Público:** quando a vítima for incapaz;

   b3) **presidência do ato:** juiz ou conciliador;

   b4) **feitura do acordo:** as partes podem tomar uma das seguintes atitudes:

   – Fazer acordo: reduz a termo; homologada pelo juiz, torna-se sentença irrecorrível e com eficácia de título executivo; se for crime de ação penal privada ou condicionada à representação, a composição dos danos é causa extintiva de punibilidade;

– **Não fazer acordo:** (1) se for crime de ação penal privada ou condicionada à representação: o ofendido exercerá o direito de queixa ou representação verbal; (2) se for crime de ação penal pública incondicionada: surgirá a possibilidade de transação penal.

c) transação penal:

c1) **requisitos:** (1) ação penal pública; (2) circunstâncias judiciais favoráveis; (3) não ter sofrido condenação definitiva a pena privativa de liberdade; (4) aceitação do autor e defensor; (5) não ter sido beneficiado em cinco anos;

c2) **conceito:** acordo entre o Ministério Público e o autor do fato;

c3) **objeto:** aplicação imediata de pena restritiva de direitos ou multa;

c4) **efeito:** uma vez feita a transação, não haverá instauração do processo;

c5) **se houver aceitação da transação penal pelo autor do fato:** juiz aplica a pena por sentença; se o juiz não concorda, deve aplicar o art. 28 do CPP;

c6) **se não houver aceitação da transação penal pelo autor do fato:** o Termo Circunstanciado será analisado pelo Ministério Público: (1) se não houver indícios de autoria e materialidade: promove o arquivamento; (2) se presentes indícios: promove a denúncia;

c7) **natureza da decisão:** condenação imprópria;

c8) **recurso:** apelação;

c9) **descumprimento da proposta pelo autor do fato:** abre vista ao Ministério Público;

c10) **efeitos da sentença:** não gera reincidência, maus antecedentes nem efeitos civis;

c11) **não cabimento:** delitos sujeitos ao rito da lei Maria da Penha (Súmula 536 do STJ);

c12) *habeas corpus:* A concessão do benefício da transação penal impede a impetração de *habeas corpus* em que se busca o trancamento da ação penal (*Informativo* n. 657/2019 do STJ).

3. Fase judicial: quando o infrator não comparecer à audiência preliminar ou não for possível transação penal (só cabe na ação penal pública).

a) **Oferecimento da denúncia ou queixa:**

a1) **base:** termo circunstanciado;

a2) **dispensa de exame de corpo de delito:** quando a materialidade estiver demonstrada por boletim médico ou prova equivalente:

a3) **pode o Ministério Público, em vez de oferecer denúncia:** (1) pedir novas diligências; (2) pedir remessa para o juízo penal comum;

a4) **discordância do juiz em face da remessa ministerial ao juízo penal comum:** remete ao procurador-geral (estadual) ou à Câmara de coordenação e revisão (federal), que tomará a decisão final;

b) **citação do acusado:** com entrega da cópia contendo a data da audiência de instrução e julgamento; se o réu estiver em local incerto, remessa ao juízo comum para citação por edital;

c) **audiência de instrução e julgamento:**

c1) nova tentativa de conciliação e de oferecimento de transação penal;

c2) palavra ao defensor para a resposta à acusação;

d) **decisão liminar do juiz:**

d1) **positiva:** recebimento da denúncia ou queixa;

d2) **suspensão condicional do processo:** (a) não cabe: processo prossegue; (b) cabe: suspensão por dois a quatro anos; neste caso, o acusado pode cumprir (extinção da punibilidade) ou não cumprir (revogação com prosseguimento do processo); iniciativa: só o Ministério Público pode pedir ao juiz a suspensão; crimes: somente quando a pena mínima seja igual ou inferior a um ano; não cabe na ação penal privada; se o Ministério Público não oferecer, o juiz seguirá o procedimento previsto no art. 28 do CPP;

d3) **Súmula 536 do STJ:** a suspensão condicional do processo e a transação penal não se aplicam na hipótese de delitos sujeitos ao rito da Lei Maria da Penha;

d4) **atos processuais da audiência:**

– oitiva da vítima;

– oitiva das testemunhas de acusação;

– oitiva das testemunhas de defesa;

– interrogatório do acusado;

– debates orais de 20 minutos prorrogáveis por mais 10 minutos;

– sentença;

d5) **negativa:** rejeição da denúncia ou queixa, da qual cabe apelação em dez dias, cujo julgamento será feito pela turma julgadora por três juízes de primeiro grau.

e) **recursos:**

Itens	Apelação	Embargos de declaração
Prazo	Dez dias.	Cinco dias.
Contrarrazões	Dez dias.	Não tem.
Forma	Escrita.	Escrita ou verbal.
Cabimento	Sentença de mérito, sentença homologatória de transação penal e rejeição da denúncia ou queixa.	Correção de Erro Material, obscuridade, contradição e omissão.

Fluxograma do procedimento sumaríssimo

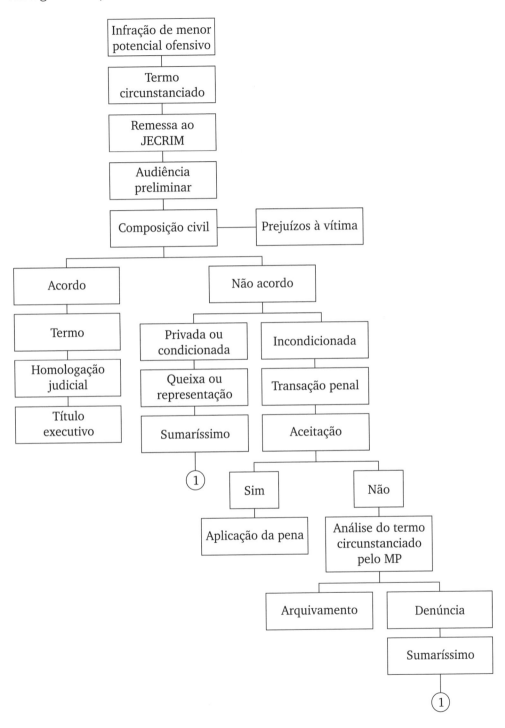

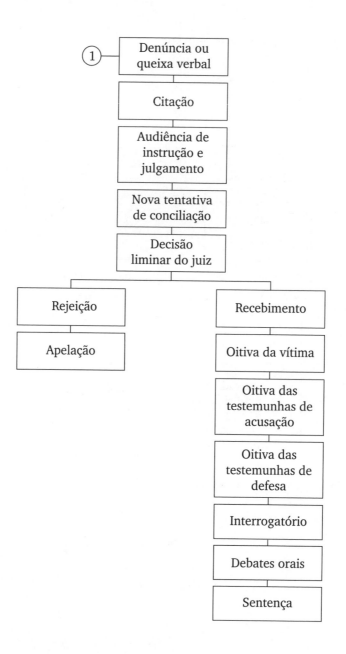

2 Procedimentos especiais

2.1 Código de Processo Penal

2.1.1 Procedimento do júri

a) **cabimento:** o Tribunal do Júri tem competência para julgar os crimes dolosos contra a vida, tentados ou consumados, quais sejam: homicídio, infanticídio, participação em suicídio e aborto. Cabe ressalvar que nem todo crime doloso contra a vida será julgado pelo Tribunal do Júri, pois existem as seguintes exceções:

a1) homicídio de militar contra militar será julgado pela Justiça Militar;

a2) foro privilegiado, salvo quando o foro for estabelecido de forma exclusiva pela Constituição Estadual (neste caso, será julgado pelo Tribunal do Júri), nos termos da Súmula 721 do STF;

b) **previsão legal:** o Procedimento do Júri está regulado nos arts. 406 a 497, todos do CPP;

c) **procedimento:** o Procedimento do Júri é escalonado, isto é, dividido em duas fases:

Sumário da culpa

1. Oferecimento da denúncia ou queixa.

2. Decisão liminar do juiz:

   a) Positiva: recebimento da denúncia ou queixa.

   b) Negativa: rejeição da denúncia ou queixa.

3. Citação do réu.

4. **Resposta à acusação:** por escrito no prazo de 10 dias (o prazo será contado a partir do efetivo cumprimento do mandado ou do comparecimento, em juízo, do acusado ou de defensor constituído, no caso de citação inválida ou por edital). Na resposta, o acusado poderá arguir preliminares e alegar tudo que interesse a sua defesa, oferecer documentos e justificações, especificar as provas pretendidas e arrolar testemunhas, até o máximo de 8 (oito), qualificando-as e requerendo sua intimação, quando necessário. As exceções serão processadas em apartado, nos termos dos arts. 95 a 112 do Código de Processo Penal. Não apresentada a resposta no prazo legal, o juiz nomeará defensor para oferecê-la em até 10 (dez) dias, concedendo-lhe vista dos autos.

5. **Apresentada a defesa:** o juiz ouvirá o Ministério Público ou o querelante sobre preliminares e documentos, em 5 dias.

6. **Decretação de absolvição sumária:** fim do processo.

7. **Não decretação da absolvição sumária:** será realizada audiência una de instrução, debates e julgamento.

8. **Audiência de instrução, debates e julgamento**: as provas serão produzidas em uma só audiência, podendo o juiz indeferir as consideradas irrelevantes, impertinentes ou protelatórias:

    a) tomada de declarações do ofendido;

    b) oitiva das testemunhas de acusação;

    c) oitiva das testemunhas de defesa;

    d) esclarecimentos dos peritos, desde que requeridos pelas partes e deferido pelo juiz;

    e) acareações;

    f) reconhecimento de pessoas e coisas;

    g) interrogatório do acusado.

9. **Debates**: alegações orais de 20 minutos prorrogáveis por mais 10 minutos: se a causa for complexa ou elevado o número de acusados, haverá possibilidade de memoriais no prazo de 5 dias. Havendo mais de 1 (um) acusado, o tempo previsto para a acusação e a defesa de cada um deles será individual. Ao assistente do Ministério Público, após a manifestação deste, serão concedidos 10 (dez) minutos, prorrogando-se por igual período o tempo de manifestação da defesa.

10. **Sentença**: se forem apresentados memoriais, o prazo da sentença é de 10 dias.

11. **Prazo de conclusão**: pela lei há um prazo para conclusão do procedimento sumário da culpa de 90 dias, nos termos do art. 412 do CPP.

Julgamento da causa

1. Ao receber os autos, o presidente do Tribunal do Júri determinará a intimação do órgão do Ministério Público ou do querelante, no caso de queixa, e do defensor, para, no prazo de 5 (cinco) dias, apresentarem rol de testemunhas que irão depor em plenário, até o máximo de 5 (cinco), oportunidade em que poderão juntar documentos e requerer diligência.

2. O juiz presidente ordenará as diligências necessárias para sanar qualquer nulidade ou esclarecer fato que interesse ao julgamento da causa e fará relatório sucinto do processo, determinando sua inclusão em pauta da reunião do Tribunal do Júri.

3. Elaboração da lista dos jurados (arts. 425 e 426 do CPP).

    Pode ocorrer o desaforamento (significa realizar o júri em localidade diferente daquela da consumação ou execução do crime, quando houver interesse de ordem pública, dúvida sobre a imparcialidade do júri, dúvida sobre a segurança do réu). O desaforamento também poderá ser determinado, em razão de comprovado excesso de serviço, ouvidos o juiz presidente e a parte contrária, se o julgamento não puder ser realizado no prazo de 6 (seis) meses, contado do trânsito em julgado da decisão de pronúncia. Quem determinará o desaforamento é o Tribunal, a requerimento do Ministério Público, do assistente, do querelante ou do acusado, ou mediante representação do juiz competente. O pedido será distribuído imediatamente e terá preferência de julgamento na Câmara ou Turma competente.

4. Estando o processo em ordem, o juiz presidente mandará intimar as partes, o ofendido, se for possível, as testemunhas e os peritos, quando houver requerimento, para a sessão de instrução e julgamento.

5. Sorteio dos jurados, sendo que o Tribunal do Júri é composto por 1 (um) juiz togado, seu presidente e por 25 (vinte e cinco) jurados, que serão sorteados dentre os alistados, 7 (sete) dos quais constituirão o Conselho de Sentença em cada sessão de julgamento.

6. Convocação dos jurados sorteados e abertura da sessão de julgamento, desde que compareçam pelo menos 15 jurados.

7. Constituição do Conselho de Sentença: 7 jurados; recusas imotivadas: 3 para cada parte; recusas motivadas: sem limite.

8. Após o sorteio, os jurados ficam incomunicáveis e ocorre a exortação, com o juramento.

9. Instrução em plenário

   a) declarações do ofendido;

   b) oitiva das testemunhas de acusação;

   c) oitiva das testemunhas de defesa;

   d) acareações;

   e) reconhecimento de pessoas e coisas;

   f) esclarecimentos de perito;

   g) leitura de peças;

   h) interrogatório do réu.

10. Relatório do juiz presidente.

11. Debates orais: (a) tempo de duração: acusação (1h30); defesa (1h30); havendo mais de 1 (um) acusado, o tempo para a acusação e a defesa será acrescido de 1 (uma) hora; (b) ordem: Ministério Público – assistente de acusação – defesa.

12. Réplica: tempo de duração: 1 (uma) hora; se houver mais de um réu, o prazo será dobrado.

13. Tréplica em 1 (uma) hora.

14. Formulação e leitura dos quesitos.

15. Não havendo dúvida a ser esclarecida, o juiz presidente, os jurados, o Ministério Público, o assistente, o querelante, o defensor do acusado, o escrivão e o oficial de justiça dirigir-se-ão à sala especial a fim de ser procedida a votação.

16. Sentença.

I – no caso de condenação: o juiz presidente: a) fixará a pena-base; b) considerará as circunstâncias agravantes ou atenuantes alegadas nos debates; c) imporá os aumentos ou diminuições da pena, em atenção às causas admitidas pelo júri; d) observará as demais disposições do art. 387 deste Código; e) mandará o acusado recolher-se ou recomendá-lo-á à prisão em que se encontra, se presentes os requisitos da prisão preventiva, ou, no caso de condenação a uma pena igual ou superior a 15 (quinze) anos de reclusão, determinará a execução provisória das penas, com expedição do mandado de prisão, se for o caso, sem prejuízo do conhecimento de recursos que vierem a ser interpostos; f) estabelecerá os efeitos genéricos e específicos da condenação;

II – no caso de absolvição: o juiz presidente: a) mandará colocar em liberdade o acusado se por outro motivo não estiver preso; b) revogará as medidas restritivas provisoriamente decretadas; c) imporá, se for o caso, a medida de segurança cabível;

III – desclassificação: a) da infração para outra, de competência do juiz singular: ao presidente do Tribunal do Júri caberá proferir sentença em seguida, aplicando-se, quando o delito resultante da nova tipificação for considerado pela lei como infração penal de menor potencial ofensivo, o disposto nos arts. 69 e seguintes da Lei n. 9.099, de 26 de setembro de 1995; b) em caso de desclassificação, o crime conexo que não seja doloso contra a vida será julgado pelo juiz presidente do Tribunal do Júri, aplicando-se, quando o delito resultante da nova tipificação for considerado pela lei como infração penal de menor potencial ofensivo, o disposto nos arts. 69 e seguintes da Lei n. 9.099, de 26 de setembro de 1995;

IV – execução provisória da pena: o presidente poderá, excepcionalmente, deixar de autorizar a execução provisória das penas, se houver questão substancial cuja resolução pelo tribunal ao qual competir o julgamento possa plausivelmente levar à revisão da condenação.

17. A sentença será lida em plenário pelo presidente antes de encerrada a sessão de instrução e julgamento.

18. Ata da sessão.

19. Tabela da presença dos sujeitos processuais no julgamento do Tribunal do Júri:

Itens	Consequência
Ausência do acusado solto	O julgamento não será adiado pelo não comparecimento do acusado solto.
Ausência do defensor ou curador	a) motivo justificado: adiamento; b) se a falta, sem escusa legítima, for do advogado do acusado, e se outro não for por este constituído, o fato será imediatamente comunicado ao presidente da seccional da Ordem dos Advogados do Brasil, com a data designada para a nova sessão. Não havendo escusa legítima, o julgamento será adiado somente uma vez, devendo o acusado ser julgado quando chamado novamente. O juiz intimará a Defensoria Pública para o novo julgamento, que será adiado para o primeiro dia desimpedido, observado o prazo mínimo de 10 (dez) dias.
Ausência do promotor	a) motivo justificado: adiamento para o primeiro dia desimpedido da mesma reunião, cientificadas as partes e as testemunhas; b) motivo injustificado: se a ausência não for justificada, o fato será imediatamente comunicado ao Procurador-Geral de Justiça, com a data designada para a nova sessão.
Ausência de assistente de acusação	O julgamento não será adiado pelo não comparecimento do assistente que tiver sido regularmente intimado.
Ausência do advogado do querelante	O julgamento não será adiado pelo não comparecimento do advogado do querelante que tiver sido regularmente intimado.

Fluxograma do procedimento do júri

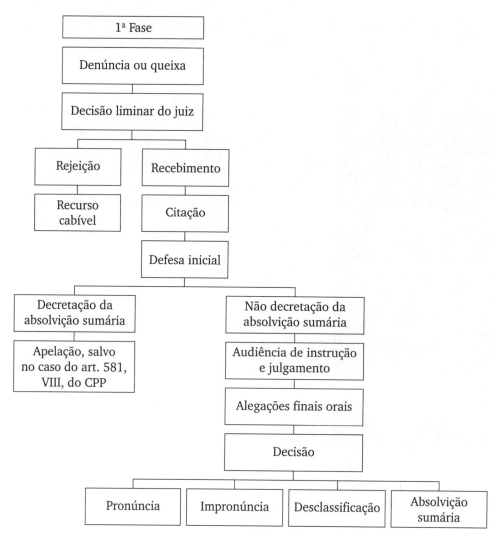

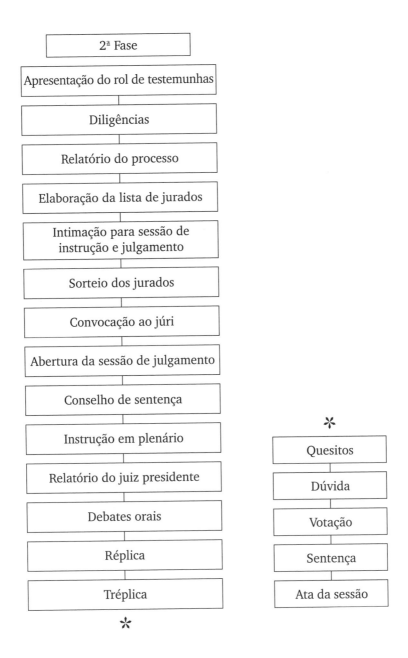

2.1.2 Procedimento dos crimes de falência – Lei n. 11.101/2005

a) **Previsão legal:** o procedimento criminal dos crimes de falência é regulado pela Lei n. 11.101/2005, ficando revogadas as disposições dos arts. 503 a 512 do Código de Processo Penal, que tratam "do processo e do julgamento dos crimes de falência". A matéria vem regulada no Capítulo VII, Seção III, nos arts. 183 a 188;

b) **competência:** o foro competente para julgamento dos crimes falimentares é o do juízo criminal da jurisdição onde tenha sido decretada a falência, concedida a recuperação judicial ou homologado o plano de recuperação extrajudicial, nos termos do art. 183 da Lei de Falências. Em São Paulo, a competência é da Vara que concedeu a recuperação judicial ou decretou a falência, nos termos da Lei n. 3.947/83;

c) **ação penal:** os crimes falimentares são de ação penal pública incondicionada, nos termos do art. 184 da Lei n. 11.101/2005;

d) **ação penal privada subsidiária da pública:** quando houver inércia do Ministério Público, cabe, nos termos dos arts. 29 do CPP, 100, § 3º, do CP, e 5º, LIX, da CF. Conforme o art. 184, parágrafo único, da Lei de Falências: "Decorrido o prazo a que se refere o art. 187, § 1º, sem que o representante do Ministério Público ofereça denúncia, qualquer credor habilitado ou o administrador judicial poderá oferecer ação penal privada subsidiária da pública, observado o prazo decadencial de 6 (seis) meses.";

e) **aplicação subsidiária:** aplicam-se subsidiariamente as disposições do Código de Processo Penal, no que não forem incompatíveis com esta Lei;

f) **participação do Ministério Público:** pelo art. 187, § 2º, da Lei de Falências: em qualquer fase processual, surgindo indícios da prática dos crimes previstos nesta Lei, o juiz da falência, ou da recuperação judicial, ou da recuperação extrajudicial cientificará o Ministério Público;

g) **requisito para o oferecimento da denúncia:** a ação penal não poderá ser iniciada sem que exista prévia sentença de decretação da quebra, e também agora, concedendo a recuperação judicial. Conforme o art. 167 da Lei de Falências: intimado da sentença que decreta a falência ou concede a recuperação judicial, o Ministério Público, verificando a ocorrência de qualquer crime previsto nesta Lei, promoverá imediatamente a competente ação penal ou, se entender necessário, requisitará a abertura de inquérito policial;

h) **procedimento:**

1. Oferecimento da denúncia

a) Prazo para oferecimento da denúncia regula-se pelo art. 46 do CPP: cinco dias, estando o investigado preso, e 15 dias, se o investigado estiver solto, salvo se o Ministério Público, estando o réu solto ou afiançado, decidir aguardar a apresentação da exposição circunstanciada de que trata o art. 186 da Lei, devendo, em seguida, oferecer a denúncia em 15 dias.

b) Decorrido o prazo a que se refere o art. 187, § 1º, sem que o representante do Ministério Público ofereça denúncia, qualquer credor habilitado ou o administrador judicial poderá oferecer ação penal privada subsidiária da pública, observado o prazo decadencial de 6 (seis) meses.

2. Recebida a denúncia ou queixa, observar-se-á o rito previsto nos arts. 531 a 538 do Decreto-lei n. 3.689, de 3 de outubro de 1941 – Código de Processo Penal

a) citação do réu;

b) defesa inicial;

c) decretação de absolvição sumária e fim do processo;

d) não decretação da absolvição sumária: será realizada audiência uma de instrução, debates e julgamento;

e) audiência de instrução, debates e julgamento:

    e1) tomada de declarações do ofendido;

    e2) oitiva das testemunhas de acusação;

    e3) oitiva das testemunhas de defesa;

    e4) esclarecimentos dos peritos, desde que requeridos pelas partes;

    e5) acareações;

    e6) reconhecimento de pessoas e coisas;

    e7) interrogatório do acusado;

    e8) alegações orais de 20 minutos, prorrogáveis por mais 10 minutos;

    e9) sentença.

Fluxograma do procedimento dos crimes de falência

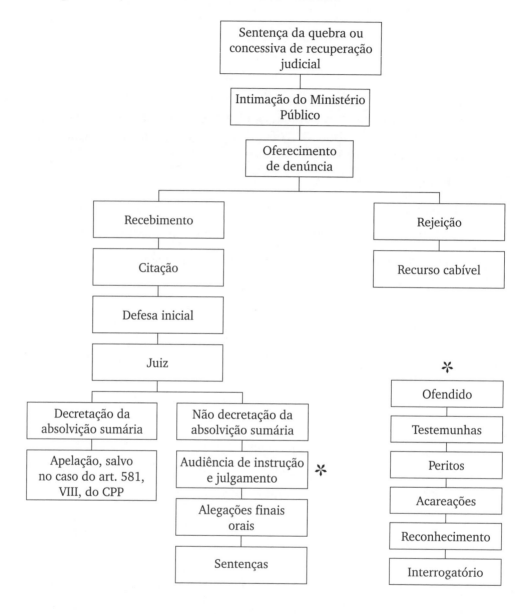

2.1.3 Procedimento dos crimes de responsabilidade dos funcionários públicos

a) **previsão legal:** o procedimento está regulado nos arts. 513 e 518 do CPP;

b) **não aplicação:** aos crimes inafiançáveis;

c) **procedimento:**

1. oferecimento da denúncia ou queixa;

2. notificação do acusado para oferecer defesa preliminar em 15 dias;

3. decisão liminar do juiz:

   a) positiva: recebimento da denúncia ou queixa;

   b) negativa: rejeição da denúncia ou queixa;

4. se recebida a denúncia ou queixa, o rito a ser seguido será o ordinário;

5. citação do réu;

6. defesa inicial;

7. decretação de absolvição sumária e fim do processo;

8. não decretação da absolvição sumária: será realizada audiência una de instrução, debates e julgamento;

9. audiência de instrução, debates e julgamento:

   a) tomada de declarações do ofendido;

   b) oitiva das testemunhas de acusação;

   c) oitiva das testemunhas de defesa;

   d) esclarecimentos dos peritos, desde que requeridos pelas partes;

   e) acareações;

   f) reconhecimento de pessoas e coisas;

   g) interrogatório do acusado;

10. alegações orais de 20 minutos, prorrogáveis por mais 10 minutos: se a causa for complexa ou elevado o número de acusados, haverá possibilidade de memoriais no prazo de 5 dias;

11. sentença; se forem apresentados memoriais, o prazo da sentença é de 10 dias.

Fluxograma do procedimento dos crimes de responsabilidade dos funcionários públicos

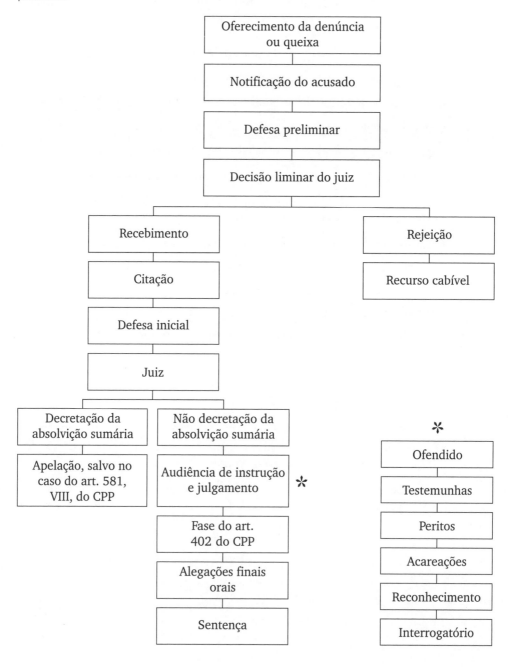

2.1.4 Procedimento dos crimes contra a honra

1. Oferecimento da queixa-crime.

2. O juiz determina a notificação do querelante e do querelado para comparecerem, desacompanhados de seus advogados, à audiência de conciliação.

3. Audiência de conciliação: se houver: extinção do processo; se não houver: análise judicial da queixa-crime.

4. Decisão liminar do juiz:

   a) positiva: recebimento da denúncia ou queixa; o rito a ser seguido será o ordinário;

   b) negativa: rejeição da denúncia ou queixa.

5. Citação do réu.

6. Defesa inicial.

7. Decretação de absolvição sumária e fim do processo.

8. Não decretação da absolvição sumária: será realizada audiência uma de instrução, debates e julgamento.

9. Audiência de instrução, debates e julgamento:

   a) tomada de declarações do ofendido;

   b) oitiva das testemunhas de acusação;

   c) oitiva das testemunhas de defesa;

   d) esclarecimentos dos peritos, desde que requeridos pelas partes;

   e) acareações;

   f) reconhecimento de pessoas e coisas;

   g) interrogatório do acusado.

10. Alegações orais de 20 minutos, prorrogáveis por mais 10 minutos: se a causa for complexa ou elevado o número de acusados, haverá possibilidade de memoriais no prazo de 5 dias.

11. Sentença; se forem apresentados memoriais, o prazo da sentença é de 10 dias.

Fluxograma do procedimento dos crimes contra a honra

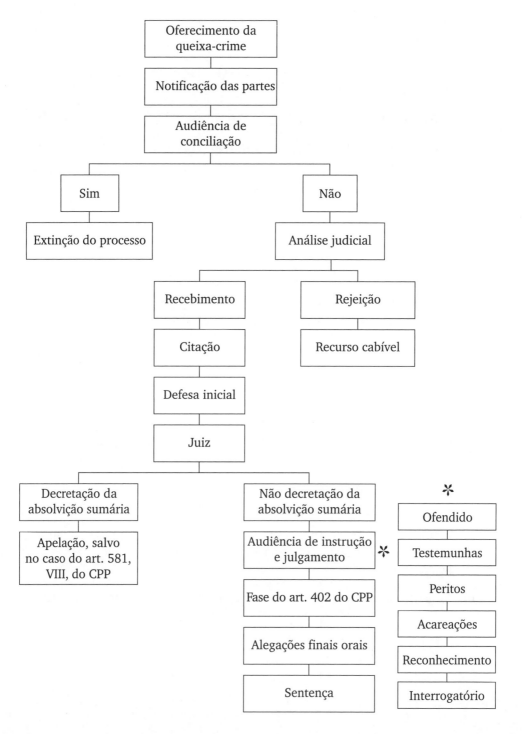

2.1.5 Procedimento dos crimes contra a propriedade imaterial

a) Ação penal privada

1. Se ocorrer infração penal que deixar vestígios: (a) requerimento do querelante para a prova da materialidade da infração; (b) busca e apreensão por dois peritos oficiais.

2. Apresentação do laudo pericial em 3 dias.

3. Impugnação do laudo pelo requerente.

4. Homologação do laudo pelo juiz.

5. Oferecimento da queixa: prazo de 30 dias após a homologação do laudo.

6. Decisão liminar do juiz

   a) positiva: recebimento da denúncia ou queixa; o rito a ser seguido será o ordinário;

   b) negativa: rejeição da denúncia ou queixa.

7. Defesa inicial.

8. Decretação de absolvição sumária e fim do processo.

9. Não decretação da absolvição sumária: será realizada audiência una de instrução, debates e julgamento.

10. Audiência de instrução, debates e julgamento
    a) tomada de declarações do ofendido;
    b) oitiva das testemunhas de acusação;
    c) oitiva das testemunhas de defesa;
    d) esclarecimentos dos peritos, desde que requeridos pelas partes;
    e) acareações;
    f) reconhecimento de pessoas e coisas;
    g) interrogatório do acusado.

11. Alegações orais de 20 minutos, prorrogáveis por mais 10 minutos: se a causa for complexa ou elevado o número de acusados, haverá possibilidade de memoriais no prazo de 5 dias.

12. Sentença; se forem apresentados memoriais, o prazo da sentença é de 10 dias.

b) Ação penal pública

1. Se ocorrer infração penal que deixar vestígios: (a) a autoridade policial fará apreensão dos bens ilicitamente produzidos ou reproduzidos em sua totalidade, juntamente com os equipamentos, suportes e materiais que possibilitaram a sua existência, desde que estes se destinem precipuamente à prática do ilícito; (b) lavratura do termo, assinado por duas ou mais testemunhas, com a descrição de todos os bens apreendidos e informações sobre suas origens.

2. Realização de perícia sobre todos os bens apreendidos, por perito oficial ou, na falta deste, por pessoa tecnicamente habilitada.

3. Os bens e materiais apreendidos serão colocados em depósito em mãos dos titulares dos direitos de autor e conexo.

4. Possibilidade de destruição da produção ou reprodução apreendida ou sua manutenção.

5. Sentença: se for condenatória: confisco, podendo haver ordem de destruição.

Fluxograma do procedimento dos crimes contra a propriedade imaterial

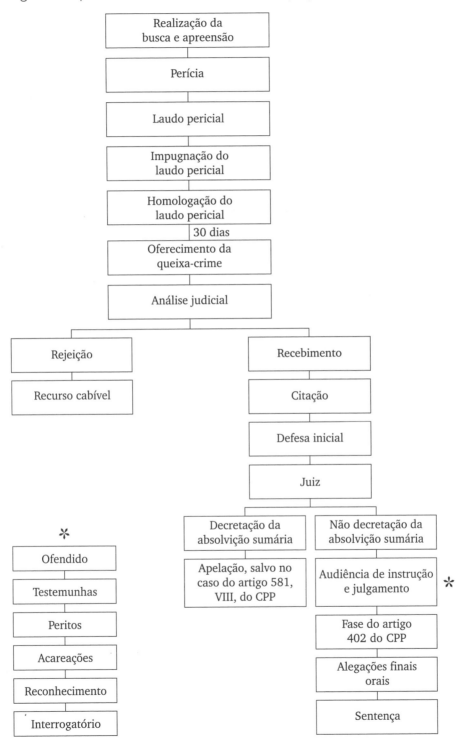

2.1.6 Procedimento de restauração de autos extraviados ou destruídos

1. Iniciativa: de ofício ou a requerimento de qualquer das partes.

2. Providências judiciais iniciais:

a) manda o escrivão certificar o estado do processo, segundo sua lembrança, e reproduz o que houver a respeito em seus protocolos e registros;

b) requisita cópias do que constar a respeito no Instituto Médico-Legal e em estabelecimentos congêneres.

3. Citação das partes: se não forem encontradas, serão citadas por edital com prazo de dez dias.

4. Audiência: as partes vão mencionar em termo circunstanciado os pontos em que estiverem acordes e a exibição e conferência das certidões e mais reproduções no processo apresentadas e conferidas.

5. Diligências determinadas pelo juiz, que deverão ser concluídas em 20 dias, salvo força maior.

6. Decisão em dez dias: cabe apelação; com a sentença de restauração, os novos autos passam a valer como se fossem os originais perdidos. Se no curso do processo aparecerem os autos originais, os autos de restauração serão apensados a eles.

Fluxograma do procedimento de restauração de autos extraviados ou destruídos

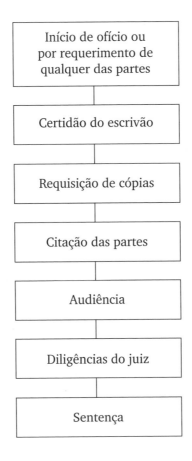

2.2 Leis especiais

2.2.1 Procedimento dos crimes de abuso de autoridade

A Lei n. 13.869/2019, de acordo com o art. 45, entrou em vigor após decorridos 120 (cento e vinte) dias de sua publicação oficial (5-9-2019).

Referida norma revogou a Lei de Abuso de Autoridade (n. 4.898/65), prevendo no art. 39 que aplica-se ao processo e ao julgamento dos crimes de abuso de autoridade, no que couber, as disposições do Decreto-lei n. 3.689, de 3 de outubro de 1941 (Código de Processo Penal), e da Lei n. 9.099, de 26 de setembro de 1995.

Desta forma, o procedimento, nos crimes de abuso de autoridade, será ordinário, sumário ou sumaríssimo, conforme a pena abstrata.

Procedimento dos crimes de abuso (pena abstrata)

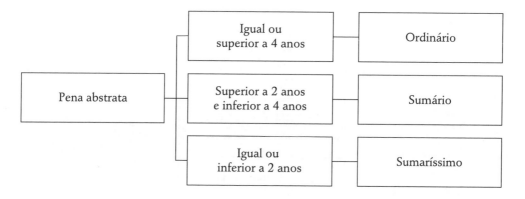

2.2.2 Procedimento dos crimes de lavagem de dinheiro

a) **Conceito:** a lavagem ocorre quando se dá aos negócios ilícitos uma aparência lícita, sendo necessária para o seu processamento e julgamento a prova da materialidade do delito. A Lei n. 9.613/1998 trata dos crimes de lavagem ou ocultação de bens, direitos e valores, da prevenção da utilização do sistema financeiro para os ilícitos nela previstos, cria o Conselho de Controle de Atividades Financeiras (COAF) e dá outras providências.

b) **Indisponibilidade dos bens:** é possível a decretação da indisponibilidade dos bens do indiciado. A medida assecuratória de indisponibilidade de bens, prevista no art. 4º, § 4º, da Lei n. 9.613/1998, pode atingir bens de origem lícita ou ilícita, adquiridos antes ou depois da infração penal, bem como de pessoa jurídica ou familiar não denunciado, quando houver confusão patrimonial (*Informativo* n. 710/2021 do STJ).

c) *Sursis* **processual:** a suspensão do processo penal não é aplicável no processo por crime de lavagem de dinheiro. Há corrente doutrinária que sustenta a inconstitucionalidade da inaplicabilidade do art. 366 do CPP.

d) **Liberdade provisória e fiança:** os crimes de lavagem são insuscetíveis de fiança e liberdade provisória.

e) **Competência:** a competência será da Justiça Federal: 1) quando os crimes forem praticados contra o sistema financeiro e a ordem econômico-financeira, ou em detrimento de bens, serviços ou interesses da União, ou de suas entidades autárquicas ou empresas públicas; 2) quando o crime antecedente for de competência da Justiça Federal.

f) **Delação premiada:** a pena poderá ser reduzida de 1/3 (um terço) a 2/3 (dois terços) e ser cumprida em regime aberto ou semiaberto, facultando-se ao juiz deixar de aplicá-la ou substituí-la, a qualquer tempo, por pena restritiva de direitos, se o autor, coautor ou partícipe colaborar espontaneamente com as autoridades, prestando esclarecimentos que conduzam à apuração das infrações penais, à identificação dos autores, coautores e partícipes ou à localização dos bens, direitos ou valores objeto do crime.

g) **Aumento de pena:** a pena será aumentada de 1/3 (um terço) a 2/3 (dois terços) se os crimes de lavagem de dinheiro forem cometidos de forma reiterada ou por intermédio de organização criminosa.

h) **Crime antecedente:** o processo e julgamento dos crimes de lavagem de dinheiro independem do processo e julgamento das infrações penais antecedentes, ainda que praticados em outro país, cabendo ao juiz competente para os crimes de lavagem de dinheiro a decisão sobre a unidade de processo e julgamento.

i) **Apuração do crime:** é possível utilizar a ação controlada e da infiltração de agentes.

j) **Separação de processos:** a eventual incidência da causa de aumento descrita na parte final do § 4º do art. 1º da Lei de Lavagem de Dinheiro, na redação dada pela Lei n. 12.683/2012, não constituiu empecilho para o juiz manter a separação dos feitos, nos termos do art. 80 do CPP (*Informativo* n. 735/2022 do STJ).

k) **Ação penal:** é pública incondicionada. A denúncia, instruída com indícios suficientes da existência do crime antecedente, deve ser oferecida no prazo de 5 (cinco) dias, se o réu estiver preso, ou de 15 (quinze) dias, se o réu estiver solto.

l) **Denúncia:** a aptidão da denúncia relativa ao crime de lavagem de dinheiro não exige uma descrição exaustiva e pormenorizada do suposto crime prévio, bastando, com relação às condutas praticadas antes da Lei n. 12.683/2012, a presença de indícios suficientes de que o objeto material da lavagem seja proveniente, direta ou indiretamente, de uma daquelas infrações penais mencionadas nos incisos do art. 1º da Lei n. 9.613/1998 (*Informativo* n. 657/2019 do STJ).

m) **Rito:** de acordo com a Lei n. 9.613/98, o procedimento criminal dos crimes de lavagem de dinheiro é o mesmo procedimento comum dos crimes punidos com reclusão, da competência do juiz singular, ou seja, o procedimento ordinário:

1. Oferecimento da denúncia ou queixa:

a) a denúncia será instruída com indícios suficientes da existência da infração penal antecedente, sendo puníveis os fatos previstos na Lei de Lavagem de Capitais, ainda que desconhecido ou isento de pena o autor ou extinta a punibilidade da infração penal antecedente;

b) competência da Justiça Federal:

  b1) quando praticados contra o sistema financeiro e a ordem econômico-financeira, ou em detrimento de bens, serviços ou interesses da União, ou de suas entidades autárquicas ou empresas públicas;

  b2) quando a infração penal antecedente for de competência da Justiça Federal.

2. Decisão liminar do juiz:

a) **positiva:** recebimento da denúncia ou queixa; o rito a ser seguido será o ordinário;

b) **negativa:** rejeição da denúncia ou queixa.

3. Citação do réu:

a) no processo por crime previsto nesta Lei não se aplica o disposto no art. 366 do CPP. Há corrente doutrinária que sustenta a inconstitucionalidade da inaplicabilidade do art. 366 do CPP[8].

4. Defesa inicial.

5. Decretação de absolvição sumária e fim do processo.

6. Não decretação da absolvição sumária será realizada audiência uma de instrução, debates e julgamento.

7. Audiência de instrução, debates e julgamento:

a) tomada de declarações do ofendido;

b) oitiva das testemunhas de acusação;

c) oitiva das testemunhas de defesa;

d) esclarecimentos dos peritos, desde que requeridos pelas partes;

e) acareações;

f) reconhecimento de pessoas e coisas;

g) interrogatório do acusado.

8. Alegações orais de 20 minutos, prorrogáveis por mais 10 minutos: se a causa for complexa ou elevado o número de acusados, haverá possibilidade de memoriais no prazo de 5 dias.

9. Sentença; se forem apresentados memoriais, o prazo da sentença é de 10 dias.

---

[8] CERVINI, Raul; OLIVEIRA, William Terra de; GOMES, Luiz Flávio. *Lei de lavagem de capitais*. São Paulo: Revista dos Tribunais, 1998. p. 357.

Fluxograma do procedimento dos crimes de lavagem de dinheiro

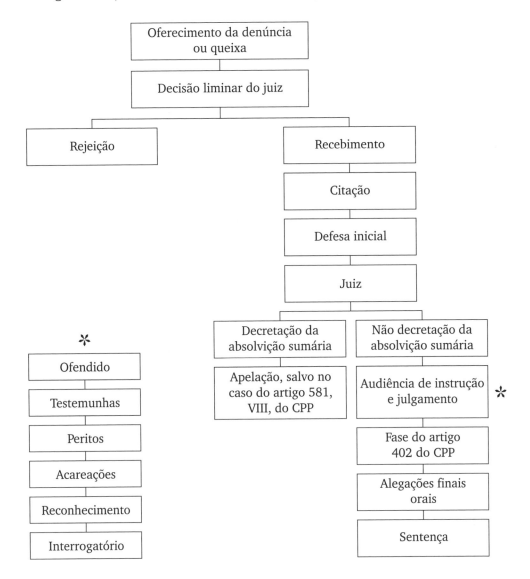

2.2.3 Procedimento dos crimes contra o sistema financeiro

1. Instauração do inquérito policial ou dispensável, se o titular da ação penal tiver elementos suficientes; o Ministério Público pode ficar sabendo da infração com a comunicação de qualquer pessoa, ou do Bacen, ou da CVM:

    a) quando, no exercício de suas atribuições legais, o Banco Central do Brasil ou a Comissão de Valores Mobiliários (CVM) verificar a ocorrência de crime contra o sistema financeiro, disso deverá informar ao Ministério

Público Federal, enviando-lhe os documentos necessários à comprovação do fato.

2. Recebidos os autos do inquérito, o Ministério Público irá analisar, podendo tomar uma das seguintes atitudes:

a) oferecimento da denúncia:

a1) a ação penal, nos crimes previstos nesta lei, será promovida pelo Ministério Público Federal, perante a Justiça Federal;

a2) será admitida a assistência da Comissão de Valores Mobiliários (CVM), quando o crime tiver sido praticado no âmbito de atividade sujeita à disciplina e à fiscalização dessa autarquia, e do Banco Central do Brasil quando, fora daquela hipótese, houver sido cometido na órbita de atividade sujeita à sua disciplina e fiscalização;

b) pedir arquivamento: neste caso o juiz analisa o pedido, podendo:

b1) concordar: arquivo;

b2) discordar (considerar improcedentes as razões invocadas): fará remessa da representação ao Procurador-Geral e este oferecerá a denúncia, ou designará outro órgão do Ministério Público para oferecê-la, ou insistirá no arquivamento, ao qual só então deverá o juiz atender;

c) pedir novas diligências ou requisitar direto para a autoridade policial: o órgão do Ministério Público Federal, sempre que julgar necessário, poderá requisitar, a qualquer autoridade, informação, documento ou diligência, relativo à prova dos crimes contra sistema financeiro. O sigilo dos serviços e operações financeiras não pode ser invocado como óbice ao atendimento da requisição;

d) inércia: quando a denúncia não for intentada no prazo legal, o ofendido poderá representar ao Procurador-Geral da República para que este a ofereça, designe outro órgão do Ministério Público para oferecê-la ou determine o arquivamento das peças de informação recebidas.

3. Observações:

a) sem prejuízo do disposto no art. 312 do CPP, a prisão preventiva do acusado da prática de crime previsto nesta lei poderá ser decretada em razão da magnitude da lesão causada (VETADO);

b) nos crimes contra o sistema financeiro punidos com pena de reclusão, o réu não poderá prestar fiança, nem apelar antes de ser recolhido à prisão, ainda que primário e de bons antecedentes, se estiver configurada situação que autoriza a prisão preventiva;

c) na fixação da pena de multa relativa aos crimes previstos nesta lei, o limite a que se refere o § 1º do art. 49 do Código Penal pode ser estendido até o décuplo, se verificada a situação nele cogitada;

d) de acordo com o art. 394, § 5º do CPP, o procedimento dos crimes contra o sistema financeiro sofre aplicação subsidiária das disposições do procedimento ordinário;

e) Delação premiada: nos crimes contra o sistema financeiro cometidos em quadrilha ou coautoria, o coautor ou partícipe que, pela confissão espontânea, revelar à autoridade policial ou judicial toda a trama delituosa terá a sua pena reduzida de 1/3 (um terço) a 2/3 (dois terços);

f) Conceito de instituição financeira para fins penais: é a pessoa jurídica de direito público ou privado, que tenha como atividade principal ou acessória, cumulativamente ou não, a captação, intermediação ou aplicação de recursos financeiros (Vetado) de terceiros, em moeda nacional ou estrangeira, ou a custódia, emissão, distribuição, negociação, intermediação ou administração de valores mobiliários. Instituição financeira equiparada para fins penais: I – a pessoa jurídica que capte ou administre seguros, câmbio, consórcio, capitalização ou qualquer tipo de poupança, ou recursos de terceiros; II – a pessoa natural que exerça quaisquer das atividades referidas neste artigo, ainda que de forma eventual.

Fluxograma do procedimento dos crimes contra o sistema financeiro

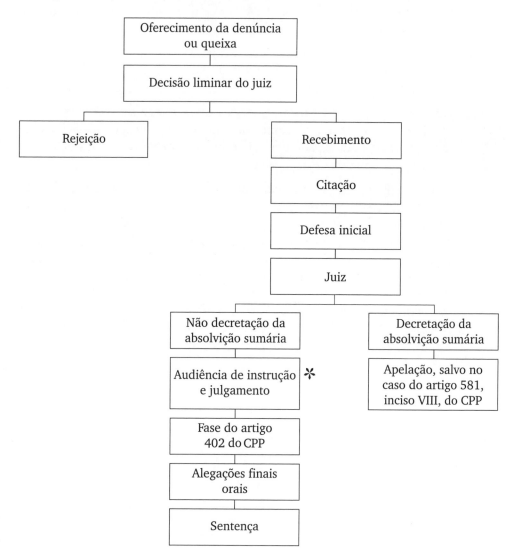

2.2.4 Procedimento dos crimes do Estatuto da Criança e do Adolescente

1. Praticado o ato infracional, surge o direito do Estado de punir o infrator, através da investigação, processo e execução da sanção penal.

2. Na fase investigatória, será feito um boletim de ocorrência circunstanciado. Em caso de ato infracional cometido mediante violência ou grave ameaça a pessoa, a autoridade policial deverá: (a) lavrar auto de apreensão, ouvidos as testemunhas e o adolescente; (b) apreender o produto e os instrumentos da infração; (c) requisitar os exames ou perícias necessários à comprovação da materialidade e autoria da infração. Os responsáveis serão avisados para comparecimento perante a autoridade policial.

3. Comparecendo qualquer dos pais ou responsável, o adolescente será prontamente liberado pela autoridade policial, sob termo de compromisso e responsabilidade de sua apresentação ao representante do Ministério Público, no mesmo dia ou, sendo impossível, no primeiro dia útil imediato, exceto quando, pela gravidade do ato infracional e sua repercussão social, deva o adolescente permanecer sob internação para garantia de sua segurança pessoal ou manutenção da ordem pública.

4. Em caso de não liberação, a autoridade policial encaminhará, desde logo, o adolescente ao representante do Ministério Público, juntamente com cópia do auto de apreensão ou boletim de ocorrência.

a) Apreensão: em regra, o adolescente somente pode ser apreendido por ordem escrita e fundamentada da autoridade judiciária competente.

b) Apreensão sem ordem judicial: apreensão em flagrante, apreensão decretada durante Estado de Defesa ou Sítio, apreensão disciplinar (militar) e recaptura de foragido.

c) Direitos do adolescente apreendido: identificação: o adolescente tem direito à identificação dos responsáveis pela sua apreensão; informação: deve ser informado acerca de seus direitos; comunicação: a apreensão de qualquer adolescente e o local onde se encontra recolhido serão comunicados de forma imediata à autoridade judiciária competente e à família do apreendido ou à pessoa por ele indicada. Após a comunicação, o juiz fará avaliação do caso para verificar, sob pena de responsabilidade, a possibilidade de liberação imediata; devido processo legal: nenhum adolescente será privado de sua liberdade sem o devido processo legal; intimação: o adolescente tem direito ao pleno e formal conhecimento da atribuição de ato infracional, mediante citação ou meio equivalente; igualdade na relação processual: podendo confrontar-se com vítimas e testemunhas e produzir todas as provas necessárias à sua defesa.

5. Sendo impossível a apresentação imediata, a autoridade policial encaminhará o adolescente à entidade de atendimento, que fará a apresentação ao representante do Ministério Público no prazo de 24 horas. Nas localidades onde não houver entidade de atendimento, a apresentação far-se-á pela autoridade policial. À falta de repartição policial especializada, o adolescente aguardará a apresentação em dependência separada da destinada a maiores.

6. Sendo o adolescente liberado, a autoridade policial encaminhará imediatamente ao representante do Ministério Público cópia do auto de apreensão ou boletim de ocorrência.

7. Apresentação do adolescente ao representante do Ministério Público:

a) em caso de não apresentação, o representante do Ministério Público notificará os pais ou responsável para apresentação do adolescente, podendo requisitar o concurso das polícias civil e militar;

b) se o adolescente, devidamente notificado, não comparecer injustificadamente à audiência de apresentação, a autoridade judiciária designará nova data, determinando sua condução coercitiva.

8. Oitiva imediata e informal e, sendo possível, de seus pais ou responsável, vítima e testemunhas.

9. Após a oitiva informal, o representante do Ministério Público poderá:

a) promover o arquivamento dos autos: os autos serão conclusos à autoridade judiciária para homologação e cumprimento da medida. Feito o pedido do arquivamento, o juiz poderá: concordar: arquivo; não concordar: fará remessa dos autos ao Procurador-Geral de Justiça, mediante despacho fundamentado, e este oferecerá representação, designará outro membro do Ministério Público para apresentá-la, ou ratificará o arquivamento ou a remissão, e só então estará a autoridade judiciária obrigada a homologar;

b) conceder a remissão: poderá ser aplicada em qualquer fase do procedimento, antes da sentença. Os autos serão conclusos à autoridade judiciária para homologação e cumprimento da medida. Se a autoridade judiciária entender adequada a remissão, ouvirá o representante do Ministério Público, proferindo decisão;

Remissão: é forma de exclusão do processo de apuração de ato infracional, concedida pelo representante do Ministério Público, atendendo às circunstâncias e consequências do fato, ao contexto social, bem como à personalidade do adolescente e sua maior ou menor participação no ato infracional.

Efeito: iniciado o procedimento, a concessão da remissão pela autoridade judiciária importará na suspensão ou extinção do processo. A remissão não implica necessariamente o reconhecimento ou comprovação da responsabilidade, nem prevalece para efeito de antecedentes, podendo incluir eventualmente a aplicação de qualquer das medidas previstas em lei, exceto a colocação em regime de semiliberdade e a internação.

Revisão: a medida aplicada por força da remissão poderá ser revista judicialmente, a qualquer tempo, mediante pedido expresso do adolescente ou de seu representante legal, ou do Ministério Público.

c) representar à autoridade judiciária para aplicação de medida socioeducativa:

c1) forma: a representação será oferecida por petição, podendo ser deduzida oralmente, em sessão diária instalada pela autoridade judiciária;

c2) conteúdo: breve resumo dos fatos e a classificação do ato infracional e, quando necessário, o rol de testemunhas. A representação independe de prova pré-constituída da autoria e materialidade.

10. Oferecida a representação, a autoridade judiciária designará audiência de apresentação do adolescente, decidindo, desde logo, sobre a decretação ou manutenção da internação:

a) o adolescente e seus pais ou responsável serão cientificados do teor da representação, e notificados a comparecer à audiência, acompanhados de advogado;

b) se os pais ou responsável não forem localizados, a autoridade judiciária dará curador especial ao adolescente;

c) não sendo localizado o adolescente, a autoridade judiciária expedirá mandado de busca e apreensão, determinando o sobrestamento do feito, até a efetiva apresentação;

d) estando o adolescente internado, será requisitada a sua apresentação, sem prejuízo da notificação dos pais ou responsável;

e) Conflito entre o art. 184 do ECA e o art. 400 do CPP (*Informativo* n. 766/2023 do STJ): de acordo com a posição do STJ e STF, prevalece o art. 400 do CPP, de forma que a oitiva do representado deve ser o último ato da instrução no procedimento de apuração de ato infracional, por dois motivos: 1) porque o adolescente não pode receber tratamento mais gravoso do que aquele conferido ao adulto, de acordo com o art. 35, I, da Lei n. 12.594/2012 (Sistema Nacional de Atendimento Socioeducativo) e o item 54 das Diretrizes das Nações Unidas para a Prevenção da Delinquência Juvenil (Diretrizes de Riad); 2) o art. 400 do Código de Processo Penal possibilita ao representado exercer de modo mais eficaz a sua defesa.

11. Oitiva do adolescente, seus pais ou responsável:

a)   pode o juiz solicitar opinião de profissional qualificado.

12. Oitiva das testemunhas arroladas na representação.

13. Oitiva das testemunhas arroladas na defesa prévia.

14. Debates orais: será dada a palavra ao representante do Ministério Público e ao defensor, sucessivamente, pelo tempo de 20 minutos para cada um, prorrogável por mais 10, a critério da autoridade judiciária.

15. Sentença condenatória ou absolutória (art. 189 do ECA).

16. Intimação da sentença:

- a intimação da sentença que aplicar medida de internação ou regime de semiliberdade será feita: (a) ao adolescente e ao seu defensor; (b) quando não for encontrado o adolescente, a seus pais ou responsável, sem prejuízo do defensor; (c) sendo outra a medida aplicada, a intimação far-se-á unicamente na pessoa do defensor; (d) recaindo a intimação na pessoa do adolescente, deverá este manifestar se deseja ou não recorrer da sentença.

17. Medidas socioeducativas: o adolescente que praticar ato infracional pode receber as seguintes medidas socioeducativas (na aplicação da medida socioeducativa ao adolescente, o juiz levará em conta a sua capacidade de cumpri-la, as circunstâncias e a gravidade da infração, sendo proibida a prestação de trabalho forçado. Os adolescentes portadores de doença ou deficiência mental receberão tratamento individual e especializado, em local adequado às suas condições):

a)   advertência: admoestação verbal, que será reduzida a termo e assinada;

b)   obrigação de reparar o dano: aplicada em se tratando de ato infracional com reflexos patrimoniais. Havendo manifesta impossibilidade, a medida poderá ser substituída por outra adequada;

c)   prestação de serviços comunitários: consiste na realização de tarefas gratuitas de interesse geral, por período não excedente a 6 (seis) meses, junto a entidades assistenciais, bem como em programas comunitários ou governamentais; as tarefas devem ser atribuídas conforme as aptidões do adolescente e cumpridas durante jornada máxima de 8 (oito) horas semanais, aos sábados, domingos e feriados, ou mesmo em dias úteis, mas de modo a não prejudicar a frequência à escola ou a jornada normal de trabalho;

d) liberdade assistida: será adotada sempre que se afigurar a medida mais adequada para o fim de acompanhar, auxiliar e orientar o adolescente, podendo ser recomendada por entidade ou programa de atendimento. Será fixada pelo prazo mínimo de 6 (seis) meses e, a qualquer tempo, poderá ser prorrogada, revogada ou substituída por outra medida, ouvidos o orientador, o Ministério Público e o defensor;

e) regime de semiliberdade: é forma de transição para o meio aberto, com a possibilidade de realização de atividades externas, independentemente de autorização judicial, sem prazo determinado. Tem aplicação subsidiária das normas de internação. São condições obrigatórias a escolarização e a profissionalização;

f) internação: constitui medida privativa da liberdade, sujeita aos princípios de brevidade, excepcionalidade (em nenhuma hipótese será aplicada a internação se houver outra medida adequada) e respeito à condição peculiar de pessoa em desenvolvimento, com a possibilidade de realização de atividades externas, a critério da equipe técnica da entidade, salvo expressa determinação judicial em contrário.

Prazo: a medida não comporta prazo determinado.

Manutenção: é reavaliada, mediante decisão fundamentada, no máximo a cada 6 (seis) meses.

Período máximo de internação: não excederá a 3 (três) anos. Atingido o período máximo, o adolescente deverá ser liberado, colocado em regime de semiliberdade ou de liberdade assistida.

Liberação compulsória: aos 21 (vinte e um) anos de idade.

Desinternação: será precedida de autorização judicial, ouvido o Ministério Público.

Cabimento: só poderá ser aplicada quando: 1) tratar-se de ato infracional cometido mediante grave ameaça ou violência a pessoa; 2) por reiteração no cometimento de outras infrações graves; 3) por descumprimento reiterado e injustificável da medida anteriormente imposta (o prazo de internação nessa hipótese não poderá ser superior a 3 [três] meses).

Local: deverá ser cumprida em entidade exclusiva para adolescentes, em local distinto daquele destinado ao abrigo, obedecida rigorosa separação por critérios de idade, compleição física e gravidade da infração.

Atividades: durante o período de internação, inclusive provisória, serão obrigatórias atividades pedagógicas.

Direitos do adolescente privado de liberdade: entre outros, os seguintes: 1) entrevistar-se pessoalmente com o representante do Ministério Público; 2) peticionar diretamente a qualquer autoridade; 3) avistar-se reservadamente com seu defensor; 4) ser informado de sua situação processual, sempre que solicitado; 5) ser tratado com respeito e dignidade; 6) permanecer internado na mesma localidade ou naquela mais próxima ao domicílio de seus pais ou responsável; 7) receber visitas, ao menos semanalmente; 8) corresponder-se com seus familiares e amigos; 9) ter acesso aos objetos necessários à higiene e ao asseio pessoal; 10) habitar alojamento em condições adequadas de higiene e salubridade; 11) receber escolarização e profissionalização; 12) realizar atividades culturais, esportivas e de lazer; 13) ter acesso aos meios de comunicação social; 14) receber assistência religiosa, segundo a sua crença, e desde que assim o deseje; 15) manter a posse de seus objetos pessoais e dispor de local seguro para guardá-los, recebendo comprovante daqueles porventura depositados em poder da entidade; 16) receber, quando de sua desinternação, os documentos pessoais indispensáveis à vida em sociedade. Em nenhum caso, haverá incomunicabilidade. A autoridade judiciária poderá suspender temporariamente a visita, inclusive de pais ou responsável, se existirem motivos sérios e fundados de sua prejudicialidade aos interesses do adolescente. É dever do Estado zelar pela integridade física e mental dos internos, cabendo-lhe adotar as medidas adequadas de contenção e segurança.

Fluxograma do procedimento dos crimes do Estatuto da Criança e do Adolescente

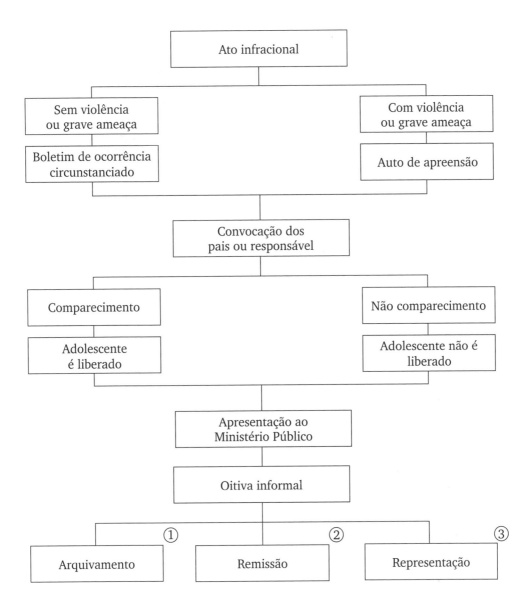

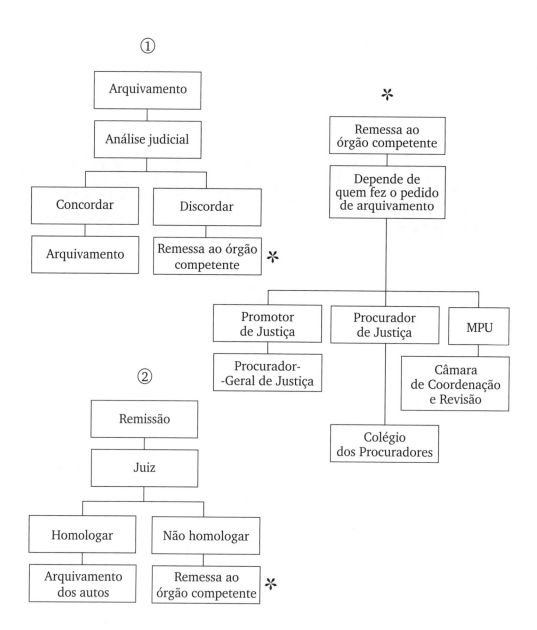

2.2.5 Procedimento do crime organizado

a) **Objeto da lei:** a Lei n. 12.850/2013 define organização criminosa e dispõe sobre a investigação criminal, os meios de obtenção da prova, infrações penais correlatas e o procedimento criminal a ser aplicado.

b) **Conceito de organização criminosa:** associação de quatro ou mais pessoas, estruturalmente ordenada e caracterizada pela divisão de tarefas, ainda que informalmente, com o objetivo de obter, direta ou indiretamente, vantagem de qualquer natureza, mediante a prática de infrações penais cujas penas máximas sejam superiores a quatro anos, ou que sejam de caráter transnacional. Na associação criminosa há a participação de três ou mais pessoas, para o fim específico de cometer crimes.

c) **Aplicação:** I – às infrações penais previstas em tratado ou convenção internacional quando, iniciada a execução no País, o resultado tenha ou devesse ter ocorrido no estrangeiro, ou reciprocamente; II – às organizações terroristas, entendidas como aquelas voltadas para a prática dos atos de terrorismo legalmente definidos.

d) **Meios de obtenção da prova:** são admitidos em qualquer fase da persecução penal, sem prejuízo de outros já previstos em lei. São: 1) colaboração premiada (negócio jurídico processual e meio de obtenção de prova, que pressupõe utilidade e interesse públicos); 2) captação ambiental de sinais eletromagnéticos, ópticos ou acústicos; 3) ação controlada; 4) acesso a registros de ligações telefônicas e telemáticas, a dados cadastrais constantes de bancos de dados públicos ou privados e a informações eleitorais ou comerciais; 5) interceptação de comunicações telefônicas e telemáticas, nos termos da legislação específica; 6) afastamento dos sigilos financeiro, bancário e fiscal, nos termos da legislação específica; 7) infiltração, por policiais, em atividade de investigação; 8) cooperação entre instituições e órgãos federais, distritais, estaduais e municipais na busca de provas e informações de interesse da investigação ou da instrução criminal.

e) **Vedação de progressão:** o condenado expressamente em sentença por integrar organização criminosa ou por crime praticado por meio de organização criminosa não poderá progredir de regime de cumprimento de pena ou obter livramento condicional ou outros benefícios prisionais se houver elementos probatórios que indiquem a manutenção do vínculo associativo.

f) **Lideranças de organizações criminosas armadas ou que tenham armas à disposição:** deverão iniciar o cumprimento da pena em estabelecimentos penais de segurança máxima.

g) **Rito:** os crimes previstos na Lei n. 12.850/2013 e as infrações penais conexas serão apurados mediante procedimento ordinário previsto no Código de Processo Penal.

h) **Instrução criminal:** deverá ser encerrada em prazo razoável, o qual não poderá exceder 120 (cento e vinte) dias quando o réu estiver preso, prorrogáveis em até igual período, por decisão fundamentada, devidamente motivada pela complexidade da causa ou por fato procrastinatório atribuível ao réu.

i) **Colaboração premiada:** pessoa jurídica não possui capacidade para celebrar acordo de colaboração premiada, previsto na Lei n. 12.850/2013 (*Informativo* n. 747/2022 do STJ).

k) **Litispendência:** a imputação de dois crimes de organização criminosa ao agente não revela, por si só, a litispendência das ações penais, se não ficar demonstrado o liame entre as condutas praticadas por ambas as organizações criminosas (*Informativo* n. 737/2022 do STJ).

l) **Prisão preventiva:** a mera circunstância de o agente ter sido denunciado em razão dos delitos descritos na Lei n. 12.850/2013 não justifica a imposição automática da prisão preventiva, devendo-se avaliar a presença de elementos concretos, previstos no art. 312 do CPP (*Informativo* n. 732/2022 do STJ).

m) **Auxílio:** é legal o auxílio da agência de inteligência ao Ministério Público Estadual durante procedimento criminal instaurado para apurar graves crimes em contexto de organização criminosa (*Informativo* n. 680/2020 do STJ).

2.2.6 Procedimento da Lei de Drogas – Lei n. 11.343/2006

a) **aplicação subsidiária:** as disposições do Código de Processo Penal e da Lei de Execução Penal;

b) **prisão em flagrante:** após a prisão, a autoridade de polícia comunicará ao juiz competente e dará vista do auto de prisão em flagrante ao órgão do Ministério Público, em 24 (vinte e quatro) horas;

c) **laudo de constatação:** é uma perícia preliminar que serve para lavratura do auto de prisão em flagrante e estabelecimento da materialidade do delito. O laudo conterá a natureza e a quantidade da droga e será firmado por perito oficial ou, na falta deste, por pessoa idônea. O laudo de constatação não autoriza a condenação;

d) **direito de apelar em liberdade:** nos crimes previstos nos arts. 33, *caput*, e § 1º, e 34 a 37, desta Lei, o réu não poderá apelar sem recolher-se à prisão, salvo se for primário e de bons antecedentes, assim reconhecido na sentença condenatória;

e) **tipo de procedimento:** depende da infração:

- se for infração prevista no art. 28 da Lei n. 11.343/2006[9], salvo se houver concurso com os crimes previstos nos arts. 33 a 37, o rito será sumaríssimo, previsto na Lei n. 9.099/95;

f) **imunidade ao flagrante:** não se imporá prisão em flagrante, devendo o autor do fato ser imediatamente encaminhado ao juízo competente ou, na falta deste, assumir o compromisso de a ele comparecer, lavrando-se termo circunstanciado e providenciando-se as requisições dos exames e perícias necessários;

g) *habeas corpus:* é cabível a concessão de salvo-conduto para o plantio e o transporte de Cannabis Sativa para fins exclusivamente terapêuticos, com

---

[9] As condutas do art. 28 da Lei n. 11.343/2006 são: (a) quem adquirir, guardar, tiver em depósito, transportar ou trouxer consigo, para consumo pessoal, drogas sem autorização ou em desacordo com determinação legal ou regulamentar; (b) quem, para seu consumo pessoal, semeia, cultiva ou colhe plantas destinadas à preparação de pequena quantidade de substância ou produto capaz de causar dependência física ou psíquica.

base em receituário e laudo subscrito por profissional médico especializado, e chancelado pela Anvisa (*Informativo* n. 742/2022 do STJ); Demonstradas pela instância de origem a estabilidade e permanência do crime de associação para o tráfico de drogas, inviável o revolvimento probatório em sede de *habeas corpus* visando a modificação do julgado (*Informativo* n. 730/2022 do STJ);

h) **prisão domiciliar:** a apreensão de grande quantidade e variedade de drogas não impede a concessão da prisão domiciliar à mãe de filho menor de 12 anos se não demonstrada situação excepcional de prática de delito com violência ou grave ameaça ou contra **seus filhos, nos termos do art. 318-A, I e II, do CPP (*Informativo* n. 733/2022 do STJ);**

i) **constrangimento ilegal:** configura constrangimento ilegal o afastamento do tráfico privilegiado e da redução da fração de diminuição de pena por presunção de que o agente se dedica a atividades criminosas, derivada unicamente da análise da natureza ou da quantidade de drogas apreendidas (*Informativo* n. 731/2022 do STJ);

j) **materialidade:** a apreensão e a perícia da substância entorpecente são imprescindíveis para a comprovação da materialidade do crime de tráfico de drogas (*Informativo* n. 801/2024 do STJ);

k) **procedimento:**

1. praticado o crime, o Estado exercerá o direito de punir através da persecução penal, que, por sua vez, é dividida em: fase investigatória, processual e execução penal;

2. na fase investigatória será feita uma coleta de dados a respeito do crime e documentada no inquérito policial, cujo prazo de conclusão será de 30 (trinta) dias, se o indiciado estiver preso, e de 90 (noventa) dias, quando solto. O prazo para a conclusão do inquérito pode ser duplicado, pela autoridade judicial, ouvido o Ministério Público, mediante pedido justificado da autoridade de polícia judiciária (art. 51 da Lei n. 11.343/06);

3. uma vez concluído, o inquérito será enviado ao Judiciário, que, por sua vez, o remeterá ao Ministério Público, que tem o prazo de 10 (dez) dias para oferecer denúncia, requerer novas diligências ou o arquivamento do inquérito policial (art. 54);

Alguns doutrinadores sustentam que o prazo será de 5 (cinco) dias, quando o indiciado estiver preso, nos termos do art. 46 do Código de Processo Penal;

4. se o Ministério Público requerer o arquivamento do Inquérito Policial, e se o juiz discordar, procederá à remessa dos autos ao Chefe do Ministério Público;

5. oferecida a denúncia, o juiz deve, nos termos do art. 55 da Lei n. 11.343/2006, determinar a notificação do acusado para oferecer defesa prévia, por escrito, no prazo de 10 (dez) dias, que se assemelha a uma verdadeira contestação, oferecendo exceções processuais, preliminares, razões de defesa, documentos e justificações, especificação das provas que pretende produzir e, até o número de 5 (cinco), arrolar testemunhas (art. 55, §§ 1º e 2º). Se o acusado não apresentar a defesa, o juiz nomeará defensor para oferecê-la em 10 (dez) dias, concedendo-lhe vista dos autos no ato de nomeação (art. 55, § 3º);

6. apresentada a defesa, o juiz decidirá em 5 (cinco) dias sobre o recebimento ou a rejeição da denúncia. Se entender imprescindível, o juiz, no prazo máximo de 10 (dez) dias, determinará a apresentação do preso, realização de diligências, exames e perícias;

7. recebida a denúncia, o juiz designará dia e hora para a audiência de instrução e julgamento, ordenará a citação pessoal do acusado, a intimação do Ministério Público, do assistente, se for o caso, e requisitará os laudos periciais. A audiência será realizada dentro dos 30 (trinta) dias seguintes ao recebimento da denúncia, salvo se determinada a realização de avaliação para atestar dependência de drogas, quando se realizará em 90 (noventa) dias;

8. se se tratar dos crimes tipificados nos arts. 33, *caput*, e § 1º, e 34 a 37, o juiz, ao receber a denúncia, poderá decretar o afastamento cautelar do denunciado de suas atividades, se for funcionário público, comunicando ao órgão respectivo;

9. na audiência de instrução e julgamento serão realizados os seguintes atos processuais: (a) o interrogatório do acusado (após proceder ao interrogatório, o juiz indagará das partes se restou algum fato para ser esclarecido, formulando as perguntas correspondentes se entender pertinente e relevante); (b) inquirição das testemunhas; (c) debates orais: será dada a palavra, sucessivamente, ao representante do Ministério Público e ao defensor do acusado, para sustentação oral, pelo prazo de 20 (vinte) minutos para cada um, prorrogável por mais 10 (dez), a critério do juiz;

10. o juiz pode dar a sentença na própria audiência de instrução e julgamento. Se não se sentir habilitado a julgar de imediato a causa, o juiz ordenará que os autos lhe sejam conclusos para, no prazo de 10 (dez) dias, proferir a sentença.

l) medidas assecuratórias relacionadas aos bens móveis e imóveis ou valores consistentes em produtos dos crimes previstos na Lei n. 11.343/06, ou que constituam proveito auferido com sua prática:

1. **decisão:** juiz;

2. **iniciativa:** o juiz, de ofício, a requerimento do Ministério Público ou mediante representação da autoridade de polícia judiciária;

3. **requisito:** indícios suficientes;

4. **oitiva do Ministério Público:** é necessária;

5. **momento:** no curso do inquérito ou da ação penal;

6. **defesa do acusado:** após decretação da medida, o juiz facultará ao acusado que, no prazo de 5 (cinco) dias, apresente ou requeira a produção de provas acerca da origem lícita do produto, bem ou valor objeto da decisão; provada a origem lícita do produto, bem ou valor, o juiz decidirá pela sua liberação;

7. **requisito do pedido de restituição:** só será conhecido com o comparecimento pessoal do acusado;

8. **atos de conservação:** pode o juiz determinar a prática de atos necessários à conservação de bens, direitos ou valores;

9. **suspensão do sequestro:** pelo juiz, ouvido o Ministério Público, quando a sua execução imediata possa comprometer as investigações;

10. **destinação dos bens:** não havendo prejuízo para a produção da prova dos fatos e comprovado o interesse público ou social, ressalvado o disposto no art. 62 da Lei n. 11.343/06, mediante autorização do juízo competente, ouvido o Ministério Público e cientificada a Senad, os bens apreendidos poderão ser utilizados pelos órgãos ou pelas entidades que atuam na prevenção do uso indevido, na atenção e reinserção social de usuários e dependentes de drogas e na repressão à produção não autorizada e ao tráfico ilícito de drogas, exclusivamente no interesse dessas atividades. Recaindo a autorização sobre veículos, embarcações ou aeronaves, o juiz ordenará à autoridade de trânsito ou ao equivalente órgão de registro e controle a expedição de certificado provisório de registro e licenciamento, em favor da instituição à qual tenha deferido o uso, ficando esta livre do pagamento de multas, encargos e tributos anteriores, até o trânsito em julgado da decisão que decretar o seu perdimento em favor da União;

11. **término:** encerrado o processo criminal ou arquivado o inquérito policial, o juiz, de ofício, mediante representação da autoridade de polícia judiciária, ou a requerimento do Ministério Público, determinará a destruição das amostras guardadas para contraprova, certificando nos autos.

m) **colaboração premiada:** os requisitos legais previstos no art. 41 da Lei n. 11.343/2006 (o indiciado ou acusado que colaborar voluntariamente com a investigação policial e o processo criminal na identificação dos demais coautores ou partícipes do crime e na recuperação total ou parcial do produto do crime, no caso de condenação, terá pena reduzida de um terço a dois terços), que trata da causa de diminuição por colaboração premiada, são alternativos (*Informativo* n. 789/2023);

n) **Súmulas do STJ:** 1) 630: a incidência da atenuante da confissão espontânea no crime de tráfico ilícito de entorpecentes exige o reconhecimento da traficância pelo acusado, não bastando a mera admissão da posse ou propriedade para uso próprio; 2) 607: A majorante do tráfico transnacional de drogas (art. 40, I, da Lei n. 11.343/2006) configura-se com a prova da destinação internacional das drogas, ainda que não consumada a transposição de fronteiras; 3) 587: Para a incidência da majorante prevista no art. 40, V, da Lei n. 11.343/2006, é desnecessária a efetiva transposição de fronteiras entre estados da Federação, sendo suficiente a demonstração inequívoca da intenção de realizar o tráfico interestadual.

Fluxograma do procedimento dos crimes de drogas (arts. 33 a 37 da Lei n. 11.343/2006)

2.3 Aspectos de leis especiais

2.3.1 Interceptação telefônica

a) **Intercepção:** é a interferência com a finalidade de coletar informações; interceptação telefônica é interferência de um terceiro na conversa telefônica entre duas ou mais pessoas que capta os dados, gravando ou ouvindo; interceptação ambiental é a interferência de um terceiro na conversa mantida entre duas ou mais pessoas fora do telefone, em qualquer recinto privado ou público.

b) **Escuta telefônica:** é a captação e gravação feitas por terceiro com ciência e autorização de um dos interlocutores; escuta ambiental é a captação e gravação feita por um terceiro com ciência e autorização de um dos interlocutores fora do telefone, em um recinto qualquer.

c) **Captação direta ou gravação clandestina:** é a captação e gravação feitas por um dos interlocutores sem que outro saiba.

d) **Requisitos da interceptação telefônica:** 1) existência de indícios suficientes ou razoáveis de autoria; 2) não é possível colher a prova por outro meio; a interceptação tem caráter subsidiário; só em último caso será usado em forma de violação à intimidade alheia; 3) crime em investigação deve ser apenado com reclusão; as infrações apenadas com detenção comportam interceptação, desde que sejam conexas aos crimes de reclusão. Na interceptação, o objeto da investigação deve ser descrito com clareza. É possível a indicação e qualificação dos investigados, salvo impossibilidade manifesta e justificada.

e) **Abrangência:** possível interceptação do fluxo de comunicações em sistemas de informática e telemática.

f) **Decisão judicial sobre interceptação telefônica:** o juiz, no prazo máximo de 24 horas, decidirá sobre o pedido. A decisão será fundamentada, sob pena de nulidade, indicando também a forma de execução da diligência: necessidade, meios, objetivo, números telefônicos e nome dos envolvidos. Em decisões que autorizem a interceptação das comunicações telefônicas de investigados, é inválida a utilização da técnica da fundamentação *per relationem* (por referência) sem tecer nenhuma consideração autônoma, ainda que sucintamente, justificando a indispensabilidade da autorização de inclusão ou de prorrogação de terminais em diligência de interceptação telefônica (*Informativo* n. 751/2022 do STJ).

g) **Pedido de interceptação telefônica:** a interceptação das comunicações telefônicas poderá ser determinada pelo juiz, de ofício ou a requerimento: I – da autoridade policial, na investigação criminal; II – do representante do Ministério Público, na investigação criminal e na instrução processual penal. O pedido de interceptação de comunicação telefônica conterá a demonstração de que a sua realização é necessária à apuração de infração penal (só será realizada se não houver outros meios disponíveis para apuração do crime), com indicação dos meios a serem empregados. Excepcionalmente, o juiz poderá admitir que o pedido seja formulado verbalmente, desde que estejam presentes os pressupostos que autorizem a interceptação, caso em que a concessão será condicionada à sua redução a termo.

h) **Execução da interceptação telefônica:** deferido o pedido, a autoridade policial conduzirá os procedimentos de interceptação, dando ciência ao Ministério Público, que poderá acompanhar a sua realização. Se a interceptação for realizada sem gravação, poderá valer como prova, podendo usar os policiais como testemunhas. No caso de a diligência possibilitar a gravação da comunicação interceptada, será determinada a sua transcrição. Cumprida a diligência, a autoridade policial encaminhará o resultado da interceptação ao juiz, acompanhado de auto circunstanciado, que deverá conter o resumo das operações realizadas. Após receber o auto circunstanciado e o resultado da operação, o juiz determinará que o material colhido seja encartado em autos apartados dos principais, ciente o Ministério Público. Após autorizado pelo juiz, a autoridade policial poderá requisitar serviços e técnicos especializados às concessionárias de serviço público – companhias de telefonia fixa ou móvel, se não for atendida desobediência.

i) **Objeto da investigação na interceptação telefônica:** em qualquer hipótese, deve ser descrita com clareza a situação objeto da investigação, inclusive com a indicação e qualificação dos investigados, salvo impossibilidade manifesta, devidamente justificada.

j) **Sigilo das diligências (realização da interceptação), gravações e transcrições:** não é absoluto. O juiz deve nas suas decisões observar o princípio da proporcionalidade, devendo a intimidade prevalecer sobre o direito público à informação quando a intimidade de alguém for violada pela divulgação da notícia pelos meios de comunicação.

k) **Forma:** o processo da interceptação de comunicação telefônica, de qualquer natureza, ocorrerá em autos apartados, apensados aos autos do inquérito policial ou do processo criminal, preservando-se o sigilo das diligências, gravações e transcrições respectivas. A apensação dos autos da interceptação telefônica aos autos principais somente poderá ser realizada imediatamente antes do relatório da autoridade, quando se tratar de inquérito policial ou no processo após as alegações finais e antes de o juiz dar a sua decisão. A conversão do conteúdo das interceptações telefônicas em formato escolhido pela defesa não é ônus atribuído ao Estado (*Informativo* n. 731/2022 do STJ).

l) **Crimes relativos à interceptação telefônica:** 1) realizar interceptação de comunicações telefônicas, de informática ou telemática, sem autorização judicial ou com objetivos não autorizados em lei. Pena: reclusão, de dois a quatro anos, e multa; 2) quebrar segredo de justiça, sem autorização judicial ou com objetivos não autorizados em lei. Pena: reclusão, de dois a quatro anos, e multa; 3) realizar captação ambiental de sinais eletromagnéticos, ópticos ou acústicos para investigação ou instrução criminal sem autorização judicial, quando esta for exigida. Pena: reclusão, de dois a quatro anos, e multa. Não há crime se a captação é realizada por um dos interlocutores. A pena será aplicada em dobro ao funcionário público que descumprir determinação de sigilo das investigações que envolvam a captação ambiental ou revelar o conteúdo das gravações enquanto mantido o sigilo judicial.

m) **Incidente de inutilização:** 1) *iniciativa*: MP ou parte interessada (acusado ou terceiro); 2) *conceito*: é procedimento para destruição de gravação ou partes dela impertinentes; 3) *conteúdo*: gravação que não interessar à prova; 4) *momento*: durante o inquérito policial, instrução processual ou após a instrução. A legislação fala em "investigação criminal", não prevendo, para a interceptação telefônica, a instalação prévia de inquérito policial; 5) *acompanhamento*: obrigatório é do MP; o facultativo é do acusado ou representante legal; 6) *recurso cabível*: mandado de segurança, pela urgência e irreversibilidade da medida. Segundo posição do STJ, é passível de impugnação, por recurso em sentido estrito, decisão interlocutória de primeiro grau que indefere requerimento de interceptação telefônica, para que se verifique, no caso concreto, a necessidade dessa providência processual.

n) **Auto circunstanciado:** é o registro formal das diligências equivalente ao relatório da autoridade policial. Se houver defeito no auto, haverá nulidade relativa. Porém, há quem diga que o auto circunstanciado não é elemento essencial para a validade da prova, tratando-se de documento secundário.

o) **Prova lícita:** prova de crime diverso obtida por meio de interceptação de ligações telefônicas de terceiro não mencionado na autorização judicial de escuta, desde que relacionado com o fato criminoso o objeto da investigação.

p) **Prova emprestada:** pode a prova da interceptação telefônica usada na área criminal ser emprestada para a esfera extrapenal.

q) **Processo disciplinar:** é cabível o uso excepcional de interceptação telefônica em processo disciplinar, desde que seja também observado no âmbito administrativo o devido processo legal, respeitados os princípios constitucionais do contraditório e ampla defesa, bem como haja expressa autorização do Juízo Criminal, responsável pela preservação do sigilo de tal prova, de sua remessa e utilização pela Administração.

r) **Encontro fortuito:** a discussão a respeito da conexão entre o fato investigado e o fato encontrado fortuitamente só se coloca em se tratando de infração penal pretérita, porquanto no que concerne às infrações futuras o cerne da controvérsia se dará quanto à licitude ou não do meio de prova utilizado e a partir do qual se tomou conhecimento de tal conduta criminosa.

s) **Requisitos da captação ambiental de sinais eletromagnéticos, ópticos ou acústicos para investigação ou instrução criminal:** 1) autorização do juiz; 2) requerimento da autoridade policial ou do Ministério Público (deverá descrever circunstanciadamente o local e a forma de instalação do dispositivo de captação ambiental); 3) a prova não puder ser feita por outros meios disponíveis e igualmente eficazes; 4) houver elementos probatórios razoáveis de autoria e participação em infrações criminais cujas penas máximas sejam superiores a quatro anos ou em infrações penais conexas. O prazo da captação ambiental não poderá exceder o prazo de quinze dias, renovável por decisão judicial por iguais períodos, se comprovada a indispensabilidade do meio de prova e quando presente atividade criminal permanente, habitual ou continuada. Aplicam-se subsidiariamente à captação ambiental as regras previstas na legislação específica para a interceptação telefônica e telemática.

t) **Habilitação de** *chip*: é ilegal a quebra do sigilo telefônico mediante a habilitação de *chip* da autoridade policial em substituição ao do investigado titular da linha. Tratando-se de providência que excepciona a garantia à inviolabilidade das comunicações, a interceptação telefônica e telemática deve se dar nos estritos limites da lei, não sendo possível o alargamento das hipóteses previstas ou a criação de procedimento diverso (*Informativo* n. 696/2021 do STJ).

u) **Prova ilícita:** é ilícita a prova obtida mediante conduta da autoridade policial que atende, sem autorização, o telefone móvel do acusado e se passa pela pessoa sob investigação (*Informativo* n. 655/2019 do STJ).

2.3.2 Fundo Nacional de Segurança Pública (FNSP) – Lei n. 13.756/2018

a) **Conceito:** fundo especial de natureza contábil.

b) **Finalidade:** garantir recursos para apoiar projetos, atividades e ações nas áreas de segurança pública e de prevenção à violência, observadas as diretrizes do Plano Nacional de Segurança Pública e Defesa Social.

c) **Gestão:** Ministério da Segurança Pública.

d) **Recursos:** I – as doações e os auxílios de pessoas naturais ou jurídicas, públicas ou privadas, nacionais ou estrangeiras; II – as receitas decorrentes: a) da exploração de loterias, nos termos da legislação; e b) das aplicações de recursos orçamentários do FNSP, observada a legislação aplicável; c) da decretação do perdimento dos bens móveis e imóveis, quando apreendidos ou sequestrados em decorrência das atividades criminosas perpetradas por milicianos, estendida aos sucessores e contra eles executada, até o limite do valor do patrimônio transferido (excetuam-se os bens relacionados com o tráfico de drogas de abuso, ou de qualquer forma utilizados em atividades ilícitas de produção ou comercialização de drogas abusivas, ou, ainda, que tenham sido adquiridos com recursos provenientes do referido tráfico, e perdidos em favor da União, que constituem recursos destinados ao Funad, nos termos do art. 4º da Lei n. 7.560/86); III – as dotações consignadas na lei orçamentária anual e nos créditos adicionais; e IV – as demais receitas destinadas ao FNSP; V – os recursos provenientes de convênios, contratos ou acordos firmados com entidades públicas ou privadas, nacionais, internacionais ou estrangeiras; VI – os recursos confiscados ou provenientes da alienação dos bens perdidos em favor da União Federal, nos termos da legislação penal ou processual penal; VII – as fianças quebradas ou perdidas, em conformidade com o disposto na lei processual penal; VIII – os rendimentos de qualquer natureza, auferidos como remuneração, decorrentes de aplicação do patrimônio do FNSP.

2.3.3 Disque-Denúncia

a) **Regulamentação:** Lei n. 13.608/2018.

b) **Exibição:** empresas de transportes terrestres que operam sob concessão da União, dos Estados, do Distrito Federal ou dos Municípios são obrigadas a exibir em seus veículos, em formato de fácil leitura e visualização: I – a expressão "Disque-Denúncia", relacionada a uma das modalidades existentes, com o respectivo número telefônico de acesso gratuito; II – expressões de incentivo à colaboração da população e de garantia do anonimato.

c) **Recepção de denúncias:** os Estados são autorizados a estabelecer serviço de recepção de denúncias por telefone, preferencialmente gratuito, que também poderá ser mantido por entidade privada sem fins lucrativos, por meio de convênio.

d) **Informante que se identificar:** terá assegurado, pelo órgão que receber a denúncia, o sigilo dos seus dados.

e) **Recompensa:** a União, os Estados, o Distrito Federal e os Municípios, no âmbito de suas competências, poderão estabelecer formas de recompensa pelo oferecimento de informações que sejam úteis para a prevenção, a repressão ou a apuração de crimes ou ilícitos administrativos. Entre as recompensas a serem estabelecidas, poderá ser instituído o pagamento de valores em espécie. Quando as informações disponibilizadas resultarem em recuperação de produto de crime contra a administração pública, poderá ser fixada recompensa em favor do informante em até 5% (cinco por cento) do valor recuperado.

f) **Unidades de ouvidoria ou correição:** a União, os Estados, o Distrito Federal e os Municípios e suas autarquias e fundações, empresas públicas e sociedades de economia mista manterão unidade de ouvidoria ou correição, para assegurar a qualquer pessoa o direito de relatar informações sobre crimes contra a administração pública, ilícitos administrativos ou quaisquer ações ou omissões lesivas ao interesse público. Considerado razoável o relato pela unidade de ouvidoria ou correição e procedido o encaminhamento para apuração, ao informante serão asseguradas proteção integral contra retaliações e isenção de responsabilização civil ou penal em relação ao relato, exceto se o informante tiver apresentado, de modo consciente, informações ou provas falsas.

g) **Direitos do informante:** preservação de sua identidade, que apenas será revelada em caso de relevante interesse público ou interesse concreto para a apuração dos fatos. A revelação da identidade somente será efetivada mediante comunicação prévia ao informante e com sua concordância formal. Além das medidas de proteção previstas na Lei n. 9.807/99, será assegurada ao informante proteção contra ações ou omissões praticadas em retaliação ao exercício do direito de relatar, tais como demissão arbitrária, alteração injustificada de funções ou atribuições, imposição de sanções, de prejuízos remuneratórios ou materiais de qualquer espécie, retirada de benefícios, diretos ou indiretos, ou negativa de fornecimento de referências profissionais positivas.

h) **Falta grave:** a prática de ações ou omissões de retaliação ao informante configurará falta disciplinar grave e sujeitará o agente à demissão a bem do serviço público.

i) **Ressarcimento:** o informante será ressarcido em dobro por eventuais danos materiais causados por ações ou omissões praticadas em retaliação, sem prejuízo de danos morais.

2.3.4 Crimes hediondos

a) **Fiança:** os crimes hediondos, a prática da tortura, o tráfico ilícito de entorpecentes e drogas afins e o terrorismo são insuscetíveis de fiança.

b) **Liberdade provisória:** é possível liberdade provisória sem fiança se não estiverem presentes os requisitos da prisão preventiva.

c) **Clemência soberana:** tais crimes são insuscetíveis de anistia, graça e indulto.

d) **Regime de cumprimento de pena:** a pena será cumprida inicialmente em regime fechado. A progressão de regime, no caso dos condenados pelos crimes hediondos e equiparados, dar-se-á após o cumprimento de: 1) 40% (quarenta por cento) da pena, se o apenado for condenado pela prática de crime hediondo ou equiparado, se for primário; 2) 50% (cinquenta por cento) da pena, se o apenado for: a) condenado pela prática de crime hediondo ou equiparado, com resultado morte, se for primário, vedado o livramento condicional; condenado por exercer o comando, individual ou coletivo, de organização criminosa estruturada para a prática de crime hediondo ou equiparada; ou condenado pela prática do crime de constituição de milícia privada; 3) 60% (sessenta por cento) da pena, se o apenado for reincidente na prática de crime hediondo ou equiparado; 4) 70% (setenta por cento) da pena, se o apenado for reincidente em crime hediondo ou equiparado com resultado morte, vedado o livramento condicional.

e) **Direito de apelar:** em caso de sentença condenatória, o juiz decidirá fundamentadamente se o réu poderá apelar em liberdade.

f) **Prisão temporária:** a prisão temporária terá o prazo de 30 (trinta) dias, prorrogável por igual período em caso de extrema e comprovada necessidade.

g) **Substituição da pena privativa de liberdade por pena restritiva de direitos:** é possível, desde que preenchidos os requisitos legais.

h) **Concessão do *sursis* da pena:** é possível, desde que preenchidos os requisitos legais.

i) **Livramento condicional:** o condenado por crime hediondo ou equiparado deverá cumprir *mais de 2/3 (dois terços)* da pena privativa de liberdade e não ser reincidente específico em crimes dessa natureza.

j) **Conceito:** foi adotado o critério legal, de forma que só são hediondos os delitos previstos no rol taxativo da Lei n. 8.072/90.

    j1) **Homicídio privilegiado-qualificado:** em relação ao homicídio privilegiado-qualificado (quando qualificadora for objetiva), é possível afirmar que não é crime hediondo, pois não foi previsto no rol da lei. Tortura, terrorismo e tráfico de drogas são crimes equiparados aos hediondos.

j2) Espécies de crimes hediondos:

I – homicídio (art. 121), quando praticado em atividade típica de grupo de extermínio, ainda que cometido por um só agente, e homicídio qualificado (art. 121, § 2º, I, II, III, IV, V, VI, VII e VIII); cabe ressaltar que a qualificadora prevista no art. 121, § 2º, VIII (com emprego de arma de fogo de uso restrito ou proibido) tinha sido vetada pelo Presidente da República. Porém, o veto foi derrubado e a qualificadora referida foi mantida no Código Penal.

I-A – lesão corporal dolosa de natureza gravíssima (art. 129, § 2º) e lesão corporal seguida de morte (art. 129, § 3º), quando praticadas contra autoridade ou agente descrito nos arts. 142 e 144 da Constituição Federal, integrantes do sistema prisional e da Força Nacional de Segurança Pública, no exercício da função ou em decorrência dela, ou contra seu cônjuge, companheiro ou parente consanguíneo até o terceiro grau, em razão dessa condição;

II – roubo: a) circunstanciado pela restrição de liberdade da vítima (art. 157, § 2º, V); b) circunstanciado pelo emprego de arma de fogo (art. 157, § 2º-A, I) ou pelo emprego de arma de fogo de uso proibido ou restrito (art. 157, § 2º-B); c) qualificado pelo resultado lesão corporal grave ou morte (art. 157, § 3º);

III – extorsão qualificada pela restrição da liberdade da vítima, ocorrência de lesão corporal ou morte (art. 158, § 3º);

IV – extorsão mediante sequestro e na forma qualificada (art. 159, *caput*, e §§ 1º, 2º e 3º);

V – estupro (art. 213, *caput* e §§ 1º e 2º);

VI – estupro de vulnerável (art. 217-A, *caput* e §§ 1º, 2º, 3º e 4º);

VII – epidemia com resultado morte (art. 267, § 1º).

VII-A – (*Vetado*);

VII-B – falsificação, corrupção, adulteração ou alteração de produto destinado a fins terapêuticos ou medicinais (art. 273, *caput* e §§ 1º, 1º-A e 1º-B, com a redação dada pela Lei n. 9.677/98);

VIII – favorecimento da prostituição ou de outra forma de exploração sexual de criança ou adolescente ou de vulnerável (art. 218-B, *caput*, e §§ 1º e 2º);

IX – furto qualificado pelo emprego de explosivo ou de artefato análogo que cause perigo comum (art. 155, § 4º-A).

Consideram-se também hediondos, tentados ou consumados:

I – o crime de genocídio, previsto nos arts. 1º, 2º e 3º da Lei n. 2.889/56;

II – o crime de posse ou porte ilegal de arma de fogo de uso proibido, previsto no art. 16 da Lei n. 10.826/2003; o crime de posse ou porte de arma de fogo de uso permitido com numeração, marca ou qualquer outro sinal de identificação raspado, suprimido ou adulterado não integra o rol dos crimes hediondos (*Informativo* n. 684/2021 do STJ);

III – o crime de comércio ilegal de armas de fogo, previsto no art. 17 da Lei n. 10.826/2003;

IV – o crime de tráfico internacional de arma de fogo, acessório ou munição, previsto no art. 18 da Lei n. 10.826/2003;

V – o crime de organização criminosa, quando direcionado à prática de crime hediondo ou equiparado.

k) **Remição:** é cabível, pois não há vedação legal.

l) **Prioridade:** os processos que apurem a prática de crime hediondo terão prioridade de tramitação em todas as instâncias.

m) **Súmula 668 do STJ:** não é hediondo o delito de porte ou posse de arma de fogo de uso permitido, ainda que com numeração, marca ou qualquer outro sinal de identificação raspado, suprimido ou adulterado.

2.3.5 Transplante de órgãos

a) **Regulação:** Lei n. 9.434/97.

b) **Não estão compreendidos entre os tecidos:** o sangue, o esperma e o óvulo.

c) **Realização de transplante ou enxertos de tecidos, órgãos ou partes do corpo humano:**

- **Local:** só poderá ser realizada por estabelecimento de saúde, público ou privado, e por equipes médico-cirúrgicas de remoção e transplante previamente autorizados pelo órgão de gestão nacional do Sistema Único de Saúde.

- **Momento:** após a realização, no doador, de todos os testes de triagem para diagnóstico de infecção e infestação exigidos em normas regulamentares expedidas pelo Ministério da Saúde.

d) **Retirada** *post mortem* **de tecidos, órgãos ou partes do corpo humano destinados a transplante ou tratamento:** deverá ser precedida de diagnóstico de morte encefálica, constatada e registrada por dois médicos não participantes das equipes de remoção e transplante, mediante a utilização de critérios clínicos e tecnológicos definidos por resolução do Conselho Federal de Medicina.

e) **Retirada de tecidos, órgãos e partes do corpo de pessoas falecidas para transplantes ou outra finalidade terapêutica:** dependerá da autorização do cônjuge ou parente, maior de idade, obedecida a linha sucessória, reta ou colateral, até o segundo grau inclusive, firmada em documento subscrito por duas testemunhas presentes à verificação da morte.

f) **Remoção *post mortem* de tecidos, órgãos ou partes do corpo de pessoa juridicamente incapaz:** poderá ser feita desde que permitida expressamente por ambos os pais, ou por seus responsáveis legais.

g) **Proibição:** remoção *post mortem* de tecidos, órgãos ou partes do corpo de pessoas não identificadas.

h) **Morte sem assistência médica, de óbito em decorrência de causa mal definida ou de outras situações nas quais houver indicação de verificação da causa médica da morte:** a remoção de tecidos, órgãos ou partes de cadáver para fins de transplante ou terapêutica somente poderá ser realizada após a autorização do patologista do serviço de verificação de óbito responsável pela investigação e citada em relatório de necrópsia.

i) **Procedimento após a retirada de tecidos, órgãos e partes:** o cadáver será imediatamente necropsiado, se verificada a hipótese do parágrafo único do art. 7º, e, em qualquer caso, condignamente recomposto para ser entregue, em seguida, aos parentes do morto ou seus responsáveis legais para sepultamento.

j) **Permissão:** para pessoa juridicamente capaz dispor gratuitamente de tecidos, órgãos e partes do próprio corpo vivo, para fins terapêuticos ou para transplantes em cônjuge ou parentes consanguíneos até o quarto grau, ou em qualquer outra pessoa, mediante autorização judicial, dispensada esta em relação à medula óssea.

- **Doação:** quando se tratar de órgãos duplos, de partes de órgãos, tecidos ou partes do corpo cuja retirada não impeça o organismo do doador de continuar vivendo sem risco para a sua integridade e não represente grave comprometimento de suas aptidões vitais e saúde mental e não cause mutilação ou deformação inaceitável, e corresponda a uma necessidade terapêutica comprovadamente indispensável à pessoa receptora.

- **Requisito:** o doador deverá autorizar, preferencialmente por escrito e diante de testemunhas, especificamente o tecido, órgão ou parte do corpo objeto da retirada.

- **Caráter:** a doação poderá ser revogada pelo doador ou pelos responsáveis legais a qualquer momento antes de sua concretização.

- **Indivíduo juridicamente incapaz:** com compatibilidade imunológica comprovada, poderá fazer doação nos casos de transplante de medula óssea, desde que haja consentimento de ambos os pais ou seus responsáveis legais e autorização judicial e o ato não oferecer risco para a sua saúde.

k) **Gestante:** vedado dispor de tecidos, órgãos ou partes de seu corpo vivo, exceto quando se tratar de doação de tecido para ser utilizado em transplante de medula óssea e o ato não oferecer risco à sua saúde ou ao feto.

l) **Autotransplante:** depende apenas do consentimento do próprio indivíduo, registrado em seu prontuário médico ou, se ele for juridicamente incapaz, de um de seus pais ou responsáveis legais.

m) **Direito a toda mulher:** o acesso a informações sobre as possibilidades e os benefícios da doação voluntária de sangue do cordão umbilical e placentário durante o período de consultas pré-natais e no momento da realização do parto.

n) **Crimes**

1. **Remoção ilegal:** remover tecidos, órgãos ou partes do corpo de pessoa ou cadáver, em desacordo com as disposições da lei de transplante de órgãos: Pena – reclusão, de dois a seis anos, e multa, de 100 a 360 dias-multa.

2. **Forma qualificada da remoção ilegal**

- **Mercenário:** se o crime é cometido mediante paga ou promessa de recompensa ou por outro motivo torpe: Pena – reclusão, de três a oito anos, e multa, de 100 a 150 dias-multa;

- **Grave:** se o crime é praticado em pessoa viva, e resulta para o ofendido: I – incapacidade para as ocupações habituais, por mais de trinta dias; II – perigo de vida; III – debilidade permanente de membro, sentido ou função; IV – aceleração de parto: Pena – reclusão, de três a dez anos, e multa, de 100 a 200 dias-multa;

- **Gravíssima:** se o crime é praticado em pessoa viva e resulta para o ofendido: I – incapacidade para o trabalho; II – enfermidade incurável; III – perda ou inutilização de membro, sentido ou função; IV – deformidade permanente; V – aborto: Pena – reclusão, de quatro a doze anos, e multa, de 150 a 300 dias-multa. Se o crime é praticado em pessoa viva e resulta morte: Pena – reclusão, de oito a vinte anos, e multa de 200 a 360 dias-multa.

3. **Compra ilegal:** comprar ou vender tecidos, órgãos ou partes do corpo humano: Pena – reclusão, de três a oito anos, e multa, de 200 a 360 dias-multa. Incorre na mesma pena quem promove, intermedeia, facilita ou aufere qualquer vantagem com a transação.

4. Transplante ilegal: realizar transplante ou enxerto utilizando tecidos, órgãos ou partes do corpo humano de que se tem ciência terem sido obtidos em desacordo com os dispositivos da Lei de transplante de órgãos: Pena – reclusão, de um a seis anos, e multa, de 150 a 300 dias-multa.

5. Recolhimento, transporte, guarda ou distribuição indevida: recolher, transportar, guardar ou distribuir partes do corpo humano de que se tem ciência terem sido obtidos em desacordo com os dispositivos da Lei n. 9437/97: Pena – reclusão, de seis meses a dois anos, e multa, de 100 a 250 dias-multa.

6. Transplante ou enxerto ilegal: realizar transplante ou enxerto em desacordo com o disposto no art. 10 desta Lei e seu parágrafo único: Pena – detenção, de seis meses a dois anos.

- **Requisito do transplante ou enxerto:** consentimento expresso do receptor, assim inscrito em lista única de espera, após aconselhamento sobre a excepcionalidade e os riscos do procedimento.

- **Receptor juridicamente incapaz ou cujas condições de saúde impeçam ou comprometam a manifestação válida da sua vontade:** o consentimento será dado por um de seus pais ou responsáveis legais.

- **Efeito da inscrição em lista única de espera:** não confere ao pretenso receptor ou à sua família direito subjetivo a indenização, se o transplante não se realizar em decorrência de alteração do estado de órgãos, tecidos e partes, que lhe seriam destinados, provocado por acidente ou incidente em seu transporte.

7. Não recomposição: deixar de recompor cadáver, devolvendo-lhe aspecto condigno, para sepultamento ou deixar de entregar ou retardar sua entrega aos familiares ou interessados: Pena – detenção, de seis meses a dois anos.

8. Publicação ou apelo indevido: publicar anúncio ou apelo público em desacordo com o disposto no art. 11: Pena – multa, de 100 a 200 dias-multa.

- **Veiculação proibida:** a feita através de qualquer meio de comunicação social de anúncio que configure: a) publicidade de estabelecimentos autorizados a realizar transplantes e enxertos, relativa a estas atividades; b) apelo público no sentido da doação de tecido, órgão ou parte do corpo humano para pessoa determinada identificada ou não, ressalvada a possibilidade dos órgãos de gestão nacional, regional e local do Sistema Único de Saúde realizarem periodicamente, através dos meios adequados de comunicação social, campanhas de esclarecimento público dos benefícios esperados a partir da vigência da Lei de transplante de órgãos e de estímulo à doação de órgãos; c) apelo público para a arrecadação de fundos para o financiamento de transplante ou enxerto em benefício de particulares.

2.3.6 Tortura

a) **Regulação:** Lei n. 9.455/97.

b) **Característica:** crime contra a humanidade.

- **Previsão:** Estatuto de Roma;
- **Julgamento:** Tribunal Penal Internacional com sede em Haia;
- **Legislação aplicável:** normas internacionais previstas no referido estatuto;
- **Crime de tortura ocorrido no Brasil:** só será julgado pelo Tribunal Penal Internacional quando não houver possibilidade de o Brasil punir.

c) **Panorama internacional:** o Brasil é país signatário dos tratados internacionais de prevenção e repressão à prática de tortura. Assumiu o compromisso de punir tal prática no âmbito de sua jurisdição, de acordo com as normas internacionais contidas nos seguintes tratados: Convenção contra a Tortura e outros Tratamentos ou Penas Cruéis, Desumanos ou Degradantes, de 1984; e Convenção Interamericana para Prevenir e Punir a Tortura, datada de 1985.

Comparação entre as convenções e a legislação brasileira sobre a tortura

Itens	Convenção	Legislação brasileira
Qualificação	É um crime próprio, isto é, cometido apenas por funcionários ou empregados públicos.	De acordo com a definição brasileira, o crime de tortura não se limita a atos cometidos por funcionários públicos. Entretanto, é estipulado que a pena é mais severa "se o crime for perpetrado por um agente público".
Meio de execução	A qualquer ato.	A definição brasileira restringe os atos de tortura a "violência ou grave ameaça".

O Pacto Internacional dos Direitos Civis e Políticos e o Pacto de São José da Costa Rica representam os principais tratados ratificados pelo Brasil. No segundo, foi adotada a seguinte determinação: "Ninguém poderá ser submetido a tortura, nem a penas ou tratamentos cruéis, desumanos ou degradantes. Será proibido, sobretudo, submeter uma pessoa, sem seu livre consentimento, a experiências médicas ou científicas".

d) **Previsão constitucional:** a Constituição Federal de 1998 determina, em seu art. 5º, XLIII, que: *"a lei considerará crimes inafiançáveis e insuscetíveis de graça ou anistia a prática da tortura, o tráfico ilícito de entorpecentes e drogas afins, o terrorismo e os definidos como crimes hediondos, por eles respondendo os mandantes, os executores e os que, podendo evitá-los, se omitirem"*; e em seu art. 5º, III, que *"ninguém será submetido a tortura nem a tratamento desumano ou degradante"*.

e) **Tipo de norma constitucional:** norma de eficácia contida. Tais normas têm aplicabilidade *direta e imediata*, como as normas de eficácia plena, mas *não integral*, porque admitem restrição em seu âmbito de aplicação em função de legislação superveniente.

f) **Panorama constitucional:** são crimes inafiançáveis e insuscetíveis de graça ou anistia, equiparados aos crimes hediondos. É garantia fundamental da pessoa humana, relacionada com a incolumidade física e moral, não ser submetida a tortura nem a tratamento desumano ou degradante.

g) **Breve histórico:** a Constituição Federal de 1988 trouxe, em seu art. 5º, XLIII, a previsão dos crimes de tortura como crimes equiparados aos hediondos. Tratava-se de norma constitucional limitada, pois necessitava de lei regulamentadora. A primeira lei que surgiu foi a Lei n. 8.072/90, que não definiu o crime de tortura. Em seguida veio o ECA, que no art. 233 fez previsão do crime de tortura contra menor, mas o tipo era aberto, dificultando a definição da conduta criminosa. A situação ficou solucionada com a edição da Lei n. 9.455/97, que revogou o art. 233 do ECA e trouxe a tipificação específica do crime de tortura.

h) **Revogação expressa:** a Lei dos Crimes de Tortura revogou de forma expressa o art. 233 do Estatuto da Criança e do Adolescente (ECA), que previa crime de tortura contra menor; a incriminação da conduta continua, ou seja, a tortura contra criança e adolescente é prevista na Lei de Tortura como crime, já que o sujeito passivo pode ser qualquer pessoa; além de ser prevista como infração penal, há a incidência da causa de aumento de pena de 1/6 a 1/3, nos termos do art. 1º, § 4º, da Lei n. 9.455/97, por serem pessoas em situação de vulnerabilidade perante o agressor.

i) **Prisão temporária:** o prazo da prisão temporária é de 30 (trinta) dias, prorrogáveis por igual período, em caso de extrema e comprovada necessidade.

j) **Regime de cumprimento de pena:** o condenado por crime de tortura iniciará o cumprimento da pena em regime fechado, salvo a quem se omitiu de apurar ou evitar tortura, que pode ter como regime inicial o aberto.

k) **Extraterritorialidade:** a Lei n. 9.455/97 pode ser aplicada aos crimes de tortura ocorridos no estrangeiro, desde que ocorra uma das seguintes situações: 1) que a vítima seja brasileira; 2) que o autor da tortura esteja em local sob a jurisdição brasileira. *É incondicionada.*

l) **Qualificação:** é crime equiparado ao hediondo.

m) **Regra geral da competência:** Justiça Comum Estadual; será federal, no caso de violação a bem, serviço ou interesse da União Federal, suas entidades autárquicas ou empresas públicas, nos termos do art. 109, IV, da CF. O fato de o crime de tortura, praticado contra brasileiros, ter ocorrido no exterior não torna, por si só, a Justiça Federal competente para processar e julgar os agentes estrangeiros (*Informativo* n. 549/2014 do STJ).

- **Tortura qualificada:** a competência é o juízo criminal do local do resultado qualificador.

- **Agente militar:** a competência é da Justiça Comum Estadual ou Federal.

- **Conexão:** no caso de conexão entre tortura e homicídio doloso, prevalece a competência do Júri, nos termos do art. 78, I, do CPP.

n) **Exame pericial:** o crime de tortura é um delito material, pois deixa vestígios no corpo da vítima, seja fisicamente ou em sua psique, sendo necessário exame pericial. Há jurisprudência sustentando que a prática de tortura mediante grave ameaça não deixa vestígios aparentes, não se exigindo, para sua constatação, a realização de exame de corpo de delito (art. 158, CPP). A posição acertada é a que sustenta que será necessário para comprovar o sofrimento físico ou moral a que foi submetida a vítima, quando for possível e aparente.

o) **Efeitos da condenação:**

- **Secundário: conteúdo:** perda do cargo, emprego ou função e interdição pelo dobro do prazo da pena aplicada; **forma:** automático, não precisando de menção expressa na sentença. Há doutrinadores (Gonçalves, Victor E. Rios, *Lei de tortura*, p. 24) que afirmam ser efeito não automático, devendo constar expressamente da sentença; **condição do condenado:** ser funcionário público;

- **Principal: conteúdo:** aplicação da pena privativa de liberdade; **forma:** varia conforme a espécie de crime.

p) **Causa de aumento de pena:** o *quantum* do aumento está previsto na lei. Aumento de 1/6 a 1/3: crime cometido por agente público; crime cometido contra criança (0 a 12 anos), adolescente (12 a 18 anos incompletos), portador de deficiência (física ou mental), gestante ou maior de 60 anos (idoso); crime cometido mediante sequestro (abrange cárcere privado).

q) **Qualificadoras:** reclusão de quatro a dez anos se resultar lesão grave ou gravíssima; reclusão de oito a 16 anos se resultar morte (crime preterdoloso que não admite tentativa).

r) **Aplicação das causas de aumento de pena às qualificadoras:** sobre o tema, uma corrente sustenta que é possível, pois não há incompatibilidade, e outra, que não é possível.

s) **Espécies de crime:**

- **Tortura-racismo:** constranger alguém com emprego de violência ou grave ameaça, causando-lhe sofrimento físico ou mental, em razão de discriminação racial ou religiosa.

- **Tortura-crime:** constranger alguém com emprego de violência ou grave ameaça, causando-lhe sofrimento físico ou mental, para provocar ação ou omissão de natureza criminosa.

- **Tortura-prova:** constranger alguém com emprego de violência ou grave ameaça, causando-lhe sofrimento físico ou mental, com o fim de obter informação, declaração ou confissão da vítima ou de terceira pessoa.

- **Tortura-castigo:** submeter alguém sob sua guarda, poder ou autoridade, com emprego de violência ou grave ameaça, a intenso sofrimento físico ou mental, como forma de aplicar castigo pessoal ou medida de caráter preventivo. A agravante descrita no art. 61, II, *e*, do Código Penal prevê a prática do crime contra descendente, que pode ou não estar sob a guarda, poder ou autoridade do autor do delito de tortura-castigo previsto no art. 1º, II, da Lei n. 9.455/97, não se confundindo com elementar do tipo, bem como não caracterizando *bis in idem* (*Informativo* n. 799/2023 do STJ).

- **Tortura arbitrária:** submeter pessoa presa ou sujeita a medida de segurança a sofrimento físico ou mental por meio de prática de ato não previsto em lei ou não resultante de medida legal.

- **Tortura-omissão:** omitir-se quando tinha o dever de evitar ou apurar tortura (é afiançável e permite liberdade provisória).

t) **Características dos crimes:**

- **Objeto jurídico:** integridade física e mental da pessoa.

- **Sujeito ativo:** trata-se de crime comum, pois pode ser praticado por qualquer pessoa, salvo no crime de tortura-castigo, que só pode ser praticado por quem possua autoridade, guarda ou poder sobre a vítima. Nos tratados internacionais, o crime de tortura foi previsto como crime próprio, podendo somente ser praticado por órgão do Estado. Na Lei n. 9.455/97, é crime comum, podendo ser praticado por qualquer pessoa.

- **Sujeito passivo:** alvo da violência ou grave ameaça.

- **Consumação:** com o emprego da violência ou grave ameaça, salvo no crime de tortura-castigo, que se consuma com o intenso sofrimento.

- **Tipo subjetivo:** dolo e finalidade específica de obter algo ou aplicar algo.

- **Meio de execução:** os crimes de tortura são de forma livre, pois podem ser praticados por qualquer meio de execução.

u) **Confronto:**

- **Tortura para provocar crime:** o torturador responde por concurso material entre o crime praticado e o de tortura; a vítima tem excludente de culpabilidade.

- **Tortura com discriminação:** o torturador responde por concurso formal imperfeito entre o crime de racismo e o de tortura.

- **Tortura e maus-tratos:** para determinar qual o crime, verificar o grau de sofrimento da vítima: se for intenso, o crime será de tortura; se não for intenso, de maus-tratos; e a finalidade do agente: se o objetivo do agente é aplicar castigos imoderados, exagerados, com a finalidade de educar, ensinar, tratar ou custodiar, o crime é de maus-tratos; se o objetivo do agente não for educacional, mas sim o de fazer sofrer, por qualquer motivo vil, o crime será de tortura.

- **Tortura qualificada pelo resultado morte e homicídio qualificado por tortura:** a diferença reside na intenção do agente sobre o resultado morte: será tortura se a intenção for culpa; será homicídio se a intenção for dolo.

- **Concurso material entre tortura e homicídio:** ocorre quando a tortura não for causa da morte.

- **Tortura e sequestro:** absorção.

- **Tortura e extorsão mediante sequestro:** concurso de crimes.

- **Constrangimento violento para prática de contravenção penal:** haverá crime de constrangimento ilegal ou lesões corporais dolosas.

- **Tortura arbitrária:** a doutrina entende que o agente responde pelo crime de tortura com abuso de autoridade. de prova

v) **Prescrição:** há divergência: 1) é prescritível, nos termos da CF (posição do STF); 2) é imprescritível, nos termos dos tratados, pois deve prevalecer a norma que melhor protege os direitos humanos.

x) **Aspectos processuais:**

- **Progressão de regime:** se a tortura foi praticada antes da Lei n. 11.464/2007, a progressão será com 1/6; se após a lei: se cumpridos 2/5 da pena, se primário, ou 3/5, se reincidente.

- **Suspensão condicional do processo:** é cabível no crime de omissão previsto no art. 1º, § 2º, da Lei n. 9.455/97, pois a pena mínima cominada não ultrapassa 1 (um) ano, nos termos do art. 89 da Lei n. 9.099/95.

- **Livramento condicional:** o agente pode usufruir o livramento condicional se preencher os seguintes requisitos: pena privativa de liberdade igual ou superior a dois anos; cumprimento de mais de 2/3 da pena, desde que não seja reincidente específico; comportamento satisfatório durante a execução da pena; bom desempenho do trabalho que lhe foi atribuído; aptidão para prover a própria subsistência mediante trabalho honesto; reparação do dano ou impossibilidade; constatação de não periculosidade se condenado por crime doloso, cometido com violência ou grave ameaça à pessoa.

- **Clemência soberana:** o crime de tortura é inafiançável e insuscetível de graça ou anistia. É possível a concessão de indulto nos delitos de tortura.

- **Fiança:** preso em flagrante, não caberá fiança ao acusado da prática de tortura.

- **Liberdade provisória:** fica a critério do juiz, de acordo com os requisitos legais.

2.3.7 Proteção a vítimas e testemunhas

a) **Regulação:** Lei n. 9807/99.

b) **Competência:** o Poder Público deve criar programas especiais de proteção para vítimas e testemunhas que colaborarem com a persecução penal. Os programas devem ser prestados pelos entes federativos (União, Estados e Distrito Federal), no âmbito das respectivas competências.

c) **Inclusão:** serão incluídas no programa pessoas que forem coagidas ou expostas a grave ameaça, bem como seu cônjuge, ascendente, descendente e dependentes de convivência habitual.

d) **Exclusão:** estão excluídos do programa os que estão sob prisão cautelar, o condenado que cumpre pena e os que têm personalidade ou conduta incompatível com as restrições de comportamento exigidas pelo programa.

e) **Concessão da proteção:** os critérios para concessão da proteção são: gravidade da coação ou ameaça, a dificuldade de prevenção ou repressão pelos meios convencionais e sua importância para a produção da prova.

f) **Características da proteção especial:** 1) o ingresso depende da anuência da pessoa protegida ou de seu representante legal; 2) os protegidos e agentes devem manter sigilo das medidas e providências do programa; 3) a execução será feita por um dos órgãos do conselho deliberativo (MP, PJ, órgãos públicos e privados relacionados com a segurança pública e a defesa dos direitos humanos); 4) a polícia prestará colaboração e apoio para a execução do programa; 5) a proteção é *temporária*, tendo prazo máximo de 2 (dois) anos, admitindo prorrogação em caráter excepcional e desde que motivada; 6) a exclusão da pessoa protegida do programa poderá ocorrer a qualquer tempo: por solicitação do próprio interessado; ou por decisão do conselho deliberativo, em consequência de cessação dos motivos que ensejaram a proteção ou de conduta incompatível do protegido, conforme dispõe a Lei n. 9.087/99.

g) **Medidas de proteção:** segurança da residência; escolta e segurança nos deslocamentos da residência; transferência de residência ou acomodação provisória em local compatível com a proteção; preservação da identidade, imagem e dados pessoais; ajuda financeira mensal; suspensão temporária de atividades funcionais; apoio e assistência social, médica e psicológica; sigilo; apoio do órgão executor; e, de forma excepcional, a alteração do nome.

h) **Aplicar medidas de proteção:** União, Estados e Distrito Federal.

i) **Direção do programa:** conselho deliberativo.

j) **Execução do programa:** órgão representado no conselho deliberativo.

k) **Solicitação de ingresso no programa:** interessado, MP, autoridade policial, juiz e órgãos públicos e entidades de defesa dos direitos humanos.

l) **Exclusão:** solicitação do próprio interessado ou decisão do conselho deliberativo.

m) **Ingresso:** solicitação do interessado ou representante do MP ou pela autoridade policial que conduz a investigação criminal ou pelo juiz competente para a instrução do processo criminal ou por órgãos públicos e entidades com atribuições de defesa dos direitos humanos.

n) **Agente colaborador:**

- **Acusado primário:** tiver colaborado efetiva e voluntariamente com a investigação e o processo criminal (e dessa colaboração tiver resultado: a identificação dos demais coautores ou partícipes da ação criminosa; a localização da vítima com a sua integridade física preservada; a recuperação total ou parcial do produto do crime), o juiz, de ofício ou a requerimento das partes, poderá conceder-lhe o perdão judicial e a consequente extinção da punibilidade. A concessão do perdão judicial levará em conta a personalidade do beneficiado, bem como a natureza, as circunstâncias, a gravidade e a repercussão social do fato criminoso. O indiciado ou acusado que colaborar voluntariamente com a investigação policial e o processo criminal na identificação dos demais coautores ou partícipes do crime, na localização da vítima com vida e na recuperação total ou parcial do produto do crime, no caso de condenação, terá pena reduzida de 1/3 (um terço) a 2/3 (dois terços).

- **Medidas especiais:** em benefício do colaborador, na prisão ou fora dela, são aplicadas medidas especiais de segurança e proteção a sua integridade física, considerando ameaça ou coação eventual ou efetiva.

- **Prisão:** se estiver sob prisão temporária, preventiva ou em decorrência de flagrante delito, será custodiado em dependência separada dos demais presos. Poderá o juiz competente determinar em favor dele qualquer das medidas cautelares direta ou indiretamente relacionadas com a eficácia da proteção. No caso de o réu colaborador cumprir pena em regime fechado, poderá o juiz criminal determinar medidas especiais que proporcionem sua segurança em relação aos demais apenados.

2.3.8 Estatuto do Idoso

a) **Aplicação subsidiária:** a Lei n. 10.741/2003 dispõe sobre o Estatuto do Idoso e dá outras providências. No caso de omissão, há aplicação subsidiária do Código Penal e do Código de Processo Penal.

b) **Rito processual:** aos crimes previstos no Estatuto do Idoso, cuja pena máxima privativa de liberdade não ultrapasse 4 (quatro) anos, aplica-se o procedimento previsto na Lei n. 9.099, de 26 de setembro de 1995, e, subsidiariamente, no que couber, as disposições do Código Penal e do Código de Processo Penal.

c) **Ação penal:** ação penal pública incondicionada, não se aplicando os arts. 181 e 182 do Código Penal.

d) **Prescrição:** a Lei n. 10.741/2003 (Estatuto do Idoso) considera idosa a pessoa a partir de 60 (sessenta) anos de idade. No entanto, isso não alterou o Código Penal, que, em seu art. 115, prevê a redução de metade dos prazos de prescrição quando o criminoso for, na data da sentença, maior de 70 (setenta) anos.

e) **Art. 61, II, *h*, do CP:** trata-se de uma agravante que é aplicada na hipótese de crime cometido contra vítima maior de 60 (sessenta) anos de idade, considerando-se, unicamente, o critério cronológico.

f) **Prisão domiciliar:** é permitida ao condenado maior de 70 (setenta) anos, nos termos do art. 117 da Lei de Execução Penal.

2.3.9 Identificação criminal

a) **Regulação:** Lei n. 12037/99.

b) **Civilmente identificado:** não será submetido a identificação criminal, salvo nos casos previstos nesta Lei: I – o documento apresentar rasura ou tiver indício de falsificação; II – o documento apresentado for insuficiente para identificar cabalmente o indiciado; III – o indiciado portar documentos de identidade distintos, com informações conflitantes entre si; IV – a identificação criminal for essencial às investigações policiais, segundo despacho da autoridade judiciária competente, que decidirá de ofício ou mediante representação da autoridade policial, do Ministério Público ou da defesa; V – constar de registros policiais o uso de outros nomes ou diferentes qualificações; VI – o estado de conservação ou a distância temporal ou da localidade da expedição do documento apresentado impossibilite a completa identificação dos caracteres essenciais.

c) **Documentos atestam a identificação civil:** I – carteira de identidade; II – carteira de trabalho; III – carteira profissional; IV – passaporte; V – carteira de identificação funcional; VI – outro documento público que permita a identificação do indiciado.

d) **Documentos equiparados aos de identificação civil:** os documentos de identificação militares.

e) **Identificação criminal:** a autoridade encarregada tomará as providências necessárias para evitar o constrangimento do identificado. Incluirá o processo datiloscópico e o fotográfico, que serão juntados aos autos da comunicação da prisão em flagrante, ou do inquérito policial ou outra forma de investigação.

f) **Coleta de material biológico para a obtenção do perfil genético:** quando a identificação criminal for essencial às investigações policiais, segundo despacho da autoridade judiciária competente, que decidirá de ofício ou mediante representação da autoridade policial, do Ministério Público ou da defesa.

g) **Dados constantes dos bancos de dados de perfis genéticos:**

- **Característica:** terão caráter sigiloso, respondendo civil, penal e administrativamente aquele que permitir ou promover sua utilização para fins diversos dos previstos nesta Lei ou em decisão judicial.

- **Local:** deverão ser armazenados em banco de dados de perfis genéticos, conforme regulamento a ser expedido pelo Poder Executivo.

- **Proibição:** as informações genéticas contidas nos bancos de dados de perfis genéticos não poderão revelar traços somáticos ou comportamentais das pessoas, exceto determinação genética de gênero, consoante as normas constitucionais e internacionais sobre direitos humanos, genoma humano e dados genéticos.

h) **Banco Nacional Multibiométrico e de Impressões Digitais:**

- **Localização:** no Ministério da Justiça e Segurança Pública.

- **Formação, a gestão e o acesso ao Banco:** serão regulamentados em ato do Poder Executivo federal.

- **Objetivo:** armazenar dados de registros biométricos, de impressões digitais e, quando possível, de íris, face e voz, para subsidiar investigações criminais federais, estaduais ou distritais.

- **Composição:** será integrado pelos registros biométricos, de impressões digitais, de íris, face e voz colhidos em investigações criminais ou por ocasião da identificação criminal. Poderão ser colhidos os registros biométricos, de impressões digitais, de íris, face e voz dos presos provisórios ou definitivos quando não tiverem sido extraídos por ocasião da identificação criminal. Poderão integrar o Banco, ou com ele interoperar, os dados de registros constantes em quaisquer bancos de dados geridos por órgãos dos Poderes Executivo, Legislativo e Judiciário das esferas federal, estadual e distrital, inclusive pelo Tribunal Superior Eleitoral e pelos Institutos de Identificação Civil.

- **Bancos de dados de identificação de natureza civil, administrativa ou eleitoral:** a integração ou o compartilhamento dos registros do Banco serão limitados às impressões digitais e às informações necessárias para identificação do seu titular.

- **Outros bancos:** a integração ou a interoperação dos dados de registros multibiométricos constantes de outros bancos de dados com o Banco ocorrerão por meio de acordo ou convênio com a unidade gestora.

- **Característica:** os dados constantes do Banco terão caráter sigiloso, e aquele que permitir ou promover sua utilização para fins diversos dos previstos nesta Lei ou em decisão judicial responderá civil, penal e administrativamente.

- **Sujeito:** as informações obtidas a partir da coincidência de registros biométricos relacionados a crimes deverão ser consignadas em laudo pericial firmado por perito oficial habilitado.

- **Vedação:** comercialização, total ou parcial, da base de dados do Banco Nacional Multibiométrico e de Impressões Digitais.

- **Permissão:** a autoridade policial e o Ministério Público poderão requerer ao juiz competente, no caso de inquérito ou ação penal instaurados, o acesso ao Banco Nacional Multibiométrico e de Impressões Digitais.

i) **Retirada da identificação fotográfica do inquérito ou processo:** no caso de não oferecimento da denúncia, ou sua rejeição, ou absolvição; após o arquivamento definitivo do inquérito, ou trânsito em julgado da sentença; desde que apresente provas de sua identificação civil.

j) **Exclusão dos perfis genéticos dos bancos de dados:** no caso de absolvição do acusado; no caso de condenação do acusado, mediante requerimento, após decorridos 20 (vinte) anos do cumprimento da pena.

2.3.10 Contravenções penais

a) **Regulamento:** Decreto n. 3.688/41, que foi recepcionado pela Constituição Federal de 1988 como lei ordinária. **Aplicação subsidiária:** regras gerais do Código Penal, salvo disposição diversa na Lei das Contravenções Penais.

b) **Natureza jurídica:** são infrações penais de menor potencial ofensivo, nos termos do art. 61 da Lei n. 9099/95. É uma espécie do gênero infração penal.

c) **Sistemas:** as infrações penais podem ser divididas de acordo com os seguintes sistemas (Barros, Flávio Augusto Monteiro de, *Direito Penal: parte geral*, p. 71): a) dicotômico – infração penal é gênero, do qual são espécies crime ou delito e contravenção penal; b) tricotômico – infração penal é gênero, do qual são espécies crime, delito e contravenção penal. No Brasil foi adotado o *sistema dicotômico*, em que infração penal é gênero, do qual são duas as espécies: crimes (ou delitos) e contravenções penais.

d) **Crime e contravenção:** não há diferença ontológica entre crime e contravenção penal, porque ambos são atos ilícitos, fatos violadores da lei penal.

- **Aplicação da consunção:** não é possível que um crime tipificado no Código Penal seja absorvido por uma infração tipificada na Lei de Contravenções Penais, nos termos do *Informativo* n. 743 do STF.

- **Desclassificação de crime para contravenção penal:** é possível, mas não pode ser discutida em sede de *habeas corpus*, por demandar dilação probatória. Se ocorrer a desclassificação pela via processual própria, o juiz processante deve conferir oportunidade ao MP para manifestar-se sobre o *sursis* processual e a transação penal.

- **Territorialidade absoluta:** as contravenções penais praticadas no exterior nunca serão punidas no Brasil.

- **Lugar do crime:** é adotada a teoria da ubiquidade.

- **Tentativa:** Não é punível a tentativa de contravenção, nos termos do art. 4º da Lei de Contravenções Penais.

- **Erro de direito:** quando escusável leva ao perdão judicial.

- **Elemento subjetivo:** *Para a existência da contravenção, basta a ação ou omissão voluntária.*

- No entanto, podem ser estabelecidas as seguintes diferenças:

	Crime ou delito	Contravenção penal
Elemento subjetivo	Dolo ou culpa	Voluntariedade
Tentativa	Cabível	Não cabível
Ação penal	Pública ou privada	Pública
Peça inicial	Denúncia ou queixa	Denúncia
Pena abstrata	Reclusão; reclusão e multa; reclusão ou multa; detenção; detenção e multa; detenção ou multa	Prisão simples; prisão simples e multa; prisão simples ou multa
Prática no exterior	Pode ser punido no Brasil	Nunca pode ser punida no Brasil
Pena de multa	Aparece de forma alternativa ou cumulativa com a pena privativa de liberdade	Pode aparecer isolada

e) **Denominação:** "crimes anões", pela ínfima repercussão na própria vítima ou no meio social.

f) **Conceito:** é a espécie de infração penal a que a lei comina apenas prisão simples, multa, prisão simples ou multa ou prisão simples e multa, nos termos do art. 1º da Lei de Introdução ao Código Penal.

g) **Penas:** as penas aplicáveis são prisão simples e multa.

- **Pena de multa:** o procedimento é o do Código Penal: aplicam-se as regras dos arts. 59 a 76 do CP.

- **Prisão simples:** deve ser cumprida, sem rigor penitenciário, em estabelecimento especial ou seção especial de prisão comum, em regime semiaberto ou aberto. O regime fechado não é aplicável, salvo no caso de transferência. O condenado a pena de prisão simples fica sempre separado dos condenados a pena de reclusão ou de detenção.

h) Conversão:

- **Da multa em prisão simples:** proibida. O art. 51 do CP dispõe que a multa não paga será cobrada como dívida ativa da Fazenda Pública.

- **Da prisão simples em pena restritiva de direito:** possível, nos termos do art. 43 do CP.

i) **Ação penal:** pública incondicionada. O art. 88 da Lei n. 9.099/95, que tornou condicionada à representação a ação penal por lesões corporais leves e lesões culposas, não se estende à persecução das contravenções penais.

j) **Contravenção penal na definição dos crimes do Código Penal**

- **Receptação:** não há crime de receptação se o objeto material for produto de contravenção penal, nos termos do art. 180 do Código Penal.

- **Denunciação caluniosa:** há denunciação caluniosa na imputação de prática de contravenção, com pena diminuída na metade, nos termos do art. 339, § 2º, do CP.

- **Comunicação falsa de crime ou de contravenção:** art. 340 – Provocar a ação de autoridade, comunicando-lhe a ocorrência de crime ou de contravenção que sabe não se ter verificado: Pena – detenção, de um a seis meses, ou multa.

- **Violência doméstica:** é inaplicável a Lei n. 9.099/95, ainda que se trate de contravenção penal, nos termos do art. 41 da Lei n. 11.340/2006.

- **Jogo do bicho:** é contravenção penal definida no art. 51 da Lei das Contravenções Penais; a ocultação ou dissimulação do dinheiro vindo do jogo do bicho caracteriza lavagem de dinheiro, nos termos da Lei n. 12.683/2012.

k) Competência:

- **Regra:** Justiça Comum Estadual, ainda que ofenda bem, direito, serviço ou interesse da União, suas entidades autárquicas, fundações públicas, agências e empresas públicas, nos termos da Súmula 38 do STJ. É da competência da Justiça Estadual o julgamento de contravenções penais, mesmo que conexas com delitos de competência da Justiça Federal, já que a Constituição Federal, em seu art. 109, IV, exclui da competência da Justiça Federal o julgamento das contravenções penais.

- Competência no caso de o contraventor ser Juiz Federal: será julgado pelo TRF, porque possui foro por prerrogativa de função (a competência funcional se sobrepõe à competência material).

l) **Reincidência:** o agente condenado definitivamente por uma contravenção no Brasil pratica outra contravenção no Brasil, é reincidente (art. 7º, LCP); o agente condenado definitivamente por crime no Brasil ou estrangeiro pratica nova contravenção no Brasil, é reincidente; o agente condenado definitivamente por uma contravenção pratica um crime, não é reincidente por falta de previsão legal.

m) **Suspensão condicional do processo:** é cabível. **Causa de revogação facultativa do** *sursis* **processual:** nos termos do art. 89, §§ 3º e 4º, da Lei n. 9.099/95, a revogação facultativa ocorre nas hipóteses em que for processado por contravenção penal, no curso do prazo, ou descumprir qualquer outra condição estabelecida.

n) **Prisão em flagrante:** não será possível prisão em flagrante se o acusado comparecer ou tiver o compromisso de comparecer no juizado especial criminal; **Prisão preventiva:** é incabível, pois tal prisão cautelar só pode ser decretada em caso de crime, nos termos dos arts. 312 e 313 do Código de Processo Penal; **Limite de prisão:** a duração da pena de prisão simples não pode, em caso algum, ser superior a 5 (cinco) anos.

o) **Medida de segurança:** se o contraventor for inimputável ou semi-imputável, estará sujeito às medidas de segurança previstas no Código Penal. Na *Lei das Contravenções Penais*, o prazo mínimo de duração da internação é *6 meses*. E o juiz ainda pode substituir internação por liberdade vigiada. Há doutrinadores que defendem que o mais recomendado é o tratamento ambulatorial, em razão de a contravenção ser infração de menor potencial ofensivo. O exílio local foi revogado pela reforma da Parte Geral de 1984.

p) **Rito:** é o sumaríssimo, previsto nos arts. 77 e seguintes da Lei n. 9.099/95, já que todas as contravenções penais são infrações de menor potencial ofensivo.

q) **Benefícios:**

- *Sursis* **de prisão simples:** na execução da prisão simples, é possível a concessão pelo juiz do *sursis* (por tempo não inferior a 1 [um] ano nem superior a 3 [três] anos), desde que preenchidos os requisitos para o *sursis* previstos no art. 77 do Código Penal: 1) que a pena da sentença não seja superior a 2 (dois) anos; 2) que não seja cabível a substituição por pena restritiva de direitos; 3) que as circunstâncias judiciais do art. 59 do Código penal sejam favoráveis ao condenado; 4) que o réu não seja reincidente.

- **Livramento condicional:** é possível, nos termos do art. 83 do CP. O STJ entende que no caso das contravenções penais o juiz só pode revogar o livramento condicional se ouvir antes o condenado, sob pena de nulidade da decisão que revogou o livramento.

- **Trabalho na execução da pena:** é facultativo, desde que a pena aplicada não exceda a 15 (quinze) dias.

- **Substituição de prisão simples por multa:** é cabível, SALVO se ambas estiverem cominadas cumulativamente no tipo penal (*Súmula 171 do STJ*).

- **Transação penal:** é cabível.

Realização da 2ª Fase do Exame da OAB — 3

1 Leitura do problema

O candidato deverá ler o problema com atenção, para extrair seus dados indispensáveis e conseguir realizar a peça processual. Para entender o enunciado, e retirar dele dados essenciais, é necessário seguir um roteiro de questões. Vejamos:

a) Qual a infração penal praticada?

No enunciado da OAB, a infração penal pode aparecer de duas formas:

1. Com a indicação do artigo da Lei Penal

Exemplo: José encontra-se preso em virtude de sentença condenatória proferida pelo MM. Juiz da 6ª Vara Criminal, por ter incorrido nas penas do **art. 213, *caput*, do Código Penal...**;

2. **Com a descrição da conduta criminosa, junto ou sem artigo da Lei Penal**

Exemplo: José e Antônio, que trabalhavam no mesmo escritório de contabilidade em São Paulo, não mais conversam nem se cumprimentam em razão de vários fatos que se sucederam: no dia 28 de janeiro de 2004, José ofendeu Antônio, além de ameaçá-lo no sentido de que não hesitaria em tirar-lhe a vida. As ofensas e ameaças foram feitas na presença de várias testemunhas. **Neste enunciado, a indicação da infração aparece descrita através dos fatos narrados (crime contra a honra ou crime de ameaça), sem indicação do artigo da lei penal;**

O candidato não pode esquecer que no Brasil, em matéria de infração penal, adota-se o sistema dicotômico, ou seja, a infração penal é gênero, do qual duas são as espécies: crime ou delito (maior gravidade) e contravenção penal (menor gravidade);

b) Qual a espécie da ação penal?

Para o candidato descobrir a espécie da ação penal, deve consultar a Lei Penal e buscar o artigo da infração penal indicada no enunciado:

1. Se não estiver nada previsto a respeito da ação penal, concluir pela regra, ou seja, que se trata de ação penal pública incondicionada;

2. Se estiver prevista a seguinte expressão: "somente se procede mediante queixa", concluir que a ação é penal privada. Para descobrir a espécie da ação penal privada, usar a seguinte regra:

a) se no enunciado aparecer o crime de induzimento a erro essencial (art. 236, *caput*, e parágrafo único do Código Penal), concluir que a ação penal privada é personalíssima;

b) se no enunciado não aparecer o crime mencionado e constar a inércia do Ministério Público, a ação penal privada é subsidiária da pública;

c) se no enunciado não aparecer o crime que enseja a ação penal privada personalíssima, nem constar a inércia do Ministério Público, a ação penal privada é exclusiva;

3. Se estiver prevista a seguinte expressão: "somente se procede mediante representação", concluir que a ação penal é pública condicionada à representação;

4. Se estiver prevista a seguinte expressão: "somente se procede mediante requisição do Ministro da Justiça", concluir que a ação penal é pública condicionada à requisição do Ministro da Justiça;

c) Qual a sanção penal?

Sanção penal é a consequência jurídica aplicada ao infrator da Lei Penal. No ordenamento jurídico brasileiro são duas: (a) pena; (b) medida de segurança;

Pena é sanção imposta pelo Estado, mediante o devido processo legal, com característica retributiva, preventiva e reeducativa, aplicada aos imputáveis e semi-imputáveis, desde que comprovado juízo de culpabilidade. A pena pode ser: abstrata ou cominada, que é a prevista na Lei Penal no preceito secundário, num limite mínimo e num limite máximo, e concreta ou aplicada, que é a imposta pelo juiz na sentença criminal;

Medida de segurança é a sanção imposta pelo Estado, mediante devido processo legal, com característica preventivo-curativa, aplicada aos inimputáveis e semi-imputáveis, desde que comprovado juízo de periculosidade. A medida de segurança pode ser: detentiva – internação em hospital de custódia e tratamento psiquiátrico, ou outro estabelecimento adequado; e restritiva – tratamento ambulatorial;

Para o candidato descobrir a sanção penal, deve ter como ponto de partida o dado da infração colocada no enunciado:

1. **Pena abstrata:** para descobrir a pena abstrata, o candidato busca na Lei Penal;

Exemplo: suponha que o enunciado fale do crime de estupro, previsto no art. 213 do Código Penal. Neste caso, a pena abstrata é de reclusão de 6 (seis) a 10 (dez) anos;

2. **Pena concreta:** para descobrir a pena concreta, o candidato verifica no enunciado o conteúdo da sentença condenatória dada pelo juiz;

Exemplo: Tício foi denunciado e afinal condenado à pena de um ano de reclusão por emissão de cheque sem provisão de fundos, pelo MM. Juiz da 20ª Vara Criminal. Neste caso, a pena concreta é de 1 ano de reclusão;

3. **Medida de segurança:** para descobrir se foi imposta medida de segurança, o candidato verifica no enunciado o conteúdo da sentença absolutória dada pelo juiz: se absolver, sem impor medida, chama-se sentença absolutória própria; se absolver e impuser medida, chama-se sentença absolutória imprópria;

Exemplo: João da Silva foi denunciado pelo Ministério Público porque teria causado em Antônio de Souza, mediante o uso de uma barra de ferro, as lesões corporais que o levaram à morte. Durante a instrução criminal, o juiz, de ofício, determinou a instauração do incidente de sanidade mental do acusado. A perícia concluiu ser este portador de esquizofrenia grave. Duas testemunhas presenciais arroladas pela defesa afirmaram, categoricamente, que no dia dos fatos Antônio de Souza, após provocar o acusado, injustamente, com palavras de baixo calão, passou a desferir-lhe socos e pontapés. Levantando-se com dificuldade, João alcançou uma barra de ferro que se encontrava nas proximidades e golpeou Antônio por várias vezes, até que cessasse a agressão que sofria. Encerrada a primeira fase processual, o magistrado, acatando o laudo pericial, absolveu sumariamente João da Silva, aplicando-lhe medida de segurança, consistente em internação em hospital de custódia e tratamento psiquiátrico pelo prazo mínimo de dois anos;

d) *Qual o procedimento criminal?*

O candidato, para descobrir o procedimento criminal, tem de já ter extraído do enunciado a infração penal praticada, bem como sua pena abstrata;

Com o advento da Lei n. 11.719/2008, o procedimento criminal se dividiu em comum e especial. O procedimento comum é aplicado a todos os processos, salvo naqueles em que há previsão de procedimento especial;

Dessa forma, o candidato deve verificar se existe na lei procedimento especial: (a) se tiver: adotar o procedimento especial; (b) se não tiver: o candidato deve verificar o *quantum* da pena privativa de liberdade abstrata máxima, de forma que: (1) se for igual ou superior a 4 (quatro) anos, o procedimento a ser adotado será o ordinário; (2) se for inferior a 4 (quatro) anos e superior a 2 (dois) anos, o procedimento será o sumário; (3) se for menor ou igual a 2 (dois) anos, o procedimento será o sumaríssimo previsto nas Leis n. 9.099/95 e 10.259/2001;

Cabe ressalvar que todas as contravenções penais, tenham ou não procedimento especial, são infrações de menor potencial ofensivo, sujeitas, portanto, ao procedimento sumaríssimo;

e) Qual o momento do procedimento criminal?

Para o candidato averiguar e precisar o momento do procedimento criminal tem de conhecer os procedimentos processuais que existem na Lei Penal. Tais procedimentos já foram vistos em capítulo anterior;

Supondo que o candidato já conheça os procedimentos criminais, podemos estabelecer os seguintes tipos de momentos, visando dar uma uniformidade entre os procedimentos existentes:

1. Momento da investigação da infração penal;

2. Momento da ação penal: oferecimento da denúncia ou queixa;

3. Momento processual: do recebimento da denúncia ou queixa até a sentença;

4. Momento da sentença;

5. Momento do acórdão;

6. Momento do trânsito em julgado;

7. Momento da Execução Penal;

f) Qual é o cliente?

O candidato no Exame de OAB tem de posicionar-se como advogado, postulando os interesses de alguém, que pode ser:

1. **Crime de Ação Penal Privada:** não importa o momento do procedimento criminal. O candidato pode atuar:

a) **em nome do infrator,** cujas terminologias são: (a) na fase da investigação: investigado ou indiciado; (b) na fase processual: réu ou acusado ou querelado;

b) **em nome da vítima pela infração penal,** cuja terminologia na fase processual é autor ou querelante;

2. **Crime de Ação Penal Pública:** não importa o momento do procedimento criminal. O candidato pode atuar:

a) **em nome do infrator,** cujas terminologias são: (a) na fase da investigação: investigado ou indiciado; (b) na fase processual: em nome do réu ou acusado;

b) **em nome da vítima pela infração penal,** cuja terminologia na fase processual é autor ou querelante, no caso de inércia do Ministério Público;

c) **em nome do assistente de acusação;**

g) **Qual a situação prisional?**

Quando o candidato estiver postulando em favor dos interesses de um infrator da Lei Penal, deve sempre verificar a situação da liberdade de locomoção do seu cliente:

1. solto;

2. preso: para especificar a espécie de prisão, o candidato tem de saber quais as espécies de prisão que existem no ordenamento jurídico: (a) penal: decretada após o trânsito em julgado da sentença penal condenatória; (b) processual ou cautelar ou provisória: decretada antes do trânsito em julgado da sentença penal, podendo ser: flagrante, temporária e preventiva; (c) civil: decretada em caso de devedor de pensão alimentícia; (d) disciplinar: decretada na ocorrência de crime militar próprio ou transgressão militar;

3. iminência de ser preso;

h) **Qual a situação jurídica do seu cliente?**

Nesta questão, o candidato deve ler o enunciado, verificar o problema ou a irregularidade praticada contra o seu cliente e descobrir, com base na legislação, doutrina e jurisprudência, uma solução para o seu cliente;

Para descobrir a solução jurídica para o caso concreto, o candidato deve buscar no índice remissivo dos Códigos e Livros as palavras-chaves e procurar até achar uma solução para o caso e conhecer previamente as teses da área penal;

Como exemplificação do procedimento de identificação da situação-problema, destacamos os seguintes exames:

(IV Exame da OAB) Tício foi denunciado e processado, na 1ª Vara Criminal da Comarca do Município X, pela prática de roubo qualificado em decorrência do emprego de arma de fogo. Ainda durante a fase de inquérito policial, Tício foi reconhecido pela vítima. Tal reconhecimento se deu quando a referida vítima olhou através de pequeno orifício da porta de uma sala onde se encontrava apenas o réu. Já em sede de instrução criminal, nem vítima nem testemunhas afirmaram ter escutado qualquer disparo de arma de fogo, mas foram uníssonas no sentido de assegurar que o assaltante portava uma. Não houve perícia, pois, os policiais que prenderam o réu em flagrante não lograram êxito em apreender a arma. Tais policiais afirmaram em juízo que, após escutarem gritos de "pega ladrão!", viram o réu correndo e foram em seu encalço. Afirmaram que, durante a perseguição, os passantes apontavam para o réu, bem como que este jogou um objeto no córrego que passava próximo ao local dos fatos, que acreditavam ser a arma de fogo utilizada. O réu, em seu interrogatório, exerceu o direito ao silêncio. Ao cabo da instrução criminal, Tício foi condenado a oito anos e seis meses de reclusão, por roubo com emprego de arma de fogo, tendo sido fixado o regime inicial fechado para cumprimento de pena. O magistrado, para fins de condenação e fixação da pena, levou em conta os depoimentos testemunhais colhidos em juízo e o reconhecimento feito pela vítima em sede policial, bem como o fato de o réu ser reincidente e portador de maus antecedentes, circunstâncias comprovadas no curso do processo. Você, na condição de advogado(a) de Tício, é intimado(a) da decisão. Com base somente nas informações de que dispõe e nas que podem ser inferidas pelo caso concreto acima, redija a peça cabível, apresentando as razões e sustentando as teses jurídicas pertinentes.

a) **infração penal**: roubo qualificado em decorrência do emprego de arma de fogo;

b) **ação penal**: pública incondicionada;

c) **pena abstrata**: reclusão de 4 a 10 anos e multa + aumento de pena em razão do emprego da arma de fogo;

d) **pena concreta**: oito anos e seis meses de reclusão, por roubo com emprego de arma de fogo, tendo sido fixado o regime inicial fechado para cumprimento de pena;

e) **procedimento criminal**: ordinário;

f) **momento**: momento da sentença;

g) **cliente**: Tício;

h) **situação prisional**: solto;

i) **situação jurídica**: a) o reconhecimento feito não deve ser considerado para fins de condenação, pois houve desrespeito à formalidade legal prevista no art. 226, II, do Código de Processo Penal; b) não há prova suficiente para a condenação do réu, haja vista ter sido feito somente um único reconhecimento, em sede de inquérito policial e sem a observância das exigências legais, o que levaria à absolvição com fulcro no art. 386, VII, do mesmo diploma (também se aceita como fundamento do pedido de absolvição o art. 386, V, do CPP); c) de maneira alternativa, deverá postular o afastamento da causa especial de aumento de pena decorrente do emprego de arma de fogo, pois esta deveria ter sido submetida à perícia, nos termos do art. 158 do Código de Processo Penal. Ademais, nem sequer foi possível a perícia indireta (art. 167 do CPP), pois nenhuma das testemunhas disse ter escutado a arma disparar, de modo que o emprego de arma somente poderia servir para configurar a grave ameaça, elementar do crime de roubo.

(V Exame da OAB) Em 10 de janeiro de 2007, Eliete foi denunciada pelo Ministério Público pela prática do crime de furto qualificado por abuso de confiança, haja vista ter alegado o *Parquet* que a denunciada havia se valido da qualidade de empregada doméstica para subtrair, em 20 de dezembro de 2006, a quantia de R$ 50,00 de seu patrão Cláudio, presidente da maior empresa do Brasil no segmento de venda de alimentos no varejo. A denúncia foi recebida em 12 de janeiro de 2007, e, após a instrução criminal, foi proferida, em 10 de dezembro de 2009, sentença penal julgando procedente a pretensão acusatória para condenar Eliete à pena final de dois anos de reclusão, em razão da prática do crime previsto no art. 155, § 2º, inciso IV, do Código Penal. Após a interposição de recurso de apelação exclusivo da defesa, o Tribunal de Justiça entendeu por bem anular toda a instrução criminal, ante a ocorrência de cerceamento de defesa em razão do indeferimento injustificado de uma pergunta formulada a uma testemunha. Novamente realizada a instrução criminal, ficou comprovado que, à época dos fatos, Eliete havia sido contratada por Cláudio havia uma semana e só tinha a obrigação de trabalhar às segundas, quartas e sextas-feiras, de modo que o suposto fato criminoso teria ocorrido no terceiro dia de trabalho da doméstica. Ademais, foi juntada aos autos a comprovação dos rendimentos da vítima, que giravam em torno de R$ 50.000,00 (cinquenta mil reais) mensais. Após a apresentação de memoriais pelas partes, em 9 de fevereiro de 2011, foi proferida nova sentença penal condenando Eliete à pena final de 2 (dois) anos e 6 (seis) meses de reclusão. Em suas razões de decidir, assentou o magistrado que a ré possuía circunstâncias judiciais desfavoráveis, uma vez que se reveste de enorme gravidade a prática de crimes em que se abusa da confiança depositada no agente, motivo pelo qual a pena deveria ser distanciada do mínimo. Ao final, converteu a pena privativa de liberdade em restritiva de direitos, consubstanciada na prestação de 8 (oito) horas semanais de serviços comunitários, durante o período de 2 (dois) anos e 6 (seis) meses em instituição a ser definida pelo juízo de execuções penais. Novamente não houve recurso do Ministério Público, e a sentença foi publicada no Diário Eletrônico em 16 de fevereiro de 2011. Com base somente nas informações de que dispõe e nas que podem ser inferidas pelo caso concreto acima, redija, na qualidade de advogado de Eliete, com data para o último dia do prazo legal, o recurso cabível à hipótese, invocando todas as questões de direito pertinentes, mesmo que em caráter eventual.

a) **infração penal:** crime de furto qualificado por abuso de confiança;

b) **ação penal:** pública incondicionada;

c) **pena abstrata:** reclusão, de dois a oito anos, e multa;

d) **pena concreta:** dois anos de reclusão;

e) **procedimento criminal:** ordinário;

f) **momento:** sentença;

g) **cliente:** Eliete;

h) **situação prisional:** solto;

i) **situação jurídica:** 1 – absolvição; 2 – reconhecimento da *reformatio in pejus*, com a aplicação da pena em no máximo 2 anos e a consequente prescrição; 3 – atipicidade da conduta, tendo em vista a aplicação do princípio da bagatela; 4 – não incidência da qualificadora do abuso da confiança, com a consequente desclassificação para furto simples; 5 – aplicação da Suspensão Condicional do Processo; 6 – não sendo afastada a qualificadora, a incidência do § 2º do art. 155 do CP; 7 – a redução da pena pelo reconhecimento do *bis in idem* e a consequente prescrição; 8 – aplicação de *sursis*; 9 – inadequação da pena restritiva aplicada, tendo em vista o que dispõe o art. 46, § 3º, do CP.

(**VI Exame da OAB**) No dia 10 de março de 2011, após ingerir um litro de vinho na sede de sua fazenda, José Alves pegou seu automóvel e passou a conduzi-lo ao longo da estrada que tangencia sua propriedade rural. Após percorrer cerca de dois quilômetros na estrada absolutamente deserta, José Alves foi surpreendido por uma equipe da Polícia Militar que lá estava a fim de procurar um indivíduo foragido do presídio da localidade. Abordado pelos policiais, José Alves saiu de seu veículo trôpego e exalando forte odor de álcool, oportunidade em que, de maneira incisiva, os policiais lhe compeliram a realizar um teste de alcoolemia em aparelho de ar alveolar. Realizado o teste, foi constatado que José Alves tinha concentração de álcool de um miligrama por litro de ar expelido pelos pulmões, razão pela qual os policiais o conduziram à Unidade de Polícia Judiciária, onde foi lavrado Auto de Prisão em Flagrante pela prática do crime previsto no art. 306 da Lei n. 9.503/97, c/c art. 2º, inciso II, do Decreto 6.488/2008, sendo-lhe negado no referido Auto de Prisão em Flagrante o direito de entrevistar-se com seus advogados ou com seus familiares. Dois dias após a lavratura do Auto de Prisão em Flagrante, em razão de José Alves ter permanecido encarcerado na Delegacia de Polícia, você é procurado pela família do preso, sob protestos de que não conseguiam vê-lo e de que o delegado não comunicara o fato ao juízo competente, tampouco à Defensoria Pública. Com base somente nas informações de que dispõe e nas que podem ser inferidas pelo caso concreto acima, na qualidade de advogado de José Alves, redija a peça cabível, exclusiva de advogado, no que tange à liberdade de seu cliente, questionando, em juízo, eventuais ilegalidades praticadas pela Autoridade Policial, alegando para tanto toda a matéria de direito pertinente ao caso.

a) **infração penal:** crime previsto no art. 306 da Lei n. 9.503/97, c/c art. 2º, II, do Decreto n. 6.488/2008;

b) **ação penal:** pública incondicionada;

c) **pena abstrata:** detenção de seis meses a três anos, multa e suspensão ou proibição de se obter a permissão ou a habilitação para dirigir veículo automotor;

d) **pena concreta:** não tem;

e) **procedimento criminal:** ordinário;

f) **momento:** investigação da infração penal;

g) **cliente:** José Alves;

h) **situação prisional:** preso;

i) **situação jurídica:** 1. O auto de prisão em flagrante é nulo por violação ao direito à não autoincriminação compulsória (princípio do *nemo tenetur se detegere*), previsto no art. 5º, LXIII, da CRFB/88 ou art. 8º, 2, *g*, do Decreto n. 678/92; 2. A prova é ilícita em razão da colheita forçada do exame de teor alcoólico, por força do art. 5º, LVI, da CRFB/88 ou art. 157 do CPP; 3. O auto de prisão em flagrante é nulo pela violação à exigência de comunicação da medida à Autoridade Judiciária, ao Ministério Público e à Defensoria Pública dentro de 24 horas, nos termos do art. 306, § 1º, do CPP ou art. 5º, LXII, da CRFB/88, ou art. 6º, V, c/c art. 185, ambos do CPP (a banca também convencionou aceitar como fundamento o art. 306, *caput*, do CPP, considerando-se a legislação da época dos fatos); 4. O auto de prisão é nulo por violação ao direito à comunicação entre o preso e o advogado, bem como com familiares, nos termos do art. 5º, LXIII, da CRFB ou art. 7º, III, do Estatuto da Ordem dos Advogados do Brasil, ou art. 8º, 2, *d*, do Decreto n. 678/92.

(**VII Exame da OAB**) Grávida de nove meses, Ana entra em trabalho de parto, vindo dar à luz um menino saudável, o qual é imediatamente colocado em seu colo. Ao ter o recém-nascido em suas mãos, Ana é tomada por extremo furor, bradando aos gritos que seu filho era um "monstro horrível que não saiu de mim" e bate por seguidas vezes a cabeça da criança na parede do quarto do hospital, vitimando-a fatalmente. Após ser dominada pelos funcionários do hospital, Ana é presa em flagrante delito. Durante a fase de inquérito policial, foi realizado exame médico-legal, o qual atestou que Ana agira sob influência de estado puerperal. Posteriormente, foi denunciada, com base nas provas colhidas na fase inquisitorial, sobretudo o laudo do *expert*, perante a 1ª Vara Criminal/Tribunal do Júri pela prática do crime de homicídio triplamente qualificado, haja vista ter sustentado o *Parquet* que Ana fora movida por motivo fútil, empregara meio cruel para a consecução do ato criminoso, além de se utilizar de recurso que tornou impossível a defesa da vítima. Em sede de Alegações Finais Orais, o Promotor de Justiça reiterou os argumentos da denúncia, sustentando que Ana teria agido impelida por motivo fútil ao decidir matar seu filho em razão de tê-lo achado feio e teria empregado meio cruel ao bater a cabeça do bebê repetidas vezes contra a parede, além de impossibilitar a defesa da vítima, incapaz, em razão da idade, de defender-se. A Defensoria Pública, por sua vez, alegou que a ré não teria praticado o fato e, alternativamente, se o tivesse feito, não possuiria plena capacidade de autodeterminação, sendo inimputável. Ao proferir a sentença, o magistrado competente entendeu por bem absolver sumariamente a ré em razão de inimputabilidade, pois, ao tempo da ação, não seria ela inteiramente capaz de se autodeterminar em consequência da influência do estado puerperal. Tendo sido intimado o Ministério Público da decisão, em 11 de janeiro de 2011, o prazo recursal transcorreu *in albis* sem manifestação do *Parquet*. Em relação ao caso narrado, você, na condição de advogado(a), é procurado pelo pai da vítima, em 20 de janeiro de 2011, para habilitar-se como assistente da acusação e impugnar a decisão. Com base somente nas informações de que dispõe e nas que podem ser inferidas pelo caso concreto acima, redija a peça cabível, sustentando, para tanto, as teses jurídicas pertinentes, datando do último dia do prazo.

a) **infração penal**: crime de homicídio triplamente qualificado, haja vista ter sustentado o *Parquet* que Ana fora movida por motivo fútil, empregara meio cruel para a consecução do ato criminoso, além de se utilizar de recurso que tornou impossível a defesa da vítima;

b) **ação penal**: pública incondicionada;

c) **pena abstrata**: reclusão de 12 a 30 anos;

d) **pena concreta**: não tem, pois, o juiz decretou absolvição sumária;

e) **procedimento criminal**: júri;

f) **momento**: momento da sentença;

g) **cliente**: Ana;

h) **situação prisional**: presa;

i) **situação jurídica**: a) o juiz não poderia ter absolvido sumariamente a ré em razão da inimputabilidade, porque o Código de Processo Penal, em seu art. 415, parágrafo único, veda expressamente tal providência, salvo quando for a única tese defensiva, o que não é o caso, haja vista que a defesa também apresentou outra tese, qual seja a de negativa de autoria; b) a incidência do estado puerperal não é considerada causa excludente de culpabilidade fundada na ausência de capacidade de autodeterminação.

(VIII Exame da OAB) Visando abrir um restaurante, José pede vinte mil reais emprestados a Caio, assinando, como garantia, uma nota promissória no aludido valor, com vencimento para o dia 15 de maio de 2010. Na data mencionada, não tendo havido pagamento, Caio telefona para José e, educadamente, cobra a dívida, obtendo do devedor a promessa de que o valor seria pago em uma semana. Findo o prazo, Caio novamente contata José, que, dessa vez, afirma estar sem dinheiro, pois o restaurante não apresentara o lucro esperado. Indignado, Caio comparece no dia 24 de maio de 2010 ao restaurante e, mostrando para José uma pistola que trazia consigo, afirma que a dívida deveria ser saldada imediatamente, pois, do contrário, José pagaria com a própria vida. Aterrorizado, José entra no restaurante e telefona para a polícia, que, entretanto, não encontra Caio quando chega ao local. Os fatos acima referidos foram levados ao conhecimento do delegado de polícia da localidade, que instaurou inquérito policial para apurar as circunstâncias do ocorrido. Ao final da investigação, tendo Caio confirmado a ocorrência dos eventos em sua integralidade, o Ministério Público o denuncia pela prática do crime de extorsão qualificada pelo emprego de arma de fogo. Recebida a inicial pelo juízo da 5ª Vara Criminal, o réu é citado no dia 18 de janeiro de 2011. Procurado apenas por Caio para representá-lo na ação penal instaurada, sabendo-se que Joaquim e Manoel presenciaram os telefonemas de Caio cobrando a dívida vencida, e com base somente nas informações de que dispõe e nas que podem ser inferidas pelo caso concreto acima, redija, no último dia do prazo, a peça cabível, invocando todos os argumentos em favor de seu constituinte.

a) **infração penal**: crime de extorsão qualificada pelo emprego de arma de fogo;

b) **ação penal**: pública incondicionada;

c) **pena abstrata**: reclusão de 4 a 10 anos e multa + aumento de pena;

d) **pena concreta**: não tem;

e) **procedimento criminal**: ordinário;

f) **momento**: processual;

g) **cliente**: Caio;

h) **situação prisional**: solto;

i) **situação jurídica**: a) a conduta descrita pelo Ministério Público caracterizaria apenas o crime de exercício arbitrário das próprias razões, previsto no art. 345 do CP, uma vez que para a configuração do delito de extorsão seria imprescindível que a vantagem fosse indevida, sendo a conduta, com relação ao delito do art. 158, atípica; b) o Ministério Público não é parte legítima para figurar no polo ativo de processo criminal pelo delito de exercício arbitrário das próprias razões, pois não houve emprego de violência, sendo este persequível por ação penal privada;

c) caberia a José ajuizar queixa-crime dentro do prazo decadencial de seis meses, contados a partir do dia 24 de maio de 2010 e, uma vez não tendo sido oferecida a queixa-crime até o dia 23 de novembro de 2010, incidiu sobre o feito o fenômeno da decadência, restando extinta a punibilidade de Caio; d) absolvição sumária de Caio, com fundamento no art. 397, III (pela atipicidade do delito de extorsão) e IV (pela incidência da decadência), do CPP; e) requerer a produção de prova testemunhal, com a oitiva de Joaquim e Manoel.

(IX Exame da OAB) Gisele foi denunciada, com recebimento ocorrido em 31-10-2010, pela prática do delito de lesão corporal leve, com a presença da circunstância agravante, de ter o crime sido cometido contra mulher grávida. Isso porque, segundo narrou a inicial acusatória, Gisele, no dia 1º-4-2009, então com 19 anos, objetivando provocar lesão corporal leve em Amanda, deu um chute nas costas de Carolina, por confundi-la com aquela, ocasião em que Carolina (que estava grávida) caiu de joelhos no chão, lesionando-se. A vítima, muito atordoada com o acontecido, ficou por um tempo sem saber o que fazer, mas foi convencida por Amanda (sua amiga e pessoa a quem Gisele realmente queria lesionar) a noticiar o fato na delegacia. Sendo assim, tão logo voltou de um intercâmbio, mais precisamente no dia 18-10-2009, Carolina compareceu à delegacia e noticiou o fato, representando contra Gisele. Por orientação do delegado, Carolina foi instruída a fazer exame de corpo de delito, o que não ocorreu, porque os ferimentos, muito leves, já haviam sarado. O Ministério Público, na denúncia, arrolou Amanda como testemunha. Em seu depoimento, feito em sede judicial, Amanda disse que não viu Gisele bater em Carolina e nem viu os ferimentos, mas disse que poderia afirmar com convicção que os fatos noticiados realmente ocorreram, pois estava na casa da vítima quando esta chegou chorando muito e narrando a história. Não foi ouvida mais nenhuma testemunha e Gisele, em seu interrogatório, exerceu o direito ao silêncio. Cumpre destacar que a primeira e única audiência ocorreu apenas em 20-3-2012, mas que, anteriormente, três outras audiências foram marcadas; apenas não se realizaram porque, na primeira, o magistrado não pôde comparecer, na segunda o Ministério Público não compareceu e a terceira não se realizou porque, no dia marcado, foi dado ponto facultativo pelo governador do Estado, razão pela qual todas as audiências foram redesignadas. Assim, somente na quarta data agendada é que a audiência efetivamente aconteceu. Também merece destaque o fato de que na referida audiência o *parquet* não ofereceu proposta de suspensão condicional do processo, pois, conforme documentos comprobatórios juntados aos autos, em 30-3-2009, Gisele, em processo criminal onde se apuravam outros fatos, aceitou o benefício proposto. Assim, segundo o promotor de justiça, afigurava-se impossível formulação de nova proposta de suspensão condicional do processo, ou de qualquer outro benefício anterior não destacado, e, além disso, tal dado deveria figurar na condenação ora pleiteada para Gisele como outra circunstância agravante, qual seja, reincidência. Nesse sentido, considere que o magistrado encerrou a audiência e abriu prazo, intimando as partes, para o oferecimento da peça processual cabível. Como advogado de Gisele, levando em conta tão somente os dados contidos no enunciado, elabore a peça cabível.

a) **infração penal:** delito de lesão corporal leve, com a presença da circunstância agravante de ter o crime sido cometido contra mulher grávida;

b) **ação penal:** pública incondicionada;

c) **pena abstrata:** detenção, de três meses a um ano + aumento da agravante;

d) **pena concreta:** não tem;

e) **procedimento criminal:** sumaríssimo;

f) **momento:** processual;

g) **cliente:** Gisele;

h) **situação prisional:** solto;

i) **situação jurídica:** a) extinção de punibilidade pela decadência do direito de representação; b) a declaração da nulidade do processo com a consequente extinção da punibilidade pela prescrição da pretensão punitiva; c) a absolvição da ré com fundamento na ausência de provas para a condenação; d) subsidiariamente, em caso de condenação, deverá pleitear a não incidência da circunstância agravante de ter sido, o delito, cometido contra mulher grávida; a não incidência da agravante da reincidência; e) a atenuação da pena como consequência à aplicação da atenuante da menoridade relativa da ré.

(**X Exame da OAB**) Jane, no dia 18 de outubro de 2010, na cidade de Cuiabá – MT, subtraiu veículo automotor de propriedade de Gabriela. Tal subtração ocorreu no momento em que a vítima saltou do carro para buscar um pertence que havia esquecido em casa, deixando-o aberto e com a chave na ignição. Jane, ao ver tal situação, aproveitou-se e subtraiu o bem, com o intuito de revendê-lo no Paraguai. Imediatamente, a vítima chamou a polícia e esta empreendeu perseguição ininterrupta, tendo prendido Jane em flagrante somente no dia seguinte, exatamente quando esta tentava cruzar a fronteira para negociar a venda do bem, que estava guardado em local não revelado. Em 30 de outubro de 2010, a denúncia foi recebida. No curso do processo, as testemunhas arroladas afirmaram que a ré estava, realmente, negociando a venda do bem no país vizinho e que havia um comprador, terceiro de boa-fé arrolado como testemunha, o qual, em suas declarações, ratificou os fatos. Também ficou apurado que Jane possuía maus antecedentes e reincidente específica nesse tipo de crime, bem como que Gabriela havia morrido no dia seguinte à subtração, vítima de enfarte sofrido logo após os fatos, já que o veículo era essencial à sua subsistência. A ré confessou o crime em seu interrogatório. Ao cabo da instrução criminal, a ré foi condenada a cinco anos de reclusão no regime inicial fechado para cumprimento da pena privativa de liberdade, tendo sido levada em consideração a confissão, a reincidência específica, os maus antecedentes e as consequências do crime, quais sejam, a morte da vítima e os danos decorrentes da subtração de bem essencial à sua subsistência. A condenação transitou definitivamente em julgado, e a ré iniciou o cumprimento da pena em 10 de novembro de 2012. No dia 5 de março de 2013, você, já na condição de advogado(a) de Jane, recebe em seu escritório a mãe de Jane, acompanhada de Gabriel, único parente vivo da vítima, que se identificou como sendo filho desta. Ele informou que, no dia 27 de outubro de 2010, Jane, acolhendo os conselhos maternos, lhe telefonou, indicando o local onde o veículo estava escondido. O filho da vítima, nunca mencionado no processo, informou que no mesmo dia do telefonema, foi ao local e pegou o veículo de volta, sem nenhum embaraço, bem como que tal veículo estava em seu poder desde então. Com base somente nas informações de que dispõe e nas que podem ser inferidas pelo caso concreto acima, redija a peça cabível, excluindo a possibilidade de impetração de *Habeas Corpus*, sustentando, para tanto, as teses jurídicas pertinentes.

a) **infração penal:** furto qualificado;

b) **ação penal:** pública incondicionada;

c) **pena abstrata:** reclusão de dois a oito anos, e multa;

d) **pena concreta:** cinco anos de reclusão no regime inicial fechado para cumprimento da pena privativa de liberdade;

e) **procedimento criminal:** ordinário;

f) **momento:** trânsito em julgado;

g) **cliente:** Jane;

h) **situação prisional:** presa;

i) **situação jurídica:** a) causa especial de diminuição de pena, prevista no art. 16 do Código Penal: arrependimento posterior b) desclassificação do furto qualificado para o furto simples (art. 155, *caput*, do Código Penal); c) regime semiaberto para cumprimento da pena privativa de liberdade (verbete 269 da Súmula do STJ).

2 Cabimento da peça

2.1 Como descobrir a peça prática cabível?

Neste item, serão fornecidas as dicas para descobrir qual a peça cabível, de acordo com o problema do Exame de OAB, levando em conta os momentos procedimentais de cada peça e, principalmente, os termos e as expressões empregados na questão prático-profissional.

2.1.1 Peça cabível

Para verificar qual a peça cabível, o candidato deverá observar o seguinte roteiro, levando em conta o momento procedimental:

1. **Fase investigatória e antes da propositura da ação penal:** se o caso prático estiver nesta fase, são as seguintes as peças cabíveis:

   a) relaxamento de prisão em flagrante;

   b) liberdade provisória;

   c) revogação de prisão;

   d) requerimento ou representação para instauração de inquérito policial;

   e) *habeas corpus*;

   f) requerimento de diligência ao Delegado de Polícia;

   g) pedido de restituição de coisa apreendida;

   h) pedido de explicações em juízo;

   i) pedido de sequestro de bens.

2. **Fase de propositura da ação penal:** se o caso prático estiver nesta fase, são as seguintes as peças cabíveis:

   a) queixa-crime;

   b) queixa-crime subsidiária;

   c) *habeas corpus*.

3. **Fase entre a propositura da ação penal e antes da sentença:** se o caso prático estiver nesta fase, são as seguintes as peças cabíveis:

   a) resposta à acusação ou defesa inicial;

   b) defesa preliminar;

   c) exceção;

   d) pedido de desaforamento;

   e) medidas assecuratórias;

   f) habilitação como assistente da acusação;

   g) memoriais (alegações finais);

   h) *habeas corpus*;

   i) pedido de restituição de coisa apreendida.

4. **Fase da sentença:** se o caso prático estiver nesta fase, são as seguintes as peças cabíveis:

   a) apelação;

b) embargos de declaração;

c) *habeas corpus*.

5. **Fase do acórdão:** se o caso prático estiver nesta fase, são as seguintes as peças cabíveis:

a) embargos de declaração;

b) embargos infringentes e de nulidade;

c) recurso ordinário constitucional;

d) recurso especial;

e) recurso extraordinário;

f) *habeas corpus*.

6. **Fase do trânsito em julgado:** se o caso prático estiver nesta fase, são as seguintes as peças cabíveis:

a) revisão criminal;

b) justificação criminal;

c) *habeas corpus*.

7. **Fase da execução da pena:** se o caso prático estiver nesta fase, são as seguintes as peças cabíveis:

a) agravo em execução;

b) livramento condicional;

c) reabilitação;

d) pedidos da execução, como remição, indulto etc.;

e) *habeas corpus*: aplicação restrita.

8. **Outras peças:**

a) **carta testemunhável:** cabe quando o juiz negar seguimento ao Recurso em Sentido Estrito e Agravo em Execução;

b) **correição parcial:** cabe quando houver inversão tumultuária do processo;

c) **mandado de segurança:** proteção de direito líquido e certo não amparado por *habeas corpus* nem por *habeas data*;

d) **recurso em sentido estrito:** cabimento taxativo no art. 581 do Código de Processo Penal;

e) **agravo de instrumento:** decisão denegatória de Recurso Especial ou Extraordinário;

f) **agravo regimental:** despacho de presidente, turma ou relator de Tribunal.

3 Questões práticas

Na prova prático-profissional, existem 5 (cinco) questões práticas, sob a forma de situações-problema. A resolução dessas questões depende do roteiro abaixo:

Exemplo 1: cite três crimes considerados hediondos

a) o candidato deve, em primeiro lugar, entender a questão prática formulada na prova a fim de identificar corretamente a pergunta:

– indicar: mostrar ou revelar alguma coisa;

– distinguir: discriminar estabelecer as diferenças existentes;

– enumerar: relacionar ou especificar alguma coisa;

– explicar: esclarecer um assunto;

– arrolar: descrever ou colocar o assunto em rol;

– definir: fixar com precisão o significado de alguma coisa, expondo suas características específicas;

– comparar: estabelecer semelhanças e diferenças existentes;

– citar: mencionar alguma coisa;

– enunciar: revelar de forma breve alguma coisa.

Entendimento da questão: citar é mencionar três crimes hediondos. Considerados no sentido de reconhecidos ou declarados como crimes hediondos.

b) Após o candidato estar inteirado da pergunta, deve fazer uma **leitura atenta do enunciado da questão**, a ponto de identificar a matéria, o tema e o assunto de que trata. Para facilitar, o candidato pode realçar as palavras-chaves.

* leitura atenta

* matéria: legislação penal especial;

* tema: crimes;

* assunto: crimes hediondos.

c) Após identificar o assunto, o candidato deve **refletir e resgatar na sua memória o conhecimento necessário** para resolver a questão.

De acordo com o seu estudo, os crimes hediondos estão declarados no art. 1º da Lei n. 8.072/90, abrangendo tanto os consumados como os tentados.

d) Ao responder à questão, o candidato deve em primeiro lugar **buscar um fundamento legal ou constitucional** para embasar sua resposta.

Fundamento constitucional: art. 5º, inciso XLIII, da CF;

Fundamento legal: art. 1º da Lei n. 8.072/90.

e) Após indicar o fundamento legal e/ou constitucional, o candidato deve **indicar TODAS as posições** doutrinárias e jurisprudenciais sobre o assunto.

Doutrina: de acordo com o critério legal, os crimes hediondos estão arrolados de forma taxativa no art. 1º da Lei n. 8.072/90, quais sejam: I – homicídio (art. 121), quando praticado em atividade típica de grupo de extermínio, ainda que cometido por um só agente, e homicídio qualificado (art. 121, § 2º, I, II, III, IV, V, VI, VII e VIII); I-A – lesão corporal dolosa de natureza gravíssima (art. 129, § 2º) e lesão corporal seguida de morte (art. 129, § 3º), quando praticadas contra autoridade ou agente descrito nos arts. 142 e 144 da Constituição Federal, integrantes do sistema prisional e da Força Nacional de Segurança Pública, no exercício da função ou em decorrência dela, ou contra seu cônjuge, companheiro ou parente consanguíneo até o terceiro grau, em razão dessa condição; II – roubo: a) circunstanciado pela restrição de liberdade da vítima (art. 157, § 2º, V); b) circunstanciado pelo emprego de arma de fogo (art. 157, § 2º-A, I) ou pelo emprego de arma de fogo de uso proibido ou restrito (art. 157, § 2º-B); c) qualificado pelo resultado lesão corporal grave ou morte (art. 157, § 3º); III – extorsão qualificada pela restrição da liberdade da vítima, ocorrência de lesão corporal ou morte (art. 158, § 3º); IV – extorsão mediante sequestro e na forma qualificada (art. 159, *caput* e §§ 1º, 2º e 3º); V – estupro (art. 213, *caput* e §§ 1º e 2º); VI – estupro de vulnerável (art. 217-A, *caput* e §§ 1º, 2º, 3º e 4º); VII – epidemia com resultado morte (art. 267, § 1º); VII-A – (Vetado); VII-B – falsificação, corrupção, adulteração ou alteração de produto destinado a fins terapêuticos ou medicinais (art. 273, *caput* e §§ 1º, 1º-A e 1º-B, com redação dada pela Lei n. 9.677/98); VIII – favorecimento da prostituição ou de outra forma de exploração sexual de criança ou adolescente ou de vulnerável (art. 218-B, *caput* e §§ 1º e 2º); IX – furto qualificado pelo emprego de explosivo ou de artefato análogo que cause perigo (art. 155, § 4º-A). Consideram-se também hediondos, tentados ou consumados: I – o crime de genocídio, previsto nos arts. 1º, 2º e 3º da Lei n. 2.889/56; II – o crime de posse ou porte ilegal de arma de fogo de uso proibido, previsto no art. 16 da Lei n. 10.826/2003; III – o crime de comércio ilegal de armas de fogo, previsto no art. 17 da Lei n. 10.826/2003; IV – o crime de tráfico internacional de arma de fogo, acessório ou munição, previsto no art. 18 da Lei n. 10.826/2003; V – o crime de organização criminosa, quando direcionado à prática de crime hediondo ou equiparado. De acordo com o critério judicial, será o crime considerado hediondo quando o juiz verificar no fato concreto uma intensa repulsa da sociedade, seja em face da gravidade objetiva, seja pela maneira de execução do delito. Por fim, pelo critério misto, o legislador arrola de forma exemplificativa os crimes hediondos (*vide* lista acima), podendo o juiz estender o rol legal.

Jurisprudência: segundo orientação sufragada pelo Supremo Tribunal Federal sobre o alcance da Lei n. 8.072/90, o crime de estupro, tanto em sua forma simples como na qualificada, será classificado como hediondo (HC n. 81.288/ SC, Relator Ministro Maurício Corrêa).

Exemplo 2: Antônio, pai de um jovem hipossuficiente preso em flagrante delito, recebe de um serventuário do Poder Judiciário Estadual a informação de que Jorge, defensor público criminal com atribuição para representar o seu filho, solicitara a quantia de dois mil reais para defendê-lo adequadamente. Indignado, Antônio, sem averiguar a fundo a informação, mas confiando na palavra do serventuário, escreve um texto reproduzindo a acusação e o entrega ao juiz titular da vara criminal em que Jorge funciona como defensor público. Ao tomar conhecimento do ocorrido, Jorge apresenta uma gravação em vídeo da entrevista que fizera com o filho de Antônio, na qual fica evidenciado que jamais solicitara qualquer quantia para defendê-lo, e representa criminalmente pelo fato. O Ministério Público oferece denúncia perante o Juizado Especial Criminal, atribuindo a Antônio o cometimento do crime de calúnia, praticado contra funcionário público em razão de suas funções, nada mencionando acerca dos benefícios previstos na Lei n. 9.099/95. Designada Audiência de Instrução e Julgamento, recebida a denúncia, ouvidas as testemunhas, interrogado o réu e apresentadas as alegações orais pelo Ministério Público, na qual pugnou pela condenação na forma da inicial, o magistrado concede a palavra a Vossa Senhoria para apresentar alegações finais orais. Em relação à situação acima, responda aos itens a seguir, empregando os argumentos jurídicos apropriados e a fundamentação legal pertinente ao caso: a) O Juizado Especial Criminal é competente para apreciar o fato em tela?; b) Antônio faz jus a algum benefício da Lei n. 9.099/95? Em caso afirmativo, qual(is)?; c) Antônio praticou crime? Em caso afirmativo, qual? Em caso negativo, por que razão?

a) O candidato deve, em primeiro lugar, entender a questão prática formulada na prova a fim de identificar corretamente a pergunta.

Antônio foi denunciado por crime de calúnia, pois de acordo com o MP Antônio acusou o defensor público criminal, Jorge, de receber uma quantia indevida para exercer sua função de defesa criminal. A falsidade da imputação feita por Antônio se baseia numa gravação em vídeo da entrevista que Jorge fez com o filho de Antônio, na qual fica evidenciado que jamais solicitara qualquer quantia para defendê-lo.

149

b) Após o candidato estar inteirado da pergunta, deve fazer uma leitura atenta do enunciado da questão, a ponto de identificar a matéria, o tema e o assunto de que trata. Para facilitar, o candidato pode realçar as palavras-chaves.

- leitura atenta;
- matéria: leis penais e processuais penais;
- tema: crimes e juizados especiais criminais;
- assunto: calúnia e competência criminal.

c) Após identificar o assunto, o candidato deve refletir e resgatar na sua memória o conhecimento necessário para resolver a questão.

O Juizado Especial Criminal tem competência para processar e julgar infrações penais de menor potencial ofensivo, ou seja, as contravenções penais e os crimes a que a lei comine pena máxima não superior a 2 (dois) anos, cumulada ou não com multa. O crime de calúnia é de competência do JECRIM, já que a pena é de detenção, de seis meses a dois anos, e multa. Quando incidir a causa de aumento de pena não é de competência do JECRIM. Os benefícios possíveis no JECRIM seriam o *sursis* processual e a transação penal quando preenchidos os requisitos legais. Quando o agente pensa que está cometendo o crime, tendo a falsa noção da realidade, incide sobre os elementos do tipo penal, existe erro de tipo, que pode ser: Erro essencial – Recai sobre elementares ou circunstâncias do crime. Por exemplo: a) Invencível ou escusável – não podia ser evitado, nem com cuidado extraordinário; exclui dolo e culpa; b) Vencível ou inescusável – podia ser evitado pela atenção do homem médio; exclui o dolo, mas responde por crime culposo.

d) Ao responder à questão, o candidato deve em primeiro lugar buscar um fundamento legal ou constitucional para embasar sua resposta.

Fundamento constitucional: arts. 5º, inciso X, e 98, ambos da CF;

Fundamento legal: arts. 20, 138 ao 145, todos do CP; artigos da Lei 9.099/95, em especial os arts. 61 e 89.

e) Após indicar o fundamento legal e/ou constitucional, o candidato deve indicar TODAS as posições doutrinárias e jurisprudenciais sobre o assunto.

– O Juizado Especial Criminal é competente para apreciar o fato em tela?

Não, pois, de acordo com o art. 141, II, do CP, quando a ofensa for praticada contra funcionário público em razão de suas funções, a pena será aumentada de um terço, o que faz com que a sanção máxima abstratamente cominada seja superior a dois anos.

– Antônio faz jus a algum benefício da Lei n. 9.099/95? Em caso afirmativo, qual(is)?

Sim, suspensão condicional do processo, nos termos do art. 89 da Lei n. 9.099/95.

– Antônio praticou crime? Em caso afirmativo, qual? Em caso negativo, por que razão?

Não. Antônio agiu em erro de tipo vencível/inescusável. Conforme previsão do art. 20 do CP, nessa hipótese, o agente somente responderá pelo crime se for admitida a punição a título culposo, o que não é o caso, pois o crime em comento não admite a modalidade culposa. Vale lembrar que não houve dolo na conduta de Antônio.

Exemplo 3: Maria, jovem extremamente possessiva, comparece ao local em que Jorge, seu namorado, exerce o cargo de auxiliar administrativo e abre uma carta lacrada que havia sobre a mesa do rapaz. Ao ler o conteúdo, descobre que Jorge se apropriara de R$ 4.000,00 (quatro mil reais), que recebera da empresa em que trabalhava para efetuar um pagamento, mas utilizara tal quantia para comprar uma joia para uma moça chamada Júlia. Absolutamente transtornada, Maria entrega a correspondência aos patrões de Jorge.

Com base no relatado acima, responda aos itens a seguir, empregando os argumentos jurídicos apropriados e a fundamentação legal pertinente ao caso. a) Jorge praticou crime? Em caso positivo, qual(is)? b) Se o Ministério Público oferecesse denúncia com base exclusivamente na correspondência aberta por Maria, o que você, na qualidade de advogado de Jorge, alegaria?

a)   O candidato deve, em primeiro lugar, entender a questão prática formulada na prova a fim de identificar corretamente a pergunta.

Maria descobre que seu namorado Jorge está lhe traindo ao abrir uma correspondência endereçada a ele. Na carta, descobre não apenas a traição, mas também que o namorado fez apropriação de uma verba da empresa onde trabalha.

b)   Após o candidato estar inteirado da pergunta, deve fazer uma leitura atenta do enunciado da questão, a ponto de identificar a matéria, o tema e o assunto de que trata. Para facilitar, o candidato pode realçar as palavras-chaves.

   • leitura atenta;
   • matéria: legislação penal especial e processo penal;

- tema: crimes e provas;

- assunto: crimes contra o patrimônio, quebra de sigilo e prova ilícita.

c) Após identificar o assunto, o candidato deve refletir e resgatar na sua memória o conhecimento necessário para resolver a questão.

O crime de apropriação indébita ocorre quando quem tem a posse ou detenção lícita da coisa alheia móvel dela se apropria, como se dono fosse. Incide aumento de pena quando o agente recebeu a coisa em razão de ofício, emprego ou profissão. Prova é meio usado para convencer o juiz sobre a verdade de um fato. Quando a prova é obtida em desacordo com normas legais, tem-se a prova ilícita. Uma denúncia deve ser oferecida com fundamento jurídico e suporte fático autorizadores da acusação.

d) Ao responder à questão, o candidato deve em primeiro lugar buscar um fundamento legal ou constitucional para embasar sua resposta.

Fundamento constitucional: art. 5º, incisos XXII e LVI, da CF;

Fundamento legal: art. 168 do CP e art. 155 e seguintes do CPP.

e) Após indicar o fundamento legal e/ou constitucional, o candidato deve indicar TODAS as posições doutrinárias e jurisprudenciais sobre o assunto.

– Jorge praticou crime? Em caso positivo, qual(is)?

a) Sim. Apropriação indébita qualificada (ou majorada) em razão do ofício, prevista no art. 168, § 1º, III do CP.

– Se o Ministério Público oferecesse denúncia com base exclusivamente na correspondência aberta por Maria, o que você, na qualidade de advogado de Jorge, alegaria?

b) Falta de justa causa para a instauração de ação penal, já que a denúncia se encontra lastreada exclusivamente em uma prova ilícita, porquanto decorrente de violação a uma norma de direito material (art. 151 do CP).

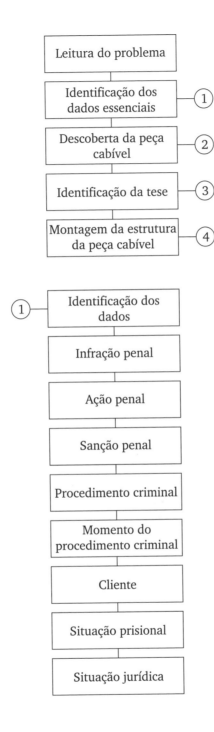

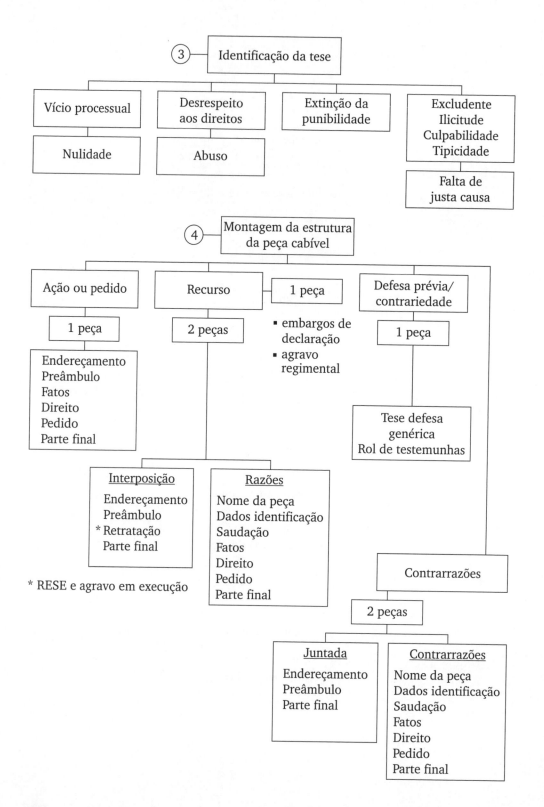

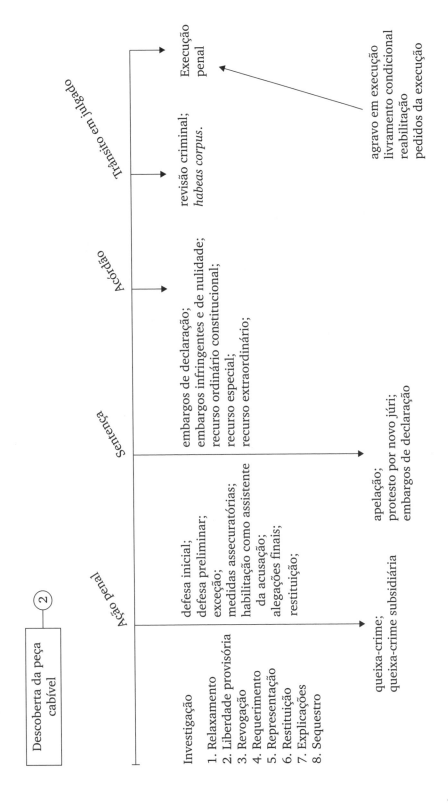

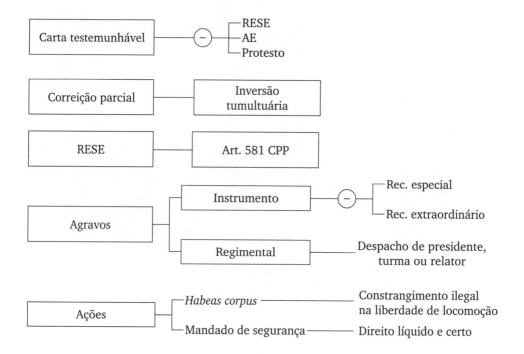

Dicas da Peça Prático--Profissional da OAB 4

1 Dicas de cabimento da peça prático-profissional

1.1 Relaxamento de prisão em flagrante e liberdade provisória

O candidato para decidir entre Relaxamento e Liberdade Provisória precisa verificar se a prisão foi ou não regular: se for ilegal, cabe relaxamento; se legal, cabe liberdade provisória. O relaxamento de prisão tem como causa uma prisão em flagrante ilegal e a consequência é a liberdade plena e absoluta do autor do fato (no VI Exame OAB unificado o gabarito foi a formulação de uma petição de relaxamento de prisão em razão da nulidade do ato de prisão em flagrante, com o consequente alvará de soltura). Já a liberdade provisória tem como causa uma prisão legal e sua consequência também é a liberdade do autor do fato. Conforme acentua Vicente Greco:

> *"A liberdade provisória distingue-se do relaxamento do flagrante ou revogação da prisão preventiva. Nesses casos, o acusado é devolvido à condição de liberdade pura, porque o motivo foi considerado ilegal ou insubsistente. Na liberdade provisória o motivo da prisão é válido, mas esta é substituída por aquela; o acusado permanece sob uma causa de prisão que fica suspensa e, consequentemente, pode ser revigorada com a revogação da liberdade provisória se houver razão legal para isso".*

No relaxamento de prisão em flagrante o acusado não está sujeito a deveres e obrigações. Na liberdade provisória, ao contrário, o acusado fica sujeito a sanções pelo não cumprimento das obrigações que, conforme a hipótese, são a ele impostas. Na liberdade provisória há vínculos e pode existir cautela pecuniária; no relaxamento não há vínculo.

Na prática, porém, é comum que os advogados cumulem o pedido de relaxamento de prisão com o de liberdade provisória, o que poderá ser aceito. É a posição da OAB (gabarito do exame 136º).

Cabe ressalvar que prisão em flagrante ilegal é aquela que pode apresentar duas espécies de vícios: (a) de natureza material: ocorre com a não configuração da situação de flagrante prevista no art. 302 do CPP; (b) de natureza formal: ocorre quando o auto de prisão em flagrante for realizado em desconformidade com as determinações dos arts. 304 e seguintes do CPP.

1.2 *Relaxamento/revogação ou* habeas corpus

A decisão para saber se o candidato usa a peça do Relaxamento/revogação ou *habeas corpus*: opção do candidato. A revogação da prisão preventiva ocorre quando não subsistir o motivo que ensejou a sua decretação, nos termos do art. 316 do CPP.

1.3 *Queixa-crime e requerimento de instauração de inquérito policial*

Cabe ressaltar que o candidato não pode confundir *notitia criminis* com queixa-crime. *Notitia criminis* é a comunicação da ocorrência de uma infração penal à autoridade. Queixa-crime é a petição inicial da ação penal privada, ou seja, quando o querelante (vítima) pede ao juiz a condenação do réu. A *notitia criminis* pode iniciar a fase investigatória. A queixa-crime, por sua vez, pode iniciar a fase processual.

Quando o enunciado trouxer apenas a narração de crime de ação penal privada, sem indicar o momento processual, a peça cabível será queixa ou requerimento de instauração do inquérito. Para escolher qual fazer na prova: opção do candidato. Opte pela queixa, peça que precisa de advogado.

1.4 Habeas corpus

a) será cabível quando no enunciado não aparecer momento procedimental específico;

b) quando na questão aparecer: adote medida cabível para buscar a libertação de uma pessoa, sem estar na fase da execução da pena: *habeas corpus* ou liberdade provisória (caso estejam previstos os requisitos);

c) será cabível se o enunciado finalizar com o recebimento da denúncia ou queixa.

1.5 *Revisão criminal e* habeas corpus

O candidato para decidir entre revisão criminal e *habeas corpus* deve consultar o art. 621 do CPP; verifique se o caso pode ser enquadrado num dos incisos do artigo: se puder, será revisão; se não puder, será *habeas corpus*.

1.6 *Reabilitação criminal*

A reabilitação criminal será usada quando forem preenchidos os requisitos legais e for pedida a reintegração social, para apagar as manchas do passado.

1.7 Memoriais

A defesa apresentará seus memoriais quando aparecer no enunciado que a acusação já apresentou seus memoriais postulando algo.

1.8 Recurso

a) a expressão "a sentença ainda não transitou em julgado" ou "a decisão judicial foi publicada há dias" identifica que a peça é um recurso;

b) serão usadas contrarrazões de recurso quando o enunciado falar que a outra parte já interpôs recurso;

c) não será necessário elaborar interposição de recurso quando o enunciado disser que já foi interposto; neste caso, basta apresentar as razões;

d) será usada a peça dos embargos infringentes/nulidade quando estiverem presentes os seguintes requisitos: (a) acórdão de Tribunal de 2º grau; (b) não provimento da Apelação, ou RESE, ou Agravo em Execução; (c) votação por maioria de votos desfavorável ao réu; (d) existência de voto vencido favorável ao réu;

e) será usado o recurso do Agravo em Execução quando houver decisão do juiz da execução, nos termos do art. 66 da LEP;

f) quando houver denegação do *habeas corpus*: se for em 1ª instância, cabe RESE; se for em 2ª instância, cabe ROC;

g) se aparecer no enunciado "a decisão já transitou em julgado para a acusação", também será dica para recurso;

h) será embargos de declaração quando no acórdão ou sentença fora do JECRIM aparecer vício de ambiguidade, obscuridade, contradição ou omissão; quando na sentença do JECRIM aparecer o vício da dúvida, será obscuridade, contradição ou omissão.

1.9 Livramento condicional

A peça do livramento condicional será usada quando forem preenchidos os requisitos legais e for pedida, no caso prático, a libertação da pessoa.

O *habeas corpus* não é meio idôneo para concessão do livramento condicional, em razão do seu caráter sumaríssimo e por não ser sede de análise profunda de provas. A única hipótese possível de discutir livramento em sede de *habeas corpus* é matéria relativa à constitucionalidade de dispositivo legal.

Na dúvida entre pedido de progressão de regime e pedido de livramento condicional, o candidato deve fazer a comparação dos requisitos legais de cada pedido. É posição da OAB não ser cabível a interposição do livramento condicional quando o acusado cumpre exatos 1/3 da pena, pois não preenche o requisito objetivo do tempo de cumprimento de mais de 1/3 da pena.

1.10 Mandado de segurança

O candidato para identificar a peça do mandado de segurança deve estudar os casos em que já se admitiu mandado de segurança em matéria criminal, tanto na doutrina como na jurisprudência. Os casos estão previstos neste livro no capítulo do mandado de segurança.

O candidato deve verificar se no caso apresentado pela OAB existem os requisitos do mandado de segurança, quais sejam: a ação ou omissão da autoridade pública ou agente no exercício de função pública, ilegalidade ou abuso de poder, lesão ou ameaça de lesão e o direito líquido e certo.

Apesar de o art. 5º, inciso I, da Lei n. 12.016/2009 dispor que não cabe mandado de segurança contra ato de que caiba recurso administrativo com efeito suspensivo, independentemente de caução, o entendimento é que caberá mandado de segurança, interposto ou não o recurso administrativo, nos termos do princípio da inafastabilidade da jurisdição previsto no art. 5º, inciso XXXV, da CF.

Por fim, apesar de o art. 5º, inciso I, da Lei n. 12.016/2009 dispor que não cabe mandado de segurança contra despacho ou decisão judicial se houver recurso previsto nas leis processuais ou que possa ser modificado por via de correição, o mandado de segurança poderá ser usado, neste caso, quando o impetrante interessado comprove lesão grave e de difícil reparação.

2 Desenvolvimento jurídico da peça prática penal cabível

2.1 Admissibilidade

Para aumentar a pontuação, o candidato pode, na peça prática, no tópico Do Direito, abrir um item – Da admissibilidade – para comprovar os requisitos de admissibilidade da peça.

2.1.1 Habeas corpus

No caso em tela, é admissível a impetração do *habeas corpus*, já que estão presentes os seus requisitos, senão vejamos:

a) o presente pedido é adequado para evitar ou fazer cessar o constrangimento ilegal à liberdade de locomoção, consubstanciado _____ (especificar o constrangimento);

b) há o requisito da necessidade no presente pedido, já que a finalidade é afastar a violência ou a coação decorrente de ilegalidade ou abuso de poder caracterizado _____ (especificar);

c) há possibilidade jurídica do pedido, já que o pleito de prestação jurisdicional penal formulado pelo paciente é admissível no direito objetivo material.

Dessa forma, presentes os requisitos, deve ser admitido este remédio judicial voltado à tutela da liberdade ambulatória.

2.1.2 Queixa-crime

O recebimento da presente queixa-crime depende do preenchimento das condições da ação, senão vejamos:

a) possibilidade jurídica do pedido está demonstrada pela tipicidade da conduta do Fulano de tal, nos termos do artigo _____;

b) interesse de agir está caracterizado pela: (1) viabilidade: trata-se de pedido idôneo, pois é amparado por indícios suficientes de autoria e materialidade do crime; (2) punibilidade: o Estado tem o direito de punir, não tendo ocorrido nenhuma causa extintiva;

c) legitimidade ativa está demonstrada, já que _____ (nome do autor da ação penal) é titular do direito de agir, nos termos do artigo _____ (artigo do crime);

d) legitimidade passiva: o acusado é legitimado para a ação, já que o Fulano de tal (nome do autor da ação penal) agiu como _____, no fato objeto da ação penal.

Dessa forma, presentes as condições exigidas pela lei, a ação penal deve ser admitida para seu regular processamento.

2.1.3 Recurso

O recurso, para ser admitido e processado, deve preencher os requisitos exigidos na lei, senão vejamos:

a) cabimento: o recurso ora interposto está previsto em lei, nos termos do artigo _____;

b) adequação: o presente recurso é adequado para impugnar a decisão que _____, já que _____ (justificar o porquê da adequação – requisitos específicos);

c) regularidade procedimental do recurso está caracterizada, já que foi endereçada ao juízo competente, bem como interposto _____ (forma);

d) tempestividade está caracterizada, já que o recurso foi interposto no prazo legal, nos termos do artigo _____;

e) não há fatos impeditivos ou extintivos ao direito de recorrer.

Dessa forma, presentes os requisitos exigidos pela lei, o recurso deve ser admitido para seu regular processamento.

2.2 Teses no habeas corpus

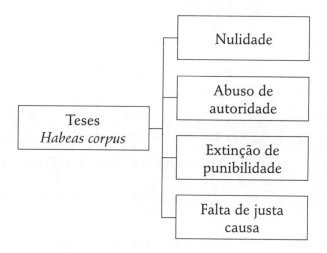

2.2.1 Tese de nulidade

Segundo Fernando Capez[1], "nulidade é um vício processual decorrente da inobservância das exigências legais capaz de invalidar o processo no todo ou em parte". O candidato não pode esquecer de alegar certos princípios relacionados ao processo e suas irregularidades: legalidade, devido processo legal, ampla defesa, contraditório, Estado Democrático de Direito. O artigo que serve de roteiro para as nulidades é o 564 do CPP.

Na tese de nulidade o candidato deve apontar a tese, demonstrá-la, fundamentá-la e concluir o raciocínio jurídico. Com base nesse roteiro, o candidato deve aplicar a seguinte estrutura na argumentação jurídica da tese de nulidade:

No caso em tela ocorreu _____ (indicar o motivo da nulidade), nos termos do artigo _____ (indicar o artigo de lei), vício processual comprometedor do regular desenvolvimento processual.

A nulidade em questão representa uma ofensa à ordem legal e consequentemente ao princípio da legalidade, alicerce do Estado Democrático de Direito, já que há desconformidade com o modelo da lei. A regularidade procedimental exige respeito e observância às exigências legais, no sentido de buscar a justa composição da lide.

O ato processual _____ (mencionar o ato) não foi realizado em conformidade com o modelo legal (ou não foi realizado, depende do caso trazido no exame da OAB), de forma que não atende aos requisitos mínimos, devendo ser considerado inválido perante o ordenamento jurídico e inapto a produzir os efeitos desejados.

---

[1] CAPEZ, Fernando. *Curso de processo penal*. São Paulo: Saraiva, 2004. p. 639.

A segurança jurídica exige que a tarefa de aplicar o direito seja realizada de maneira compatível com o ordenamento jurídico, sob pena de desviar o processo do seu objetivo maior, que é a preparação de um provimento final justo.

Dessa maneira, deve existir anulação _____ (precisar o início), para que haja regulamentação da forma processual e, por consequência, o alcance da verdade sobre os fatos.

O candidato deve atentar que na tese de nulidade existem algumas ideias correlatas:

a) a observância e o respeito às regras legais representam às partes garantia de um processo justo, legal e apto à descoberta da verdade dos fatos;

b) processo que não segue modelo legal desvia-se do seu objetivo maior de buscar um provimento final justo;

c) processo conduzido em conformidade com a lei gera uma resposta jurisdicional imparcial, correta e justa;

d) a boa qualidade do pronunciamento jurisdicional depende de um processo desenvolvido com obediência às regras do devido processo legal;

e) a condução do processo segundo as regras do devido processo legal representa um caminho para a correta aplicação do direito;

f) nulidade é um defeito que torna sem valor ou pode invalidar o ato ou processo, no todo ou em parte; quando a nulidade é absoluta o prejuízo é manifesto para a efetividade do contraditório ou para a justiça da decisão;

g) ofensa à norma constitucional representa nulidade absoluta; Ada Pellegrini denomina "atipicidade constitucional".

Dicas: (1) Não esquecer de mencionar argumento constitucional, com a indicação de algum princípio; (2) ressaltar a ideia de que o processo sempre se desenvolve em conformidade ao devido processo legal e à dignidade da pessoa humana; (3) mencionar a ideia de que o processo sem vícios representa proteção do ordenamento jurídico, das partes e do próprio convencimento judicial na busca da verdade dos fatos.

Inexistência	Irregularidade	Nulidade absoluta	Nulidade relativa
▪ Intensa desconformidade com a lei. ▪ Não atos.	▪ Mínima desconformidade com a lei. ▪ Não afeta a validade do ato.	▪ Prejuízo presumido para a efetividade do contraditório ou justiça da decisão. ▪ Atinge o interesse público e a correta aplicação da lei. ▪ Cabe decretação de ofício, vício insanável, que não se sujeita à convalidação ou sanação.	▪ Depende da demonstração do prejuízo. ▪ Atinge o interesse do particular; tutela interesse da parte. ▪ Não cabe decretação de ofício. ▪ Vício sanável.

Lembrar que toda nulidade gera desrespeito à lei, violando o princípio da legalidade. Tal princípio pode ser enunciado com as seguintes frases: a) o Estado de Direito assegura o império da lei; b) a lei é a fonte principal do direito, contendo uma ordem ou determinação do legislador aos indivíduos, inclusive para o próprio Estado; c) a lei exprime um comando estatal que disciplina a vida em sociedade e contém a essência dos direitos e deveres.

2.2.2 Tese de abuso de autoridade

Na tese de abuso de autoridade, há uma ideia fundamental, seja qual for o comportamento ou atitude exteriorizada: o desrespeito aos direitos fundamentais da pessoa humana.

Na tese de abuso de autoridade o candidato deve apontar a tese, demonstrá-la, fundamentá-la e concluir o raciocínio jurídico. Com base nesse roteiro, o candidato deve aplicar a seguinte estrutura na argumentação jurídica da tese de abuso de autoridade:

No caso em tela ocorreu abuso de autoridade, já que _____ (indicar o motivo do abuso), nos termos do artigo _____ (indicar o artigo de lei).

Motivo do comportamento abusivo da autoridade: (mencionar e questionar a conduta irregular da autoridade).

Efeitos da conduta da autoridade: o comportamento abusivo gera violação à dignidade da pessoa humana, consubstanciada na inviolabilidade (respeito) e efetividade (garantia) dos direitos.

Violação ao princípio da legalidade.

Violação ao princípio da segurança jurídica.

Violação de outros princípios.

Conclusão: mencionar que a autoridade deve exercer suas funções de forma regular, normal, adequada e responsável.

O candidato deve atentar que na tese do abuso existem algumas ideias correlatas:

a) abuso representa uma conduta atentatória aos principais direitos e garantias fundamentais do homem;

b) o exercício do direito deve manter-se nos limites da lei em que se fundamenta, pois que, quando deles exorbita, não se tem exercício, mas abuso de direito;

c) o abuso gera desrespeito a sua dignidade e ao estabelecimento das condições mínimas de vida, de desenvolvimento da personalidade humana;

d) abuso representa arbítrio estatal;

e) o respeito aos direitos fundamentais, principalmente pelas autoridades públicas, é pilastra mestra na construção de um verdadeiro Estado Democrático de Direito;

f) a dignidade é inerente a todos os membros da família humana e é fundamento da liberdade, justiça e paz no mundo.

Dica: ressaltar que todo abuso gera desrespeito à lei, representa uma arbitrariedade e viola a dignidade da pessoa humana.

2.2.3 Tese da extinção da punibilidade

Na tese de extinção da punibilidade, o Estado perde o direito de punir em algumas situações; o roteiro-guia para o candidato é o art. 107 do Código Penal.

Na tese de extinção de punibilidade o candidato deve apontar a tese, demonstrá-la, fundamentá-la e concluir o raciocínio jurídico. Com base nesse roteiro, o candidato deve aplicar a seguinte estrutura na argumentação jurídica da tese de extinção de punibilidade:

No caso em tela ocorreu _____ (indicar o motivo da extinção), gerando extinção da punibilidade, nos termos do artigo _____ (mencionar o artigo de lei), não podendo o Estado a partir daí praticar qualquer ato persecutório contra o agente.

A _____ (motivo da extinção) como causa extintiva de punibilidade se assenta no _____ (explicar a causa).

A existência da persecução penal, no presente caso, revela violação à:

a) dignidade da pessoa humana, já que não há observância de prerrogativas de direito e processo penal, na limitação da autonomia da vontade e no respeito aos direitos da personalidade. Aliás, nem processado o agente pode ser (CPP, art. 43, II);

b) segurança jurídica, pois, mesmo com o reconhecimento da extinção da punibilidade, não houve respeito à abdicação do direito de punir do Estado, violando a segurança e a certeza do direito, indispensáveis para que haja justiça;

c) legalidade, já que a _____ (mencionar a autoridade) não observou a renúncia do direito de punir do Estado, com fundamento na disposição legal, violando a manutenção da paz social e da segurança jurídica, o que é considerado fundamental para o Estado de Direito moderno.

Dessa forma, a _____ fez desaparecer a pretensão punitiva ou o direito subjetivo do Estado à punição, tornando-se impossível aplicar contra o agente pena ou mesmo medida de segurança (CP, art. 96, parágrafo único).

* A causa extintiva da punibilidade atinge o direito de punir do Estado, subsistindo o crime em todos os seus requisitos e a sentença condenatória irrecorrível, salvo a que apaga o fato praticado pelo agente e rescinde a sentença condenatória irrecorrível, no caso a abolitio criminis *e a anistia.*

Quando na prova prático-profissional o exercício mencionar datas, há uma forte probabilidade de que a tese a ser alegada seja prescrição. Para obter a con-

165

firmação, o candidato deve realizar os cálculos e certificar-se da ocorrência ou não do fato. Para facilitar, foi feito um roteiro para realização dos problemas com prescrição:

a) em primeiro lugar, o candidato deve verificar qual a espécie de prescrição. Há duas espécies de prescrição: (a) da pretensão punitiva: o Estado perde o direito de punir pelo não exercício no prazo antes de transitar em julgado; (b) da pretensão executória: o Estado perde o direito de executar sanção penal pelo não exercício no prazo;

b) extrair do exercício o autor da infração penal e a idade, já que, pelo art. 115 do CP, há o benefício da redução à metade se na data do crime o agente era menor de 21 ou na data da sentença maior de 70;

c) se for punitiva, extrair do exercício a infração penal praticada e sua respectiva pena máxima abstrata. Após identificar a pena máxima, enquadrar na tabela do art. 109, conforme abaixo:

Se a pena cominada é:	A prescrição ocorrerá:
Mais que 12 anos	Em 20 anos
Mais que 8 até 12 anos	Em 16 anos
Mais que 4 até 8 anos	Em 12 anos
Mais que 2 até 4 anos	Em 8 anos
De 1 até 2 anos	Em 4 anos
Menos de 1 ano	Em 3 anos

d) o candidato deve atentar que na contagem do prazo são consideradas as causas de especial aumento ou diminuição de pena, mas não as agravantes e atenuantes. A tentativa é regulada pelo máximo do crime tentado, e reduzida ao mínimo da sua variável (1/3). Inclui o dia do começo;

e) os marcos interruptivos da prescrição da pretensão punitiva são: (1) recebimento da denúncia ou queixa; (2) pronúncia; (3) decisão confirmatória da pronúncia; (4) publicação da sentença ou acórdão condenatórios recorríveis;

f) os marcos interruptivos da prescrição da pretensão executória são: (1) início do cumprimento da pena; (2) continuação do cumprimento da pena; (3) reincidência.

2.2.4 Tese da falta de justa causa

a) excludente de ilicitude: (1) legal: prevista na Parte Geral (art. 23 do Código Penal) ou Especial; (2) supralegal: não prevista na lei, como o consentimento do ofendido em certos crimes;

b) excludente de culpabilidade: erro de proibição, coação moral irresistível, obediência hierárquica, inimputabilidade por doença mental ou desenvolvimento mental incompleto ou retardado, inimputabilidade por menoridade penal e inimputabilidade por embriaguez completa, proveniente de caso fortuito ou força maior;

c) excludente de tipicidade: agir sem dolo ou culpa, erro de tipo inevitável, agir com culpa em determinado crime que não admite forma culposa, tentativa, desistência voluntária, arrependimento eficaz, crime impossível, fato atípico, resultado não decorreu da ação do agente ou existe uma causa superveniente que causou o resultado;

d) escusa absolutória: motivos de isenção da pena previstos na parte dos crimes em espécie.

2.2.5 Mais de uma tese no mesmo enunciado

1. **Nulidade e outra tese qualquer:** o candidato divide o tópico Do Direito em duas partes: na primeira, denominada Da preliminar, faz argumentação da nulidade e, na segunda, denominada Do mérito, faz argumentação da outra tese.

2. **Extinção da punibilidade e outra tese que não seja nulidade:** o candidato divide o tópico Do Direito em duas partes: na primeira, denominada Da preliminar, faz argumentação da extinção da punibilidade e, na segunda, denominada Do mérito, faz argumentação da outra tese que não seja nulidade.

3. **Abuso de autoridade e falta de justa causa:** o candidato divide o tópico Do Direito em duas partes, sem especificar uma ordem.

2.3 Relaxamento ou revogação de prisão

2.3.1 Introdução

Na peça prática de relaxamento e/ou revogação de prisão, o candidato deve buscar a soltura do cliente preso, evidenciando na petição a ilegalidade da prisão.

O candidato deve saber que no Direito Brasileiro são admitidas as seguintes modalidades de prisão: 1. *Penal* é a que decorre de sentença penal condenatória transitada em julgado; 2. *Processual* ou *cautelar* ou *provisória* ou *imprópria* ou *sem pena* ou *processual penal* é a que ocorre antes do trânsito em julgado da sentença penal (temporária e preventiva; flagrante é medida cautelar pré-processual); 3. *disciplinar* é a que decorre do descumprimento de dever funcional nas instituições militares, em dois casos: a) transgressão militar; b) crime militar próprio; 4. *civil* é a que obriga a pessoa presa a cumprir uma obrigação; mesmo que cumprir o tempo de prisão, a pessoa não ficará dispensada da obrigação. É aplicada no caso de devedor de alimentos.

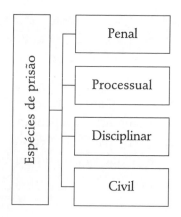

Nem toda decretação da prisão depende de mandado judicial, ou seja, de uma ordem escrita e fundamentada da autoridade judiciária competente. Em algumas hipóteses é dispensável mandado judicial:

a) prisão em flagrante;

b) prisão durante o estado de sítio;

c) prisão durante o estado de defesa[2]: existem dois casos: 1) por crime contra o Estado, determinada pelo executor da medida, comunicada imediatamente ao juiz competente, acompanhada de declaração, pela autoridade, do estado físico e mental do detido no momento de sua autuação; 2) por outros motivos que não o crime contra o Estado, não podendo ser superior a dez dias, salvo quando autorizada pelo Poder Judiciário;

d) prisão disciplinar: aplicável em dois casos: 1) transgressões militares, cujo permissivo normativo está nos arts. 5º, LXI, e 142, § 2º, da Constituição Federal, e 18 da Lei n. 1.002/69; 2) crimes militares próprios;

e) recaptura do foragido, nos termos do art. 684 do CPP.

---

[2] Art. 136, § 3º, CF: "Na vigência do estado de defesa: I – a prisão por crime contra o Estado, determinada pelo executor da medida, será por este comunicada imediatamente ao juiz competente, que a relaxará, se não for legal, facultado ao preso requerer exame de corpo de delito à autoridade policial; II – a comunicação será acompanhada de declaração, pela autoridade, do estado físico e mental do detido no momento de sua autuação; III – a prisão ou detenção de qualquer pessoa não poderá ser superior a dez dias, salvo quando autorizada pelo Poder Judiciário; IV – é vedada a incomunicabilidade do preso".

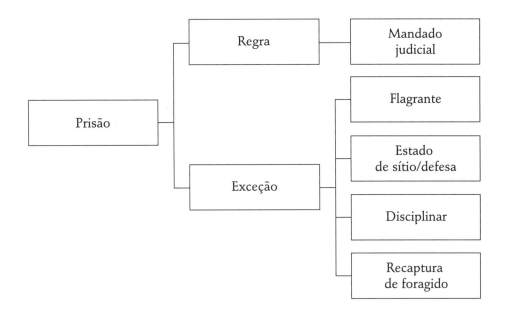

A ilegalidade da prisão pode ser:

a) formal: é a não observância das formalidades na decretação da prisão, desde sua detenção até a lavratura do documento que registra a prisão;
b) material: é a não observância das condições de admissibilidade na decretação da prisão.

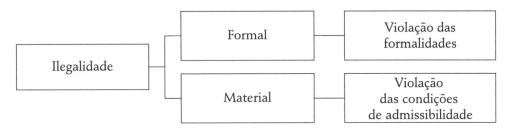

2.3.2 Prisão em flagrante

No caso da prisão em flagrante, pode-se afirmar que sua legalidade pode ser:

1) **Formal:** a) ouvir o condutor; b) ouvir as testemunhas; c) ouvir o conduzido; d) entregar a nota de culpa ao preso, em no máximo 24 horas da prisão (art. 306, § 2º, do CPP); e) entregar comunicação ao juiz (art. 306, § 1º, do CPP); f) quando o conduzido disser que não tem advogado, a autoridade deverá comunicar a Defensoria Pública (Lei n. 11.449, de 15-1-2007); g) da lavratura do auto de prisão em flagrante deverá constar a informação sobre a existência de filhos, respectivas idades, se possuem alguma deficiência, o nome e o contato de eventual responsável pelos cuidados dos filhos, indicado pela pessoa presa.

Após apresentação do juiz à pessoa presa: será realizada a audiência de custódia com a presença do acusado, seu advogado constituído ou membro da Defensoria Pública e o membro do Ministério Público. Após o juiz ouvir MP e defesa, deverá, de forma fundamentada: 1) relaxar a prisão ilegal; ou 2) converter a prisão em flagrante em preventiva, quando presentes os requisitos da prisão preventiva, e se revelarem inadequadas ou insuficientes as medidas cautelares diversas da prisão; ou 3) conceder liberdade provisória, com ou sem fiança.

- *Apresentação do juiz à pessoa presa*: estando a pessoa presa acometida de grave enfermidade ou havendo circunstância comprovadamente excepcional que a impossibilite de ser apresentada ao juiz no prazo de 24 horas, deverá ser assegurada a realização da audiência no local em que ela se encontra e, nos casos em que o deslocamento se mostre inviável, deverá ser providenciada a condução para a audiência de custódia imediatamente após restabelecida sua condição de saúde ou de apresentação, nos termos da Resolução n. 213 do CNJ.

- *Crime de abuso de autoridade (Lei n. 13.869/2019)*: a) a autoridade judiciária que, dentro de prazo razoável, deixar de relaxar a prisão manifestamente ilegal; b) a autoridade judiciária que, dentro de prazo razoável, deixar de substituir a prisão preventiva por medida cautelar diversa ou de conceder liberdade provisória, quando manifestamente cabível.

- *Não realização da audiência de custódia no prazo*: a autoridade que deu causa, sem motivação idônea, à não realização da audiência de custódia no prazo de 24 horas responderá administrativa, civil e penalmente pela omissão. A não realização de audiência de custódia sem motivação idônea ensejará também a ilegalidade da prisão, a ser relaxada pela autoridade competente, sem prejuízo da possibilidade de imediata decretação de prisão preventiva.

- *Excludente de ilicitude*: se o juiz verificar, pelo auto de prisão em flagrante, que o agente praticou o fato sob o amparo de uma excludente de ilicitude, poderá, fundamentadamente, conceder ao acusado liberdade provisória, mediante termo de comparecimento obrigatório a todos os atos processuais, sob pena de revogação.

- *Reincidência ou organização criminosa armada ou milícia*: se o juiz verificar que o agente é reincidente ou que integra organização criminosa armada ou milícia, ou que porta arma de fogo de uso restrito, deverá denegar a liberdade provisória, com ou sem medidas cautelares.

2) Material: é a verificação da situação de flagrante entre as espécies admitidas (próprio/real/propriamente dito: está ou acaba de cometer; impróprio/quase flagrante: perseguido, logo após; presumido/ficto: encontrado, logo depois; obrigatório: autoridade policial; facultativo: qualquer do povo; preparado (Súmula 145 do STF): indução na prática do crime; esperado: aguarda a prática do crime; retardado: arts. 8º e 9º da Lei n. 12.850/2013; forjado/

fabricado: criação de provas de crime inexistente; crime permanente: flagrante perdura enquanto durar a permanência; crime de ação penal privada: cabível, porém, para lavrar o auto, é necessária a autorização da vítima ou do representante legal; crime de ação penal pública condicionada: cabível, porém, para lavrar o auto, é necessária a representação da vítima ou do seu representante legal ou a requisição do Ministro da Justiça e respeito às imunidades ao flagrante, que podem ser genéricas (menores de 18 anos – ECA), diplomatas estrangeiros, em decorrência de tratado ou convenção internacional (art. 1º, I, do CPP), Presidente da República (art. 86, § 3º, da CF), apresentação espontânea (art. 317, *a contrario sensu*, do CPP) e quem socorre vítima de delito de trânsito (art. 301 da Lei n. 9.503/97), ou específicas (casos de imunidade ao flagrante por crime afiançável – senador, deputado federal, deputado estadual, deputado distrital, magistrado, membro do Ministério Público e advogado no exercício da profissão).

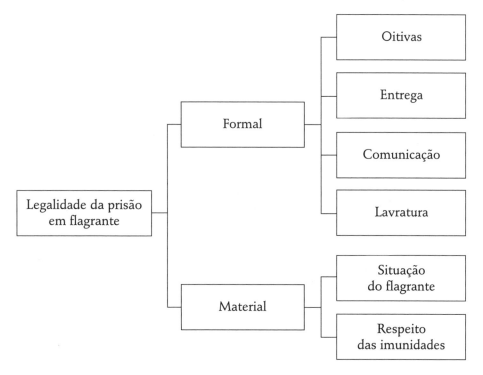

2.3.3 Prisão temporária

No caso da prisão temporária, pode-se afirmar que sua legalidade pode ser:

a) **formal**: momento da decretação (durante inquérito policial), prazo de duração (5 dias, prorrogável por igual período em caso de extrema e comprovada necessidade; no caso de crimes hediondos e equiparados o prazo será de 30 dias, prorrogável por igual período em caso de extrema e comprovada necessidade), competência para decretação (juiz criminal), iniciativa para a decretação (representação da autoridade policial ou requerimento do MP), mandado de prisão em duas vias, local do preso temporário (separado dos demais detentos);

b) **material**: é a verificação da presença dos requisitos à prisão temporária: a) obrigatório: fundadas razões de participação ou autoria nos crimes enumerados no art. 1º da Lei n. 7.960/89; b) alternativo: I – quando imprescindível para as investigações do inquérito policial; II – quando o indicado não tiver residência fixa ou não fornecer elementos necessários ao esclarecimento de sua identidade.

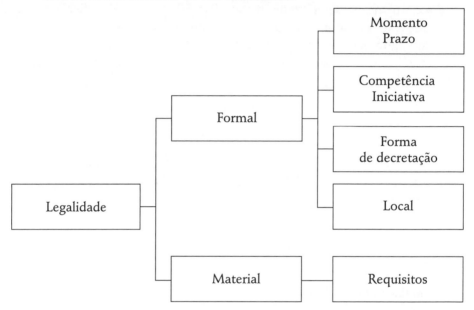

2.3.4 Prisão preventiva

No caso da prisão preventiva, pode-se afirmar que sua legalidade pode ser:

a) formal

  a1) **momento da decretação**: em qualquer fase da investigação policial ou do processo penal;

  a2) **competência para decretação**: juiz criminal;

  a3) **iniciativa para a decretação**: requerimento do Ministério Público, do querelante ou do assistente, ou por representação da autoridade policial;

  a4) **fundamentação na decretação**:

   – a decisão que decretar a prisão preventiva deve ser motivada e fundamentada em receio de perigo e existência concreta de fatos novos ou contemporâneos que justifiquem a aplicação da medida adotada;

- a decisão que decretar, substituir ou denegar a prisão preventiva será sempre motivada e fundamentada;

- na motivação da decretação da prisão preventiva ou de qualquer outra cautelar, o juiz deverá indicar concretamente a existência de fatos novos ou contemporâneos que justifiquem a aplicação da medida adotada;

- não se considera fundamentada qualquer decisão judicial, seja ela interlocutória, sentença ou acórdão, que: I – limitar-se à indicação, à reprodução ou à paráfrase de ato normativo, sem explicar sua relação com a causa ou a questão decidida; II – empregar conceitos jurídicos indeterminados, sem explicar o motivo concreto de sua incidência no caso; III – invocar motivos que se prestariam a justificar qualquer outra decisão; IV – não enfrentar todos os argumentos deduzidos no processo capazes de, em tese, infirmar a conclusão adotada pelo julgador; V – limitar-se a invocar precedente ou enunciado de súmula, sem identificar seus fundamentos determinantes nem demonstrar que o caso sob julgamento se ajusta àqueles fundamentos; VI – deixar de seguir enunciado de súmula, jurisprudência ou precedente invocado pela parte, sem demonstrar a existência de distinção no caso em julgamento ou a superação do entendimento;

- decisão carente de fundamentação é nula, nos termos do art. 564, V do CPP;

a5) **periodicidade:** decretada a prisão preventiva, deverá o órgão emissor da decisão revisar a necessidade de sua manutenção a cada 90 (noventa) dias, mediante decisão fundamentada, de ofício, sob pena de tornar a prisão ilegal. Quando o acusado encontrar-se foragido, não há o dever de revisão *ex officio* da prisão preventiva, a cada 90 dias, exigida pelo art. 316, parágrafo único, do Código de Processo Penal (*Informativo* n. 731/2022 do STJ).

b) material: é a verificação da presença:

b1) **dos pressupostos:** quando houver prova da existência do crime e indício suficiente de autoria e de perigo gerado pelo estado de liberdade do imputado;

b2) **das condições de admissibilidade:**

- nos crimes dolosos punidos com pena privativa de liberdade máxima superior a 4 anos;

- se tiver sido condenado por outro crime doloso, em sentença transitada em julgado, ressalvado o disposto no inciso I do *caput* do art. 64 do Código Penal;

– se o crime envolver violência doméstica e familiar contra mulher, criança, adolescente, idoso, enfermo ou pessoa com deficiência, para garantir a execução das medidas protetivas de urgência;

– quando houver dúvida sobre a identidade civil da pessoa ou quando esta não fornecer elementos suficientes para esclarecê-la, devendo o preso ser colocado imediatamente em liberdade após a identificação, salvo se outra hipótese recomendar a manutenção da medida;

b3) **dos fundamentos**: garantia da ordem pública, da ordem econômica, por conveniência da instrução criminal ou para assegurar a aplicação da lei penal ou em caso de descumprimento de qualquer das obrigações impostas por força de outras medidas cautelares;

b4) **dos casos de não decretação**: não será admitida a decretação da prisão preventiva com a finalidade de antecipação de cumprimento de pena ou como decorrência imediata de investigação criminal ou da apresentação ou recebimento de denúncia; a prisão preventiva em nenhum caso será decretada se o juiz verificar pelas provas constantes dos autos ter o agente praticado o fato sob o amparo de excludente de ilicitude, não se justifica a prisão preventiva se, considerando o *modus operandi* dos delitos, a imposição da cautelar de proibição do exercício da medicina e de suspensão da inscrição médica, e outras que o Juízo de origem entender necessárias, forem suficientes para prevenção da reiteração criminosa e preservação da ordem pública (*Informativo* n. 728/2022 do STJ).

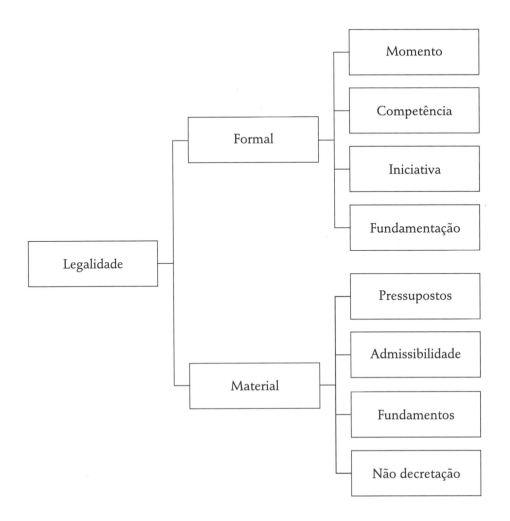

c) **Prisão preventiva e Organização Criminosa**: a mera circunstância de o agente ter sido denunciado em razão dos delitos descritos na Lei n. 12.850/2013 não justifica a imposição automática da prisão preventiva, devendo-se avaliar a presença de elementos concretos, previstos no art. 312 do CPP (*Informativo* n. 732/2022 do STJ).

2.4 Resposta à acusação

De acordo com o art. 396-A do CPP, na resposta, **o acusado poderá arguir preliminares e alegar tudo o que interesse à sua defesa**, oferecer documentos e justificações, especificar as provas pretendidas e arrolar testemunhas, qualificando-as e requerendo sua intimação, quando necessário.

Na parte das preliminares, é possível alegar fato processual ou de mérito que impede que o juiz aprecie o fato principal ou uma questão principal: nulidade, falta de condições da ação penal, inépcia da inicial, falta de pressuposto processual.

No caso da extinção da punibilidade, se for a única matéria a ser alegada então não aparece como preliminar. Ao passo que se a extinção da punibilidade estiver junto de outra tese que não tenha caráter de preliminar, o candidato deve separar a extinção como matéria de ordem pública e preliminar, prejudicial ao exame do mérito, e a outra matéria, como de mérito.

Na resposta à acusação o candidato deve expor na peça prática argumentos que demonstrem o não prosseguimento do processo criminal em razão da presença de um dos motivos ensejadores da absolvição sumária. De acordo com o CPP, em seu art. 397, são motivos de absolvição sumária:

I – a existência manifesta de causa excludente da ilicitude do fato: são hipóteses em que a conduta praticada não configura crime, mesmo que típica. Podem ser:

a) legais: previstas em lei encontradas no Código Penal ou em leis especiais;

b) supralegais: não previstas em lei, como o consentimento do ofendido em alguns crimes, desde que o bem jurídico seja disponível e o ofendido capaz de consentir. A causa excludente transforma o comportamento de ilícito em lícito.

Na parte geral do Código Penal temos as seguintes causas:

a) estrito cumprimento do dever legal: a pessoa pratica uma conduta em cumprimento de um dever imposto pela lei. "Estrito cumprimento" significa agir nos limites da lei; se extrapolado, comete-se o crime. "Dever legal" significa dever imposto por lei (ex.: prisão efetuada por policial);

b) exercício regular do direito: a pessoa pratica uma conduta autorizada por lei. "Exercício regular" significa agir nos limites da lei; se extrapolado, comete-se o crime. "Direito" significa prerrogativa prevista em lei penal ou extrapenal (ex.: intervenção médica);

c) legítima defesa: age em legítima defesa quem usa de forma moderada os meios necessários para repelir agressão injusta atual ou iminente a direito seu ou de outrem;

d) estado de necessidade: age em estado de necessidade quem pratica o fato para salvar, de perigo atual, que não provocou por sua vontade nem podia de outro modo evitar, direito próprio ou alheio, cujo sacrifício, nas circunstâncias, não era razoável exigir.

Na tese de excludente de antijuridicidade o candidato deve apontar a tese, demonstrá-la, fundamentá-la e concluir o raciocínio jurídico. Com base nesse roteiro, o candidato deve aplicar a seguinte estrutura na argumentação jurídica:

Apontamento da tese: frase que indique a tese da causa excludente de antijuridicidade. Não se pode esquecer de mencionar o fundamento legal.

Demonstração da tese: o candidato deve explicar a ocorrência da causa excludente de antijuridicidade, mencionando os seus requisitos em consonância com o caso concreto.

Fundamentação da tese: apontar doutrina e jurisprudência que embasem a tese.

Conclusão: o candidato deve encerrar o raciocínio jurídico, demonstrando a presença da causa excludente da antijuridicidade, com a consequente exclusão da infração penal.

II – a existência manifesta de causa excludente da culpabilidade do agente, salvo inimputabilidade: Doença mental – Perturbação mental de qualquer ordem; **Desenvolvimento mental incompleto** – Menores de 18 anos (legislação pertinente: Lei n. 8.069/90) e silvícolas não adaptados à civilização; **Desenvolvimento mental retardado** – Surdos que não puderem exprimir sua vontade e oligofrênicos; **Embriaguez completa por caso fortuito ou força maior** – Intoxicação aguda e transitória causada por álcool ou substância de efeito análogo, como o entorpecente, resultante de caso fortuito (a pessoa se embriaga por acidente ou porque desconhece o efeito do álcool) ou força maior (a pessoa é coagida a embriagar-se); **Erro de proibição** – O agente não sabe que sua conduta é proibida ou ilícita. Se for evitável, responde com diminuição da pena de 1/3 a 2/3; se inevitável, fica isento de pena, por exclusão de culpabilidade; **Coação moral irresistível** – O agente emprega grave ameaça contra a vítima, que fica impedida de resistir. O coator responde com agravante; o coagido fica isento de pena. Se resistível, o coator responde e o coagido responde com atenuante; **Obediência hierárquica** – É cumprir ordem não manifestamente ilegal de superior hierárquico. O superior responde com agravante; o subordinado fica isento de pena. Emoção e paixão não acarretam exclusão da imputabilidade penal, salvo quando configurarem estados patológicos.

Na tese de excludente de culpabilidade o candidato deve apontar a tese, demonstrá-la, fundamentá-la e concluir o raciocínio jurídico. Com base nesse roteiro, o candidato deve aplicar a seguinte estrutura na argumentação jurídica:

Apontamento da tese: frase que indique a tese da causa excludente de culpabilidade. Não pode esquecer de mencionar o fundamento legal.

Demonstração da tese: o candidato deve explicar a ocorrência da causa excludente de culpabilidade, mencionando os seus requisitos em consonância com o caso concreto.

Fundamentação da tese: apontar doutrina e jurisprudência que embasem a tese.

Conclusão: o candidato deve encerrar o raciocínio jurídico, demonstrando a presença da causa excludente de culpabilidade.

III – que o fato narrado evidentemente não constitui crime: é fato atípico. São elementos do fato típico, conforme o crime: a) Crime material: conduta, resultado, nexo de causalidade e tipicidade; b) Crime formal: conduta e tipicidade; c) Crime de mera conduta: conduta e tipicidade. No caso do crime culposo, são elementos do fato típico: comportamento humano comissivo ou omissivo; falta de dever de cuidado; não agir com a cautela necessária; lesão ou ameaça de lesão a um bem jurídico protegido; resultado previsível por homem médio, porém o agente do crime não fez a previsão devida; tipicidade, ou seja, o ajuste da conduta real com o que está disposto na lei. É causa supralegal de exclusão de tipicidade o princípio da insignificância.

Na tese de atipicidade o candidato deve apontar a tese, demonstrá-la, fundamentá-la e concluir o raciocínio jurídico. Com base nesse roteiro, o candidato deve aplicar a seguinte estrutura na argumentação jurídica:

Apontamento da tese: frase que indique a tese da atipicidade da conduta praticada, nos termos do art. 1º do Código Penal combinado com o art. 5º, XX-XIX, da Constituição Federal. Os dois artigos mencionados referem-se ao princípio da legalidade.

Demonstração da tese: o candidato deve explicar por que o fato é atípico. Por exemplo: o fato é atípico, pois a ofensa causada pelo crime é mínima. Nesse caso, o candidato deve comprovar a ocorrência da insignificância penal através de demonstração dos seus requisitos em consonância com o caso concreto: a) conduta minimamente ofensiva; b) ausência de periculosidade do agente; c) reduzido grau de reprovabilidade do comportamento; e d) lesão jurídica inexpressiva.

Fundamentação da tese: apontar doutrina e jurisprudência que embasem a tese.

Conclusão: o candidato deve encerrar o raciocínio jurídico demonstrando a presença da causa excludente da tipicidade, afirmando, no exemplo mencionado, que para a incidência da norma incriminadora não basta a mera adequação do fato ao tipo penal (tipicidade formal), impondo-se verificar, ainda, a relevância da conduta e do resultado para o Direito Penal, em face da significância da lesão produzida ao bem jurídico tutelado pelo Estado (tipicidade material).

IV – **extinta a punibilidade do agente:** são hipóteses legais em que o Estado perde seu dever de punir. Há um rol exemplificativo no art. 107 do Código Penal.

Na tese de extinção de punibilidade o candidato deve apontar a tese, demonstrá-la, fundamentá-la e concluir o raciocínio jurídico. Com base nesse roteiro, o candidato deve aplicar a seguinte estrutura na argumentação jurídica:

Apontamento da tese: frase que indique a tese da extinção da punibilidade. Não esquecer de indicar o fundamento legal.

Demonstração da tese: o candidato deve explicar a ocorrência da causa extintiva da punibilidade. Mencionar os artigos e princípios jurídicos violados, como a segurança jurídica, a legalidade e a dignidade da pessoa humana.

Fundamentação da tese: apontar doutrina e jurisprudência que embasem a tese.

Conclusão: o candidato deve encerrar o raciocínio jurídico, demonstrando a presença da causa extintiva de punibilidade.

2.5 *Recurso criminal*

2.5.1 Embargos de declaração

Nos embargos de declaração, o candidato deve apontar a tese, demonstrá-la, fundamentá-la e concluir o raciocínio jurídico. Com base nesse roteiro, o candidato deve aplicar a seguinte estrutura na argumentação jurídica:

Apontamento da tese: frase afirmando que a decisão judicial é imperfeita em razão da presença de um vício de obscuridade, contradição, omissão e ambiguidade (no JECrim é dúvida).

Demonstração da tese: o candidato deve explicar a ocorrência do vício que torna a decisão judicial imperfeita.

Fundamentação da tese: apontar doutrina e jurisprudência que embasem a tese.

Conclusão: o candidato deve encerrar o raciocínio jurídico, demonstrando a necessidade de esclarecimento da decisão judicial.

2.5.2 Embargos infringentes e de nulidade

Nos embargos infringentes e de nulidade, o candidato deve apontar a tese, demonstrá-la, fundamentá-la e concluir o raciocínio jurídico. Com base nesse roteiro, o candidato deve aplicar a seguinte estrutura na argumentação jurídica:

Apontamento da tese: frase afirmando que o voto vencido favorável ao réu deve prevalecer.

Demonstração da tese: o candidato deve explicar comprovando os argumentos do voto vencido.

Fundamentação da tese: apontar doutrina e jurisprudência que embasem a tese.

Conclusão: o candidato deve encerrar o raciocínio jurídico, demonstrando a prevalência do voto vencido.

2.5.3 Carta testemunhável

Na carta testemunhável, o candidato deve apontar a tese, demonstrá-la, fundamentá-la e concluir o raciocínio jurídico. Com base nesse roteiro, o candidato deve aplicar a seguinte estrutura na argumentação jurídica:

Apontamento da tese: frase afirmando que o recurso denegado ou obstado deve ser admitido.

Demonstração da tese: o candidato deve explicar a presença dos pressupostos legais necessários para admissibilidade do recurso.

Fundamentação da tese: apontar doutrina e jurisprudência que embasem a tese.

Conclusão: o candidato deve encerrar o raciocínio jurídico com a reforma da decisão denegatória ou que obste seguimento ao recurso.

2.5.4 Apelação criminal

Em face dos exames de OAB realizados percebe-se que quando a peça prática cobrada na segunda fase é apelação, a exigência é que o candidato desenvolva mais uma tese.

Com base nessa tendência, o candidato deve aplicar a seguinte estrutura na argumentação jurídica (lembre-se de que em cada uma das teses o candidato deve aplicar a estrutura do apontamento, demonstração e fundamentação da tese e conclusão):

I – Preliminar

a) incompetência do juízo;

b) inépcia da inicial acusatória;

c) nulidade processual;

d) cerceamento de defesa;

e) extinção da punibilidade.

II – Mérito

a) absolvição criminal;

b) desclassificação da conduta criminosa;

c) afastamento de qualificadora, causa de aumento de pena ou agravante;

d) incidência de causa de diminuição de pena, privilégio ou atenuante;

e) fixação do regime de cumprimento de pena mais favorável;

f) substituição da pena.

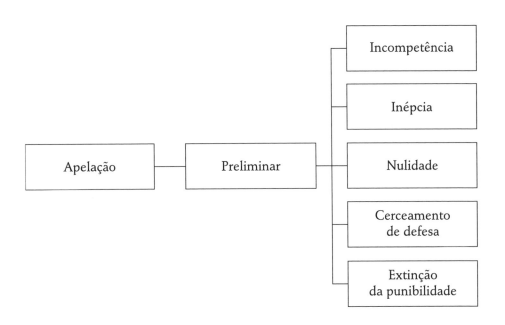

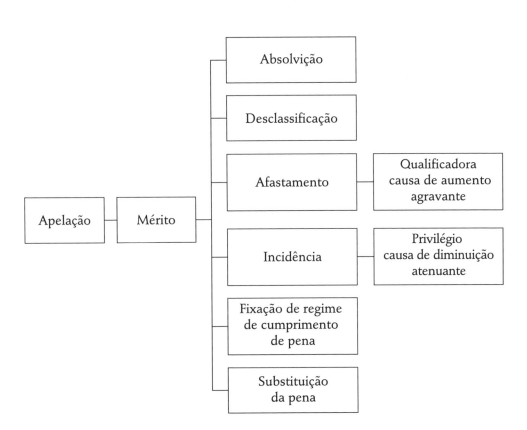

2.6 Memoriais

Em face dos exames de OAB realizados percebe-se que quando a peça prática cobrada na segunda fase são os memoriais, a exigência é que o candidato desenvolva mais uma tese. Com base nessa tendência, o candidato deve aplicar a seguinte estrutura na argumentação jurídica (lembre-se que em cada uma das teses, o candidato deve aplicar a estrutura do apontamento, demonstração e fundamentação da tese e conclusão).

I – Preliminar

a) incompetência do juízo;

b) inépcia da inicial acusatória;

c) nulidade processual;

d) cerceamento de defesa;

e) extinção da punibilidade.

II – Mérito

a) absolvição criminal;

b) desclassificação da conduta criminosa;

c) afastamento de qualificadora, causa de aumento de pena ou agravante;

d) incidência de causa de diminuição de pena, privilégio ou atenuante;

e) fixação do regime de cumprimento de pena mais favorável;

f) substituição da pena.

2.7 Revisão criminal

I – **Cabimento:** o candidato deve demonstrar pelo menos uma das hipóteses legais previstas no art. 621 do CPP.

II – **Preliminar:** nulidade.

III – **Mérito:** absolvição criminal:

a) desclassificação da conduta criminosa;

b) afastamento de qualificadora, causa de aumento de pena ou agravante;

c) incidência de causa de diminuição de pena, privilégio ou atenuante;

d) fixação do regime de cumprimento de pena mais favorável;

e) substituição da pena.

2.8 Mandado de segurança em matéria criminal

Ao elaborar o MS, o candidato deve adotar a seguinte estrutura na argumentação jurídica:

Apontamento da tese: frase afirmando que o mandado de segurança deve ser concedido, pela presença dos requisitos.

Demonstração da tese: o candidato deve explicar a presença dos requisitos: a) ato comissivo ou omissivo da autoridade coatora; b) ilegalidade ou abuso de poder; c) lesão ou ameaça de lesão; d) direito líquido e certo.

Fundamentação da tese: apontar doutrina e jurisprudência que embasem a tese.

Conclusão: o candidato deve encerrar o raciocínio jurídico alegando que com a presença dos requisitos deve ser concedida a ordem no mandado de segurança.

2.9 Benefício na execução penal

Ao elaborar o pedido de benefício na execução penal, o candidato deve adotar a seguinte estrutura na argumentação jurídica:

Apontamento da tese: afirmar que o requerente tem direito ao benefício em razão da presença dos pressupostos.

Demonstração tese: apontar os requisitos necessários para a obtenção do benefício da execução penal.

Fundamentação da tese: apontar doutrina e jurisprudência.

Conclusão: a presença dos requisitos legais gera direito subjetivo para o requerente, realçando a necessidade da oitiva do Ministério Público antes da concessão do benefício.

3 Teses de defesa específica

3.1 Falsa morte do agente

Se a morte do agente foi comprovada com certidão de óbito falsa, a morte não ocorreu, de forma que a decisão não adquire força de coisa julgada. É impossível a reabertura do processo, já que no Brasil não existe revisão contra o réu. Neste caso, resta a punição pela falsidade. Segundo a doutrina e a jurisprudência, há a imutabilidade da sentença, tendo em vista a proibição da revisão *pro societate*, o princípio do *favor rei* e do *favor libertatis*.

Exemplo de caso prático: João foi condenado por furto qualificado e está foragido. Valendo-se de atestado de óbito falsificado, obteve do juiz das execuções criminais a extinção da punibilidade. Descoberta a fraude, o próprio magistrado cassou sua decisão, que já houvera passado em julgado, determinando a expedição de novo mandado de prisão contra João. João continua foragido. **Questão: Apresentar perante o órgão judiciário competente as razões da medida proposta.**

Neste caso, o candidato deve formular um HC ao Tribunal de Justiça alegando abuso de autoridade, já que sentença transitada em julgado faz coisa julgada formal e material, inexistindo no Brasil revisão contra o réu. No pedido, requerer a manutenção da decisão da extinção da punibilidade, expedindo-se o contra-mandado de prisão, uma vez que há a expedição do novo mandado de prisão.

3.2 Cheque dado em garantia de dívida

Não configura o crime de estelionato, pois o cheque está desvirtuado da sua função própria, de forma que não foi emitido para pronto pagamento, mas como promessa de dívida. É certo que a emissão do cheque como garantia de dívida e não como ordem de pagamento à vista exclui a tipicidade do fato e, por consequência, a caracterização do delito tipificado no inciso VI do § 2º do art. 171 do Código Penal.

Exemplo de caso prático: Pedro, dado como incurso nas sanções do art. 171, *caput*, c/c o art. 71, ambos do Código Penal, foi condenado à pena de um ano de reclusão e pagamento de dez dias-multas, por sentença ainda não passada em julgado. Segundo consta, Pedro adquiriu mercadorias da empresa POP Ltda. pagando-as com cheques, para desconto posterior, que, apresentados, não foram pagos por insuficiência de fundos. **Questão: Como advogado de Pedro, adote a medida judicial cabível.**

Neste caso, o candidato deve formular uma apelação interposta ao juiz de direito e com as razões ao Tribunal de Justiça alegando falta de justa causa, por ocorrer desvirtuamento do cheque como cártula do pagamento a vista. No pedido, requerer a absolvição do apelante.

3.3 Não apresentação das alegações finais pelo querelante

Acarreta a perempção, pois equivale à falta de pedido de condenação prevista no art. 60, inciso III, do CPP.

Exemplo de caso prático: João propôs queixa-crime contra Cláudio, pela prática do crime de injúria. Após decorrida a instrução criminal, foram regularmente intimados o querelante e seu patrono para apresentação das alegações finais. No entanto, decorrido o prazo legal, tais alegações não foram oferecidas e o processo foi à conclusão para a sentença. O juiz julgou a queixa procedente e condenou Cláudio, concedendo-lhe suspensão condicional da pena. A sentença transitou em julgado. **Questão: Elaborar a peça profissional adequada para resolver a situação do Cláudio.**

Neste caso, o candidato deve formular um HC alegando extinção da punibilidade, pela ocorrência da perempção, nos termos do art. 107, IV, do CP, combinado com o art. 60, III, do CPP. No pedido, requerer a extinção da punibilidade do fato imputado ao paciente.

3.4 Excesso de prazo

A Convenção Americana sobre Direitos Humanos, adotada no Brasil através do Decreto n. 678/92, consigna a ideia de que toda pessoa detida ou retida tem o direito de ser julgada dentro de um prazo razoável ou ser posta em liberdade, sem prejuízo de que prossiga o processo (art. 8º).

A Constituição Federal traz no seu art. 5º, LXXVIII, o princípio da celeridade processual ou da razoável duração do processo.

A Lei n. 9.034/95, que disciplina os meios de prevenção e repressão das ações praticadas por organizações criminosas, prevê o prazo de 81 dias para o fim da instrução quando se tratar de réu preso, e 120 dias, no caso de acusado solto[3].

O prazo de 81 dias foi efetivamente regulado por lei, devendo, portanto, ser obedecido quando da instrução penal, sob pena de ficar configurado o constrangimento ilegal por excesso de prazo, o que ensejaria o cabimento de *habeas corpus*, com fundamento no art. 648, II, do Código de Processo Penal.

O STJ, ao analisar a matéria, editou duas súmulas, no sentido de que, uma vez proferida a decisão de pronúncia e quando encerrada a instrução criminal, resta prejudicada a alegação de excesso de prazo (Súmulas 21 e 52). O entendimento do STF é exatamente o oposto e pode ser extraído da Súmula 697.

Não há configuração de constrangimento ilegal quando o excesso de prazo na formação da culpa decorre de incidentes processuais não imputáveis ao juiz do processo ou ao Ministério Público.

Exemplo de caso prático: Esquines foi denunciado pelo crime do art. 159 do CP, já que, mediante grave ameaça exercida com arma de fogo, sequestrou Demóstenes, empresário, exigindo de sua família, como condição para sua libertação, a importância de um milhão de reais. Foi autuado em flagrante no momento que pegava o dinheiro deixado em local previamente combinado, e a vítima foi encontrada ilesa. O acusado encontra-se preso, por força da flagrância delitiva, há mais de 180 dias e ainda não se encerrou a instrução criminal, uma vez que o representante do Ministério Público insiste na oitiva de duas testemunhas que devem ser ouvidas através de carta precatória, por residirem em outro Estado. Requerido o relaxamento do flagrante ao juízo processante, foi o mesmo indeferido, ensejando a interposição de ordem de HC ao Tribunal competente. O Tribunal denegou a ordem requerida, fundamentando o v. acórdão no fato de que a gravidade da infração se sobrepõe ao eventual excesso de prazo, desconfigurando o alegado constrangimento ilegal. **Questão: Como advogado de Esquines, tome a providência judicial cabível.**

Neste caso, o candidato deve formular um ROC alegando abuso de autoridade, por excesso de prazo, já que o indiciado está preso há mais de 81 dias. No

---

[3] A instrução criminal deverá ser encerrada em prazo razoável, o qual não poderá exceder a 120 (cento e vinte) dias quando o réu estiver preso, prorrogáveis em até igual período, por decisão fundamentada, devidamente motivada pela complexidade da causa ou por fato procrastinatório atribuível ao réu (art. 22 da Lei n. 12.850/2013).

pedido, requerer provimento do recurso, a fim de conceder a ordem de HC e, por consequência, o relaxamento da prisão em flagrante e a expedição do alvará de soltura.

3.5 Incompetência do juízo

Consumação do crime de emissão de cheque sem fundos: é o local da recusa do pagamento, sob pena de nulidade, nos termos da Súmula 521 do STF, combinada com os arts. 70, I, e 564, I, ambos do CPP.

Exemplo de caso prático: Marcos foi processado na Comarca de Santos por emissão de cheque sem fundos contra o Banco do Estado de São Paulo, agência de São Vicente. Marcos foi condenado à pena de um ano de reclusão, sendo preso. A sentença transitou em julgado. **Questão: Elaborar peça para reparar a situação de Marcos.**

Neste caso, o candidato deve formular um HC alegando nulidade, já que o foro competente para o processo e julgamento dos crimes de estelionato, sob a modalidade de emissão de cheque sem fundo, é o local onde se deu a recusa do pagamento pelo sacado. No pedido, requerer a anulação *ab initio* e expedição do alvará de soltura.

3.6 Escusa absolutória

Exemplo de caso prático: Caio foi condenado pela prática do crime previsto no art. 155 do Código Penal, por sentença ainda não passada em julgado. Restou provado, no curso da ação penal, que Caio subtraiu um quadro da casa de Jussara, com quem vivia maritalmente ao tempo do delito, há mais de cinco anos. Os bens que guarneciam a residência foram adquiridos com o esforço de ambos. **Questão: Como advogado de Caio, adote a medida judicial cabível.**

Neste caso, o candidato deve formular Razões de Apelação alegando falta de justa causa, já que o apelante convivia maritalmente com a suposta vítima, estando sob o amparo da isenção de pena prevista no art. 181 do Código Penal.

3.7 Falta de exame de corpo de delito

A falta do exame de corpo de delito impede a elucidação do crime, pois não há dados instrutórios de ordem técnica sobre a materialidade dos vestígios deixados pelo crime.

Sem o exame não há descoberta da verdade material dos fatos, nem a existência material do crime, nem a comprovação dos elementos objetivos do crime.

Exemplo de caso prático: "A", depois de regularmente processado, foi condenado pela prática de aborto em "B" e, por isso, acha-se preso com sentença confirmada em segunda instância. Examinados os autos, verifica-se que inexiste exame de corpo de delito direto ou indireto, tendo as decisões judiciais se valido da confissão de "B" para justificar a sanção penal. **Questão: Elaborar peça profissional apta a resolver a situação de "A".**

Neste caso, o candidato deve formular uma Revisão Criminal, alegando nulidade, por falta de laudo pericial, nos termos dos arts. 158 e 564, III, *b*, todos do CPP. Aborto é delito que deixa vestígios. A confissão da suposta gestante não supre o exame de corpo de delito.

3.8 Trottoir

É a exibição nas ruas em atos libidinosos. Ganhar dinheiro oferecendo a alguém o próprio corpo é ato não punível.

Exemplo de caso prático: o Delegado de Polícia da 3ª DP da Capital deu ordem para que seus agentes prendessem todas as meretrizes que circulam na área. A notícia chegou ao conhecimento de Maria, Rosana e Juliana, que estão temerosas, especialmente porque várias colegas já foram presas, encarceradas por vários dias, depois dispensadas sem instauração de qualquer procedimento.

Neste caso, o candidato deve formular um HC alegando abuso de autoridade, visto que a exibição nas ruas em atos libidinosos não é crime. As pessoas têm o direito de locomoção. Ofensa ao princípio da legalidade, pois há a criação de crime por ato de autoridade e não por lei.

3.9 Exclusão de antijuridicidade

São hipóteses em que a conduta praticada não configura crime, mesmo que típica. Existem as legais, previstas em lei, encontradas no Código Penal ou em leis especiais, e as supralegais, não previstas em lei, como o consentimento do ofendido em alguns crimes. As descriminantes são causas de excludentes de antijuridicidade.

A prova ou fundada dúvida da presença de uma causa excludente de antijuridicidade exclui a conduta humana formal e materialmente típica.

3.9.1 Legítima defesa

a) agressão injusta (conduta humana que ataca ou coloca em perigo bens jurídicos de alguém); b) atual (presente) ou iminente (está prestes a ocorrer); c) uso moderado (suficiente para impedir a continuidade da ofensa) dos meios necessários (meio menos lesivo à disposição do agredido no momento da agressão capaz de repelir com eficiência o ataque); d) proteção do direito próprio ou de outrem.

Reconhecimento judicial da legítima defesa: a decisão judicial que reconhece a legítima defesa (decisão de mérito) somente pode ser prolatada em caso de convencimento com grau de certeza jurídica pelo magistrado. Na dúvida se o fato deu-se em legítima defesa, a previsão legal de presença de suporte probatório de autoria e materialidade exigiria o desenvolvimento da persecução criminal (*Informativo* n. 554/2015).

Efeitos do arquivamento do inquérito policial pelo reconhecimento da legítima defesa: gera coisa julgada material, impedindo a rediscussão do caso penal em qualquer novo feito criminal, descabendo perquirir a existência de novas provas. Ressalte-se que a permissão de desarquivamento do inquérito pelo surgimento de provas novas contida no art. 18 do CPP e na Súmula 524/STF somente tem incidência quando o fundamento do arquivamento for a insuficiência probatória – indícios de autoria e prova do crime. Pensar o contrário permitiria a reabertura de inquéritos por revaloração jurídica e afastaria a segurança jurídica das soluções judiciais de mérito, como no reconhecimento da extinção da punibilidade, da atipicidade ou de excludentes da ilicitude (*Informativo* n. 554/2015).

Itens	Legítima Defesa	Estado de Necessidade
Nota Característica	Revide a uma agressão.	Conflito entre bens jurídicos.
Bem Jurídico	Sujeito a uma agressão.	Diante de uma situação de perigo.
Fonte	Conduta humana.	Conduta humana ou fato natural.
Destinatário	Agressor.	Pode ser terceiro inocente.
Tipo de Agressão	Justa ou injusta.	Injusta.

Situações variadas

1. **Intervenção médico-cirúrgica:** é possível, sem autorização do paciente ou representante, desde que haja estado de necessidade comprovado.

2. **Violência desportiva:** se ocorrer lesão em competições esportivas, o agressor deve ser responsabilizado quando agir sem observar as regras próprias e regulamentares do esporte.

3. **Ofendículos:** elementos materiais visíveis que servem para defender a posse ou propriedade de um bem jurídico.

4. **Defesa mecânica predisposta:** elementos materiais ocultos que servem para defender a posse ou a propriedade de um bem jurídico.

5. **Excesso: (a) culposo:** ocorre quando o agente reage supondo a agressão; **(b) doloso:** ocorre quando o agente reage contra agressão já cessada.

6. **Hipótese de legítima defesa (desde que preenchidos os requisitos):** o agente de segurança pública que repele agressão ou risco de agressão a vítima mantida refém durante a prática de crimes, nos termos do art. 25, parágrafo único, do CP.

Exemplo de caso prático: João e José eram amigos de infância; foram fazer uma excursão a uma enorme caverna no interior de São Paulo. Ficaram perdidos durante dois meses. Finalmente, os bombeiros alcançaram o lugar onde estavam, completamente deserto. José havia tirado a vida de João e os bombeiros viram José sentado ao lado de uma fogueira assando uma coxa da perna do amigo. Os bombeiros ficaram horrorizados e José foi preso em flagrante. Processado na Comarca KKKK por homicídio doloso qualificado, foi pronunciado pelo juiz e continua preso. O juiz, no r. decisório quanto à tranquilidade do pronunciado, ponderou que poucas vezes havia visto caso tão repugnante e acusado tão insensível. A r. sentença de pronúncia foi prolatada ontem. **Questão: Como advogado de José, ingresse com a peça jurídica cabível.**

Neste caso, o candidato deve formular um RESE alegando estado de necessidade, nos termos do art. 23, I, do CP.

3.10 Cerceamento de defesa

A defesa pode ser dividida em duas espécies: autodefesa, que abrange o direito de a pessoa acusada ser ouvida, e defesa técnica, que abrange o direito de a pessoa acusada ser representada por um profissional legalmente habilitado. **A insuficiência de provas prejudica a apuração da verdade real dos fatos e a formação da convicção do juiz.**

Exemplo de caso prático: João, em processo que lhe é movido por roubo na Comarca de São Paulo, arrolou, em defesa prévia, três testemunhas residentes e domiciliadas na Comarca de Santos, Estado de São Paulo. Quando da expedição da carta precatória, nem o réu nem o defensor foram intimados. No processo criminal, o réu foi condenado nos termos da infração penal do crime em tela. O decisório ainda não transitou em julgado. **Questão: Como advogado de João, elaborar medida cabível.**

Neste caso, o candidato deve formular uma Apelação alegando nulidade, por cerceamento de defesa, já que o réu e o seu defensor não foram intimados da expedição da carta precatória. É formalidade essencial à validade do ato processual, nos termos do art. 5º, LV, da CF, combinado com o art. 564, IV, do CPP.

3.11 Ilegitimidade de parte

A ilegitimidade da parte pode ser: (a) *ad causam*: é não ter aptidão para ser autor ou réu na ação penal. É caso de nulidade absoluta; (b) *ad processum*: é a falta de requisito formal exigido da parte no processo. O art. 568 do CPP diz que a nulidade por ilegitimidade do representante da parte poderá a todo tempo ser sanada, mediante a ratificação dos atos processuais. É caso de nulidade relativa. A legitimidade de parte é uma condição da ação consistente na sua pertinência subjetiva, podendo ser ativa ou passiva.

Exemplo de caso prático: "A", à revelia de "B", vítima de delito de dano, foi denunciado pelo Ministério Público, que se baseou para tanto em inquérito policial. Questão: Apresentar a medida adequada para atender aos interesses de "A".

Neste caso, o candidato deve formular um HC alegando nulidade, já que há ilegitimidade *ad causam*. No caso de crime de dano simples, a ação somente se procede mediante queixa, nos termos do art. 167 do CP c/c os arts. 395 e 564, II, ambos do CPP.

3.12 Não configuração de prisão

Nos exercícios da OAB que tratarem do tema prisão, o candidato deverá atentar para algumas observações necessárias na feitura da peça adequada:

a) respeito ao princípio da necessidade: no regime de liberdades individuais que preside nosso Direito, a prisão é vista como medida excepcional;

b) a prisão preventiva não visa à punição antecipada do indiciado ou réu, mas possibilita o desenrolar do processo penal;

c) o clamor público não é motivo para privação cautelar da liberdade, pois não tem previsão legal;

d) a fundamentação na decretação da prisão deve ser concreta, com suporte fático e indicação das razões de convencimento. A concisão não significa desfundamentação, se justificada a necessidade e a motivação da segregação;

e) a fuga do acusado do distrito só será fundamento suficiente para a decretação da prisão preventiva quando ficar comprovada e evidenciada a tentativa do réu de se furtar à ação da justiça;

f) toda prisão visa manter a ordem pública, no sentido de tranquilidade social. Como pressuposto da prisão preventiva, significa prevenir a reprodução de fatos criminosos, acautelar o meio social e a própria credibilidade da justiça;

g) não é possível decretar prisão preventiva em casos de crime culposo, excludente de ilicitude, contravenção penal e crimes em que o réu se livra solto.

3.13 Furto de uso

O furto de uso não é crime previsto na legislação brasileira, de forma que se alguém for punido por essa conduta pode alegar violação ao princípio da legalidade. No furto de uso, o propósito do agente é apenas fruir momentaneamente da coisa. Para configuração do furto de uso é indispensável a presença de certos requisitos: (a) devolução imediata da coisa subtraída; (b) repor no local em que a coisa foi retirada; (c) se for veículo automotor, tem de existir o reabastecimento; (d) a devolução deve ser feita por livre e espontânea vontade do agente.

Exemplo de caso prático: "A" subtraiu o carro de "B", que o deixara na garagem com as chaves no contato e a porta destravada, a fim de dar umas voltas com a namorada. Findo o passeio, voltou com o carro para colocá-lo na garagem. Quando desligou o motor e preparava-se para sair do veículo, foi preso em flagrante por delito de furto. O juiz da 5ª Vara Criminal condenou "A" a cumprir pena de um ano de reclusão, concedendo-lhe *sursis*. A sentença ainda não transitou em julgado. **Questão: Elaborar a peça em favor de "A".**

Neste caso, o candidato deve formular uma Apelação ao Tribunal de Justiça alegando falta de justa causa, já que não há crime no furto de uso.

3.14 Insuficiência probatória

O direito à prova é uma decorrência do devido processo legal. Conforme preconiza Antonio Scarance Fernandes, o direito à prova abrange: (a) direito de requerer a produção da prova; (b) direito a que o juiz decida sobre o pedido de produção da prova; (c) direito a que, deferida a prova, esta seja realizada, tomando-se todas as providências necessárias para sua produção; (d) direito a participar da produção da prova; (e) direito a que a produção da prova seja feita em contraditório; (f) direito a que a prova seja feita com participação do juiz; (g) direito a que, realizada a prova, possa manifestar-se a respeito; (h) direito a que a prova seja objeto de avaliação pelo julgador.

O direito ao silêncio é previsto na Constituição Federal, em seu art. 5º, inciso LXVIII. Abrange: (a) necessidade do juiz advertir da existência do direito ao silêncio antes do acusado falar nos autos; (b) não interpretar o direito ao silêncio em prejuízo ao réu.

Exemplo de caso prático: Aurélio, em sede de inquérito policial, reservou-se o direito de permanecer calado. Na fase judicial, foi condenado como incurso no art. 157, § 2º, incisos I e II, c/c o art. 14, inciso II, do CP, às penas de 1 ano, 9 meses, 10 dias de reclusão e 4 dias-multa. Embora frágeis as provas produzidas, o MM. juízo da 15ª Vara Criminal Central da Comarca da Capital fundamentou a decisão na presunção de culpa, pelo silêncio de Aurélio na fase policial. A sentença foi publicada há 5 dias. **Como advogado de Aurélio, adote a medida judicial cabível, justificando-a.**

Neste caso, o candidato deve formular uma apelação ao Tribunal de Justiça alegando falta de justa causa, já que houve insuficiência probatória por ter sido a condenação fundamentada na presunção de culpa diante do silêncio do acusado.

3.15 Prescrição da pretensão executória

a) **Prescrição:** é a perda do direito do Estado de punir ou executar uma pena já imposta pelo decurso do tempo.

b) **Natureza:** matéria de ordem pública, podendo ser conhecida de ofício pelo juiz, nos termos do art. 61 do CPP.

c) **Espécies:** 1) prescrição da pretensão punitiva: que ocorre antes do trânsito em julgado da sentença; 2) prescrição da pretensão executória: que ocorre após o trânsito em julgado.

d) **Espécies de prescrição da pretensão punitiva:** propriamente dita: é prevista no art. 109 do CP; superveniente: prevista no art. 110, § 1º, do CP; retroativa: prevista no art. 110, § 1º, do CP; antecipada: criada pela jurisprudência.

e) **Causas suspensivas da prescrição da pretensão punitiva (Código Penal):** I – enquanto não resolvida, em outro processo, questão de que dependa o reconhecimento da existência do crime; II – enquanto o agente cumpre pena no exterior; III – na pendência de embargos de declaração ou de recursos aos Tribunais Superiores, quando inadmissíveis; e IV – enquanto não cumprido ou não rescindido o acordo de não persecução penal. Depois de passada em julgado a sentença condenatória, a prescrição não corre durante o tempo em que o condenado está preso por outro motivo.

Exemplo de caso prático: João, brasileiro, casado, vendedor, nascido em 12 de maio de 1926, foi denunciado por ter subtraído de Maria um relógio, um anel e uma correntinha de ouro, em 12 de janeiro de 1993, na Rua São José, altura do n. 879. O denunciado simulou que estava armado. A denúncia foi recebida pelo juiz da 12ª Vara Criminal em 25 de março de 1997 e o réu interrogado em 18 de dezembro de 1997. A vítima e as testemunhas de acusação foram inquiridas em 18 de março de 1998. As testemunhas de defesa foram ouvidas em 25 de abril de 1998. A defesa apresentou alegações finais em 10 de maio de 1998. Em 25 de maio de 1998, prolatou-se a sentença condenatória. João foi condenado à pena de 4 anos de reclusão e a 10 dias-multa por ter violado o art. 157, *caput*, do CP e foi fixado o regime prisional fechado para início do cumprimento da pena, por ter o réu cometido crime grave. O defensor do réu perdeu o prazo para recorrer e a sentença transitou em julgado para a defesa e para a acusação. Expediu-se mandado de prisão, e o réu está na iminência de ser preso. **Questão: Elaborar peça em defesa do réu.**

Neste caso, o candidato deve formular um HC alegando extinção da punibilidade pela ocorrência da prescrição da pretensão executória, já que entre os fatos e a denúncia decorreu o lapso temporal de 4 anos, 2 meses e 3 dias. Ficar atento para a situação do réu, que possuía 70 anos quando a sentença foi prolatada, o que gera o benefício do art. 115 do CP, ou seja, redução do prazo na metade.

3.16 Ilegalidade da prisão em flagrante

Com a não observância das formalidades legais: a) não ocorrência das hipóteses legais de flagrância (art. 302 do CP); b) violação dos direitos constitucionalmente assegurados ao preso; e c) não observância das formalidades relativas à lavratura do respectivo auto (arts. 304 a 307 do CPP – nulidade do auto de prisão em flagrante).

3.17 Emprego de arma de fogo

Se a arma de fogo não for submetida à perícia, o candidato pode argumentar o afastamento da causa de aumento, pois não há como ser comprovada a potencialidade lesiva da arma. A perícia pode ser direta (art. 158 do CPP) ou indireta (art. 167 do CPP).

3.18 Fixação da pena-base: antecedentes

O juiz deve levar em conta as circunstâncias judiciais do art. 59 do Código Penal. A pena-base não pode desrespeitar os parâmetros mínimo e máximo da pena prevista na lei. A fixação da pena-base deve ser fundamentada pelo juiz com base nos elementos dos autos da ação penal. Uma das circunstâncias judiciais são os antecedentes (passado criminal). Quando fatos da vida pregressa do agente não constam da folha de antecedentes, o juiz analisa, na circunstância judicial, a conduta social. A posição favorável sobre maus antecedentes para fins do exame da OAB é do STJ, quando afirma que a existência de ações penais em curso, sem sentença condenatória com trânsito em julgado, e de inquéritos policiais não justificam um aumento da pena-base, sob pena de violação do princípio da presunção de inocência. A Súmula 144 do STJ impede que ações em curso sejam consideradas não somente como maus antecedentes, mas também valoradas de qualquer forma na pena-base. Na forma da Súmula 444 do STJ, a existência de inquéritos policiais ou ações penais em curso não são suficientes para fundamentar circunstâncias judiciais do art. 59 do Código Penal como desfavoráveis.

3.19 Terceira fase da dosimetria da pena: causas de aumento e de diminuição

As causas de aumento/diminuição da pena podem elevar a pena acima do máximo legal ou diminuir abaixo do mínimo legal. De acordo com a Súmula 443 do STJ, a mera indicação do número de majorantes não configura fundamentação idônea para justificar a aplicação da fração de aumento acima do mínimo previsto em lei. É necessária fundamentação concreta.

3.20 Determinação do regime inicial de cumprimento da pena privativa de liberdade

A gravidade em abstrato do delito não pode justificar um regime de pena mais gravoso do que o cabível de acordo com a pena aplicada (Súmulas 718 do STF e 440 do STJ).

3.21 Princípio da insignificância

Existem duas tipicidades: a formal, que é a adequação da conduta praticada àquela prevista no tipo penal, e a material, que é a significativa lesão ao bem jurídico protegido pela norma. De acordo com o princípio da insignificância, o direito penal não se preocupa com lesões ínfimas, insignificantes, pois não seriam suficientes para atingir ou lesar o bem jurídico protegido. Uma vez reconhecida a aplicação da insignificância, tem-se o afastamento da tipicidade material da conduta, justificando absolvição sumária, com base no art. 397, III, do CPP.

3.22 Outras teses

a) é possível compensar a atenuante da confissão espontânea (art. 65, III, *d*, do CP) com a agravante da promessa de recompensa (art. 62, IV) – *Informativo* n. 577/2016 do STJ;

b) deve ser rejeitada a queixa-crime que, oferecida antes de qualquer procedimento prévio, impute a prática de infração de menor potencial ofensivo com base apenas na versão do autor e na indicação de rol de testemunhas, desacompanhada de Termo Circunstanciado ou de qualquer outro documento hábil a demonstrar, ainda que de modo indiciário, a autoria e a materialidade do crime – *Informativo* n. 577/2016 do STJ;

c) no âmbito de recurso exclusivo da defesa, o Tribunal não pode agravar a reprimenda imposta ao condenado, ainda que reconheça equívoco aritmético ocorrido no somatório das penas aplicadas – *Informativo* n. 576/2016 do STJ;

d) no processo penal, o fato de o suposto autor do crime já ter se envolvido em ato infracional não constitui fundamento idôneo à decretação de prisão preventiva – *Informativo* n. 576/2016 do STJ;

e) a reiteração criminosa inviabiliza a aplicação do princípio da insignificância nos crimes de descaminho, ressalvada a possibilidade de, no caso concreto, as instâncias ordinárias verificarem que a medida é socialmente recomendável – *Informativo* n. 575/2016 do STJ;

f) durante interceptação telefônica deferida em primeiro grau de jurisdição, a captação fortuita de diálogos mantidos por autoridade com prerrogativa de foro não impõe, por si só, a remessa imediata dos autos ao Tribunal competente para processar e julgar a referida autoridade, sem que antes se avalie a idoneidade e a suficiência dos dados colhidos para se firmar o convencimento acerca do possível envolvimento do detentor de prerrogativa de foro com a prática de crime – *Informativo* n. 575/2016 do STJ;

g) cabe *habeas corpus* para apurar eventual ilegalidade na fixação de medida protetiva de urgência consistente na proibição de aproximar-se de vítima de violência doméstica e familiar – *Informativo* n. 574/2016 do STJ;

h) a jurisprudência do STF, ao interpretar o art. 89 da Lei n. 8.666/93, exige a demonstração do prejuízo ao erário e a finalidade específica de favorecimento indevido para reconhecer a adequação típica – *Informativo* n. 813 do STF;

i) não oferecida a queixa-crime contra todos os supostos autores ou partícipes da prática delituosa, há afronta ao princípio da indivisibilidade da ação penal, a implicar renúncia tácita ao direito de querela, cuja eficácia extintiva da punibilidade estende-se a todos quantos alegadamente hajam intervindo no cometimento da infração penal – *Informativo* n. 813 do STF;

j) a execução provisória de acórdão penal condenatório proferido em julgamento de apelação, ainda que sujeito a recurso especial ou extraordinário, não compromete o princípio constitucional da presunção de inocência – *Informativo* n. 813 do STF;

k) **Posse de aparelho celular dentro de presídio:** com a Lei n. 11.466/2007, que alterou a Lei n. 7.210/84, é considerada falta disciplinar grave do preso a utilização de telefone celular nas dependências do presídio (art. 50). Se a posse de aparelho celular dentro do presídio deu-se antes da entrada em vigor da Lei n. 11.466/2007, não será considerada falta grave, pois a lei nova não poderia retroagir para prejudicar o réu. Para assegurar o direito ao exercício do princípio da ampla defesa e do princípio do contraditório, pacificou a jurisprudência o entendimento de que o reconhecimento de falta grave depende de **regular procedimento administrativo disciplinar,** devidamente assegurado o acompanhamento de defesa técnica. Nesse sentido é o teor da Súmula 533 do Superior Tribunal de Justiça.

l) A prática de fato definido como crime doloso no curso da execução penal caracteriza falta grave, independentemente do trânsito em julgado de eventual sentença penal condenatória. (Tese julgada sob o rito do art. 543-C do CPC/73 – Tema 655);

m) **Prisão em segunda instância**

– **decisão mais debatida do Supremo Tribunal Federal em 2016**: a maioria do tribunal entendeu que é possível a execução da pena para quem for condenado em duas instâncias, independentemente do cabimento de recursos ao Superior Tribunal de Justiça e ao STF.

– **período de 2009 a 2016 no STF**: impossibilidade jurídica da execução provisória da pena; a prisão, antes do trânsito em julgado da decisão condenatória, apenas poderia ser de natureza cautelar. Entre os julgados de 2009 e 2016 não houve inovação legislativa. A mutação que, de fato, houve, foi na composição do STF (Nesse período em questão, houve a chegada dos Ministros Luís Roberto Barroso, Edson Fachin, Luiz Fux, Rosa Maria Weber e Teori Zavascki. Por outro lado, deixaram o egrégio tribunal os seguintes intelectuais: Eros Grau, Carlos Ayres Britto, Joaquim Barbosa, Ellen Gracie e Cezar Peluso).

– **período de 1988 a 2009**: possibilidade da execução provisória da sentença.

– **fevereiro de 2016**: o STF passou a admitir a prisão em caso de condenação mantida em segunda instância: *Habeas Corpus* n. 126292/2016: o início da execução da pena condenatória após a confirmação da sentença em segundo grau não ofende o princípio constitucional da presunção da inocência.

– **argumentos favoráveis**: 1) satisfaz o clamor social; 2) não há princípio absoluto; 3) a matéria fática se exaure com a decisão de segundo grau de jurisdição, sendo o momento em que se tem a certeza da materialidade e autoria do crime, o que é contraditório com o próprio conceito de trânsito em julgado; 4) quando não se executa provisoriamente, transcorre o prazo prescricional, facilitando a ocorrência da prescrição; 5) nos recursos especial ou extraordinário não há análise fática, mas tão somente jurídica. Os recursos extraordinários são dotados de devolutividade restrita, não sendo cabível para rediscutir os fatos, a culpabilidade do agente, as provas e a justiça da decisão; 6) as Súmulas 716 e 717 já sinalizavam a mudança de entendimento da suprema corte, tendo em vista que era reconhecido o direito de o preso provisório progredir de regime; 7) necessidade de se interpretarem os direitos fundamentais de acordo com o princípio da proporcionalidade, buscando a efetividade do processo penal; 8) outros países notadamente democráticos permitem a execução da pena antes do trânsito em julgado, comparação inadequada em razão da particularidade da Constituição brasileira.

– **argumentos contrários**: 1) contribui para superlotação carcerária; 2) a execução provisória da pena é incompatível com o princípio da presunção de inocência, eis que este é expressamente atrelado ao trânsito em julgado da sentença penal condenatória; 3) não cabe utilizar subterfúgio da impunidade ou a segurança pública, para diminuir o âmbito de incidência dos direitos fundamentais, conquistados a duras penas; 4) o fato de uma pessoa ter cumprido pena sem possibilidade de condenação já contraria os interesses de qualquer Estado que se pretenda democrático.

4 Princípios constitucionais

O candidato que usar em sua argumentação jurídica princípios constitucionais deve ressaltar a importância do princípio, através de expressões, por exemplo:

a) mandamento nuclear de um sistema;

b) alicerce e base de um sistema;

c) fontes do direito;

d) estrutura e coesão ao sistema;

e) fixação de rumos a serem seguidos pelo governo e sociedade;

f) vetores para interpretação;

g) ideias fundamentais que dão harmonia ao sistema jurídico.

Alguns princípios em espécie para orientar a argumentação jurídica do candidato:

4.1 Princípio do juiz natural

a) **Fundamento:** (a) art. 5º, inciso XXXVII, da Constituição Federal: não haverá juízo ou tribunal de exceção; (b) art. 5º, inciso LIII, da Constituição Federal: ninguém será processado nem sentenciado senão pela autoridade competente.

b) **Conteúdo:** o princípio do juiz natural envolve as seguintes ideias: 1) investidura: a jurisdição somente pode ser exercida por quem for regularmente investido na função; 2) é vedado criar tribunais ou juízos de exceção, ou seja, órgãos criados sem autorização legal ou constitucional e formados por julgadores, sem qualquer imparcialidade; 3) não é possível julgamento por órgãos constituídos após o fato.

c) **Terminologia:** princípio do juiz constitucional.

d) **Varas especializadas:** o princípio do juiz natural não resta violado na hipótese em que lei estadual atribui a vara especializada competência territorial abrangente de todo o território da Unidade Federada, com fundamento no art. 125 da Constituição, porquanto o tema gravita em torno da organização judiciária, inexistindo afronta aos princípios da territorialidade e do juiz natural[4].

e) **Tribunal do júri:** é o juiz natural e soberano para julgar os crimes dolosos contra a vida, sendo instituição que desempenha o exercício direto da participação da sociedade no Poder Judiciário, nos termos preceituados no art. 5º, XXXVIII, da Constituição Federal (*Informativo* n. 804/2024 do STJ).

f) *Informativo* n. 476/2011 do STJ: o julgamento de apelação por órgão fracionário de tribunal composto majoritariamente por juízes convocados não viola o princípio constitucional do juiz natural.

g) *Informativo* n. 550/2014 do STJ: o exame de controvérsia acerca do elemento subjetivo do delito é reservado ao Tribunal do Júri, juiz natural da causa.

h) **Não ofensa:** a designação de magistrados em regime de mutirão (penal, cível ou carcerário), no interesse objetivo da jurisdição, para atuar em feitos genericamente atribuídos e no objetivo da mais célere prestação jurisdicional (AgRg no AREsp 2.571.707/SP do STJ).

---

[4] ADI 4.414, rel. Min. Luiz Fux, j. 31-5-2012, P, *DJe* de 17-6-2013.

4.2 Princípio do duplo grau de jurisdição

a) **Fundamento:** previsão implícita na Constituição, em seu art. 92, quando menciona a existência de juízes e tribunais.

b) **Conceito:** possibilidade de reexame de uma decisão judicial, pela mesma instância (exemplo: os embargos de declaração) ou outra instância superior.

4.3 Princípio do favor rei

a) **Conteúdo:** quando houver dúvida, beneficiar o réu.

b) **Aplicação:** 1) quando houver dúvida na interpretação da lei, prevalece a que for mais benéfica ao réu; 2) quando houver dúvida sobre a certeza da autoria e materialidade do crime, deve absolver; 3) existem recursos privativos da defesa, como os embargos infringentes e de nulidade; 4) é proibida a revisão criminal para agravar a situação do réu; 5) quando houver recurso exclusivo da defesa, não é possível reformar em seu desfavor.

c) **Há vários institutos que refletem o princípio:** (a) proibição da *reformatio in pejus* (art. 617 do CPP); (b) embargos infringentes ou de nulidade (recurso privativo da defesa); (c) revisão criminal (arts. 621 e s. do CPP); (d) empate na votação do Tribunal – prevalece o que for mais favorável ao réu; (e) na falta de provas, deve o juiz absolver o acusado (art. 386, VI, do CPP); (f) direito ao silêncio (art. 5º, LXIII, da CF/88).

d) *Informativo* **n. 616/2018 do STJ:** diante do trânsito em julgado de duas sentenças condenatórias contra o mesmo réu, por fatos idênticos, deve prevalecer o critério mais favorável em detrimento do critério temporal (de precedência), ante a observância dos princípios do *favor rei e favor libertatis*.

e) **Vedação:** a aplicação do princípio do *favor rei* veda a revisão criminal *pro societate* (REsp 1.324.760/SP, rel. Min. Sebastião Reis Júnior, rel. p/ Acórdão Min. Rogerio Schietti Cruz, 6ª T., *DJE* de 18-2-2015).

4.4 Princípio do promotor natural

a) **Aceitação:** existem duas correntes: (1) está implícito na Constituição Federal, em analogia ao princípio do juiz natural; (2) não é possível.

b) **Conceito:** o réu tem o direito de ser processado por membro do Ministério Público que tenha atribuições previamente fixadas e conhecidas, segundo as normas administrativas da instituição.

c) **Vedação:** (1) designação casuística de promotor; (2) designação de promotor *ad hoc*.

d) **Finalidade:** visa a assegurar o exercício pleno e independente das atribuições do Ministério Público, de forma a evitar a figura do acusador de exceção, escolhido arbitrariamente pelo Procurador-Geral ou nomeado mediante manipulações casuísticas e em desacordo com os critérios legais pertinentes. Visa evitar a constituição da figura do acusador de exceção, cuja atuação durante a persecução penal ocorre de forma arbitrária, injustificada e não prevista em regras abstratas anteriormente estabelecidas, nos termos do *Informativo* n. 751/2022 do STJ.

e) **Criação de grupo especializado por meio de Resolução do Procurador-Geral da Justiça, com competência e membros integrantes estabelecidos previamente ao fato criminoso:** não ofende o art. 29, IX, da Lei n. 8.625/96, nem o princípio do Promotor Natural[5].

f) **Violação:** somente ocorre violação mediante demonstração, com ônus probatório da defesa, de inequívoca lesão ao exercício pleno e independente das atribuições do Ministério Público, manipulação casuística ou designação seletiva por parte do procurador-geral de Justiça, a ponto de deixar entrever a figura do acusador de exceção (*Informativo* n. 384/2009).

g) **Não violação:** "a atuação de promotores auxiliares ou de grupos especializados não ofende o princípio do promotor natural, uma vez que, nessa hipótese, se amplia a capacidade de investigação, de modo a otimizar os procedimentos necessários à formação da *opinio delicti* do *Parquet*" (AgRg no AREsp 1.425.424/SP, rel. Min. Jorge Mussi, 5ª T., julgado em 6-8-2019, *DJe* de 19-8-2019). A atuação de promotores auxiliares ou de grupos especializados, como o Grupo de Atuação Especial de Combate ao Crime Organizado (GAECO), na investigação de infrações penais, a exemplo do crime de lavagem de dinheiro, não ofende o princípio do promotor natural, não havendo que se falar em designação casuística (RHC 109.031/SP, rel. Min. Ribeiro Dantas, 5ª T., *DJe* de 13-3-2020).

4.5 Princípio da persuasão racional

a) **Sistema:** no processo penal brasileiro, em consequência do sistema da persuasão racional, o juiz forma sua convicção pela livre apreciação da prova (art. 155 do CPP). Assim, em regra, não há falar em prova legal ou tarifada no processo penal brasileiro.

b) **Conteúdo:** 1) o que não está nos autos não está no mundo; 2) não existe hierarquia entre as provas; 3) a escolha da prova deve ser sempre motivada pelo juiz.

c) **Convencimento do juiz:** deve ser baseado nas provas contidas no processo.

d) **Terminologia:** é também chamado de princípio do livre convencimento.

e) **Inquérito policial:** o juiz firma sua convicção pela livre-apreciação da prova, sendo-lhe vedado utilizar-se de fundamentação exclusiva nos elementos

---

[5] REsp 495.928/MG, 5ª T., rel. Min. José Arnaldo da Fonseca, *DJ* de 2-2-2004.

do inquérito, ressalvadas as provas cautelares, não repetíveis e antecipadas. Não há hierarquia entre as provas. Sua decisão deve ser fundamentada. No caso do Tribunal do Júri, os jurados decidem de acordo com a sua íntima convicção.

f) **Laudo pericial:** no processo penal, o juiz não está vinculado ao laudo pericial nem ao parecer do Ministério Público, porque na aplicação da lei processual vigora o princípio da persuasão racional, por meio do qual o juiz aprecia livremente a prova, atendendo aos fatos e às circunstâncias constantes dos autos, indicando os motivos que lhe formaram o convencimento.

4.6 Princípio da correlação

a) **Conceito:** o juiz tem de julgar o acusado de acordo com o fato descrito na denúncia ou queixa.

b) **Conteúdo:** é vedado julgamento *citra petita* (menos), *ultra petita* (além) e *extra petita* (fora do pedido).

c) **Alcance:** vincula o julgador apenas aos fatos narrados na denúncia – aos quais ele pode, inclusive, atribuir qualificação jurídica diversa (art. 383 do CPP) –, mas não o vincula aos fundamentos jurídicos invocados pelas partes em alegações finais para sustentar seus pedidos.

d) **Providência:** "no julgamento de apelação interposta pela defesa, constatada a ofensa ao princípio da correlação, não cabe reconhecer a nulidade da sentença e devolver o processo ao primeiro grau para que então se observe o art. 384 do CPP, uma vez que implicaria prejuízo para o réu e violaria o princípio da *non reformatio in pejus*" (AgRg no HC 559.214/SP, rel. Min. João Otávio de Noronha, 5ª T., *DJe* de 13-5-2022). Reconhecido, em recurso exclusivo da defesa, que a sentença condenou o réu por fatos que não estavam descritos na denúncia, cabe ao Tribunal somente anular a sentença e absolver o réu, mas não determinar o retorno dos autos ao primeiro grau (*Informativo* n. 789/2023 do STJ).

e) **Não ofensa:** o ato de magistrado singular, nos termos do art. 383 do Código de Processo Penal, atribuir aos fatos descritos na peça acusatória definição jurídica diversa daquela proposta pelo órgão da acusação (*Informativo* n. 761/2022 do STJ).

4.7 Princípio da iura novit curia

a) **Conceito:** o acusado se defende não da capitulação legal do crime, mas dos fatos narrados na denúncia ou queixa.

b) **Terminologia:** também chamado de *narra mihi factum dabo tibi jus*.

4.8 Princípio da iniciativa das partes

a) **Conceito:** não há jurisdição sem ação; a jurisdição é uma atividade provocada pela parte.

b) **Exceções:** 1) art. 654, § 2º, do CPP: concessão do *habeas corpus*; 2) art. 311 do CPP: decretação da prisão preventiva; 3) art. 5º, I, do CPP: requisição para instauração de inquérito; 4) art. 156 do CPP: determinação de produção supletiva de prova.

c) **Terminologia:** é também chamado de princípio da inércia da jurisdição.

d) **Procedimento judicialiforme:** não foi recepcionado pela Constituição Federal de 1988. O procedimento judicialiforme era previsto nos arts. 26 e 531, ambos do Código de Processo Penal brasileiro. O art. 26 previa que as contravenções penais podiam ser iniciadas pelo auto de prisão em flagrante da autoridade policial, ou de ofício pelo juiz ou delegado, pela abertura de uma portaria. O art. 531 trazia em sua redação que o processo das contravenções teria forma sumária, iniciando-se pelo auto de prisão em flagrante ou mediante portaria expedida pela autoridade policial ou pelo juiz, de ofício ou a requerimento do Ministério Público.

4.9 Princípio da verdade real ou material

a) **Conteúdo:** o juiz deve investigar a realidade dos fatos, verificando como foram realizados.

b) **Poderes do juiz:** o juiz pode determinar a produção de provas de ofício. É facultado ao juiz determinar, no curso da instrução, ou antes de proferir a sentença, a realização de diligências para dirimir dúvida sobre ponto relevante. A iniciativa probatória do julgador, em busca da verdade real, não está sujeita a preclusão, pois em questões probatórias não há preclusão para o magistrado.

c) **Exceções:** inadmissibilidade de provas obtidas por meios ilícitos (art. 5º, LVI, da CF); impossibilidade de exibir prova no plenário do júri sem antecedência mínima de três dias (art. 479 do CPP); impossibilidade de revisão criminal *pro societatis*; restrições da prova penal quanto ao estado de pessoas; os limites para depor (pessoas com sigilo); recusa de depor por parte dos parentes do acusado; transação penal; extinção da punibilidade.

4.10 Princípio da presunção de inocência

a) **Terminologia:** também chamado de princípio da não culpabilidade ou do estado de inocência.

b) **Conceito:** ninguém pode ser considerado culpado a não ser após o trânsito em julgado da sentença penal condenatória.

c) **Natureza:** garantia processual penal.

d) **Tipo de presunção:** relativa.

e) **Súmula 9 do STJ:** a prisão processual não ofende o princípio da presunção da inocência.

f) **Lançamento do nome do réu no rol dos culpados:** o nome do réu só pode constar do rol dos culpados após o trânsito em julgado da sentença penal condenatória.

g) **Juízo condenatório:** para o juiz condenar o réu tem de ter certeza da autoria e materialidade do crime; se houver dúvida, irá absolver.

h) **Súmula 444 do STJ:** não podem ser considerados como circunstâncias judiciais desfavoráveis os inquéritos e as ações penais em andamento, o que violaria o princípio da presunção de inocência.

i) **Sentença de pronúncia:** é ilegal quando fundamentada exclusivamente em elementos colhidos no inquérito policial (*Informativo* n. 686/2021 do STJ).

4.11 Princípio da motivação das decisões judiciais

a) **Fundamento:** art. 93, inciso IX, da CF.

b) **Conceito:** todos os julgamentos do Poder Judiciário devem ser fundamentados, de forma a assegurar a imparcialidade e justiça, sob pena de nulidade.

c) **Finalidade:** a motivação representa a possibilidade do povo de controlar a administração pública, evitando o arbítrio estatal. Trata-se de garantia fundamental de um julgamento justo e imparcial. "A exigência de fundamentação das decisões judiciais ou da 'motivação de sentenças' radica em três razões fundamentais: (1) controlo da administração da justiça; (2) exclusão do carácter voluntarístico e subjetivo do exercício da atividade jurisdicional e abertura do conhecimento da racionalidade e coerência argumentativa dos juízes; (3) melhor estruturação dos eventuais recursos, permitindo às partes em juízo um recorte mais preciso e rigoroso dos vícios das decisões judiciais recorridas"[6].

d) **Decisão do recebimento da denúncia ou queixa:** há uma discussão a respeito da necessidade da sua motivação. Em conformidade com a exigência constitucional de que todas as decisões judiciais devem ser fundamentadas, a motivação deve ocorrer de forma sucinta, limitando-se à admissibilidade da acusação formulada pelo órgão ministerial, evitando-se, assim, o prejulgamento da demanda.

---

[6] CANOTILHO, José Joaquim Gomes. *Direito constitucional e teoria da Constituição*. 4. ed. Coimbra: Almedina, 1997. p. 816.

4.12 Princípio do contraditório

a) **Fundamento:** art. 5º, inciso LV, da CF: aos litigantes, em processo judicial ou administrativo, e aos acusados em geral são assegurados o contraditório e ampla defesa, com os meios e recursos a ela inerentes.

b) **Espécies:** (1) Normal: o juiz antes de decidir ouve as partes; (2) Diferido: o juiz toma a decisão, porque é urgente, e depois ouve a parte contrária.

c) **Terminologia:** princípio da audiência bilateral ou bilateralidade da audiência.

d) **Conteúdo:** 1) o acusado tem o direito de conhecer a imputação que lhe é feita, para exercer o direito de defesa; 2) tomar ciência dos atos processuais; 3) possibilidade de manifestação nos autos, para impugnação.

e) **Inquérito:** só existe contraditório nos seguintes inquéritos (investigações): (1) parlamentar, promovido pela CPI; (2) para expulsão de estrangeiro.

f) **Tipo de processo:** existe em processo judicial ou administrativo.

g) **Bilateralidade de audiência:** o réu deve conhecer da acusação para produzir a defesa e as provas necessárias. Deve existir paridade de armas para as partes, que devem ser ouvidas e ter oportunidade de se manifestar. As partes têm o direito de ser cientificadas do processo.

4.13 Princípio do devido processo legal

a) **Conceito:** para alguém perder a liberdade ou os bens, é necessária a existência de um processo adequado, ou seja, com isonomia entre as partes envolvidas, contraditório e ampla defesa.

b) **Sentidos:** o princípio do devido processo legal possui dois sentidos: (1) material: é a tutela da vida, da liberdade e da propriedade e a edição de normas razoáveis; (2) formal: o processo deve se desenvolver conforme a lei, com publicidade, justiça e imparcialidade do órgão julgador.

c) **Garantias:** (1) desenvolvimento do processo na forma da lei, com ampla defesa; (2) direito de ser ouvido; (3) direito de ser informado dos atos processuais; (4) ter acesso à defesa técnica; (5) direito de manifestação; (6) publicidade do processo; (7) motivação das decisões judiciais; (8) juiz competente; (9) duplo grau de jurisdição; (10) revisão criminal.

4.14 Princípio da ampla defesa

a) **Tipo de processo:** existe em processo judicial ou administrativo.

b) **Conceito:** possibilidade de o acusado usar todos os meios necessários e previstos em lei para sua defesa.

c) **Conteúdo:** 1) defesa técnica: representação por profissional legalmente habilitado; se não tiver advogado constituído, será nomeado um dativo; 2) autodefesa: apresentação da versão pessoal dos fatos pelo acusado; 3) a defesa tem o direito de pronunciamento após a acusação.

d) **Art. 261 do CPP:** assegura que nenhum acusado, ainda que ausente ou foragido, será processado ou julgado sem defensor.

4.15 Princípio da inadmissibilidade de prova ilícita

a) **Fundamento:** art. 5º, inciso LVI, da CF.

b) **Espécies de provas:** (1) ilegítimas: obtidas em desrespeito às regras de Direito Processual; (2) ilícitas: obtidas em desrespeito às regras de Direito Material.

c) **Teoria dos frutos da árvore envenenada:** tudo o que decorrer da prova ilícita será considerado ilícito.

d) **Princípio da proporcionalidade:** em três situações pode o juiz admitir prova ilícita: 1) utilização da prova *in dubio pro reo*; 2) abuso das garantias constitucionais; 3) legítima defesa.

e) **Interceptação telefônica: 1) requisitos de admissibilidade:** (a) ordem judicial fundamentada; (b) finalidade de instrução em inquérito ou processo criminal; (c) indícios razoáveis de autoria e participação do crime; (d) crime punido com reclusão; (e) indispensabilidade; **2) iniciativa:** (a) autoridade policial; (b) Ministério Público; (c) de ofício, pelo juiz.

f) **Efeito:** as provas ilícitas, obtidas com violação a normas constitucionais ou legais, são inadmissíveis no processo, devendo ser desentranhadas. São também inadmissíveis as provas derivadas das ilícitas, salvo quando não evidenciado o nexo de causalidade entre umas e outras, ou quando as derivadas puderem ser obtidas por uma fonte independente das primeiras. Considera-se fonte independente aquela que, por si só, seguindo os trâmites típicos e de praxe, próprios da investigação ou instrução criminal, seria capaz de conduzir ao fato objeto da prova.

4.16 Princípios da ação penal pública

a) **Oficialidade:** a ação penal pública é oferecida por órgão oficial, ou seja, pertencente ao Estado, qual seja, o Ministério Público.

b) **Obrigatoriedade:** presentes os indícios suficientes de autoria e materialidade do crime, o Ministério Público é obrigado a oferecer a ação penal.

c) **Indisponibilidade:** o Ministério Público não pode desistir da ação penal ou do recurso interposto.

d) **Indivisibilidade:** o Ministério Público deve oferecer denúncia contra todos os autores da infração penal.

e) **Intranscendência:** a ação penal só pode ser movida contra a pessoa que cometeu a infração penal.

4.17 Princípios da ação penal privada

a) **Oportunidade ou conveniência:** o titular da ação penal privada (a vítima ou seu representante legal) tem a faculdade de escolher se quer propor ou não a ação penal.

b) **Disponibilidade:** o titular da ação penal privada pode desistir do prosseguimento da relação processual, o que pode ser feito pelo perdão, por exemplo.

c) **Indivisibilidade:** o querelante deve processar todos os autores do crime.

d) **Intranscendência:** a ação penal só pode ser movida contra a pessoa que cometeu a infração penal.

4.18 Princípios da nulidade

a) **Prejuízo:** nenhum ato será declarado nulo se da nulidade não resultar prejuízo para a acusação ou para a defesa; somente aplicado às nulidades relativas.

b) **Instrumentalidade das formas:** não será declarada a nulidade de ato processual se o ato tiver atingido seu fim, ainda que praticado de outra forma.

c) **Causalidade:** a nulidade de um ato, uma vez declarada, causará a dos atos que dele diretamente dependam ou dele sejam consequência.

d) **Interesse:** nenhuma das partes pode arguir nulidade a que haja dado causa, ou para que tenha concorrido, ou referente a formalidade cuja observância só à parte contrária interesse.

4.19 Princípios dos prazos

a) **Igualdade de tratamento:** as partes devem ter igual tratamento nos prazos, salvo motivo de ordem pública, como no caso de defensor público, cujos prazos são contados em dobro, nos termos do art. 5°, § 5°, da Lei n. 1.060/50.

b) **Brevidade:** o prazo deve ter duração razoável.

c) **Utilidade:** a duração do processo deve ser razoável para que haja a efetiva proteção do bem jurídico envolvido.

4.20 Princípios do JECRIM

a) **Discricionariedade regrada:** o MP pode deixar de oferecer denúncia quando optar pela transação penal no JECRIM.

b) **Indisponibilidade mitigada:** existe no JECRIM a possibilidade da suspensão condicional do processo.

c) **Instrumentalidade das formas:** os atos processuais serão válidos sempre que preencherem as finalidades para as quais foram realizados, mesmo que não sejam as previstas em lei.

d) **Prejuízo:** não se pronuncia qualquer nulidade sem que tenha havido prejuízo.

4.21 Princípios recursais

a) **Taxatividade:** só serão admitidos os recursos previstos em lei.

b) **Unirrecorribilidade das decisões:** para cada decisão deve existir um único recurso adequado; porém, em caráter excepcional é possível a interposição simultânea de recursos: recurso especial e extraordinário.

c) **Variabilidade dos recursos:** é possível desistir de um recurso pelo outro, desde que no prazo.

4.22 Princípio da publicidade

a) **Regra dos atos processuais, audiências e sessões:** são públicos, de forma que qualquer pessoa do povo pode consultar os autos, e as salas onde são realizadas as audiências e sessões ficam de portas abertas.

b) **Exceção dos atos processuais, audiências e sessões:** quando houver escândalo, inconveniente grave ou perigo de perturbação da ordem, o juiz pode, de ofício ou a requerimento da parte ou MP, determinar o segredo de justiça, de forma que a consulta ficará restrita às partes e seus procuradores, e as salas onde são realizadas as audiências e sessões ficam de portas fechadas, com número limitado de pessoas.

c) **Inquérito policial:** o sigilo é necessário para a própria finalidade investigatória, nos termos do art. 20 do CPP. De acordo com a Súmula Vinculante n. 14 do STF, é direito do defensor, no interesse do representado, ter acesso amplo aos elementos de prova que, já documentados em procedimento investigatório realizado por órgão com competência de polícia judiciária, digam respeito ao exercício do direito de defesa. A Resolução n. 217 do CNJ tornou obrigatória aos juízes a determinação de investigação, dirigida aos órgãos competentes, sempre que houver vazamento seletivo e ilegal de dados e informações sigilosas constantes de procedimentos investigatórios.

5 Estrutura da peça prática penal cabível

5.1 Montagem da peça

A peça prática penal cabível terá a seguinte estrutura:

a) se for ação ou pedido (ex.: instauração de inquérito, representação...):

- endereçamento;
- preâmbulo: nome e qualificação das partes, capacidade postulatória, fundamento legal, nome da peça e frase final;
- dos fatos;
- do direito;
- do pedido;
- parte final.

b) **se for recurso**: o candidato deve prestar atenção, pois a regra é fazer duas peças, uma de interposição, em que o recorrente declara sua vontade de recorrer, e outra de razões, em que o recorrente declara os motivos do seu inconformismo com a decisão judicial. Exceção: **embargos de declaração e agravo regimental**;

b1) **interposição**:

- endereçamento;
- preâmbulo: nome e qualificação do recorrente, capacidade postulatória, inconformismo, fundamento legal, nome da peça, indicação do juízo *ad quem*;
- parte final.

b2) **razões**:

- nome da peça;
- dados de identificação;
- saudação;
- dos fatos;
- do direito;
- do pedido;
- parte final.

c) se for **contrarrazões de recurso**: o candidato deve fazer duas peças, uma de juntada, em que o recorrido declara que está juntando a peça, e outra das contrarrazões, em que o recorrido declara os motivos do seu inconformismo com o recurso interposto;

c1) **juntada**:

- endereçamento;
- preâmbulo: nome e qualificação do recorrido, capacidade postulatória, inconformismo com o recurso do recorrente, fundamento legal, nome da peça, indicação do juízo *ad quem*;
- parte final.

c2) contrarrazões:

- nome da peça;
- dados de identificação;
- saudação;
- dos fatos;
- do direito;
- do pedido;
- parte final.

5.2 Componentes da peça

5.2.1 Endereçamento

Escolha do juiz ou tribunal competente para análise do caso concreto. Indicar sempre o órgão judicial ou policial, e não a pessoa física do juiz ou do delegado. Usar pronome de tratamento correto: para juiz ou promotor usar Excelentíssimo; para delegado: Ilustríssimo.

Uma importante alteração ocorreu em relação à competência dos Tribunais estaduais de segunda instância. Com a publicação da Emenda Constitucional n. 45, foram extintos os **Tribunais de Alçada**. A discussão sobre a competência recursal em segunda instância obedecerá às seguintes regras:

Crime eleitoral: Justiça Eleitoral

1ª instância: Excelentíssimo Senhor Doutor Juiz Eleitoral da ___ Zona Eleitoral de _____ (local).

2ª instância: Excelentíssimo Senhor Doutor Juiz do Egrégio Tribunal Regional Eleitoral de _____ (local).

Instância Superior: Excelentíssimo Senhor Doutor Ministro _____ do Egrégio Tribunal Superior Eleitoral.

Instância Máxima: Excelentíssimo Senhor Doutor Ministro _____ do Colendo Supremo Tribunal Federal.

Crime militar: Justiça Militar

1ª instância: Excelentíssimo Senhor Doutor Juiz Militar da ___ Circunscrição Militar de _____ (local).

2ª instância: Excelentíssimo Senhor Doutor Juiz do Egrégio Tribunal Militar de _____ (local).

Instância Superior: Excelentíssimo Senhor Doutor Ministro _____ do Egrégio Superior Tribunal Militar.

Instância Máxima: Excelentíssimo Senhor Doutor Ministro _____ do Colendo Supremo Tribunal Federal.

Crime federal: Justiça Federal Comum

1ª instância: Excelentíssimo Senhor Doutor Juiz Federal da ___ Subseção Judiciária de _____ (local).

2ª instância: Excelentíssimo Senhor Doutor Desembargador Federal _____ do Egrégio Tribunal Regional Federal de _____ (local).

Instância Superior: Excelentíssimo Senhor Doutor Ministro _____ do Colendo Superior Tribunal de Justiça.

Instância Máxima: Excelentíssimo Senhor Doutor Ministro _____ do Colendo Supremo Tribunal Federal.

Crime estadual (residual): Justiça Estadual Comum

1ª instância: Excelentíssimo Senhor Doutor Juiz de Direito da ___ Comarca de _____ (local).

2ª instância: Excelentíssimo Senhor Doutor Desembargador ___ do Egrégio Tribunal de Justiça de _____ (local).

Instância Superior: Excelentíssimo Senhor Doutor Ministro _____ do Colendo Superior Tribunal de Justiça.

Instância Máxima: Excelentíssimo Senhor Doutor Ministro _____ do Colendo Supremo Tribunal Federal.

5.2.2 Preâmbulo

É o parágrafo introdutório da peça; entre o endereçamento e o preâmbulo o espaço deve ter de 10 a 15 cm (espaço para o despacho judicial).

Ação ou pedido

1. Nome e qualificação do autor.

2. **Capacidade postulatória:** exteriorizada pela representação atribuída ao advogado para agir e falar em nome do processo. Trata-se de um pressuposto processual relacionado à parte.

3. **Fundamento legal:** artigo de lei em que se localiza a peça processual. O candidato poderá colocar outros artigos relacionados com o direito material.

4. **Nome da peça:** permite a identificação da peça processual que introduz a causa em juízo, revelando ao juiz o tipo de providência jurisdicional a ser obtida.

5. Nome e qualificação do réu.

6. **Frase final:** pelos motivos abaixo, pelas razões a seguir expostas...

7. Modelo de Preâmbulo de Ação ou Pedido

Nome do autor, _____ (nacionalidade), _____ (estado civil), _____ (RG), _____ (CPF), residente e domiciliado na _____ (endereço), vem, com o devido respeito, à presença de Vossa Excelência, por seu advogado infra-assinado (DOC 1), com fundamento no artigo _____, oferecer ou apresentar _____ (nome da peça), contra _____ (nome do réu), _____ (nacionalidade), _____ (estado civil), _____ (RG), _____ (CPF), residente e domiciliado na _____ (endereço), pelas razões a seguir expostas:

Recurso

1. **Nome e qualificação do recorrente:** não precisa qualificar, pois o processo já está em andamento. A qualificação já constou nas peças iniciais do processo.

2. **Capacidade postulatória:** representação por advogado; não precisa colocar documento n. 1, indicando procuração, pois é peça em andamento.

3. **Inconformismo com a decisão judicial.**

4. **Fundamento legal:** artigo de lei em que se localiza a peça processual. O candidato poderá colocar outros artigos relacionados com o direito material.

5. **Nome da peça:** usar o verbo INTERPOR o recurso tal.

6. **Indicação do tribunal competente.**

7. **Juízo de retratação, quando for RESE ou agravo em execução:** colocar uma frase indicando a possibilidade da retratação.

8. **Parte final:** indicação do órgão competente para julgamento do recurso.

9. **Modelo de Preâmbulo de Recurso**

    _____ (nome do autor), já qualificado nos autos do processo-crime em epígrafe, vem, com o devido respeito, à presença de Vossa Excelência, por seu advogado infra-assinado, inconformado com a decisão de fls. que _____ (especificar o conteúdo da decisão), com fundamento no artigo _____, interpor _____ (nome do recurso), ao Egrégio (Colendo: STJ ou STF) _____ (nome do Tribunal).

10. **Modelo de juízo de retratação:** após o preâmbulo, o candidato pula duas linhas e escreve a seguinte frase:

    Assim, caso Vossa Excelência entenda manter a respeitável decisão de fls. que _____ (especificar o conteúdo), requer a remessa ao Tribunal competente.

Contrarrazões

1. **Nome e qualificação do recorrido:** não precisa qualificar, pois o processo já está em andamento. A qualificação já constou nas peças iniciais do processo.

2. **Capacidade postulatória:** representação por advogado; não precisa colocar documento 1, indicando procuração, pois é peça em andamento.

3. **Inconformismo com o recurso interposto.**

4. **Fundamento legal:** artigo de lei em que se localiza a peça processual. O candidato poderá colocar outros artigos relacionados com o direito material.

5. **Nome da peça:** apresentar contrarrazões do _____ (nome do recurso).

6. **Juízo de retratação, quando for RESE ou agravo em execução:** colocar uma frase indicando a possibilidade da retratação.

7. **Parte final:** indicação do órgão competente para o julgamento do recurso.

8. **Modelo de Preâmbulo de Recurso**

   _____ (nome do autor), já qualificado nos autos do processo-crime em epígrafe, vem, com o devido respeito, à presença de Vossa Excelência, por seu advogado infra-assinado, inconformado com o recurso de fls. que _____ (especificar o conteúdo do recurso), com fundamento no artigo _____, apresentar CONTRARRAZÕES _____ (nome do recurso), ao Egrégio (Colendo: STJ ou STF) _____ (nome do Tribunal).

9. **Modelo de juízo de retratação:** após o preâmbulo, o candidato pula duas linhas e escreve a seguinte frase:

   Assim, caso Vossa Excelência entenda por reformar a respeitável decisão de fls. que _____ (especificar o conteúdo), requer a remessa ao Tribunal competente.

5.2.3 Dos fatos

A descrição dos fatos deve ser concisa, direta e com linguagem simples.

Neste item da peça, o candidato não pode inventar dados, nem copiar o problema. Deverá proceder da seguinte forma:

1. **Se for ação ou pedido:** deve narrar a infração, levando em conta os seguintes dados: quando foi cometido o crime, lugar do crime, motivo do crime, sujeito ativo, conduta criminosa, maneira, resultado criminoso.

Exemplo: a) No dia tal, mês tal, ano tal, por volta das tantas horas, no bar situado na Rua tal, Fulano de tal, por motivo fútil, ofendeu a integridade corporal de sua esposa, mediante socos e pontapés, causando-lhe lesões corporais de natureza grave, conforme laudo pericial à fls.

2. **Se a peça for recurso:** além de narrar o fato criminoso na forma do item anterior, colocar o andamento processual, na forma de relatório, e de acordo com o rito processual.

Exemplo do andamento: Fulano de tal foi denunciado como incurso no artigo tal, já que matou Sicrano. Recebida a denúncia (fls.), o réu foi citado (fls.) para apresentar resposta à acusação. Não foi decretada absolvição sumária (fls.). Na audiência de instrução e julgamento, os atos processuais foram realizados (fls.). Na fase do art. 402 do CPP nada foi requerido. Em sede de alegações finais, o promotor requereu _____ (fls.). A defesa, por sua vez, _____ (fls.).

3. Observações específicas:

   a) **relaxamento da prisão em flagrante:** narrar a prisão em flagrante;

   b) **memoriais:** colocar andamento processual;

   c) **embargos de declaração:** apontar o vício contido na decisão judicial.

5.2.4 Do direito

Fundamentos jurídicos, ou seja, reflexo dos fatos no mundo jurídico.

Uma das partes mais difíceis para o candidato é a argumentação, em que há o desenvolvimento dos fundamentos jurídicos, de acordo com a tese escolhida, e adaptada na resolução do problema apresentado pela OAB.

Neste item da peça, o candidato deverá seguir o seguinte roteiro:

a) Se for ação ou pedido:

- apontar a tese;
- demonstrar a tese;
- apontar doutrina;
- apontar jurisprudência;
- conclusão.

Observações específicas sobre a tese:

- **liberdade provisória:** primariedade, bons antecedentes, residência fixa e emprego; se for com fiança, o candidato não pode esquecer de demonstrar os requisitos da fiança;

- **representação/requerimento/queixa:** comprovar a ocorrência da infração penal e sua respectiva autoria, com adaptação do fato típico ao tipo penal descrito na Lei Penal;

- **relaxamento de prisão em flagrante:** comprovar a ilegalidade da prisão em flagrante;

- **defesa preliminar:** comprovar requisitos para a rejeição da ação penal;

- **exceção/restituição de coisa apreendida/medidas assecuratórias/ habilitação de assistente/livramento condicional/reabilitação/re-mição/unificação de penas/detração penal/lei benéfica/extinção da punibilidade/indulto/progressão:** comprovar os requisitos legais;

- **conflito de jurisdição:** mostrar e comprovar o conflito;

- **pedido de explicações em juízo:** comprovar a dúvida;

b) Se for recurso:

- **interposição:** não tem o tópico Do Direito;

- **razões:** a ideia fundamental é contrariar a decisão recorrida:

 – apontar a tese;

 – demonstrar a tese;

 – apontar doutrina;

 – apontar jurisprudência;

 – conclusão.

Observações específicas sobre a tese:

 – **embargos infringentes e de nulidade:** o embargante não pode esquecer de, além de defender o voto vencido, justificar a presença dos requisitos de admissibilidade do recurso;

 – **embargos de declaração:** o embargante tem de alegar que o vício contido na decisão judicial representa um gravame, devendo ser sanado, para que a decisão se torne clara, precisa, íntegra e perfeita.

c) Se forem contrarrazões de recurso:

- **juntada:** não tem a parte Do Direito;

- **contrarrazões:** a ideia fundamental é defender a decisão recorrida e contrariar o recurso interposto:

 – apontar a tese;

 – demonstrar a tese;

 – apontar doutrina;

– apontar jurisprudência;

– conclusão.

d) **se a peça for resposta à acusação:** o acusado poderá arguir preliminares e alegar tudo o que interesse à sua defesa, oferecer documentos e justificações, especificar as provas pretendidas e arrolar testemunhas, qualificando-as e requerendo sua intimação, quando necessário.

5.2.5 Pedido

O candidato deve observar a seguinte ordem nos pedidos: a) incompetência; b) nulidade do processo; c) extinção da punibilidade; d) absolvição; e) desclassificação do crime. O candidato deve lembrar que o contramandado de prisão só pode ser pedido quando houver mandado de prisão expedido e o réu estiver foragido ou na iminência de ser preso. Já o salvo-conduto só pode ser pedido quando se tratar de *habeas corpus* preventivo, o paciente estiver solto e ainda não tiver sido expedido mandado de prisão.

5.2.6 Parte final

Termos em que pede deferimento; OAB e indicação do campo para assinatura; nas razões e contrarrazões colocar apenas a OAB e indicação para assinatura.

6 Recomendações práticas para o dia do Exame da OAB

a) **Material indicado para estudo:** Código Penal comentado; CPP comentado; legislação especial; doutrina de Direito Penal e Direito Processual Penal; dicionário; Constituição Federal; doutrina de Direito Constitucional e livro de prática contendo modelos e exercícios. **Material indicado para o dia da prova:** legislação penal sem anotações nem comentários.

b) **Prova:** o candidato receberá um caderno contendo:

b1) a situação-problema;

b2) o problema: serão indicados três problemas, porém não é para o candidato escolher um; será feito um sorteio no início da prova; após o sorteio, os fiscais de sala informarão o número do ponto sorteado, devendo o candidato seguir o ponto sorteado;

b3) as questões práticas: são em número de 4 (quatro);

b4) folhas de rascunho;

b5) folhas para a resposta final.

Atente, quando for entregar a prova, que passou o texto na folha original de resposta. Se entregar as respostas feitas nas folhas de rascunho, sua prova será desconsiderada.

c) **Rascunho:** o candidato deverá:

c1) rascunhar o roteiro de questões (dados essenciais para entendimento do enunciado);

c2) rascunhar o esqueleto da peça (tese, peça, competência e pedido);

c3) separar os argumentos jurídicos a serem usados para fundamentar a tese;

c4) na parte dos fatos, verificar a infração penal e o rito, para colocar o andamento processual, se for o caso;

c5) no pedido, ser específico, indicar fundamento jurídico e legal;

c6) não esquecer de arrolar argumentação constitucional: se não tiver nada específico, invocar algo genérico, como violação ao princípio da segurança jurídica.

Modelo: o princípio da segurança jurídica exige que o Poder Público respeite a lei e a CF, visto que a violação a tais normas abala a certeza e a igualdade, configurando um arbítrio estatal e, consequentemente, a quebra da coerência e harmonia do sistema jurídico.

d) **Dos fatos:** não inventar dados; narrar a infração penal praticada; colocar o andamento processual de acordo com o rito processual.

e) **Do Direito:**

e1) demonstrar os requisitos para concessão do direito do condenado: pedido de indulto, progressão de regime, pedido de extinção da punibilidade, detração, lei penal benéfica, unificação de penas, remição, reabilitação e livramento condicional;

e2) demonstrar a adequação típica: representação, requerimento, queixa-crime, queixa-crime subsidiária (não esquecer de mencionar a inércia do Ministério Público);

e3) demonstrar o preenchimento de requisitos: processos incidentais;

e4) demonstrar primariedade, bons antecedentes, residência e emprego fixos: liberdade provisória;

e5) demonstrar que a prisão em flagrante constitui coação ilegal: relaxamento de prisão em flagrante;

e6) estrutura nas demais peças: apontar a tese (tese + conteúdo + fundamento), demonstrar a tese (desenvolver a tese em vários parágrafos, não esquecendo de invocar argumentação constitucional), doutrina, jurisprudência e conclusão.

f) **Construção da liminar:** cabível em duas peças práticas: *habeas corpus* e mandado de segurança. Seguir o modelo:

Habeas corpus

Embora não prevista em lei, a concessão da liminar em *habeas corpus* vem sendo admitida pela jurisprudência, sempre que presentes os requisitos, a seguir demonstrados:

a) *fumus boni iuris*, está evidenciado pela existência de disposição legal e princípios constitucionais que _____ (mencionar a tese);

b) *periculum in mora*, por sua vez, está caracterizado, pois, caso não seja _____ (o que se pede em favor do paciente), de forma urgente e imediata, ocorrerá lesão grave e de difícil reparação, consistente _____ (explicitar o dano que irá acontecer se não for obtida a liminar).

Dessa forma, presentes os requisitos do *fumus boni iuris* e *periculum in mora*, como restou comprovado acima, a liminar deve ser concedida, como direito subjetivo do paciente, para boa aplicação da lei penal e respeito aos valores supremos da sociedade.

Mandado de Segurança

Conforme o art. 7º, inciso II, da Lei n. 12.016/2009, é possível a concessão da liminar, sempre que presentes os requisitos a seguir demonstrados:

a) *fumus boni iuris* (relevante fundamento) está evidenciado pela existência de disposição legal e princípios constitucionais que _____ (mencionar a tese);

b) *periculum in mora* (ineficácia da medida), por sua vez, está caracterizado, pois, caso não seja _____ (o que se pede em favor do paciente), de forma urgente e imediata, ocorrerá lesão grave e de difícil reparação, consistente _____ (explicitar o dano que irá acontecer se não for obtida a liminar).

Dessa forma, presentes os requisitos do *fumus boni iuris* e *periculum in mora*, como restou comprovado acima, a liminar deve ser concedida, como direito subjetivo do impetrante, para boa aplicação da lei penal e respeito aos valores supremos da sociedade.

g) **Redação:** o candidato deve ficar atento à pontuação, à estética, limpeza, letra clara e legível (pode usar letra de forma, diferenciando maiúscula de minúscula), frases com sujeito, verbo e predicado, usar termos adequados para indicar as partes, evitar abreviaturas.

h) **Parte final da peça:**

Qualquer peça, exceto razões ou contrarrazões de recurso

Termos em que

pede deferimento.

(2 linhas)

São Paulo, ____ (dia) de _____ (mês) de _____ (ano).

(2 linhas)

_____

OAB – Seção ____ (local do exame) sob n. _____

Razões ou contrarrazões de recurso

São Paulo, ____ (dia) de _____ (mês) de ____ (ano).

(2 linhas)

_____

OAB – Seção ____ (local do exame) sob n. ____

i) **Palavras em latim:** não é obrigatório usar termos em latim na peça prática, pois não consta no edital, nem em lei, nem na Constituição Federal. O uso pode ser recomendado para enriquecer o vocabulário e o conhecimento jurídico exposto, mas não tem caráter obrigatório.

j) **Endereço do advogado:** após terminar a peça, colocar um parágrafo, identificando o endereço, até para eventual recebimento das intimações:

Para fins do art. 106 do CPC/2015, o endereço do advogado para fins de intimação é: Rua _____, n. _____, Bairro _____, cidade _____, Estado _____.

k) **Taxa judiciária**

O _____ (nome do autor da ação) requer juntada do comprovante do devido preparo, conforme guia anexa.

l) **Forma:** linguagem direta, simples; não repetir termos; construir parágrafos de no máximo oito linhas; entre tópicos diferentes, pular duas linhas; entre parágrafos do mesmo tópico, pular uma linha; parágrafos devem começar no meio da folha.

m) Modelo de Justificativa: após o final da peça

Foi _____ (indicar peça adequada), pois _____ (justificativa do cabimento da peça), com fundamento _____ (legal e
constitucional). A competência é do _____ (indicar o órgão
competente), com fundamento no artigo _____.

n) Citação de lei e artigo

(a) Lei: indicar o número da lei e em seguida a data: número da lei + data:

– Lei n. 11.719/2008 ou

– Lei n. 11.719, de 2008, ou

– Lei n. 11.719, de 20 de junho de 2008.

– Ano não tem ponto.

(b) Artigo:

– número do artigo: até o número 9 usar o símbolo º;

– inciso: usar algarismos romanos e hifens;

– alínea: letra minúscula;

– o símbolo § só pode ser usado quando o artigo tiver mais de um
parágrafo;

– se for parágrafo único, escrever parágrafo por extenso.

Com o intuito de manter a tecnicidade dos textos redigidos, sugerimos
a leitura da Lei Complementar 95/98, que dispõe sobre elaboração, redação, alteração e consolidação das leis, especificamente o art. 10 e seguintes.

7 Orientações gerais do Exame da OAB

1. Evitar abreviaturas, mesmo de expressões conhecidas;

2. Não criar dados ou fatos, apenas utilizar o que foi dado na situação-
-problema;

3. Não usar à rua, mas sim na rua;

4. Evitar parágrafos longos com mais de 8 (oito) linhas;

5. É proibida qualquer identificação do candidato na prova, sob pena de
anulação da prova;

6. Não se preocupar em escrever difícil; a redação deve ser clara e compreen-
sível;

7. Evitar rasuras;

8. Atentar para redigir a peça processual na folha definitiva de respostas. O examinador não corrige peça feita a lápis ou em folha de rascunho;

9. Cuidado com o emprego de termos jurídicos em latim; na dúvida, é recomendado que o candidato leve o dicionário;

10. Quando o candidato for pedir alvará de soltura, não deve requerer expedição de alvará de soltura clausulado;

11. É possível fazer a prova em letra de forma, desde que o candidato use letra legível e diferencie letra maiúscula e minúscula;

12. O ideal estético da peça é que, na mudança de tópicos, o candidato pule 2 (duas) linhas e, dentro do mesmo tópico, pule 1 (uma) linha;

13. No tópico dos fatos, o candidato deve narrar os acontecimentos com suas palavras, sem copiar o problema, e concluir da seguinte forma: "Diante dos fatos narrados, houve _____ (mencionar a tese jurídica), conforme será demonstrado a seguir com a exposição dos fundamentos jurídicos." A conclusão anterior é um modelo; o que o candidato deve atentar é a finalização do tópico dos fatos, que deve ser feita com uma frase de ligação com o direito;

14. No direito, o candidato também deve concluir o raciocínio jurídico, podendo usar o seguinte modelo: "Diante do exposto, com base na legislação e nos argumentos doutrinários e jurisprudenciais, houve _____ (mencionar a tese jurídica), de forma que _____ (mencionar a providência a ser obtida: bem da vida).";

15. O princípio da segurança jurídica é um dos princípios que os candidatos podem usar toda vez que constatarem na situação-problema uma arbitrariedade praticada pelo Poder Público. O candidato pode usar o seguinte modelo de parágrafo para mencionar o princípio: "O princípio da segurança jurídica exige que o Poder Público respeite a lei e a CF, visto que a violação a tais normas abala a certeza e a igualdade, configurando um arbítrio estatal e, consequentemente, a quebra da coerência e harmonia do sistema jurídico."

Peças da Fase Pré-Processual 5

1 Peças entre a fase investigatória e antes da propositura da ação penal

a) relaxamento de prisão em flagrante;

b) liberdade provisória;

c) revogação de prisão;

d) requerimento ou representação para instauração de inquérito policial;

e) *habeas corpus*;

f) requerimento de diligência ao Delegado de Polícia;

g) pedido de restituição de coisa apreendida (análise no capítulo das peças incidentais);

h) pedido de explicações em juízo (análise no capítulo das peças incidentais);

i) pedido de sequestro de bens (análise no capítulo das peças incidentais).

2 Introdução

Quando alguém comete uma infração penal, seja crime ou contravenção, surge uma relação jurídica (um elo) entre o Estado, com o direito de punir, e o infrator, com o direito de ser punido com base na lei.

A prática da infração penal faz surgir **relação jurídica punitiva**, decorrente do poder (dever) do Estado de punir violação aos preceitos penais.

Seja crime ou contravenção, a prática da infração penal implica a transformação do direito abstrato e genérico de punir do Estado (**relação jurídico-penal hipotética**) em direito de punir concreto e individualizado (**relação jurídico-penal concreta**).

Na relação jurídico-punitiva, há dois personagens: o Estado, titular da **pretensão punitiva** (exigência de subordinação do interesse do infrator da lei penal ao interesse do Estado de defesa da ordem jurídica e estabilidade coletiva); e o autor da infração penal, com o direito de ser punido com base na lei editada pelo Estado.

Diante da transgressão da norma penal, de um lado aparece o Estado, com o *jus puniendi*; e, de outro, o acusado, com a obrigação de não obstaculizar o direito da sociedade, representada pelo Estado, de impor a sanção penal.

A punição estatal é feita através de uma trajetória denominada **persecução penal**. É uma atividade pela qual o Estado, com observância da ordem jurídica, em respeito ao devido processo penal, visa punir o autor da infração penal, para pacificação social.

A causa final da persecução penal é a atuação da vontade da lei na punição do criminoso. A causa material é a prática de uma infração penal.

A punição estatal feita através de uma trajetória denominada persecução penal, pode ser dividida em três fases:

a) **fase preliminar ou pré-processual:** é a investigação ou averiguação da infração penal, por meio da coleta de dados a respeito da sua autoria e materialidade;

b) **fase processual:** é a realização do processo contra o suposto autor da infração penal; é a apuração da infração penal por meio de uma relação jurídica entre juiz e partes, a qual se desenvolve por uma sequência de atos no Judiciário, até a decisão final, condenatória ou absolutória;

c) **fase executiva:** é o cumprimento da sanção penal.

3 Fase investigatória

1. **Finalidade:** a finalidade da fase investigatória é:

a) coletar informações a respeito da materialidade e autoria da infração penal;

b) esclarecer o delito e sua autoria;

c) fornecer ao titular da ação penal elementos necessários para a sua propositura; e

d) pode influenciar no convencimento judicial, desde que as informações coletadas sejam confirmadas em juízo (salvo perícia), já que os elementos colhidos na investigação não são definitivos, constituindo apenas começo ou elemento de prova.

2. **Atribuição:** tal fase será conduzida pela Polícia Civil ou Federal, após receber a notícia da prática de uma infração penal. Com base no texto constitucional (art. 144 da CF), não cabe à Polícia Civil ou à Polícia Federal apurar as infra-

ções criminais de natureza militar. Tais infrações são investigadas pela Polícia Judiciária Militar, que é constituída pelas autoridades militares e seus auxiliares.

3. **Notícia do crime**: quando a autoridade policial toma conhecimento de uma infração penal, diz-se que a autoridade recebeu a notícia do crime (*notitia criminis*). A notícia do crime pode chegar à autoridade policial das seguintes formas:

a) **coercitiva**: pela condução e apresentação de uma pessoa presa em flagrante na Delegacia;

b) **imediata ou direta**: através das atividades rotineiras (por exemplo, ronda) ou através de comunicação não formal, como no caso da denúncia anônima. É possível a deflagração de investigação criminal com base em matéria jornalística (*Informativo* n. 652/2019 do STJ);

c) **mediata ou indireta**: mediante comunicação formal, como requisição do juiz, requerimento ou representação da vítima.

4. **Formas de Instauração**: Após tomar conhecimento da ocorrência de uma infração penal, através da notícia do crime, a autoridade policial formalizará o início das investigações, ou seja, determinará a instauração do Inquérito Policial (se não for infração de menor potencial ofensivo) ou Termo Circunstanciado (se for infração de menor potencial ofensivo). A formalização da instauração do Inquérito Policial depende do tipo de infração praticada:

a) **crime de Ação Penal Privada**: a instauração do inquérito depende de requerimento da vítima ou do seu representante legal, conforme prescreve o art. 5º, § 5º, do CPP. No caso de morte ou ausência, o direito passará para o cônjuge, ascendente, descendente e irmão. Se o inquérito policial for instaurado sem o requerimento, o prejudicado com a situação poderá discutir a instauração indevida por meio judicial cabível, qual seja, ao indiciado o *habeas corpus* e ao ofendido o mandado de segurança;

b) **crime de Ação Penal Pública Condicionada à representação**: a instauração do inquérito depende da representação da vítima ou do seu representante legal, conforme prescreve o art. 5º, § 4º, do CPP. No caso de morte ou ausência, o direito passará para o cônjuge, ascendente, descendente e irmão;

c) **crime de Ação Penal Pública Condicionada à requisição do Ministro da Justiça**: a instauração do inquérito depende da requisição do Ministro da Justiça;

d) **crime de Ação Penal Pública Incondicionada**: a instauração do inquérito pode ser feita: (1) de ofício, pela própria autoridade policial, por meio de portaria (art. 5º, inciso I, do CPP); (2) por requisição do

Ministério Público ou do juiz (art. 5º, inciso II, do CPP); (3) por requerimento da vítima ou do seu representante legal (art. 5º, inciso II, c/c os §§ 1º a 3º, todos do CPP – *delatio criminis* postulatória); (4) ato não formal de comunicação, feito por qualquer do povo (*delatio criminis* simples), nos termos do art. 5º, § 3º, do CPP. Em regra, é uma faculdade, salvo quando a lei exige obrigatoriedade de comunicação, por exemplo, o art. 269 do CP.

Tipo de Crime	Forma de Instauração
Ação Penal Privada	Requerimento da vítima ou representante legal
Ação Penal Pública Condicionada à Representação	Representação da vítima ou representante legal
Ação Penal Pública Condicionada à Requisição do Ministro da Justiça	Requisição do Ministro da Justiça
Ação Penal Pública Incondicionada	Ofício, requisição do MP, requisição judicial, requerimento da vítima ou representante legal e ato não formal de comunicação

É importante ressaltar que a autoridade policial não poderá rejeitar requisição para instaurar inquérito, porque requisição significa exigência, e deve ser cumprida. Caso não instaure, poderá sofrer responsabilização funcional e criminal.

Se por acaso a requisição não contiver indícios de autoria e materialidade, caberá à autoridade policial devolvê-la, com comunicação da impossibilidade de instauração do inquérito e solicitação de novas informações.

A autoridade policial, entretanto, pode indeferir requerimento ou representação para instaurar inquérito, porque requerer ou representar não possuem caráter vinculante. Tourinho[1] assevera que a autoridade policial só poderá indeferir em alguns casos: (a) extinção da punibilidade; (b) não contiver indícios; (c) autoridade incompetente para instaurar inquérito; (d) fato atípico; (e) requerente incapaz.

Caso a autoridade policial indefira o requerimento ou representação, pode o prejudicado apresentar recurso administrativo ao Chefe da Polícia (área estadual: Secretário de Segurança Pública; área Federal: Ministro da Justiça), nos termos do art. 5º, § 2º, do CPP.

---

[1] TOURINHO FILHO, Fernando da Costa. *Manual de processo penal*. 5. ed. São Paulo: Saraiva, 2003. p. 74.

5. Garantias defensivas especiais para agentes da segurança pública

a) **Condição de investigado:** quando os servidores vinculados à segurança pública figurarem como investigados em inquéritos policiais, inquéritos policiais militares e demais procedimentos extrajudiciais, cujo objeto for a investigação de fatos relacionados ao uso da força letal praticados no exercício profissional, de forma consumada ou tentada, incluindo as situações de legítima defesa, o indiciado poderá constituir defensor.

b) **Direito do investigado:** deverá ser citado da instauração do procedimento investigatório, podendo constituir defensor no prazo de até 48 (quarenta e oito) horas a contar do recebimento da citação. Esgotado o prazo com ausência de nomeação de defensor pelo investigado, a autoridade responsável pela investigação deverá intimar a instituição a que estava vinculado o investigado à época da ocorrência dos fatos, para que essa, no prazo de 48 (quarenta e oito) horas, indique defensor para a representação do investigado.

c) **Efeito extensivo:** tais disposições se aplicam aos servidores militares vinculados às instituições das Forças armadas, desde que os fatos investigados digam respeito a missões para a Garantia da Lei e da Ordem.

6. **Providências:** Após a instauração do inquérito policial, a autoridade policial deverá:

a) dirigir-se ao local, providenciando para que não se alterem o estado e conservação das coisas, até a chegada dos peritos criminais. Em caso de acidente de trânsito, a autoridade policial que primeiro tomar conhecimento do fato poderá autorizar a imediata remoção das pessoas que tenham sofrido lesão, bem como dos veículos nele envolvidos, se estiverem no leito da via pública e prejudicarem o tráfego, nos termos do art. 1º da Lei n. 5.970/73;

b) apreender os objetos que tiverem relação com o fato, após liberados pelos peritos criminais;

c) coletar todas as provas que servirem para o esclarecimento do fato e suas circunstâncias;

d) ouvir o ofendido;

e) ouvir o indiciado, com observância, no que for aplicável, do disposto nos arts. 185 a 196, todos do CPP, devendo o respectivo termo ser assinado por 2 (duas) testemunhas que lhe tenham ouvido a leitura;

f) proceder ao reconhecimento de pessoas e coisas e a acareações;

g) determinar, se for caso, que se proceda a exame de corpo de delito e a quaisquer outras perícias;

h) ordenar a identificação do indiciado pelo processo datiloscópico, se possível, e fazer juntar aos autos sua folha de antecedentes:

h1) **Estatuto da Criança e do Adolescente:** Lei n. 8.069/90, em seu art. 109, estabelece: "O adolescente civilmente identificado não será submetido à identificação compulsória pelos órgãos policiais, de proteção e judiciais, salvo para efeito de confrontação, havendo dúvida fundada";

h2) **Lei de Identificação Criminal (Lei n. 12.037/2009):**

– o civilmente identificado não será submetido a identificação criminal, salvo nos casos previstos nesta Lei;

– há casos em que, mesmo havendo a identificação civil, deverá a Autoridade Policial proceder à identificação criminal se: I – o documento apresentar rasura ou tiver indício de falsificação; II – o documento apresentado for insuficiente para identificar cabalmente o indiciado; III – o indiciado portar documentos de identidade distintos, com informações conflitantes entre si; IV – a identificação criminal for essencial às investigações policiais, segundo despacho da autoridade judiciária competente, que decidirá de ofício ou mediante representação da autoridade policial, do Ministério Público ou da defesa; V – constar de registros policiais o uso de outros nomes ou diferentes qualificações; VI – o estado de conservação ou a distância temporal ou da localidade da expedição do documento apresentado impossibilite a completa identificação dos caracteres essenciais. As cópias dos documentos apresentados deverão ser juntadas aos autos do inquérito, ou outra forma de investigação, ainda que consideradas insuficientes para identificar o indiciado;

– quando houver necessidade de identificação criminal, a autoridade encarregada tomará as providências necessárias para evitar o constrangimento do identificado;

– a identificação criminal incluirá o processo datiloscópico e o fotográfico, que serão juntados aos autos da comunicação da prisão em flagrante, ou do inquérito policial ou outra forma de investigação;

– é vedado mencionar a identificação criminal do indiciado em atestados de antecedentes ou em informações não destinadas ao juízo criminal, antes do trânsito em julgado da sentença condenatória;

– no caso de não oferecimento da denúncia, ou sua rejeição, ou absolvição, é facultado ao indiciado ou ao réu, após o arquivamento definitivo do inquérito, ou trânsito em julgado da sentença, requerer a retirada da identificação fotográfica do inquérito ou processo, desde que apresente provas de sua identificação civil.

i) averiguar a vida pregressa do indiciado, do ponto de vista individual, familiar e social, sua condição econômica, sua atitude e estado de ânimo antes e depois do crime e durante ele, e quaisquer outros elementos que contribuírem para a apreciação do seu temperamento e caráter;

j) colher informações sobre a existência de filhos, respectivas idades e se possuem alguma deficiência e o nome e o contato de eventual responsável pelos cuidados dos filhos, indicado pela pessoa presa;

k) para verificar a possibilidade de haver a infração sido praticada de determinado modo, a autoridade policial poderá proceder à reprodução simulada dos fatos, desde que esta não contrarie a moralidade ou a ordem pública.

7. Relatório: Concluídas as investigações, a autoridade deve fazer minucioso relatório do que tiver sido apurado no Inquérito Policial.

No Relatório, a autoridade policial poderá indicar testemunhas que não tiverem sido inquiridas, mencionando o lugar onde possam ser encontradas (art. 10, § 2º, do CPP), bem como as diligências não realizadas.

No caso de drogas, a autoridade policial deve estabelecer o enquadramento no art. 28 (usuário) ou 33 (traficante), nos termos da Lei n. 11.343/2006, que revoga a Lei n. 6.368, de 21 de outubro de 1976, e a Lei n. 10.409, de 11 de janeiro de 2002. No relatório, devem constar de forma sumária as circunstâncias do fato, a classificação do delito, indicando a quantidade e a natureza da substância ou do produto apreendido, o local e as condições em que se desenvolveu a ação criminosa, as circunstâncias da prisão, a conduta, a qualificação e os antecedentes do agente, nos termos do art. 52, inciso I, da Lei n. 11.343/2006.

Como peça informativa, o Ministério Público não fica vinculado à classificação dada no inquérito policial.

Concluído o inquérito, será este remetido ao Poder Judiciário competente. Os instrumentos do crime, bem como os objetos que interessarem à prova, acompanharão os autos do inquérito.

Nos crimes em que não couber ação pública, os autos do inquérito serão remetidos ao juízo competente, onde aguardarão a iniciativa do ofendido ou de seu representante legal, ou serão entregues ao requerente, se os pedir, mediante traslado.

Ao fazer a remessa dos autos do inquérito ao juiz competente, a autoridade policial oficiará ao Instituto de Identificação e Estatística, ou repartição congênere, mencionando o juízo a que tiverem sido distribuídos, e os dados relativos à infração penal e à pessoa do indiciado.

8. Encerramento anormal: O encerramento do inquérito policial, como vimos anteriormente, é feito por Relatório da autoridade policial; porém, é possível o encerramento anormal do inquérito, por meio do arquivamento e do trancamento.

8.1. Arquivamento:

a) **Legitimidade:** o arquivamento do inquérito policial é feito por pedido do Ministério Público e decidido pelo juiz. A autoridade policial não pode arquivar o inquérito, nos termos da sua característica de indisponibilidade prevista no art. 17 do CPP. Na ação penal pública incondicionada, a vítima não tem direito líquido e certo de impedir o arquivamento do inquérito ou das peças de informação (*Informativo* n. 565/2015 do STJ).

b) **Antes da Lei n. 13.964/2019:** o juiz podia tomar as seguintes atitudes diante do pedido ministerial de arquivamento: (a) concordância: neste caso, o inquérito será arquivado; (b) discordância: neste caso, o juiz remete os autos do inquérito e o pedido do arquivamento ao: b1) se for promotor de justiça (membro do Ministério Público Estadual): ao Procurador-Geral de Justiça, nos termos do art. 28 do CPP combinado com o art. 10, IX, *d*, da Lei n. 8.625/93, que pode oferecer a denúncia, designar outro órgão do Ministério Público que está obrigado a oferecer a denúncia ou ainda insistir no arquivamento; b2) se for Procurador-Geral de Justiça (chefe do MP estadual): ao Colégio de Procuradores, nos termos do art. 12, XI, da Lei n. 8.625/93: "Compete ao Colégio de Procuradores: rever, mediante requerimento de legítimo interessado, nos termos da Lei Orgânica, decisão de arquivamento de inquérito policial ou peças de informações determinada pelo Procurador-Geral de Justiça, nos casos de sua atribuição originária"; b3) se for membro do Ministério Público Federal: à Câmara de Coordenação e Revisão, nos termos do art. 62, IV, da Lei Complementar n. 75/93: "Compete às Câmaras de Coordenação e Revisão: (...) IV – manifestar-se sobre o arquivamento de inquérito policial, inquérito parlamentar ou peças de informação, exceto nos casos de competência originária do Procurador-Geral", combinado com o art. 171, V, da Lei Complementar n. 75/93; b4) se for competência originária do STF: está obrigado a determinar o arquivamento quando requerido pelo Procurador-Geral da República.

c) **Sistemática atual (com a Lei n. 13.964/2019):** ordenado o arquivamento do inquérito policial ou de quaisquer elementos informativos da mesma natureza, o órgão do Ministério Público comunicará à vítima, ao investigado e à autoridade policial e encaminhará os autos para a instância de revisão ministerial para fins de homologação, na forma da lei. No caso de morte decorrente de intervenção policial, deve o promotor de justiça (membro do MP estadual) ou o procurador da República (membro do MP federal) notificar a vítima e/ou familiares sobre o pronunciamento do MP, nos termos do art. 4º, VII, da Resolução n. 129/2015 do Conselho Nacional do MP.

d) **Discordância da vítima, ou seu representante legal:** poderá, no prazo de 30 (trinta) dias do recebimento da comunicação, submeter a matéria à revisão da instância competente do órgão ministerial, conforme dispuser a respectiva lei orgânica.

e) **Ações penais relativas a crimes praticados em detrimento da União, Estados e Municípios:** a revisão do arquivamento do inquérito policial poderá ser provocada pela chefia do órgão a quem couber a sua representação judicial.

f) **Homologação pela instância de revisão:** 1) se for promotor de justiça (membro do Ministério Público Estadual): ao Procurador-Geral de Justiça, nos termos do art. 28 do CPP, combinado com o art. 10, IX, *d*, da Lei n. 8.625/93, que pode oferecer a denúncia, designar outro órgão do Ministério Público que está obrigado a oferecer a denúncia ou ainda insistir no arquivamento; 2) se for Procurador-Geral de Justiça (chefe do MP estadual): ao Colégio de Procuradores, nos termos do art. 12, XI, da Lei n. 8.625/93: "Compete ao Colégio de Procuradores: rever, mediante requerimento de legítimo interessado, nos termos da Lei Orgânica, decisão de arquivamento de inquérito policial ou peças de informações determinada pelo Procurador-Geral de Justiça, nos casos de sua atribuição originária"; 3) se for membro do Ministério Público Federal: à Câmara de Coordenação e Revisão, nos termos do art. 62, IV, da Lei Complementar n. 75/93: "Compete às Câmaras de Coordenação e Revisão: (...) IV – manifestar-se sobre o arquivamento de inquérito policial, inquérito parlamentar ou peças de informação, exceto nos casos de competência originária do Procurador-Geral", combinado com o art. 171, V, da Lei Complementar n. 75/93.

g) **Motivação:** o inquérito policial somente pode ser arquivado por determinação judicial, a requerimento do Ministério Público, quando houver justa causa. Não existe a possibilidade do arquivamento de inquérito "de ofício". Se o juiz determinar o arquivamento sem pedido do Ministério Público, caberá correição parcial.

h) **Efeito da decisão judicial sobre o arquivamento:** faz coisa julgada formal, pois pode o inquérito ser desarquivado, diante do aparecimento de novas provas, nos termos do art. 18 do CPP: *"Depois de ordenado o arquivamento do inquérito pela autoridade judiciária, por falta de base para a denúncia, a autoridade policial poderá proceder a novas pesquisas, se de outras provas tiver notícia"*, e da Súmula 524 do STF: *"Arquivado o inquérito policial, por despacho do juiz, a requerimento do promotor de justiça, não pode a ação penal ser iniciada, sem novas provas"*.

Cabe ressalvar que não é possível reabertura de inquérito policial quando este houver sido arquivado a pedido do Ministério Público com apoio na **extinção de punibilidade do indiciado ou na atipicidade penal da conduta a ele imputada**. Promovido o arquivamento do inquérito policial pelo reconhecimento de legítima defesa, a coisa julgada material impede a rediscussão do caso penal em qualquer novo feito criminal, descabendo perquirir a existência de novas provas (*Informativo* n. 554/2015 do STJ).

i) **Recurso:** em regra, a decisão de arquivamento é irrecorrível, exceto: (a) nos crimes contra a economia popular, o recurso cabível é o de ofício (art. 7º da Lei n. 1.521/51: *"Os juízes recorrerão de ofício sempre que absolverem os acusados em processo por crime contra a economia popular ou contra a saúde pública, ou quando determinarem o arquivamento dos autos do respectivo inquérito policial"*); (b) nas contravenções previstas nos arts. 58 e 60, ambos do Decreto-lei n. 6.259/44 (art. 6º, parágrafo único, da Lei n. 1.508/51), o recurso cabível é o recurso em sentido estrito: *"Art. 6º Quando qualquer do povo provocar a iniciativa do Ministério Público, nos termos do art. 27 do Código do Processo Penal, para o processo tratado nesta lei, a representação, depois do registro pelo distribuidor do juízo, será por este enviada,* incontinenti, *ao Promotor Público, para os fins legais. Parágrafo único. Se a representação for arquivada, poderá o seu autor interpor recurso no sentido estrito"*. Há também a possibilidade de recurso dentro do procedimento previsto no art. 28 do CPP, definido no art. 12, XI, da Lei n. 8.625/93.

j) **Ação penal privada:** convém ressaltar que não cabe ação penal privada subsidiária da pública se o Ministério Público pede arquivamento do inquérito policial, pois não houve inércia. Na ação penal privada não há necessidade do pedido de arquivamento: basta o curso do prazo decadencial do direito de queixa. Caso seja requerido o arquivamento, deve ser recebido como renúncia tácita ao direito de queixa, dando ensejo à extinção da punibilidade.

k) **Local dos autos do inquérito arquivado:** secretaria do juiz das garantias a disposição das partes e demais interessados, nos termos do art. 3º-C do CPP.

l) **Espécies de arquivamento:**

11) implícito: quando existem vários crimes em apuração no mesmo inquérito e o MP oferece denúncia em relação a um delito, deixando de oferecê-la em relação a outro, sem se manifestar expressamente quanto ao arquivamento. Não admitido em face do princípio da obrigatoriedade e indisponibilidade da ação penal, sendo certo que na ação penal pública não vigora o princípio da indivisibilidade;

12) provisório: hipótese do art. 72 da Lei n. 9.099/95, quando não houver localização da vítima;

13) explícito ou direto: quando o MP diz os motivos do arquivamento;

14) indireto: quando o membro do Ministério Público reconhece sua ausência de atribuição para oferecimento da denúncia mas o juiz não reconhece sua incompetência no caso.

8.2. Trancamento do inquérito

O trancamento do inquérito ocorre quando alguém ajuizar *habeas corpus* alegando o não cabimento da instauração do inquérito policial.

O trancamento do inquérito é medida excepcional, ou seja, somente pode ser decretado quando houver evidente falta de justa causa.

A falta de justa causa no inquérito policial é caracterizada quando se verifica a atipicidade do fato investigado ou evidente impossibilidade de o indiciado ser o autor da infração ou quando já tiver ocorrido extinção da punibilidade.

É importante ressaltar que, existindo indícios da ocorrência de delito em tese a demandar apuração do evento em inquérito policial, não há falar em falta de justa causa para sua instauração, nem de reconhecer a existência de qualquer constrangimento ilegal imposto ao paciente.

4 Espécies de procedimentos investigatórios

a) **Inquérito Policial:** feito por autoridade policial (Polícia Civil ou Federal). Qualifica-se como procedimento administrativo, de caráter pré-processual, ordinariamente vocacionado a subsidiar, nos casos de infrações perseguíveis mediante ação penal de iniciativa pública, a atuação persecutória do Ministério Público, que é o verdadeiro destinatário dos elementos que compõem a *informatio delicti* (STF, HC 89.837-DF, 2ª T., *DJe* de 20-11-2009).

b) **Inquérito Extrapolicial:** feito por outra autoridade administrativa, a quem por lei seja cometida a mesma função, por exemplo, o inquérito parlamentar, feito pela Comissão Parlamentar de Inquérito (CPI).

b1) **Militar:** é competente a Justiça Militar, na forma do art. 9º, III, *a*, do Código Penal Militar, para conduzir inquérito policial no qual se averiguam condutas que têm, no mínimo, potencial para causar prejuízo à Administração Militar (e/ou a seu patrimônio), seja decorrente da percepção ilegal de proventos de reforma por invalidez permanente que se revelem incompatíveis com o exercício de outra atividade laboral civil, seja em virtude da apresentação de declaração falsa perante a Marinha do Brasil (*Informativo* n. 657/2019 do STJ).

c) **Boletim de Ocorrência circunstanciado:** quando o menor é apreendido em flagrante praticando ato infracional sem violência ou grave ameaça à pessoa (art. 174 do ECA).

d) **Auto de apreensão:** quando o menor é apreendido em flagrante por ato infracional praticado com violência ou grave ameaça à pessoa. Alguns chamam, também, de Boletim de Ocorrência Circunstanciado (art. 174 do ECA).

e) **Relatório de investigação:** ato infracional praticado por menor infrator, porém não apreendido em flagrante (art. 177 do ECA).

f) **Termo circunstanciado:** procedimento policial simplificado utilizado para investigação das infrações de menor potencial ofensivo, de competência dos Juizados Especiais Criminais.

g) **Peças de informação:** têm como objeto fato delituoso praticado por alguém ocupante de cargo que lhe permite ser julgado por órgão superior.

5 Características do inquérito policial

a) **Escrito:** todas as peças do inquérito policial serão, num só processado, reduzidas a escrito ou datilografadas (ou digitadas) e, neste caso, rubricadas pela autoridade.

b) **Dispensabilidade:** o inquérito policial acompanhará a denúncia ou queixa sempre que servir de base a uma ou outra, conforme os arts. 12, 27, 39, § 5º, 46, § 1º, todos do CPP. Quando o titular da ação penal tiver elementos suficientes para promover peça inicial acusatória, o inquérito será dispensável.

c) **Inquisitivo:** não existe contraditório nem ampla defesa no inquérito policial. Sobre o assunto temos duas correntes:

   c1) é possível, nos termos do art. 5º, LV, da CF, já que o inquérito é um procedimento administrativo e como tal deve garantir o contraditório. Nesta posição temos divergência do início do contraditório: (a) a partir do indiciamento; (b) a partir da instauração do inquérito;

   c2) não é possível, pois a natureza do inquérito é inquisitiva; não há partes nem processo; o contraditório aplica-se aos processos em que há litígio, que podem terminar, inclusive, com punição, o que não acontece com o inquérito policial.

   Há inquéritos que admitem contraditório, como é o caso do inquérito instaurado pela Polícia Federal, a pedido do Ministro da Justiça, visando à expulsão de estrangeiro.

A natureza inquisitiva do inquérito produz os seguintes efeitos:

- a possibilidade de o Delegado de Polícia instaurar o inquérito policial de ofício (*ex officio*), nos casos em que tomar conhecimento da ocorrência de crime inserido no rol de delitos sujeitos a ação penal pública incondicionada;

- a discricionariedade de empreender quaisquer investigações que entenda necessárias para a elucidação do fato infringente da norma e à descoberta do respectivo autor;

- proibição da arguição de suspeição das autoridades policiais, nos termos do art. 107 do CPP;

- a possibilidade de a autoridade policial indeferir qualquer diligência requerida pelo ofendido ou indiciado, com exceção do exame de corpo de delito (art. 184 do CPP), nos termos do art. 14 do CPP.

d) **Procedimento administrativo investigatório:** sucessão de atos que visam à coleta de informações a respeito da infração penal e sua respectiva autoria.

e) **Peça informativa:** visa fornecer informações aos destinatários do inquérito: (1) imediato: titular da ação penal; (2) mediato: juiz.

f) **Procedimento preparatório da ação penal:** visa fornecer os elementos necessários para que o titular da ação penal tenha em mãos o *fumus boni iuris* para promover a ação penal.

g) **Indisponibilidade:** a autoridade policial não poderá mandar arquivar autos de inquérito.

h) **Sigilo:** a autoridade assegurará no inquérito o sigilo necessário à elucidação do fato ou exigido pelo interesse da sociedade. Nos atestados de antecedentes que lhe forem solicitados, a autoridade policial não poderá mencionar quaisquer anotações referentes à instauração de inquérito contra os requerentes. O sigilo, todavia, não se estende ao Ministério Público e ao Poder Judiciário, que podem acompanhar a investigação criminal. O Estatuto da Ordem dos Advogados do Brasil permite que o advogado do indiciado tenha acesso ao inquérito policial, podendo manusear, consultar os autos, salvo em caso de decretação de segredo de justiça, ato que desautoriza o acompanhamento dos atos procedimentais pelo advogado (art. 7º, XIV, da Lei n. 8.906/94).

i) **Discricionariedade:** a autoridade policial tem liberdade de agir no procedimento investigatório, dentro dos limites da lei.

j) **Oficialidade:** o inquérito é feito pela Polícia, órgão oficial, pertencente ao Estado.

j1) Compete à Justiça Federal a condução do inquérito que investiga o cometimento do delito previsto no art. 334, § 1º, IV, do Código Penal, na hipótese de venda de mercadoria estrangeira, permitida pela ANVISA, desacompanhada de nota fiscal e sem comprovação de pagamento de imposto de importação (*Informativo* n. 631/2018 do STJ).

j2) Compete à Justiça Federal a condução do inquérito que investiga o cometimento do delito previsto no art. 241-A do ECA nas hipóteses em que há a constatação da internacionalidade da conduta e à Justiça Estadual nos casos em que o crime é praticado por meio de troca de informações privadas, como nas conversas via *WhatsApp* ou por meio de *chat* na rede social *Facebook* (*Informativo* n. 603/2017 do STJ).

j3) Compete à Justiça Estadual a condução de inquérito policial no qual se apura suposto crime de estelionato, em que foi obtida vantagem ilícita em prejuízo de vítimas particulares mantidas em erro mediante a criação de falso Tribunal Internacional de Justiça e Conciliação para solução de controvérsias (*Informativo* n. 597/2017 do STJ).

k) **Autoritariedade:** o inquérito policial é presidido por uma autoridade pública – o Delegado de Polícia.

l) **Valor probatório relativo:** os elementos de informação colhidos no inquérito policial podem ser elementos de convicção judicial, desde que sejam confirmados em juízo.

Não se admite a pronúncia de acusado fundada exclusivamente em elementos informativos obtidos na fase inquisitorial (*Informativo* n. 638/2018 do STJ).

m) **Vícios:** vícios existentes no inquérito policial não afetam a ação penal nem o próprio inquérito. Eventuais irregularidades podem diminuir o valor do inquérito. Não há nulidades processuais em inquérito. Se a irregularidade for muito séria e o indiciado estiver preso, há ilegalidade da prisão, devendo ser relaxada.

n) **Temporariedade:** o inquérito policial tem prazo de duração:

n1) **réu preso (flagrante ou preventiva):** prazo de 10 (dez) dias, contado a partir do dia em que se executar a ordem de prisão. Ao inquérito não concluído dentro do prazo legal e estando o réu preso, cabe *habeas corpus*, nos termos do art. 648, II, do CPP;

n2) **réu solto (com ou sem fiança):** no prazo de 30 (trinta) dias. Caso o inquérito não seja concluído dentro do prazo legal, o juiz pode solicitar a sua dilação, nos termos do art. 10, § 3º, do CPP; trata-se de prazo impróprio; pode ser prorrogado a depender da complexidade das investigações; é possível que se realize, por meio de *habeas corpus*, o controle acerca da razoabilidade da duração da investigação, sendo cabível, até mesmo, o trancamento do inquérito policial, caso demonstrada a excessiva demora para a sua conclusão (*Informativo* n. 747/2022 do STJ);

n3) **crimes contra a economia popular:** 10 (dez) dias, esteja o indiciado preso ou solto (art. 10, § 1º, da Lei n. 1.521/51);

n4) **crimes de drogas:** se o indiciado estiver preso, o inquérito policial será concluído no prazo de 30 (trinta) dias; se o indiciado estiver solto, o inquérito policial será concluído no prazo de 90 (noventa) dias, nos termos do art. 51 da Lei n. 11.343/2006. Tais prazos podem ser duplicados pelo juiz, ouvido o Ministério Público, mediante pedido justificado de autoridade de polícia judiciária;

n5) **crime de Justiça Federal:** 15 dias, prorrogáveis por mais 15 dias, na Justiça Federal (art. 66 da Lei n. 5.010/66).

o) **Incomunicabilidade do indiciado:**

o1) **motivo:** será permitida quando houver exigência por interesse da sociedade ou conveniência da investigação;

o2) **forma:** dependerá sempre de despacho judicial fundamentado nos autos;

o3) **prazo:** não excederá de três dias;

o4) **iniciativa:** requerimento da autoridade policial, ou do órgão do Ministério Público;

o5) **não admissibilidade (corrente doutrinária):** há posição doutrinária que sustenta a revogação da incomunicabilidade, em razão do art. 136, § 3º, IV, da CF. Dessa forma, caso seja decretada a incomunicabilidade do preso, é cabível mandado de segurança;

o6) **advogado:** o advogado, pelo Estatuto da Ordem, tem o direito de entrar em contato com o seu cliente.

Na fase investigatória, a OAB pode exigir do candidato a feitura de três peças relacionadas ao início da investigação:

- requerimento para instauração de inquérito policial, quando for crime de ação penal privada;

- requerimento para instauração de inquérito policial, quando for crime de ação penal pública incondicionada;

- representação para instauração de inquérito policial, quando for crime de ação penal pública condicionada à representação.

6 Juiz de garantias

a) **Conceito:** é o que atua na fase investigatória até o recebimento da denúncia ou queixa. Após o recebimento da peça acusatória o juiz atuante no processo criminal é o juiz da instrução e julgamento.

b) **Finalidade da criação:** com o juiz de garantias, tem-se a separação entre os órgãos jurisdicionais de controle da investigação preliminar e de julgamento do caso penal, visando à preservação da imparcialidade.

c) **Fundamento:** é uma opção política do processo penal, inserida no modelo democrático do processo penal, vinculado à Constituição Federal e aos diplomas internacionais[2].

d) **Vedações ao juiz:** (1) a iniciativa do juiz na fase de investigação; (2) a substituição da atuação probatória do órgão de acusação.

e) **Função:** controle da legalidade da investigação criminal e pela salvaguarda dos direitos individuais cuja franquia tenha sido reservada à autorização prévia do Poder Judiciário.

f) **Atribuições:** rol não taxativo: outras matérias inerentes às atribuições de controle da legalidade da investigação criminal e pela salvaguarda dos direitos individuais cuja franquia tenha sido reservada à autorização prévia do Poder Judiciário.

   f1) **comunicação da prisão:** receber a comunicação imediata da prisão, nos termos do inciso LXII do *caput* do art. 5º da Constituição Federal (a prisão de qualquer pessoa e o local onde se encontre serão comunicados imediatamente ao juiz competente e à família do preso ou à pessoa por ele indicada). No art. 306 do CPP, a prisão de qualquer pessoa e o local onde se encontre serão comunicados imediatamente ao juiz competente, ao Ministério Público e à família do preso ou à pessoa por ele indicada;

   f2) **controle da legalidade da prisão em flagrante:** receber o auto da prisão em flagrante para o controle da legalidade da prisão, observado o disposto no art. 310 do CPP (após receber o auto de prisão em flagrante, no prazo máximo de até 24 horas após a realização da prisão, o juiz deverá promover audiência de custódia com a presença do acusado, seu advogado constituído ou membro da Defensoria

---

[2] GIACOMOLLI, Nereu José. Juiz de garantias: um nascituro estigmatizado. In: MALAN, Diogo; MIRZA, Flávio (coord.). *70 anos do Código de Processo Penal brasileiro*: balanços e perspectivas de reforma. Rio de Janeiro: Lumen Juris, 2011.

Pública e o membro do Ministério Público; nessa audiência, o juiz deverá, fundamentadamente: I – relaxar a prisão ilegal; ou II – converter a prisão em flagrante em preventiva, quando presentes os requisitos constantes do art. 312 do CPP, e se revelarem inadequadas ou insuficientes as medidas cautelares diversas da prisão; III – conceder liberdade provisória, com ou sem fiança);

f3) **zelo:** zelar pela observância dos direitos do preso, podendo determinar que este seja conduzido à sua presença, a qualquer tempo; assegurar prontamente, quando se fizer necessário, o direito outorgado ao investigado e ao seu defensor de acesso a todos os elementos informativos e provas produzidos no âmbito da investigação criminal, salvo no que concerne, estritamente, às diligências em andamento;

f4) **informação:** ser informado sobre a instauração de qualquer investigação criminal;

f5) **decisão:** decidir sobre o requerimento de prisão provisória ou outra medida cautelar, observado o disposto no § 1º deste artigo (esse § 1º foi vetado); decidir sobre o requerimento de produção antecipada de provas consideradas urgentes e não repetíveis, assegurados o contraditório e a ampla defesa em audiência pública e oral; decidir sobre os requerimentos de: 1) interceptação telefônica, do fluxo de comunicações em sistemas de informática e telemática ou de outras formas de comunicação; 2) afastamento dos sigilos fiscal, bancário, de dados e telefônico; 3) busca e apreensão domiciliar; 4) acesso a informações sigilosas; 5) outros meios de obtenção da prova que restrinjam direitos fundamentais do investigado; decidir sobre o recebimento da denúncia ou queixa, nos termos do art. 399 do Código de Processo Penal (recebida a denúncia ou queixa, o juiz designará dia e hora para a audiência, ordenando a intimação do acusado, de seu defensor, do Ministério Público e, se for o caso, do querelante e do assistente); decidir sobre a homologação de acordo de não persecução penal ou os de colaboração premiada, quando formalizados durante a investigação; determinar o trancamento do inquérito policial quando não houver fundamento razoável para sua instauração ou prosseguimento; determinar a instauração de incidente de insanidade mental; julgar o *habeas corpus* impetrado antes do oferecimento da denúncia; deferir pedido de admissão de assistente técnico para acompanhar a produção da perícia;

f6) **prorrogação:** prorrogar a prisão provisória ou outra medida cautelar, bem como substituí-las ou revogá-las, assegurado, no primeiro caso, o exercício do contraditório em audiência pública e oral, na forma do disposto neste Código ou em legislação especial pertinente; prorrogar o prazo de duração do inquérito, estando o investigado preso, em vista das razões apresentadas pela autoridade policial e observado o disposto no § 2º do art. 3º-B do CPP (se o investigado estiver preso, o juiz das garantias poderá, mediante representação da autoridade policial e ouvido o Ministério Público, prorrogar, uma única vez, a duração do inquérito por até 15 dias, após o que, se ainda assim a investigação não for concluída, a prisão será imediatamente relaxada);

f7) **requisição:** requisitar documentos, laudos e informações ao delegado de polícia sobre o andamento da investigação.

g) **Competência:** todas as infrações penais, exceto as de menor potencial ofensivo.

h) **Cessação da competência:** recebimento da denúncia ou queixa na forma do art. 399 do Código de Processo Penal.

i) **Competência após recebimento da denúncia ou queixa:** as questões pendentes serão decididas pelo juiz da instrução e julgamento.

j) **Força jurídica das decisões proferidas pelo juiz das garantias:** não vinculam o juiz da instrução e julgamento, que, após o recebimento da denúncia ou queixa, deverá reexaminar a necessidade das medidas cautelares em curso, no prazo máximo de 10 (dez) dias.

k) **Local dos autos que compõem as matérias de competência do juiz das garantias:** ficarão acautelados na secretaria desse juízo, à disposição do Ministério Público e da defesa, e não serão apensados aos autos do processo enviados ao juiz da instrução e julgamento, ressalvados os documentos relativos às provas irrepetíveis, medidas de obtenção de provas ou de antecipação de provas, que deverão ser remetidos para apensamento em apartado. Fica assegurado às partes o amplo acesso aos autos acautelados na secretaria do juízo das garantias.

l) **Impedimento do juiz de garantias funcionar no processo:** atuação na fase de investigação (praticar qualquer ato incluído nas competências dos arts. 4º e 5º do Código de Processo Penal): ficará impedido de funcionar no processo. Nas comarcas em que funcionar apenas um juiz, os tribunais criarão um sistema de rodízio de magistrados.

m) **Designação:** conforme as normas de organização judiciária da União, dos Estados e do Distrito Federal, observando critérios objetivos a serem periodicamente divulgados pelo respectivo tribunal.

n) **Cumprimento das regras sobre tratamento dos presos:** vedação: acordo ou ajuste de qualquer autoridade com órgãos da imprensa para explorar a imagem da pessoa submetida à prisão, sob pena de responsabilidade civil, administrativa e penal; *regulamentação*: as autoridades deverão disciplinar, em 180 (cento e oitenta) dias, o modo pelo qual as informações sobre a realização da prisão e a identidade do preso serão, de modo padronizado e respeitada a programação normativa sobre tratamento dos presos, transmitidas à imprensa, assegurados a efetividade da persecução penal, o direito à informação e a dignidade da pessoa submetida à prisão.

7 Acordo de não persecução penal

a) **previsão normativa:** art. 28-A do Código Penal, implementado pela Lei n. 13.964/2019; o acordo de não persecução penal (ANPP) aplica-se a fatos ocorridos antes da Lei n. 13.964/2019, desde que não recebida a denúncia (*Informativo* n. 683/2020 do STJ);

b) **natureza:** é um negócio jurídico pré-processual entre a acusação e o investigado. Trata-se de fase prévia e alternativa à propositura de ação penal, sendo que a possibilidade de oferecimento do acordo de não persecução penal é conferida exclusivamente ao Ministério Público, não constituindo direito subjetivo do investigado;

c) **partes do acordo:** entre o órgão da acusação e o investigado;

d) **conteúdo do acordo para o investigado:** assume sua responsabilidade, aceitando cumprir, desde logo, condições menos severas do que a sanção penal aplicável ao fato a ele imputado;

e) **requisito para o investigado:** ser assistido por advogado;

f) **requisito do acordo:** precisa ser homologado pelo juiz;

g) **pressupostos:** 1) existência de procedimento investigatório; 2) não ser caso de arquivamento dos autos; 3) cominada pena mínima inferior a 4 anos (para aferição da pena mínima cominada ao delito serão consideradas as causas de aumento e diminuição aplicáveis ao caso concreto) se o crime não for cometido com violência ou grave ameaça à pessoa; 4) confissão formal e circunstanciada da prática do crime pelo investigado; 5) que a medida seja necessária e suficiente para reprovação e prevenção do crime (não há ilegalidade na recusa do oferecimento de proposta de acordo de não persecução penal quando o representante do Ministério Público, de forma fundamentada, constata a ausência dos requisitos subjetivos legais necessários à elaboração do acordo, de modo que este não atenderia aos critérios de necessidade e suficiência em face do caso concreto);

h) **condições (podem ser cumulativas ou alternativas):** I – reparar o dano ou restituir a coisa à vítima, exceto na impossibilidade de fazê-lo; II – renunciar voluntariamente a bens e direitos indicados pelo Ministério Público como instrumentos, produto ou proveito do crime; III – prestar serviço à comunidade ou a entidades públicas por período correspondente à pena mínima cominada ao delito diminuída de um a dois terços, em local a ser indicado pelo juízo da execução, na forma do art. 46 do CP; IV – pagar prestação pecuniária, a ser estipulada nos termos do art. 45 do CP, a entidade pública ou de interesse social, a ser indicada pelo juízo da execução, que tenha, preferencialmente, como função proteger bens jurídicos iguais ou semelhantes aos aparentemente lesados pelo delito; ou V – cumprir, por prazo determinado, outra condição indicada pelo Ministério Público, desde que proporcional e compatível com a infração penal imputada;

i) **não cabimento do acordo:** I – se for cabível transação penal de competência dos Juizados Especiais Criminais, nos termos da lei; II – se o investigado for reincidente ou se houver elementos probatórios que indiquem conduta criminal habitual, reiterada ou profissional, exceto se insignificantes as infrações penais pretéritas; III – ter sido o agente beneficiado nos 5 (cinco) anos anteriores ao cometimento da infração, em acordo de não persecução penal, transação penal ou suspensão condicional do processo; e IV – nos crimes praticados no âmbito de violência doméstica ou familiar, ou praticados contra a mulher por razões da condição de sexo feminino, em favor do agressor;

j) **formalidades:** o acordo de não persecução penal será formalizado por escrito e será firmado pelo membro do Ministério Público, pelo investigado e por seu defensor;

k) **análise judicial:** para a homologação do acordo de não persecução penal, será realizada audiência na qual o juiz deverá verificar a sua voluntariedade, por meio da oitiva do investigado na presença do seu defensor, e sua legalidade;

l) **homologação:** o juiz devolve os autos ao MP para que inicie a execução perante o juízo da execução penal;

m) **não homologação:** se o juiz considerar inadequadas, insuficientes ou abusivas as condições dispostas no acordo de não persecução penal, devolverá os autos ao Ministério Público para que seja reformulada a proposta de acordo, com concordância do investigado e seu defensor;

n) **não cabimento do acordo:** o juiz poderá recusar homologação à proposta que não atender aos requisitos legais ou quando não for realizada a adequação a que se refere o § 5º do art. 28-A (se o juiz considerar inadequadas, insuficientes ou abusivas as condições dispostas no acordo de não persecução penal, devolverá os autos ao Ministério Público para que seja reformulada a proposta de acordo, com concordância do investigado e seu defensor). Recusada a homologação, o juiz devolverá os autos ao Ministério Público para a análise da necessidade de complementação das investigações ou o oferecimento da denúncia;

o) **descumprimento do acordo:** a vítima será intimada da homologação do acordo de não persecução penal e de seu descumprimento. Descumpridas quaisquer das condições estipuladas no acordo de não persecução penal, o Ministério Público deverá comunicar ao juízo, para fins de sua rescisão e posterior oferecimento de denúncia. O descumprimento do acordo de não persecução penal pelo investigado também poderá ser utilizado pelo Ministério Público como justificativa para o eventual não oferecimento de suspensão condicional do processo;

p) **antecedentes criminais do investigado:** a celebração e o cumprimento do acordo de não persecução penal não constarão de certidão de antecedentes criminais, exceto para os fins previstos no inciso III do § 2º do art. 28-A (não cabe o acordo no caso de ter sido o agente beneficiado nos 5 anos anteriores ao cometimento da infração, em acordo de não persecução penal, transação penal ou suspensão condicional do processo);

q) **cumprimento do acordo:** cumprido integralmente o acordo de não persecução penal, o juízo competente decretará a extinção de punibilidade;

r) **recusa por parte do Ministério Público, em propor o acordo de não persecução penal:** o investigado poderá requerer a remessa dos autos a órgão superior, na forma do art. 28 do CPP.

1. **Controle externo da atividade policial** (*Informativo* n. 590/2016 do STJ): a realização de qualquer investigação policial, ainda que fora do âmbito do inquérito policial, em regra, deve estar sujeita ao controle do Ministério Público. O Conselho Nacional do Ministério Público, com o objetivo de disciplinar o controle externo da atividade policial, editou a Resolução n. 20/2007.

   • **Ordens de missão policial:** o Ministério Público, no exercício do controle externo da atividade policial, pode ter acesso a ordens de missão policial. A ordem de missão policial (OMP) é um documento de natureza policial, obrigatório em qualquer missão de policiais federais e tem por objetivo, entre outros, legitimar as ações dos integrantes da Polícia Federal em caráter oficial. As denominadas OMPs, ainda que relacionadas à atividade de investigação policial, representam direta intervenção no cotidiano dos cidadãos, a qual deve estar sujeita ao controle de eventuais abusos ou irregularidades praticadas por seus agentes, ainda que realizadas em momento posterior, respeitada a necessidade de eventual sigilo ou urgência da missão.

2. **Crime contra ordem tributária:** os dados bancários entregues à autoridade fiscal pela sociedade empresária fiscalizada, após regular intimação e independentemente de prévia autorização judicial, podem ser utilizados para subsidiar a instauração de inquérito policial para apurar suposta prática de crime contra a ordem tributária (*Informativo* n. 577/2016 do STJ).

3. **Concurso público:** na fase de investigação social em concurso público, o fato de haver instauração de inquérito policial ou propositura de ação penal contra candidato, por si só, não pode implicar a sua eliminação. A eliminação nessas circunstâncias, sem o necessário trânsito em julgado da condenação, viola o princípio constitucional da presunção de inocência (*Informativo* n. 535/2014 do STJ).

Procedimento geral do processo criminal

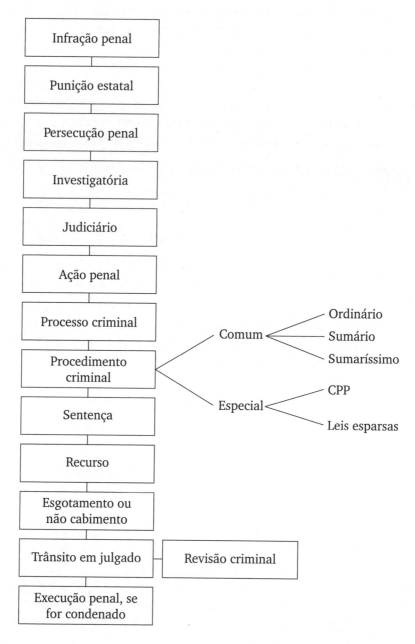

Investigação criminal

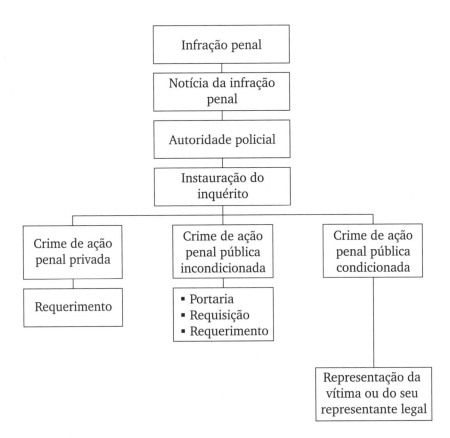

8 Representação

1. **Cabimento:** ação penal pública condicionada à representação. Tal ação é identificada quando aparecer na legislação a expressão "somente se procede mediante representação da vítima ou do seu representante legal".

2. **Prazo:** em regra, são seis meses, a contar da ciência do dia em que o titular do direito de representação veio a saber quem é o autor do crime (CP, art. 103 e CPP, art. 38); trata-se de um prazo de natureza decadencial, penal e improrrogável.

3. **Competência:** pode ser endereçada ao juiz, Delegado ou Promotor, nos termos do art. 39 do Código de Processo Penal.

3.1 Delegado: se for competente instaura o inquérito; se não for, remete para o competente.

3.2 Ministério Público: se tiver elementos suficientes para a propositura da ação penal, oferece denúncia; se não tiver elementos, remete para a autoridade policial.

3.3 Juiz: remete para a autoridade policial.

4. Procedimento da representação: se uma pessoa for vítima de crime de ação penal pública condicionada à representação, deverá dirigir-se à autoridade competente, que pode ser o Delegado, o Ministério Público ou o Judiciário.

Ao chegar à Delegacia, a vítima deve expor a ocorrência criminal; caso o Delegado de polícia ou escrivão se recuse a elaborar o boletim de ocorrência, é preciso comunicar à Corregedoria da Polícia, que tomará as providências cabíveis. No BO, é necessário constar a informação a respeito do prazo que a vítima tem para fazer a representação criminal, que é uma confirmação de que o ofendido deseja ver a pessoa que cometeu o crime processada.

Se a vítima procura diretamente o Ministério Público ou o juiz, duas situações podem ocorrer: determina que o ofendido volte à delegacia de polícia para fazer o boletim de ocorrência, dali em diante sob sua supervisão e orientação, ou determina a abertura do inquérito policial, se procurado pelo ofendido.

5. Forma: não tem rigor formal; pode ser escrita ou verbal; basta que haja manifestação não duvidosa da vontade da vítima, ou do seu representante legal, em querer a responsabilização criminal do infrator, através da apuração da autoria e materialidade do crime; não exige maiores formalidades, sendo suficiente a demonstração inequívoca de que a vítima tem interesse na persecução penal. Dessa forma, não há necessidade da existência nos autos de peça processual com esse título, sendo suficiente que a vítima ou seu representante legal leve o fato ao conhecimento das autoridades" (AgRg no HC 435.751/DF, Rel. Ministro Nefi Cordeiro, Sexta Turma, *DJe* de 4-9-2018).

6. Requisitos: nome do ofendido, nome do ofensor e menção do fato criminoso; se há vestígios, juntar laudo; rol de testemunhas; autoria.

7. Finalidade: comunicar infração penal e pedir providências para o Estado apurar a ocorrência e punir o respectivo infrator.

8. Retratação: é o cancelamento da representação (autorização para agir) ao Ministério Público. Após o oferecimento da denúncia, a representação torna-se irretratável; é possível retratação da retratação, desde que seja feita no prazo decadencial. É possível renúncia ao direito de representação quando houver a composição dos danos civis homologada pelo Juiz mediante sentença irrecorrível, nos termos do art. 74, parágrafo único, da Lei n. 9.099/95. Lei Maria da Penha disciplina procedimento próprio para que a vítima possa eventualmente se retratar de representação já apresentada. Nesse sentido, dispõe o art. 16 da Lei n. 11.340/2006 que, "só será admitida a renúncia à representação perante o juiz, em audiência especialmente designada com tal finalidade" (HC n. 371.470/RS, Rel. Ministro Reynaldo Soares da Fonseca, Quinta Turma, *DJe* de 25-11-2016).

9. **Retratação tácita:** é a reconciliação da vítima com o infrator da lei penal. Há discussão doutrinária a respeito da sua admissibilidade, existindo dois posicionamentos: (a) é permitida, pois a vítima demonstra não mais ter interesse na punição; (b) não é permitida, pois falta previsão legal.

10. **Fundamento:** a necessidade da representação fundamenta-se no princípio da oportunidade, ou seja, no interesse da vítima de decidir processar o criminoso ou não, de acordo com sua vontade.

11. **Legitimidade ativa:** ofendido ou representante legal; pode ser feita por procurador (não precisa ser advogado), desde que seja maior de 18 anos e tenha poderes especiais. No caso de morte ou ausência, o direito passará para o cônjuge, ascendente, descendente e irmão. O representante legal é o responsável (pai, tutor, curador, parentes em geral). Se houver divergência entre os pais, a solução cabe ao juiz, em face do princípio da igualdade jurídica dos pais.

11.1 **Ofendido menor de 18 anos:** representante legal.

11.2 **Ofendido menor de 21 anos e maior de 18 anos:** ofendido.

11.3 **Ofendido sem representante legal:** curador especial nomeado pelo juiz.

11.4 **Ofendido enfermo mental:** representante legal.

11.5 **Ofendido com interesses colidentes com o do representante:** curador especial nomeado pelo juiz.

11.6 **Mulher casada:** pode exercer o direito de representação sem o consentimento do marido, em razão do princípio constitucional da igualdade jurídica entre os cônjuges.

12. **Terminologia:** *delatio criminis* postulatória.

13. **Natureza da representação:** condição de procedibilidade (autorização para agir) e instituto híbrido, pois regulado no direito processual penal e no direito penal. Há quem sustente ser condição objetiva de punibilidade, como elemento essencial do crime.

14. **Caráter:** a representação não vincula o Ministério Público na decisão de oferecimento da denúncia, de forma que: (a) se estiverem presentes os in-

dícios de autoria e materialidade do crime, o MP é obrigado a oferecer a denúncia; (b) se não estiverem presentes os indícios, o MP pode promover o arquivamento.

15. **Efeito extensivo:** se a representação for feita contra um infrator e no decorrer das investigações forem descobertos indícios de participação de outros infratores, não será necessária nova representação para inclusão destes outros, pois a representação original é estendida para todo o fato criminoso.

16. **Falta de representação:** impede a instauração do Inquérito Policial e da ação penal pelo Ministério Público. É causa de nulidade no processo, mas pode ser suprida a todo tempo, antes da sentença final (art. 564, III, *a*).

17. **Oferecimento da ação penal sem representação:** haverá ilegitimidade de parte.

18. **Não oferecimento da representação no prazo legal:** ocorrerá decadência, ou seja, extinção de punibilidade nos termos do art. 107, inciso VI, do CP c/c o art. 38 do CPP.

19. **Conteúdo da representação:** informações sobre indícios de autoria e materialidade do crime, nos termos do art. 39, § 2º.

20. **Código Eleitoral:** não é possível ação penal pública condicionada à representação do ofendido nas infrações penais definidas no Código Eleitoral, em virtude do interesse público que envolve a matéria eleitoral.

21. **Crimes contra a dignidade sexual:** a ação penal é pública condicionada à representação nos crimes sexuais contra vulnerável e nos crimes contra a liberdade sexual. Procede-se, entretanto, mediante ação penal pública incondicionada se a vítima é menor de 18 (dezoito) anos ou pessoa vulnerável, nos termos da Lei n. 12.015/2009.

22. **Crimes contra a honra:** só será necessária representação da vítima ou do seu representante legal quando o crime for cometido contra funcionário público, em razão de suas funções. Cabe ressaltar que existe a possibilidade de a vítima optar por requerimento, próprio da ação penal privada, nos termos da Súmula 714: "É concorrente a legitimidade do ofendido, mediante queixa, e do Ministério Público, condicionada à representação do ofendido, para a ação penal por crime contra a honra de servidor público em razão do exercício de suas funções."

23. **Estelionato:** a exigência de representação da vítima no crime de estelionato não retroage aos processos cuja denúncia já foi oferecida. No crime de estelionato, com o "Pacote Anticrime", a ação que era pública incondicionada, passou a exigir a representação da vítima, como condição de procedibilidade,

tornando-se, assim, ação pública condicionada à representação (*Informativo* n. 691/2021 do STJ).

24. Lei n. 9.099/95: será ação penal pública condicionada à representação do ofendido nos crimes de lesões corporais leves e lesões corporais culposas, nos termos do art. 88 da Lei n. 9.099/95.

25. Estrutura da peça prática: a peça prática da representação tem as seguintes partes: (a) Endereçamento; (b) Preâmbulo: nome e qualificação do representante (quem pede a investigação); capacidade postulatória (não é necessária, mas como na OAB o exame é para advogado, o candidato deve assumir a posição de procurador da parte), fundamento legal (artigo da lei sobre a peça), nome da peça, nome e qualificação do representado (suposto infrator) e frase final; (c) Corpo: fatos e direito; (d) Pedido; (e) Parte Final.

26. Termos: na peça prática da representação, usar, para o autor, representante, e para o suposto infrator, representado.

Esquema da representação:

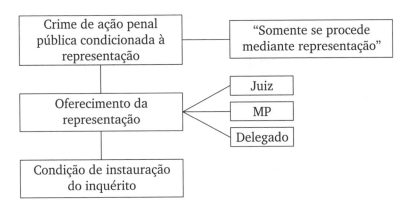

MODELO DE REPRESENTAÇÃO

I. ENDEREÇAMENTO: conforme o art. 39 do Código de Processo Penal, podemos ter as seguintes hipóteses:

a) Delegado de Polícia

ILUSTRÍSSIMO SENHOR DOUTOR DELEGADO DE POLÍCIA FEDERAL TITULAR DO ____ DISTRITO POLICIAL DA _____ (se for federal)

ILUSTRÍSSIMO SENHOR DOUTOR DELEGADO DE POLÍCIA CIVIL TITULAR DO ____ DISTRITO POLICIAL DA _____ (se for estadual)

b) Juiz

EXCELENTÍSSIMO SENHOR DOUTOR JUIZ DE DIREITO DA ____ VARA CRIMINAL DA COMARCA _____ (crimes não dolosos contra a vida e matéria estadual)

EXCELENTÍSSIMO SENHOR DOUTOR JUIZ FEDERAL DA ____ VARA CRIMINAL DA SEÇÃO JUDICIÁRIA DE _____ (crimes não dolosos contra a vida e matéria federal)

EXCELENTÍSSIMO SENHOR DOUTOR JUIZ DE DIREITO DA ____ VARA DO JÚRI DA COMARCA DE _____ (crimes dolosos contra a vida e matéria estadual)

EXCELENTÍSSIMO SENHOR DOUTOR JUIZ FEDERAL DA ____ VARA DO JÚRI DA SEÇÃO JUDICIÁRIA DE _____ (crimes dolosos contra a vida e matéria federal)

c) Ministério Público

EXCELENTÍSSIMO SENHOR DOUTOR PROMOTOR DE JUSTIÇA DA ____ PROMOTORIA CRIMINAL DA _____ (se for estadual)

EXCELENTÍSSIMO SENHOR DOUTOR PROCURADOR DA REPÚBLICA DA ____ PROCURADORIA CRIMINAL DA _____ (se for federal)

(10 linhas)

_____ (nome), _____ (nacionalidade), _____ (estado civil), _____ (profissão), residente e domiciliado _____ (endereço), vem, por seu advogado infra-assinado (documento n. 1), à presença de Vossa _____ (Delegado: Senhoria; Promotor, Procurador ou Juiz: Excelência), com fundamento no art. 5º, § 4º, combinado com o art. 39, ambos do Código de Processo Penal, oferecer REPRESENTAÇÃO em face de _____ (nome), _____ (nacionalidade), _____ (estado civil), _____ (profissão), residente e domiciliado _____ (endereço), pelos motivos de fato e de direito a seguir aduzidos:

(2 linhas)

248

DOS FATOS

* narrar o fato criminoso, com todas as circunstâncias, sem inventar dados ou copiar o problema. Seguir roteiro de questões: (a) Quando – tempo do fato – no dia tal, mês tal, ano tal, por volta das _____ horas; (b) Sujeito Ativo – quem pratica a conduta criminosa – Fulano de tal; (c) Lugar do crime; (d) Motivo do crime; (e) Comportamento criminoso; (f) Maneira pelo qual o crime foi praticado; (g) Mal produzido com a conduta criminosa. Se houver concurso de pessoas: especificar a conduta de cada coautor ou partícipe.

(2 linhas)

DO DIREITO

* Comprovar a ocorrência do crime e sua respectiva autoria, com adaptação ao fato típico realizado no mundo real. Demonstrar a ocorrência da infração, através de explicação dos seus requisitos (tipo objetivo, tipo subjetivo, consumação e outros). Não esquecer de relacionar os requisitos do tipo penal com o fato concreto.

(2 linhas)

DO PEDIDO

Diante do exposto, praticou o representado o crime _____, previsto no art. _____, que é de ação penal pública condicionada, razão pela qual é oferecida a presente representação, com fundamento no art. 5º, § 4º, combinado com o art. 39, ambos do Código de Processo Penal, a fim de que possa ser instaurado o inquérito policial e, posteriormente, oferecida a denúncia pelo Ministério Público, promovendo-se, assim, a persecução penal contra o representado

(2 linhas)

Termos em que
pede deferimento.

(2 linhas)

Cidade, ___ de _____ de ____.

(2 linhas)

_____

OAB – sob n. ____

CASO PRÁTICO

José e Antônio, que trabalhavam no mesmo escritório de contabilidade em São Paulo, não mais conversam nem se cumprimentam em razão de vários fatos que se sucederam: no dia 28.2.2024, José ameaçou Antônio no sentido de que não hesitaria em tirar-lhe a vida. As ofensas e ameaças foram feitas na presença de várias testemunhas. Na condição de advogado de Antônio, elaborar a peça cabível.

249

EXEMPLO PRÁTICO DE REPRESENTAÇÃO

1. Rascunho da peça

a) **infração penal:** crime de ameaça, previsto no art. 147 do Código Penal;

b) **ação penal:** pública condicionada à representação;

c) **pena concreta:** não tem;

d) **pena abstrata:** detenção de um a seis meses ou multa;

e) **rito processual:** rito sumaríssimo, pois a pena máxima em abstrato é inferior a dois anos;

f) **momento processual:** na fase investigatória e antes da propositura da ação penal;

g) **cliente:** Antônio;

h) **situação prisional:** solto;

i) **tese:** comprovar a adequação típica dos fatos com o crime de ameaça;

j) **peça:** representação para instauração de inquérito policial;

k) **competência:** Ministério Público ou juiz ou delegado;

l) **pedido:** instauração do inquérito policial.

2. Peça prática

ILUSTRÍSSIMO SENHOR DOUTOR DELEGADO DE POLÍCIA TITULAR DO ___ DISTRITO POLICIAL DE SÃO PAULO

(10 linhas)

    Antônio, (nacionalidade), (estado civil), (profissão), residente e domiciliado _____ (endereço), vem, por seu advogado infra-assinado (documento n. 1), à presença de Vossa Senhoria, com fundamento no art. 5º, § 4º, combinado com o art. 39, ambos do Código de Processo Penal, oferecer REPRESENTAÇÃO em face de José, (nacionalidade), (estado civil), (profissão), residente e domiciliado _____ (endereço), pelos motivos de fato e de direito a seguir aduzidos:

(2 linhas)

DOS FATOS

No dia 28 de fevereiro de 2024, por volta das ___ horas, no escritório de contabilidade em São Paulo, José ofendeu Antônio, além de ameaçá-lo de morte, na presença de várias testemunhas.

(2 linhas)

DO DIREITO

No caso em tela, pode-se afirmar que ocorreu o crime de ameaça, já que estão presentes todos os elementos necessários para concretização do tipo penal, previsto no art. 147 do Código Penal.

José intimidou Antônio, prometendo-lhe um mal injusto e grave consistente num dano físico, qual seja, a morte.

A ameaça foi direta e explícita, já que a promessa do malefício foi dirigida à vítima na presença de várias testemunhas.

A ameaça de morte futura feita por José representou uma intimidação grave e séria, capaz de influir na tranquilidade psíquica da vítima Antônio, razão pela qual não mais conversou ou cumprimentou José.

A ameaça feita por José representou um mal injusto, pois constitui em si um ato criminoso (homicídio), com idoneidade suficiente para intimidar Antônio.

Cabe ressalvar que o crime de ameaça se consumou no momento em que Antônio tomou conhecimento da ameaça, ou seja, dia 28 de fevereiro de 2024.

Dessa forma, presentes os requisitos necessários para configuração do crime de ameaça, requer a apuração do referido ilícito penal e da respectiva autoria de José.

(2 linhas)

DO PEDIDO

Diante do exposto, praticou o representado o crime de ameaça, previsto no art. 147 do Código Penal, que é de ação penal pública condicionada, razão pela qual é oferecida a presente representação, com fundamento no art. 5º, § 4º, combinado com o art. 39, ambos do Código de Processo Penal, a fim de que possa ser instaurado o inquérito policial e posteriormente oferecida a denúncia pelo Ministério Público, promovendo-se, assim, a persecução penal contra o representado.

(2 linhas)

**Termos em que
pede deferimento.**

(2 linhas)

Cidade, ____ de _____ de ____.

(2 linhas)

_____

OAB – sob n. ____

9 Requerimento

1. **Cabimento:** ação penal privada ou pública incondicionada.

2. **Prazo:**

   a) **Ação Penal Privada:** em regra, são seis meses, a contar *do dia em que o titular do direito da queixa veio a saber quem é o autor do crime (CP, art. 103 e CPP, art. 38)*; é prazo decadencial e penal.

   b) **Ação Penal Pública:** não tem prazo.

3. **Competência:** Delegado de Polícia.

4. **Forma:** não tem rigor formal; pode ser escrita ou verbal.

5. **Requisitos:** indícios de autoria e materialidade do crime; individualização do indiciado ou seus sinais característicos; narração do fato e nomeação de testemunhas, nos termos do art. 5º, § 2º, do CPP.

6. **Finalidade:** comunicar infração penal e pedir providências para o Estado *apurar a ocorrência e punir o respectivo infrator*.

7. **Legitimidade Ativa:**

   a) **Ação Penal Privada:** ofendido ou representante legal, mulher casada não depende de outorga marital. No caso de morte ou ausência, o direito passará ao cônjuge, ascendente, descendente e irmão.

   b) **Ação Penal Pública:** qualquer do povo ou vítima.

8. **Indeferimento:**

   a) **Cabimento:** a autoridade policial indefere quando não houver justa causa para o inquérito, devendo fundamentar sua decisão.

   O jurista Hélio Bastos Tornaghi enumera em sua obra *Instituições de processo penal* quatro causas justificadoras do indeferimento do requerimento: "1º Quando o fato narrado não for típico; 2º Quando, manifestamente, já estiver extinta a punibilidade; 3º Quando a autoridade não for competente; e 4º Quando a petição não ministrar nenhum elemento" (2. ed., São Paulo, Saraiva, 1977, v. 2, p. 261).

   Já o Prof. Fernando da Costa Tourinho Filho arrola os seguintes motivos ensejadores do indeferimento dos requerimentos formulados: (a) se já estiver extinta a punibilidade; (b) se o requerimento não fornecer o mínimo indispensável para se proceder à investigação; (c) se a autoridade a quem foi dirigido o requerimento não for a competente (*lato sensu*); (d) se o fato narrado for atípico; e (e) se o requerente for incapaz.

   b) **Ação Penal Pública:** recurso ao Chefe de Polícia, nos termos do art. 5º, § 2º, do Código de Processo Penal.

c) **Ação Penal Privada:** aplicação analógica do art. 5º, § 2º, do Código de Processo Penal, com recurso ao Chefe da Polícia.

d) **Atitude do ofendido:** diante do indeferimento, pode o ofendido, em vez de utilizar recurso administrativo, requerer a instauração do inquérito ao MP, que, se for o caso, **requisitará** a abertura do procedimento.

9. **Instauração do inquérito policial sem o requerimento:** a parte inconformada com a instauração poderá pleitear, em juízo, o que for de direito. O meio judicial varia conforme a pessoa envolvida na infração, de forma que cabe ao indiciado o *habeas corpus* e ao ofendido o mandado de segurança.

10. **Deferimento do requerimento:** a autoridade policial, ao receber o requerimento, determinará a instauração do inquérito policial. Não se baixa portaria e o requerimento passa a ser a peça inicial do inquérito.

11. **Estrutura da peça prática:** a peça prática do requerimento tem as seguintes partes: (a) Endereçamento; (b) Preâmbulo: nome e qualificação do requerente (quem pede a investigação); capacidade postulatória (não é necessária, mas como na OAB o exame é para advogado, o candidato deve assumir a posição de procurador da parte), fundamento legal (artigo da lei sobre a peça), nome da peça, nome e qualificação do requerido (suposto infrator) e frase final; (c) Corpo: fatos e direito; (d) Pedido; (e) Parte Final.

12. **Termos:** na peça prática do requerimento usar, para o autor, requerente, e para o suposto infrator, requerido.

Esquemas do requerimento:

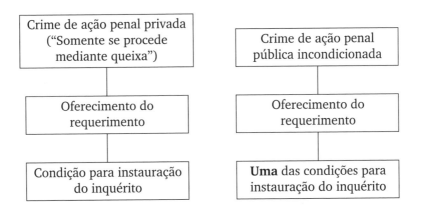

MODELO DE REQUERIMENTO

ILUSTRÍSSIMO SENHOR DOUTOR DELEGADO DE POLÍCIA TITULAR DO __ DISTRITO POLICIAL DA _____

(10 linhas)

_____ (nome), _____ (nacionalidade), _____ (estado civil), _____ (profissão), residente e domiciliado _____ (endereço), vem, por seu advogado infra-assinado (documento n. 1), à presença de Vossa Senhoria, com fundamento no art. 5º, § 1º (crime de ação pública), ou 5º, § 5º (crime de ação privada), do Código de Processo Penal, oferecer REQUERIMENTO DE INSTAURAÇÃO DE INQUÉRITO POLICIAL em face de _____ (nome), _____ (nacionalidade), _____ (estado civil), _____ (profissão), residente e domiciliado _____ (endereço), pelos motivos de fato e de direito a seguir aduzidos:

(2 linhas)

DOS FATOS

* Narrar o fato criminoso, com todas as circunstâncias, sem inventar dados ou copiar o problema. Seguir roteiro de questões: (a) Quando – tempo do fato – No dia tal, mês tal, ano tal, por volta das ____ horas; (b) Sujeito Ativo – quem pratica a conduta criminosa – Fulano de tal; (c) Lugar do crime; (d) Motivo do crime; (e) Comportamento criminoso; (f) Maneira pela qual o crime foi praticado; (g) Mal produzido com a conduta criminosa. Se houver concurso de pessoas: especificar a conduta de cada coautor ou partícipe.

(2 linhas)

DO DIREITO

* Comprovar a ocorrência do crime e sua respectiva autoria, com adaptação ao fato típico realizado no mundo real. Demonstrar a ocorrência da infração, através de explicação dos seus requisitos (tipo objetivo, tipo subjetivo, consumação e outros). Não esquecer de relacionar os requisitos do tipo penal com o fato concreto.

(2 linhas)

DO PEDIDO

Diante do exposto, praticou o requerido o crime _____, previsto no art. _____ que é de ação penal _____ (pública ou privada), razão pela qual é oferecido o presente requerimento, com fundamento no art. 5º, § 1º (crime de ação pública), ou 5º, § 5º (crime de ação privada), do Código de Processo Penal, a fim de que possa ser instaurado o inquérito policial e posteriormente oferecida _____ (denúncia ou queixa), promovendo-se, assim, a persecução penal contra o requerido.

(2 linhas)

Termos em que
pede deferimento.

(2 linhas)

Cidade, ____ de _____ de ____.

(2 linhas)

_____

OAB – sob n. ____

CASO PRÁTICO

Donaldo, Presidente do Sindicato Patronal, teve sua honra aviltada por Antônio, Benedito e Pedro, seus oponentes políticos. Estes passaram circular aos associados do sindicato dizendo, entre outras coisas, que ele era desonesto e salafrário. Como advogado de Donaldo, apresentar a peça apropriada.

* No caso prático, pode ser usada a Queixa-crime ou o Requerimento; na prova da OAB, na dúvida, optar por Queixa-crime, peça de advogado. Porém, usaremos o caso acima para treinar a peça do requerimento.

EXEMPLO PRÁTICO DE REQUERIMENTO

1. Rascunho da peça

a) **infração penal:** crime de injúria, previsto no art. 140 do Código Penal;

b) **ação penal:** privada, nos termos do art. 145 do Código Penal;

c) **pena concreta:** não tem;

d) **pena abstrata:** detenção de 1 a 6 meses ou multa;

e) **rito processual:** sumaríssimo, já que a pena máxima em abstrato é menor de dois anos;

f) **momento processual:** não tem; há apenas a narração fática de um crime;

g) **cliente:** Donaldo;

h) **situação prisional:** solto;

i) **tese:** comprovação da materialidade e da autoria da infração penal;

j) **peça:** requerimento;

k) **competência:** Delegado de Polícia titular;

l) **pedido:** instauração do inquérito policial e, posteriormente, oferecimento da queixa-crime, promovendo-se, assim, a persecução penal contra o representado.

2. Peça prática

ILUSTRÍSSIMO SENHOR DOUTOR DELEGADO DE POLÍCIA TITULAR DO __ DISTRITO POLICIAL DA _____

(10 linhas)

Donaldo, (nacionalidade), (estado civil), Presidente do Sindicato Patronal, residente e domiciliado _____ (endereço), vem, por seu advogado infra-assinado (documento n. 1), à presença de Vossa Excelência, com fundamento no art. 5º, § 5º, do Código de Processo Penal, oferecer REQUERIMENTO DE INSTAURAÇÃO DE INQUÉRITO POLICIAL em face de Antônio, _____ (nacionalidade), _____ (estado civil), _____ (profissão), residente e domiciliado _____ (endereço), pelos motivos de fato e de direito a seguir aduzidos:

(2 linhas)

DOS FATOS

No dia tal, mês tal, ano tal, por volta das _____ horas, Antônio ofendeu a honra de Donaldo, Presidente do Sindicato Patronal, mediante transmissão de circular aos associados do sindicato, contendo expressões injuriosas ("desonesto" e "salafrário").

(2 linhas)

DO DIREITO

No caso em tela, Antônio, ora requerido, ofendeu a honra subjetiva de Donaldo, ora requerente, atingindo os seus atributos morais e sociais, imputando-lhe qualidades negativas, através de escritos com expressões ofensivas: "desonesto" e "salafrário".

A ofensa foi imediata, pois as expressões ultrajantes foram proferidas de maneira direta e explícita pelo agente, com manifestação inequívoca do propósito de ofender a dignidade ou decoro de Donaldo.

Cabe ressalvar que o crime de injúria se consumou no momento em que Donaldo tomou conhecimento dos insultos feitos nas circulares transmitidas por Antônio aos associados do Sindicato.

Dessa forma, presentes os requisitos necessários para configuração do crime de injúria, requer a apuração do referido ilícito penal e da respectiva autoria de Antônio.

(2 linhas)

DO PEDIDO

Diante do exposto, praticou o requerido o crime de injúria, previsto no art. 140 do Código Penal, que é de ação penal privada, razão pela qual é oferecido o presente requerimento, com fundamento no art. 5º, § 5º do Código de Processo Penal, a fim de que possa ser instaurado o inquérito policial e posteriormente oferecida queixa, promovendo-se, assim, a persecução penal contra o requerido.

(2 linhas)

Termos em que
pede deferimento.

(2 linhas)

Cidade, ____ de _____ de ____.

(2 linhas)

_____

OAB – sob n. ____

10 Relaxamento de prisão em flagrante

1. Finalidade: libertar pessoa com prisão ilegal. *Conforme o art. 5º, LXV, da CF, a prisão ilegal será imediatamente relaxada pela autoridade judiciária.*

2. Prisão ilegal: casos não taxativos, como fato atípico, excesso de prazo, falta de formalidade do auto de prisão em flagrante, não situação de flagrante.

3. Procedimento da prisão em flagrante:

3.1 **Apresentação do preso à autoridade competente:** a autoridade competente para elaborar o auto de prisão é a do local da prisão; se não houver, será apresentado no lugar mais próximo.

3.2 **Lavratura do auto de prisão em flagrante:** o delegado não é obrigado a lavrar o auto. O prazo máximo para lavratura do auto é de 24 horas, prazo para entregar ao preso nota de culpa. Da lavratura do auto de prisão em flagrante deverá constar a informação sobre a existência de filhos, respectivas idades e se possuem alguma deficiência e o nome e o contato de eventual responsável pelos cuidados dos filhos, indicado pela pessoa presa.

3.3 **Comunicação da prisão:** a prisão deve ser comunicada à família do preso ou à pessoa por ele indicada; quando for advogado que tiver sido preso em flagrante, observar o art. 7º, inciso IV, da Lei n. 8.906/94.

3.4 Oitiva do condutor: não precisa ter presenciado a infração ou a prisão. Nos termos do art. 304 do CPP, apresentado o preso à autoridade competente, ouvirá esta o condutor e colherá, desde logo, sua assinatura, entregando a este cópia do termo e recibo de entrega do preso.

3.5 Oitiva das testemunhas: mínimo duas; se não tiver, podem ser as que presenciaram a apresentação do preso à autoridade; será lavrado termo de depoimento.

Conforme o art. 304, § 2º, a falta de testemunhas da infração não impedirá o auto de prisão em flagrante; mas, nesse caso, com o condutor, deverão assiná-lo pelo menos duas pessoas que hajam presenciado a apresentação do preso à autoridade.

Após a oitiva do condutor e a entrega do recibo, a autoridade competente, nos termos do art. 304 do CPP, procederá à oitiva das testemunhas que o acompanharem e ao interrogatório do acusado sobre a imputação que lhe é feita, colhendo, após cada oitiva, suas respectivas assinaturas, lavrando, a autoridade, afinal, o auto.

3.6 Interrogatório do infrator: se não puder ser interrogado, poderá ser em momento posterior no inquérito. Será lavrado termo de interrogatório.

3.7 Oitiva da vítima: será lavrado termo de depoimento.

3.8 Lavratura pelo escrivão: pode ser escrevente ou pessoa designada pela autoridade, desde que preste o compromisso legal.

O auto de prisão em flagrante deixa de ser sequencial e passa a ser descontínuo.

3.9 Assinatura: ofendido, testemunhas, preso, curador ou defensor, autoridade e condutor; se o acusado se recusar a assinar, não souber ou não puder fazê-lo, o auto de prisão em flagrante será assinado por duas testemunhas, que tenham ouvido sua leitura na presença deste, nos termos do art. 304, § 3º, do CPP.

3.10 Comunicação ao juiz e ao Ministério Público: a comunicação imediata ao Juízo Criminal da prisão em flagrante delito é exigência constitucional, conforme o art. 5º, inciso LXII, da Constituição Federal: "*a prisão de qualquer pessoa e o local onde se encontre serão comunicados imediatamente ao juiz competente e à família do preso ou à pessoa por ele indicada*".

3.11 **Entrega da nota de culpa em 24 horas:** recibo da prisão, contendo o motivo da prisão, o nome do condutor e as testemunhas; a omissão do ato implica relaxamento da prisão.

4. **Participação da Defensoria Pública na prisão em flagrante:** a Lei n. 12.403/2011 modificou a redação do § 1º do art. 306 do Código de Processo Penal, que passa a vigorar com a seguinte redação: *"§ 1º Em até 24 (vinte e quatro) horas após a realização da prisão, será encaminhado ao juiz competente o auto de prisão em flagrante e, caso o autuado não informe o nome de seu advogado, cópia integral para a Defensoria Pública".*

Quando a pessoa que foi presa em flagrante não tiver advogado, sua prisão deve ser comunicada à Defensoria Pública num prazo máximo de 24 horas para que o órgão designe um defensor para acompanhar o caso.

Até então o preso sem condições de contratar um advogado só tinha contato com o Defensor Público na audiência. Com a nova lei, a Defensoria poderá atuar imediatamente no caso.

No prazo de 24 horas, será entregue ao preso, mediante recibo, a nota de culpa, assinada pela autoridade, com o motivo da prisão, o nome do condutor e o das testemunhas, nos termos do art. 306, § 2º.

5. **Providências posteriores ao Auto de Prisão em Flagrante**

a) expedição de nota de culpa: em até 24 horas após a realização da prisão, será entregue ao preso, mediante recibo, a nota de culpa, assinada pela autoridade, com o motivo da prisão, o nome do condutor e o das testemunhas;

b) recolhimento do conduzido à prisão ou soltura: resultando das respostas fundada suspeita contra o conduzido, a autoridade mandará recolhê-lo à prisão, exceto no caso de livrar-se solto ou de prestar fiança, e prosseguirá nos atos do inquérito ou processo, se para isso for competente; se não o for, enviará os autos à autoridade que o seja. Se o réu se livrar solto, deverá ser posto em liberdade, depois de lavrado o auto de prisão em flagrante;

c) comunicação da prisão ao Judiciário (art. 5º, LXII, da CF).

6. **Prisão em flagrante e autuação em flagrante:** não confundir prisão em flagrante com autuação em flagrante: a prisão é o ato administrativo de privar alguém da sua liberdade de locomoção; possui caráter material; autuação é o registro escrito da prisão em flagrante e de suas ocorrências; possui caráter formal.

7. **Espécies de flagrante**

a) **próprio/real/propriamente dito:** está ou acaba de cometer;

b) **impróprio/quase flagrante:** perseguido, logo após;

c) **presumido/ficto:** encontrado, logo depois;

d) **obrigatório:** autoridade policial;

e) **facultativo:** qualquer do povo;

f) **preparado (Súmula 145 do STF):** indução na prática do crime;

g) **esperado:** aguarda a prática do crime;

h) **retardado:** art. 8º da Lei n. 12.850/2013;

i) **forjado/fabricado:** criação de provas de crime inexistente;

j) **crime permanente:** flagrante perdura enquanto durar a permanência;

k) **crime de ação penal privada:** cabível, porém para lavrar o auto precisa da autorização da vítima ou representante legal;

l) **crime de ação penal pública condicionada:** cabível, porém para lavrar o auto precisa da representação da vítima ou do seu representante legal ou de requisição do Ministro da Justiça.

8. Imunidade ao flagrante: menores de 18 anos (ECA), diplomatas estrangeiros, em decorrência de tratado ou convenção internacional (art. 1º, inciso I, do CPP), Presidente da República (art. 86, § 3º, da CF), apresentação espontânea (art. 317, *a contrario sensu*, do CPP) e quem socorre vítima de delito de trânsito (art. 301 da Lei n. 9.503/97).

9. Flagrante por crime inafiançável: senador, deputado federal, deputado estadual, deputado distrital, magistrado, membro do Ministério Público e advogado no exercício da profissão.

10. Características da prisão em flagrante: (a) ato administrativo; (b) dispensa ordem judicial; (c) espécie de prisão processual, já que ocorre antes do trânsito em julgado; (d) não ofende presunção de inocência, nos termos do art. 5º, LXII, da Constituição Federal c/c a Súmula 9 do STJ; (e) abrange crime ou contravenção.

11. Fundamento: conforme observa Mirabete[3]: "é um sistema de autodefesa da sociedade, derivada da necessidade social de fazer cessar a prática criminosa e a perturbação da ordem, tendo também o sentido de salutar providência acautelatória da prova da materialidade do fato e da respectiva autoria".

12. Apresentação espontânea: a autoridade não poderá efetuar prisão em flagrante: deverá mandar lavrar o auto de apresentação, ouvi-lo-á e representará

---

[3] MIRABETE, Julio Fabbrini. *Código de Processo Penal interpretado*: referências doutrinárias, indicações legais, resenha jurisprudencial. São Paulo: Atlas, 2000. p. 636.

ao juiz quanto à necessidade de decretar a custódia preventiva. Inexiste prisão por apresentação. Agente não foi surpreendido em situação de flagrante nos termos do art. 302 do CPP. A finalidade primordial da prisão em flagrante é evitar a fuga do indiciado, o que não é necessário quando há apresentação espontânea.

13. Prisão em flagrante nas infrações penais de menor potencial ofensivo: é a captura e apresentação ao Delegado de Polícia. Conforme o parágrafo único do art. 69 da Lei n. 9.099/95, porém, apresentado o autor do fato, não será lavrado o auto de prisão em flagrante, mas apenas o termo circunstanciado de ocorrência e o termo de compromisso. No entanto, caso não assuma o compromisso de comparecer ao Juizado, o auto de prisão em flagrante será lavrado conforme o previsto no art. 304 do Código de Processo Penal.

14. Audiência de custódia: após receber o auto de prisão em flagrante, no prazo máximo de até 24 (vinte e quatro) horas após a realização da prisão, o juiz deverá promover audiência de custódia com a presença do acusado, seu advogado constituído ou membro da Defensoria Pública e o membro do Ministério Público.

15. Não realização da audiência de custódia: a autoridade que deu causa, sem motivação idônea, à não realização da audiência de custódia no prazo de até 24 (vinte e quatro) horas após a realização da prisão responderá administrativa, civil e penalmente pela omissão. Transcorridas 24 (vinte e quatro) horas após o decurso do prazo, a não realização de audiência de custódia sem motivação idônea ensejará também a ilegalidade da prisão, a ser relaxada pela autoridade competente, sem prejuízo da possibilidade de imediata decretação de prisão preventiva.

16. Análise Judicial do Auto de Prisão em Flagrante: o juiz deve fundamentar sua decisão, na audiência de custódia, que pode ser: (a) pelo relaxamento da prisão ilegal; (b) de concessão de liberdade provisória, com ou sem fiança; (c) de conversão da "... prisão em flagrante em preventiva, quando presentes os requisitos constantes do art. 312 deste Código, e se revelarem inadequadas ou insuficientes as medidas cautelares diversas da prisão" (art. 310, II, do CPP). Se o juiz verificar, pelo auto de prisão em flagrante, que o agente:

a) praticou o fato amparado por excludente de ilicitude (art. 23 do CP), poderá, fundamentadamente, conceder ao acusado liberdade provisória, mediante termo de comparecimento obrigatório a todos os atos processuais, sob pena de revogação;

b) é reincidente ou que integra organização criminosa armada ou milícia, ou que porta arma de fogo de uso restrito, deverá denegar a liberdade provisória, com ou sem medidas cautelares.

17. **Prisão em flagrante nas infrações permanentes:** nas infrações permanentes, como a consumação se prolonga no tempo, entende-se que o agente está em flagrante delito, enquanto não cessar a permanência.

18. **Infração praticada na presença de autoridade:** "Quando o fato for praticado em presença da autoridade, ou contra esta, no exercício de suas funções, constarão do auto a narração deste fato, a voz de prisão, as declarações que fizer o preso e os depoimentos das testemunhas, sendo tudo assinado pela autoridade, pelo preso e pelas testemunhas e remetido imediatamente ao juiz a quem couber tomar conhecimento do fato delituoso, se não o for a autoridade que houver presidido o auto" (art. 307 do CPP).

19. **Estrutura da peça prática:** a peça prática do relaxamento tem as seguintes partes: (a) Endereçamento; (b) Preâmbulo: nome e qualificação do requerente (pessoa presa em flagrante); capacidade postulatória, fundamento legal (artigo da lei sobre a peça), nome da peça e frase final; (c) Corpo: fatos e direito; (d) Pedido; (e) Parte Final.

20. **Termos:** na peça prática do relaxamento usar, para o autor do pedido (suposto infrator), requerente.

21. **Descoberta do endereçamento:** olhar a infração praticada e a matéria:

a) se for crime doloso contra a vida e matéria federal: Juiz Federal da Vara do Júri;

b) se for crime doloso contra a vida e matéria estadual: Juiz de Direito da Vara do Júri;

c) se for crime não doloso contra a vida, pena de reclusão, se for Capital e matéria estadual: Juiz de Direito do DIPO;

d) se for crime não doloso contra a vida, pena de detenção, se for Capital e matéria estadual: Juiz de Direito da Vara Criminal;

e) se for crime não doloso contra a vida, pena de reclusão ou detenção, se for Capital e matéria federal: Juiz Federal da Vara Criminal;

f) se for crime não doloso contra a vida, pena de reclusão ou detenção, se for Interior e matéria estadual: Juiz de Direito da Vara Criminal;

g) se for crime não doloso contra a vida, pena de reclusão ou detenção, se for interior e matéria federal: Juiz Federal da Vara Criminal.

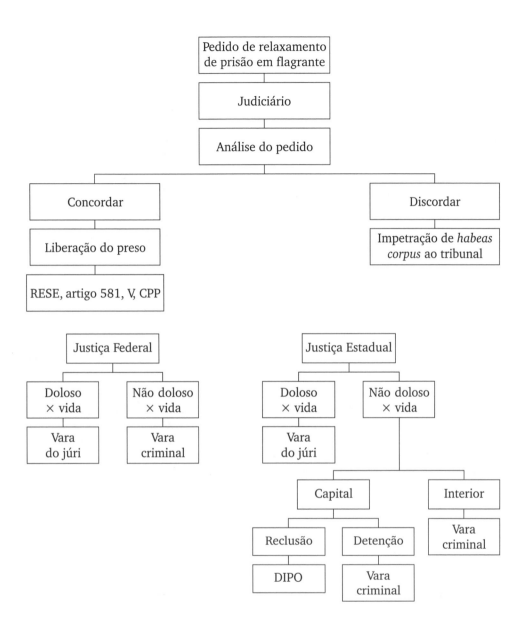

MODELO DE RELAXAMENTO DE PRISÃO EM FLAGRANTE

EXCELENTÍSSIMO SENHOR DOUTOR JUIZ DE DIREITO DA ___ VARA CRIMINAL DA COMARCA _____ (crimes não dolosos contra a vida e matéria estadual)

EXCELENTÍSSIMO SENHOR DOUTOR JUIZ FEDERAL DA ___ VARA CRIMINAL DA SEÇÃO JUDICIÁRIA DE _____ (crimes não dolosos contra a vida e matéria federal)

EXCELENTÍSSIMO SENHOR DOUTOR JUIZ DE DIREITO DA ___ VARA DO JÚRI DA COMARCA DE _____(crimes dolosos contra a vida e matéria estadual)

EXCELENTÍSSIMO SENHOR DOUTOR JUIZ FEDERAL DA ___ VARA DO JÚRI DA SEÇÃO JUDICIÁRIA DE _____(crimes dolosos contra a vida e matéria federal)

EXCELENTÍSSIMO SENHOR DOUTOR JUIZ ___ DO DEPARTAMENTO DE INQUÉRITOS POLICIAIS – DIPO (crimes não dolosos × vida e apenados com reclusão – só na Capital e matéria estadual)

(10 linhas)

_____ (nome), _____ (nacionalidade), _____ (estado civil), _____ (profissão), residente e domiciliado _____ (endereço), vem, por seu advogado infra-assinado (documento n. 1), à presença de Vossa Excelência, com fundamento no art. 5º, inciso LXV, da Constituição Federal combinado com os arts. 301 e seguintes do Código de Processo Penal, requerer o RELAXAMENTO DA PRISÃO EM FLAGRANTE, pelos motivos de fato e de direito a seguir aduzidos:

(2 linhas)

DOS FATOS

* Narrar o fato criminoso, com todas as circunstâncias, sem inventar dados ou copiar o problema. Seguir roteiro de questões: (a) Quando – tempo do fato – No dia tal, mês tal, ano tal, por volta das _____ horas; (b) Sujeito Ativo – quem pratica a conduta criminosa – Fulano de tal; (c) Lugar do crime; (d) Motivo do crime; (e) Comportamento criminoso; (f) Maneira pela qual o crime foi praticado; (g) Mal produzido com a conduta criminosa. Se houver concurso de pessoas: especificar a conduta de cada coautor ou partícipe.

* Narrar a prisão em flagrante, por exemplo:

No dia tal, mês tal, no lugar tal, ocorreu a prisão em flagrante de Fulano de tal, em razão da ocorrência da infração tal, conforme auto de prisão em flagrante a fls.

Ou

O requerente foi autuado em flagrante delito em _____ (data do flagrante), às ____ horas (horário do flagrante), e recolhido posteriormente ao _____ (número) Distrito Policial, pela prática do crime capitulado no artigo _____.

(2 linhas)

DO DIREITO

* Comprovar a ilegalidade da prisão em flagrante, por motivos como fato atípico, excesso de prazo, não observância de formalidade essencial ao auto de prisão em flagrante, não situação de flagrante e outras. Convencer o juiz de que a prisão em flagrante constitui um constrangimento ilegal. A prisão é ilegal quando: (a) contrariar a ordem jurídica; (b) for decretada de forma abusiva; (c) não observar os requisitos legais de sua decretação.

Exemplo:

A prisão em flagrante de Fulano de tal constitui *constrangimento ilegal*, pois _____ (motivo do constrangimento – apresentação espontânea, excesso de prazo, fato atípico, não observância de formalidade essencial na lavratura do auto de prisão em flagrante e outros).

No caso em tela, _____ (explicar o motivo do constrangimento).

* O candidato deve ressaltar a importância de cessar o constrangimento ilegal na liberdade de locomoção, podendo usar como fundamentação a Declaração Universal dos Direitos do Homem, em seus artigos IX – Ninguém será arbitrariamente preso, detido ou exilado, e XIII – Toda pessoa tem direito à liberdade de locomoção e residência dentro das fronteiras de cada Estado. Toda pessoa tem o direito de deixar qualquer país, inclusive o próprio, e a este regressar.

* A liberdade de locomoção é um direito fundamental da pessoa, que corresponde à sua *liberdade física*, sua liberdade corporal, que deve ser respeitada contra a prisão ilegal e em todos os casos em que a ilegalidade atinge a integridade física do indivíduo como direito inerente à sua personalidade.

Não resta dúvida de que houve cristalina violação à liberdade de locomoção, um dos direitos fundamentais do ser humano, amparado e protegido no Estado Democrático de Direito.

(2 linhas)

DO PEDIDO

Diante do exposto, vem requerer a Vossa Excelência o relaxamento da prisão em flagrante imposta ao requerente, a fim de que possa permanecer em liberdade durante o processo, com a expedição do alvará de soltura, nos termos do art. 5º, inciso LXV, da Constituição Federal combinado com os arts. 301 e seguintes do Código de Processo Penal como medida de inteira justiça.

(2 linhas)

Termos em que
pede deferimento.

(2 linhas)

Cidade, ____ de _____ de ____.

(2 linhas)

_____

OAB – sob n. ____

CASO PRÁTICO

Em 28 de junho de 2018, por volta das 22 horas, Romualdo encontrava-se no interior de sua residência quando ouviu um barulho no quintal. Munido de um revólver, abriu a janela de sua casa e percebeu que uma pessoa, que não pôde identificar devido à escuridão, caminhava dentro dos limites de sua propriedade. Considerando tratar-se de um ladrão, desferiu três tiros que acabaram atingindo a vítima em região vital, causando sua morte. Ao sair do interior de sua residência, Romualdo constatou que havia matado um adolescente que lá havia entrado por motivos que fogem ao seu conhecimento. Imediatamente, Romualdo dirigiu-se à Delegacia de Polícia mais próxima, onde comunicou o ocorrido. O Delegado plantonista, após ouvir os fatos, prendeu-o em flagrante pelo crime de homicídio. Elaborar a medida cabível visando à libertação de Romualdo.

1. Rascunho da peça

a) **infração penal:** crime de homicídio, previsto no art. 121 do Código Penal;

b) **ação penal:** pública incondicionada;

c) **pena concreta:** não tem;

d) **pena abstrata:** reclusão de 6 a 20 anos;

e) **rito processual:** rito do júri;

f) **momento processual:** na fase investigatória e antes da propositura da ação penal;

g) **cliente:** Romualdo;

h) **situação prisional:** preso;

i) **tese:** comprovar a ilegalidade da prisão em flagrante;

j) **peça:** relaxamento de prisão em flagrante;

k) **competência:** Ministério Público ou juiz ou delegado;

l) **pedido:** juiz de direito da vara do júri.

2. Peça prática

EXCELENTÍSSIMO SENHOR DOUTOR JUIZ DE DIREITO DA ___ VARA DO JÚRI DA CO-
MARCA DA CAPITAL

(10 linhas)

Romualdo, (nacionalidade), (estado civil), (profissão), residente e domiciliado _____ (endereço), vem, por seu advogado infra-assinado (documento n. 1), à presença de Vossa Excelência, com fundamento no art. 5º, inciso LXV, da Constituição Federal
combinado com os arts. 301 e seguintes do Código de Processo Penal, requerer RELAXAMEN-
TO DA PRISÃO EM FLAGRANTE, pelos motivos de fato e de direito a seguir aduzidos:

(2 linhas)

DOS FATOS

No dia 28 de junho de 2018, por volta das _____ horas, Romualdo, no in-
terior de sua residência, suspeitando de invasão domiciliar pelos barulhos vindos do quintal, abriu a
janela localizada próxima ao quintal e desferiu três tiros que atingiram a vítima em região vital,
causando-lhe a morte.

Após atingir a vítima, Romualdo dirigiu-se à Delegacia, para comunicar a
ocorrência, sendo preso em flagrante pelo crime de homicídio, conforme auto de prisão em flagrante (documento anexo).

(2 linhas)

DO DIREITO

A prisão em flagrante constitui constrangimento ilegal, já que houve apresentação espontânea do agente à Polícia.

A apresentação espontânea de Romualdo à Delegacia demonstrou que não
deve prevalecer o flagrante, pois a intenção do Romualdo não foi fugir, mas colaborar com a solução
do caso.

A prisão em flagrante só pode ocorrer quando ficar caracterizada uma das situações de flagrância previstas no art. 302 do CPP, de forma que, no caso em tela, a situação não se
encaixa em nenhum dos incisos da Lei.

Ademais, o comparecimento espontâneo impede a prisão em flagrante, de-
vendo a autoridade policial ter lavrado o Auto de Apresentação e representar, se for o caso, para o
juiz decretar a prisão preventiva.

(2 linhas)

DO PEDIDO

Diante do exposto, vem requerer a Vossa Excelência o relaxamento da prisão em flagrante imposta ao requerente, a fim de que possa permanecer em liberdade durante o processo, com a expedição do alvará de soltura, nos termos do art. 5º, inciso LXV, da Constituição Federal combinado com os arts. 301 e seguintes do Código de Processo Penal como medida de inteira justiça.

(2 linhas)

Termos em que
pede deferimento.

(2 linhas)

Cidade, _____ de _____ de _____.

(2 linhas)

_____
OAB – sob n. _____

11 Revogação de prisão

1. Conceito de prisão: é a privação da liberdade de locomoção.

2. Regra geral: ninguém poderá ser preso senão em flagrante delito ou por ordem escrita e fundamentada da autoridade judiciária competente, em decorrência de prisão cautelar ou em virtude de condenação criminal transitada em julgado.

3. Hipóteses de prisão sem ordem judicial: (a) prisão em flagrante; (b) prisão disciplinar (crime militar próprio e transgressão militar); (c) prisão efetuada durante o estado de sítio e defesa; (d) recaptura de foragido.

4. Exibição do mandado de prisão: se a infração for inafiançável, a falta de exibição do mandado não obstará a prisão, e o preso, em tal caso, será imediatamente apresentado ao juiz que tiver expedido o mandado, para a realização de audiência de custódia

5. Modalidades:

5.1 Prisão penal: é a efetuada após o trânsito em julgado da sentença penal condenatória.

5.2 Prisão processual ou cautelar ou provisória: é a que ocorre antes do trânsito em julgado; são três modalidades: (a) prisão em flagrante; (b) prisão temporária; (c) prisão preventiva.

5.3 Prisão civil: é a prisão por dívidas; somente é admissível no caso de devedor de alimentos.

5.4 Prisão disciplinar: é a decretada em face da ocorrência de crime militar próprio (somente definido em lei penal militar) ou transgressão militar (infração disciplinar).

6. Situações específicas de prisão:

6.1 Prisão do eleitor: o eleitor não pode ser preso cinco dias antes, nem 48 horas depois da eleição, salvo prisão em flagrante ou por sentença penal condenatória por crime inafiançável, nos termos do art. 236 do Código eleitoral.

6.2 Prisão para averiguação: é a privação momentânea de uma pessoa, para possibilitar a investigação da infração penal; é feita sem ordem judicial; não há situação de flagrante. Há no caso um abuso de autoridade.

6.3 Prisão em domicílio: durante o dia não precisa do consentimento do morador; à noite, não pode realizar a prisão, salvo consentimento do morador.

6.4 Prisão especial: é uma prisão provisória que pode ser decretada durante o inquérito ou o processo criminal; a pessoa que tem o benefício fica em local distinto do estabelecimento comum ou em cela separada; quando for funcionário da administração penitenciária fica em dependência separada até o fim da execução da pena.

6.5 Prisão domiciliar: é o recolhimento do agente em sua residência particular, seja como medida cautelar, seja como forma de cumprimento de pena.

6.6 Prisão cautelar de extraditando:

a) na Lei n. 13.445/2017 existe previsão de prisão cautelar.

b) o pedido de extradição é recebido pelo Ministro da Justiça. Após analisado por este (pressupostos de admissibilidade), o pedido segue ao STF, cujo relator analisará os requisitos de procedibilidade do processo extradicional.

c) urgência: em caso de urgência, o Estado interessado na extradição poderá, prévia ou conjuntamente com a formalização do pedido extradicional, requerer, por via diplomática ou por meio de autoridade central do Poder Executivo, prisão cautelar com o objetivo de assegurar a executoriedade da medida de extradição, que, após exame da presença dos pressupostos formais de admissibilidade exigidos nesta Lei ou em tratado, deverá representar à autoridade judicial competente, ouvido previamente o Ministério Público Federal.

d) Conteúdo: o pedido de prisão cautelar deverá conter informação sobre o crime cometido e deverá ser fundamentado, podendo ser apresentado por correio, fax, mensagem eletrônica ou qualquer outro meio que assegure a comunicação por escrito.

e) **Prisão albergue ou domiciliar ou responder em liberdade:** o Supremo Tribunal Federal, ouvido o Ministério Público, poderá autorizar prisão albergue ou domiciliar ou determinar que o extraditando responda ao processo de extradição em liberdade, com retenção do documento de viagem ou outras medidas cautelares necessárias, até o julgamento da extradição ou a entrega do extraditando, se pertinente, considerando a situação administrativa.

7. Prisão temporária

7.1 Antecedente legislativo: Medida Provisória n. 111, de 24 de novembro de 1989.

7.2 Finalidade: possibilitar a investigação de crimes graves no inquérito policial.

7.3 Ordem judicial: o mandado de prisão será expedido em duas vias, uma das quais será entregue ao indiciado e servirá como nota de culpa.

7.4 Iniciativa: representação da autoridade policial ou requerimento do Ministério Público.

7.5 Decretação: juiz, em 24 horas a partir do recebimento da representação ou requerimento, por despacho fundamentado.

7.6 Oitiva do Ministério Público: na hipótese de representação da autoridade policial.

7.7 Local do preso temporário: deverá permanecer obrigatoriamente separado dos demais detentos.

7.8 Duração: cinco dias, prorrogáveis por mais cinco dias, em caso de extrema e comprovada necessidade; quando for crime hediondo ou equiparado, será de trinta dias, prorrogáveis por mais trinta dias, em caso de extrema e comprovada necessidade. O tempo em que o indiciado estiver recolhido em prisão temporária não é computado no prazo máximo do inquérito.

7.9 Plantão: em todas as comarcas e seções judiciárias haverá um plantão permanente, de vinte e quatro horas, do Poder Judiciário e do Ministério Público para apreciação dos pedidos de prisão temporária.

7.10 Providências da prisão temporária: (a) efetuada a prisão, a autoridade policial informará o preso dos direitos previstos no art. 5º da CF; (b) decorrido o prazo de duração da prisão temporária, o preso deverá ser posto imediatamente em liberdade, salvo se já tiver sido decretada sua prisão preventiva.

7.11 Momento: a prisão temporária é admissível durante o inquérito policial.

7.12 Provas: o juiz poderá, de ofício ou a requerimento do Ministério Público e do advogado, determinar que o preso lhe seja apresentado, solicitar informações e esclarecimentos da autoridade policial e submetê-lo a exame de corpo de delito.

7.13 Cabimento: apesar das várias posições doutrinárias, adotamos a majoritária para o exame da OAB: é necessária a comprovação de dois requisitos para decretação da prisão temporária: (a) necessário: quando houver fundadas razões, de acordo com qualquer prova admitida na legislação penal, de autoria ou participação do indiciado nos crimes previstos no art. 1° da Lei n. 7.960/89; (b) alternativos: I – quando imprescindível para as investigações do inquérito policial ou II – quando o indiciado não tiver residência fixa ou III – quando não fornecer elementos necessários ao esclarecimento de sua identidade.

7.14 Requisito do mandado de prisão: o mandado de prisão conterá necessariamente o período de duração da prisão temporária, bem como o dia em que o preso deverá ser libertado.

7.15 Após término do prazo da prisão: decorrido o prazo contido no mandado de prisão, a autoridade responsável pela custódia deverá, independentemente de nova ordem da autoridade judicial, pôr imediatamente o preso em liberdade, salvo se já tiver sido comunicada da prorrogação da prisão temporária ou da decretação da prisão preventiva.

7.16 Contagem do prazo da prisão: inclui-se o dia do cumprimento do mandado de prisão no cômputo do prazo de prisão temporária.

8. Prisão preventiva

8.1 Momento: pode ser decretada em qualquer fase do inquérito policial ou do processo judicial.

8.2 Decretação: juiz ou relator ($2^{\underline{a}}$ instância). A decisão que decretar a prisão preventiva deve ser motivada e fundamentada em receio de perigo e existência concreta de fatos novos ou contemporâneos que justifiquem a aplicação da medida adotada.

8.3 Iniciativa: a prisão preventiva pode ser decretada pelo juiz, a requerimento do Ministério Público, do querelante ou do assistente, ou por representação da autoridade policial.

8.4 Fundamentos:

a) **garantia da ordem pública:** evitar o cometimento de novas infrações penais;

b) **conveniência da instrução criminal:** impedir que o agente cause tumulto no processo, como fazer desaparecer as provas do crime;

c) **garantia da aplicação da lei penal:** evitar a fuga do agente;

d) **garantia da ordem econômica:** de acordo com o art. 86 da Lei n. 8.884/94;

e) **descumprimento:** de qualquer das obrigações impostas por força de outras medidas cautelares alternativas da prisão (prisão preventiva subsidiária).

8.5 Pressupostos: (a) prova da existência do crime; (b) indícios suficientes de autoria; (c) perigo gerado pelo estado de liberdade do imputado.

8.6 Condições de admissibilidade: (a) crime doloso com pena máxima superior a 4 anos; (b) crime doloso com pena máxima igual ou inferior a 4 anos, quando reincidente em crime doloso ou em caso de violência doméstica ou familiar contra mulher, criança, adolescente, enfermo ou pessoa com deficiência; (c) crime doloso ou culposo, quando houver dúvida sobre a identidade civil.

8.7 Medida judicial: contra a decretação da prisão preventiva ou da decisão que deixa de revogar prisão preventiva cabe *habeas corpus;* contra a denegação ou revogação cabe recurso em sentido estrito (art. 581, V, CPP).

8.8 Observações: (a) a prisão preventiva é revogável a qualquer tempo, desde que desapareçam as condições que a ensejaram; (b) não é possível prisão preventiva em caso de excludente de ilicitude; (c) a apresentação espontânea não impede a prisão preventiva (art. 317 do CPP); (d) a decisão que decretar, substituir ou denegar a prisão preventiva será sempre motivada (art. 315 do CPP).

8.9 Vedação: não será admitida a decretação da prisão preventiva com a finalidade de antecipação de cumprimento de pena ou como decorrência imediata de investigação criminal ou da apresentação ou recebimento de denúncia.

8.10 Revogação: o juiz poderá, de ofício ou a pedido das partes, revogar a prisão preventiva se, no correr da investigação ou do processo, verificar a falta de motivo para que ela subsista, bem como novamente decretá-la, se sobrevierem razões que a justifiquem. Decretada a prisão preventiva, deverá o órgão emissor da decisão revisar a necessidade de sua manutenção a cada noventa dias, mediante decisão fundamentada, de ofício, sob pena de tornar a prisão ilegal.

9. Comparação:

Itens	Prisão temporária	Prisão preventiva	Prisão em flagrante
Previsão legal	Lei n. 7.960/89.	Arts. 310 e seguintes do CPP.	Arts. 302 e seguintes do CPP.
Momento	Durante inquérito policial.	Durante o inquérito ou processo criminal.	Qualquer momento, antes do trânsito em julgado.
Finalidade	Investigação de crimes graves.	Possibilitar a persecução penal.	Autodefesa da sociedade.
Decretação	Juiz.	Juiz.	Independe de ordem.
Iniciativa	Representação da autoridade policial ou requerimento do MP.	Requerimento do Ministério Público, do querelante ou do assistente, ou por representação da autoridade policial.	Qualquer do povo ou a autoridade policial.
Fundamentos	a) crime previsto no art. 1º da Lei n. 7.960/89; b) requisito alternativo.	a) prova da existência do crime; b) indícios suficientes de autoria; c) perigo gerado pelo estado de liberdade do imputado; d) garantia da ordem pública, econômica, conveniência da instrução e aplicação da lei penal; e) descumprimento de qualquer das obrigações impostas por força de outras medidas cautelares alternativas da prisão (prisão preventiva subsidiária).	Configurar situação de flagrante prevista no art. 302 do CPP.

10. Revogação da prisão

A prisão é medida de exceção. Não havendo razões sérias e objetivas para sua decretação, não há motivos para sua decretação ou manutenção.

A necessidade da revogação da prisão é uma forma de reforçar o princípio da presunção de inocência previsto na Constituição Federal de 1988, em seu art. 5º, LVII, combinado com o art. 8º, I, do Pacto de São José da Costa Rica, recepcionado em nosso ordenamento jurídico (art. 5º, § 2º, da CF/88 – Decreto Executivo n. 678/1992 e Decreto Legislativo n. 27/1992).

A revogação da prisão reafirma a necessidade da tutela da liberdade pessoal, um dos fundamentos da dignidade da pessoa humana, prerrogativa de todo ser humano de ser respeitado como pessoa, de não ser prejudicado em sua existência (a vida, o corpo e a saúde), de forma a garantir um patamar existencial mínimo.

A revogação da prisão pode ser motivada, dentre outras razões:

a) pela não fundamentação, em perfeita discordância ao disposto no art. 315 do Código de Processo Penal (no caso de prisão preventiva) combinado com o art. 93, inciso IX, da CF;

b) pela fundamentação baseada em proposições abstratas, como simples ato formal, mas que resultar de fatos concretos;

c) pela fundamentação que se limitar a acolher o pedido do representante do Ministério Público;

d) pela falta de prova da materialidade do delito e pelos indícios suficientes da autoria;

e) por excesso de prazo, desde que a demora não seja atribuída ao acusado (ninguém pode beneficiar-se da própria torpeza);

f) pelo não cabimento da prisão para certos crimes, como no caso da preventiva, que não pode ser decretada em crimes culposos;

g) pelo não cabimento da prisão a certas pessoas, como o Presidente da República (art. 86, § 3º, da CF) e agentes diplomáticos (art. 29 do Decreto n. 56.435/65).

11. Fundamentação da prisão preventiva

a) **Regra geral**: a decisão que decretar, substituir ou denegar a prisão preventiva será sempre motivada e fundamentada.

b) **Conteúdo**: indicar concretamente a existência de fatos novos ou contemporâneos que justifiquem a aplicação da medida adotada.

c) **Decisão não fundamentada**: não se considera fundamentada qualquer decisão judicial, seja ela interlocutória, sentença ou acórdão, que:

c1) limitar-se à indicação, à reprodução ou à paráfrase de ato normativo, sem explicar sua relação com a causa ou a questão decidida;

c2) empregar conceitos jurídicos indeterminados, sem explicar o motivo concreto de sua incidência no caso;

c3) invocar motivos que se prestariam a justificar qualquer outra decisão;

c4) não enfrentar todos os argumentos deduzidos no processo capazes de, em tese, infirmar a conclusão adotada pelo julgador;

c5) limitar-se a invocar precedente ou enunciado de súmula, sem identificar seus fundamentos determinantes nem demonstrar que o caso sob julgamento se ajusta àqueles fundamentos;

c6) deixar de seguir enunciado de súmula, jurisprudência ou precedente invocado pela parte, sem demonstrar a existência de distinção no caso em julgamento ou a superação do entendimento.

12. **Estrutura da peça prática:** a peça prática da revogação tem as seguintes partes: (a) endereçamento; (b) preâmbulo: nome e qualificação do requerente (pessoa presa); capacidade postulatória, fundamento legal (artigo da lei sobre a peça), nome da peça e frase final; (c) corpo: fatos e direito; (d) pedido; (e) parte final.

13. **Termos:** na peça prática da revogação usar, para o autor do pedido (suposto infrator), requerente.

14. **Descoberta do endereçamento:** valem as mesmas regras do relaxamento de prisão em flagrante, expostas anteriormente.

15. **Opção:** entre o pedido de revogação e o *habeas corpus*, o candidato pode optar, devendo dar preferência ao *habeas corpus*, por ter previsão legal e constitucional.

Fluxograma do pedido de revogação da prisão

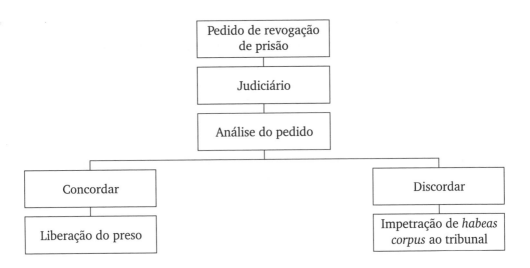

MODELO DE REVOGAÇÃO DE PRISÃO

EXCELENTÍSSIMO SENHOR DOUTOR _____ (mesmas regras do relaxamento de prisão em flagrante)

(10 linhas)

_____ (nome), _____ (nacionalidade), _____ (estado civil), _____ (profissão), residente e domiciliado _____ (endereço), vem, por seu advogado infra-assinado (documento n. 1), à presença de Vossa Excelência, com fundamento no artigo _____, requerer REVOGAÇÃO DA PRISÃO _____ (especificar a modalidade de prisão) pelos motivos de fato e de direito a seguir aduzidos:

(2 linhas)

DOS FATOS

* Narrar o fato criminoso, com todas as circunstâncias, sem inventar dados ou copiar o problema. Seguir roteiro de questões: (a) Quando – tempo do fato – No dia tal, mês tal, ano tal, por volta das _____ horas; (b) Sujeito Ativo – quem pratica a conduta criminosa – Fulano de tal; (c) Lugar do crime; (d) Motivo do crime; (e) Comportamento criminoso; (f) Maneira pela qual o crime foi praticado; (g) Mal produzido com a conduta criminosa. Se houver concurso de pessoas: especificar a conduta de cada coautor ou partícipe.

* Narrar a prisão efetuada, dentre as modalidades aceitas no direito brasileiro, por exemplo:

No dia tal, mês tal, no lugar tal, ocorreu a prisão tal do Fulano de tal, em razão da ocorrência da infração tal, conforme _____ (nome do documento que registra a prisão) a fls.

(2 linhas)

DO DIREITO

* Comprovar a ilegalidade da prisão. Convencer o juiz de que a prisão constitui um constrangimento ilegal.

Exemplo:

A prisão tal de Fulano de tal constitui *constrangimento ilegal*, pois _____ (motivo do constrangimento).

No caso em tela, _____ (explicar o motivo do constrangimento).

Não resta dúvida de que houve cristalina violação à liberdade de locomoção, um dos direitos fundamentais do ser humano, amparado e protegido no Estado Democrático de Direito.

(2 linhas)

DO PEDIDO

Diante do exposto, vem requerer a Vossa Excelência a revogação da prisão _____ (modalidade) imposta ao requerente, a fim de que possa permanecer em liberdade durante o processo, com a expedição do alvará de soltura, como medida de inteira justiça.

(2 linhas)

Termos em que
pede deferimento.

(2 linhas)

Cidade, ____ de _____ de ____.

(2 linhas)

_____

OAB – sob n. ____

12 Prisão domiciliar

1. Espécies: com o advento da Lei n. 12.403/2011, existem duas espécies de prisão domiciliar: (a) a prevista no art. 117 da LEP como forma de cumprimento de pena; (b) a prevista como medida cautelar.

2. Prisão albergue domiciliar: é o recolhimento do indivíduo que está cumprindo pena no regime aberto para sua residência particular, desde que preenchidas uma das seguintes situações previstas no art. 117 da LEP: I – condenado maior de 70 (setenta) anos; II – condenado acometido de doença grave; III – condenada com filho menor ou deficiente físico ou mental; IV – condenada gestante.

3. Prisão albergue domiciliar em caráter excepcional: é o recolhimento do indivíduo para sua residência particular, quando se encontrar cumprindo pena em estabelecimento compatível com regime mais gravoso, por inexistência de vagas em Casa de Albergado. A submissão de uma pessoa a um regime mais rigoroso do que o regime prisional estabelecido na condenação constitui constrangimento ilegal. Se o caótico sistema prisional estatal não possui meios para manter o detento em estabelecimento apropriado, é de se autorizar, excepcionalmente, que a pena seja cumprida em regime mais benéfico, ou seja, o domiciliar.

4. Prisão domiciliar cautelar

4.1. Noções gerais

a) excesso de prazo: é uma prisão provisória, em que o tempo de duração deve ser analisado à luz do princípio da razoabilidade;

b) detração: o tempo de duração da prisão domiciliar deve ser computado na pena privativa de liberdade;

c) controle judicial: (a) se for ilegal enseja *habeas corpus*; (b) se for deferido enseja RESE (recurso em sentido estrito) com fundamento no art. 581, inciso V, do CPP.

4.2. Prisão domiciliar substitutiva

a) conceito: é a prisão que visa substituir a prisão preventiva, por razões humanitárias;

b) cabimento: é decretada nas seguintes hipóteses legais: I – maior de 80 (oitenta) anos; II – extremamente debilitado por motivo de doença grave; III – imprescindível aos cuidados especiais de pessoa menor de 6 (seis) anos de idade ou com deficiência; IV – gestante; V – mulher com filho de até 12 (doze) anos de idade incompletos; VI – homem, caso seja o único responsável pelos cuidados do filho de até 12 (doze) anos de idade incompletos;

c) requisito: a colocação do agente em prisão domiciliar substitutiva exige prova idônea dos requisitos estabelecidos no art. 318 do CPP, ou seja, é necessária a demonstração cabal da hipótese legal de cabimento.

4.3. Prisão domiciliar alternativa

a) conceito: é a concedida sempre que for adequada ao caso concreto e a prisão preventiva se mostrar muito gravosa;

b) finalidade: é impedir a prisão preventiva.

5. Pandemia: é cabível a concessão de prisão domiciliar aos reeducandos que cumprem pena em regime semiaberto e aberto que tiveram suspenso o exercício do trabalho externo, como medida preventiva de combate à pandemia, desde que não ostentem procedimento de apuração de falta grave (*Informativo* n. 673/2020 do STJ).

6. Culto religioso: reeducando, em prisão domiciliar, pode ser autorizado a se ausentar de sua residência para frequentar culto religioso no período noturno (*Informativo* n. 657/2019 do STJ).

7. Compatibilidade: há compatibilidade entre o benefício da saída temporária e prisão domiciliar por falta de estabelecimento adequado para o cumprimento de pena de reeducando que se encontre no regime semiaberto (*Informativo* n. 655/2019 do STJ).

8. Mãe de menor de 12 anos ou responsável por pessoa com deficiência: é possível a concessão de prisão domiciliar, ainda que se trate de execução provisória da pena (*Informativo* n. 647/2019 do STJ). A concessão de prisão domiciliar às genitoras de menores de até 12 anos incompletos não está condicionada à comprovação da imprescindibilidade dos cuidados maternos, que é legalmente presumida (*Informativo* n. 742/2022 do STJ). A apreensão de grande quantidade e variedade de drogas não impede a concessão da prisão domiciliar à mãe de filho menor de 12 anos se não demonstrada situação excepcional de prática de delito com violência ou grave ameaça ou contra seus filhos, nos termos do art. 318-A, I e II, do CPP (*Informativo* n. 733/2022 do STJ).

9. Inexistência de estabelecimento penal adequado ao regime prisional determinado para o cumprimento da pena: não autoriza a concessão imediata do benefício da prisão domiciliar, porquanto, nos termos da Súmula Vinculante 56, é imprescindível que a adoção de tal medida seja precedida das providências estabelecidas no julgamento do RE 641.320/RS, quais sejam: (i) saída antecipada de outro sentenciado no regime com falta de vagas, abrindo-se, assim, vagas para os reeducandos que acabaram de progredir; (ii) a liberdade eletronicamente monitorada ao sentenciado que sai antecipadamente ou é posto em prisão domiciliar por falta de vagas; e (iii) cumprimento de penas restritivas de direitos e/ou estudo aos sentenciados em regime aberto.

10. Estrutura da peça prática: a peça prática do Pedido de prisão domiciliar tem as seguintes partes: (a) Endereçamento; (b) Preâmbulo: nome e qualificação do requerente (pessoa presa), capacidade postulatória, fundamento legal (artigo da lei sobre a peça), nome da peça e frase final; (c) Corpo: fatos e direito; (d) Pedido; (e) Parte final.

11. Termos: na peça prática do Pedido de prisão domiciliar usar, para o autor do pedido (suposto infrator), requerente.

12. Descoberta do endereçamento: valem as mesmas regras do relaxamento de prisão em flagrante, expostas anteriormente.

MODELO DE PEDIDO DE PRISÃO DOMICILIAR

EXCELENTÍSSIMO SENHOR DOUTOR _____ (mesmas regras do relaxamento de prisão em flagrante)

(10 linhas)

_____ (nome), _____ (nacionalidade), _____ (estado civil), _____ (profissão), residente e domiciliado _____ (endereço), vem, por seu advogado infra-assinado (documento n. 1), à presença de Vossa Excelência, com fundamento no artigo _____, requerer PRISÃO DOMICILIAR pelos motivos de fato e de direito a seguir aduzidos:

(2 linhas)

DOS FATOS

* Narrar o fato criminoso, com todas as circunstâncias, sem inventar dados ou copiar o problema. Seguir roteiro de questões: (a) Quando – tempo do fato – No dia tal, mês tal, ano tal, por volta das _____ horas; (b) Sujeito Ativo – quem pratica a conduta criminosa – Fulano de tal; (c) Lugar do crime; (d) Motivo do crime; (e) Comportamento criminoso; (f) Maneira pela qual o crime foi praticado; (g) Mal produzido com a conduta criminosa. Se houver concurso de pessoas: especificar a conduta de cada coautor ou partícipe.

* Narrar a prisão preventiva efetuada, por exemplo:

No dia tal, mês tal, no lugar tal, ocorreu a prisão tal do Fulano de tal, em razão da ocorrência da infração tal, conforme _____ (nome do documento que registra a prisão) a fls.

(2 linhas)

DO DIREITO

* Se for prisão domiciliar substitutiva comprovar uma das hipóteses de cabimento previstas no art. 318 do CPP.

* Se for prisão domiciliar alternativa comprovar que a prisão preventiva se mostrou gravosa no caso concreto, nos termos do art. 319 combinado com o art. 282, § 6º, do CPP.

Afirmar que a prisão domiciliar é uma exigência do princípio da dignidade da pessoa humana.

(2 linhas)

DO PEDIDO

Diante do exposto, vem requerer a Vossa Excelência a decretação da prisão domiciliar, com o recolhimento do _____ (indiciado ou acusado) em sua residência, como medida de inteira justiça.

(2 linhas)

Termos em que
pede deferimento.

(2 linhas)

Cidade, _____ de _____ de _____.

(2 linhas)

_____
OAB – sob n. _____

13 Medida cautelar alternativa de prisão

1. Natureza e finalidade: é medida cautelar decretada apenas quando devidamente amparada pelos requisitos legais previstos no art. 282 do CPP, quais sejam: (a) necessidade: a segregação cautelar deve ser decretada quando for para garantir a aplicação da lei penal (impedir a fuga ou perigo de fuga do indiciado ou acusado), para possibilitar a investigação criminal, para possibilitar a instrução criminal (conservação da prova) e, nos casos expressamente previstos, para evitar a prática de infrações penais (garantia da ordem pública); (b) adequação: a segregação cautelar deve ser avaliada levando em conta a gravidade do crime, circunstâncias do fato e condições pessoais do indiciado ou acusado.

2. **Aplicação:** a medida cautelar poderá ser aplicada isolada ou cumulativamente.

3. **Competência:** a medida cautelar será decretada pelo juiz.

4. **Iniciativa:** a decretação da medida cautelar pelo juiz a requerimento das partes ou, quando no curso da investigação criminal, por representação da autoridade policial ou mediante requerimento do Ministério Público.

5. **Contraditório:** ressalvados os casos de urgência ou de perigo de ineficácia da medida, o juiz, ao receber o pedido de medida cautelar, determinará a intimação da parte contrária, para se manifestar no prazo de 5 (cinco) dias, acompanhada de cópia do requerimento e das peças necessárias, permanecendo os autos em juízo, e os casos de urgência ou de perigo deverão ser justificados e fundamentados em decisão que contenha elementos do caso concreto que justifiquem essa medida excepcional.

6. **Descumprimento:** no caso de descumprimento de qualquer das obrigações impostas, o juiz, mediante requerimento do Ministério Público, de seu assistente ou do querelante, poderá substituir a medida, impor outra em cumulação, ou, em último caso, decretar a prisão preventiva (art. 312, parágrafo único).

7. **Característica:** o juiz poderá, de ofício ou a pedido das partes, revogar a medida cautelar ou substituí-la quando verificar a falta de motivo para que subsista, bem como voltar a decretá-la, se sobrevierem razões que a justifiquem.

8. **Prisão preventiva:** somente será determinada quando não for cabível a sua substituição por outra medida cautelar, observado o art. 319 deste Código, e o não cabimento da substituição por outra medida cautelar deverá ser justificado de forma fundamentada nos elementos presentes do caso concreto, de forma individualizada.

9. **Não aplicação:** as medidas cautelares não se aplicam à infração a que não for isolada, cumulativa ou alternativamente cominada pena privativa de liberdade.

10. **Enumeração:** I – comparecimento periódico em juízo, no prazo e nas condições fixadas pelo juiz, para informar e justificar atividades; II – proibição de acesso ou frequência a determinados lugares quando, por circunstâncias relacionadas ao fato, deva o indiciado ou acusado permanecer distante desses locais para evitar o risco de novas infrações; III – proibição de manter contato com pessoa determinada quando, por circunstâncias relacionadas ao fato, deva o indiciado ou acusado dela permanecer distante; IV – proibição de ausentar-se da Comarca quando a permanência seja conveniente ou necessária para a investigação ou instrução; a proibição de ausentar-se do País será comunicada pelo juiz às autoridades encarregadas de fiscalizar as saídas do território nacional, intimando-se o indiciado ou acusado para entregar o passaporte, no prazo de 24 (vinte e quatro) horas; V – recolhimento domiciliar no período noturno e nos dias de folga quando o investigado ou acusado tenha residência e trabalho fixos; VI –

suspensão do exercício de função pública ou de atividade de natureza econômica ou financeira quando houver justo receio de sua utilização para a prática de infrações penais; VII – internação provisória do acusado nas hipóteses de crimes praticados com violência ou grave ameaça, quando os peritos concluírem ser inimputável ou semi-imputável (art. 26 do Código Penal) e houver risco de reiteração; VIII – fiança, nas infrações que a admitem, para assegurar o comparecimento a atos do processo, evitar a obstrução do seu andamento ou em caso de resistência injustificada à ordem judicial; IX – monitoração eletrônica.

11. Decisão concessiva: cabe recurso em sentido estrito, nos termos do art. 581, V, do CPP.

12. Decisão que indefere: enseja *habeas corpus*.

MODELO DE PEDIDO DE MEDIDA CAUTELAR ALTERNATIVA DE PRISÃO

EXCELENTÍSSIMO SENHOR DOUTOR JUIZ DE DIREITO DA ___ VARA CRIMINAL DA COMARCA _____ (crimes não dolosos contra a vida e matéria estadual)

EXCELENTÍSSIMO SENHOR DOUTOR JUIZ FEDERAL DA ___ VARA CRIMINAL DA SEÇÃO JUDICIÁRIA DE _____ (crimes não dolosos contra a vida e matéria federal)

EXCELENTÍSSIMO SENHOR DOUTOR JUIZ DE DIREITO DA ___ VARA DO JÚRI DA COMARCA DE _____ (crimes dolosos contra a vida e matéria estadual)

EXCELENTÍSSIMO SENHOR DOUTOR JUIZ FEDERAL DA ___ VARA DO JÚRI DA SEÇÃO JUDICIÁRIA DE _____ (crimes dolosos contra a vida e matéria federal)

(10 linhas)

_____ (nome), _____ (nacionalidade), _____ (estado civil), _____ (profissão), residente e domiciliado _____ (endereço), vem, por seu advogado infra-assinado (documento n. 1), à presença de Vossa Excelência, com fundamento nos arts. 282 e 319, inciso _____ (mencionar o inciso específico indicador da medida cautelar), ambos do CPP, requerer _____ (especificar o nome da medida cautelar), pelos motivos de fato e de direito a seguir aduzidos:

(2 linhas)

DOS FATOS

* Narrar o fato criminoso, com todas as circunstâncias, sem inventar dados ou copiar o problema. Seguir roteiro de questões: (a) Quando – tempo do fato – No dia tal, mês tal, ano tal, por volta das _____ horas; (b) Sujeito ativo – quem pratica a conduta criminosa – Fulano de tal; (c) Lugar do crime; (d) Motivo do crime; (e) Comportamento criminoso; (f) Maneira pela qual o crime foi praticado; (g) Mal produzido com a conduta criminosa. Se houver concurso de pessoas: especificar a conduta de cada coautor ou partícipe.

* Narrar andamento processual, quando for indicado na questão.

(2 linhas)

DO DIREITO

* Frase inicial: afirmação da possibilidade da medida cautelar alternativa de prisão, conforme demonstração dos requisitos legais.

* Demonstrar o *fumus boni iuris* e *periculum in mora*.

* Demonstrar os requisitos legais de acordo com o art. 319 do CPP.

* Frase final: concluir que, uma vez presentes os requisitos, tem direito subjetivo à medida cautelar.

(2 linhas)

DO PEDIDO

Diante do exposto, requer-se, após manifestação do Ministério Público, a concessão da _____ (especificar qual a medida cautelar), com fundamento nos arts. 282 e 319, inciso _____ (mencionar o inciso específico indicador da medida cautelar), ambos do CPP, como medida de justiça.

(2 linhas)

**Termos em que
pede deferimento.**

(2 linhas)

Cidade, ____ de _____ de ____.

(2 linhas)

_____

OAB – sob n. ____

14 Liberdade provisória

1. Finalidade: permite que o acusado fique em liberdade até o trânsito em julgado da sentença criminal, desde que cumpra certos deveres processuais, sob pena de sua revogação e possível decretação da prisão preventiva.

2. Espécies: obrigatória e permitida:

3. **Liberdade provisória obrigatória:** não existe mais a possibilidade de liberdade provisória obrigatória. Antes da Lei n. 12.403/2011 a liberdade provisória obrigatória prevista no art. 321 do Código de Processo Penal era direito do acusado, não dependia do pagamento de fiança, não estava sujeita a qualquer vinculação ou condição e era concedida quando o agente se livrasse solto.

Desta forma, com a mudança legislativa, podemos afirmar que, diante de uma infração que não tenha cominada pena privativa de liberdade, o Delegado não deve lavrar o auto de prisão em flagrante e o juiz não pode impor liberdade provisória ou qualquer outra medida cautelar.

No caso de infração de menor potencial ofensivo, o Delegado não lavrará o auto de prisão em flagrante nem imporá fiança, se o autor do fato se comprometer a comparecer ao Juizado. Já o juiz poderá impor liberdade provisória sem fiança.

4. **Liberdade provisória permitida:** pode ser: com fiança e sem fiança.

5. **Liberdade provisória com fiança:** tendo em vista o fato de a Lei n. 12.403/2011 não especificar quais infrações penais admitem fiança, a leitura *a contrario sensu* dos arts. 323 e 324 do CPP nos dará essa informação. Noutros termos, todas as infrações que não estiverem indicadas nos arts. 323 e 324, ambos do CPP, são considerados infrações afiançáveis;

6. **Liberdade provisória sem fiança:** é admitida nas seguintes hipóteses:

a) **Causa excludente de ilicitude:**

"Art. 310. Parágrafo único. Se o juiz verificar, pelo auto de prisão em flagrante, que o agente praticou o fato em qualquer das condições constantes dos incisos I, II ou III do caput *do art. 23 do Decreto-lei n. 2.848, de 7 de dezembro de 1940 (Código Penal), poderá, fundamentadamente, conceder ao acusado liberdade provisória, mediante termo de comparecimento obrigatório a todos os atos processuais, sob pena de revogação".*

O primeiro caso é a hipótese da conduta do acusado se encaixar no art. 23 do Código Penal (causas excludentes da ilicitude do fato), pouco importando se o crime é inafiançável ou não. Há posição doutrinária[4] que sustenta a aplicação, por analogia, do art. 310, parágrafo único, do CPP no caso de uma probabilidade razoável de ocorrência de excludente de tipicidade ou de culpabilidade.

b) **Réu pobre:**

"Art. 350. Nos casos em que couber fiança, o juiz, verificando a situação econômica do preso, poderá conceder-lhe liberdade provisória, sujeitando-o às obrigações constantes

---

[4] "Se nestes casos há uma grande probabilidade de o agente vir a ser absolvido ao final, qualquer medida cautelar mais gravosa mostrar-se-á desproporcional em relação ao provável resultado futuro do processo" (BORGES DE MENDONÇA, Andrey. *Prisão e outras medidas cautelares pessoais*. São Paulo: Método, 2011).

dos arts. 327 e 328 deste Código e a outras medidas cautelares, se for o caso. Parágrafo único. Se o beneficiado descumprir, sem motivo justo, qualquer das obrigações ou medidas impostas, aplicar-se-á o disposto no § 4º do art. 282 deste Código".

A segunda hipótese de liberdade provisória sem fiança depende de três requisitos: 1) somente pode ser concedida nos casos em que se admite fiança; 2) o réu deve ser pobre; 3) sujeição às condições previstas nos arts. 327 e 328 do CPP.

c) Crimes Inafiançáveis (arts. 323 e 324 do CPP):

"Art. 323. Não será concedida fiança: I – nos crimes de racismo; II – nos crimes de tortura, tráfico ilícito de entorpecentes e drogas afins, terrorismo e nos definidos como crimes hediondos; III – nos crimes cometidos por grupos armados, civis ou militares, contra a ordem constitucional e o Estado Democrático".

"Art. 324. Não será, igualmente, concedida fiança: I – aos que, no mesmo processo, tiverem quebrado fiança anteriormente concedida ou infringido, sem motivo justo, qualquer das obrigações a que se referem os arts. 327 e 328 deste Código; II – em caso de prisão civil ou militar; III (Revogado pela Lei n. 12.403, de 2011); IV – quando presentes os motivos que autorizam a decretação da prisão preventiva (art. 312) (Redação dada pela Lei n. 12.403, de 2011)".

d) Vedada: proibida por lei;

I – nos crimes de racismo (art. 5º da CF): *"Art. 5º, inciso XLII – a prática do racismo constitui crime inafiançável e imprescritível, sujeito à pena de reclusão, nos termos da lei";*

II – nos crimes de tortura, tráfico ilícito de entorpecentes e drogas afins, terrorismo e nos definidos como crimes hediondos: *"Art. 5º, inciso XLIII – a lei considerará crimes inafiançáveis e insuscetíveis de graça ou anistia a prática da tortura, o tráfico ilícito de entorpecentes e drogas afins, o terrorismo e os definidos como crimes hediondos, por eles respondendo os mandantes, os executores e os que, podendo evitá-los, se omitirem";*

III – nos crimes cometidos por grupos armados, civis ou militares, contra a ordem constitucional e o Estado Democrático (art. 5º da CF): *"Art. 5º, inciso XLIV – constitui crime inafiançável e imprescritível a ação de grupos armados, civis ou militares, contra a ordem constitucional e o Estado Democrático";*

IV – aos que, no mesmo processo, tiverem quebrado fiança anteriormente concedida ou infringido, sem motivo justo, qualquer das obrigações a que se referem os arts. 327 e 328 deste Código;

V – em caso de prisão civil ou militar;

VI – quando presentes os motivos que autorizam a decretação da prisão preventiva (art. 312 do CPP);

VII – crimes hediondos e equiparados (art. 5º, XLIII, da Constituição Federal): é vedada apenas liberdade provisória com fiança;

VIII – Lei de drogas (Lei n. 11.343/2006): é vedada liberdade provisória para os seguintes crimes: (a) tráfico de drogas; (b) condutas equiparadas ao tráfico de drogas (comércio de matéria-prima, insumo ou produto químico destinado à produção da droga, cultivo e local para o tráfico); (c) maquinário para fabricação de drogas; (d) associação para o tráfico; (e) associação para financiamento; (f) financiamento ou custeio ao tráfico; (g) informante eventual;

IX – Lei de Lavagem de Dinheiro (Lei n. 9.613/98): diante da revogação do art. 3º da Lei n. 9.613/98 a lavagem de dinheiro passa a admitir liberdade provisória, com ou sem fiança.

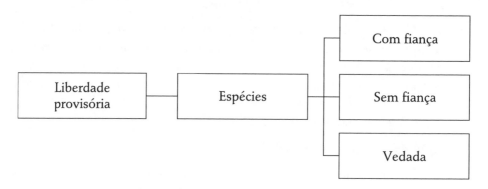

3. **Pressuposto:** prisão legal.

4. **Conceito:** a fiança é uma caução destinada a garantir o cumprimento das obrigações processuais do réu.

5. **Natureza:** a fiança é um direito subjetivo constitucional do acusado; é garantia real, que incide sobre coisa. Com a Lei n. 12.403/2011, pode ser uma medida cautelar originária, evitando a decretação da prisão cautelar, ou uma contracautela ou medida cautelar substitutiva, visando substituir a prisão preventiva decretada.

6. **Finalidade:** (a) no caso de medida cautelar a finalidade é possibilitar a aplicação da lei penal, para a investigação ou a instrução criminal e, nos casos expressamente previstos, para evitar a prática de infrações penais; (b) quando for contracautela, o objetivo é o comparecimento a atos do processo, a fim de evitar a obstrução do seu andamento ou impedir resistência injustificada à ordem judicial.

7. **Momento da fiança:** pode ser concedida em qualquer fase do inquérito ou do processo, até o trânsito em julgado da sentença, mesmo na pendência de recurso extraordinário.

8. Prestador: indiciado ou réu, ou qualquer pessoa, a benefício do indiciado ou réu.

9. Documentação: livro especial, com termos de abertura e de encerramento, numerado e rubricado em todas as suas folhas pela autoridade, destinado especialmente aos termos de fiança. O termo será lavrado pelo escrivão e assinado pela autoridade.

10. Lugar de recolhimento: repartição arrecadadora federal ou estadual, ou entregue ao depositário público; nos lugares em que o depósito não se puder fazer de pronto, o valor será entregue ao escrivão ou pessoa abonada, a critério da autoridade, nos termos do art. 331 do CPP.

11. Oitiva do MP: o MP é ouvido sobre a concessão de liberdade provisória sem fiança, nos termos do art. 333 do CPP. Apesar da redação legal, a doutrina entende que o MP deve ser ouvido, também, no prazo de 24 horas, sobre a concessão da liberdade provisória com fiança.

12. Obrigações: (a) comparecimento aos atos do processo; (b) mudar de residência sem avisar ou ausência por mais de oito dias, sem comunicar a autoridade processante.

13. Arbitramento: leva em consideração a natureza da infração, as condições pessoais de fortuna e vida pregressa do acusado, as circunstâncias indicativas de sua periculosidade, bem como a importância provável das custas do processo, até final julgamento. O valor da fiança será fixado pela autoridade que a conceder nos seguintes limites: I – de 1 (um) a 100 (cem) salários mínimos, quando se tratar de infração cuja pena privativa de liberdade, no grau máximo, não for superior a 4 (quatro) anos; II – de 10 (dez) a 200 (duzentos) salários mínimos, quando o máximo da pena privativa de liberdade cominada for superior a 4 (quatro) anos. Se assim recomendar a situação econômica do preso, a fiança poderá ser: I – dispensada, na forma do art. 350 do CPP; II – reduzida até o máximo de 2/3 (dois terços); ou III – aumentada em até 1.000 (mil) vezes.

14. Quebra: ocorre quando o acusado: I – regularmente intimado para ato do processo, deixar de comparecer, sem motivo justo; II – deliberadamente praticar ato de obstrução ao andamento do processo; III – descumprir medida cautelar imposta cumulativamente com a fiança; IV – resistir injustificadamente à ordem judicial; V – praticar nova infração penal dolosa. Se vier a ser reformado o julgamento em que se declarou quebrada a fiança, esta subsistirá em todos os seus efeitos. Os efeitos da quebra são: (a) perda de metade do seu valor; após deduzidas as custas e demais encargos a que o acusado estiver obrigado, o valor será recolhido ao Fundo Penitenciário Nacional (FUNPEN), conforme dispõe o art. 2º, VI, da Lei Complementar n. 79, de 7 de janeiro de 1994; (b) possibilidade de imposição de outra medida cautelar alternativa; (c) decretação da prisão preventiva se for o caso; (d) perda do direito de obter nova fiança no mesmo processo.

15. Perda: quando o réu, uma vez condenado, não se apresentar para o início do cumprimento da pena definitivamente imposta. Nesse caso, o montante pago a título de fiança será perdido e o réu deverá recolher-se à prisão.

As fianças perdidas passam a fazer parte do Fundo Penitenciário Nacional (FUNPEN), conforme dispõe o art. 2º, VI, da Lei Complementar n. 79, de 7 de janeiro de 1994.

16. Cassação: quando a fiança é concedida por engano da autoridade; quando a imputação passa de um delito afiançável para outro inafiançável; quando exigir o reforço e ele não for prestado. Como consequência, o valor pago a título de fiança é integralmente devolvido e o réu terá de recolher-se à prisão, nos termos dos arts. 338, 339 e 340, todos do CPP.

17. Ausência de reforço: o reforço da fiança será exigido quando a autoridade tomar por engano fiança insuficiente; quando houver depreciação material ou perecimento dos bens hipotecados ou caucionados, ou depreciação dos metais ou pedras preciosas, e quando for inovada a classificação do delito. São, assim, casos em que o valor arbitrado se mostra insuficiente ou inexato, nos termos do art. 340 do CPP.

18. Modalidades de prestação de fiança: (a) por depósito: consiste no depósito de dinheiro, pedras, objetos, metais preciosos ou títulos da dívida pública; (b) por hipoteca: não há limitação do seu objeto. Exige-se, entretanto, avaliação por perito nomeado pela autoridade e inscrição em primeiro lugar.

19. Quem pode conceder fiança: será arbitrada pela autoridade policial nos casos de pena máxima inferior a 4 anos; no caso de recusa ou omissão do delegado, a fiança será requerida ao juiz, que decidirá em 48 horas (negada a concessão da fiança, o preso, ou alguém por ele, poderá impetrar *habeas corpus* ou propor uma petição simples, nos termos do art. 335 do Código de Processo Penal). Nos casos de pena máxima superior a 4 anos, a concessão será pelo juiz ou relator, nos termos da Lei n. 8.038/90.

20. Concessão: recurso em sentido estrito.

21. Denegação: HC.

22. Destino da fiança: o dinheiro ou objetos dados como fiança servirão ao pagamento das custas, da indenização do dano, da prestação pecuniária e da multa, se o réu for condenado, salvo no caso da prescrição depois da sentença condenatória (art. 110 do Código Penal). Se a fiança for declarada sem efeito ou passar em julgado sentença que houver absolvido o acusado ou declarado extinta a ação penal, o valor que a constituir, atualizado, será restituído sem desconto, salvo no caso da prescrição depois da sentença condenatória (art. 110 do Código Penal).

23. Deveres processuais do afiançado: (a) pagar a fiança no valor fixado; (b) comparecer perante a autoridade sempre que intimado; (c) não mudar de residência sem prévia permissão da autoridade processante; (d) não se ausentar por mais de 8 dias de sua residência, sem comunicar à autoridade processante o lugar onde possa ser encontrado; (e) não praticar, deliberadamente, ato de obstrução ao andamento do processo; (f) cumprir medida cautelar imposta cumulativamente com a fiança; (g) não resistir injustificadamente à ordem judicial; (h) não praticar nova infração penal dolosa.

24. **Abuso de autoridade:** comportamento do juiz que, dentro do prazo razoável, substituir a prisão preventiva por medida cautelar diversa ou de conceder liberdade provisória, quando manifestamente cabível (o crime de abuso depende da finalidade específica de prejudicar outrem ou beneficiar a si mesmo ou a terceiro, ou, ainda, por mero capricho ou satisfação pessoal).

25. **Pandemia de Covid-19:** concede-se a ordem para a soltura de todos os presos a quem foi deferida liberdade provisória condicionada ao pagamento de fiança e que ainda se encontram submetidos à privação cautelar em razão do não pagamento do valor (*Informativo* n. 681/2020 do STJ).

26. **Estrutura da peça prática:** a peça prática da liberdade provisória tem as seguintes partes: (a) endereçamento; (b) preâmbulo: nome e qualificação do requerente (pessoa presa em flagrante); capacidade postulatória, fundamento legal (artigo da lei sobre a peça), nome da peça e frase final; (c) corpo: fatos e direito; (d) pedido; (e) parte final.

27. **Termo:** na peça prática da liberdade provisória usar para o autor do pedido (suposto infrator) a expressão requerente.

28. **Descoberta do endereçamento:** verificar a infração praticada e a matéria:

a) se for crime doloso contra a vida e matéria federal: Juiz Federal da Vara do Júri;

b) se for crime doloso contra a vida e matéria estadual: Juiz de Direito da Vara do Júri;

c) se for crime não doloso contra a vida, pena de reclusão, se for Capital e matéria estadual: juiz de Direito do DIPO;

d) se for crime não doloso contra a vida, pena de detenção, se for Capital e matéria estadual: juiz de Direito da Vara Criminal;

e) se for crime não doloso contra a vida, pena de reclusão ou detenção, se for Capital e matéria federal: juiz federal da Vara Criminal;

f) se for crime não doloso contra a vida, pena de reclusão ou detenção, se for Interior e matéria estadual: juiz de Direito da Vara Criminal;

g) se for crime não doloso contra a vida, pena de reclusão ou detenção, se for Interior e matéria federal: juiz federal da Vara Criminal.

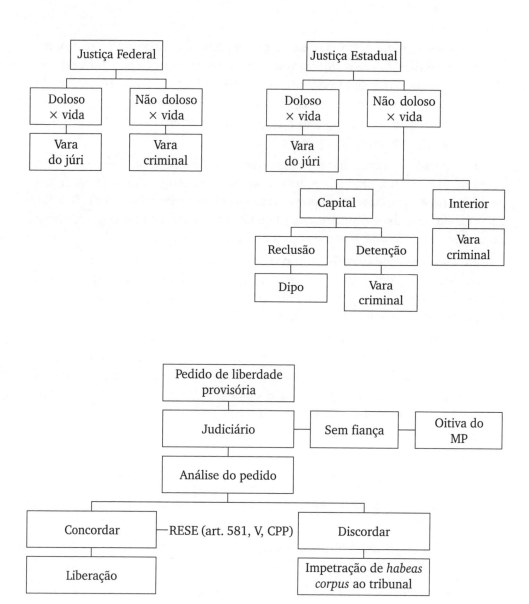

MODELO DE LIBERDADE PROVISÓRIA

EXCELENTÍSSIMO SENHOR DOUTOR JUIZ DE DIREITO DA ___ VARA CRIMINAL DA COMARCA _____ (crimes não dolosos contra a vida e matéria estadual)

EXCELENTÍSSIMO SENHOR DOUTOR JUIZ FEDERAL DA ___ VARA CRIMINAL DA SE-ÇÃO JUDICIÁRIA DE _____ (crimes não dolosos contra a vida e matéria federal)

EXCELENTÍSSIMO SENHOR DOUTOR JUIZ DE DIREITO DA ___ VARA DO JÚRI DA CO-MARCA DE _____ (crimes dolosos contra a vida e matéria estadual)

EXCELENTÍSSIMO SENHOR DOUTOR JUIZ FEDERAL DA ___ VARA DO JÚRI DA SEÇÃO JUDICIÁRIA DE _____ (crimes dolosos contra a vida e matéria federal)

EXCELENTÍSSIMO SENHOR DOUTOR JUIZ ___ DO DEPARTAMENTO DE INQUÉRITOS POLICIAIS – DIPO (crimes não dolosos x vida e apenados com reclusão – só na Capital)

(10 linhas)

_____ (nome), _____ (nacionalidade), _____ (estado ci-vil), _____ (profissão), residente e domiciliado _____ (endereço), vem, por seu advogado infra-assinado (documento n. 1), à presença de Vossa Excelência, com fundamento no art. 5º, inciso LXVI, da Constituição Federal combinado com _____ (mencionar ar-tigo específico de cabimento da liberdade provisória do Código de Processo Penal), requerer LIBERDADE PROVISÓRIA (especificar se é com fiança ou sem fiança), pelos motivos de fato e de direito a seguir aduzidos:

(2 linhas)

DOS FATOS

* Narrar o fato criminoso, com todas as circunstâncias, sem inventar dados ou copiar o problema. Seguir roteiro de questões: (a) Quando – tempo do fato – No dia tal, mês tal, ano tal, por volta das _____ horas; (b) Sujeito ativo – quem pratica a conduta criminosa – Fulano de tal; (c) Lugar do crime; (d) Motivo do crime; (e) Comportamento criminoso; (f) Maneira pela qual o crime foi prati-cado; (g) Mal produzido com a conduta criminosa. Se houver concurso de pessoas: especificar a conduta de cada coautor ou partícipe.

* Narrar andamento processual ou da investigação criminal.

(2 linhas)

DO DIREITO

* Frase inicial: afirmação da possibilidade da liberdade provisória, conforme demonstração dos requisitos legais.

No caso em tela, é possível a concessão de liberdade provisória ao _____ (identificar o beneficiário), por _____ (justificativa do direito ao benefício).

* Demonstrar os requisitos legais:

a) Condições pessoais do réu: primariedade + bons antecedentes + profissão definida ou ocupação lícita + residência ou distrito da culpa;

Comprovar: (a) primariedade: cabe também salientar, MM. Juiz, que o acusado jamais teve participação em qualquer tipo de delito, visto que é PRIMÁRIO, conforme consta nos autos (folha de antecedentes e certidões criminais); (b) bons antecedentes: possui BONS ANTECEDENTES, sendo que sempre foi pessoa honesta e voltada para o trabalho, conforme declaração do diretor do presídio; (c) residência fixa: possui RESIDÊNCIA FIXA, qual seja, Rua – _____ (endereço); d) emprego fixo: também possui PROFISSÃO DEFINIDA, sendo que (mencionar a profissão).

b) Argumentar que não há elementos suficientes que demonstrem a necessidade da custódia antecipada através da ausência dos requisitos da prisão preventiva;

c) Direito à liberdade: ressaltar a importância e contrapor a ideia de que a prisão é medida excepcional;

* A prisão é medida excepcional, já que ninguém deverá ser recolhido à prisão senão após o trânsito em julgado de sentença condenatória. A custódia cautelar, dessa forma, apenas é prevista nas hipóteses de absoluta necessidade, nos termos do art. 5°, incisos LXVI e LVII, da Constituição Federal. Assim sendo, houve a necessidade de estabelecer instituto com a finalidade de assegurar o regular desenvolvimento do processo, sem que ocorresse qualquer prejuízo à liberdade do acusado.

d) Afirmar que a liberdade provisória é necessária em face dos princípios da presunção de inocência e segurança jurídica;

e) Se for admitida fiança: demonstrar os requisitos para sua concessão.

* Frase final: Concluir que, uma vez presentes os requisitos, tem direito subjetivo à liberdade provisória: não havendo, assim, motivos para a manutenção da prisão _____, o acusado possui os requisitos legais para responder ao processo em liberdade, de forma que não se apresenta como medida justa o encarceramento de pessoa cuja conduta sempre pautou na honestidade e no trabalho.

(2 linhas)

DO PEDIDO

Diante do exposto, inexistindo requisitos para continuação da prisão, requer-se, após manifestação do Ministério Público (só se for sem fiança), com fundamento no art. 5°, inciso LXVI, da Constituição Federal combinado com _____ (mencionar artigo específico de cabimento da liberdade provisória do Código de Processo Penal), a concessão da LIBERDADE PROVISÓRIA (especificar se é com ou sem fiança) e a expedição do alvará de soltura, como medida de inteira justiça.

(2 linhas)

**Termos em que
pede deferimento.**

(2 linhas)

Cidade, ____ de _____ de ____.

(2 linhas)

_____

OAB – sob n. ____

CASO PRÁTICO

Daniel, conhecido empresário de São Paulo – SP, brasileiro, casado, residente e domiciliado na rua Xangai, n. 27, bairro Paulista, foi preso em flagrante pela suposta prática do delito tipificado no art. 3º da Lei n. 1.521/51: "destruir ou inutilizar, intencionalmente e sem autorização legal, com o fim de determinar alta de preços, em proveito próprio ou de terceiros, matérias-primas ou produtos necessários ao consumo do povo". Diante desse fato, Geiza, esposa de Daniel, procurou um advogado e lhe informou que Daniel era primário e possuía residência fixa. Aduziu que a empresa do marido, Feijão Paulistano S.A., já atuava no mercado havia mais de 8 anos. Ressaltou que Daniel sempre fora pessoa honesta e voltada para o trabalho. Além disso, Geiza narrou que Daniel era pai de uma criança de tenra idade, Júlia, que necessitava urgentemente do retorno do pai às atividades laborais para manter-lhe o sustento. Por fim, informou que estava grávida e não trabalhava fora. Geiza apresentou ao advogado os seguintes documentos: CPF e RG de Daniel, comprovante de residência, cartão da gestante expedido pela Secretaria de Saúde de SP, certidão de nascimento da filha do casal, Júlia, auto de prisão em flagrante, nota de culpa e folha de antecedentes penais do indiciado, sem qualquer incidência. Considerando a situação hipotética descrita, formule, na condição de advogado(a) contratado(a) por Daniel, a peça – diversa de *habeas corpus* – que deve ser apresentada no processo.

1. Rascunho da peça

a) **infração penal:** art. 3º da Lei n. 1.521/51: "destruir ou inutilizar, intencionalmente e sem autorização legal, com o fim de determinar alta de

293

preços, em proveito próprio ou de terceiros, matérias-primas ou produtos necessários ao consumo do povo";

b) **ação penal:** pública incondicionada;

c) **pena concreta:** não tem;

d) **pena abstrata:** detenção, de 2 (dois) anos a 10 (dez) anos, e multa, de vinte mil a cem mil cruzeiros;

e) **rito processual:** rito ordinário;

f) **momento processual:** na fase investigatória e antes da propositura da ação penal;

g) **cliente:** Daniel;

h) **situação prisional:** preso;

i) **tese:** comprovar os requisitos para concessão da liberdade provisória, pois, no caso em análise, não estão presentes os requisitos da prisão preventiva; o requerente é primário e possui residência fixa; não há nada indicando que, em liberdade, venha a ausentar-se do distrito da culpa, dificultando a aplicação da lei penal, nem que venha a causar perturbações durante a instrução criminal, dificultando a prova;

j) **peça:** liberdade provisória;

k) **competência:** juiz de direito da vara criminal;

l) **pedido:** deve ser requerida a concessão de liberdade provisória mediante fiança, já que se trata de crime contra a economia popular, e, nos termos do art. 325, § 2º, nos casos de prisão em flagrante pela prática de crime contra a economia popular ou de crime de sonegação fiscal não se aplica o disposto no art. 310 e parágrafo único do Código de Processo Penal. Assim, a liberdade provisória somente poderá ser concedida mediante fiança, por decisão do juiz competente e após a lavratura do auto de prisão em flagrante. Ressalte-se que não incide na hipótese o art. 350 do CPP, pois não se trata de requerente comprovadamente pobre.

2. Peça prática

EXCELENTÍSSIMO SENHOR DOUTOR JUIZ DE DIREITO DA ___ VARA CRIMINAL DA COMARCA DA CAPITAL

(10 linhas)

_____, (nome), (nacionalidade), (estado civil), (profissão), residente e do-
miciliado _____ (endereço), vem, por seu advogado infra-assinado (documento n. 1), à presença
de Vossa Excelência, com fundamento no art. 5º, inciso LXVI, da Constituição Federal, requerer LIBER-
DADE PROVISÓRIA COM FIANÇA, pelos motivos de fato e de direito a seguir aduzidos:

(2 linhas)

DOS FATOS

O requerente, conhecido empresário de São Paulo – SP foi preso em flagrante
pela suposta prática do delito tipificado no art. 3º da Lei n. 1.521/1951. Foi lavrado auto de prisão
em flagrante com a entrega de nota de culpa.

(2 linhas)

DO DIREITO

No caso em tela, é possível a concessão de liberdade provisória ao requerente
Daniel, pela presença dos requisitos.

A prisão é medida excepcional, já que ninguém deverá ser recolhido à prisão
senão após o trânsito em julgado de sentença condenatória. A custódia cautelar, dessa forma, apenas é
prevista nas hipóteses de absoluta necessidade, nos termos do art. 5º, incisos LXVI e LVII, da Constituição Federal. Assim sendo, houve a necessidade de estabelecer instituto com a finalidade de assegurar o
regular desenvolvimento do processo, sem que ocorresse qualquer prejuízo à liberdade do acusado.

Geiza, esposa do requerente, narrou que Daniel, ora requerente, era pai de
uma criança de tenra idade, Júlia, que necessitava urgentemente do retorno do pai às atividades laborais para manter-lhe o sustento, o que demonstra a necessidade da medida, o que revela total
compatibilidade com o nosso ordenamento que enquadra a prisão como medida excepcional.

Cabe também salientar, MM. Juiz, que o acusado jamais teve participação em
qualquer tipo de delito, visto que é PRIMÁRIO, conforme consta nos autos (folha de antecedentes
e certidões criminais).

O requerente possui BONS ANTECEDENTES, sendo que sempre foi pessoa
honesta e voltada para o trabalho, conforme declaração de sua esposa Geiza. A empresa do requerente, Feijão Paulistano S.A., já atuava no mercado havia mais de 8 anos.

O requerente possui residência fixa, qual seja, Rua Xangai, n. 27, bairro Paulista.

Além disso, o requerente também possui PROFISSÃO DEFINIDA, sendo que é conhecido empresário de São Paulo – SP.

No caso em tela, deve ser concedida liberdade provisória mediante fiança, já que se trata de crime contra a economia popular, e, nos termos do art. 325, § 2º, nos casos de prisão em flagrante pela prática de crime contra a economia popular ou de crime de sonegação fiscal não se aplica o disposto no art. 310 e parágrafo único do Código de Processo Penal. Não incide na hipótese o art. 350 do CPP, pois não se trata de requerente comprovadamente pobre.

Diante do exposto, uma vez presentes os requisitos, tem direito subjetivo à liberdade provisória: não havendo, assim, motivos para a manutenção da prisão em flagrante, o acusado Daniel possui os requisitos legais para responder ao processo em liberdade, de forma que não se apresenta como medida justa o encarceramento de pessoa cuja conduta sempre pautou na honestidade e no trabalho.

(2 linhas)

DO PEDIDO

Diante do exposto, inexistindo requisitos para continuação da prisão, requer-se, após manifestação do Ministério Público (só se for sem fiança), com fundamento no art. 5º, inciso LXVI, da Constituição Federal, a concessão da LIBERDADE PROVISÓRIA (especificar se é com ou sem fiança) e a expedição do alvará de soltura, como medida de inteira justiça.

(2 linhas)

Termos em que
pede deferimento.

(2 linhas)

Cidade, ____ de _____ de ____.

(2 linhas)

_____

OAB – sob n. ____

Fase da Propositura da Ação Penal 6

1 Introdução

1. **Fundamento constitucional:** art. 5º, inciso XXXV, da CF.

2. **Conceito:** é o direito de pedir ao juiz a aplicação do Direito Penal Objetivo a um caso concreto.

3. **Finalidades:** (a) aplicação do Direito Penal Objetivo; (b) satisfação da pretensão punitiva.

4. **Condições gerais da ação penal:** requisitos para o exercício do direito de ação:

a) **Possibilidade jurídica do pedido:** o fato narrado deve ser típico, ou seja, previsto na lei como infração penal. A pretensão punitiva deduzida em juízo visa à aplicação de uma sanção penal prevista na ordem jurídica, diante da ocorrência de uma infração penal descrita na lei como crime ou contravenção penal.

b) **Interesse de agir:** (1) **viabilidade:** a ação só pode ser movida se houver a presença de indícios suficientes de autoria e materialidade do crime; (2) **punibilidade:** só é possível promover a ação enquanto ainda não for extinta a punibilidade. Há doutrinadores que sustentam a concretização do interesse de agir pela necessidade (sem ajuizar ação não é possível a satisfação da pretensão punitiva com aplicação da sanção penal), adequação (o provimento judicial deve ser apto a atender o caso concreto) e utilidade (o uso da ação deve ser relevante, ou seja, trazer proveito para o autor).

c) **Legitimação para agir ou** *ad causam*: (1) **ativa:** é manifestada pela titularidade da ação, ou seja, o legitimado ativo é o MP quando a ação for penal pública, e será o ofendido quando a ação for penal privada; (2) **passiva:** a ação só pode ser movida contra quem praticar a infração penal, ou seja, autor, coautor ou partícipe.

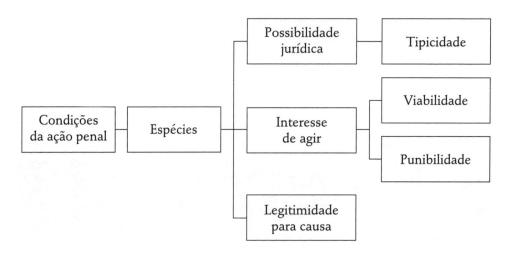

5. **Rejeição da denúncia ou queixa:** (a) for manifestamente inepta: é a que não preenche os requisitos formais essenciais do art. 41 do CPP; (b) falta de pressuposto processual; (c) falta de condição para o exercício da ação penal; (d) falta de justa causa para o exercício da ação penal: é a falta de um mínimo probatório que demonstre a viabilidade e a seriedade da acusação, verificada apenas a intenção de narrar ou relatar um fato, na conduta dos querelados, inviabiliza-se a persecução penal, já que a peça acusatória deve expor com clareza a imputação criminal, com os elementos mínimos de autoria e materialidade da prática de determinada infração penal. Desta forma, é necessária plausibilidade da acusação (suporte mínimo de prova e indício de imputação).

6. **Carência da ação penal:** é a falta de condição exigida pela lei para o exercício da ação penal. O juiz deve rejeitar a denúncia ou queixa. Se o juiz receber a peça acusatória, poderá haver o reconhecimento da carência em qualquer instância, por ser matéria de ordem pública, gerando a nulidade absoluta do processo.

7. **Legitimidade ativa concorrente:** é a possibilidade de mais de um autor ajuizar a ação penal. Cabe ressalvar que, se um dos legitimados propuser a ação, os demais ficam impedidos.

Peças cabíveis:

a) queixa-crime;
b) queixa-crime subsidiária;
c) *habeas corpus* (será analisado em capítulo próprio, mas o candidato deve saber que cabe HC nesta fase).

2 Queixa-crime

1. **Disciplina legal:** a queixa-crime está regulada nos arts. 24 a 62 do Código de Processo Penal e no art. 100 do Código Penal.

2. Tipo de ação penal: privada; segundo Mirabete: queixa é a petição inicial da ação penal privada[1]. Equivale à denúncia e como esta deve ser formulada juntando-se o inquérito policial ou outro elemento informativo. É subscrita por advogado com procuração especial do ofendido.

3. Característica: na queixa há a substituição processual, já que a vítima ingressa com a ação em nome próprio, para defender interesse alheio (o de punir do Estado). O direito do titular é o direito de acusar. Não há transferência do direito de punir.

4. Princípios

4.1 Oportunidade: cabe ao titular do direito de agir a faculdade de concordar ou não com a lavratura do auto de prisão em flagrante, com a instauração do inquérito e com a propositura da ação penal privada ou queixa-crime.

4.2 Disponibilidade: cabe ao titular do direito de agir a faculdade de prosseguir ou não com a ação penal até o final. A disponibilidade pode ser por perdão, perempção ou desistência.

4.3 Indivisibilidade: o titular do direito de agir não pode deixar de incluir na queixa-crime todos os coautores ou partícipes do fato, nos termos do art. 48 do CPP. O titular do direito de queixa não deve escolher quem processar; ou processa todos ou não processa ninguém.

4.4 Intranscendência ou personalidade da pena: a ação penal é limitada aos responsáveis pela infração, nos termos do art. 5º, inciso XLV, da CF.

5. Prazo: em regra, seis meses do conhecimento da autoria do fato pelo ofendido (ou representante legal).

6. Titular: vítima ou representante legal:

a) **curador especial:** (1) ofendido menor de 18 anos ou mentalmente enfermo ou retardado mental e que não tiver representante legal; (2) quando os interesses do ofendido menor de 18 anos ou mentalmente enfermo ou retardado mental colidirem com os interesses do representante legal;

b) **morte ou ausência:** o direito de oferecer queixa ou prosseguir na ação passará ao cônjuge, ascendente, descendente ou irmão;

c) **mulher casada:** não precisa mais do consentimento do marido para exercer o direito de queixa, em razão do princípio da igualdade jurídica dos cônjuges;

---

[1] MIRABETE. Ob. cit., p. 132.

d) **pessoa jurídica:** serão representadas por quem os respectivos contratos ou estatutos designarem; no silêncio, pelos seus diretores ou sócios-gerentes;

e) **menor de 18 anos:** representante legal;

f) **maior de 18 anos:** ofendido.

7. **Documento indispensável:** procuração com poderes especiais: (1) se comprovada pobreza, o juiz nomeia advogado para promover a ação penal; (2) o procurador deve ter poderes especiais, devendo constar do instrumento do mandato o nome do querelado e menção do fato criminoso (não é necessária a descrição pormenorizada do delito, bastando a menção do *nomen juris*). A falha na representação processual do querelante pode ser sanada a qualquer tempo, desde que dentro do prazo decadencial; (3) o laudo pericial só será juntado nos crimes que deixarem vestígios.

8. **Quadro comparativo**

Itens	Recebimento	Rejeição
Normal	*Habeas corpus*	Recurso em sentido estrito – art. 581, I, do CPP
Ação penal originária de tribunal	Agravo	Agravo (art. 39 da Lei n. 8.038/90)
Juizados especiais	*Habeas corpus*	Apelação

9. **Finalidade:** na queixa-crime, o titular do direito de agir defende interesse alheio (o direito de punir) em nome próprio. Trata-se de situação de legitimação extraordinária.

10. Requisitos

1. exposição do fato, com todas as suas circunstâncias:

   a) o fato narrado deve constituir crime ou contravenção;

   b) o fato criminoso deve ser descrito de forma especificada;

   c) devem ser descritos todos os elementos do tipo penal;

   d) devem constar de forma clara o sujeito ativo do crime, os autores e meios empregados, o mal produzido, o lugar do crime, os motivos do crime, a maneira pela qual foi praticado e o tempo do fato;

   e) se houver concurso de pessoas, deve ser descrito o modo como cada um dos coautores ou partícipes concorreu para o evento.

2. qualificação do acusado ou esclarecimentos pelos quais se possa identificá-lo:

   • indicar as qualidades que individuam a pessoa;

3. classificação jurídica do crime;

4. rol de testemunhas, quando necessário.

11. Espécies de ação penal

a) **privada ou exclusiva ou principal ou propriamente dita:** proposta pela vítima ou seu representante legal; no caso de morte ou ausência, os legitimados são o cônjuge, ascendente, descendente ou irmão;

b) **personalíssima:** proposta somente pela vítima; no caso de sua morte ou ausência, haverá extinção da punibilidade, por perempção; só é admitida na hipótese prevista no art. 236, § 2º, do CP;

c) **subsidiária ou supletiva:** cabível quando houver inércia do Ministério Público. É proposta pela vítima ou seu representante legal.

12. Atuação do MP na ação penal privada

Na ação penal privada exclusiva e personalíssima, o MP atua como fiscal da lei, cabendo-lhe intervir em todos os termos do processo, conforme o previsto no art. 45 do CPP. A falta de intervenção do MP na ação penal privada gera nulidade relativa do processo (art. 564, inciso III, do CPP). Tal nulidade será sanada se não for convalidada em nome próprio (art. 572 do CPP).

Na ação penal privada subsidiária, o MP funciona como interveniente adesivo obrigatório ou assistente litisconsorcial, cabendo-lhe aditar, repudiar e oferecer denúncia substitutiva, intervir em todos os termos do processo, fornecer elementos de prova, interpor recurso e retomar ação quando houver negligência pelo querelante.

13. Aditamento da queixa

a) **Legitimidade:** Ministério Público.

b) **Prazo:** 3 dias.

c) **Início do prazo:** data do recebimento dos autos pelo Ministério Público.

* **Alcance:** há dois posicionamentos: 1) só alcança as imperfeições formais; 2) pode incluir novos crimes ou novos infratores.

d) **Não aditamento no prazo:** há a presunção de que o MP não quis aditar a queixa.

e) **Ação privada subsidiária:** o MP pode não só aditar a queixa como também repudiá-la e oferecer denúncia substitutiva.

14. Queixa no Júri: (a) inércia do MP; (b) conexão de crimes, nos termos do art. 74, § 1º, do CPP.

15. Ação penal nos crimes em espécie

a) **Crimes contra a pessoa:** em regra a ação penal é pública incondicionada. No entanto, a ação penal será pública condicionada à representação nos seguintes crimes: a) lesão corporal simples ou leve; b) lesão corporal culposa; c) perigo de contágio venéreo; d) ameaça; e) violação de comunicação telegráfica, radioelétrica ou telefônica; f) impedimento de comunicação ou conversação; g) correspondência comercial; h) violação do segredo profissional. Nos crimes de calúnia e difamação, a regra é ação penal privada. Será pública condicionada à representação quando a ofensa é praticada contra funcionário público, em razão de suas funções; será pública condicionada à requisição do ministro da justiça, quando o crime for praticado contra o Presidente da República ou contra chefe de governo estrangeiro. No caso do crime de injúria, a regra é ação penal privada. Será pública incondicionada no caso de injúria real; será pública condicionada à representação no caso de injúria real, se da violência resultar lesão corporal leve e no caso de injúria com preconceito.

b) **Crimes contra o patrimônio:** em regra a ação penal é pública incondicionada. No entanto, a ação penal será pública condicionada à representação nos seguintes crimes: a) furto de coisa comum; b) fraude em refeição, alojamento ou transporte; c) fraude à execução. No crime de estelionato, em regra a ação penal será pública condicionada à representação; excepcionalmente, será ação penal pública incondicionada nos seguintes casos: se a vítima for administração pública direta ou indireta; se a vítima for criança ou adolescente; se a vítima for pessoa com deficiência mental; se a vítima for maior de 70 anos de idade ou incapaz. Será de ação penal privada no crime de introdução ou abandono de animais em propriedade alheia. Nos crimes de usurpação, se a propriedade é particular e não há emprego de violência contra a pessoa, a ação penal é privada. Nas demais hipóteses será pública incondicionada. No crime de dano, a ação é penal privada nas hipóteses de dano simples e qualificado por motivo egoístico ou prejuízo considerável. Será pública incondicionada nos demais casos. Nos crimes contra o patrimônio, a ação penal é pública condicionada à representação, se o crime é praticado em prejuízo de cônjuge desquitado ou judicialmente separado, de irmão e de tio ou sobrinho com quem o agente coabite. Cabe ressaltar que tal situação não se aplica se o crime é de roubo ou extorsão; se houver emprego de grave ameaça ou violência à pessoa ou se o crime é praticado contra pessoa com idade igual ou superior a 60 anos.

c) **Crimes contra a propriedade imaterial:** nos casos dos crimes de violação de direito autoral, a ação penal é privada para tipo básico; será pública incondicionada nas figuras qualificadas previstas nos arts. 186, incisos II e III, do CP e, nos crimes cometidos em desfavor de entidades de direito público, autarquia, empresa pública, sociedade de economia mista ou fundação instituída pelo Poder Público; será pública condicionada à representação na figura qualificada prevista no art. 186, inciso IV, do CP.

d) **Crimes contra a organização do trabalho:** os crimes são de ação penal pública incondicionada.

e) **Crimes contra o sentimento religioso e contra o respeito aos mortos:** os crimes são de ação penal pública incondicionada.

f) **Crimes contra a dignidade sexual:** nos crimes de estupro, violação sexual mediante fraude, assédio sexual, estupro de vulnerável, satisfação de lascívia mediante a presença de criança ou adolescente e favorecimento de prostituição ou outra forma de exploração sexual de vulnerável, a regra é ação penal pública condicionada à representação. No entanto, a ação será pública incondicionada em dois casos: a) se a vítima é menor de 18 anos; b) se a vítima é vulnerável. Se houver como resultado lesão grave ou morte para o crime de estupro, ainda que vítima seja maior de 18 anos e não seja vulnerável, a ação será pública incondicionada. Nos crimes de lenocínio e do tráfico de pessoa para fim de prostituição ou outra forma de exploração sexual, a ação penal é pública incondicionada. Nos crimes de ultraje público ao pudor, a ação penal é pública incondicionada.

g) **Crimes contra a família:** a regra é ação penal pública incondicionada. Será ação penal privada no caso do crime de induzimento a erro essencial e ocultação de impedimento.

h) **Crimes contra a incolumidade pública:** os crimes são de ação penal pública incondicionada.

i) **Crimes contra a paz pública:** os crimes são de ação penal pública incondicionada.

j) **Crimes contra a fé pública:** os crimes são de ação penal pública incondicionada.

k) **Crimes contra a Administração Pública:** os crimes são de ação penal pública incondicionada.

16. **Não observância do prazo:** se a queixa-crime não for intentada no prazo legal, ocorrerá decadência do direito de queixa e, por consequência, extinção da punibilidade. Mesmo que a queixa-crime tenha sido apresentada perante juízo incompetente, o certo é que o seu simples ajuizamento é suficiente para obstar a decadência.

17. **Estrutura da peça prática:** a peça prática da queixa-crime tem as seguintes partes: (a) Endereçamento; (b) Preâmbulo: nome e qualificação do querelante (autor da ação – ofendido); capacidade postulatória, fundamento legal (artigo da lei sobre a peça), nome da peça, nome e qualificação do querelado (réu da ação – querelado) e frase final; (c) Corpo: fatos e direito; (d) Pedido; (e) Parte final.

303

18. **Termos:** na peça prática da queixa usar, para o réu, querelado; e para o autor – vítima, querelante.

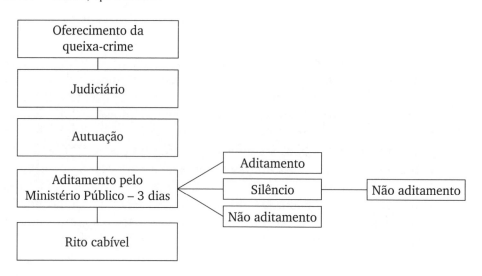

MODELO DE QUEIXA-CRIME

EXCELENTÍSSIMO SENHOR DOUTOR JUIZ DE DIREITO DA ___ VARA CRIMINAL DA COMARCA _____ (matéria estadual)

EXCELENTÍSSIMO SENHOR DOUTOR JUIZ FEDERAL DA ___ VARA CRIMINAL DA SEÇÃO JUDICIÁRIA DE _____ (matéria federal)

EXCELENTÍSSIMO SENHOR DOUTOR JUIZ DE DIREITO DA ___ VARA DO JÚRI DA COMARCA DE _____ (crimes dolosos contra a vida e matéria estadual)

EXCELENTÍSSIMO SENHOR DOUTOR JUIZ FEDERAL DA ___ VARA DO JÚRI DA SEÇÃO JUDICIÁRIA DE _____ (crimes dolosos contra a vida e matéria federal)

(10 linhas)

_____ (nome), _____ (nacionalidade), _____ (estado civil), _____ (profissão), residente e domiciliado _____ (endereço), vem, por seu advogado infra-assinado (documento n. 1 – poderes especiais), à presença de Vossa Excelência, com fundamento nos arts. 41 e 44 do Código de Processo Penal combinado com o art. 100, § 2º, do Código Penal, oferecer QUEIXA-CRIME em face de _____ (nome), _____ (nacionalidade), _____ (estado civil), _____ (profissão), residente e domiciliado _____ (endereço), pelos motivos de fato e de direito a seguir aduzidos:

(2 linhas)

DOS FATOS

* Narrar o fato criminoso, com todas as circunstâncias, sem inventar dados ou copiar o problema. Seguir roteiro de questões: (a) Quando – tempo do fato – No dia tal, mês tal, ano tal, por volta das _____ horas; (b) Sujeito Ativo – quem pratica a conduta criminosa – Fulano de tal; (c) Lugar do crime; (d) Motivo do crime; (e) Comportamento criminoso; (f) Maneira pela qual o crime foi praticado; (g) Mal produzido com a conduta criminosa. Se houver concurso de pessoas: especificar a conduta de cada coautor ou partícipe.

(2 linhas)

DO DIREITO

* Comprovar a ocorrência do crime e sua respectiva autoria, com adaptação ao fato típico realizado no mundo real. Demonstrar a ocorrência da infração, através da explicação dos seus requisitos (tipo objetivo, tipo subjetivo, consumação e outros). Não esquecer de relacionar os requisitos do tipo penal com o fato concreto.

(2 linhas)

DO PEDIDO

Diante do exposto, tendo o querelado infringido o artigo _____, requer a Vossa Excelência que, recebida e autuada esta, seja o mesmo citado para apresentar resposta à acusação, ser processado e ao final condenado. Requer, outrossim, a notificação das testemunhas do rol abaixo para virem depor em juízo, em dia e hora a serem designados, sob as cominações legais.

(2 linhas)

Termos em que
pede deferimento.

(2 linhas)

Cidade, ____ de _____ de ____.

(2 linhas)

_____
OAB – sob n. ____

(2 linhas)

Rol de Testemunhas:

1. _____ (Nome), _____ (Profissão), _____ (Endereço)

2. _____ (Nome), _____ (Profissão), _____ (Endereço)

3. _____ (Nome), _____ (Profissão), _____ (Endereço)

305

3 Queixa-crime subsidiária

1. **Termo:** ação penal supletiva.

2. **Tipo de crime:** crime de ação pública.

3. **Cabimento:** inércia do Ministério Público.

- **Característica:** é medida excepcional pois só é possível quando o órgão ministerial se mostrar desidioso e não se manifestar no prazo previsto em lei.

- **Inércia ministerial:** é a desídia do MP, ou seja, a ausência de manifestação tempestiva de ato de ofício, no prazo previsto em lei.

- **Constatação da inércia ministerial:** quando o MP, diante do inquérito policial ou outras peças de informação, não pede arquivamento, novas diligências ou oferece denúncia.

- **Oferecimento da queixa subsidiária diante da não constatação da inércia ministerial:** deve ocorrer rejeição da queixa, por ilegitimidade de parte, falta de pressuposto processual da ação.

4. **Os efeitos da inércia ministerial:** (a) punição administrativa para o promotor ou procurador desidioso; (b) relaxamento ou revogação da prisão; (c) propositura da ação penal privada subsidiária da pública.

5. **Negligência do ofendido ou desídia do querelante:** não gera a perempção, devendo o Ministério Público retomar a titularidade da ação penal.

6. **Efeito da propositura da queixa subsidiária:** não impede a propositura da ação pública pelo MP enquanto não extinta a punibilidade.

7. **Natureza:** exceção ao art. 5º, LIX, c/c o art. 129, I, ambos da CF.

8. **Legitimidade ativa:** vítima ou representante legal. No caso de morte ou ausência, o direito de oferecer a queixa passará ao cônjuge, ascendente, descendente ou irmão.

- **Natureza:** matéria de direito estrito, pois a titularidade do poder de agir somente caberá ao próprio ofendido, ou, no caso de sua morte, apenas ao seu cônjuge, aos seus ascendentes, aos seus descendentes ou aos seus irmãos. O rol é taxativo (CPP, art. 29, c/c o art. 31)[2].

9. **Prazo:** em regra, seis meses, a contar do esgotamento do prazo para o MP oferecer denúncia, pedir arquivamento ou novas diligências (**5 dias, se o indiciado estiver preso, e de 15 dias, se estiver solto, a contar da data em que for recebido o inquérito policial ou peça de informação**).

---

[2] AgR na Pet. 8.869/DF, STF, 2ª T, rel. Min. Celso de Mello.

306

10. **Ministério Público:** aditar, repudiar e oferecer denúncia substitutiva, intervir em todos os termos do processo, fornecer elementos de prova, interpor recurso e retomar ação quando houver negligência do querelante.

- **Aditamento:** será formado um litisconsórcio ativo, no qual o MP atuará como assistente litisconsorcial. Neste aditamento, o MP pode corrigir falhas, bem como incluir **corréu, crime conexo, qualificadoras ou causas de aumento de pena**. O prazo para o aditamento é de 3 dias (art. 46, § 2º, do CPP).

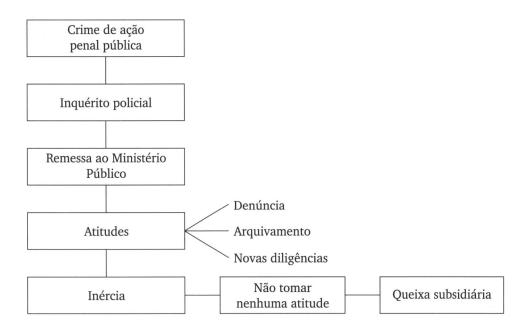

MODELO DE QUEIXA-CRIME SUBSIDIÁRIA

EXCELENTÍSSIMO SENHOR DOUTOR JUIZ DE DIREITO DA ___ VARA CRIMINAL DA COMARCA _____ (crimes não dolosos contra a vida e matéria estadual)

EXCELENTÍSSIMO SENHOR DOUTOR JUIZ FEDERAL DA ___ VARA CRIMINAL DA SEÇÃO JUDICIÁRIA DE _____ (crimes não dolosos contra a vida e matéria federal)

EXCELENTÍSSIMO SENHOR DOUTOR JUIZ DE DIREITO DA ___ VARA DO JÚRI DA COMARCA DE_____ (crimes dolosos contra a vida e matéria estadual)

EXCELENTÍSSIMO SENHOR DOUTOR JUIZ FEDERAL DA ___ VARA DO JÚRI DA SEÇÃO JUDICIÁRIA DE _____ (crimes dolosos contra a vida e matéria federal)

(10 linhas)

_____ (nome), _____ (nacionalidade), _____ (estado civil), _____ (profissão), residente e domiciliado _____ (endereço), vem, por seu advogado infra-assinado (documento n. 1 – poderes especiais), à presença de Vossa Excelência, com fundamento nos arts. 41 e 44 do Código de Processo Penal combinado com o art. 100, § 3º, do Código Penal, e art. 5º, LIX, da Constituição Federal, oferecer QUEIXA-CRIME SUBSIDIÁRIA em face de _____ (nome), _____ (nacionalidade), _____ (estado civil), _____ (profissão), residente e domiciliado _____ (endereço), pelos motivos de fato e de direito a seguir aduzidos:

(2 linhas)

DOS FATOS

* Narrar o fato criminoso, com todas as circunstâncias, sem inventar dados ou copiar o problema. Seguir roteiro de questões: (a) Quando – tempo do fato – No dia tal, mês tal, ano tal, por volta das _____ horas; (b) Sujeito Ativo – quem pratica a conduta criminosa – Fulano de tal; (c) Lugar do crime; (d) Motivo do crime; (e) Comportamento criminoso; (f) Maneira pela qual o crime foi praticado; (g) Mal produzido com a conduta criminosa. Se houver concurso de pessoas: especificar a conduta de cada coautor ou partícipe.

* Abrir um tópico sobre a inércia do Ministério Público.

No caso em tela, o douto representante do Ministério Público quedou-se inerte, já que _____ (especificar o motivo da inércia ministerial), nos termos do artigo _____ (fundamento legal justificador da inércia ministerial).

(2 linhas)

DO DIREITO

* Comprovar a ocorrência do crime e sua respectiva autoria, com adaptação ao fato típico realizado no mundo real. Demonstrar a ocorrência da infração, através da explicação dos seus requisitos (tipo objetivo, tipo subjetivo, consumação e outros). Não esquecer de relacionar os requisitos do tipo penal com o fato concreto.

(2 linhas)

DO PEDIDO

Diante do exposto, em virtude da inércia do Ministério Público em promover a denúncia e tendo o acusado infringido o artigo _____, requer a Vossa Excelência que, recebida e autuada esta, seja o mesmo citado para apresentar resposta à acusação, ser processado e ao final condenado. Requer, outrossim, a notificação das testemunhas do rol abaixo para virem depor em juízo, em dia e hora a serem designados, sob as cominações legais.

(2 linhas)

Termos em que
pede deferimento.

(2 linhas)

Cidade, ____ de _____ de ____.

(2 linhas)

_____

OAB – sob n. ____

(2 linhas)

Rol de Testemunhas:

1. _____ (Nome), _____ (Profissão), _____ (Endereço)

2. _____ (Nome), _____ (Profissão), _____ (Endereço)

3. _____ (Nome), _____ (Profissão), _____ (Endereço)

CASO PRÁTICO

No dia 25-6-2018, por volta das 12 horas, na confluência das ruas Maria Paula e Genebra, Maria da Luz teve seu relógio subtraído por João da Paz, que se utilizou de violência e grave ameaça, exercida com uma faca. Descoberta a autoria e formalizado o inquérito policial com prova robusta de materialidade e autoria, os autos permanecem com o Ministério Público há mais de trinta dias, sem qualquer manifestação. Como advogado de Maria da Luz, atue em prol do constituinte.

EXEMPLO PRÁTICO DA PEÇA

1. Rascunho da peça

a) **infração penal:** roubo, nos termos do art. 157, § 2º, do Código Penal;

b) **ação penal:** pública incondicionada;

c) **pena concreta:** não tem;

d) **pena abstrata:** reclusão de 4 a 10 anos, e multa, com aumento de um terço até a metade;

e) **rito processual:** ordinário;

f) **momento processual:** não tem; narração fática do crime;

g) **cliente:** Maria da Luz;

h) **situação prisional:** solta;

i) **tese:** comprovação da materialidade e da autoria da infração penal;

j) **peça:** queixa-crime subsidiária;

k) **competência:** Juiz de Direito da Vara Criminal;

l) **pedido:** recebimento e autuação da queixa; citação do réu para apresentar resposta à acusação, ser processado e ao final condenado; notificação das testemunhas do rol abaixo para virem depor em juízo, em dia e hora a serem designados, sob as cominações legais.

2. Peça prática

EXCELENTÍSSIMO SENHOR DOUTOR JUIZ DE DIREITO DA ___ VARA CRIMINAL DA COMARCA DA CAPITAL

(10 linhas)

Maria da Luz, (nacionalidade), (estado civil), (profissão), residente e domiciliada _____ (endereço), vem, por seu advogado infra-assinado (documento n. 1 – poderes especiais), à presença de Vossa Excelência, com fundamento nos arts. 41 e 44 do Código de Processo Penal combinado com o art. 100, § 3º, do Código Penal e art. 5º, LIX, da CF, oferecer QUEIXA-CRIME SUBSIDIÁRIA em face de _____ (nome), _____ (nacionalidade), _____ (estado civil), _____ (profissão), residente e domiciliado _____ (endereço), pelos motivos de fato e de direito a seguir aduzidos:

(2 linhas)

DOS FATOS

No dia 25 de agosto de 2018, por volta das 12 horas, na confluência das ruas Maria Paula e Genebra, João da Paz subtraiu, mediante uso de uma faca, o relógio de Maria da Luz.

Trata-se de um crime de roubo, conforme prova robusta de materialidade e autoria constante dos autos do Inquérito Policial, que é de Ação Penal Pública Incondicionada, cuja titularidade pertence ao Ministério Público.

Conforme consta do art. 46 do Código de Processo Penal, em regra, o prazo para o Ministério Público se manifestar sobre o inquérito (arquivamento ou denúncia ou novas diligências) é de 15 dias, quando o réu é solto.

No entanto, no caso em tela, o Ministério Público recebeu os autos do inquérito policial e não realizou qualquer manifestação há mais de 30 dias, de forma que, excedido o prazo, com a inércia do Ministério Público, Maria da Luz, ora vítima, por seu advogado, intenta a presente ação privada subsidiária.

(2 linhas)

DO DIREITO

No caso em tela, pode-se afirmar que ocorreu o crime de roubo, já que estão presentes todos os elementos necessários para a concretização do tipo penal, previsto no art. 157, § 2º, do Código Penal.

João da Paz subtraiu coisa alheia móvel, ou seja, um relógio pertencente a Maria da Luz, de forma que houve ofensa ao seu patrimônio.

A subtração foi realizada mediante o uso de arma branca, de forma a constranger a vítima, retirando-lhe os meios de defesa e perturbando-lhe a liberdade psíquica.

A violência e a grave ameaça empregadas, com o uso da faca, foram dirigidas à pessoa de Maria da Luz, para facilitar a tarefa de João no despojamento do bem.

O emprego da faca demonstra maior periculosidade do agente e, ao mesmo tempo, intimidação por parte da vítima, de forma que deve ser reconhecida a causa de aumento de pena de emprego de arma.

Cabe ressalvar que o crime de roubo se consumou no momento em que João inverteu a posse, ainda que por breve momento, fora da vigilância da vítima Maria.

Dessa forma, presentes os requisitos necessários para a configuração do crime de roubo, requer a apuração do referido ilícito penal e da respectiva autoria de João.

(2 linhas)

DO PEDIDO

Diante do exposto, em virtude da inércia do Ministério Público em promover a denúncia e tendo o acusado infringido o art. 157, § 2º, do Código Penal, requer a Vossa Excelência que, recebida e autuada esta, seja o mesmo citado para apresentar defesa inicial, ser processado e ao final condenado. Requer, outrossim, a notificação das testemunhas do rol abaixo para virem depor em juízo, em dia e hora a serem designados, sob as cominações legais.

(2 linhas)

**Termos em que
pede deferimento.**

(2 linhas)

Cidade, _____ de _____ de _____.

(2 linhas)

_____
OAB – sob n. _____

(2 linhas)

Rol de Testemunhas:

1. _____ (Nome), _____ (Profissão), _____ (Endereço)

2. _____ (Nome), _____ (Profissão), _____ (Endereço)

3. _____ (Nome), _____ (Profissão), _____ (Endereço)

Peças Incidentais

1 Resposta à acusação (também chamada de defesa inicial)

1. Conceito: primeira peça de defesa escrita produzida pela defesa.

2. Momento: após recebida a denúncia ou queixa, o acusado será citado para apresentar defesa inicial.

3. Citação por edital: o prazo para apresentação da defesa inicial começará a fluir a partir do comparecimento pessoal do acusado ou do defensor constituído.

4. Nulidade: falta de concessão do prazo, conforme o art. 564, III, *e*, do CPP.

5. Legitimidade ativa: acusado, por meio do seu defensor.

6. Prazo: dez dias, salvo defensor público, que, pela Lei n. 1.060/50, art. 5º, § 5º, tem prazo em dobro, ou seja, vinte dias.

7. Exceção: pode oferecer qualquer das exceções previstas nos arts. 95 a 111 do CPP, que serão processadas em apartado.

8. Não observância do prazo ou, quando citado, não constituir defensor: o juiz nomeará defensor para apresentar a defesa inicial em 10 dias. Se o defensor constituído, devidamente intimado, não apresentar resposta à acusação, o juiz deve nomear ao réu defensor público para apresentar a referida resposta, nos termos do art. 396-A, § 2º, do CPP.

9. Requisito: intimação do acusado ou do defensor, sob pena de nulidade.

10. Conteúdo: (a) arrolar testemunhas; (b) requerer diligências que entender convenientes; (c) requerer juntada de documentos; (d) arguir preliminares; (e) especificar as provas admitidas; (f) tudo o que interesse para a defesa.

11. Não arrolar testemunhas: preclusão, mas a defesa poderá solicitar inquirição; se aceito, ouve como testemunha do juízo. Nos moldes do art. 396-A do Código de Processo Penal, o rol de testemunhas deve ser apresentado no momento processual adequado, ou seja, quando da apresentação da resposta preliminar, sob pena de preclusão. Em respeito à ordem dos atos processuais não configura cerceamento de defesa o indeferimento da apresentação extemporânea do rol de testemunhas. A teor dos precedentes desta Corte, inexiste nulidade na desconsideração do rol de testemunhas quando apresentado fora da fase estabelecida no art. 396-A do CPP (REsp 1.828.483/MG, Rel. Ministro Rogerio Schietti Cruz, Sexta Turma, j. 3-12-2019, *DJe* de 6-12-2019).

12. Forma: petição avulsa ou por termo nos autos.

13. Oitiva do Ministério Público: será necessária quando apresentada a defesa inicial.

14. Esquema da peça prática: a) endereçamento: juiz da causa; b) preâmbulo: nome e qualificação do acusado, capacidade postulatória (colocar procuração, pois é a primeira peça da defesa), fundamento legal (art. 396; se for júri, art. 406 do CPP), nome da peça (apresentar RESPOSTA À ACUSAÇÃO OU DEFESA INICIAL), frase final (pelas razões a seguir expostas); c) dos fatos: narrar o fato criminoso, com todas as circunstâncias, sem inventar dados ou copiar problema; d) do direito: preliminares e mérito; e) do pedido: requerimentos; f) parte final (termos em que, pede deferimento, data e OAB).

MODELO DE RESPOSTA À ACUSAÇÃO OU DEFESA INICIAL

a) Crimes não dolosos contra a vida

EXCELENTÍSSIMO SENHOR DOUTOR JUIZ DE DIREITO DA ___ VARA CRIMINAL DA COMARCA _____ (matéria estadual)

EXCELENTÍSSIMO SENHOR DOUTOR JUIZ FEDERAL DA ___ VARA CRIMINAL DA SEÇÃO JUDICIÁRIA DE _____ (matéria federal)

b) Crimes dolosos contra a vida

EXCELENTÍSSIMO SENHOR DOUTOR JUIZ DE DIREITO DA ___ VARA DO JÚRI DA CO-
MARCA DE _____ (matéria estadual)

EXCELENTÍSSIMO SENHOR DOUTOR JUIZ FEDERAL DA ___ VARA DO JÚRI DA SEÇÃO
JUDICIÁRIA DE _____ (matéria federal)

(10 linhas)

_____ (nome), já qualificado nos autos do processo-crime em epígrafe,
vem, por seu advogado infra-assinado (documento n. 1), à presença de Vossa Excelência, com
fundamento nos arts. 396/406 do Código de Processo Penal, apresentar RESPOSTA À ACUSA-
ÇÃO, pelos motivos a seguir aduzidos:

(2 linhas)

DOS FATOS

Narrar o fato criminoso, com todas as circunstâncias, sem inventar dados ou
copiar o problema.

DO DIREITO

I – Das Preliminares

No caso em tela ocorreu _____ (mencionar a preliminar),
em virtude da _____ (motivo da preliminar), nos termos do artigo _____ (fundamento legal/constitucional).

Demonstrar a preliminar: explicar o porquê da ocorrência da preliminar, indicando os artigos de lei e os princípios jurídicos embasadores.

Mencionar doutrina e jurisprudência

Desta forma. _____ (retomar o parágrafo em foi apontada
a preliminar com outras palavras).

II – Do Mérito

* apontar a tese;

* justificar a tese;

* doutrina;

* jurisprudência;

* conclusão.

Se for o caso, demonstrar a necessidade de o juiz decretar absolvição sumária, nos termos do art. 397 do CPP. Seguir o roteiro:

A) No caso em tela, ocorreu _____ (apontar um dos incisos do art. 397 do CPP), já que _____ (explicar o motivo), nos termos do artigo _____ (indicar o fundamento legal do motivo).

B) Fundamentar: apresentar argumentos que justifiquem a incidência de um dos incisos do art. 397 do CPP, inclusive mencionando doutrina e jurisprudência.

C) Conclusão: Dessa forma _____ (concluir a ocorrência do art. 397 do CPP).

DOS REQUERIMENTOS

I – Se houver necessidade de documentos, requerer a juntada.

II – Se houver necessidade de diligências, requerer a realização, mostrando a necessidade e a importância da diligência para busca da verdade real.

III – Requer a notificação das testemunhas do rol abaixo para virem depor em juízo, em dia e hora a serem designados, sob as cominações legais.

IV – Especificar as provas pretendidas – O acusado pretende provar o alegado por todos os meios de prova em Direito admitidos, especialmente _____ (especificar os meios de prova).

(2 linhas)

**Termos em que
pede deferimento.**

(2 linhas)

Cidade, ____ **de** _____ **de** ____.

(2 linhas)

_____

OAB – sob n. ____

(2 linhas)

Rol de Testemunhas:

1. _____ (Nome), _____ (Profissão), _____ (Endereço)

2. _____ (Nome), _____ (Profissão), _____ (Endereço)

3. _____ (Nome), _____ (Profissão), _____ (Endereço)

CASO PRÁTICO

A Polícia Civil do Estado do Rio Grande do Sul recebe notícia crime identificada, imputando a Maria Campos a prática de crime, eis que mandaria crianças brasileiras para o estrangeiro com documentos falsos. Diante da notícia crime, a autoridade policial instaura inquérito policial e, como primeira providência, representa pela decretação da interceptação das comunicações telefônicas de Maria Campos, "dada a gravidade dos fatos noticiados e a notória dificuldade de apurar crime de tráfico de menores para o exterior por outros meios, pois o 'modus operandi' envolve sempre atos ocultos e exige estrutura organizacional sofisticada, o que indica a existência de uma organização criminosa integrada pela investigada Maria". O Ministério Público opina favoravelmente e o juiz defere a medida, limitando-se a adotar, como razão de decidir, "os fundamentos explicitados na representação policial". No curso do monitoramento, foram identificadas pessoas que contratavam os serviços de Maria Campos para providenciar expedição de passaporte para viabilizar viagens de crianças para o exterior. Foi gravada conversa telefônica de Maria com um funcionário do setor de passaportes da Polícia Federal, Antônio Lopes, em que Maria consultava Antônio sobre os passaportes que ela havia solicitado, se já estavam prontos, e se poderiam ser enviados a ela. A pedido da autoridade policial, o juiz deferiu a interceptação das linhas telefônicas utilizadas por Antônio Lopes, mas nenhum diálogo relevante foi interceptado. O juiz, também com prévia representação da autoridade policial e manifestação favorável do Ministério Público, deferiu a quebra de sigilo bancário e fiscal dos investigados, tendo sido identificado um depósito de dinheiro em espécie na conta de Antônio, efetuado naquele mesmo ano, no valor de R$ 100.000,00 (cem mil reais). O monitoramento telefônico foi mantido pelo período de quinze dias, após o que foi deferida medida de busca e apreensão nos endereços de Maria e Antônio. A decisão foi proferida nos seguintes termos: "diante da gravidade dos fatos e da real possibilidade de serem encontrados objetos relevantes para investigação, defiro requerimento de busca e apreensão nos endereços de Maria (Rua dos Casais, 213) e de Antônio (Rua Castro, 170, apartamento 201)". No endereço de Maria Campos, foi encontrada apenas uma relação de nomes que, na visão da autoridade policial, seriam clientes que teriam requerido a expedição de passaportes com os nomes de crianças que teriam viajado para o exterior. No endereço indicado no mandado de Antônio Lopes, nada foi encontrado. Entretanto, os policiais que cumpriram a ordem judicial perceberam que o apartamento 202 do mesmo prédio também pertencia ao investigado, motivo pelo qual nele ingressaram, encontrando e apreendendo a quantia de cinquenta mil dólares em espécie. Nenhuma outra diligência foi realizada. Relatado o inquérito policial, os autos foram remetidos ao Ministério Público, que ofereceu a denúncia nos seguintes termos: "o Ministério Público vem oferecer denúncia contra Maria Campos e Antônio Lopes, pelos fatos a seguir descritos: Maria Campos, com o auxílio do agente da polícia federal Antônio Lopes, expediu diversos passaportes para crianças e adolescentes, sem observância das formalidades legais. Maria tinha a finalidade de viabilizar a saída dos menores do país. A partir da quantia de dinheiro apreendida na casa de Antônio Lopes, bem como o depósito identificado em sua conta bancária, evidente que ele recebia vantagem indevida para efetuar a liberação dos passaportes. Assim agindo, a denunciada Maria Campos está incursa nas penas do art. 239, parágrafo único, da Lei n. 8.069/90 (Estatuto da Criança e do Adolescente), e nas penas do art. 333, parágrafo único, c/c o art. 69, ambos do Código Penal. Já o denunciado Antônio Lopes está incurso nas penas do art. 239, parágrafo único, da Lei n. 8.069/90 (Estatuto da Criança e do Adolescente) e nas penas do art. 317, § 1º, c/c art. 69, ambos do Código Penal". O juiz da 15ª Vara Criminal de Porto Alegre, RS, recebeu a denúncia, nos seguintes termos: "compulsando os autos, verifico que há prova indiciária suficiente da ocorrência dos fatos descritos na denúncia e do envolvimento dos denunciados. Há justa causa para a ação penal, pelo que recebo a denúncia. Citem-se os réus, na forma da lei". Antônio foi citado pessoalmente em 27-10-2010 (quarta-feira) e o respectivo mandado foi acostado aos autos dia 1-11-2010 (segunda-feira). Antônio contratou você como Advogado, repassando-lhe nomes de pessoas (Carlos de Tal, residente na Rua 1, n. 10, nesta capital; João de Tal, residente na Rua 4, n. 310, nesta capital; Roberta de Tal, residente na Rua 4, n. 310, nesta capital) que prestariam relevantes informações para corroborar com sua versão. Nessa condição, redija a peça processual cabível desenvolvendo TODAS AS TESES DEFENSIVAS que podem ser extraídas do enunciado com indicação de respectivos dispositivos legais. Apresente a peça no último dia do prazo.

EXEMPLO PRÁTICO DA PEÇA

1. Rascunho da peça

a) **infração penal:** Maria Campos: art. 239, parágrafo único, da Lei n. 8.069/90 e nas penas do art. 333, parágrafo único, c/c o art. 69, ambos do Código Penal; Antônio Lopes: art. 239, parágrafo único, da Lei n. 8.069/90 e nas penas do art. 317, § 1º, c/c o art. 69, ambos do Código Penal;

b) **ação penal:** pública incondicionada;

c) **pena concreta:** não tem;

d) **pena abstrata:** art. 239, parágrafo único, da Lei n. 8.069/90: Pena – reclusão, de 6 (seis) a 8 (oito) anos, além da pena correspondente à violência; art. 333 do CP: pena – reclusão, de 2 (dois) a 12 (doze) anos, e multa; art. 317, § 1º, do CP: Pena – reclusão, de 2 (dois) a 12 (doze) anos, e multa. A pena é aumentada de um terço, se, em consequência da vantagem ou promessa, o funcionário retarda ou deixa de praticar qualquer ato de ofício ou o pratica infringindo dever funcional;

e) **rito processual:** ordinário;

f) **momento processual:** após recebimento da denúncia com citação dos réus;

g) **clientes:** Maria Campos e Antônio Lopes;

h) **situação prisional:** soltos;

i) **tese:** momento próprio para apresentar a defesa;

j) **peça:** Resposta à acusação ou Defesa inicial;

k) **competência:** Juiz de Direito da 15ª Vara Criminal de Porto Alegre/RS;

l) **pedido:** (1) Em preliminar: a) a decretação da nulidade por incompetência da Justiça Estadual para processar o feito, já que o crime é de competência da Justiça Federal, nos termos do art. 109, inciso V, da Constituição Federal; b) a decretação da nulidade da interceptação telefônica pela falta de fundamentação e não respeito ao princípio da excepcionalidade; c) a decretação da nulidade da busca e apreensão pela generalidade da medida e a falta de fundamentação; d) o reconhecimento da inépcia da inicial acusatória, eis que a conduta é genérica, sem descrever as elementares do tipo de corrupção passiva e sem imputar fato determinado. (2) No mérito a decretação da absolvição sumária ou, alternativamente, instrução processual com produção da prova requerida pela defesa.

2. Peça prática

EXCELENTÍSSIMO SENHOR DOUTOR JUIZ DE DIREITO DA 15ª VARA Criminal de Porto Alegre – RS

(10 linhas)

Antônio, já qualificado nos autos do processo-crime em epígrafe, vem, por seu advogado infra-assinado (documento n. 1), à presença de Vossa Excelência, com fundamento no art. 396 do Código de Processo Penal, apresentar RESPOSTA À ACUSAÇÃO, pelos motivos a seguir aduzidos:

(2 linhas)

DOS FATOS

Narrar o fato criminoso, com todas as circunstâncias, sem inventar dados ou copiar o problema.

DO DIREITO

I – Das Preliminares

A) INCOMPETÊNCIA

No caso em tela ocorreu a incompetência da Justiça Estadual para processar o feito, já que o crime é de competência da Justiça Federal, nos termos do art. 109, inciso V, da Constituição Federal.

B) NULIDADE NA INTERCEPTAÇÃO TELEFÔNICA

No caso em tela ocorreu nulidade na interceptação telefônica, por dois motivos: a) falta de fundamentação da decisão nos termos do que disciplina o art. 5º, da Lei n. 9.296/96 e art. 93, IX, da Constituição da República; (b) impossibilidade de se decretar a medida de interceptação telefônica como primeira medida investigativa, não respeitando o princípio da excepcionalidade, violando o previsto no art. 2º, II, da Lei n. 9.296/96.

C) NULIDADE NA BUSCA E APREENSÃO

No caso em tela ocorreu nulidade da decisão que deferiu a busca e apreensão, eis que genérica e sem fundamentação, fulcro no art. 93, IX, da Constituição da República.

D) NULIDADE DA APREENSÃO

No caso em tela ocorreu nulidade da apreensão dos cinquenta mil dólares, eis que o ingresso no outro apartamento de Antônio, onde estava a quantia, não estava autorizado judicialmente. Diante da prova ilícita obtida, deve ser desconsiderado o dinheiro lá apreendido.

E) INÉPCIA DA INICIAL ACUSATÓRIA

No caso em tela ocorreu inépcia da inicial acusatória, eis que a conduta é genérica, sem descrever as elementares do tipo de corrupção passiva e sem imputar fato determinado. Isso viola o previsto no art. 8º, 2, "b", do Decreto n. 678/92, o qual prevê como garantia do acusado a comunicação prévia e pormenorizada da acusação formulada. Além disso, limita o exercício do direito de defesa, em desrespeito ao previsto no art. 5º, LV, da Constituição da República. Por fim, há violação ao art. 41, do Código de Processo Penal.

II – Do Mérito

Em relação ao crime de corrupção passiva, previsto no art. 317, § 1º, do Código Penal, há falta de justa causa para a ação penal. Não há prova suficiente de que o réu recebia vantagem indevida para a emissão de passaportes de forma irregular; não há nenhuma prova de que os passaportes fossem emitidos de forma irregular; nenhum passaporte foi apreendido ou periciado na fase de inquérito policial; não há prova de que os passaportes supostamente requeridos por Maria na ligação telefônica foram, efetivamente, emitidos; não há prova de que houve o exaurimento do crime, nos termos do que prevê o § 1º do art. 317 do Código Penal, ou seja, que Antônio tenha efetivamente praticado ato infringindo dever funcional.

No que tange ao crime previsto no art. 239, parágrafo único, da Lei n. 8.069/90 (Estatuto da Criança e do Adolescente), não há qualquer indício da prática delituosa por parte de Antônio, eis que não há sequer referência de que ele tivesse ciência da intenção de Maria. Não havia consciência de que Antônio estivesse colaborando para a prática do crime supostamente praticado por Maria, inexistindo, dessa forma dolo.

Requer a notificação das testemunhas do rol abaixo para virem depor em juízo, em dia e hora a serem designados, sob as cominações legais.

(2 linhas)

DO PEDIDO

Diante do exposto, requer:

1) Em preliminar:

a) a decretação da nulidade por incompetência da Justiça Estadual para processar o feito, já que o crime é de competência da Justiça Federal, nos termos do art. 109, inciso V, da Constituição Federal;

b) a decretação da nulidade da interceptação telefônica pela falta de fundamentação e não respeito ao princípio da excepcionalidade;

c) a decretação da nulidade da busca e apreensão pela generalidade da medida e a falta de fundamentação;

d) o reconhecimento da inépcia da inicial acusatória, eis que a conduta é genérica, sem descrever as elementares do tipo de corrupção passiva e sem imputar fato determinado.

2) No mérito a decretação da absolvição sumária ou, alternativamente, instrução processual com produção da prova requerida pela defesa.

(2 linhas)

Termos em que
pede deferimento.

(2 linhas)

Cidade, ____ de _____ de ____.

(2 linhas)

_____
OAB – sob n. ____

(2 linhas)

Rol de Testemunhas:

1. _____ (Nome), _____ (Profissão), _____ (Endereço)

2. _____ (Nome), _____ (Profissão), _____ (Endereço)

3. _____ (Nome), _____ (Profissão), _____ (Endereço)

2 Defesa prévia ou inicial no júri

1. Conteúdo: momento para arrolar testemunhas (máximo 5), requerer diligências e juntar documentos.

2. Caráter: facultativo.

3. Ausência de contrariedade ao libelo: ausência da peça não anula a ação penal, pois não tem caráter obrigatório.

4. Nulidade: falta de concessão do prazo, conforme o art. 564, III, *e*, do Código de Processo Penal.

5. Legitimidade ativa: MP, querelante e defensor.

6. Prazo: dez dias, a contar da intimação, salvo defensor público, que, pela Lei n. 1.060/50, art. 5º, § 5º, tem prazo em dobro, ou seja, vinte dias.

7. Requisito: intimação do acusado ou do defensor, sob pena de nulidade.

8. **Reforma:** a Lei n. 11.689/2008 extinguiu o libelo crime acusatório e a contrariedade ao libelo.

9. **Esquema da peça prática:** (a) **endereçamento:** juiz-presidente do Tribunal do Júri, pois já é a segunda fase do júri; (b) **preâmbulo:** nome e qualificação do acusado, capacidade postulatória, fundamento legal (art. 422 do Código de Processo Penal), nome da peça (apresentar DEFESA PRÉVIA), fase final (pelas razões a seguir expostas); (c) **corpo da peça** (não mencionar tese de defesa); (d) **parte final** (termos em que, pede deferimento, data e OAB).

MODELO DE DEFESA INICIAL NO JÚRI

EXCELENTÍSSIMO SENHOR DOUTOR JUIZ PRESIDENTE DO TRIBUNAL DO JÚRI DA ___

(10 linhas)

_____ (nome), já qualificado nos autos do processo-crime em epígrafe, vem, por seu advogado infra-assinado (documento n. 1), à presença de Vossa Excelência, com fundamento no art. 406 do Código de Processo Penal, apresentar DEFESA INICIAL, pelos motivos a seguir aduzidos:

DOS FATOS

Narrar o fato criminoso, com todas as circunstâncias, sem inventar dados ou copiar o problema.

DO DIREITO

I – Das Preliminares

No caso em tela ocorreu _____ (mencionar a preliminar), em virtude da _____ (motivo da preliminar), nos termos do artigo _____ (fundamento legal/constitucional).

Demonstrar a preliminar: explicar o porquê da ocorrência da preliminar, indicando os artigos de lei e os princípios jurídicos embasadores.

Mencionar doutrina e jurisprudência

Desta forma. _____ (retomar o parágrafo em foi apontada a preliminar com outras palavras).

II – Do Mérito

* apontar a tese;

* justificar a tese;

* doutrina;

* jurisprudência;

* conclusão.

Se for o caso, demonstrar a necessidade de o juiz decretar absolvição sumária, nos termos do art. 397 do CPP. Seguir o roteiro:

A) No caso em tela, ocorreu _____ (apontar um dos incisos do art. 397 do CPP), já que _____ (explicar o motivo), nos termos do artigo _____ (indicar o fundamento legal do motivo).

B) Fundamentar: apresentar argumentos que justifiquem a incidência de um dos incisos do art. 397 do CPP, inclusive mencionando doutrina e jurisprudência.

C) Conclusão: Dessa forma _____ (concluir a ocorrência do art. 397 do CPP).

DOS REQUERIMENTOS

I – Se houver necessidade de documento, requerer a juntada.

II – Se houver necessidade de diligências, requerer a realização, mostrando a necessidade e a importância da diligência para busca da verdade real.

III – Requerer a notificação das testemunhas do rol abaixo para virem depor em juízo, em dia e hora a serem designados, sob as cominações legais.

IV – Especificar as provas pretendidas – O acusado pretende provar o alegado por todos os meios de prova em Direito admitidos, especialmente _____ (especificar os meios da prova).

V – Se for o caso, demonstrar a necessidade de o juiz decretar absolvição sumária nos termos do art. 397 do CPP. Seguir o roteiro:

A) No caso em tela, ocorreu _____ (apontar um dos incisos do art. 397 do CPP), já que _____ (explicar o motivo), nos termos do artigo _____ (indicar o fundamento legal do pedido).

B) **Fundamentar:** apresentar argumentos que justifiquem a incidência de um dos incisos do art. 397 do CPP, inclusive mencionando doutrina e jurisprudência.

C) **Conclusão:** Dessa forma, _____ (concluir a ocorrência do art. 397 do CPP).

(2 linhas)

Termos em que
pede deferimento.

(2 linhas)

Cidade, ____ de _____ de ____.

(2 linhas)

_____
OAB – sob n. ____

(2 linhas)

Rol de Testemunhas:

1. _____ (Nome), _____ (Profissão), _____ (Endereço)

2. _____ (Nome), _____ (Profissão), _____ (Endereço)

3. _____ (Nome), _____ (Profissão), _____ (Endereço)

3 Defesa preliminar

1. **Finalidade:** convencer o juiz na rejeição da denúncia ou queixa.

2. **Rol não taxativo:** apesar de o art. 516 do CPP prever que o juiz rejeitará a peça inicial acusatória quando, pela resposta do acusado ou do seu defensor, convencer-se da inexistência do crime ou da improcedência da ação, outros fundamentos da rejeição podem ser encontrados no art. 395 do CPP.

3. **Cabimento:** (a) art. 514 do CPP; (b) art. 55 da Lei n. 11.343/2006.

4. **Terminologia:** a peça recebe o nome de defesa preliminar, pois tem cabimento antes do recebimento da denúncia ou queixa.

5. **Legitimidade ativa:** próprio acusado.

6. **Prazo:** (a) **funcionário público:** 15 dias; (b) **entorpecentes:** 10 dias.

7. **Competência: juiz da causa:** que tiver autuado a denúncia ou queixa.

8. **Nulidade:** falta de notificação ou de prazo, em nome da ampla defesa, sob pena de correição parcial.

9. **Crimes dos funcionários:** a defesa preliminar não cabe no excesso de exação e na facilitação de contrabando ou descaminho. A peça só cabe nos crimes funcionais afiançáveis.

10. **Réu não encontrado ou fora do local de jurisdição do juiz da causa:** será nomeado defensor, a quem caberá apresentar a resposta preliminar.

11. **Instrução da resposta:** a resposta pode ser instruída com documentos e justificações, nos termos do art. 515 do CPP.

12. **Local dos autos:** durante o prazo concedido para a defesa preliminar, os autos permanecerão em cartório, onde poderão ser examinados pelo acusado ou seu defensor.

13. **Desnecessidade:** na ação penal instruída por inquérito policial, nos termos da Súmula 330 do STJ.

14. Questões polêmicas

14.1 **Concurso de pessoas, sendo um funcionário público e o outro um particular**

  a) Uma corrente sustenta que não pode o particular apresentar defesa preliminar, pois é peça exclusiva de funcionário público[1].

  b) Outra corrente sustenta que pode o particular apresentar defesa preliminar, pois praticaram o mesmo crime, não havendo justificativa para discriminação entre os infratores (art. 5º, *caput*, da CF).

14.2 **Conexão de crimes, sendo um afiançável e o outro inafiançável**

  a) Uma corrente sustenta que deve ser apresentada a defesa preliminar apenas para o crime afiançável, em respeito ao art. 514 do CPP.

  b) Outra corrente sustenta que deve ser apresentada a defesa preliminar nos dois crimes, pois houve conexão.

14.3 **Funcionário aposentado ou exonerado**

  a) Uma corrente sustenta que não há necessidade de defesa preliminar, pois não há possibilidade de o funcionário ser processado, prejudicando o funcionamento normal da atividade administrativa[2].

  b) Outra corrente sustenta ser necessária a defesa preliminar, pois a lei, quando faz a exigência da resposta, não distingue a situação do funcionário, se em atividade funcional ou não.

14.4 **Não apresentação da defesa preliminar**

  a) Uma corrente sustenta que a não apresentação gera a nulidade absoluta, pois ofende a ampla defesa.

  b) Outra corrente sustenta que a não apresentação gera nulidade relativa, que depende de demonstração de prejuízo e alegação em momento oportuno.

15. Esquema da peça prática

  a) **endereçamento:** matéria federal (juiz federal); matéria estadual (juiz estadual);

---

[1] JESUS, Damásio E. *Curso de processo penal anotado*. São Paulo: Saraiva, 2004. p. 407.

[2] JESUS, Damásio E. *Curso de processo penal anotado*. São Paulo: Saraiva, 2004. p. 406.

b) **preâmbulo:** nome e qualificação do acusado, capacidade postulatória, fundamento legal (funcionário: art. 514 do CPP; entorpecentes: art. 55 da Lei n. 11.343/2006), nome da peça (apresentar DEFESA PRELIMINAR), fase final (pelas razões a seguir expostas);

c) **dos fatos:** narrar o fato criminoso, com todas as circunstâncias, sem inventar dados ou copiar o problema. Colocar o andamento processual até autuação da denúncia;

d) **do direito:** demonstrar a rejeição da ação penal; o roteiro para servir de base é o art. 395 do CPP: 1) for manifestamente inepta; 2) falta de pressuposto processual; 3) falta de condição para o exercício da ação; 4) falta de justa causa para o exercício da ação;

e) **do pedido:** rejeição da denúncia;

f) **parte final:** termos em que, pede deferimento, data e OAB.

Defesa preliminar

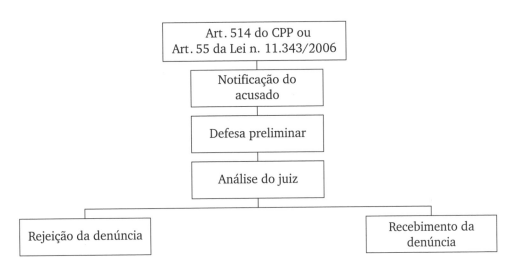

MODELO DE DEFESA PRELIMINAR

EXCELENTÍSSIMO SENHOR DOUTOR JUIZ DE DIREITO DA ___ VARA CRIMINAL DA COMARCA _____ (crimes não dolosos contra a vida e matéria estadual)

EXCELENTÍSSIMO SENHOR DOUTOR JUIZ FEDERAL DA ___ VARA CRIMINAL DA SEÇÃO JUDICIÁRIA DE _____ (crimes não dolosos contra a vida e matéria federal)

(10 linhas)

_____ (nome), já qualificado nos autos do processo-crime em epígrafe, vem, por seu advogado infra-assinado (documento n. 1), à presença de Vossa Excelência, com fundamento no _____, apresentar DEFESA PRELIMINAR, pelos motivos de fato e de direito a seguir aduzidos:

* Fundamento: funcionário: art. 514 do CPP; entorpecentes: art. 55 da Lei n. 11.343/06.

(2 linhas)

DOS FATOS

* Narrar o fato criminoso, com todas as circunstâncias, sem inventar dados ou copiar o problema. Colocar o andamento processual: o _____ (nome do infrator), foi denunciado pela prática de _____ (infração penal), prevista no artigo _____ (previsão legal da infração penal) a fls. A denúncia foi autuada a fls.

(2 linhas)

DO DIREITO

* Demonstrar a rejeição da ação penal; o roteiro para servir de base é o art. 395 do CPP: (a) for manifestamente inepta; (b) falta de pressuposto processual; (c) falta de condição para o exercício da ação; (d) falta de justa causa para o exercício da ação.

(2 linhas)

DO PEDIDO

1. Funcionário Público

Diante do exposto, vem requerer a Vossa Excelência a rejeição da denúncia, por _____ (motivo da rejeição), como medida de inteira justiça.

2. Entorpecentes

Diante do exposto, juntando nesta oportunidade o rol de testemunhas, vem requerer a Vossa Excelência a rejeição da denúncia, por _____ (motivo da rejeição), como medida de inteira justiça.

(2 linhas)

Termos em que
pede deferimento.

(2 linhas)

Cidade, ____ de _____ de ____.

(2 linhas)

_____

OAB – sob n. _____

(2 linhas)

Rol de Testemunhas:

1. _____ (Nome), _____ (Profissão), _____ (Endereço)

2. _____ (Nome), _____ (Profissão), _____ (Endereço)

3. _____ (Nome), _____ (Profissão), _____ (Endereço)

CASO PRÁTICO

José, funcionário público federal, exerce cargo de diretor numa repartição, tendo como função fiscalizar a atuação dos subordinados. No dia 25 de abril de 2011, Rubens, funcionário público, colega e subordinado de José, cometeu infração administrativa, ou seja, não fez o relatório exigido para determinado caso concreto. Não houve responsabilização administrativa de Rubens, pois José não sabia da infração. Diante da omissão de José, foi oferecida denúncia, com base no art. 320 do Código de Processo Penal. A denúncia foi autuada pelo juiz, que notificou o acusado para responder. Como advogado de José, tome a medida cabível.

EXEMPLO PRÁTICO DA PEÇA

1. Rascunho da peça

a) **infração penal:** art. 320 do Código Penal;

b) **ação penal:** pública incondicionada;

c) **pena concreta:** não tem;

d) **pena abstrata:** detenção, de 15 dias a um mês, ou multa;

e) **rito processual:** sumaríssimo;

f) **momento processual:** notificação do acusado para apresentar a defesa preliminar; fase processual;

g) **cliente:** José;

h) **situação prisional:** solto;

i) **tese:** rejeição da denúncia, com base na falta de conhecimento da infração pelo superior;

j) **peça:** defesa preliminar;

k) competência: Juiz Federal da Vara Criminal;

l) pedido: rejeição da denúncia e notificação das testemunhas.

2. Peça prática

EXCELENTÍSSIMO SENHOR DOUTOR JUIZ FEDERAL DA ___ VARA CRIMINAL DA SE-
ÇÃO JUDICIÁRIA DE SÃO PAULO

(10 linhas)

José, já qualificado nos autos do processo-crime em epígrafe, vem, por seu advogado infra-assinado (documento n. 1), à presença de Vossa Excelência, com fundamento no art. 514 do Código de Processo Penal, apresentar DEFESA PRELIMINAR, pelos motivos de fato e de direito a seguir aduzidos:

(2 linhas)

DOS FATOS

José foi denunciado pela prática de condescendência criminosa, prevista no art. 320 do Código de Processo Penal (fls.), já que José não responsabilizou o subordinado que cometeu infração no exercício do cargo.

A denúncia foi autuada (fls.) e o réu notificado para apresentar resposta escrita.

(2 linhas)

DO DIREITO

No caso em tela, a denúncia oferecida pelo Ministério Público deve ser rejeitada, já que o fato narrado na peça acusatória é atípico, senão vejamos:

A omissão na responsabilização do subordinado ocorreu porque José não sabia da infração praticada. Não houve o dolo de não responsabilizar o funcionário.

José não adotou comportamento psíquico contrário à ordem penal, pois não teve consciência sobre o elemento subjetivo do tipo, ou seja, não sabia que o seu subordinado cometeu infração.

A caracterização do tipo penal exige que o agente tenha conhecimento certo da autoria, com referência à infração praticada pelo subordinado. Como afirma Mirabete (*Código penal interpretado*. São Paulo: Atlas, 2005. p. 2379): "Evidentemente, a prática do crime pressupõe que o superior tenha conhecimento da infração de seu subordinado."

328

Dessa forma, não presente o elemento subjetivo do tipo, necessário para configuração do crime de condescendência criminosa, requer a rejeição da denúncia, com base no art. 395, inciso II, do CPP.

(2 linhas)

DO PEDIDO

Diante do exposto, vem requerer a Vossa Excelência a rejeição da denúncia, por fato atípico, nos termos do art. 395, inciso II, já que não houve dolo do agente, como medida de inteira justiça.

(2 linhas)

**Termos em que
pede deferimento.**

(2 linhas)

Cidade, _____ de _____ de _____.

(2 linhas)

_____

OAB – sob n. _____

4 Exceção

1. Conceito: é uma forma de defesa indireta do réu, alegando um direito que pode extinguir, modificar, impedir ou adiar a pretensão do autor.

2. Classificação

2.1 Dilatórias: visam alongar o processo; são a de ilegitimidade de parte, suspeição e incompetência.

2.2 Peremptórias: visam finalizar o processo; são a de coisa julgada e litispendência.

3. Modalidades

3.1 Suspeição: falta de imparcialidade ou falta de isenção por sentimentos ou interesses pessoais:

a) Previsão legal: arts. 96 a 107 do CPP c/c o art. 254 do CPP.

b) Espécie: dilatória.

c) Características: tem preferência sobre as demais exceções.

d) Momento: (1) pelo acusado: após interrogatório ou defesa prévia; (2) pelo querelante: na petição inicial; (3) salvo se o motivo da suspeição for descoberto em momento posterior; (4) não pode ser alegada no inquérito policial.

e) Legitimidade ativa: (a) pode ser proposta pelas partes, inclusive assistente de acusação; (b) pode ser proposta de forma pessoal ou por procurador com poderes especiais. É exigível procuração com poderes especiais para que seja oposta exceção de suspeição por réu representado pela Defensoria Pública, mesmo que o acusado esteja ausente do distrito da culpa (*Informativo* n. 560/2015 do STJ).

f) Processamento em primeira instância

1. se o juiz afirmar suspeição: fará a declaração por escrito, com a especificação do motivo legal; remessa imediata ao substituto legal; não cabe recurso;

2. se não reconhecer suspeito: parte pode propor exceção de suspeição:

a) se o juiz aceitar a suspeição, mandará juntar aos autos a petição do recusante com os documentos e, por despacho, declara-se suspeito, com remessa dos autos ao substituto; não cabe recurso;

b) se o juiz não aceitar a suspeição, a petição será autuada em separado, será apresentada resposta escrita em três dias e haverá remessa ao tribunal em 24 horas. No tribunal, remete para distribuição, que faz o sorteio da Câmara ou Turma; feito o sorteio, remete para o relator, que poderá deferir, manda citar as partes, marca dia e hora para ouvir testemunhas, seguindo-se o julgamento: (1) improcedente: devolve para o juiz e, se houver má-fé, tem multa; (2) procedente: substituto legal, e são nulos atos processuais até o momento; pode rejeitar se achar infundada.

g) Processamento em segunda instância: se não for reconhecida de imediato pelo exceto, será aplicável o procedimento da suspeição previsto nos arts. 98 a 101 e nos regimentos internos; o julgamento será feito pelo tribunal pleno, funcionando como relator o presidente ou o vice-presidente (no caso de o presidente ser recusado).

h) Casos de suspeição

1. **autoridade policial:** deve declarar-se suspeita quando ocorrer motivo legal; não pode opor suspeição no inquérito policial; quando a autoridade policial deixa de afirmar sua própria suspeição, não eiva de nulidade o processo judicial por si só, sendo necessária a demonstração do prejuízo suportado pela parte ré (*Informativo* n. 704/2021 do STJ).

2. **jurado:** será feita de forma verbal, com decisão de plano do juiz presidente do Tribunal do Júri, que a rejeitará se, negada pelo recusado, não for imediatamente comprovado. A arguição e a decisão serão documentadas em ata;

3. **funcionário da justiça:** o juiz decide de plano; ouve o exceto;

4. **Ministério Público:** se ouvido, podendo produzir provas em 3 dias; o juiz decide sem recurso. Se for reconhecido suspeito, ocorre remessa dos autos ao substituto legal;

5. **revisor:** passa o feito para o seu substituto na ordem de precedência;

6. **relator:** apresentará os autos em mesa para nova distribuição;

7. juiz que não for revisor nem relator: deve declarar-se suspeito na sessão de julgamento;

8. presidente do Tribunal: substituto irá designar e presidir julgamento.

i. Súmula 234 do STJ: A participação de membro do Ministério Público na fase investigatória criminal não acarreta o seu impedimento ou suspeição para o oferecimento da denúncia.

3.2 Incompetência

a) Finalidade: alegar falta de capacidade funcional do juiz.

b) Forma: escrita ou oral.

c) Previsão legal: arts. 108 e 109 do CPP.

d) Reconhecimento oficial: juiz pode declarar sua competência, a qualquer tempo, devendo o processo ser remetido ao juízo competente. Do reconhecimento oficial cabe Recurso em sentido estrito, com fundamento no art. 581, inciso II, do CPP.

e) Legitimidade ativa: réu, querelado e Ministério Público.

f) Prazo: a exceção deve ser oferecida no prazo da defesa prévia, sob pena de preclusão (quando for incompetência relativa, pois a absoluta pode ser alegada a qualquer tempo).

g) Processamento:

g1) apresentação da exceção, sendo possível o juiz reconhecer de ofício;

g2) autuação em apartado;

g3) oitiva do Ministério Público;

g4) decisão judicial: (1) improcedente: o juiz continuará no feito; (2) procedente: remessa ao competente; o processo prosseguirá, mas com a ratificação dos atos anteriores.

3.3 Litispendência

a) Cabimento: cabe quando uma ação repete outra em curso: mesmo fato, mesmo pedido e mesmo réu.

b) Fundamento: *non bis in idem*.

c) Acolhimento: cabe Recurso em sentido estrito, com fundamento no art. 581, III, do CPP.

d) Reconhecimento de ofício: apelação.

e) Denegação: *habeas corpus*.

f) Confronto: como observa Mirabete: "Não se confunde litispendência com prevenção; na primeira, há dois processos pela mesma causa e apenas um deles deve prosseguir (o que primeiro foi instaurado); na segunda, há apenas um processo, sendo determinada a competência pela precedência dos atos do juiz com relação aos demais inicialmente competentes"[3].

g) **Processamento:** mesmo da incompetência.

3.4 Ilegitimidade de parte

a) **Cabimento:** falta capacidade processual ou titularidade da ação.

b) **Acolhimento:** (1) *ad causam:* anulação *ab initio,* por falta da legitimidade de parte; *(2) ad processum:* a nulidade pode ser sanada a qualquer tempo, mediante ratificação dos atos processuais, nos termos do art. 568 do CPP.

c) **Reconhecimento na exceção:** cabe Recurso em sentido estrito, com fundamento no art. 581, III, do CPP.

d) **Reconhecimento oficial:** quando o juiz reconhece de forma espontânea, cabe Recurso em sentido estrito, com fundamento no art. 581, I, do CPP.

e) **Rejeição da exceção:** alegar em preliminar de apelação ou *habeas corpus.*

f) **Processamento:** mesmo da incompetência.

3.5 Coisa julgada

a) **Cabimento:** cabe quando uma ação repete outra transitada em julgado.

b) **Fundamento:** *non bis in idem* e paz jurídica.

c) **Identidade:** mesmo pedido, mesmas partes e mesma causa de pedir.

d) **Acolhimento:** ação principal será extinta; cabe Recurso em sentido estrito.

e) **Denegação:** ação principal continua e pode usar *habeas corpus.*

f) **Concurso de crimes:** não há *bis in idem,* pois são delitos diversos.

g) **Causa de pedir:** fato principal, que tiver sido objeto da sentença.

h) **Processamento:** mesmo da incompetência.

4. Estrutura da peça prática

a) **Endereçamento:** (a) se for crime doloso contra vida e matéria federal: juiz federal da vara do júri; (b) se for crime doloso contra vida e matéria estadual: juiz de direito da vara do júri; (c) se não for crime

---

[3] MIRABETE, Julio Fabbrini. *Processo penal.* São Paulo: Atlas, 2004. p. 233.

doloso contra vida e matéria federal: juiz federal da vara criminal; (d) se não for crime doloso contra a vida e matéria estadual: juiz de direito da vara criminal.

b) **Preâmbulo:** (a) nome e qualificação do requerente (não precisa qualificar, pois não é peça inicial); (b) capacidade postulatória; (c) fundamento legal; (d) nome da peça; (e) frase final.

c) **Dos fatos:** narrar a infração penal praticada, sem inventar dados, e o andamento processual até o momento do pedido da remição.

d) **Do direito:** comprovar os requisitos da exceção.

e) **Do pedido:** (a) suspeição: reconhecimento e remessa; (b) incompetência: reconhecimento e remessa; (c) litispendência: reconhecimento e extinção do feito; (d) ilegitimidade de parte: reconhecimento e anulação.

f) **Parte final:** termos em que pede deferimento; data e indicação da OAB.

g) **Terminologia:** (1) verbo do pedido: opor; (2) interessado no pedido: excipiente.

Fluxograma da exceção de incompetência, litispendência, ilegitimidade de parte e coisa julgada

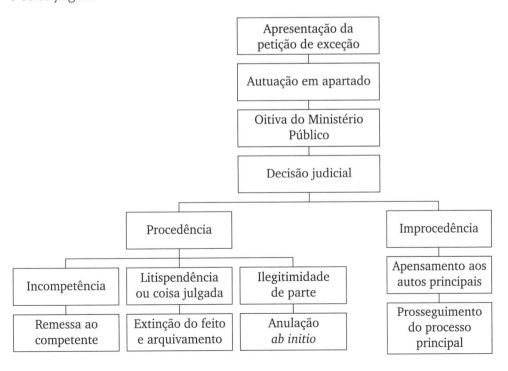

Fluxograma da exceção de suspeição

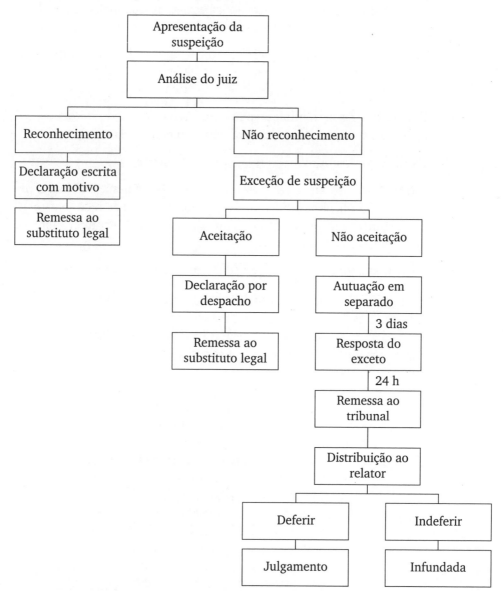

MODELO DE EXCEÇÃO

a) Crimes não dolosos contra a vida

EXCELENTÍSSIMO SENHOR DOUTOR JUIZ DE DIREITO DA ___ VARA CRIMINAL DA COMARCA _____ (matéria estadual)

EXCELENTÍSSIMO SENHOR DOUTOR JUIZ FEDERAL DA ___ VARA CRIMINAL DA SEÇÃO JUDICIÁRIA DE _____ (matéria federal)

b) Crimes dolosos contra a vida

EXCELENTÍSSIMO SENHOR DOUTOR JUIZ DE DIREITO DA ___ VARA DO JÚRI DA COMARCA DE _____ (matéria estadual)

EXCELENTÍSSIMO SENHOR DOUTOR JUIZ FEDERAL DA ___ VARA DO JÚRI DA SEÇÃO JUDICIÁRIA DE _____ (matéria federal)

(10 linhas)

_____ (nome), _____ (nacionalidade), _____ (estado civil), _____ (profissão), residente e domiciliado _____ (endereço), vem, por seu advogado infra-assinado (documento n. 1), à presença de Vossa Excelência, com fundamento no art. 95, inciso _____, do Código de Processo Penal, opor EXCEÇÃO DE _____, pelos motivos de fato e de direito a seguir aduzidos:

(2 linhas)

DOS FATOS

       * Narrar o fato criminoso, com todas as circunstâncias, sem inventar dados ou copiar o problema.

(2 linhas)

DO DIREITO

       * Preencher os requisitos da exceção.

(2 linhas)

DO PEDIDO

1. Exceção de suspeição

       Diante do exposto, vem requerer a Vossa Excelência, nos termos do art. 99 do CPP, o reconhecimento da suspeição, para que se determine a remessa dos autos ao substituto legal.

2. Exceção de incompetência

Diante do exposto, vem requerer a Vossa Excelência, nos termos do art. 108 do CPP, o reconhecimento da incompetência, para que se determine a remessa dos autos ao juízo competente.

3. Exceção de litispendência

Diante do exposto, vem requerer a Vossa Excelência, nos termos do art. 110 do CPP, o reconhecimento da litispendência, determinando a extinção do feito e o arquivamento do processo criminal.

4. Exceção de ilegitimidade de parte

Diante do exposto, vem requerer a Vossa Excelência, nos termos do art. 110 do CPP, o reconhecimento da ilegitimidade de parte, determinando a anulação *ab initio*.

5. Exceção de coisa julgada

Diante do exposto, vem requerer a Vossa Excelência, nos termos do art. 110 do CPP, o reconhecimento da coisa julgada, determinando a extinção do feito e o arquivamento do processo criminal.

(2 linhas)

**Termos em que
pede deferimento.**

(2 linhas)

Cidade, ____ de _____ de ____.

(2 linhas)

_____

OAB – sob n. ____

CASO PRÁTICO

Antônio foi denunciado e condenado a um ano e dez meses de reclusão por ter subtraído a bolsa de Júlia, no dia 25-4-2011, por volta das 21h00. A sentença transitou em julgado. O mesmo foi contemplado com a suspensão condicional da pena por dois anos. Durante o período de prova, foi citado para comparecer ao interrogatório na 20ª Vara Criminal de São Paulo, pelo mesmo crime, que ocorreu na mesma data e no mesmo horário, sendo que a coisa subtraída é a mesma bolsa de Júlia. Como advogado de Antônio, propor a medida cabível.

1. Rascunho da peça

a) **infração penal:** crime de furto;

b) **ação penal:** pública incondicionada;

c) **pena concreta:** um ano e dez meses;

d) **pena abstrata:** reclusão de um a quatro anos;

e) **rito processual:** ordinário;

f) **momento processual:** curso do processo;

g) **cliente:** Antônio;

h) **situação prisional:** solto;

i) **tese:** coisa julgada;

j) **peça:** exceção de coisa julgada;

k) **competência:** Juiz de Direito da Vara Criminal;

l) **pedido:** reconhecimento e extinção.

2. Peça prática

EXCELENTÍSSIMO SENHOR DOUTOR JUIZ DE DIREITO DA 20ª VARA CRIMINAL DA COMARCA DA CAPITAL

(10 linhas)

Antônio, (nacionalidade), (estado civil), (profissão), residente e domiciliado _____ (endereço), vem, por seu advogado infra-assinado (documento n. 1), à presença de Vossa Excelência, com fundamento no art. 95, inciso IV, c/c o art. 110, ambos do Código de Processo Penal, opor EXCEÇÃO DE COISA JULGADA, pelos motivos de fato e de direito a seguir aduzidos:

(2 linhas)

DOS FATOS

O excipiente foi denunciado pelo crime de furto (fls.). A denúncia foi recebida (fls.). O réu foi citado (fls.). A resposta à acusação foi apresentada no prazo legal (fls.).

Na fase do art. 397 do CPP, não foi decretada a absolvição sumária (fls.). Foi realizada a audiência de instrução e julgamento e foram oferecidas as alegações finais (fls.). O juiz proferiu sentença condenatória já transitada em julgado (fls.).

O excipiente foi contemplado pela suspensão condicional da pena (fls.). Durante o período de prova, foi citado para comparecer ao interrogatório da 20ª Vara Criminal da capital pelos mesmos fatos (fls.).

(2 linhas)

DO DIREITO

No caso em tela, justifica-se o cabimento da presente exceção, já que há uma identidade de demanda entre a ação proposta e uma outra já decidida por sentença judicial transitada em julgado. Vejamos:

a) mesmas partes: no processo transitado em julgado, as partes envolvidas foram: Antonio, como réu; Justiça pública, como autor; e Júlia, como vítima do crime; no processo novo instaurado perante a 20ª Vara Criminal da capital são as mesmas partes;

b) mesmo objeto: nos dois processos a discussão é sobre o furto de uma bolsa pertencente a Júlia, ocorrido no mesmo horário e na mesma data;

c) mesmo fundamento: furto simples, já que houve subtração de coisa alheia móvel;

d) mesmo pedido: condenação pela prática do furto.

Pelo exposto, constatada a existência nos dois processos, as mesmas partes, o mesmo pedido e a mesma causa de pedir, requer o reconhecimento da coisa julgada, visando assegurar a paz jurídica.

(2 linhas)

DO PEDIDO

Diante do exposto, vem requerer a Vossa Excelência, nos termos do art. 110 do CPP, o reconhecimento da coisa julgada, determinando a extinção do feito e o arquivamento do processo criminal.

(2 linhas)

**Termos em que
pede deferimento.**

(2 linhas)

Cidade, _____ de _____ de ____.

(2 linhas)

_____
OAB – sob n. _____

(2 linhas)

Rol de Testemunhas:

1. _____ (Nome), _____ (Profissão), _____ (Endereço)

2. _____ (Nome), _____ (Profissão), _____ (Endereço)

3. _____ (Nome), _____ (Profissão), _____ (Endereço)

5 Conflito de jurisdição

1. **Previsão legal:** arts. 113 a 117 do CPP.

2. **Espécies**

a) **positivo:** dois ou mais juízes se acham competentes;

b) **negativo:** dois ou mais juízes se acham incompetentes.

3. **Cabimento:** controvérsia sobre unidade de juízo, junção ou separação de processos.

4. **Conflito de atribuições:** entre Judiciário e outro Poder, ou entre órgãos dos poderes não jurisdicionais.

5. **Situações de conflito**

Situação de conflito	Competência para resolução
Juiz Federal × Juiz Estadual	STJ – art. 105, I, *d*, da CF
Juiz Federal × Juiz Estadual investido na jurisdição federal	TRF – Súmula 3 do STJ
Juiz da Execução × Juiz da Execução: Estados diferentes	STJ – art. 105, I, *d*, da CF
STJ × qualquer outro Tribunal	STF – art. 102, I, *o*, da CF
Tribunal Superior × Tribunal Superior	STF – art. 102, I, *o*, da CF
Tribunal Superior × qualquer outro Tribunal	Art. 102, I, *o*, da CF
Juiz de Direito × Juiz Auditor	STJ – art. 105, I, *d*, da CF
Juiz Federal × Juiz Federal	TRF – art. 108, I, *e*, da CF
Juiz de Direito × Juiz Militar local	TJ – Súmula 555 do STF
TRE × TRE	TSE – art. 22, I, *d*, do Código Eleitoral
Juiz Eleitoral × Juiz Eleitoral (Estados diferentes)	TSE – art. 22, I, *d*, do Código Eleitoral
Juiz Eleitoral × Juiz Eleitoral (mesmo Estado)	TRE – art. 29, I, *b*, do Código Eleitoral
Juiz de Direito × Juiz de Direito	Câmara Especial do Tribunal de Justiça – art. 11, II, da Lei Complementar n. 225/79

6. **Trânsito em julgado:** não há conflito de jurisdição se uma decisão já transitou em julgado, nos termos da Súmula 59 do STJ e arts. 105, I, *d*, e 102, I, *o*, ambos da Constituição Federal.

7. **Iniciativa:** pode ser suscitado pela parte interessada, pelos órgãos do Ministério Público ou por qualquer dos juízes ou tribunais em causa.

8. Momento da defesa: no interrogatório ou no prazo da defesa prévia.

9. Forma de alegação: os juízes e tribunais farão por representação e a parte interessada e o MP, por requerimento.

10. Conteúdo: narrar o conflito, expondo os fundamentos e juntando documentos comprobatórios.

11. Lugar do conflito: se for negativo, pode ocorrer nos próprios autos; se positivo, serão formados autos em separado.

12. Suspensão do processo: depois da distribuição do processo, quando for conflito positivo, pode o relator suspender o andamento do processo; quando for conflito negativo, o processo fica suspenso.

13. Procedimento

a) apresentação do requerimento (quando for parte interessada ou MP) ou de representação (juiz ou tribunal);

b) o relator requisita informações das autoridades em conflito, que serão prestadas no prazo fixado pelo relator;

c) oitiva do procurador-geral;

d) decisão do feito na primeira sessão, salvo se a instrução do feito depender de diligência;

e) remessa para execução.

14. Confronto

Conflito de competência ocorre entre juízes e tribunais da mesma jurisdição; conflito de jurisdição ocorre entre as unidades federadas (apesar da distinção terminológica, a lei não distingue).

15. Avocatória do STF: não há possibilidade de conflito entre o STF e outro órgão, de forma que, mediante avocatória, restabelecerá sua jurisdição sempre que exercida por qualquer dos juízes ou tribunais inferiores.

16. Possibilidade: "a jurisprudência tem reconhecido a possibilidade de declaração da competência de um terceiro juízo que não figure no conflito de competência em julgamento, quer na qualidade de suscitante, quer na qualidade de suscitado" (CC 168.575/MS, rel. Min. Reynaldo Soares da Fonseca, Terceira Seção, *DJe* de 14-10-2019).

17. Estrutura da peça prática

a) **Endereçamento:** varia conforme a hipótese do conflito; ver a tabela no item 5.

b) **Preâmbulo:** (a) nome e qualificação do requerente (não precisa qualificar, pois não é peça inicial); (b) capacidade postulatória; (c) fundamento legal; (d) nome da peça; (e) frase final.

c) **Dos fatos:** narrar a infração penal praticada, sem inventar dados, e o andamento processual até o momento do pedido.

d) **Do direito:** comprovar o conflito.

e) **Do pedido:** solução do conflito.

f) **Parte final:** termos em que pede deferimento; data e indicação da OAB.

g) **Terminologia:** (1) verbo do pedido: requerer; (2) interessado no pedido: requerente.

Fluxograma do conflito de jurisdição

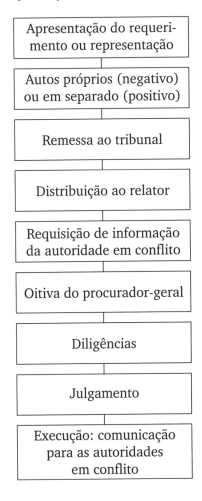

MODELO DE INSTAURAÇÃO DE CONFLITO DE JURISDIÇÃO

EXCELENTÍSSIMO SENHOR DOUTOR _____

(10 linhas)

_____ (nome), _____ (nacionalidade), _____ (estado civil), _____ (profissão), residente e domiciliado _____ (endereço), vem, por seu advogado infra-assinado (documento n. 1), à presença de Vossa Excelência, com fundamento nos arts. 113 e seguintes do Código de Processo Penal, suscitar o presente CONFLITO DE JURISDIÇÃO, pelas razões a seguir expostas:

(2 linhas)

DOS FATOS

* Narrar o fato criminoso, com todas as circunstâncias, sem inventar dados ou copiar o problema.

(2 linhas)

DO DIREITO

* Mostrar o conflito.

(2 linhas)

DO PEDIDO

Diante do exposto, vem requerer a Vossa Excelência a declaração da competência para _____, como medida de inteira justiça.

(2 linhas)

Termos em que
pede deferimento.

(2 linhas)

Cidade, ____ de _____ de ____.

(2 linhas)

_____

OAB – sob n. ____

6 Sequestro

1. Introdução:

a) **Questões e os processos incidentes** (a palavra "incidente" vem do latim *incidentis* e significa a existência de um fato secundário que sobrevém no decurso de um fato principal): são as controvérsias que surgem no curso do processo penal e devem ser resolvidas antes da questão principal. São características das questões e processos incidentes: *a) incidentais*: surgem no curso de um procedimento criminal principal; *b) anteriores ou prévias*: devem ser solucionadas pelo julgador antes da decisão do mérito da causa; *c) obstáculos*: são controvérsias que interferem no curso normal do processo.

b) **Espécies de questões e processos incidentes:** 1) questões prejudiciais; 2) processos incidentes: exceções; incompatibilidades e impedimentos; conflito de jurisdição; restituição de coisa apreendida; medidas assecuratórias; incidente de falsidade; incidente de insanidade mental.

c) **Medidas assecuratórias:** são as providências tomadas, no processo criminal, para garantir futura indenização ou reparação à vítima da infração penal, pagamento das despesas processuais ou penas pecuniárias ao Estado, ou mesmo para evitar que o acusado obtenha lucro com a prática criminosa. Têm natureza patrimonial, pois visam preservar bens para garantir a reparação civil e o pagamento de custas. As espécies são: sequestro, arresto e hipoteca legal.

d) **Confronto nas medidas assecuratórias:** enquanto o sequestro ostenta um interesse público – retenção e confisco dos bens adquiridos com os proventos da infração –, o arresto e a hipoteca legal ostentam interesse nitidamente privado – constrição do patrimônio lícito para fins de reparação de dano –, convicção essa robustecida na diversidade do procedimento para expropriação desses bens, pois, enquanto os bens sequestrados são expropriados no Juízo penal (art. 133 do CPP), os bens arrestados ou hipotecados, em sede penal, são expropriados no Juízo cível (art. 143 do CPP) (*Informativo* n. 698/2021 do STJ).

2. **Finalidade:** retenção judicial dos bens adquiridos com os proventos do crime, ainda que já tenham sido transferidos para terceiros.

3. **Objeto:** bens imóveis e móveis adquiridos com os proventos da infração.

4. **Momento:** curso do inquérito ou em qualquer fase do processo.

5. **Legitimidade ativa:** Ministério Público, vítima ou representante legal ou herdeiros, representação policial ou juiz, de ofício.

6. **Concessão:** juiz criminal, por meio de mandado. Incorre em usurpação de competência o Juízo cível ou trabalhista que pratica ato expropriatório de bem sequestrado na esfera penal (*Informativo* n. 698/2021 do STJ).

343

7. Requisitos: demonstração de indícios veementes da proveniência ilícita dos bens. Como observa Mirabete[4], indícios veementes são os que geram, pelo menos, graves suspeitas contra o acusado.

8. Efeito do sequestro: uma vez ordenado o sequestro, o juiz deve determinar sua inscrição no Registro de Imóveis.

9. Procedimento:

a) requerimento ou representação ou portaria;

b) autuação em apartado;

c) análise judicial: (1) ordena – expede mandado e manda realizar inscrição nos registros públicos; (2) não ordena.

10. Destino: após o trânsito em julgado serão avaliadas as coisas sequestradas e levadas a leilão. Os autos serão remetidos ao juízo cível.

11. Embargos de terceiro

a) **Iniciativa:** acusado (bens não foram adquiridos com os proventos da infração); terceiro de boa-fé (aquisição de boa-fé); terceiro (qualquer defesa cabível).

b) **Momento da decisão:** após o trânsito em julgado da sentença condenatória, salvo quanto ao terceiro estranho.

c) **Recurso:** apelação.

12. Levantamento do sequestro: (a) se a ação penal não for intentada em 60 dias, contados da data em que ficar concluída a diligência; (b) se o terceiro prestar caução; (c) sentença transitada em julgado de extinção da punibilidade ou absolvição do réu.

13. Alterações na destinação do bem ou valor arrecadado com sua alienação:

13.1. Alienação de coisas apreendidas:

a) **Momento:** após o trânsito em julgado da sentença condenatória.

b) **Decisão:** juiz.

c) **Iniciativa:** de ofício ou a requerimento do interessado ou do Ministério Público.

d) **Conteúdo da decisão:** determinará a avaliação e a venda dos bens em leilão público cujo perdimento tenha sido decretado.

e) **Destino do dinheiro apurado:** será recolhido aos cofres públicos o que não couber ao lesado ou a terceiro de boa-fé. O valor apurado deverá ser

---

[4] MIRABETE, Julio Fabbrini. *Código de Processo Penal interpretado.* São Paulo: Atlas, 2000. p. 367.

recolhido ao Fundo Penitenciário Nacional, exceto se houver previsão diversa em lei especial.

13.2. Utilização especial: o juiz poderá autorizar, constatado o interesse público, a utilização de bem sequestrado, apreendido ou sujeito a qualquer medida assecuratória pelos órgãos de segurança pública, do sistema prisional, do sistema socioeducativo, da Força Nacional de Segurança Pública e do Instituto Geral de Perícia, para o desempenho de suas atividades.

a) **Prioridade especial:** o órgão de segurança pública participante das ações de investigação ou repressão da infração penal que ensejou a constrição do bem terá prioridade na sua utilização. Fora das hipóteses anteriores, demonstrado o interesse público, o juiz poderá autorizar o uso do bem pelos demais órgãos públicos.

b) **Veículo, embarcação ou aeronave:** o juiz ordenará à autoridade de trânsito ou ao órgão de registro e controle a expedição de certificado provisório de registro e licenciamento em favor do órgão público beneficiário, o qual estará isento do pagamento de multas, encargos e tributos anteriores à disponibilização do bem para a sua utilização, que deverão ser cobrados de seu responsável.

c) **Transferência definitiva:** transitada em julgado a sentença penal condenatória com a decretação de perdimento dos bens, ressalvado o direito do lesado ou terceiro de boa-fé, o juiz poderá determinar a transferência definitiva da propriedade ao órgão público beneficiário ao qual foi custodiado o bem.

14. Aquisição de imóvel com proventos do crime: há perda de objeto da ação de usucapião proposta em juízo cível na hipótese em que juízo criminal decreta a perda do imóvel usucapiendo em razão de ter sido adquirido com proventos de crime (*Informativo* n. 613/2017 do STJ).

15. Peça prática:

a) **Endereçamento:** (1) se for crime doloso contra a vida e matéria federal: juiz federal da vara do júri; (2) se for crime doloso contra a vida e matéria estadual: juiz de direito da vara do júri; (3) se for crime não doloso contra vida e matéria federal: juiz federal da vara criminal; (4) se for crime não doloso contra a vida e matéria estadual: juiz de direito da vara criminal.

b) **Preâmbulo:** (1) nome e qualificação do requerente (não precisa qualificar, pois não é peça inicial); (2) capacidade postulatória; (3) fundamento legal; (4) nome da peça; (5) frase final.

c) **Dos fatos:** narrar a infração penal praticada, sem inventar dados, e o andamento processual até o momento do pedido.

d) **Do direito:** comprovar a presença dos requisitos para concessão do sequestro.

e) **Do pedido:** autuação em apartado e efetivação do sequestro.

f) **Parte final:** termos em que pede deferimento; data e indicação da OAB.

g) **Terminologia:** (1) verbo do pedido: requerer; (2) interessado no pedido: requerente.

Fluxograma do sequestro

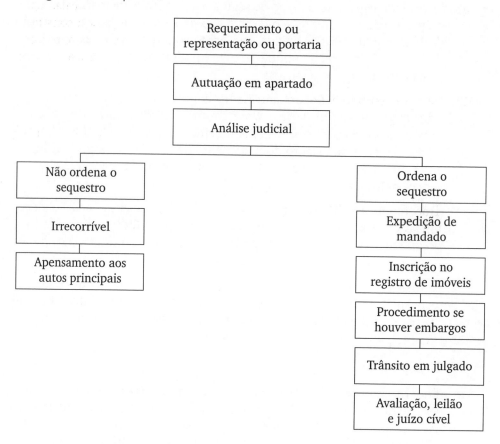

MODELO DE SEQUESTRO

a) Crimes não dolosos contra a vida

EXCELENTÍSSIMO SENHOR DOUTOR JUIZ DE DIREITO DA ___ VARA CRIMINAL DA COMARCA _____ (matéria estadual)

EXCELENTÍSSIMO SENHOR DOUTOR JUIZ FEDERAL DA ___ VARA CRIMINAL DA SEÇÃO JUDICIÁRIA DE _____ (matéria federal)

b) Crimes dolosos contra a vida

EXCELENTÍSSIMO SENHOR DOUTOR JUIZ DE DIREITO DA ___ VARA DO JÚRI DA CO-MARCA DE _____ (matéria estadual)

EXCELENTÍSSIMO SENHOR DOUTOR JUIZ FEDERAL DA ___ VARA DO JÚRI DA SEÇÃO JUDICIÁRIA DE _____ (matéria federal)

(10 linhas)

_____ (nome), _____ (nacionalidade), _____ (estado civil), _____ (profissão), residente e domiciliado _____ (endereço), vem, por seu advogado infra-assinado (documento n. 1), à presença de Vossa Excelência, com fundamento nos arts. 125 e seguintes do Código de Processo Penal, o SEQUESTRO DE BENS, pelos motivos de fato e de direito a seguir aduzidos:

(2 linhas)

DOS FATOS

* Narrar o fato criminoso, com todas as circunstâncias, sem inventar dados ou copiar o problema.

(2 linhas)

DO DIREITO

* Preencher os requisitos do sequestro.

(2 linhas)

DO PEDIDO

Diante do exposto, vem requerer a Vossa Excelência a autuação em apartado do presente requerimento e a efetivação do sequestro do bem indicado (se for imóvel, pedir inscrição no Registro de Imóveis).

(2 linhas)

Termos em que
pede deferimento.

(2 linhas)

Cidade, ____ de _____ de ____.

(2 linhas)

_____

OAB – sob n. ____

347

7 Arresto

1. Finalidade: apreensão de quaisquer bens do indiciado ou acusado para garantir o ressarcimento de danos. Direcionado à constrição do patrimônio lícito do acusado, a fim de que dele não se desfaça e dando garantia ao ofendido ou à Fazenda Pública de que o acusado não estará insolvente ao final do processo criminal, de modo a assegurar a reparação do dano por ele causado (*Informativo* n. 698/2021 do STJ).

2. Objeto: bens móveis ou imóveis de origem ilícita, ainda que transferidos a terceiros.

3. Pressupostos: prova da materialidade do crime e indícios suficientes de autoria.

4. Legitimidade ativa: parte; MP: parte for pobre e requerer ou houver interesse do Fisco.

5. Sentença: condenatória: remessa ao juízo cível; **absolutória:** arresto levantado e bens devolvidos ao acusado.

6. Aplicação: todas as disposições sobre sequestro de imóveis, exceto o registro de imóveis.

7. Cabimento: o arresto é cabível quando for incabível a apreensão prevista no art. 240 do CPP e especificação da hipoteca legal.

8. Momento: após a instauração do processo.

9. Forma: autos apartados.

10. Levantamento: quando por sentença definitiva ocorrer absolvição do réu ou extinção da punibilidade.

11. Depósito e administração dos bens: regime do processo civil.

12. Remessa ao juízo cível: os autos do arresto serão remetidos quando passar em julgado a sentença condenatória.

13. Revogação do arresto do imóvel: se no prazo de 15 (quinze) dias não for promovido o processo de inscrição da hipoteca legal.

14. Estrutura da peça prática

a) **Endereçamento:** (1) se for crime doloso contra a vida e matéria federal: juiz federal da vara do júri; (2) se for crime doloso contra a vida e matéria estadual: juiz de direito da vara do júri; (3) se for crime não doloso contra vida e matéria federal: juiz federal da vara criminal; (4) se for crime não doloso contra a vida e matéria estadual: juiz de direito da vara criminal.

b) **Preâmbulo:** (a) nome e qualificação do requerente (não precisa qualificar, pois não é peça inicial); (b) capacidade postulatória; (c) fundamento legal; (d) nome da peça; (e) frase final.

c) **Dos fatos:** narrar a infração penal praticada, sem inventar dados, e o andamento processual até o momento do pedido.

d) **Do direito:** comprovar a presença dos requisitos para concessão do arresto.

e) **Do pedido:** autuação em apartado e efetivação do arresto.

f) **Parte final:** termos em que pede deferimento; data e indicação da OAB.

g) **Terminologia:** (1) verbo do pedido: requerer; (2) interessado no pedido: requerente.

MODELO DE ARRESTO

a) Crimes não dolosos contra a vida

EXCELENTÍSSIMO SENHOR DOUTOR JUIZ DE DIREITO DA ___ VARA CRIMINAL DA COMARCA _____ (matéria estadual)

EXCELENTÍSSIMO SENHOR DOUTOR JUIZ FEDERAL DA ___ VARA CRIMINAL DA SEÇÃO JUDICIÁRIA DE _____ (matéria federal)

b) Crimes dolosos contra a vida

EXCELENTÍSSIMO SENHOR DOUTOR JUIZ DE DIREITO DA ___ VARA DO JÚRI DA COMARCA DE _____ (matéria estadual)

EXCELENTÍSSIMO SENHOR DOUTOR JUIZ FEDERAL DA ___ VARA DO JÚRI DA SEÇÃO JUDICIÁRIA DE _____ (matéria federal)

(10 linhas)

_____ (nome), _____ (nacionalidade), _____ (estado civil), _____ (profissão), residente e domiciliado _____ (endereço), vem, por seu advogado infra-assinado (documento n. 1), à presença de Vossa Excelência, com fundamento no art. 137 do Código de Processo Penal, requerer o ARRESTO DE BENS, pelos motivos de fato e de direito a seguir aduzidos:

(2 linhas)

DOS FATOS

* Narrar o fato criminoso, com todas as circunstâncias, sem inventar dados ou copiar o problema.

349

(2 linhas)

DO DIREITO

* Preencher os requisitos do arresto.

(2 linhas)

DO PEDIDO

Diante do exposto, vem requerer a Vossa Excelência a autuação em apartado do presente requerimento e a efetivação do arresto, como medida de inteira justiça.

(2 linhas)

Termos em que
pede deferimento.

(2 linhas)

Cidade, _____ de _____ de _____.

(2 linhas)

_____
OAB – sob n. _____

8 Pedido de especialização de hipoteca legal

1. Conceito: direito real de garantia que tem por objeto bens imóveis pertencentes ao devedor que, embora continuem em seu poder, asseguram a satisfação do crédito.

2. Finalidade: reparação do dano causado à vítima, bem como pagamento de eventual pena de multa e despesas processuais. Direcionado à constrição do patrimônio lícito do acusado, a fim de que dele não se desfaça e dando garantia ao ofendido ou à Fazenda Pública de que o acusado não estará insolvente ao final do processo criminal, de modo a assegurar a reparação do dano por ele causado (*Informativo* n. 698/2021 do STJ).

3. Momento: qualquer fase do processo.

4. Requisitos: (a) prova cabal da existência material do fato criminoso; (b) indícios suficientes de autoria.

5. Legitimidade ativa: ofendido, representante legal ou herdeiros; o MP só em dois casos: (a) ofendido pobre; (b) interesse da Fazenda Pública.

6. Procedimento: (a) requerimento; (b) autuação em apartado; (c) despacho do juiz arbitrando o valor da responsabilidade e a avaliação dos imóveis; (d) apresentação do laudo pericial; (e) oitiva das partes sobre laudo pericial; (f) julgamento: se presentes os requisitos, determina inscrição, tornando o bem inalienável. O juiz

350

pode deixar de fazer a inscrição quando o réu oferecer caução suficiente equivalente à responsabilidade civil, despesas processuais e eventuais penas pecuniárias.

7. **Cancelamento:** se por sentença irrecorrível o réu for absolvido ou tiver sua punibilidade extinta.

8. Estrutura da peça prática

a) **Endereçamento:** (1) se for crime doloso contra a vida e matéria federal: juiz federal da vara do júri; (2) se for crime doloso contra a vida e matéria estadual: juiz de direito da vara do júri; (3) se for crime não doloso contra a vida e matéria federal: juiz federal da vara criminal; (4) se for crime não doloso contra a vida e matéria estadual: juiz de direito da vara criminal.

b) **Preâmbulo:** (a) nome e qualificação do requerente (não precisa qualificar, pois não é peça inicial); (b) capacidade postulatória; (c) fundamento legal; (d) nome da peça; (e) frase final.

c) **Dos fatos:** narrar a infração penal praticada, sem inventar dados, e o andamento processual até o momento do pedido.

d) **Do direito:** comprovar a presença dos requisitos para concessão da especialização da hipoteca.

e) **Do pedido:** autuação em apartado, arbitramento do valor da responsabilidade, avaliação dos bens e inscrição da hipoteca legal dos bens indicados.

f) **Parte final:** termos em que pede deferimento; data e indicação da OAB.

g) **Terminologia:** (1) verbo do pedido: requerer; (2) interessado no pedido: requerente.

Fluxograma da hipoteca legal

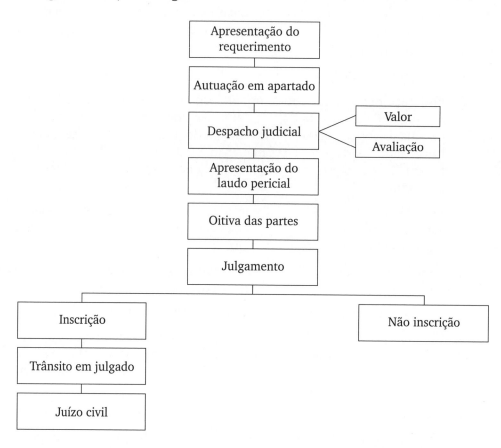

MODELO DE ESPECIALIZAÇÃO DE HIPOTECA LEGAL

a) Crimes não dolosos contra a vida

EXCELENTÍSSIMO SENHOR DOUTOR JUIZ DE DIREITO DA ___ VARA CRIMINAL DA COMARCA _____ (matéria estadual)

EXCELENTÍSSIMO SENHOR DOUTOR JUIZ FEDERAL DA ___ VARA CRIMINAL DA SEÇÃO JUDICIÁRIA DE _____ (matéria federal)

b) Crimes dolosos contra a vida

EXCELENTÍSSIMO SENHOR DOUTOR JUIZ DE DIREITO DA ___ VARA DO JÚRI DA COMARCA DE _____ (matéria estadual)

EXCELENTÍSSIMO SENHOR DOUTOR JUIZ FEDERAL DA ___ VARA DO JÚRI DA SEÇÃO JUDICIÁRIA DE _____ (matéria federal)

(10 linhas)

_____ (nome), _____ (nacionalidade), _____ (estado civil), _____ (profissão), residente e domiciliado _____ (endereço), vem, por seu advogado infra-assinado (documento n. 1), à presença de Vossa Excelência, com fundamento nos arts. 134 e seguintes do Código de Processo Penal, requerer a ESPECIALIZAÇÃO DA HIPOTECA LEGAL, pelos motivos de fato e de direito a seguir aduzidos:

(2 linhas)

DOS FATOS

* Narrar o fato criminoso, com todas as circunstâncias, sem inventar dados ou copiar o problema.

(2 linhas)

DO DIREITO

* Preencher os requisitos da especialização da hipoteca legal, inclusive com estimativa do valor da responsabilidade civil e designação dos imóveis a serem registrados no Cartório de Imóveis.

(2 linhas)

DO PEDIDO

Diante do exposto, vem requerer a Vossa Excelência a autuação em apartado do presente requerimento e que seja arbitrado o valor da responsabilidade e avaliados os bens, ordenando-se a inscrição da hipoteca legal dos bens indicados, como medida de inteira justiça.

(2 linhas)

Termos em que
pede deferimento.

(2 linhas)

Cidade, ____ de _____ de ____.

(2 linhas)

_____

OAB – sob n. ____

353

9 Incidente de falsidade

1. Finalidade: provar que o documento é falso, não tendo valor probatório.

2. Forma: escrito.

3. Local: autos apartados.

4. Efeito do reconhecimento: desentranhamento do documento e remessa com os autos ao Ministério Público.

5. Relevância jurídica: conforme observa Mirabete[5], o incidente somente pode ser levantado contra documentos ou atos judiciais que possam influir na decisão da causa.

6. Procurador: poderes especiais.

7. Processamento:

a) apresentação;

b) autuação em apartado;

c) resposta em 48 horas;

d) três dias para produção de provas;

e) diligências;

f) oitiva do Ministério Público;

g) sentença.

8. Recurso: recurso em sentido estrito, nos termos do art. 581, XVIII, do CPP; não efeito suspensivo; sobe nos próprios autos.

9. Legitimidade ativa: ofício ou requerimento das partes (acusado, Ministério Público ou querelante).

10. Coisa julgada: não, pois a decisão sobre a falsidade só tem importância no processo em que foi arguida e reconhecida.

11. Não nulidade: na decisão que indefere pedido de incidente de falsidade referente à prova juntada aos autos há mais de 10 anos e contra a qual a defesa se insurge somente após a prolação da sentença penal condenatória, uma vez que a pretensão está preclusa (*Informativo* n. 615/2017 do STJ).

12. Estrutura da peça prática

a) **Endereçamento:** (1) se for crime doloso contra a vida e matéria federal: juiz federal da vara do júri; (2) se for crime doloso contra a vida e matéria estadual: juiz de direito da vara do júri; (3) se for crime não doloso contra vida e matéria federal: juiz federal da vara criminal; (4) se for crime não doloso contra a vida e matéria estadual: juiz de direito da vara criminal.

---

[5] MIRABETE, Julio Fabbrini. *Código Penal interpretado.* São Paulo: Atlas, 2000. p. 384.

b) **Preâmbulo:** (a) nome e qualificação do requerente (não precisa qualificar, pois não é peça inicial); (b) capacidade postulatória; (c) fundamento legal; (d) nome da peça; (e) frase final.

c) **Dos fatos:** narrar a infração penal praticada, sem inventar dados, e o andamento processual até o momento do pedido.

d) **Do direito:** comprovar que o documento não é autêntico, não tendo valor probatório.

e) **Do pedido:** autuação em apartado, reconhecimento da falsidade e, após trânsito em julgado, o desentranhamento do documento e remessa ao Ministério Público.

f) **Parte final:** termos em que pede deferimento; data e indicação da OAB.

g) **Terminologia:** (1) verbo do pedido: requerer; (2) interessado no pedido: requerente.

Fluxograma do incidente de falsidade

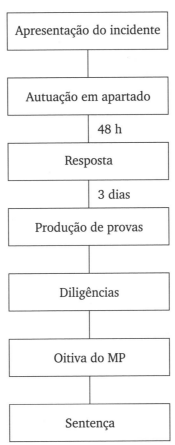

MODELO DE INCIDENTE DE FALSIDADE

a) Crimes não dolosos contra a vida

EXCELENTÍSSIMO SENHOR DOUTOR JUIZ DE DIREITO DA ___ VARA CRIMINAL DA COMARCA _____ (matéria estadual)

EXCELENTÍSSIMO SENHOR DOUTOR JUIZ FEDERAL DA ___ VARA CRIMINAL DA SE-ÇÃO JUDICIÁRIA DE _____ (matéria federal)

b) Crimes dolosos contra a vida

EXCELENTÍSSIMO SENHOR DOUTOR JUIZ DE DIREITO DA ___ VARA DO JÚRI DA CO-MARCA DE _____ (matéria estadual)

EXCELENTÍSSIMO SENHOR DOUTOR JUIZ FEDERAL DA ___ VARA DO JÚRI DA SEÇÃO JUDICIÁRIA DE _____ (matéria federal)

(10 linhas)

_____ (nome), _____ (nacionalidade), _____ (estado civil), _____ (profissão), residente e domiciliado _____ (endereço), vem, por seu advogado infra-assinado (documento n. 1), à presença de Vossa Excelência, com fundamento nos arts. 145 e seguintes do Código de Processo Penal, suscitar o INCIDENTE DE FALSIDADE do _____ (especificar o documento) pelos motivos de fato e de direito a seguir aduzidos:

(2 linhas)

DOS FATOS

* Narrar o fato criminoso, com todas as circunstâncias, sem inventar dados ou copiar o problema.

(2 linhas)

DO DIREITO

* Preencher os requisitos do incidente de falsidade.

(2 linhas)

DO PEDIDO

Diante do exposto, vem requerer a Vossa Excelência a autuação em apartado do presente requerimento e o reconhecimento da falsidade. Requer, outrossim, após o trânsito em julgado, o desentranhamento do documento, com a remessa do mesmo, juntamente com o processo incidente, ao Ministério Público para as providências legais.

(2 linhas)

Termos em que
pede deferimento.

(2 linhas)

Cidade, ____ de _____ de ____.

(2 linhas)

_____

OAB – sob n. ____

10 Incidente de insanidade mental

1. Cabimento: dúvida sobre a integridade mental do autor do crime. O reconhecimento da inimputabilidade ou semi-imputabilidade do réu depende da prévia instauração de incidente de insanidade mental e do respectivo exame médico-legal nele previsto (*Informativo* n. 675/2020 do STJ). A mera alegação de que o acusado é inimputável não justifica a instauração de incidente de insanidade mental, providência que deve ser condicionada à efetiva demonstração da sua necessidade, mormente quando há dúvida a respeito do seu poder de autodeterminação (AgRg no HC n. 516.731/GO, rel. Min. Jorge Mussi, 5ª T., *DJe* de 20-8-2019).

2. Momento: qualquer fase do processo criminal ou do inquérito.

3. Legitimidade ativa: juiz de ofício ou requerimento do MP, defensor, curador, cônjuge, ascendente, descendente, irmão ou representação da autoridade policial.

4. Procedimento

4.1 Forma: autos apartados; será apensado ao processo principal, após a apresentação do laudo.

4.2 Instauração: por portaria com nomeação de curador.

4.3 Perícia: (a) prazo de até 45 dias, salvo necessidade de maior prazo; no caso de demora injustificada, cabe *habeas corpus*; (b) para facilitar o exame, o juiz pode determinar a entrega dos autos aos peritos; (c) se o acusado esti-

357

ver preso, será internado em manicômio; se estiver solto, será recolhido em estabelecimento designado pelo juiz.

5. Suspensão do processo: se o juiz determinar o exame, quando já iniciada a ação penal.

6. Inimputável ou semi-imputabilidade: retomada do processo com curador; se for absolvido, sofrerá medida de segurança.

7. Aquisição da doença mental após o crime: suspensão do processo até o restabelecimento, salvo quanto às diligências que possam ser prejudicadas pelo adiamento. O juiz pode ordenar a internação. No caso de restabelecimento, o processo retoma seu curso, tendo a possibilidade de reinquirir as testemunhas que houverem prestado depoimento sem a sua presença.

8. Insanidade surge no curso da execução penal: será internado em manicômio, nos termos do art. 682 do CPP.

9. Insanidade ao tempo da infração: o processo prosseguirá com a presença do curador.

10. Estrutura da peça prática

a) **Endereçamento:** (1) se for crime doloso contra a vida e matéria federal: juiz federal da vara do júri; (2) se for crime doloso contra a vida e matéria estadual: juiz de direito da vara do júri; (3) se for crime não doloso contra vida e matéria federal: juiz federal da vara criminal; (4) se for crime não doloso contra a vida e matéria estadual: juiz de direito da vara criminal.

b) **Preâmbulo:** (a) nome e qualificação do requerente (não precisa qualificar, pois não é peça inicial); (b) capacidade postulatória; (c) fundamento legal; (d) nome da peça; (e) frase final.

c) **Dos fatos:** narrar a infração penal praticada, sem inventar dados, e o andamento processual até o momento do pedido.

d) **Do direito:** preencher os requisitos do incidente de insanidade.

e) **Do pedido:** instauração do incidente de insanidade mental do acusado em autos apartados, para posterior apensamento aos autos principais.

f) **Parte final:** termos em que pede deferimento; data e indicação da OAB.

g) **Terminologia:** (1) verbo do pedido: requerer; (2) interessado no pedido: requerente.

Fluxograma do incidente de insanidade

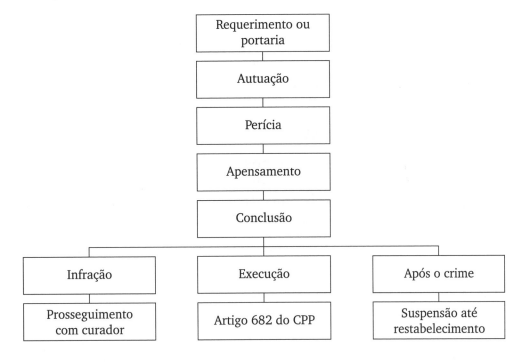

MODELO DE INCIDENTE DE INSANIDADE

a) Crimes não dolosos contra a vida

EXCELENTÍSSIMO SENHOR DOUTOR JUIZ DE DIREITO DA ___ VARA CRIMINAL DA COMARCA _____ (matéria estadual)

EXCELENTÍSSIMO SENHOR DOUTOR JUIZ FEDERAL DA ___ VARA CRIMINAL DA SE-ÇÃO JUDICIÁRIA DE _____ (matéria federal)

b) Crimes dolosos contra a vida

EXCELENTÍSSIMO SENHOR DOUTOR JUIZ DE DIREITO DA ___ VARA DO JÚRI DA CO-MARCA DE _____ (matéria estadual)

EXCELENTÍSSIMO SENHOR DOUTOR JUIZ FEDERAL DA ___ VARA DO JÚRI DA SEÇÃO JUDICIÁRIA DE _____ (matéria federal)

(10 linhas)

_____ (nome), _____ (nacionalidade), _____ (estado civil), _____ (profissão), residente e domiciliado _____ (endereço), vem, por seu advogado infra-assinado (documento n. 1), à presença de Vossa Excelência, com fundamento nos arts. 149 e seguintes do Código de Processo Penal, requerer INCIDENTE DE INSANIDA-DE MENTAL, pelos motivos de fato e de direito a seguir aduzidos:

(2 linhas)

DOS FATOS

* Narrar o fato criminoso, com todas as circunstâncias, sem inventar dados ou copiar o problema.

(2 linhas)

DO DIREITO

* Preencher os requisitos do incidente de Insanidade.

(2 linhas)

DO PEDIDO

Diante do exposto, vem requerer a Vossa Excelência a instauração do inciden-te de insanidade mental do acusado em autos apartados, para posterior apensamento aos autos principais.

(2 linhas)

Termos em que
pede deferimento.

(2 linhas)

Cidade, ____ de _____ de ____.

(2 linhas)

_____

OAB – sob n. ____

11 Pedido de explicações em juízo

1. **Cabimento:** dúvida nas expressões ofensivas.

2. **Tipo de crime:** contra honra.

3. **Competência:** juízo criminal.

4. **Processamento:** (a) apresentação; (b) autuação; (c) audiência para ofensor explicar; (d) análise do ofendido.

5. **Atitudes do ofendido:** (a) explicações satisfatórias: não oferece queixa; (b) explicações insatisfatórias: oferece queixa.

6. **Efeitos:** torna o juízo prevento e não interrompe o prazo decadencial.

7. **Natureza:** medida preliminar não obrigatória, equiparada a uma notificação judicial.

8. **Indeferimento judicial:** esgotamento do prazo decadencial.

9. **Estrutura da peça prática**

a) **Endereçamento:** (1) se for crime doloso contra a vida e apenado com detenção: juiz federal ou de direito da vara criminal; (2) se for infração de menor potencial ofensivo: juiz do juizado especial criminal.

b) **Preâmbulo:** (1) nome e qualificação do requerente (não precisa qualificar, pois não é peça inicial); (2) capacidade postulatória; (3) fundamento legal; (4) nome da peça; (5) frase final.

c) **Dos fatos:** narrar a infração penal praticada, sem inventar dados, e o andamento processual até o momento do pedido.

d) **Do direito:** o requerente deve demonstrar que se julga ofendido nas referências, frases ou alusões proferidas pelo requerido.

e) **Do pedido:** demonstrada a dúvida quanto ao significado das frases proferidas, vem requerer a Vossa Excelência notificar o ofensor para prestar explicações em juízo.

f) **Parte final:** termos em que pede deferimento; data e indicação da OAB.

g) **Terminologia:** (1) verbo do pedido: requerer; (2) interessado no pedido: requerente.

Fluxograma do pedido de explicações em juízo

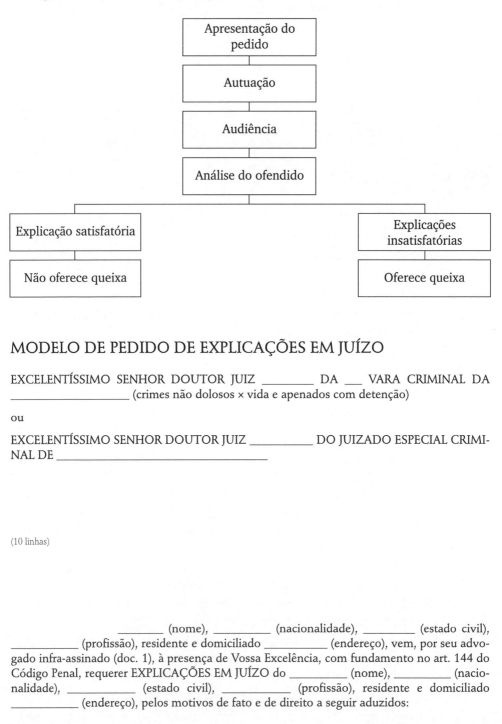

MODELO DE PEDIDO DE EXPLICAÇÕES EM JUÍZO

EXCELENTÍSSIMO SENHOR DOUTOR JUIZ _____ DA ___ VARA CRIMINAL DA _____ (crimes não dolosos × vida e apenados com detenção)

ou

EXCELENTÍSSIMO SENHOR DOUTOR JUIZ _____ DO JUIZADO ESPECIAL CRIMINAL DE _____

(10 linhas)

_____ (nome), _____ (nacionalidade), _____ (estado civil), _____ (profissão), residente e domiciliado _____ (endereço), vem, por seu advogado infra-assinado (doc. 1), à presença de Vossa Excelência, com fundamento no art. 144 do Código Penal, requerer EXPLICAÇÕES EM JUÍZO do _____ (nome), _____ (nacionalidade), _____ (estado civil), _____ (profissão), residente e domiciliado _____ (endereço), pelos motivos de fato e de direito a seguir aduzidos:

(2 linhas)

DOS FATOS

      * Narrar os acontecimentos, sem inventar dados ou copiar o problema. O requerente deve especificar as referências, frases ou alusões que tomou conhecimento contra a sua pessoa.

(2 linhas)

DO DIREITO

      * Comprovar a dúvida. O requerente deve demonstrar que se julga ofendido nas referências, frases ou alusões proferidas pelo requerido.

(2 linhas)

DO PEDIDO

      Diante do exposto, demonstrada a dúvida quanto ao significado das frases proferidas, vem requerer a Vossa Excelência notificar o ofensor para prestar explicações em juízo, como medida de inteira justiça.

(2 linhas)

**Termos em que
pede deferimento.**

(2 linhas)

Cidade, ____ de _____ de ____.

(2 linhas)

_____
OAB – sob n. ____

12 Habilitação do assistente

1. **Posição:** ocupa o polo ativo junto do Ministério Público, formando litisconsórcio ativo.

2. **Natureza:** parte secundária na relação processual.

3. **Sujeito:** ofendido ou representante legal ou, na falta, o cônjuge, ascendente, descendente ou irmão.

4. **Tipo de ação penal:** pública.

5. **Momento:** pode ingressar a partir do recebimento da denúncia até o trânsito em julgado da decisão. Recebe a causa no estado em que se achar. Não cabe seu ingresso durante inquérito policial.

6. **Corréu como assistente no mesmo processo:** impossibilidade.

7. **Direitos:** (a) arrolar testemunhas; (b) reperguntar; (c) aditar libelo; (d) aditar articulados; (e) debate oral; (f) arrazoar recursos do MP; (g) propor provas.

8. **Ministério Público:** oitiva prévia para admissão do assistente.

9. **Decisão de admissão:** mandado de segurança.

10. **Pedido de fixação de valor mínimo indenizatório (art. 387, V, CPP):** o formulado pelo assistente de acusação não supre a necessidade de que a pretensão conste da denúncia (*Informativo* n. 805/2024 do STJ).

11. **Estrutura da peça prática**

   a) **Endereçamento:** (1) se for crime doloso contra a vida e matéria federal: juiz federal da vara do júri; (2) se for crime doloso contra a vida e matéria estadual: juiz de direito da vara do júri; (3) se for crime não doloso contra vida e matéria federal: juiz federal da vara criminal; (4) se for crime não doloso contra a vida e matéria estadual: juiz de direito da vara criminal.

   b) **Preâmbulo:** (1) nome e qualificação do requerente (não precisa qualificar, pois não é peça inicial); (2) capacidade postulatória; (3) fundamento legal; (4) nome da peça; (5) frase final.

   c) **Dos fatos:** narrar a infração penal praticada, sem inventar dados, e o andamento processual até o momento do pedido.

   d) **Do direito:** o requerente deve preencher os requisitos para ser habilitado como assistente de acusação.

   e) **Do pedido:** requerer a habilitação como assistente de acusação, após ouvido o digno representante do Ministério Público.

   f) **Parte final:** termos em que pede deferimento; data e indicação da OAB.

   g) **Terminologia:** (1) verbo do pedido: requerer; (2) interessado no pedido: requerente.

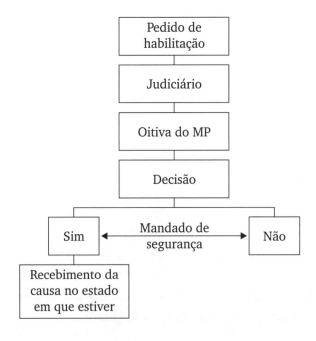

MODELO DE HABILITAÇÃO DE ASSISTENTE DE ACUSAÇÃO

a) Crimes não dolosos contra a vida

EXCELENTÍSSIMO SENHOR DOUTOR JUIZ DE DIREITO DA ___ VARA CRIMINAL DA COMARCA _____ (matéria estadual)

EXCELENTÍSSIMO SENHOR DOUTOR JUIZ FEDERAL DA ___ VARA CRIMINAL DA SEÇÃO JUDICIÁRIA DE _____ (matéria federal)

b) Crimes dolosos contra a vida

EXCELENTÍSSIMO SENHOR DOUTOR JUIZ DE DIREITO DA ___ VARA DO JÚRI DA COMARCA DE _____ (matéria estadual)

EXCELENTÍSSIMO SENHOR DOUTOR JUIZ FEDERAL DA ___ VARA DO JÚRI DA SEÇÃO JUDICIÁRIA DE _____ (matéria federal)

(10 linhas)

_____ (nome), _____ (nacionalidade), _____ (estado civil), _____ (profissão), residente e domiciliado _____ (endereço), vem, por seu advogado infra-assinado (documento n. 1), à presença de Vossa Excelência, com fundamento no art. 268 do Código de Processo Penal, requerer HABILITAÇÃO COMO ASSISTENTE DE ACUSAÇÃO pelos motivos de fato e de direito a seguir aduzidos:

(2 linhas)

DOS FATOS

* Narrar o fato criminoso, com todas as circunstâncias, sem inventar dados ou copiar o problema.

(2 linhas)

DO DIREITO

* Preencher os requisitos para ser habilitado como assistente de acusação.

(2 linhas)

365

DO PEDIDO

Diante do exposto, vem requerer a Vossa Excelência a habilitação como assistente de acusação, após ouvido o digno representante do Ministério Público, como medida de inteira justiça.

(2 linhas)

**Termos em que
pede deferimento.**

(2 linhas)

Cidade, ____ de _____ de ____.

(2 linhas)

_____

OAB – sob n. ____

13 Restituição de coisa apreendida

1. **Momento:** após o trânsito em julgado da sentença, enquanto perdurar o interesse para o processo.

2. **Sujeito:** pode ser feita pela autoridade policial ou juiz.

3. **Devolução imediata:**

a) **Forma:** termo de restituição nos autos.

b) **Cabimento:** quando o objeto apreendido não estiver sujeito a confisco, quando não houver dúvida sobre o direito de propriedade do bem e quando a apreensão não tiver sido realizada em poder de terceiro de boa-fé.

c) **Condição:** quando o objeto não mais interessa ao processo.

4. **Devolução não imediata:**

a) **Cabimento:** quando houver dúvida quanto ao direito de propriedade.

b) **Forma:** instauração de incidente de restauração de coisa apreendida, que será autuado em apartado.

c) **Procedimento após instauração do incidente:** 1) cinco dias para o requerente produzir provas; 2) se houver terceiro de boa-fé, tem cinco dias para produzir provas; 3) prazo de dois dias para o possuidor e o terceiro de boa-fé apresentarem alegações finais; 4) oitiva do MP; 5) decisão judicial.

d) **Decisão judicial:** 1) devolução do bem (indiscutível o direito do reclamante); 2) remessa ao juízo cível (dúvida sobre a questão); 3) coisas perecíveis: duas soluções: avaliação e posterior venda em leilão; entrega ao terceiro que as detenha em seu poder ou deposita em conta judicial.

5. **Recurso:** apelação.

6. **Questão de alta indagação:** remessa ao juízo cível, nos termos do art. 120, § 4º, do CPP.

7. Destino

7.1 **Confiscáveis:** venda em leilão ou museu.

7.2 **Coisas adquiridas com os proventos:** leilão, com ressalva no direito de terceiro de boa-fé.

7.3 **Não confiscável:** leilão e à disposição do juízo de ausentes, desde que não reclamados e no prazo de 90 dias após trânsito em julgado.

7.4 **Decretação de perdimento de obras de arte ou de outros bens de relevante valor cultural ou artístico:** se o crime não tiver vítima determinada, poderá haver destinação dos bens a museus públicos.

8. **Recurso de terceiro prejudicado:** se, em decisão transitada em julgado, decide-se pela improcedência de embargos de terceiro opostos contra apreensão de veículo automotor – em razão de não ter sido comprovada a propriedade, a posse ou a origem lícita dos recursos utilizados na aquisição do automóvel – o autor dos referidos embargos, na condição de terceiro prejudicado, não tem interesse de recorrer contra parte da sentença condenatória que, ao final da ação penal, decretou o perdimento do bem em favor da União (*Informativo* n. 552/2014 do STJ).

9. Estrutura da peça prática

a) **Endereçamento:** (1) se for crime doloso contra a vida e matéria federal: juiz federal da vara do júri; (2) se for crime doloso contra a vida e matéria estadual: juiz de direito da vara do júri; (3) se for crime não doloso contra vida e matéria federal: juiz federal da vara criminal; (4) se for crime não doloso contra a vida e matéria estadual: juiz de direito da vara criminal.

b) **Preâmbulo:** (1) nome e qualificação do requerente (não precisa qualificar, pois não é peça inicial); (2) capacidade postulatória; (3) fundamento legal; (4) nome da peça; (5) frase final.

c) **Dos fatos:** narrar a infração penal praticada, sem inventar dados, e o andamento processual até o momento do pedido.

367

d) **Do direito:** o requerente deve preencher os requisitos para que haja a restituição.

e) **Do pedido:** autuação em apartado, oitiva do digno representante do Ministério Público e a devolução dos bens. No caso de dúvida ou prova do alegado, espera a nomeação como depositário dos bens até a sentença (último pedido não faz quando for para delegado).

f) **Parte final:** termos em que pede deferimento; data e indicação da OAB.

g) **Terminologia:** (1) verbo do pedido: requerer; (2) interessado no pedido: requerente.

Restituição de coisa apreendida

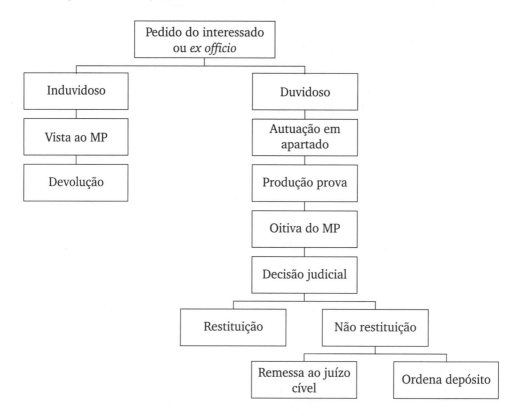

MODELO DE RESTITUIÇÃO DE COISA APREENDIDA

a) Crimes não dolosos contra a vida

EXCELENTÍSSIMO SENHOR DOUTOR JUIZ DE DIREITO DA ___ VARA CRIMINAL DA COMARCA _____ (matéria estadual)

EXCELENTÍSSIMO SENHOR DOUTOR JUIZ FEDERAL DA ___ VARA CRIMINAL DA SEÇÃO JUDICIÁRIA DE _____ (matéria federal)

b) Crimes dolosos contra a vida

EXCELENTÍSSIMO SENHOR DOUTOR JUIZ DE DIREITO DA ___ VARA DO JÚRI DA COMARCA DE _____ (matéria estadual)

EXCELENTÍSSIMO SENHOR DOUTOR JUIZ FEDERAL DA ___ VARA DO JÚRI DA SEÇÃO JUDICIÁRIA DE _____ (matéria federal)

(10 linhas)

_____ (nome), _____ (nacionalidade), _____ (estado civil), _____ (profissão), residente e domiciliado _____ (endereço), vem, por seu advogado infra-assinado (documento n. 1), à presença de Vossa Excelência, com fundamento no art. 118 do Código de Processo Penal, requerer RESTITUIÇÃO DE BENS apreendidos _____ (especificar a apreensão), pelos motivos de fato e de direito a seguir aduzidos:

(2 linhas)

DOS FATOS

* Narrar o fato criminoso, com todas as circunstâncias, sem inventar dados ou copiar o problema. Narrar a busca e apreensão.

(2 linhas)

DO DIREITO

* Preencher os requisitos para que haja a restituição.

(2 linhas)

DO PEDIDO

Diante do exposto, vem requerer a Vossa Excelência que o presente pedido seja autuado em apartado, ouvido o digno representante do Ministério Público e, afinal, os bens devolvidos. No caso de dúvida ou prova do alegado, espera a nomeação como depositário dos bens até a sentença, como medida de inteira justiça (último pedido não faz quando for para delegado).

(2 linhas)

**Termos em que
pede deferimento.**

(2 linhas)

Cidade, _____ de _____ de ____.

(2 linhas)

_____

OAB – sob n. _____

Alegações Finais (Memoriais) 8

1. Tabela comparativa das alegações finais:

Itens	Rito ordinário	Rito sumário da culpa
Localização	Entre a fase do art. 402 do CPP e a sentença.	Entre o interrogatório e a sentença.
Fundamento	Art. 403 do CPP.	Art. 411, § 4º, do CPP.
Prazo	20 minutos, prorrogáveis por mais 10 minutos; quando houver complexidade ou elevado número de acusados, o juiz fixa 5 dias para memoriais.	20 minutos, prorrogáveis por mais 10 minutos; quando houver complexidade ou elevado número de acusados, o juiz fixa 5 dias para memoriais.
Falta de concessão de prazo	Art. 564, III, e, do CPP.	Art. 564, III, e, do CPP.

2. Defensor requer ou concorda com a condenação: anula a ação penal a partir das alegações finais, nos termos da Súmula 523 do STF[1].

3. Necessidade de intimação: sempre, para manter o contraditório e a ampla defesa:

a) **Ministério Público:** intimação pessoal com vista dos autos.

b) **Defensor dativo ou público:** intimação pessoal.

c) **Defensor constituído:** pode ser intimado pela imprensa.

---

[1] Súmula 523 do STF: "No processo penal a falta de defesa constitui nulidade absoluta, mas a deficiência só o anulará se houver prova de prejuízo para o réu."

371

4. Falta das alegações finais

4.1 Acusação

a) **Ação penal privada subsidiária:** retomada do processo pelo Ministério Público.

b) **Ação privada exclusiva:** perempção, com extinção de punibilidade do querelado; ocorre o mesmo efeito se o querelante não pedir condenação nas alegações finais.

c) **Ministério Público:** não pode deixar de apresentar, pois, além de fiscal da lei, é órgão incumbido de defender a sociedade. O não oferecimento gera responsabilidade funcional, devendo o juiz comunicar o Procurador-Geral, para que este tome as providências devidas.

d) **Assistente de Acusação:** há mera irregularidade, por constituir parte secundária no processo criminal.

4.2 **Defesa:** dois posicionamentos:

a) **Minoritária:** não acarreta nulidade, pois esta só ocorre quando falta intimação ou quando não for dado prazo para o seu oferecimento.

b) **Majoritária:** acarreta nulidade absoluta, pois é termo essencial do processo, gerando cerceamento de defesa.

5. **Pedidos nas alegações finais do júri:** (a) **pronúncia:** indícios suficientes de autoria e materialidade da infração penal; (b) **impronúncia:** não presença de indícios de autoria e materialidade da infração penal; (c) **desclassificação:** crime não doloso contra a vida; (d) **absolvição sumária:** prova de inexistência do fato; prova de não ser o réu autor ou partícipe do fato; fato não constituir infração penal, excludentes de ilicitude e excludentes de culpabilidade.

6. **Conteúdo:** devem ser alegadas as preliminares e o mérito. Como afirma Mirabete[2]: "se manifestarão sobre a prova produzida nos autos e deduzirão suas pretensões". Pode requerer diligências e apontar nulidades.

7. **Forma:** a regra é que as alegações finais são orais. O juiz poderá, considerada a complexidade do caso ou o número de acusados, conceder às partes o prazo de 5 (cinco) dias, sucessivamente, para a apresentação de memoriais.

8. **A decisão judicial de indeferimento da substituição das alegações finais orais por memoriais é recorrível?** Há posicionamentos:

a) Cabe correição parcial, pois há inversão tumultuária do processo.

b) Cabe Mandado de Segurança, pois há ofensa ao direito líquido e certo de observância da forma procedimental prevista em lei.

---

[2] MIRABETE, Julio Fabbrini. *Código de Processo Penal interpretado*: referências doutrinárias, indicações legais, resenha jurisprudencial. São Paulo: Atlas, 2000. p. 1086.

9. Ordem nas alegações finais

   a) **Crime de ação penal privada:** querelante, Ministério Público e defesa.

   b) **Crime de ação penal pública:** Ministério Público, assistente de acusação e defesa.

10. Estrutura da peça prática

    a) **Endereçamento:** (1) se for crime doloso contra a vida e matéria federal: juiz federal da vara do júri; (2) se for crime doloso contra a vida e matéria estadual: juiz de direito da vara do júri; (3) se for crime não doloso contra vida e matéria federal: juiz federal da vara criminal; (4) se for crime não doloso contra a vida e matéria estadual: juiz de direito da vara criminal.

    b) **Preâmbulo:** (a) nome e qualificação do requerente (não precisa qualificar, pois não é peça inicial); (b) capacidade postulatória; (c) fundamento legal; (d) nome da peça; (e) frase final.

    c) **Dos fatos:** narrar a infração penal praticada, sem inventar dados, e o andamento processual até o momento do pedido.

    d) **Do direito:** o requerente deve preencher os requisitos para que haja a restituição

    e) **Do pedido:** autuação em apartado, oitiva do digno representante do Ministério Público e a devolução dos bens. No caso de dúvida ou prova do alegado, espera a nomeação como depositário dos bens até a sentença (último pedido não faz quando for para delegado).

    f) **Parte final:** termos em que pede deferimento; data e indicação da OAB.

    g) **Terminologia:** (1) verbo do pedido: requerer; (2) interessado no pedido: requerente.

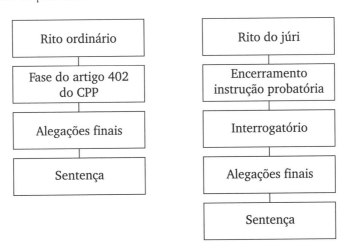

ALEGAÇÕES FINAIS DO JÚRI – MEMORIAIS

MODELO DE ALEGAÇÕES FINAIS DA DEFESA – MEMORIAIS

EXCELENTÍSSIMO SENHOR DOUTOR JUIZ DE DIREITO DA ____ VARA DO JÚRI DA COMARCA DE _____ (crimes dolosos × vida e matéria estadual)

EXCELENTÍSSIMO SENHOR DOUTOR JUIZ FEDERAL DA ____ VARA DO JÚRI DA SEÇÃO JUDICIÁRIA DE _____ (crimes dolosos × vida e matéria federal)

(10 linhas)

_____ (nome), já qualificado nos autos do processo-crime em epígrafe, vem, por seu advogado infra-assinado, à presença de Vossa Excelência, com fundamento no art. 411, § 4º, do Código de Processo Penal, apresentar MEMORIAIS, pelos motivos de fato e de direito a seguir aduzidos:

(2 linhas)

DOS FATOS

* Narrar os acontecimentos, sem inventar dados ou copiar o problema. Colocar andamento processual.

(2 linhas)

DO DIREITO

- apontar a tese;
- justificar a tese;
- doutrina;
- jurisprudência;
- conclusão.

(2 linhas)

DO PEDIDO

Diante do exposto, requer-se:

a) Em preliminar _____.

b) No mérito, que seja julgada improcedente a presente ação penal, decretando-se a impronúncia (art. 414 do CPP) ou a absolvição sumária (art. 415 do CPP) ou a desclassificação (art. 419 do CPP), como medida de inteira justiça.

(2 linhas)

Termos em que
pede deferimento.

(2 linhas)

Cidade, ____ de _____ de ____.

(2 linhas)

_____

OAB – sob n. ____

MODELO DE ALEGAÇÕES FINAIS DO ASSISTENTE DE ACUSAÇÃO – MEMORIAIS

EXCELENTÍSSIMO SENHOR DOUTOR JUIZ DE DIREITO DA ____ VARA DO JÚRI DA COMARCA DE _____ (crimes dolosos × vida e matéria estadual)

EXCELENTÍSSIMO SENHOR DOUTOR JUIZ FEDERAL DA ____ VARA DO JÚRI DA SEÇÃO JUDICIÁRIA DE _____ (crimes dolosos × vida e matéria federal)

(10 linhas)

_____ (nome), já qualificado nos autos do processo-crime em epígrafe, vem, por seu advogado infra-assinado, à presença de Vossa Excelência, com fundamento no art. 411, § 4º, do Código de Processo Penal, apresentar MEMORIAIS, pelos motivos de fato e de direito a seguir aduzidos:

(2 linhas)

DOS FATOS

* Narrar os acontecimentos, sem inventar dados ou copiar o problema. Colocar andamento processual.

(2 linhas)

375

DO DIREITO

- apontar a tese;
- justificar a tese;
- doutrina;
- jurisprudência;
- conclusão.

(2 linhas)

DO PEDIDO

Diante do exposto, requer-se:

a) Em preliminar _____.

b) No mérito, a declaração da admissibilidade e viabilidade da acusação para julgamento pelo Tribunal do Júri, decretando-se a pronúncia do acusado, como incurso nas penas do artigo _____, como medida de inteira justiça.

(2 linhas)

**Termos em que
pede deferimento.**

(2 linhas)

Cidade, ____ de _____ de ____.

(2 linhas)

_____
OAB – sob n. ____

MODELO DE ALEGAÇÕES FINAIS DO QUERELANTE – MEMORIAIS

EXCELENTÍSSIMO SENHOR DOUTOR JUIZ DE DIREITO DA ___ VARA DO JÚRI DA COMARCA DE _____ (crimes dolosos × vida e matéria estadual)

EXCELENTÍSSIMO SENHOR DOUTOR JUIZ FEDERAL DA ___ VARA DO JÚRI DA SEÇÃO JUDICIÁRIA DE _____ (crimes dolosos × vida e matéria federal)

(10 linhas)

376

_____ (nome), já qualificado nos autos do processo-crime em epígrafe, vem, por seu advogado infra-assinado, à presença de Vossa Excelência, com fundamento no art. 411, § 4º, do Código de Processo Penal, apresentar MEMORIAIS, pelos motivos de fato e de direito a seguir aduzidos:

(2 linhas)

DOS FATOS

* Narrar os acontecimentos, sem inventar dados ou copiar o problema. Colocar andamento processual.

(2 linhas)

DO DIREITO

- apontar a tese;
- justificar a tese;
- doutrina;
- jurisprudência;
- conclusão.

(2 linhas)

DO PEDIDO

Diante do exposto, requer-se:

a) Em preliminar _____.

b) No mérito, a declaração da admissibilidade e viabilidade da acusação para julgamento pelo Tribunal do Júri, decretando-se a pronúncia do acusado, como incurso nas penas do artigo _____, como medida de inteira justiça.

(2 linhas)

Termos em que
pede deferimento.

(2 linhas)

Cidade, ____ de _____ de ____.

(2 linhas)

_____

OAB – sob n. ____

ALEGAÇÕES FINAIS FORA DO JÚRI – MEMORIAIS

MODELO DE ALEGAÇÕES FINAIS DA DEFESA – MEMORIAIS

EXCELENTÍSSIMO SENHOR DOUTOR JUIZ DE DIREITO DA ___ VARA CRIMINAL DA COMARCA DE _____ (crimes não dolosos × vida e matéria estadual)

EXCELENTÍSSIMO SENHOR DOUTOR JUIZ FEDERAL DA ___ VARA CRIMINAL DA SEÇÃO JUDICIÁRIA DE _____ (crimes não dolosos × vida e matéria federal)

(10 linhas)

_____ (nome), já qualificado nos autos do processo-crime em epígrafe, vem, por seu advogado infra-assinado, à presença de Vossa Excelência, com fundamento no art. 403 do Código de Processo Penal, apresentar MEMORIAIS, pelos motivos de fato e de direito a seguir aduzidos:

(2 linhas)

DOS FATOS

* Narrar os acontecimentos, sem inventar dados ou copiar o problema. Colocar andamento processual.

(2 linhas)

DO DIREITO

- apontar a tese;
- justificar a tese;
- doutrina;
- jurisprudência;
- conclusão.

(2 linhas)

DO PEDIDO

Diante do exposto, requer-se:

a) Em preliminar (se houver) _____.

b) No mérito, a absolvição do réu, com fundamento no art. 386, inciso ___, do CPP ou, salvo melhor juízo_____ (outros pedidos, como desclassificação do crime, uma diminuição da pena etc.).

(2 linhas)

Termos em que
pede deferimento.

(2 linhas)

Cidade, ____ de _____ de ____.

(2 linhas)

_____
OAB – sob n. ____

MODELO DE ALEGAÇÕES FINAIS DO ASSISTENTE DE ACUSAÇÃO – MEMORIAIS

EXCELENTÍSSIMO SENHOR DOUTOR JUIZ DE DIREITO DA ___ VARA CRIMINAL DA COMARCA DE _____ (crimes não dolosos × vida e matéria estadual)

EXCELENTÍSSIMO SENHOR DOUTOR JUIZ FEDERAL DA ___ VARA CRIMINAL DA SEÇÃO JUDICIÁRIA DE _____ (crimes não dolosos × vida e matéria federal)

(10 linhas)

_____ (nome), já qualificado nos autos do processo-crime em epígrafe, vem, por seu advogado infra-assinado, à presença de Vossa Excelência, com fundamento no art. 403 do Código de Processo Penal, apresentar MEMORIAIS, pelos motivos de fato e de direito a seguir aduzidos:

(2 linhas)

DOS FATOS

* Narrar os acontecimentos, sem inventar dados ou copiar o problema. Colocar andamento processual.

(2 linhas)

DO DIREITO

- apontar a tese;
- justificar a tese;
- doutrina;
- jurisprudência;
- conclusão.

(2 linhas)

DO PEDIDO

Diante do exposto, requer-se:

a) Em preliminar _____.

b) No mérito, que seja julgada procedente a presente ação penal, decretando-se a condenação do acusado, como incurso nas penas do artigo _____, como medida de inteira justiça.

(2 linhas)

**Termos em que
pede deferimento.**

(2 linhas)

Cidade, ____ de _____ de ____.

(2 linhas)

_____

OAB – sob n. ____

MODELO DE ALEGAÇÕES FINAIS DO QUERELANTE – MEMORIAIS

EXCELENTÍSSIMO SENHOR DOUTOR JUIZ DE DIREITO DA ___ VARA CRIMINAL DA COMARCA DE _____ (crimes não dolosos × vida e matéria estadual)

EXCELENTÍSSIMO SENHOR DOUTOR JUIZ FEDERAL DA ___ VARA CRIMINAL DA SEÇÃO JUDICIÁRIA DE _____ (crimes não dolosos × vida e matéria federal)

(10 linhas)

_____(nome), já qualificado nos autos do processo-crime em epígrafe, vem, por seu advogado infra-assinado, à presença de Vossa Excelência, com fundamento no art. 403 do Código de Processo Penal, apresentar MEMORIAIS, pelos motivos de fato e de direito a seguir aduzidos:

(2 linhas)

DOS FATOS

* Narrar os acontecimentos, sem inventar dados ou copiar o problema. Colocar andamento processual.

(2 linhas)

DO DIREITO

- apontar a tese;

- justificar a tese;

- doutrina;

- jurisprudência;

- conclusão.

(2 linhas)

DO PEDIDO

Diante do exposto, requer-se:

a) Em preliminar _____.

b) No mérito, que seja julgada procedente a presente ação penal, decretando-se a condenação do querelado, como incurso nas penas do artigo _____, como medida de inteira justiça.

(2 linhas)

Termos em que
pede deferimento.

(2 linhas)

Cidade, _____ de _____ de _____.

(2 linhas)

_____

OAB – sob n. _____

EXEMPLO PRÁTICO DA PEÇA DE ALEGAÇÕES FINAIS DE DEFESA – MEMORIAIS

CASO PRÁTICO

"A" está sendo processado segundo a denúncia que lhe imputa violação do art. 121, § 2º, inciso III, 1ª parte, combinado com o art. 14, II, do Código Penal, porque teria tentado matar "B", mediante aplicação de injeção venenosa. O laudo do Instituto Médico-Legal é taxativo, concluindo que a substância ministrada não tinha potencialidade lesiva, ou seja, era inócua. O Ministério Público apresentou alegações finais postulando a pronúncia de "A" nos termos da denúncia. Como advogado de "A", pratique o ato processual adequado ao rito processual.

1. Rascunho da peça

a) **Infração penal:** art. 121, § 2º, inciso III, 1ª parte, combinado com o art. 14, II, do Código Penal.

b) **Ação penal:** pública incondicionada.

c) **Pena concreta:** não tem.

d) **Pena abstrata:** reclusão de 6 a 20 anos e multa.

e) **Rito processual:** júri.

f) **Momento processual:** após alegações finais da acusação.

g) **Cliente:** "A".

h) **Situação prisional:** solto.

i) **Tese:** crime impossível, nos termos do art. 17 do Código Penal.

j) **Peça:** alegações finais do júri – memoriais.

k) **Competência:** Juiz da Vara do Júri.

l) **Pedido:** impronúncia.

2. Peça Prática

EXCELENTÍSSIMO SENHOR DOUTOR JUIZ DE DIREITO DA ___ VARA DO JÚRI DA COMARCA DA CAPITAL

(10 linhas)

"A", já qualificado nos autos do processo-crime em epígrafe, vem, por seu advogado infra-assinado, à presença de Vossa Excelência, com fundamento no art. 411, § 4º, do Código de Processo Penal, apresentar MEMORIAIS, pelos motivos de fato e de direito a seguir aduzidos:

(2 linhas)

DOS FATOS

"A" foi denunciado pela prática de tentativa de homicídio (fls.), já que tentou matar "B", mediante aplicação de injeção venenosa.

A denúncia foi recebida (fls.). O réu foi citado (fls.). Foi apresentada resposta à acusação (fls.). Na fase do art. 411, § 4º, do CPP, o MP postulou pela pronúncia de "A", nos termos da denúncia (fls.).

(2 linhas)

DO DIREITO

No caso em tela, verifica-se crime impossível, nos termos do art. 17 do Código Penal, já que a substância ministrada não tinha potencialidade lesiva, conforme laudo pericial (fls.).

Trata-se de uma tentativa inidônea, pois o meio utilizado por "A" não era apto a produzir o resultado danoso, tornando o fato atípico. Como afirma Delmanto (*Código Penal comentado*, São Paulo: Renovar, 2000, p. 28): "O meio é absolutamente ineficaz quando totalmente inadequado ou inidôneo para alcançar o resultado criminoso."

A ineficácia absoluta do meio está demonstrada por um laudo do instituto médico-legal, prova científica e cabal, no sentido de confirmar que o meio utilizado por "A" não possui aptidão para ofender ou ameaçar o objeto jurídico, ou seja, a vida de "B".

A inadequação da tentativa revela-se pelo fato de que o agente de forma alguma conseguiria alcançar a consumação, diante da constatação da total ineficácia do meio empregado para obtenção do resultado.

Dessa forma, presentes os requisitos necessários para a configuração do crime impossível, requer o reconhecimento da atipicidade da conduta.

(2 linhas)

DO PEDIDO

Diante do exposto, requer-se a improcedência da ação penal, com o reconhecimento da impronúncia do réu, com fundamento no art. 414 do Código de Processo Penal.

(2 linhas)

Termos em que
pede deferimento.

(2 linhas)

Cidade, ____ de _____ de ____.

(2 linhas)

_____

OAB – sob n. ____

Dos Recursos Criminais 9

1 Teoria geral

1. Fundamento do recurso

a) necessidade psicológica de não se conformar com apenas uma decisão judicial;

b) possibilidade de erro humano. Como bem observa Moacyr Amaral Santos[1]: "os juízes são criaturas humanas e, portanto, falíveis, suscetíveis de erros e injunções";

c) duplo grau de jurisdição: existência de juízes e tribunais;

d) "Sob o aspecto social, os recursos visam tranquilizar a sociedade [...] Assegura-se, assim, a ideia de que o Estado garante prestação jurisdicional digna de credibilidade, aceitação e respeito"[2].

2. Finalidade do recurso

a) garantir a segurança jurídica;

b) alcançar a justa composição da lide;

c) impugnação da decisão judicial;

d) pedir reforma ou invalidação ou esclarecimento ou integração de decisão judicial;

e) "O recurso conforta o espírito do homem e possibilita, ao mesmo tempo, o aprimoramento da atividade do Judiciário"[3].

---

[1] SANTOS, Moacyr Amaral. *Primeiras linhas de direito processual civil*. São Paulo: Saraiva, 2001. v. 3. p. 78.

[2] CASTELO BRANCO, Tales. *Teoria e prática dos recursos criminais*. São Paulo: Saraiva, 2003. p. 4.

[3] MIRANDA, Gilson Delgado; PIZZOL, Patrícia Miranda. *Processo civil*: recursos. São Paulo: Atlas, 2001. p. 17.

3. **Natureza do recurso:** existem três posicionamentos:

a) desdobramento do direito de ação;

b) nova ação;

c) meio que visa à reforma de decisão pela mesma autoridade judiciária ou outra hierarquicamente superior.

4. **Características**

a) *direito subjetivo*, ou seja, existe o direito de recorrer, de questionar decisão judicial;

b) *ônus processual*, pois a parte não é obrigada a interpor recurso, mas, se não recorrer, terá prejuízos;

c) *remédio processual*, pois visa sanar uma dificuldade, através do reexame da decisão judicial;

d) "é uma extensão do direito de ação ou defesa, e, portanto, apenas prolonga a vida do processo e a litispendência existente, dentro da mesma relação processual"[4].

5. **Terminologia**

a) Juízo *a quo*: é o que profere a decisão judicial.

b) Juízo *ad quem*: é o que julga o recurso.

6. **Pressupostos recursais**

6.1 **Conceito:** são requisitos de admissibilidade do recurso.

6.2 **Espécies**

a) **Objetivos:** são os que dizem respeito ao próprio recurso.

b) **Subjetivos:** dizem respeito à pessoa do recorrente.

6.3 **Pressupostos objetivos**

a) **Taxatividade ou cabimento:** o recurso deve estar previsto na lei.

b) **Adequação:** o recurso deve ser adequado para o reexame da decisão judicial:

- **exceção:** fungibilidade recursal: interpor recurso errado no lugar do recurso correto; poderá ser admitido o recurso incorreto desde que tenha sido observado o prazo do recurso correto, que não haja má-fé do recorrente e que não haja erro grosseiro;

---

[4] PINTO, Nelson Luiz. *Manual dos recursos cíveis*. São Paulo: Malheiros, 2002. p. 27.

- princípios correlatos:
  - **variabilidade dos recursos:** é possível desistir de um recurso pelo outro desde de que no prazo; não é aplicado ao Ministério Público. Há uma corrente que sustenta a impossibilidade da variação de recurso, em face da preclusão consumativa recursal;
  - **unirrecorribilidade das decisões:** para cada decisão judicial existe um recurso adequado.
- c) **tempestividade:** o recurso deve ser interposto no prazo legal. O prazo do recurso criminal é:
  - **contínuo:** não é interrompido em férias, feriado ou domingo;
  - **peremptório:** é fatal e decisivo. Na dúvida sobre a tempestividade recursal, a solução é interpretar em benefício do recorrente.

O prazo é variável, conforme a espécie de recurso:

Itens	Prazo da interposição	Prazo das razões	Prazo das contrarrazões
Recurso em sentido estrito	• regra geral: 5 dias (art. 586 do CPP); • contra inclusão ou exclusão de jurado da lista oficial: 20 dias (art. 586, parágrafo único, do CPP).	2 dias (art. 588).	2 dias.
Apelação	• regra geral: 5 dias (art. 593 do CPP); • JECRIM: 10 dias; • supletiva no júri: 15 dias.	• crime: 8 dias (art. 600 do CPP); • contravenção: 3 dias (art. 600 do CPP); • assistente: 3 dias (art. 600, parágrafo único, do CPP).	• crime: 8 dias (art. 600 do CPP); • contravenção: 3 dias (art. 600 do CPP); • assistente: 3 dias (art. 600, parágrafo único, do CPP).
Embargos infringentes e de nulidade	10 dias.	10 dias.	10 dias.
Embargos de declaração	• regra: 2 dias (art. 619 do CPP); • JECRIM: 5 dias.	Não tem.	Não tem.
Carta testemunhável	48 horas (art. 640 do CPP).	2 dias (art. 643 c/c o art. 588, ambos do CPP).	dois dias (art. 643 c/c o art. 588, ambos do CPP).

Itens	Prazo da interposição	Prazo das razões	Prazo das contrarrazões
Correição parcial	5 dias.	Não tem.	Não tem.
Recurso ordinário constitucional	15 dias	15 dias	15 dias
Recurso especial	15 dias.	15 dias.	15 dias.
Recurso extraordinário	15 dias.	15 dias.	15 dias.
Agravo em execução	5 dias.	2 dias.	2 dias.
Agravo interno	15 dias.	Não tem.	Não tem.
Agravo em recurso especial ou extraordinário	15 dias.	15 dias.	15 dias.

d) **regularidade formal:** o recurso, para ser recebido, processado e julgado, precisa preencher as formalidades legais:

1. **forma do recurso:**

   a) **regra:** termo nos autos ou petição;

   b) **exceção:** só admite petição: embargos, carta testemunhável, recurso especial, recurso extraordinário e correição parcial;

2. **fundamentação:** apresentação dos motivos do inconformismo com a decisão judicial:

   a) **Ministério Público:** não pode deixar de apresentar, em nome do princípio da indisponibilidade; a não apresentação gera presunção de desistência, o que não é admitido pelo art. 576 do Código de Processo Penal;

   b) **defesa:** não pode deixar de apresentar, sob pena de violação ao princípio da ampla defesa;

   c) **ausência de fatos impeditivos:** fatos ocorridos antes da interposição do recurso:

   * renúncia;

   * não recolhimento do réu à prisão.

   d) **ausência de fatos extintivos:** fato ocorrido após a interposição do recurso:

   * desistência;

   * deserção.

6.4 Pressupostos subjetivos

a) **legitimidade:** possui aptidão para recorrer o Ministério Público, o querelante, o réu, o defensor e o assistente de acusação. O Ministério Público não pode apelar de sentença absolutória em ação penal privada exclusiva;

b) **interesse de agir:** demonstrado pela sucumbência da parte, nos termos do art. 577, parágrafo único, do Código de Processo Penal, ou seja, tem interesse de recorrer aquele a quem a decisão judicial causou prejuízo.

- **Recurso do Ministério Público a favor do réu:** é possível, pois o Ministério Público é fiscal da lei. Conforme Fernando Capez[5]: "Não pode [...] recorrer o Ministério Público, se o seu pedido formulado nas alegações finais, seja pela condenação, seja pela absolvição, tiver sido integralmente acolhido na sentença. O problema aqui é puramente de falta de sucumbência";

- **recurso do réu em face da sentença absolutória:** pode, para mudar o fundamento da absolvição.

7. Reexame de ofício ou necessário: ocorre quando o juiz remete de ofício os autos para a superior instância, para revisão de sua decisão. Trata-se de uma providência necessária para a decisão transitar em julgado, não precisando de fundamentação. Se o juiz não remeter, pode o Tribunal avocar os autos de ofício. São os seguintes casos:

a) concessão de reabilitação criminal;

b) absolvição sumária;

c) concessão de *habeas corpus* pelo juiz;

d) arquivamento da sentença absolutória nos crimes contra a economia popular.

8. Juízos dos recursos

8.1 Admissibilidade ou prelibação: verificação da presença dos pressupostos recursais:

a) se presentes: conhece o recurso;

b) se não presentes: não conhece do recurso;

c) pode ser feita pelo juízo *a quo* e *ad quem*;

---

[5] CAPEZ, Fernando. *Curso de processo penal*. São Paulo: Saraiva, 2004. p. 416.

d) a matéria de admissibilidade recursal é de ordem pública, de forma que o juiz pode examinar de ofício.

8.2 Mérito ou delibação: julgamento do recurso:

a) dar provimento;

b) negar provimento: vício procedimental ou de julgamento.

9. Extinção do recurso

9.1 Normal: quando há julgamento do recurso.

9.2 Anormal: quando ocorrer:

a) desistência: não há possibilidade para o Ministério Público;

b) deserção: ocorre com a falta de preparo ou de pagamento das despesas processuais.

10. Efeitos do recurso

a) Devolutivo: existe em todos os recursos; é a possibilidade de transferir o reexame da matéria já julgada para o mesmo órgão jurisdicional ou outro.

b) Suspensivo: só existe quando previsto em lei; impede a execução da decisão até o julgamento do recurso.

c) Regressivo: só existe quando previsto em lei; é o juízo de retratação; é a possibilidade de o juiz que proferir a decisão voltar atrás.

d) Extensivo: o recurso interposto por um corréu beneficia outro, quando não fundado em motivo de caráter exclusivamente pessoal.

e) Comum: impedir o trânsito em julgado da decisão recorrida.

11. Classificação dos recursos

11.1 Quanto à abrangência:

a) total: visa impugnar toda a decisão judicial;

b) parcial: visa impugnar parte da decisão judicial.

11.2 Quanto à fundamentação

a) livre: seu fundamento é livre, podendo ser alegado qualquer vício processual ou material;

b) vinculada: seu fundamento é específico e determinado.

11.3 Quanto à fonte legal

a) Extraordinário ou excepcional: sua fonte é a Constituição Federal.

b) Ordinário: sua fonte é a lei processual.

11.4 Quanto à vontade do recorrente

a) **voluntário:** depende da vontade da parte;

b) **de ofício:** é aquele em que o próprio juiz recorre da decisão. Também chamado de reexame necessário ou duplo grau de jurisdição obrigatório.

- **comentário:** tal classificação é criticada pela doutrina, já que faz parte da natureza do recurso sua voluntariedade. Como diz Vicente Greco[6], o recurso de ofício representa uma anomalia e uma impropriedade.

11.5 Quanto ao órgão julgador

a) **devolutivo:** o órgão julgador é juiz ou tribunal diferente e superior ao que emitiu a decisão;

b) **iterativo:** órgão julgador é o mesmo juiz que proferiu a decisão recorrida;

c) **misto:** órgão julgador será tanto o que proferiu a decisão como outro órgão superior.

11.6 Quanto ao interesse de recorrer

a) **comum:** o interesse de recorrer é manifestado pela sucumbência;

b) **especial:** o interesse de recorrer é manifestado não só pela sucumbência como também por um requisito específico exigido na lei.

11.7 Quanto à finalidade

a) **recurso de reforma:** visa à modificação do julgado;

b) **recurso de esclarecimento:** visa esclarecer (ou a precisão) o julgado;

c) **recurso de integração:** visa suprir omissão do julgador;

d) **recurso de invalidação:** visa anular ou cassar decisão judicial, por conter vícios processuais.

12. Confronto

12.1 Recurso e ação impugnativa autônoma

Recurso é meio de impugnação judicial que, quando interposto, não visa à instauração de nova relação processual; apenas dá continuidade à relação processual já instaurada. Como observa José Frederico Marques: "O recurso, qualquer que seja ele, constitui sempre um procedimento, que dilata e amplia a relação processual, porquanto vem formado por um conjunto de atos, que se sucedem e são coordenados tendo em vista o reexame de um ato decisório"[7].

---

6 GRECO FILHO, Vicente. *Direito processual civil brasileiro.* São Paulo: Saraiva, 1995. p. 259.

7 MARQUES, José Frederico. *Manual de direito processual civil.* Campinas: Bookseller, 1997. p. 143.

Ação impugnativa autônoma, como a Revisão Criminal, quando proposta, dá origem a uma nova relação processual.

12.2 Desistência e renúncia no recurso

Desistência pressupõe o recurso já interposto, sendo, portanto, posterior à interposição do recurso. É o abandono do recurso já interposto.

Na renúncia, a pessoa abre mão do direito de recorrer, sendo, portanto, prévia à interposição do recurso.

12.3 *Error in judicando* e *error in procedendo*

Error in judicando é vício no conteúdo de decisão judicial, decorrente da errônea apreciação judicial da vontade contida na lei. Nesse caso, o recurso visa obter a reforma da decisão judicial recorrida, para que outra seja proferida no seu lugar.

Error in procedendo é vício na forma da decisão judicial, decorrente do descumprimento de uma norma de natureza processual. Nesse caso, o recurso visa obter a anulação da decisão judicial recorrida, para que outra seja proferida no seu lugar.

13. Modalidades de recursos criminais

13.1 Código de Processo Penal: recurso em sentido estrito, apelação, embargos e carta testemunhável.

13.2 Constituição Federal: recurso ordinário constitucional, recurso especial e recurso extraordinário.

13.3 Leis esparsas

a) JECRIM

a1) **expressos na Lei n. 9.099/95:** apelação e embargos de declaração;

a2) **admitidos:** todos os recursos do CPP, já que no art. 92 da Lei n. 9.099/95 existe previsão da aplicação subsidiária do Código Penal e Código de Processo Penal;

a3) **recursos constitucionais:** o recurso especial não é admitido, pois o art. 105, III, CF, só o permite quando há decisões de tribunais, e não de turmas recursais (Súmula 203 do STJ).

b) Crimes eleitorais – Lei n. 4.737/65

b1) **expressos na Lei n. 4.737/65:** art. 362. Das decisões finais de condenação ou absolvição cabe recurso para o Tribunal Regional, a ser interposto no prazo de 10 (dez) dias;

b2) admitidos: todos os recursos do CPP, já que no art. 364 da Lei n. 4.737/65 existe previsão da aplicação subsidiária e supletiva do Código de Processo Criminal.

c) **Lei de Execução Penal – Lei n. 7.210/84**

c1) expressos na Lei n. 7.210/84: agravo em execução, conforme o art. 197 da LEP.

d) **ECA – Lei n. 8.069/90**

d1) admitidos: todos os recursos do CPC, já que no art. 198 da Lei n. 8.069/90 existe a previsão de que nos procedimentos afetos à Justiça da infância e juventude fica adotado o sistema recursal do CPC; os recursos do CPP, já que no art. 152 da Lei n. 8.069/90 existe a previsão aos procedimentos regulados no ECA, aplicam-se subsidiariamente as normas gerais previstas na legislação pertinente.

e) **Crimes de trânsito – Lei n. 9.503/97**

e1) expressos na Lei n. 9.503/97: da decisão que decretar a suspensão da permissão ou da habilitação para dirigir veículo automotor ou a medida cautelar, ou da que indeferir, cabe recurso em sentido estrito;

e2) admitidos: todos os recursos do CPP, já que no art. 291 da Lei n. 9.503/97 existe previsão de que em tudo o que não é regulado pela lei de trânsito será aplicado o Código Penal e o de Processo Penal.

f) **Crimes ambientais – Lei n. 9.605/98**

f1) admitidos: todos os recursos do Código de Processo Penal, já que o art. 79 da Lei n. 9.605/98 faz previsão da aplicação subsidiária das disposições do Código Penal e do CPP.

2 Carta testemunhável

1. Disciplina legal: arts. 639 a 646 do CPP.

2. Finalidade: pedir o reexame da decisão que negar seguimento ao Recurso em Sentido Estrito ou Agravo em Execução. Noutros termos, fazer a subida do recurso denegado ou obstado para a segunda instância.

* Observações

a) As palavras importantes são **indeferir** ou **negar seguimento**.

b) Não cabe quando falar em **improvido:** neste caso, se a votação: (1) for unânime, cabe recurso especial ou extraordinário, conforme o caso; (2) não for unânime e tiver voto divergente favorável ao réu, cabem embargos infringentes e de nulidade.

3. Não cabimento

a) **Negativa de apelação:** recurso em Sentido Estrito (art. 581, inciso XV, do CPP).

b) **Negativa de Recurso Especial/Recurso Extraordinário:** cabe agravo contra decisão do presidente ou do vice-presidente do tribunal recorrido que inadmitir recurso extraordinário ou recurso especial, salvo quando fundada na aplicação de entendimento firmado em regime de repercussão geral ou em julgamento de recursos repetitivos (art. 1.042 do CPC).

c) **Negativa monocrática dos Embargos Infringentes/Nulidade:** agravo regimental.

d) **Negativa de Correição Parcial:** não cabe, pois a correição não é recurso.

4. Legitimidade ativa: parte prejudicada, ou seja, a parte que teve o recurso denegado ou com andamento obstado.

5. Requisitos: (a) ser tempestivo; (b) existir decisão denegatória do recurso (a que julga inadmissível o recurso) ou que negue seguimento ao tribunal *ad quem* (o juiz recebe o recurso, mas não o encaminha ao órgão superior de julgamento).

6. Prazo

a) **Interposição:** 48 horas, contadas da intimação da decisão denegatória (na dificuldade de precisar a hora da decisão, aplica o art. 798, §§ 1º e 3º, do CPP).

b) **Razões:** dois dias, contados da intimação.

c) **Contrarrazões:** dois dias, contados da intimação.

7. Competência: a interposição será endereçada ao escrivão do cartório e as razões, ao Tribunal competente.

8. Características

a) **Recurso subsidiário:** só é cabível quando não houver outro meio de impugnação das decisões de não recebimento ou não seguimento do recurso.

b) **Recurso anômalo:** porque é interposto perante escrivão.

c) **Efeito:** não tem efeito suspensivo, possuindo apenas o devolutivo, nos termos do art. 646 do CPP.

9. Formação do instrumento: (a) partes devem indicar peças para traslado (para o processamento da Carta e para julgamento do mérito do recurso denegado pelo Tribunal), pois o recurso subirá por instrumento, formando autos apartados; (b) instrumento é o conjunto de peças do processo trasladadas.

10. Natureza: há dois posicionamentos: (a) trata-se de instrumento processual; (b) recurso.

11. Entrega do instrumento

a) **prazo para entrega:** cinco dias; na parte que fala do recurso extraordinário foi revogado;

b) **suspensão do escrivão por 30 dias:** (a) não entregar o recibo da petição à parte; (b) não entregar a carta no prazo legal. Se for aplicada a punição, passa ao substituto; se não adiantar, o presidente do Tribunal poderá avocar os autos.

12. Processamento na superior instância: será processado de acordo com o recurso denegado ou que teve andamento obstado.

13. Julgamento do tribunal: (a) provimento: mandará processar o recurso denegado ou obstado; se a carta estiver suficientemente instruída, decidirá, desde logo, o mérito; (b) não provimento.

14. Procedimento da carta testemunhável

a) indeferimento ou não seguimento do Recurso em Sentido Estrito ou Agravo em Execução;

b) em 48 horas da decisão, deve ser feita uma petição de interposição ao escrivão ou secretário do tribunal (não tem aplicação, pois, quando se fala em recurso extraordinário, o recurso cabível é o agravo), com indicação das peças a serem trasladadas, para formação do instrumento;

c) o escrivão ou secretário dará recibo à parte, sob pena de suspensão por 30 dias;

d) feita a interposição, o escrivão ou secretário fará a extração e autuação da carta;

e) feito o concerto da carta, o escrivão ou secretário deverá entregá-la em no máximo cinco dias ao testemunhante;

f) se o escrivão ou o secretário não fizer a referida entrega, o testemunhante comunica o fato ao juiz ou Presidente do Tribunal, para que seja aplicada a sanção de suspensão por 30 dias e determinada a extração do instrumento por um substituto;

g) intimação do testemunhante para apresentar as razões em dois dias;

h) intimação do testemunhado para apresentar as contrarrazões em dois dias;

i) os autos vão conclusos ao juiz para o juízo de retratação;

j) se o juiz se retratar, remete ao tribunal para análise do recurso antes não admitido ou obstado; noutros termos, o recurso denegado terá seguimento; a parte contrária pode recorrer por simples petição ao tribunal;

k) se o juiz não se retratar, manda para o tribunal julgar, podendo tomar uma das seguintes atitudes:

k1) se a carta estiver devidamente instruída com as razões: admite o recurso e aproveita e julga o mérito;

k2) se a carta não estiver devidamente instruída: indefere ou limita-se a admitir o recurso, determinando o seu processamento.

15. Esquema da peça prática: são duas peças: (a) interposição: pessoa declara a vontade de recorrer, indicando as peças para traslado; (b) razões: pessoa declara os motivos do inconformismo.

- **Terminologia:** (1) verbo do recurso: requerer extração da Carta Testemunhável; (2) recorrente: testemunhante.

- **Partes:** testemunhante é o recorrente; testemunhado é o juiz que denega o recurso.

- Interposição

a) **Endereçamento:** será endereçado, conforme prescreve o art. 640 do CPP, ao escrivão. A parte do artigo que menciona a possibilidade de endereçar para o secretário do tribunal não está mais em vigor, pois só era justificado para o caso de recurso extraordinário, que não é mais hipótese de cabimento.

b) **Preâmbulo:** (a) nome e qualificação do prejudicado com a decisão (não precisa qualificar, pois não é peça inicial); (b) capacidade postulatória; (c) fundamento legal; (d) nome da peça; (e) frase final: pedir traslado e encaminhamento ao tribunal competente.

c) **Parte final:** termos em que pede deferimento; data e OAB.

d) **Rol das peças:** enumerar as peças necessárias para o traslado.

- Razões

a) **Nome da peça:** no centro da folha, o nome da peça: Razões de Carta Testemunhável.

b) **Introdução:** no lado esquerdo da peça, indicar dados de identificação.

c) **Saudação:** cumprimento aos membros do tribunal competente.

d) **Dos fatos:** narrar a infração penal praticada, sem inventar dados, e o andamento processual até o momento da decisão denegatória.

e) **Do direito:** demonstrar o inconformismo com a decisão denegatória.

f) **Do pedido:** processamento do recurso denegado e, se a causa estiver madura (instrução suficiente), o tribunal julga desde logo o mérito do recurso denegado.

g) **Parte final:** data e indicação da OAB.

Carta testemunhável

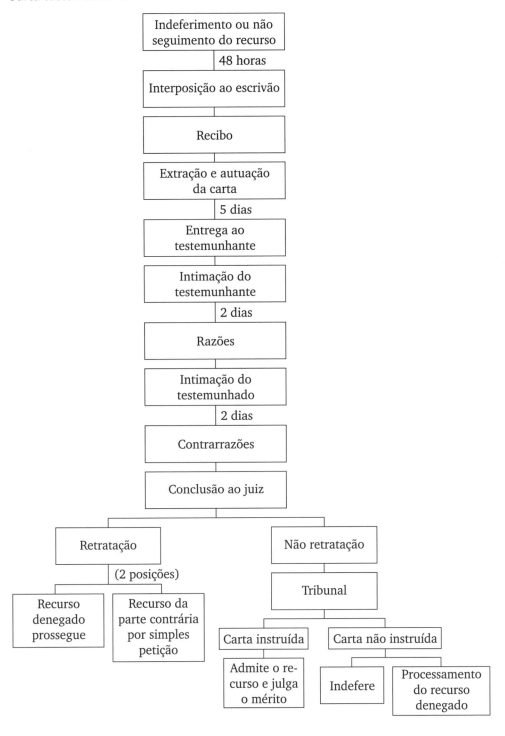

MODELO DE CARTA TESTEMUNHÁVEL

INTERPOSIÇÃO

ILUSTRÍSSIMO SENHOR ESCRIVÃO DO CARTÓRIO DO ___ OFÍCIO DA COMARCA DE _____ (se for matéria estadual)

ILUSTRÍSSIMO SENHOR ESCRIVÃO DO CARTÓRIO DO ___ OFÍCIO DA SEÇÃO JUDICIÁRIA DE _____ (se for matéria federal)

(10 linhas)

_____ (nome), já qualificado nos autos do processo-crime em epígrafe n. _____, vem, por seu advogado infra-assinado, à presença de Vossa Senhoria, com fundamento nos arts. 639 e seguintes do Código de Processo Penal, requerer a extração da CARTA TESTEMUNHÁVEL, dentro do prazo legal, arrolando peças para traslado, bem como o seu encaminhamento ao Egrégio Tribunal competente.

(2 linhas)

Termos em que
pede deferimento.

(2 linhas)

Cidade, ____ de _____ de ____.

(2 linhas)

_____
OAB – sob n. ____

(2 linhas)

Rol das peças para traslado:

– Decisão recorrida (fls.).

– Intimação da decisão recorrida (fls.).

– Petição recursal (fls.).

– Despacho denegatório ou obstativo do recurso (fls.).

– Certidão comprobatória de que a carta foi tempestiva (fls.).

– Prova da interposição do recurso denegado ou obstado, inclusive sua tempestividade (fls.).

– Outras peças (fls.).

398

RAZÕES DE CARTA TESTEMUNHÁVEL

(3 linhas)

Testemunhante: _____

Testemunhado:_____

Origem: _____

Autos do Processo n._____

(3 linhas)

Egrégio Tribunal,
Colenda Câmara (Turma: se for TRF),
Ínclitos Julgadores,

(3 linhas)

Impõe-se a reforma da respeitável decisão_____ (especificar o conteúdo), pelas razões de fato e de direito a seguir expostas:

(2 linhas)

DOS FATOS

* Narrar os acontecimentos, sem inventar dados ou copiar o problema. Colocar o andamento processual, até o momento da decisão denegatória.

(2 linhas)

DO DIREITO

• apontar a tese: fazer com que o recurso seja admitido;

• justificar a tese;

• doutrina;

• jurisprudência;

• conclusão.

(2 linhas)

DO PEDIDO

Diante do exposto, requer seja a presente Carta Testemunhável encaminhada a uma das Câmaras (se for Federal, substituir Câmara por Turma) desse Egrégio Tribunal, para o efeito de determinarem o processamento do _____ (nome do recurso) denegado, ou decida de ofício, caso entenda estar suficientemente instruída, como medida de inteira justiça.

(2 linhas)

Cidade, ____ de _____ de ____.

(2 linhas)

_____

OAB – sob n. ____

MODELO DE CONTRARRAZÕES DE CARTA TESTEMUNHÁVEL

PETIÇÃO DE JUNTADA

a) se for denegação de Agravo em Execução

EXCELENTÍSSIMO SENHOR DOUTOR JUIZ DE DIREITO DA ___ VARA DAS EXECUÇÕES CRIMINAIS DA COMARCA DE _____ (matéria estadual)

EXCELENTÍSSIMO SENHOR DOUTOR JUIZ FEDERAL DA ___ VARA DAS EXECUÇÕES CRIMINAIS DA SEÇÃO JUDICIÁRIA DE _____ (matéria federal)

b) se for denegação de RESE e for infração de menor potencial ofensivo

EXCELENTÍSSIMO SENHOR DOUTOR JUIZ DO ___ JUIZADO ESPECIAL CRIMINAL DE
_____

c) se for denegação de RESE e não for infração de menor potencial ofensivo, mas for crime não doloso contra a vida

EXCELENTÍSSIMO SENHOR DOUTOR JUIZ DE DIREITO DA ___ VARA CRIMINAL DA COMARCA DE _____ (matéria estadual)

EXCELENTÍSSIMO SENHOR DOUTOR JUIZ FEDERAL DA ___ VARA CRIMINAL DA SEÇÃO JUDICIÁRIA DE _____ (matéria federal)

d) se for denegação de RESE e não for infração de menor potencial ofensivo, mas for crime doloso contra a vida

EXCELENTÍSSIMO SENHOR DOUTOR JUIZ DE DIREITO DA ___ VARA DO JÚRI DA COMARCA DE _____ (matéria estadual)

EXCELENTÍSSIMO SENHOR DOUTOR JUIZ FEDERAL DA ___ VARA DO JÚRI DA SEÇÃO JUDICIÁRIA DE _____ (matéria federal)

(10 linhas)

_____ (nome), já qualificado nos autos do processo-crime em epígrafe n. _____, vem, por seu advogado infra-assinado, à presença de Vossa Excelência, não se conformando com o recurso interposto pelo _____, com fundamento no art. 643 do Código de Processo Penal, requerer a juntada das CONTRARRAZÕES DE CARTA TESTEMUNHÁVEL.

(2 linhas)

Termos em que, requerendo seja ordenado o processamento das contrarrazões, pede deferimento.

(2 linhas)

Cidade, _____ de _____ de _____.

(2 linhas)

_____

OAB – sob n. _____

CONTRARRAZÕES DE CARTA TESTEMUNHÁVEL

(3 linhas)

Testemunhante: _____
Testemunhado:_____
Origem: _____
Autos do Processo n._____

(3 linhas)

Egrégio Tribunal,
Colenda Câmara (Turma: se for TRF),
Doutos Julgadores

(3 linhas)

Não se conformando com o recurso interposto por _____ contra a respeitável decisão de fls. proferida em favor do recorrido, vem apresentar CONTRARRAZÕES, aguardando afinal se dignem Vossas Excelências em mantê-la, pelas razões a seguir expostas:

(2 linhas)

DOS FATOS

* Narrar os acontecimentos, sem inventar dados ou copiar o problema. Colocar o andamento processual.

(2 linhas)

DO DIREITO

- apontar a tese;
- justificar a tese;
- doutrina;
- jurisprudência;
- conclusão.

(2 linhas)

DO PEDIDO

Diante do exposto, requer seja dado provimento ao presente recurso, devendo ser mantida a respeitável decisão, no sentido de _____, como medida de inteira justiça.

(2 linhas)

Termos em que
pede deferimento.

(2 linhas)

Cidade, ____ de _____ de ____.

(2 linhas)

_____

OAB – sob n. ____

CASO PRÁTICO (Apesar da extinção do protesto por novo júri; o exercício será mantido para exercitar a carta testemunhável.)

Abelardo foi denunciado na 1ª Vara do Júri como incurso em concurso formal no art. 121, § 2º, inciso II, combinado com o art. 157, ambos do Código Penal. Ao término da instrução preliminar, o mesmo, após todas as provas apresentadas pela promotoria, foi pronunciado com base no mesmo artigo referido na denúncia. Esta decisão interlocutória transitou em julgado após cinco dias, sem manifestação das partes em recorrer em sentido estrito. Em plenário, você como advogado do réu sustentou legítima defesa. Abelardo foi condenado por quatro votos contra três. O douto juiz presidente do júri, no momento da dosimetria da pena, aplicou-lhe a pena de 21 anos e três meses de reclusão, a ser cumprida integralmente em regime fechado. A defesa apresentou protesto por novo júri, que foi denegado, pela não presença dos requisitos de admissibilidade do protesto, já que houve concurso formal de crimes. Elaborar medida cabível ao caso.

1. Rascunho da peça

a) **infração penal:** art. 121, § 2º, II, do Código Penal em concurso formal com o art. 157 do Código Penal;

b) **ação penal:** pública incondicionada;

c) **pena concreta:** 21 anos e 3 meses de detenção;

d) **pena abstrata:** reclusão de 12 a 30 anos; roubo: reclusão de 4 a 10 anos e multa;

e) **rito processual:** júri;

f) **momento processual:** indeferimento do protesto por novo júri;

g) **cliente:** Abelardo;

h) **situação prisional:** solto;

i) **tese:** justificar os requisitos de admissibilidade do protesto por novo júri;

j) **peça:** carta testemunhável;

k) **competência:** escrivão do cartório do ofício da comarca da capital;

l) **pedido:** novo júri.

2. Peça prática

INTERPOSIÇÃO

EXCELENTÍSSMO SENHOR ESCRIVÃO DO CARTÓRIO DO _____ OFÍCIO DA CO-MARCA DA CAPITAL

(10 linhas)

Abelardo, já qualificado nos autos do processo-crime em epígrafe n. _____, vem, por seu advogado infra-assinado, à presença de Vossa Senhoria, com fundamento nos arts. 639 e seguintes do Código de Processo Penal, requerer a extração da CARTA TESTEMUNHÁVEL, dentro do prazo legal, arrolando peças para traslado, bem como o seu encaminhamento ao Egrégio Tribunal competente.

(2 linhas)

Termos em que
pede deferimento.

(2 linhas)

Cidade, ____ de _____ de ____.

(2 linhas)

_____

OAB – sob n. ____

(2 linhas)

Rol das peças para traslado:

– Decisão recorrida (fls.).

– Intimação da decisão recorrida (fls.).

– Petição recursal (fls.).

– Despacho denegatório ou obstativo do recurso (fls.).

– Certidão comprobatória de que a carta foi tempestiva (fls.).

– Prova da interposição do recurso denegado ou obstado, inclusive sua tempestividade (fls.).

– Outras peças (fls.).

RAZÕES DE CARTA TESTEMUNHÁVEL

(3 linhas)

Testemunhante: *Abelardo*

Testemunhado: *Juiz*

Origem: *Cartório do Ofício da Comarca da Capital*

Autos do Processo n. _____

(3 linhas)

Egrégio Tribunal,

Colenda Câmara (Turma: se for TRF),

Ínclitos Julgadores,

(3 linhas)

Impõe-se a reforma da respeitável decisão _____ (especificar o conteúdo), pelas razões de fato e de direito a seguir expostas:

(2 linhas)

DOS FATOS

Abelardo foi denunciado como incurso no art. 121, § 2º, II, em concurso formal com o art. 157, ambos do Código Penal. Recebida a denúncia (fls.), o réu foi citado (fls.). Foi apresentada resposta à acusação (fls.). Não foi decretada a absolvição sumária (fls.).

Na audiência de instrução e julgamento, foram realizados os atos processuais (fls.). Em sede de alegações escritas, o promotor requereu _____ (fls.). A defesa, por sua vez, ____ (fls.). Na fase das diligências, nada foi requerido. Após conclusos os autos ao juiz, houve decisão de pronúncia (fls.). Não houve recurso em sentido estrito (fls.).

Na segunda fase do júri, o procedimento desenvolveu-se até a sentença (fls.), que condenou o protestante à pena de 21 anos e 3 meses de reclusão, a ser cumprida integralmente em regime fechado (fls.).

A defesa apresentou protesto por novo júri, que foi denegado pelo juiz presidente do tribunal do júri.

404

(2 linhas)

DO DIREITO

O recurso do protesto por novo júri apresentado pela recorrente deve ser admitido, pois há a presença de todos os requisitos, senão vejamos:

I – Consta dos autos a condenação de Abelardo, ora protestante, pela prática de homicídio qualificado em concurso formal com roubo, o que comprova o requisito legal da sentença condenatória proferida pelo Tribunal do Júri.

II – O protestante foi processado, julgado e, por fim, condenado pelo Estado a uma pena de reclusão de 21 anos e 3 meses de reclusão, resultante de um só crime, justificando o requisito da pena para cabimento do presente recurso.

Conforme observa Mirabete, em sua obra *Código de Processo Penal interpretado*, Atlas, 2000, p. 1311: "se a pena for resultante de crime continuado ou concurso formal, admite-se o protesto porque em ambos os casos se considera, ao menos por ficção, que há um todo unitário em que houve uma exasperação da pena".

III – O protestante interpôs recurso no prazo legal, cumprindo o requisito da tempestividade, conforme certidão anexa (doc. 1).

IV – O presente recurso foi interposto pelo defensor, com escritório situado na Rua tal, em nome do protestante, cumprindo o requisito da legitimidade ativa processual, nos termos do art. 577 do CPP.

V – Conforme certidão do distribuidor (doc. 2), não consta utilização anterior do protesto por novo júri.

VI – Pelo exposto, foram apontados os pressupostos legais necessários para admissibilidade do protesto, justificando, dessa forma, o direito líquido e certo do condenado à realização de um novo júri. Não há razão para manter, portanto, a decisão denegatória do protesto por novo júri.

(2 linhas)

DO PEDIDO

Diante do exposto, requer seja a presente Carta Testemunhável encaminhada a uma das Câmaras desse Egrégio Tribunal, para o efeito de determinarem o processamento do protesto por novo júri denegado, ou decida de ofício, caso entenda estar suficientemente instruída, como medida de inteira justiça.

(2 linhas)

Cidade, ____ de _____ de ____.

(2 linhas)

_____

OAB – sob n. ____

3 Embargos de declaração

1. Disciplina legal: os embargos de declaração estão regulados:

a) em relação às decisões proferidas pelos tribunais: nos arts. 619 e 620 do CPP;

b) em relação às decisões proferidas em primeiro grau: no art. 382 do CPP;

c) no JECrim: no art. 82 da Lei n. 9.099/95.

2. Finalidade

2.1 Saneamento: corrigir vício contido em sentença ou acórdão, visando seu esclarecimento ou integração. Conforme:

a) Hidejalma Muccio[8]: "Os embargos de declaração possibilitam que a omissão seja suprida, a obscuridade afastada, a ambiguidade desfeita e a contradição removida";

b) Nelson Luiz Pinto[9]: "É, pois, função desse recurso a revelação do verdadeiro sentido da decisão, bem como repor a decisão nos limites traçados pelo pedido da parte."

2.2 Prequestionamento: na prática forense é utilizado para prequestionamento, conforme as Súmulas 356 do STF e 211 do STJ. Para admissibilidade do recurso especial e extraordinário, é necessário que a questão federal ou constitucional seja debatida no acórdão recorrido.

3. Vícios: o rol dos vícios que ensejam os embargos é taxativo:

a) **Obscuridade:** falta de clareza, confusão, termos complexos e desconexos.

b) **Contradição:** proposições contrárias, incoerência, colisão de informações.

c) **Omissão:** não aprecia questões, lacuna, esquecimento, não disse o que era indispensável dizer; não apreciação de questões relevantes para o julgamento ou com a não manifestação sobre algum tópico da matéria submetida à apreciação judicial.

d) **Correção de Erro Material (não tem no JECrim):** diz respeito a itens como engano de digitação ou redação.

---

[8] MUCCIO, Hidejalma. *Prática de processo penal*: teoria e prática. São Paulo: HM, 2005. p. 817.

[9] LUIZ PINTO, Nelson. *Manual dos recursos cíveis*. São Paulo: Malheiros, 2002. p. 178.

4. Sentença/Acórdão sem vício: clara, inteligível e apta. Mirabete[10]: "a sentença deve ser extrinsecamente clara e precisa".

5. Legitimidade ativa: qualquer das partes (acusação ou defesa), inclusive o assistente de acusação.

6. Requisitos: fazer petição indicando o vício para o juiz que proferiu a sentença ou o relator, quando for acórdão.

7. Efeito infringente

a) **Conceito:** efeito infringente significa modificar a decisão embargada.

b) **Cabimento:** não cabe, pois seu objetivo é tornar a decisão clara e precisa; porém a jurisprudência o admite quando houver omissão, sendo necessário oitiva da parte contrária, em homenagem ao princípio do contraditório. O juiz intimará o embargado para, querendo, manifestar-se, no prazo de 5 (cinco) dias, sobre os embargos opostos, caso seu eventual acolhimento implique a modificação da decisão embargada (art. 1.023, § 1º, do CPC). Nucci[11] diz que a modificação substancial pode decorrer não apenas da omissão, como também da contradição.

8. Indeferimento liminar dos embargos de declaração: não tem recurso no CPP. Quando acontecer em primeiro grau, deve ou renovar o pedido em preliminar de recurso ou, se for grave, propor *habeas corpus*[12]. Há doutrinadores[13] que sustentam a irrecorribilidade. Em segunda instância, pode-se falar em agravo interno.

9. Cabem embargos de declaração da decisão nos embargos? Há os seguintes posicionamentos:

a) Sim, desde que atinjam a nova decisão proferida nos embargos de declaração. Como bem observa Tourinho, existe a impossibilidade de atacar, mediante novos embargos de declaração, aspectos já solucionados na decisão declaratória precedente[14].

b) Há quem diga que podem atingir a decisão anterior, desde que o assunto não tenha sido discutido. A reiteração com o mesmo conteúdo do anterior tem caráter protelatório.

---

[10] MIRABETE, Julio Fabbrini. *Processo penal*. São Paulo: Atlas, 2002. p. 666.

[11] NUCCI, Guilherme de Souza. *Código de Processo Penal anotado*. São Paulo: Revista dos Tribunais, 2004. p. 918.

[12] CASTELO BRANCO, Tales. *Teoria e prática dos recursos criminais*. São Paulo: Saraiva, 2003. p. 106.

[13] CAMARA LEAL, Antonio Luiz da. *Comentários ao Código de Processo Penal brasileiro*. Rio de Janeiro/São Paulo: Freitas Bastos, 1942. p. 821.

[14] TOURINHO FILHO, Fernando da Costa. *Processo penal*. São Paulo: Saraiva, 1999. p. 456.

10. Cabem embargos de declaração de decisão interlocutória? Uma corrente diz que sim; outra diz que não, por falta de previsão legal.

11. Cabem embargos de declaração quando houver contradição do acórdão com a prova nos autos? Não, pois só cabem embargos quando a contradição é encontrada no próprio corpo da decisão.

12. Os embargos podem reavaliar provas e fatos? Não, pois sua finalidade legal é corrigir vícios.

13. Contradição entre a ementa e o acórdão? Duas correntes:

a) a primeira diz que não, pois a ementa não tem conteúdo decisório;

b) a segunda diz que sim, já que existe o vício.

14. Prazo

a) **Prazo no CPP:** dois dias.

b) **Prazo no JECrim:** cinco dias.

c) **Início do prazo:** publicação da decisão judicial.

d) **Defensor público:** prazo em dobro, nos termos do art. 5º, § 5º, da Lei n. 1.060/50.

e) **Outros prazos:** alguns Regimentos Internos fazem previsão de prazo específico: (a) STF: art. 337, § 1º – cinco dias; (b) STJ: art. 263 – dois dias.

15. Julgamento: mesmo órgão jurisdicional que prolatou a decisão embargada:

a) **Segunda instância:** os embargos são dirigidos para o relator do acórdão embargado.

b) **Primeira instância:** os embargos são dirigidos ao próprio juiz que prolatou a decisão.

16. Características: (a) não tem sustentação oral; (b) quando cabe de sentença, chama **embarguinhos**; (c) retratação disfarçada, já que o próprio órgão que proferiu a decisão irá rever, para sanar o vício; (d) em natureza recursal, já que meio voluntário de impugnação de decisão judicial.

17. Efeitos

a) interrompem o prazo de outros recursos, em analogia ao art. 1026 do CPC; o prazo recomeça a contar em sua inteireza a partir da intimação da decisão que julga os embargos. É possível utilizar no Processo Penal regra do Código de Processo Civil, já que pelo art. 3º do CPP a lei processual penal adota aplicação analógica;

b) a eficácia da decisão monocrática ou colegiada poderá ser suspensa pelo respectivo juiz ou relator se demonstrada a probabilidade de provimento do recurso ou, sendo relevante a fundamentação, se houver risco de dano grave ou de difícil reparação;

c) possuem efeito regressivo, ou seja, juízo de retratação, já que são julgados pelo mesmo órgão prolator da decisão;

d) possuem efeito devolutivo, pois há a devolução da matéria decidida ao mesmo órgão que julgou a decisão.

18. Embargos manifestamente protelatórios: o regimento interno do STF diz que quando for manifestamente protelatório não acarreta o efeito de suspender ou interromper o prazo de outros recursos. O juiz ou o tribunal, em decisão fundamentada, condenará o embargante a pagar ao embargado multa não excedente a dois por cento sobre o valor atualizado da causa. Na reiteração de embargos de declaração manifestamente protelatórios, a multa será elevada a até dez por cento sobre o valor atualizado da causa, e a interposição de qualquer recurso ficará condicionada ao depósito prévio do valor da multa, à exceção da Fazenda Pública e do beneficiário de gratuidade da justiça, que a recolherão ao final. Não serão admitidos novos embargos de declaração se os 2 (dois) anteriores houverem sido considerados protelatórios.

19. Contraditório: os embargos de declaração são, em regra, *inaudita altera pars*, ou seja, sem oitiva da parte contrária; porém, quando possuem efeito infringente, será necessário formar o contraditório, de modo a abrir vista à parte contrária antes do julgamento dos embargos de declaração. O juiz intimará o embargado para, querendo, manifestar-se, no prazo de 5 (cinco) dias, sobre os embargos opostos, caso seu eventual acolhimento implique a modificação da decisão embargada. (art. 1.023, § 1º, do CPC).

20. Processamento

a) apresentação da petição de embargos dirigida ao juiz ou relator, conforme o caso, com indicação do ponto a ser corrigido;

b) na segunda instância o relator apresenta para julgamento na primeira sessão do colegiado, sem depender de revisão; nos tribunais, o relator apresentará os embargos em mesa na sessão subsequente, proferindo voto, e, não havendo julgamento nessa sessão, será o recurso incluído em pauta automaticamente. Quando os embargos de declaração forem opostos contra decisão de relator ou outra decisão unipessoal proferida em tribunal, o órgão prolator da decisão embargada decidi-los-á monocraticamente;

c) análise judicial da petição, podendo ser tomada uma das seguintes atitudes:

c1) indeferimento liminar: agravo interno;

c2) deferimento: prosseguimento;

d) decisão final, que forma junto com a decisão embargada uma só decisão clara e precisa. A sentença ou o acórdão proferido em sede de embargos de declaração são como diz Tornaghi[15]: "dois pronunciamentos que se fundem numa só decisão, mais iluminada ou completa".

21. Regularidade formal: os embargos devem ser opostos por petição. No Juizado Criminal é admitida oposição oral.

22. Observações:

a) embora a lei preveja embargos de declaração apenas de sentença e acórdão, qualquer decisão judicial pode ser embargada enquanto não ocorrer preclusão;

b) a expressão *Tribunais de Apelação* contida no art. 619 do CPP deve ser interpretada de maneira a incluir os seguintes tribunais: Tribunal de Justiça, Tribunal Regional Federal e Tribunal Regional Eleitoral;

c) a respeito da natureza dos embargos de declaração, há dois posicionamentos:

c1) não têm natureza recursal, pois sua finalidade é corrigir vício, e não questionar provas e fatos; os embargos são endereçados ao próprio juiz *a quo*;

c2) têm natureza recursal, pois além de serem previstos na lei como recursos, visam corrigir vício contido na decisão judicial.

d) a parte tem direito à entrega da prestação jurisdicional de forma clara, precisa e completa [...] os embargos de declaração [...] meio indispensável à segurança dos provimentos judiciais[16].

23. Esquema da peça prática

a) Endereçamento:

- quando for sentença: (1) se for crime doloso contra a vida: Juiz Presidente do Tribunal do Júri; (2) se não for crime doloso contra vida e matéria federal: Juiz Federal da Vara Criminal; (3) se não for crime doloso contra vida e matéria estadual: Juiz de Direito da Vara Criminal; (4) se for do JECrim: juiz do JECrim;

- quando for acórdão: (1) se matéria Federal: Desembargador Federal Relator da Turma Criminal; (2) se matéria estadual: Desembargador Relator da Câmara Criminal.

---

[15] TORNAGHI, Hélio. *Curso de processo penal.* São Paulo: Saraiva, 1988. p. 370.

[16] LUIZ PINTO, Nelson. *Manual dos recursos cíveis.* São Paulo: Malheiros, 2002. p. 178.

b) **Preâmbulo:** (a) nome e qualificação do embargante (não precisa qualificar, pois não é peça inicial); (b) capacidade postulatória; (c) fundamento legal; (d) nome da peça; (e) tempestividade recursal; (f) frase final.

c) **Dos fatos:** narrar a infração penal praticada, sem inventar dados, e o andamento processual até o momento da sentença ou acórdão, conforme o caso; apontar o vício da decisão.

d) **Do direito:** comprovar a ocorrência do vício na decisão, para sua correção.

e) **Do pedido:** pedir a correção do vício.

f) **Parte final:** termos em que, pede deferimento; data e indicação da OAB.

g) **Terminologia:** (1) verbo do recurso: opor Embargos de Declaração; (2) recorrente: embargante; (3) recorrido: embargado.

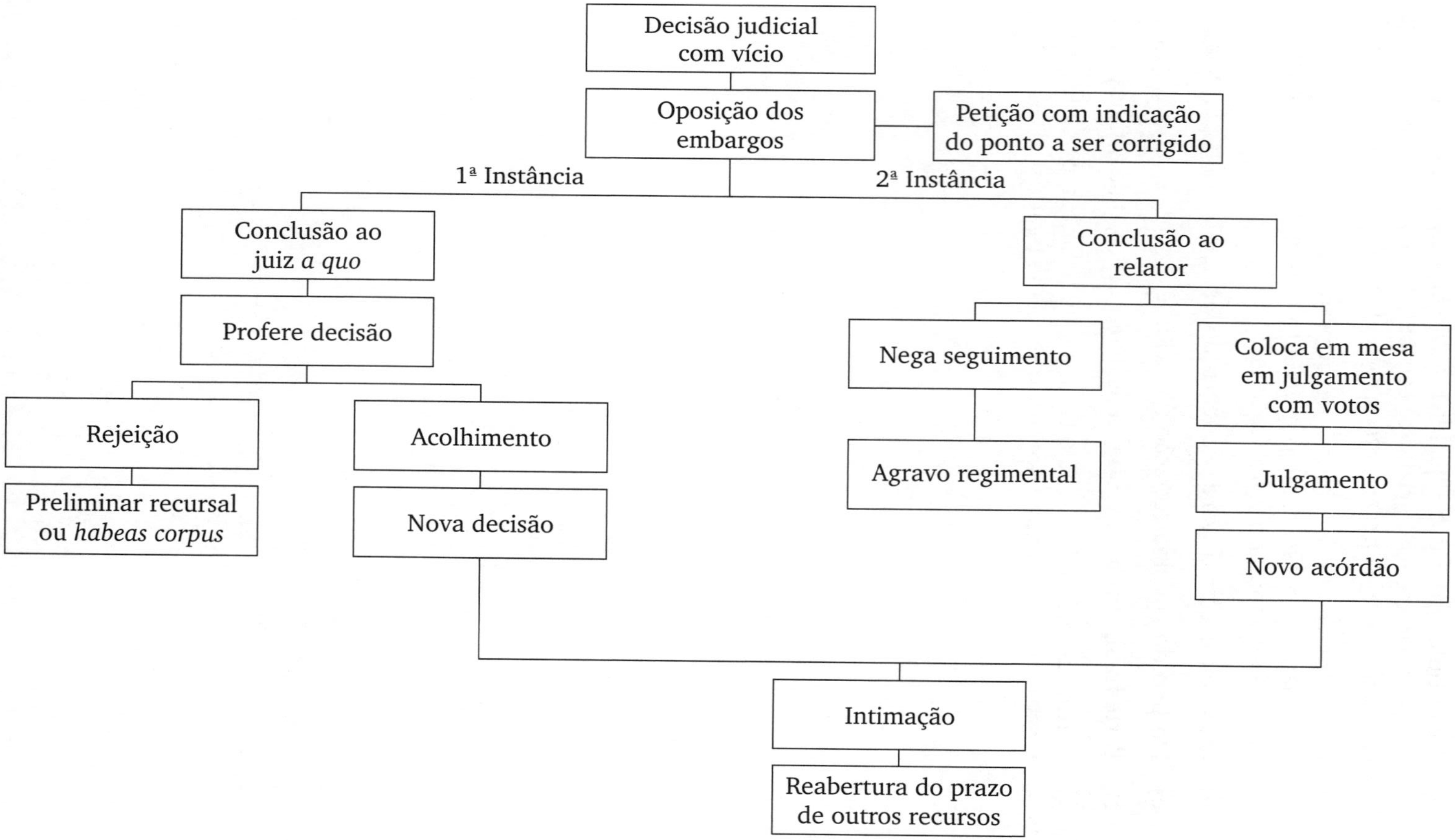
Decisão judicial com vício
Oposição dos embargos
Petição com indicação do ponto a ser corrigido
1ª Instância
2ª Instância
Conclusão ao juiz *a quo*
Profere decisão
Rejeição
Preliminar recursal ou *habeas corpus*
Acolhimento
Nova decisão
Conclusão ao relator
Nega seguimento
Agravo regimental
Coloca em mesa em julgamento com votos
Julgamento
Novo acórdão
Intimação
Reabertura do prazo de outros recursos

MODELO DE EMBARGOS DE DECLARAÇÃO DE SENTENÇA

EXCELENTÍSSIMO SENHOR DOUTOR JUIZ DE DIREITO DA ___ VARA CRIMINAL DA COMARCA DE _____ (crime não doloso contra a vida e matéria estadual)

EXCELENTÍSSIMO SENHOR DOUTOR JUIZ FEDERAL DA ___ VARA CRIMINAL DA SEÇÃO JUDICIÁRIA DE _____ (crime não doloso contra a vida e matéria federal)

EXCELENTÍSSIMO SENHOR DOUTOR JUIZ PRESIDENTE DO TRIBUNAL JÚRI DA COMARCA DE _____ (crime doloso contra a vida e matéria estadual)

EXCELENTÍSSIMO SENHOR DOUTOR JUIZ PRESIDENTE DO TRIBUNAL JÚRI DA SEÇÃO JUDICIÁRIA DE _____ (crime doloso contra a vida e matéria federal)

EXCELENTÍSSIMO SENHOR DOUTOR JUIZ DO JUIZADO ESPECIAL CRIMINAL DA COMARCA DE _____ (infração de menor potencial ofensivo e matéria estadual)

EXCELENTÍSSIMO SENHOR DOUTOR JUIZ DO JUIZADO ESPECIAL CRIMINAL DA SEÇÃO JUDICIÁRIA DE _____ (infração de menor potencial ofensivo e matéria federal)

(10 linhas)

_____ (nome), já qualificado nos autos do processo-crime em epígrafe, vem, por seu advogado infra-assinado, à presença de Vossa Excelência, com fundamento no artigo _____, opor EMBARGOS DE DECLARAÇÃO à respeitável sentença de fls., dentro do prazo legal, pelos motivos de fato e de direito a seguir aduzidos:

(2 linhas)

DOS FATOS

* Narrar os acontecimentos, sem inventar dados ou copiar o problema. Colocar o andamento processual.

* Apontar erro material ou a omissão ou contradição ou obscuridade. Se for Jecrim apontar contradição ou obscuridade ou omissão.

(2 linhas)

DO DIREITO

• apontar a tese: a tese é sanar o vício contido na decisão. Exemplo: No caso em tela, o vício _____ (indicar a espécie) representa um gravame produzido à _____ (indicar a parte prejudicada). Nessa esteira, a finalidade do embargante é sanar o vício, para que a sentença fique clara, precisa, íntegra e perfeita;

- justificar a tese: demonstrar o vício e a necessidade de sua correção;

- doutrina;

- jurisprudência;

- conclusão.

(2 linhas)

DO PEDIDO

Diante do exposto, requer sejam recebidos os presentes EMBARGOS DE DE-CLARAÇÃO e, ao final, julgados para se declarar a sentença embargada, corrigindo-se _____ (mencionar o vício) nela contido, como medida de inteira justiça.

(2 linhas)

Termos em que
pede deferimento.

(2 linhas)

Cidade, ____ de _____ de ____.

(2 linhas)

_____

OAB – sob n. ____

MODELO DE EMBARGOS DE DECLARAÇÃO DE ACÓRDÃO

EXCELENTÍSSIMO SENHOR DOUTOR DESEMBARGADOR RELATOR DA ___ CÂMARA CRIMINAL DO EGRÉGIO TRIBUNAL DE JUSTIÇA DO ESTADO DE _____ (matéria estadual)

EXCELENTÍSSIMO SENHOR DOUTOR DESEMBARGADOR FEDERAL RELATOR DA ___ TURMA CRIMINAL DO EGRÉGIO TRIBUNAL REGIONAL FEDERAL DA ___ REGIÃO (matéria federal)

(10 linhas)

_____ (nome), já qualificado nos autos do processo-crime em epígrafe, vem, por seu advogado infra-assinado, à presença de Vossa Excelência, com fundamento no art. 619 do Código de Processo Penal, opor EMBARGOS DE DECLARAÇÃO ao venerando acórdão de fls., dentro do prazo legal, pelos motivos de fato e de direito a seguir aduzidos:

(2 linhas)

DOS FATOS

    * Narrar os acontecimentos, sem inventar dados ou copiar o problema. Colocar o andamento processual.

    * Apontar erro material ou a omissão ou contradição ou obscuridade. Se for JECrim apontar contradição ou obscuridade ou omissão.

(2 linhas)

DO DIREITO

- apontar a tese: a tese é sanar o vício contido na decisão. Exemplo: No caso em tela, o vício _____ (indicar a espécie), representa um gravame produzido à _____ (indicar a parte prejudicada). Nessa esteira, a finalidade do embargante é sanar o vício, para que o acórdão fique claro, preciso, íntegro e perfeito;

- justificar a tese: demonstrar o vício e a necessidade da sua correção;

- doutrina;

- jurisprudência;

- conclusão.

(2 linhas)

DO PEDIDO

    Diante do exposto, requer sejam recebidos os presentes EMBARGOS DE DECLARAÇÃO e, ao final, julgados para se declarar o acórdão embargado, corrigindo-se _____ nele contido, como medida de inteira justiça.

(2 linhas)

**Termos em que
pede deferimento.**

(2 linhas)

Cidade, ____ de _____ de ____.

(2 linhas)

_____

OAB – sob n. ____

CASO PRÁTICO

José foi processado perante a 1ª Vara Criminal da capital como incurso no art. 213 do CP. Baseou sua defesa no fato de que, apesar de ter sido reconhecido pela vítima, não seria possível ser o autor do crime, uma vez que no dia dos fatos estava na cidade do Rio de Janeiro, anexando aos autos notas fiscais de hotéis e restaurantes em que ficou. Concedido a José o direito de recorrer em liberdade, ele efetivamente apelou ao tribunal competente, sempre alegando, entre outras coisas, que não poderia ter cometido o crime, pois não estava em São Paulo, e que a prova era robusta e insofismável. A decisão do tribunal, por sua primeira Câmara, foi publicada ontem e o venerando acórdão negou provimento ao recurso interposto por José, salientando seus péssimos antecedentes criminais e sólida prova acusatória, mas não mencionou a prova carreada aos autos, no que diz respeito às notas fiscais anexadas. Como advogado de José, elaborar a peça que melhor atenda aos interesses de José. Justifique.

1. Rascunho da peça

a) **infração penal:** art. 213 do Código Penal;

b) **ação penal:** pública condicionada à representação, nos termos do art. 225 do Código Penal;

c) **pena concreta:** não mencionado;

d) **pena abstrata:** reclusão de 6 a 10 anos;

e) **rito processual:** ordinário;

f) **momento processual:** momento do acórdão;

g) **cliente:** José;

h) **situação prisional:** solto;

i) **tese:** falta de apreciação de provas;

j) **peça:** embargos de declaração;

k) **competência:** desembargador relator da 1ª Câmara Criminal do Tribunal de Justiça;

l) **pedido:** sanar vício.

2. Peça prática

EXCELENTÍSSIMO SENHOR DOUTOR DESEMBARGADOR RELATOR DA ___ CÂMARA CRIMINAL DO EGRÉGIO TRIBUNAL DE JUSTIÇA DO ESTADO DE SÃO PAULO

(10 linhas)

José, já qualificado nos autos do processo-crime em epígrafe, vem, por seu advogado infra-assinado, à presença de Vossa Excelência, com fundamento no art. 619 do Código de Processo Penal, opor EMBARGOS DE DECLARAÇÃO ao venerando acórdão de fls., dentro do prazo legal, pelos motivos de fato e de direito a seguir aduzidos:

(2 linhas)

DOS FATOS

O embargante foi denunciado como incurso nas penas do art. 213 do Código Penal (fls.). A denúncia foi recebida (fls.). O réu foi citado (fls.).

A resposta à acusação foi apresentada no prazo legal (fls.). Não houve decretação de absolvição sumária (fls.). Na audiência de instrução e julgamento os atos processuais foram realizados (fls.). Foram apresentadas alegações finais (fls.). O juiz proferiu sentença.

O embargante apelou ao tribunal, que negou provimento ao recurso interposto (fls.).

O tribunal em seu acórdão não mencionou a prova carreada aos autos, no que diz respeito às notas fiscais anexadas (fls.).

(2 linhas)

DO DIREITO

No caso em tela, o vício da omissão representa um gravame produzido ao embargante. Nessa esteira, a finalidade do embargante é sanar o vício, para que o acórdão fique claro, preciso, íntegro e perfeito.

A omissão restou caracterizada pela não apreciação do Tribunal em relação à prova constante dos autos, que, por sua vez, comprova a inocência do embargante.

Conforme observa Mirabete sobre o cabimento do presente embargo, em sua obra *Código de Processo Penal interpretado*, Atlas, 2000, página 1342: "têm característica a invocação no mesmo juízo ou tribunal, para que se desfaça ambiguidade, obscuridade, contradição ou omissão que a sentença ou acórdão contém".

É indiscutível o prejuízo sofrido pelo embargante, já que a prova visa comprovar a inocência. O vício deve ser sanado em nome da busca da verdade material dos fatos, princípio base do processo penal.

(2 linhas)

DO PEDIDO

Diante do exposto, requer sejam recebidos os presentes EMBARGOS DE DE-
CLARAÇÃO e, ao final, julgados para se declarar o acórdão embargado, corrigindo-se a omissão
nele contida, como medida de inteira justiça.

(2 linhas)

Termos em que
pede deferimento.

(2 linhas)

Cidade, ____ de _____ de ____.

(2 linhas)

_____
OAB – sob n. ____

4 Embargos infringentes e de nulidade

1. Disciplina legal: o recurso dos embargos infringentes e de nulidade está
regulado no art. 609 do CPP.

2. Histórico: foi introduzido pela Lei n. 1.720-B, de 3-11-1952.

3. Características

a) recurso ampliativo: ao possibilitar o reexame da matéria que foi objeto
de divergência, amplia a composição da turma julgadora;

b) recurso exclusivo da defesa;

c) é um recurso cabível de acórdão não unânime, proferido em julgamento de apelação ou recurso em sentido estrito, desfavorável ao réu;

d) manifestação do princípio da ampla defesa, na modalidade de um *favor
rei*;

e) têm efeito devolutivo e suspensivo;

f) são ofensivos, pois visam à reforma da decisão pelo voto vencido favorável ao réu;

g) não é necessário o recolhimento do réu à prisão para opor os embargos;

h) apresentam caráter de retratação, pois os próprios julgadores do acórdão embargado participam do julgamento do recurso[17].

_____
[17] MUCCIO, Hidejalma. *Prática de processo penal*: teoria e prática. São Paulo: HM, 2005. p. 837.

4. Finalidade: fazer valer o voto vencido; possibilitar o reexame da matéria objeto de discordância, ocorrida no julgamento de uma apelação ou de um recurso em sentido estrito, por uma Turma ampliada de juízes ou desembargadores.

5. Espécies:

Itens	Embargos infringentes	Embargos de nulidade
Finalidade	Modificação.	Anulação.
Alcance	Mérito.	Questão processual.
Resultado	Substituição por outra decisão.	Anulação do processo.

6. Outros embargos

a) **Embargos no STJ:** não há embargos infringentes.

b) **Embargos no STF:** cabem de decisão não unânime do plenário ou turma que julgar improcedente ação penal, revisão criminal ou quando for desfavorável ao réu em recurso criminal ordinário (regimento interno do STF).

c) **Embargos na Justiça Militar:** cabem se a decisão final da Justiça Militar não for unânime, não importando se favorável ou não ao réu, podendo o MP propor.

7. Legitimidade ativa: defensor constituído ou dativo. O réu pode apresentar os embargos, mas não arrazoar, salvo se tiver capacidade postulatória. É recurso exclusivo da defesa. Na Justiça Militar pode ser utilizado tanto pela acusação como pela defesa.

8. Requisitos: (a) decisão em RESE ou Apelação; (b) decisão por maioria, ou seja, a existência de um voto vencido; (c) voto vencido com decisão favorável ao réu; (d) quando a divergência for parcial os embargos ficam restritos à matéria da divergência; (e) a divergência deve atingir o resultado, e não apenas a fundamentação.

9. Prazo: dez dias, contados da publicação do acórdão na imprensa oficial.

10. Regularidade formal: os embargos devem ser opostos por petição composta de interposição, peça onde se declara a vontade de recorrer, e das razões, peça onde se declaram os motivos do inconformismo. Devem ser dirigidos ao relator do acórdão e entregues na secretaria do tribunal.

11. Julgamento: petição dirigida ao relator do acórdão, e o julgamento será feito pelo tribunal competente, de acordo com o regimento interno: no TRF, são duas turmas; no TJ/SP: Câmara, na sua composição integral.

12. Interesse em recorrer: a divergência de votos que autoriza os embargos diz respeito à conclusão do pronunciamento, e não à sua fundamentação. Não há interesse em modificar os motivos que levaram ao resultado desfavorável. Se a divergência for total, integral será o reexame da matéria decidida. Se a divergência for parcial, limitado será o reexame da matéria decidida. Deve existir um voto favorável à defesa.

13. **Processamento (art. 613 do CPP):**

a) apresentação dos embargos ao relator do acórdão embargado;

b) remessa dos autos ao procurador-geral para em dez dias dar parecer;

c) distribuição ao relator para em dez dias fazer relatório;

d) remessa ao revisor para em dez dias fazer revisão e pedir dia para julgamento;

e) sessão de julgamento, com o tempo de debates de um quarto de hora (o querelante e o assistente têm o direito de manifestação, em respeito ao contraditório, num prazo de dez dias);

f) julgamento pelo tribunal competente: (1) a favor do voto vencedor; (2) a favor do voto vencido; (3) solução intermediária.

14. **Empate:** prevalece a decisão mais favorável ao réu.

15. **Não cabimento**

a) em recurso *ex officio*: segundo o STJ não cabe;

b) nos julgamentos realizados pelas turmas recursais: não, pois turmas recursais não são tribunais;

c) quando se tratar de ação penal de competência originária, em caso de recebimento da denúncia por maioria de votos: não, pois há falta de previsão legal.

16. **Decisão com parte não unânime e parte unânime:** oposição do Recurso Especial ou Extraordinário, no prazo legal, antes do julgamento dos embargos (Súmula 355 do STF).

17. **Cabimento em agravo em execução:** há os seguintes posicionamentos:

a) sim, pois o agravo em execução é previsto para impugnação de decisões que antes comportavam Recurso em sentido estrito, sob pena de violação à ampla defesa;

b) não é possível, pois a lei é clara e taxativa ao dizer que só cabe em julgamento de apelação e recurso em sentido estrito.

18. **Denegação pelo relator:** agravo regimental.

19. **Esquema da peça prática:**

Interposição

a) **Endereçamento:** será endereçado para o relator do acórdão embargado.

b) **Preâmbulo:** (a) nome e qualificação do réu (não precisa qualificar, pois não é peça inicial); (b) capacidade postulatória; (c) fundamento legal; (d) nome da peça; (e) frase final: tempestividade e encaminhamento ao Tribunal competente.

c) **Parte final:** termos em que, pede deferimento; data e OAB.

Razões

a) **Nome da peça:** no centro da folha, o nome da peça: Razões de Embargos Infringentes ou Nulidade.

b) **Introdução:** no lado esquerdo da peça, indicar dados de identificação.

c) **Saudação:** cumprimento aos membros do Tribunal competente.

d) **Dos fatos:** narrar a infração penal praticada, sem inventar dado, e o andamento processual até o momento do acórdão com voto vencido.

e) **Do direito:** demonstrar que o voto vencido deve prevalecer, desde que favorável à defesa.

f) **Do pedido:** provimento do recurso, com a mantença da decisão.

g) **Parte final:** data e indicação da OAB.

Embargos infringentes e de nulidade

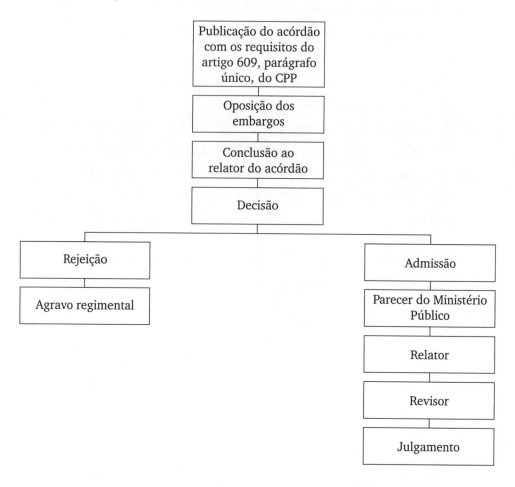

MODELO DE EMBARGOS INFRINGENTES E DE NULIDADE

INTERPOSIÇÃO

EXCELENTÍSSIMO SENHOR DOUTOR DESEMBARGADOR RELATOR DA ___ CÂMARA CRIMINAL DO EGRÉGIO TRIBUNAL DE JUSTIÇA DO ESTADO DE _____
(matéria estadual)

EXCELENTÍSSIMO SENHOR DOUTOR DESEMBARGADOR FEDERAL RELATOR DA ___ TURMA CRIMINAL DO EGRÉGIO TRIBUNAL REGIONAL FEDERAL DA ___ REGIÃO
(matéria federal)

(10 linhas)

_____ (nome), já qualificado nos autos do processo em epígrafe, vem, por seu advogado infra-assinado, à presença de Vossa Excelência, não se conformando com o venerando acórdão de fls. que _____ (especificar o conteúdo da decisão), com fundamento no art. 609, parágrafo único, do Código de Processo Penal, opor EMBARGOS INFRINGENTES (OU DE NULIDADE), dentro do prazo legal, ao Egrégio Tribunal competente.

(2 linhas)

Termos em que, requerendo seja ordenado o processamento do presente recurso, com as inclusas razões, pede deferimento.

(2 linhas)

Cidade, ____ de _____ de ____.

(2 linhas)

_____
OAB – sob n. ____

RAZÕES DE EMBARGOS INFRINGENTES E DE NULIDADE

(3 linhas)

Embargante: _____
Embargado: _____
Origem: _____
Autos do Processo n._____

(3 linhas)

Egrégio Tribunal,

Colenda Câmara,

Doutos Julgadores,

Insigne Relator

(3 linhas)

Impõe-se, *data venia*, os presentes EMBARGOS para que o voto vencido seja reconhecido, pelas razões a seguir expostas:

(2 linhas)

DOS FATOS

* Narrar os acontecimentos, sem inventar dados ou copiar o problema. Colocar o andamento processual.

(2 linhas)

DO DIREITO

- apontar a tese: não esquecer de justificar a presença dos requisitos de admissibilidade. A tese será a contida no voto vencido;

- justificar a tese;

- doutrina;

- jurisprudência;

- conclusão.

(2 linhas)

DO PEDIDO

Diante do exposto e apresentados os fundamentos dos EMBARGOS ora opostos, requer a reforma do venerando acórdão recorrido, para que, ao final, seja mantido o voto vencido, a fim de _____, como medida de inteira justiça.

(2 linhas)

Cidade, ____ de _____ de ____.

(2 linhas)

_____
OAB – sob n. ____

5 Apelação

1. **Disciplina legal:** a apelação está regulada:

a) **regra:** nos arts. 593 a 603 do CPP;

b) **no JECrim:** está regulado no art. 82 da Lei n. 9.099/95.

2. **Finalidade:** pedir reexame ao Tribunal de sentença definitiva ou com força de definitiva.

3. **Legitimidade ativa:**

a) **Ministério Público:** pode, de sentença absolutória (fiscal da lei) ou condenatória; não pode recorrer na ação penal privada para pedir condenação; é possível o MP recorrer contra o réu na ação penal privada subsidiária da pública;

b) **assistente de acusação:** para aumentar pena ou incluir qualificadora: duas correntes: (1) não pode, pois o seu interesse é formar título executivo no cível; (2) sim, pois sua função é auxiliar a justiça; sua atuação é supletiva: só apelar das matérias não impugnadas pelo Ministério Público;

c) **defensor dativo:** não é obrigado a apelar;

d) **réu e curador:** podem recorrer por termo nos autos; divergência entre réu e defensor: (1) defensor, pois tem capacidade técnica; (2) quem deseja apelar, em nome da ampla defesa; (3) Súmula 705 do STF.

4. Características: (a) amplo: devolve ao Tribunal toda a matéria já decidida pelo juiz *a quo*; (b) residual: cabe quando não for possível o Recurso em Sentido Estrito; (c) apelação é delimitada no ato da interposição (Súmula 713 do STF).

5. Prazo

5.1 Interposição: cinco dias; no JECrim, a interposição é de dez dias.

5.2 Início do prazo: intimação da sentença.

5.3 Citação por edital: o prazo começa a contar do fim do prazo do edital (60 dias, se a pena aplicada for menor de um ano ou, 90 dias, se a pena for igual ou superior a um ano).

5.4 Júri: a publicação ocorre na sessão de julgamento, saindo as partes intimadas (art. 798, § 5º, *b*, do CPP).

5.5 Assistente: há dois posicionamentos:

- a primeira corrente sustenta que o prazo varia, conforme esteja ou não habilitado: (a) se habilitado: 5 dias; (b) se não habilitado: 15 dias após o término do prazo do Ministério Público;

- a segunda corrente sustenta que o prazo é sempre de 15 dias.

5.6 Razões: crime: oito dias, contravenção: três dias; se for assistente, o prazo será de três dias, após manifestação do Ministério Público; o Ministério Público terá o prazo de três dias para arrazoar ou contra-arrazoar o recurso, se a ação penal for privada; no JECrim, o prazo é de dez dias.

5.7 Prazo comum: quando forem dois ou mais apelantes ou apelados.

5.8 Defensor Público: o prazo será em dobro, nos termos do art. 5º, § 5º, da Lei n. 1.060/50.

6. Julgamento: Tribunal ou Turma Recursal, quando for JECrim.

7. Processamento:

a) interposição por termo ou petição;

b) intimação do apelante para oferecer razões ou, se preferir, arrazoar em segunda instância, nos termos do art. 600, § 4º, do CPP (mencionar tal situação na interposição; no tribunal *ad quem* será aberta vista para as razões e contrarrazões);

c) intimação do recorrido para contrarrazões;

d) juízo de admissibilidade pelo juiz *a quo*, que pode tomar uma das seguintes atitudes:

   d1) admitir o recurso: ocorrerá o processamento do recurso, com a remessa ao Tribunal a*d quem*; tal remessa será feita em 5 dias, salvo se houver traslado, pois o prazo, nesse caso, será de 30 dias;

   d2) não admitir o recurso: a parte pode interpor recurso em sentido estrito, nos termos do art. 581, inciso XV, do CPP. Se admitir recurso, mas não der prosseguimento, cabe carta testemunhável, nos termos do art. 639 do CPP[18];

e) no Tribunal, o processamento da Apelação varia conforme a qualidade da pena:

   e1) **pena de detenção:** (1) vista do procurador-geral para parecer em cinco dias; (2) relator, em cinco dias, pede dia para julgamento; (3) anúncio do julgamento pelo Presidente; (4) pregão; (5) exposição do relatório pelo relator; (6) sustentação oral por dez minutos; (7) julgamento por maioria de votos, com a publicação do respectivo acórdão;

   e2) **pena de reclusão:** (1) vista ao procurador-geral para parecer em dez dias; (2) relator, em dez dias, para relatório; (3) revisor, em dez dias, faz revisão e pede dia para julgamento; (4) anúncio do julgamento pelo presidente; (5) exposição do relatório pelo relator; (6) sustentação oral por 15 minutos; (7) julgamento por maioria de votos, com a publicação do respectivo acórdão;

f) normas complementares do procedimento da Apelação serão estabelecidas nos Regimentos internos dos Tribunais;

g) se houver empate de votos no julgamento dos recursos, o presidente dará o voto de desempate; se já proferiu, prevalece a decisão mais favorável ao réu.

8. Cabimento

8.1 Sentenças definitivas de condenação ou absolvição proferidas por juiz singular.

---

[18] GRINOVER, Ada Pellegrini; SCARANCE FERNANDES, Antonio; MAGALHÃES GOMES FILHO, Antonio. *Recursos no processo penal*. São Paulo: Revista dos Tribunais, 1998. p. 149.

Sentença definitiva é a que julga o mérito, podendo ser: (1) condenatória: é a que julga procedente a pretensão punitiva; (2) absolutória: é a que julga improcedente a pretensão punitiva, podendo ser própria, quando apenas absolve, ou imprópria, quando absolve e impõe medida de segurança.

a) atenção: "Art. 416. Contra a sentença de impronúncia ou de absolvição sumária caberá apelação".

b) **ação penal originária de tribunal** – Recurso Especial ou Extraordinário;

c) **extinção da punibilidade** – Recurso em sentido estrito.

8.2 Decisões definitivas ou com força de definitivas, proferidas por juiz singular nos casos não previstos no capítulo que rege o recurso em sentido estrito.

Sentença com força de definitiva é a que julga o mérito sem condenar ou absolver.

8.3 Decisões do Tribunal do Júri, quando:

a) **ocorrer nulidade posterior à pronúncia.** Nesse caso, se o Tribunal der provimento, anulará o julgamento, determinando novo julgamento; quando ocorrer nulidade posterior à pronúncia: se houver anulação, haverá novo julgamento; as nulidades absolutas podem ser alegadas a qualquer momento; as nulidades relativas só podem ser alegadas em momento próprio previsto em lei:

Momento da nulidade	Momento da arguição
Instrução criminal.	Alegações finais.
Após pronúncia.	Após anúncio do julgamento e pregão das partes.
Plenário.	Após a ocorrência da nulidade.

b) **for a sentença do juiz presidente contrária à lei expressa ou à decisão dos jurados:** o tribunal fará a devida retificação;

c) **houver erro ou injustiça no tocante à aplicação da pena ou da medida de segurança.** Erro é falhar, ou seja, aplicar a pena ou medida de segurança de maneira incorreta; injustiça é aplicar a sanção sem moderação. Nesse caso, o tribunal, ao dar provimento ao recurso, retificará a aplicação da pena ou da medida de segurança;

d) **for a decisão dos jurados manifestamente contrária à prova dos autos.** Manifestamente contrária significa sem apoio em prova; nesse caso, se o Tribunal concordar com o recurso, mandará que seja feito um novo júri; a apelação com esse fundamento só pode ser usada uma vez.

9. Espécies de apelação

9.1 **Total ou plena:** é a interposta de todo o julgado.

9.2 **Parcial ou limitada:** é a interposta de parte do julgado.

9.3 **Sumária:** é a apelação quando se trata de contravenção ou crime apenado com detenção.

9.4 **Ordinária:** é a apelação quando se trata de crime apenado com reclusão.

9.5 **Principal:** é apelação interposta pelo Ministério Público.

9.6 **Supletiva ou subsidiária:** é apelação interposta pelo ofendido, habilitado ou não como assistente.

10. Forma

10.1 **Interposição:** petição ou termo nos autos; no JECrim, é só por petição.

10.2 **Processamento:** a Apelação pode ser processada nos próprios autos ou por traslado, quando houver mais de um réu no processo. As despesas do traslado correrão por conta de quem o solicitar, salvo se o pedido for de réu pobre ou do Ministério Público.

10.3 **Outro meio:** a apelação pode ser interposta por fax ou telex.

11. **Apelar em liberdade:** o art. 594 do CPP foi revogado expressamente, nos termos do art. 3º da Lei n. 11.719/2008.

12. Efeitos

12.1 **Devolutivo:** devolve a matéria já decidida para reexame pelo Tribunal. Cabe ao recorrente delimitar na interposição o limite da impugnação, sob pena de a apelação ser considerada plena.

12.2 **Suspensivo:** (a) sentença absolutória: não tem efeito suspensivo, devendo o réu ser colocado em liberdade; (b) sentença condenatória: tem efeito suspensivo.

12.3 **Extensivo:** quando corréu apelar, pode a apelação beneficiar os demais, desde que não fundado em circunstâncias pessoais.

13. Observações

a) **Fenômeno:** em segunda instância pode ocorrer a *emendatio libeli*, mas não pode ocorrer a *mutatio libeli*, nos termos da Súmula 453 do STF;

b) **Desistência:** o Ministério Público não pode desistir do recurso, pois vigora a regra da indisponibilidade, prevista no art. 576 do CPP; já a defesa pode desistir, acarretando extinção anormal do recurso;

c) se não for apresentada[19]:

c1) **razões ou contrarrazões de defesa:** nomear ou substituir ou constituir defensor;

c2) **razões de acusação:** implica desistência tácita, o que viola o art. 576 do CPP;

c3) **contrarrazões de acusação:** juiz dá vista dos autos ao substituto legal e manda ofício ao procurador-geral;

c4) **colaboração premiada:** a apelação criminal é o recurso adequado para impugnar a decisão que recusa a homologação do acordo de colaboração premiada, mas ante a existência de dúvida objetiva é cabível a aplicação do princípio da fungibilidade (*Informativo* n. 683/2020 do STJ).

14. Esquema da peça prática das razões

14.1 Interposição

a) Endereçamento: se for crime doloso contra a vida: (1) Juiz Presidente do Tribunal do Júri; (2) se não for crime doloso contra vida e matéria federal: Juiz Federal da Vara Criminal; (3) se não for crime doloso contra a vida e matéria estadual: Juiz de Direito da Vara Criminal; (4) se for juiz do JECrim: juiz do Juizado.

b) Preâmbulo: (a) nome e qualificação do apelante (não precisa qualificar, pois não é peça inicial); (b) capacidade postulatória; (c) inconformismo; (d) fundamento legal; (e) nome da peça; (f) Tribunal; (g) frase final.

c) Parte final: termos em que, requerendo seja ordenado o processamento do presente recurso, pede deferimento; data e assinatura.

14.2 Razões

a) Nome da peça: centro da folha.

b) Dados de identificação: apelante, apelado, número do processo e juízo de origem.

c) Saudação: (1) se for federal: Egrégio Tribunal, Colenda Turma, Eméritos julgadores, Douta Procuradoria da República; (2) se for estadual: Egrégio Tribunal, Colenda Câmara, Eméritos julgadores, Douta Procuradoria de Justiça; (3) se for JECrim: Douta Turma recursal, Eméritos julgadores.

d) Dos fatos: narrar a infração penal praticada, sem inventar dados, e o andamento processual até o momento da sentença.

e) Do direito: comprovar a tese, de acordo com o enunciado.

f) Do pedido: provimento do recurso + pedido específico.

g) Parte final: termos em que, pede deferimento; data e indicação da OAB.

---

[19] MUCCIO, Hidejalma. *Prática de processo penal*: teoria e prática. São Paulo: HM, 2005. p. 755-756.

h) Terminologia: (1) verbo do recurso: interpor Apelação; (2) recorrente: apelante; (3) recorrido: apelado.

15. Esquema da peça prática das contrarrazões

15.1 Interposição

a) Endereçamento: se for crime doloso contra a vida: (1) Juiz Presidente do Tribunal do Júri; (2) se não for crime doloso contra vida e matéria federal: Juiz Federal da Vara Criminal; (3) se não for crime doloso contra a vida e matéria estadual: Juiz de Direito da Vara Criminal; (4) se for juiz do JE-Crim: juiz do Juizado.

b) Preâmbulo: (a) nome e qualificação do apelante (não precisa qualificar, pois não é peça inicial); (b) capacidade postulatória; (c) inconformismo; (d) fundamento legal; (e) nome da peça; (f) Tribunal; (g) frase final.

c) Parte final: termos em que, requerendo seja ordenado o processamento do presente recurso, pede deferimento; data e assinatura.

15.2 Contrarrazões

a) Nome da peça: centro da folha.

b) Dados de identificação: apelante, apelado, número do processo e juízo de origem.

c) Saudação: (1) se for federal: Egrégio Tribunal, Colenda Turma, Eméritos julgadores, Douta Procuradoria da República; (2) se for estadual: Egrégio Tribunal, Colenda Câmara, Eméritos julgadores, Douta Procuradoria de Justiça; (3) se for JECrim: Douta Turma recursal, Eméritos julgadores.

d) Dos fatos: narrar a infração penal praticada, sem inventar dados, e o andamento processual até o momento da sentença.

e) Do direito: comprovar a tese, de acordo com o enunciado.

f) Do pedido: não provimento do recurso + pedido específico.

g) Parte final: termos em que, pede deferimento; data e indicação da OAB.

h) Terminologia: (1) verbo do recurso: interpor Apelação; (2) recorrente: apelante; (3) recorrido: apelado.

16. Fenômenos processuais

16.1 *reformatio in pejus*: ocorre quando houver recurso exclusivo da defesa e o tribunal no julgamento do recurso prejudicar a situação processual do réu;

16.2 *reformatio in pejus* **indireta:** ocorre quando houver recurso exclusivo da defesa e o tribunal no julgamento do recurso anular a sentença condenatória e proferir decisão mais gravosa do que a que foi anulada;

16.3 *reformatio in mellius*: ocorre quando houver recurso exclusivo da acusação e o tribunal no julgamento do recurso melhorar a situação processual do réu.

17. Aspectos processuais:

17.1 Desistência: (a) Ministério Público: não pode em face da regra da indisponibilidade prevista no art. 576 do CPP; (b) defesa pode desistir, nos termos da Súmula 705 do STF.

17.2 Omissão de razões e contrarrazões: (a) Ministério Público: não pode em face da regra da indisponibilidade prevista no art. 576 do CPP; (b) o defensor deverá ser substituído.

17.3 Recurso: contra a decisão denegatória de apelação cabe RESE, nos termos do art. 581, inciso XV, do CPP.

18. **Efeito suspensivo na apelação do júri:** a apelação interposta contra decisão condenatória do Tribunal do Júri a uma pena igual ou superior a 15 (quinze) anos de reclusão não terá efeito suspensivo. Excepcionalmente, poderá o tribunal atribuir efeito suspensivo à apelação, quando verificado cumulativamente que o recurso: I – não tem propósito meramente protelatório; e II – levanta questão substancial e que pode resultar em absolvição, anulação da sentença, novo julgamento ou redução da pena para patamar inferior a 15 (quinze) anos de reclusão. O pedido de concessão de efeito suspensivo poderá ser feito incidentemente na apelação ou por meio de petição em separado dirigida diretamente ao relator, instruída com cópias da sentença condenatória, das razões da apelação e de prova da tempestividade, das contrarrazões e das demais peças necessárias à compreensão da controvérsia.

Apelação

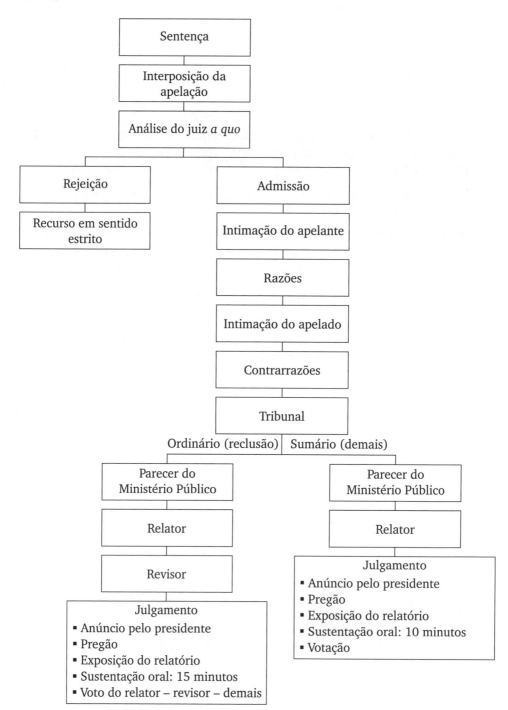

MODELO DE RAZÕES DE APELAÇÃO

INTERPOSIÇÃO

EXCELENTÍSSIMO SENHOR DOUTOR JUIZ PRESIDENTE DO ___ TRIBUNAL DO JÚRI DE _____ (crimes dolosos × vida)

EXCELENTÍSSIMO SENHOR DOUTOR JUIZ DE DIREITO DA ___ VARA DO CRIMINAL DA COMARCA DE _____ (crimes não dolosos × vida e matéria estadual)

EXCELENTÍSSIMO SENHOR DOUTOR JUIZ FEDERAL DA ___ VARA DO CRIMINAL DA SEÇÃO JUDICIÁRIA DE _____ (crimes não dolosos × vida e matéria federal)

EXCELENTÍSSIMO SENHOR DOUTOR JUIZ DO ___ JUIZADO ESPECIAL CRIMINAL DE _____ (infração de menor potencial ofensivo)

(10 linhas)

_____ (nome), já qualificado nos autos do processo-crime em epígrafe n. _____, vem, por seu advogado infra-assinado, à presença de Vossa Excelência, não se conformando com a respeitável sentença de fls. que _____ (especificar o conteúdo da decisão), com fundamento no art. 593, inciso _____, do Código de Processo Penal (JECrim – art. 82 da Lei n. 9.099/95), interpor RECURSO DE APELAÇÃO ao Egrégio Tribunal competente.

(2 linhas)

Termos em que, requerendo seja ordenado o processamento do presente recurso, com as inclusas razões, pede deferimento.

(2 linhas)

Cidade, ____ de _____ de ____.

(2 linhas)

_____

OAB – sob n. ____

RAZÕES DE APELAÇÃO

(3 linhas)

Apelante: _____

Apelado: _____

Origem: _____

Autos do Processo n._____

(3 linhas)

Egrégio Tribunal,

Colenda Câmara,

Ínclitos Julgadores,

Douta Procuradoria

(3 linhas)

No caso em tela, é necessária a reforma da respeitável sentença _____ (especificar o conteúdo) proferida contra o apelante, senão vejamos:

(2 linhas)

DOS FATOS

* Narrar os acontecimentos, sem inventar dados ou copiar o problema. Colocar o andamento processual.

(2 linhas)

DO DIREITO

- apontar a tese;
- justificar a tese;
- doutrina;
- jurisprudência;
- conclusão.

(2 linhas)

DO PEDIDO

a) Sentença do Tribunal do Júri

– parte comum

Diante do exposto, requer seja dado provimento ao presente recurso, para que _____, como medida de inteira justiça.

– parte diferencial

434

a) Sentença do Júri: depende da alínea do art. 593, inciso III, do CPP:

       * Art. 593, III, *a*: ... para que seja decretada a nulidade do julgamento...

       * Art. 593, III, *b*: ... para que seja retificada a sentença...

       * Art. 593, III, *c*: ... para que seja retificada a aplicação da pena...

       * Art. 593, III, *d*: ... para que seja o apelante submetido a novo julgamento...

b) Sentença do JECrim/Vara Criminal

Diante do exposto, requer seja dado provimento ao recurso interposto, decretando-se a Absolvição do apelante, com fundamento no art. 386, inciso _____, do Código de Processo Penal, ou, salvo melhor juízo _____ (exemplo: diminuição de pena, substituição da pena, concessão de *SURSIS* etc.), como medida de inteira justiça.

(2 linhas)

Termos em que
pede deferimento.

(2 linhas)

Cidade, ____ de _____ de ____.

(2 linhas)

_____
OAB – sob n. ____

CASO PRÁTICO

"A" foi processado criminalmente pelo crime de roubo qualificado, na cidade e comarca de São Paulo. Seu defensor arrolou na defesa prévia duas testemunhas domiciliadas na cidade e na comarca de Jacareí, Estado de São Paulo. Nem "A" nem seu defensor foram intimados da expedição de carta precatória para oitiva das testemunhas. Viu-se "A" condenado, embora a sentença não tivesse transitado em julgado. Questão: apresentar recurso cabível em favor de "A".

1. Rascunho da peça

a) **infração penal:** roubo qualificado;

b) **ação penal:** pública incondicionada;

c) **pena concreta:** não tem;

d) **pena abstrata:** se resultou lesão grave, a pena é de reclusão de 7 a 15 anos, além de multa; se resultou morte, a pena é de reclusão de 20 a 30 anos, sem prejuízo da multa;

e) **rito processual:** ordinário, pois a pena máxima em abstrata é superior a 2 anos;

435

f) **momento processual:** fase da sentença não transitada em julgado;

g) **cliente:** "A";

h) **situação prisional:** solto;

i) **tese:** nulidade, com fundamento no art. 564, III, *o*, do CPP, combinado com o art. 5º, inciso LV, da Constituição Federal;

j) **peça:** apelação com interposição e razões;

k) **competência:** a interposição será feita perante o juiz da Vara Criminal; as razões são encaminhadas ao Tribunal de Justiça;

l) **pedido:** a anulação a partir da expedição da carta precatória para oitiva das testemunhas de defesa.

2. Peça prática

INTERPOSIÇÃO

EXCELENTÍSSIMO SENHOR DOUTOR JUIZ DE DIREITO DA ___ VARA CRIMINAL DA COMARCA DA CAPITAL

(10 linhas)

"A", já qualificado nos autos do processo-crime em epígrafe n. _____, vem, por seu advogado infra-assinado, à presença de Vossa Excelência, não se conformando com a respeitável sentença de fls. que condenou o réu pelo crime de roubo qualificado, com fundamento no art. 593, inciso I, do Código de Processo Penal, interpor RECURSO DE APELAÇÃO ao Egrégio Tribunal competente.

(2 linhas)

Termos em que, requerendo seja ordenado o processamento do presente recurso, com as inclusas razões, pede deferimento.

(2 linhas)

Cidade, ____ de _____ de ____.

(2 linhas)

_____
OAB – sob n. ____

RAZÕES DE APELAÇÃO

(3 linhas)

Apelante: "A"

Apelado: Justiça Pública

Origem: Vara Criminal

Autos do Processo n. _____

(3 linhas)

Egrégio Tribunal,

Colenda Câmara,

Ínclitos Julgadores,

Douta Procuradoria

(3 linhas)

No caso em tela, é necessária a reforma da respeitável sentença condenatória proferida contra o apelante, senão vejamos:

(2 linhas)

DOS FATOS

"A" foi denunciado pela prática do crime de roubo qualificado. A denúncia foi recebida (fls.). O réu foi citado (fls.). A resposta à acusação foi apresentada no prazo legal, tendo o defensor arrolado duas testemunhas, domiciliadas na cidade e comarca de Jacareí, Estado de São Paulo (fls.). "A" e seu defensor não foram intimados da expedição da carta precatória para oitiva das testemunhas.

Na audiência de instrução e julgamento, os atos processuais foram realizados (fls.). Na fase do art. 402 do CPP, nada foi requerido pelas partes. As alegações finais foram apresentadas (fls.). A sentença condenatória foi proferida (fls.).

(2 linhas)

DO DIREITO

No caso em tela, resta evidente a ocorrência de uma nulidade, já que "A", ora apelante, e seu defensor não foram intimados da expedição da carta precatória para oitiva das testemunhas domiciliadas na cidade e comarca de Jacareí, nos termos do art. 564, inciso III, alínea *o*, combinado com o art. 5º, inciso LV, da Constituição Federal.

Conforme o art. 222 do Código de Processo Penal, quando uma testemunha reside em local diverso do juízo, será ela inquirida pelo juiz do lugar de sua residência, com intimação das partes.

A não intimação representa ofensa ao devido processo legal, já que a intimação é ato processual necessário, e exigido pela lei, para a realização do contraditório, o exercício da ampla defesa e a boa condução do processo. Conforme Ada Pellegrini e outros: "... as partes têm direito a que a marcha do processo criminal seja integralmente cumprida segundo as prescrições legais" (*Nulidades no processo penal*, São Paulo, Revista dos Tribunais, 1998, p. 248).

A regularidade procedimental exige respeito e observância das exigências legais, no sentido de buscar a justa composição da lide. No entanto, a falta de intimação representou um vício procedimental, desrespeitando, dessa forma, a ordem legal e, consequentemente, o princípio da legalidade, alicerce do Estado Democrático de Direito.

A não intimação da defesa na expedição da carta precatória é nulidade absoluta, de natureza insanável, representando uma garantia constitucional.

"A", ora apelante, e seu defensor não tiveram conhecimento da expedição da carta precatória, não tendo informação a respeito desse ato processual, exigência fundamental para o exercício do contraditório e preparação da defesa para influenciar o convencimento do juiz.

A ocorrência do referido vício processual, consistente na inobservância do interesse público na correta aplicação do direito, acarreta ineficácia processual a partir da expedição da carta precatória, pois foi nesse momento que ocorreu prejuízo às partes na concretização do devido processo legal.

(2 linhas)

DO PEDIDO

Diante do exposto, requer seja dado provimento ao recurso interposto, decretando-se a anulação do processo a partir da expedição da carta precatória para oitiva das testemunhas arroladas pela defesa, como medida de inteira justiça.

(2 linhas)

**Termos em que
pede deferimento.**

(2 linhas)

Cidade, ＿＿ de ＿＿＿＿＿＿ de ＿＿.

(2 linhas)

_____

OAB – sob n. ＿＿

MODELO DE CONTRARRAZÕES DE APELAÇÃO

PETIÇÃO DE JUNTADA

EXCELENTÍSSIMO SENHOR DOUTOR JUIZ PRESIDENTE DO ___ TRIBUNAL DO JÚRI DE _____ (crimes dolosos × vida)

EXCELENTÍSSIMO SENHOR DOUTOR JUIZ DE ___ DA ___VARA CRIMINAL DA _____ (crimes não dolosos × vida)

EXCELENTÍSSIMO SENHOR DOUTOR JUIZ DO ___ JUIZADO ESPECIAL CRIMINAL DE _____ (infração de menor potencial ofensivo)

(10 linhas)

_____ (nome), já qualificado nos autos do processo-crime em epígrafe n. _____, vem, por seu advogado infra-assinado, à presença de Vossa Excelência, não se conformando com o recurso interposto pelo _____, com fundamento no art. 600 do Código de Processo Penal, requerer a juntada das CONTRARRAZÕES DE APELAÇÃO.

(2 linhas)

Termos em que, requerendo seja ordenado o processamento das contrarrazões, pede deferimento.

(2 linhas)

Cidade, ____ de _____ de ____.

(2 linhas)

_____

OAB – sob n. ____

CONTRARRAZÕES DE APELAÇÃO

(3 linhas)

Apelante: _____

Apelado: _____

Origem: _____

Autos do Processo n._____

(3 linhas)

Meritíssimo Juiz,

Egrégio Tribunal,

Colenda Câmara,

Doutos Julgadores

(3 linhas)

No caso em tela, não se conformando com o recurso interposto por _____ contra a respeitável decisão de fls. proferida em favor do apelado, vem apresentar CONTRARRAZÕES, aguardando afinal se dignem Vossas Excelências em mantê-la, pelas razões a seguir expostas:

(2 linhas)

DOS FATOS

* Narrar os acontecimentos, sem inventar dados ou copiar o problema. Colocar o andamento processual.

(2 linhas)

DO DIREITO

- apontar a tese;
- justificar a tese;
- doutrina;
- jurisprudência;
- conclusão.

(2 linhas)

DO PEDIDO

Diante do exposto, requer seja dado provimento ao presente recurso, devendo ser mantida a respeitável sentença, no sentido de _____, como medida de inteira justiça.

(2 linhas)

Termos em que
pede deferimento.

(2 linhas)

Cidade, ____ de _____ de ____.

(2 linhas)

_____

OAB – sob n. ____

6 Recurso em sentido estrito

1. Disciplina legal: o recurso em sentido estrito está regulado nos arts. 581 a 592 do CPP.

2. Finalidade: pedir reexame ao Tribunal de decisão, com a possibilidade de o juiz exercer juízo de retratação.

3. Legitimidade ativa: (a) Ministério Público; (b) Assistente de Acusação: só pode interpor RESE nas hipóteses de extinção da punibilidade ou impronúncia, nos termos do art. 584, § 1º, do CPP; **(c) Defensor; (d) Réu e curador:** podem recorrer por termo nos autos; divergência entre réu e defensor: prevalece a vontade: (a) do defensor, pois tem capacidade técnica; (b) de quem deseja apelar, em nome da ampla defesa; (c) da Súmula 705 do STF.

4. Requisitos:

5. Prazo

5.1 Interposição: 5 dias, salvo no caso do art. 581, inciso XVI, que são 20 dias.

5.2 Assistente: o prazo é de 15 dias após MP (art. 584, § 1º, c/c o art. 598, parágrafo único).

5.3 Razões: dois dias.

5.4 Contrarrazões: dois dias.

5.5 Juízo de retratação: dois dias.

5.6 Defensor público: o prazo será em dobro, nos termos do art. 5º, § 5º, da Lei n. 1.060/50.

6. Julgamento: interposição perante o juiz de primeiro grau e julgamento no tribunal competente (salvo na hipótese do art. 581, inciso XIV, em que o julgamento será para o Presidente do Tribunal).

7. Características: (a) não há deserção; (b) pode subir nos próprios autos ou em traslado, conforme os arts. 583 e 587, parágrafo único, do CPP.

8. Processamento

a) apresentação da petição ao juiz *a quo*;

b) intimação do recorrente para oferecer razões no prazo de dois dias;

c) intimação do recorrido para oferecer contrarrazões no prazo de dois dias;

d) juízo de retratação do juiz *a quo*: (1) se houver retratação: a parte contrária poderá recorrer por simples petição; (2) se não houver retratação: o recurso sobe para o Tribunal;

e) no tribunal abre vista ao procurador-geral, que tem cinco dias para o parecer;

f) relator pede dia para julgamento;

g) anúncio do julgamento pelo presidente;

h) pregão das partes;

i) exposição do relatório pelo relator;

j) sustentação oral por dez minutos;

k) julgamento por maioria de votos, com publicação do acórdão.

9. Cabimento

9.1 Rol taxativo: as hipóteses de cabimento do recurso em sentido estrito, trazidas no art. 581 do Código de Processo Penal e na legislação especial, são exaustivas, sendo admitida apenas a interpretação extensiva das hipóteses legais de cabimento. Contudo, em razão da legalidade estrita e do próprio princípio do devido processo legal, não é admissível que, por interpretação analógica, permita-se a utilização de determinado recurso quando a lei não o prevê para aquela situação concreta. Além disso, o recurso em sentido estrito constitui exceção à regra geral da irrecorribilidade das decisões interlocutórias no processo penal, motivo pelo qual não se admite a ampliação da sua abrangência por meio da interpretação analógica. Todavia, segundo doutrina "como qualquer norma jurídica, podem as hipóteses receber a chamada interpretação extensiva. Esta não amplia o rol legal; apenas admite que determinada situação se enquadra no dispositivo interpretado, a despeito de sua linguagem mais restritiva" (*Informativo* n. 596/2017 do STJ).

9.2 Não recebimento da denúncia ou queixa: (a) abrange o aditamento da denúncia ou queixa; (b) contra o recebimento cabe *habeas corpus*.

Pode ser conhecida como recurso em sentido estrito a apelação erroneamente interposta contra decisão que julga inepta a denúncia, com a condição de que, constatada a ausência de má-fé, tenha sido observado o prazo legal para a interposição daquele recurso e desde que o erro não tenha gerado prejuízo à parte recorrida no que tange ao processamento do recurso. Isso porque, nessa situação, tem aplicabilidade o princípio da fungibilidade recursal (*Informativo* n. 543/2014 do STJ).

9.3 Decisão de incompetência do juízo: quando o juiz reconhece de ofício a incompetência do juízo.

9.4 Decisão de procedência da exceção, salvo suspeição: abrange as exceções de litispendência, coisa julgada, incompetência do juízo e ilegitimidade da parte.

9.5 Decisão de pronúncia ou impronúncia do réu: (a) pronúncia: comprovada a materialidade e indícios suficientes de autoria; (b) impronúncia: não tiver a comprovação; (c) são decisões dadas no final da primeira fase do júri, conhecida como sumário da culpa.

9.6 Decisão que concede, nega, arbitra, cassa ou julga inidônea a fiança: a cassação ocorre diante da nova capitulação do crime; inidônea é a prestação no valor insuficiente.

9.7 Decisão que indeferir requerimento de prisão preventiva ou revogar prisão preventiva: é cabível recurso em sentido estrito contra decisão que revoga medida cautelar diversa da prisão. O ato de revogar prisão preventiva, previsto expressamente no inciso V do art. 581 do CPP, é similar ao ato de revogar medida cautelar diversa da prisão, o que permite a interpretação extensiva do artigo e, consequentemente, a interposição do recurso em sentido estrito (*Informativo* n. 596/2017 do STJ).

9.8 Decisão de concessão da liberdade provisória: quando não houver a presença dos requisitos da prisão preventiva, nos termos do art. 310, parágrafo único, do CPP.

9.9 Decisão de relaxamento da prisão em flagrante: quando não ocorrer as situações de flagrante do art. 302 do CPP.

9.10 Decisão de absolvição sumária: quando for comprovada a ocorrência de causa excludente de ilicitude ou culpabilidade.

9.11 Decisão de quebra ou perda da fiança: quebra da fiança nos termos do art. 341 do CPP ocorre quando (I) o réu deixar de comparecer a ato do processo, (II) obstruir o andamento do processo, (III) descumprir medida cautelar cumulativa, (IV) resistir a ordem judicial, (V) praticar nova infração penal dolosa; perda da fiança se dá se o acusado for condenado e não iniciar o cumprimento da pena, nos termos do art. 344 do CPP.

9.12 Decisão de extinção da punibilidade: sentença terminativa de mérito, que pode ser decretada em qualquer fase do processo.

9.13 Decisão de indeferimento do pedido de reconhecimento de extinção da punibilidade: não importa a causa de extinção da punibilidade.

9.14 Decisão de concessão ou denegação do *habeas corpus*: da decisão concessiva de HC além do RESE cabe também recurso de ofício, nos termos do art. 574, I, do CPP. Cabe acentuar que da denegação do HC em primeira instância cabe RESE; da denegação do HC em segunda instância cabe ROC (recurso ordinário constitucional).

9.15 Decisão de concessão, denegação ou revogação da suspensão condicional da pena: nos termos do art. 593, § 4º, do CPP, se o sursis for concedido ou negado na sentença penal condenatória, será cabível apelação. Se houver revogação, cabe agravo em execução, nos termos do art. 197 da LEP.

9.16 Decisão anulatória da instrução criminal.

9.17 Decisão de inclusão ou exclusão do jurado da lista geral: cabe RESE no prazo de 20 dias, sendo que a legitimidade para recorrer é de qualquer cidadão.

9.18 Decisão denegatória ou que julgar deserta a apelação: denegar a apelação é não determinar sua subida ao Tribunal por falta de pressuposto recursal; julgar apelação deserta é não admitir apelação por falta de pagamento das custas.

9.19 Decisão de suspensão do processo, por questão prejudicial: disciplinada nos arts. 92 e 93 do CPP.

9.20 Decisão do incidente de falsidade: disciplinado nos arts. 145 a 148 do CPP.

9.21 Decisão de não homologação à proposta de acordo de não persecução penal.

10. Não cabimento do Recurso em sentido estrito: alguns incisos do art. 581 do CPP foram revogados pela Lei de Execução Penal: (a) decisão de concessão, denegação ou revogação do livramento condicional; (b) decisão de decretação de medida de segurança, depois de transitar em julgado; (c) decisão que impuser medida de segurança por transgressão de outra; (d) decisão que mantiver ou substituir medida de segurança, nos casos do art. 774; (e) decisão de revogação da medida de segurança; (f) decisão que deixar de revogar a medida de segurança nos casos em que a lei admita a revogação; (g) decisão que converter a multa em detenção ou prisão simples; (h) decisão sobre unificação de penas.

11. Efeitos

11.1 Devolutivo: devolve a matéria já decidida para reexame pelo Tribunal.

11.2 Suspensivo: (a) decisão de perda da fiança; (b) decisão de quebra da fiança (suspende apenas o efeito de perda da metade do seu valor; (c) decisão denegatória ou que julgar deserta a apelação; (d) decisão de pronúncia (suspende o julgamento).

11.3 Regressivo: juízo de retratação.

12. Forma

12.1 Interposição: petição ou termo nos autos.

12.2 Processamento: o Recurso em sentido estrito pode ser processado nos próprios autos ou por instrumento. Subirá nos próprios autos nos casos do art. 583 do CPP. Quando subir por instrumento, o recorrente tem de indicar na petição as peças para o traslado, nos termos dos arts. 587, 589 e 590, todos do CPP.

13. Observações:

a) O Ministério Público não pode desistir do recurso, pois vigora a regra da indisponibilidade, prevista no art. 576 do CPP; já a defesa pode desistir, acarretando a extinção anormal do recurso.

b) Se não for apresentada[20]:

b1) razões ou contrarrazões de defesa: nomear ou substituir ou constituir defensor;

b2) razões de acusação: implica desistência tácita, o que viola o art. 576 do CPP;

b3) contrarrazões de acusação: juiz dá vista dos autos ao substituto legal e manda ofício ao procurador-geral.

14. Reforma: a Lei n. 11.689/2008 extinguiu a possibilidade de recurso em sentido estrito para impronúncia e absolvição sumária. Nesses casos, cabe apelação.

15. Produção antecipada de prova: é cabível recurso em sentido estrito para impugnar decisão que indefere produção antecipada de prova, nas hipóteses do art. 366 do CPP (*Informativo* n. 640/2019 do STJ).

16. Esquema da peça das Razões

16.1 Interposição

a) Endereçamento: se for crime doloso contra a vida: (1) Juiz Presidente do Tribunal do Júri; (2) se não for crime doloso contra a vida e matéria federal: Juiz Federal da Vara Criminal; (3) se não for crime doloso contra a vida e matéria estadual: Juiz de Direito da Vara Criminal; (4) se for juiz do JECrim: juiz do Juizado.

b) Preâmbulo: (a) nome e qualificação do apelante (não precisa qualificar, pois não é peça inicial); (b) capacidade postulatória; (c) inconformismo; (d) fundamento legal; (e) nome da peça; (f) tribunal; (g) frase final.

c) Retratação: se o juiz mantiver a decisão, requer a remessa ao Tribunal.

d) Parte final: termos em que, requerendo seja ordenado o processamento do presente recurso, pede deferimento; data e assinatura.

16.2 Razões

a) Nome da peça: centro da folha.

b) Dados de identificação: recorrente, recorrido, número do processo e juízo de origem.

c) Saudação: (1) se for federal: Egrégio Tribunal, Colenda Turma, Eméritos julgadores, Douta Procuradoria da República; (2) se for estadual: Egrégio Tribunal, Colenda Câmara, Eméritos julgadores, Douta Procuradoria de Justiça; (3) se for JeCrim: Douta Turma recursal, Eméritos julgadores.

d) Dos fatos: narrar a infração penal praticada, sem inventar dados, e o andamento processual até o momento da sentença.

---

[20] MUCCIO, Hidejalma. *Prática de processo penal*: teoria e prática. São Paulo: HM, 2005. p. 755-756.

e) **Do direito:** comprovar a tese, de acordo com o enunciado.

f) **Do pedido:** provimento do recurso + pedido específico.

g) **Parte final:** termos em que, pede deferimento; data e indicação da OAB.

h) **Terminologia:** (1) verbo do recurso: interpor recurso em sentido estrito; (2) recorrente; (3) recorrido.

17. Esquema da peça das contrarrazões

17.1 Interposição

a) **Endereçamento:** se for crime doloso contra a vida: (1) Juiz da Vara do Júri; (2) se não for crime doloso contra a vida e matéria federal: Juiz Federal da Vara Criminal; (3) se não for crime doloso contra a vida e matéria estadual: Juiz de Direito da Vara Criminal.

b) **Preâmbulo:** (a) nome e qualificação do apelante (não precisa qualificar, pois não é peça inicial); (b) capacidade postulatória; (c) inconformismo; (d) fundamento legal; (e) nome da peça; (f) Tribunal; (g) frase final.

c) **Parte final:** termos em que, requerendo seja ordenado o processamento do presente recurso, pede deferimento; data e assinatura.

17.2 Contrarrazões

a) **Nome da peça:** centro da folha.

b) **Dados de identificação:** recorrente, recorrido, número do processo e juízo de origem.

c) **Saudação:** (1) se for federal: Egrégio Tribunal, Colenda Turma, Eméritos julgadores, Douta Procuradoria da República; (2) se for estadual: Egrégio Tribunal, Colenda Câmara, Eméritos julgadores, Douta Procuradoria de Justiça; (3) se for JeCrim: Douta Turma recursal, Eméritos julgadores.

d) **Dos fatos:** narrar a infração penal praticada, sem inventar dados, e o andamento processual até o momento da sentença.

e) **Do direito:** comprovar a tese, de acordo com o enunciado.

f) **Do pedido:** não provimento do recurso + pedido específico.

g) **Parte final:** termos em que, pede deferimento; data e indicação da OAB.

h) **Terminologia:** (1) verbo do recurso: interpor Recurso em sentido estrito; (2) recorrente; recorrido.

18. Projeto de Lei n. 156/2009: o Projeto de Lei n. 156, que visa reforma do Código de Processo Penal, traz as seguintes modificações no Recurso em Sentido Estrito: (a) não tem mais recurso em sentido estrito; (b) será agravo, retido ou por instrumento no prazo de 10 dias.

19. Observação: concessão, negativa ou revogação de *sursis*:

a) negada ou concedida de forma indevida na sentença: apelação;

b) alteração das condições, revogação ou prorrogação: agravo em execução.

Recurso em sentido estrito

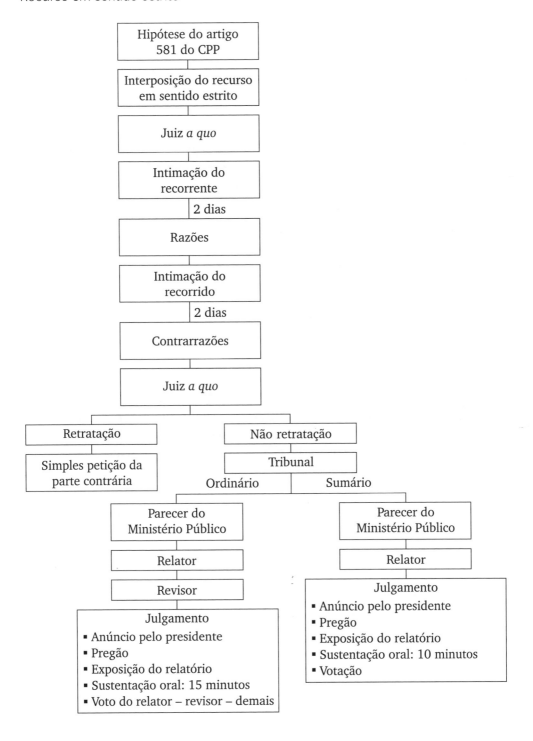

MODELO DE RAZÕES DO RECURSO EM SENTIDO ESTRITO

INTERPOSIÇÃO

EXCELENTÍSSIMO SENHOR DOUTOR JUIZ FEDERAL DA ___ VARA DO JÚRI DA _____
_____ (crimes dolosos × vida e matéria federal)

EXCELENTÍSSIMO SENHOR DOUTOR JUIZ DE DIREITO DA ___ VARA DO JÚRI DA _____
_____ (crimes dolosos × vida e matéria estadual)

EXCELENTÍSSIMO SENHOR DOUTOR JUIZ FEDERAL DA ___ VARA DO CRIMINAL DA
_____(crimes não dolosos × vida e matéria federal)

EXCELENTÍSSIMO SENHOR DOUTOR JUIZ DE DIREITO DA ___ VARA DO CRIMINAL
DA _____(crimes não dolosos × vida e matéria estadual)

(10 linhas)

_____ (nome), já qualificado nos autos do processo-crime em epígrafe n. _____, vem, por seu advogado infra-assinado, à presença de Vossa Excelência, não se conformando com a respeitável decisão de fls. que _____ (especificar o conteúdo da decisão), com fundamento no art. 581, inciso _____, do Código de Processo Penal, interpor RECURSO EM SENTIDO ESTRITO, pelos motivos de fato e de direito a seguir aduzidos:

(2 linhas)

Assim sendo, caso Vossa Excelência entenda que deva manter a respeitável decisão, requer seja o presente recurso remetido ao Egrégio Tribunal competente.

(1 linha)

Termos em que, requerendo seja ordenado o processamento do presente recurso, com as inclusas razões, pede deferimento.

(2 linhas)

Cidade, ____ de _____ de ___.

(2 linhas)

_____

OAB – sob n. ____

RAZÕES DE RECURSO EM SENTIDO ESTRITO

(3 linhas)

Recorrente: _____

Recorrido: _____

Origem: _____

Autos do Processo n. _____

(3 linhas)

> Meritíssimo Juiz,
>
> Egrégio Tribunal,
>
> Colenda Câmara,
>
> Doutos Julgadores

(3 linhas)

No caso em tela, é necessária a reforma da decisão, pois, não se conformando com a respeitável decisão proferida, vem dela RECORRER EM SENTIDO ESTRITO, aguardando que ao final se digne Vossa Excelência reformá-la pelas razões a seguir expostas:

(2 linhas)

DOS FATOS

* Narrar os acontecimentos, sem inventar dados ou copiar o problema. Colocar o andamento processual.

(2 linhas)

DO DIREITO

- apontar a tese;
- justificar a tese;
- doutrina;
- jurisprudência;
- conclusão.

(2 linhas)

DO PEDIDO

Diante do exposto, requer seja dado provimento ao presente recurso, para tornar sem efeito a decisão impugnada, no sentido de _____, como medida de inteira justiça.

(2 linhas)

Cidade, ____ de _____ de ____.

(2 linhas)

_____

OAB – sob n. ____

MODELO DE CONTRARRAZÕES DO RECURSO EM SENTIDO ESTRITO

PETIÇÃO DE JUNTADA

EXCELENTÍSSIMO SENHOR DOUTOR JUIZ FEDERAL DA ___ VARA DO JÚRI DA _____ _____ (crimes dolosos × vida e matéria federal)

EXCELENTÍSSIMO SENHOR DOUTOR JUIZ DE DIREITO DA ___ VARA DO JÚRI DA ___ _____ (crimes dolosos × vida e matéria estadual)

EXCELENTÍSSIMO SENHOR DOUTOR JUIZ FEDERAL DA ___ VARA DO CRIMINAL DA _____ (crimes não dolosos × vida e matéria federal)

EXCELENTÍSSIMO SENHOR DOUTOR JUIZ DE DIREITO DA ___ VARA DO CRIMINAL DA _____ (crimes não dolosos × vida e matéria estadual)

(10 linhas)

_____ (nome), já qualificado nos autos do processo-crime em epígrafe n. _____ , vem, por seu advogado infra-assinado, à presença de Vossa Excelência, não se conformando com o recurso interposto pelo _____ , com fundamento nos arts. 588 e 589, ambos do Código de Processo Penal, requerer a juntada das CONTRARRAZÕES DE RECURSO EM SENTIDO ESTRITO.

(2 linhas)

Assim sendo, caso Vossa Excelência entenda que deva reformar a respeitável decisão, requer seja o presente recurso remetido ao Egrégio Tribunal competente.

(1 linha)

Termos em que, requerendo seja ordenado o processamento das contrarrazões, pede deferimento.

(2 linhas)

Cidade, ____ de _____ de ____.

(2 linhas)

_____
OAB – sob n. ____

CONTRARRAZÕES DE RECURSO EM SENTIDO ESTRITO

(3 linhas)

Recorrente: _____

Recorrido: _____

Origem: _____

Autos do Processo n._____

(3 linhas)

Meritíssimo Juiz,

Egrégio Tribunal,

Colenda Câmara,

Doutos Julgadores

(3 linhas)

No caso em tela, é necessária a mantença da decisão, pois, não se conformando com o recurso interposto por _____ contra a respeitável decisão de fls. proferida em favor do recorrido, vem apresentar CONTRARRAZÕES, aguardando afinal se dignem Vossas Excelências mantê-la, pelas razões a seguir expostas:

(2 linhas)

DOS FATOS

* Narrar os acontecimentos, sem inventar dados ou copiar o problema. Colocar o andamento processual.

(2 linhas)

DO DIREITO

- apontar a tese;
- justificar a tese;
- doutrina;
- jurisprudência;
- conclusão.

(2 linhas)

DO PEDIDO

Diante do exposto, requer seja dado provimento ao presente recurso, devendo ser mantida a respeitável decisão, no sentido de _____, como medida de inteira justiça.

(2 linhas)

Cidade, ____ de _____ de ____.

(2 linhas)

_____

OAB – sob n. ____

7 Recurso ordinário constitucional

1. Finalidade:

1.1 cabimento no STJ: pedir o reexame de: (a) decisão denegatória de HC ou MS, proferidas em única ou última instância, pelos Tribunais Estaduais, do Distrito Federal ou pelos Tribunais Regionais Federais (se for decisão concessiva, poderá haver Recurso Especial ou Recurso Extraordinário, por parte do MP ou querelante); (b) decisões proferidas em causas em que forem partes Estado estrangeiro ou organismo internacional, de um lado, e, de outro, município ou pessoa residente ou domiciliada no país;

1.2 cabimento no STF (art. 102, II, da CF): pedir o reexame de: (a) decisão denegatória de HC ou MS ou MI ou HD, proferidas em única instância pelos Tribunais superiores (STJ – art. 105, *b/c/h*; TSE – art. 121, § 3º; STM – art. 124, parágrafo único); (b) decisões referentes a crimes políticos (a competência para julgar é da justiça federal – art. 109, IV, da CF c/c o art. 108, *a*).

2. Legitimidade ativa: no caso do HC, o paciente que o impetrou será o prejudicado.

3. Requisitos: demonstrar o cabimento.

4. Prazo: 5 dias para interposição, no caso de HC; no caso de MS, é 15 dias (início do prazo: publicação do acórdão); vista do MP: HC – 2 dias e MS – 5 dias (arts. 30, 31, 33 e 35, todos da Lei n. 8.038/90).

5. Julgamento: quando for TJ ou TRF, quem julga é o STJ; quando for tribunal superior, quem julga é o STF.

6. Características: (a) efeito devolutivo amplo; (b) petição dirigida para o presidente ou vice-presidente do tribunal recorrido, junto com as razões.

7. Processamento: (a) apresentação do ROC; (b) cabe ao presidente ou vice-presidente do tribunal recorrido determinar a intimação do recorrido para, em 15 (quinze) dias, apresentar as contrarrazões; (c) os autos serão remetidos ao respectivo tribunal superior, independentemente de juízo de admissibilidade; (d) remessa ao STJ ou STF; (e) autuação e distribuição; (f) vista ao Ministério Público Federal; (g) relator inclui na pauta; (h) julgamento na turma (arts. 247, 248, 310 a 312, todos do RISTF).

8. Interposição: interposto por petição ao presidente ou vice-presidente do tribunal que denegou a ordem.

Recurso ordinário constitucional

MODELO DE RAZÕES DE RECURSO ORDINÁRIO CONSTITUCIONAL

INTERPOSIÇÃO

EXCELENTÍSSIMO SENHOR DOUTOR DESEMBARGADOR PRESIDENTE DO EGRÉGIO TRIBUNAL DE JUSTIÇA DO ESTADO DE _____

EXCELENTÍSSIMO SENHOR DOUTOR DESEMBARGADOR FEDERAL PRESIDENTE DO EGRÉGIO TRIBUNAL REGIONAL FEDERAL DA ___ REGIÃO

EXCELENTÍSSIMO SENHOR DOUTOR MINISTRO PRESIDENTE DO COLENDO SUPERIOR TRIBUNAL DE JUSTIÇA (quando o HC ou MS forem denegados pelo STJ)

EXCELENTÍSSIMO SENHOR DOUTOR MINISTRO PRESIDENTE DO COLENDO SUPREMO TRIBUNAL FEDERAL (quando o HC ou MS forem denegados pelo STF)

(10 linhas)

_____ (nome), já qualificado nos autos do processo-crime em epígrafe, vem, por seu advogado infra-assinado, à presença de Vossa Excelência, não se conformando com o venerando acórdão de fls. que _____ (especificar o conteúdo da decisão), com fundamento no art. 105, inciso II, alínea *a*, da Constituição Federal combinado com os arts. 30 e 32 da Lei n. 8.038/90 (se for competência do STF: art. 102, inciso II, *a*, da CF), interpor RECURSO ORDINÁRIO CONSTITUCIONAL ao Colendo _____ (STJ – HC ou MS denegado por tribunal estadual ou regional federal, ou STF – HC ou MS denegado por tribunal superior).

(2 linhas)

Termos em que, requerendo seja ordenado o processamento do presente recurso, com as inclusas razões, pede deferimento.

(2 linhas)

Cidade, ____ de _____ de ____.

(2 linhas)

_____
OAB – sob n. ____

RAZÕES DE RECURSO ORDINÁRIO CONSTITUCIONAL

(3 linhas)

Paciente (HC) ou Impetrante (MS): _____

Habeas Corpus ou Mandado de Segurança n. _____

(3 linhas)

Colendo STJ ou STF,

Douta Turma,

Ínclitos Ministros

(3 linhas)

Impõe-se a reforma do venerando acórdão _____ (especificar o conteúdo) proferido contra o _____ (paciente ou impetrante), pelas razões a seguir expostas:

(2 linhas)

DOS FATOS

* Narrar os acontecimentos, sem inventar dados ou copiar o problema. Colocar o andamento processual.

(2 linhas)

454

DO DIREITO

- apontar a tese;
- justificar a tese;
- doutrina;
- jurisprudência;
- conclusão.

(2 linhas)

DO PEDIDO

Diante do exposto, requer-se seja o presente recurso conhecido e provido, para tornar sem efeito a decisão que _____, concedendo-se _____, como medida de inteira justiça.

(2 linhas)

Termos em que
pede deferimento.

(2 linhas)

Cidade, ____ de _____ de ____.

(2 linhas)

_____

OAB – sob n. ____

8 Recurso extraordinário

1. Finalidade: pedir o reexame de causa decidida em única ou última instância, quando a decisão contrariar dispositivo da CF, ou quando declarar a inconstitucionalidade de lei federal ou tratado, ou quando julgar válida lei ou ato de governo local contestado em face da CF (art. 102, III, da CF c/c os arts. 1.029 e seguintes do CPC):

a) 102, III, *a* – **contrariar dispositivo da Constituição:** decisão recorrida × Constituição: incompatível ou afrontar regra ou princípio;

b) 102, III, *c* – **julgar válida lei ou ato de governo local contestado em face da Constituição; lei local contra lei federal local:** ato da administração estadual ou municipal, que não seja lei ou ato jurisdicional; requisitos: haja impugnação da validade da lei ou do ato, tenha o recurso por fundamento a impugnação e a decisão seja favorável à lei ou ato impugnado;

c) 102, III, *b* – **declarar a inconstitucionalidade de tratado ou lei federal:** decisão recorrida afirma que o tratado ou a lei é inconstitucional;

d) 102, III, *d* – **julgar válida lei local contestada em face de lei federal;**

e) **causa decidida em única instância:** competência originária;

455

f) **causa decidida em última instância:** esgotamento das vias recursais ordinárias (Súmula 281 do STF).

2. Legitimidade ativa: acusação ou defesa.

3. Requisitos: (a) questão federal constitucional; (b) prequestionamento; (c) esgotamento das vias recursais ordinárias (causa decidida em única e última instância).

4. Prazo: 15 dias para interposição perante o presidente do Tribunal recorrido; contrarrazões: 15 dias.

5. Julgamento: se o presidente ou vice-presidente do tribunal aceitar, remete para o STF; se não aceitar agravo de admissão em quinze dias, ao STF.

6. Características: a) fundamento constitucional (cabimento nos casos previstos na Constituição Federal); b) formulado em petição;

7. Conteúdo: exposição do fato e do direito; demonstração do cabimento do recurso interposto; c) razões do pedido de reforma ou de invalidação da decisão recorrida.

8. Fundamento em Dissídio Jurisprudencial: o recorrente fará a prova da divergência com a certidão, cópia ou citação do repositório de jurisprudência, oficial ou credenciado, inclusive em mídia eletrônica, em que houver sido publicado o acórdão divergente, ou ainda com a reprodução de julgado disponível na rede mundial de computadores, com indicação da respectiva fonte, devendo-se, em qualquer caso, mencionar as circunstâncias que identifiquem ou assemelhem os casos confrontados.

9. Vício Formal: O Supremo Tribunal Federal poderá desconsiderar vício formal de recurso tempestivo ou determinar sua correção, desde que não o repute grave.

10. Efeito Suspensivo: a) ao tribunal superior respectivo, no período compreendido entre a publicação da decisão de admissão do recurso e sua distribuição, ficando o relator designado para seu exame prevento para julgá-lo; b) ao relator, se já distribuído o recurso; c) ao presidente ou ao vice-presidente do tribunal recorrido, no período compreendido entre a interposição do recurso e a publicação da decisão de admissão do recurso, assim como no caso de o recurso ter sido sobrestado.

11. Juízo de Admissibilidade pelo Presidente ou Vice-Presidente do Tribunal Recorrido: I – negar seguimento: a recurso extraordinário que discuta questão constitucional à qual o Supremo Tribunal Federal não tenha reconhecido a existência de repercussão geral ou a recurso extraordinário interposto contra acórdão que esteja em conformidade com entendimento do Supremo Tribunal Federal exarado no regime de repercussão geral; a recurso extraordinário interposto contra acórdão que esteja em conformidade com entendimento do Supremo Tribunal Federal exarado no regime de julgamento de recursos repetitivos; II – encaminhar o processo ao órgão julgador para realização do juízo de retratação, se o acórdão recorrido divergir do entendimento do Supremo Tribunal Federal exarado, conforme o caso, nos regimes de repercussão geral ou de recursos repetitivos; III – sobrestar o recurso que versar sobre controvérsia de caráter repetitivo ainda não decidida pelo Supremo Tribunal Federal; IV – selecionar o recurso como representativo de controvérsia constitucional ou infraconstitucional; V – realizar o juízo de admissibilidade e, se positivo, remeter o feito ao Supremo Tribunal Federal.

12. Processamento: (a) apresentação da petição ao presidente ou vice-presidente do tribunal que proferiu a decisão recorrida na secretaria do tribunal; (b) recebida a petição do recurso pela secretaria do tribunal, o recorrido será intimado para apresentar contrarrazões no prazo de 15 (quinze) dias, findo o qual os autos serão conclusos ao presidente ou ao vice-presidente do tribunal recorrido; (c) conclusão dos autos ao presidente ou vice-presidente do tribunal para juízo de admissibilidade em 5 dias (Súmulas 292 e 528 do STF); (d) admitida remessa ao STF, haverá distribuição para uma das turmas, desde que o recurso ainda não tenha sido submetido ao regime de repercussão geral ou de julgamento de recursos repetitivos; o recurso tenha sido selecionado como representativo da controvérsia; ou o tribunal recorrido tenha refutado o juízo de retratação; (e) sorteio de relator; (f) manifestação do MP; (g) julgamento.

13. Assistente de acusação (Súmula 210 do STF): (a) não apelação pelo Ministério Público; (b) decretação da extinção da punibilidade; (c) sentença de pronúncia.

14. Repercussão geral: a) O Supremo Tribunal Federal, em decisão irrecorrível, não conhecerá do recurso extraordinário quando a questão constitucional nele versada não tiver repercussão geral; b) Para efeito de repercussão geral, será considerada a existência ou não de questões relevantes do ponto de vista econômico, político, social ou jurídico que ultrapassem os interesses subjetivos do processo; c) O recorrente deverá demonstrar a existência de repercussão geral para apreciação exclusiva pelo Supremo Tribunal Federal; d) haverá repercussão geral sempre que o recurso impugnar acórdão que contrarie súmula ou jurisprudência dominante do Supremo Tribunal Federal; tenha reconhecido a inconstitucionalidade de tratado ou de lei federal; e) reconhecida a repercussão geral, o relator no Supremo Tribunal Federal determinará a suspensão do processamento de todos os processos pendentes, individuais ou coletivos, que versem sobre a questão e tramitem no território nacional; f) Negada a repercussão geral, o presidente ou o vice-presidente do tribunal de origem negará seguimento aos recursos extraordinários sobrestados na origem que versem sobre matéria idêntica; g) o recurso que tiver a repercussão geral reconhecida deverá ser julgado no prazo de 1 (um) ano e terá preferência sobre os demais feitos, ressalvados os que envolvam réu preso e os pedidos de *habeas corpus*; h) a súmula da decisão sobre a repercussão geral constará de ata, que será publicada no diário oficial e valerá como acórdão.

15. Exclusão do sobrestamento da repercussão geral: o interessado pode requerer, ao presidente ou ao vice-presidente do tribunal de origem, que exclua da decisão de sobrestamento e inadmita o recurso extraordinário que tenha sido interposto intempestivamente, tendo o recorrente o prazo de 5 (cinco) dias para manifestar-se sobre esse requerimento. Do indeferimento cabe agravo interno.

16. Do Julgamento dos Recursos Extraordinário e Especial Repetitivos

a) **Requisito:** multiplicidade de recursos extraordinários com fundamento em idêntica questão de direito.

b) **Efeito:** haverá afetação para julgamento.

c) **Processamento:** arts. 1.036 ao 1.041 do CPC, observado o disposto no Regimento Interno do Supremo Tribunal Federal.

d) **Seleção:** o presidente ou o vice-presidente de tribunal de justiça ou de tribunal regional federal selecionará 2 (dois) ou mais recursos representativos da controvérsia, que serão encaminhados ao Supremo Tribunal Federal para fins de afetação, determinando a suspensão do trâmite de todos os processos pendentes, individuais ou coletivos, que tramitem no Estado ou na região, conforme o caso.

e) **Seleção não vinculante:** a escolha feita pelo presidente ou vice-presidente do tribunal de justiça ou do tribunal regional federal não vinculará o relator no tribunal superior, que poderá selecionar outros recursos representativos da controvérsia.

f) **Seleção adicional:** o relator em tribunal superior também poderá selecionar 2 (dois) ou mais recursos representativos da controvérsia para julgamento da questão de direito independentemente da iniciativa do presidente ou do vice-presidente do tribunal de origem.

g) **Objeto da Seleção:** somente podem ser selecionados recursos admissíveis que contenham abrangente argumentação e discussão a respeito da questão a ser decidida.

h) **Exclusão da decisão de sobrestamento:** o interessado pode requerer, ao presidente ou ao vice-presidente, que exclua da decisão de sobrestamento e inadmita o recurso extraordinário que tenha sido interposto intempestivamente, tendo o recorrente o prazo de 5 (cinco) dias para manifestar-se sobre esse requerimento. Da decisão que indeferir o requerimento caberá apenas agravo interno.

i) **Conteúdo da Decisão de Afetação:** I – identificará com precisão a questão a ser submetida a julgamento; II – determinará a suspensão do processamento de todos os processos pendentes, individuais ou coletivos, que versem sobre a questão e tramitem no território nacional; III – poderá requisitar aos presidentes ou aos vice-presidentes dos tribunais de justiça ou dos tribunais regionais federais a remessa de um recurso representativo da controvérsia.

j) **Não afetação:** o relator, no tribunal superior, comunicará o fato ao presidente ou ao vice-presidente que os houver enviado, para que seja revogada a decisão de suspensão.

k) **Pluralidade de afetação:** havendo mais de uma afetação, será prevento o relator que primeiro tiver proferido a decisão de afetação.

l) **Prazo de julgamento dos recursos afetados:** deverão ser julgados no prazo de 1 (um) ano e terão preferência sobre os demais feitos, ressalvados os que envolvam réu preso e os pedidos de *habeas corpus*.

m) **Efeito do julgamento dos recursos afetados:** os órgãos colegiados declararão prejudicados os demais recursos versando sobre idêntica controvérsia ou os decidirão aplicando a tese firmada. Negada a existência de repercussão geral no recurso extraordinário afetado, serão considerados automaticamente inadmitidos os recursos extraordinários cujo processamento tenha sido sobrestado.

n) **Após Publicação do acórdão paradigma:** I – o presidente ou o vice--presidente do tribunal de origem negará seguimento aos recursos especiais ou extraordinários sobrestados na origem, se o acórdão recorrido coincidir com a orientação do tribunal superior; II – o órgão que proferiu o acórdão recorrido, na origem, reexaminará o processo de competência originária, a remessa necessária ou o recurso anteriormente julgado, se o acórdão recorrido contrariar a orientação do tribunal superior; III – os processos suspensos em primeiro e segundo graus de jurisdição retomarão o curso para julgamento e aplicação da tese firmada pelo tribunal superior; IV – se os recursos versarem sobre questão relativa a prestação de serviço público objeto de concessão, permissão ou autorização, o resultado do julgamento será comunicado ao órgão, ao ente ou à agência reguladora competente para fiscalização da efetiva aplicação, por parte dos entes sujeitos a regulação, da tese adotada.

17. **Processo e julgamento:** no Supremo Tribunal Federal, na forma estabelecida por leis especiais, pela lei processual civil e pelo respectivo regimento interno.

Recurso extraordinário

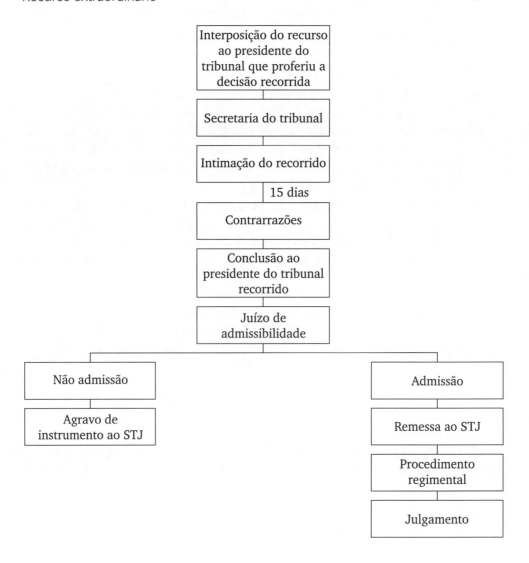

MODELO DE RAZÕES DE RECURSO EXTRAORDINÁRIO

INTERPOSIÇÃO

EXCELENTÍSSIMO SENHOR DOUTOR DESEMBARGADOR PRESIDENTE DO EGRÉGIO TRIBUNAL DE JUSTIÇA DO ESTADO DE _____

ou

EXCELENTÍSSIMO SENHOR DOUTOR DESEMBARGADOR FEDERAL PRESIDENTE DO EGRÉGIO TRIBUNAL REGIONAL FEDERAL DA ___ REGIÃO

(10 linhas)

_____ (nome), já qualificado nos autos do processo-crime em epígrafe, vem, por seu advogado infra-assinado, à presença de Vossa Excelência, não se conformando com o venerando acórdão de fls. que _____ (especificar o conteúdo da decisão), com fundamento no art. 102, inciso III, alínea _____, da Constituição Federal combinado com os arts. 1.029 e seguintes do CPC, interpor RECURSO EXTRAORDINÁRIO ao Colendo STF.

(2 linhas)

Termos em que, requerendo seja ordenado o processamento do presente recurso, com as inclusas razões, pede deferimento.

(2 linhas)

Cidade, ____ de _____ de ____.

(2 linhas)

_____

OAB – sob n. ____

RAZÕES DE RECURSO EXTRAORDINÁRIO

(3 linhas)

Recorrente: _____

_____ (nome do recurso) n. _____

(3 linhas)

Colendo STF,

Douta Turma,

Ínclitos Ministros

(3 linhas)

Impõe-se a reforma do venerando acórdão _____ (especificar o conteúdo), proferido pela Douta Turma, por _____ (motivo do inconformismo), pelas razões a seguir expostas:

(2 linhas)

DOS FATOS

* Narrar os acontecimentos, sem inventar dados ou copiar o problema. Colocar o andamento processual.

(2 linhas)

DA ADMISSIBILIDADE DO RECURSO EXTRAORDINÁRIO: o candidato tem de demonstrar os requisitos de cabimento do recurso extraordinário.

DO DIREITO

- apontar a tese;
- justificar a tese;
- doutrina;
- jurisprudência;
- conclusão;
- não esquecer de alegar repercussão geral, nos termos do art. 102, § 3º, da Constituição Federal.

(2 linhas)

DO PEDIDO

Diante do exposto, demonstrado _____ (motivo do Recurso Extraordinário) requer-se seja o presente recurso conhecido e provido, para tornar sem efeito a decisão que _____, concedendo-se _____, como medida de inteira justiça.

(2 linhas)

Termos em que
pede deferimento.

(2 linhas)

Cidade, ____ de _____ de ____.

(2 linhas)

_____

OAB – sob n. ____

9 Recurso especial

1. Finalidade: (a) pedir o reexame de decisão que viola legislação federal infraconstitucional. Precisa de prequestionamento; caso o tribunal *a quo* não tiver discutido a matéria, deverão ser opostos os embargos de declaração (art. 105, III, da CF c/c 1.029 e seguintes do CPC). Prequestionamento: Súmula 211, STJ; (b) conforme Hidejalma Muccio[21], o recurso especial visa garantir a vigência e o cumprimento das leis federais uniformemente em todo o território nacional.

a) **105, III, *a* – contrariar tratado ou lei federal, ou negar-lhes vigência:** ter como inexistente ou aplicar de forma errada;

b) **105, III, *b* – julgar válido ato de governo local contestado em face de lei federal:** ato da administração estadual ou municipal, que não seja lei ou ato jurisdicional;

c) **105, III, *c* – der a lei federal interpretação divergente da que lhe haja atribuído outro tribunal:** divergência jurisprudencial, sendo que o paradigma (decisão dos autos para demonstração) deve ser decisão de última instância. Súmula 13 do STJ;

d) **causa decidida em única instância:** competência originária;

e) **causa decidida em última instância:** esgotamento das vias recursais ordinárias (Súmula 281 do STF).

2. Legitimidade ativa: defesa ou acusação, inclusive o assistente de acusação.

3. Requisitos: (a) questão federal infraconstitucional; (b) prequestionamento; (c) esgotamento das vias recursais ordinárias: (d) decisão emanada de Tribunal Estadual ou TRF ou do DF ou Território Federal.

4. Características: a) fundamento constitucional (cabimento nos casos previstos na Constituição Federal); b) formulado em petição; c) Súmulas 279, 283, 284, 356 do STF; (d) instituto político de direito processual constitucional.

_____

[21] MUCCIO, Hidejalma. *Prática de processo penal*: teoria e prática. São Paulo: HM, 2005. p. 941.

5. Conteúdo: exposição do fato e do direito; demonstração do cabimento do recurso interposto; c) razões do pedido de reforma ou de invalidação da decisão recorrida.

6. Fundamento em Dissídio Jurisprudencial: o recorrente fará a prova da divergência com a certidão, cópia ou citação do repositório de jurisprudência, oficial ou credenciado, inclusive em mídia eletrônica, em que houver sido publicado o acórdão divergente, ou ainda com a reprodução de julgado disponível na rede mundial de computadores, com indicação da respectiva fonte, devendo-se, em qualquer caso, mencionar as circunstâncias que identifiquem ou assemelhem os casos confrontados.

7. Vício Formal: O Superior Tribunal de Justiça poderá desconsiderar vício formal de recurso tempestivo ou determinar sua correção, desde que não o repute grave.

8. Efeito Suspensivo: a) ao tribunal superior respectivo, no período compreendido entre a publicação da decisão de admissão do recurso e sua distribuição, ficando o relator designado para seu exame prevento para julgá-lo; b) ao relator, se já distribuído o recurso; c) ao presidente ou ao vice-presidente do tribunal recorrido, no período compreendido entre a interposição do recurso e a publicação da decisão de admissão do recurso, assim como no caso de o recurso ter sido sobrestado.

9. Juízo de Admissibilidade pelo Presidente ou Vice-Presidente do Tribunal Recorrido: I – negar seguimento a recurso especial interposto contra acórdão que esteja em conformidade com entendimento do STJ exarado no regime de julgamento de recursos repetitivos; II – encaminhar o processo ao órgão julgador para realização do juízo de retratação, se o acórdão recorrido divergir do entendimento do STJ exarado nos regimes de recursos repetitivos; III – sobrestar o recurso que versar sobre controvérsia de caráter repetitivo ainda não decidida pelo STJ; IV – selecionar o recurso como representativo de controvérsia constitucional ou infraconstitucional; V – realizar o juízo de admissibilidade e, se positivo, remeter o feito ao Superior Tribunal de Justiça.

10. Prazo: 15 dias para interposição para o presidente ou vice-presidente tribunal de origem, a contar da intimação da decisão recorrida. Se o presidente aceitar, vai para o STJ; se não aceitar, usar o agravo de admissão para o STJ, que deverá ser interposto em quinze dias.

11. Julgamento: STJ.

12. Processamento: (a) apresentação da petição ao presidente ou vice-presidente do tribunal que proferiu a decisão recorrida na secretaria do tribunal; (b) recebida a petição do recurso pela secretaria do tribunal, o recorrido será intimado para apresentar contrarrazões no prazo de 15 (quinze) dias, findo o qual os autos serão conclusos ao presidente ou ao vice-presidente do tribunal recorrido; (c) conclusão dos autos ao presidente do tribunal para juízo de admissibilidade em 5 dias (Súmulas 292 e 528 do STF); (d) admitida remessa ao STJ (desde que o recurso ainda não tenha sido submetido ao regime de repercussão geral ou de julgamento de recursos repetitivos; o recurso tenha sido selecionado como representativo da controvérsia; ou o tribunal recorrido tenha refutado o juízo de retratação), haverá distribuição para uma das turmas; (e) sorteio de relator; (f) manifestação do MP; (g) julgamento.

13. Não cabimento: (a) reexame de prova (Súmula 7 do STJ); (b) decisões do JECrim.

14. Objeto: questão federal ou natureza infraconstitucional.

15. Interposição conjunta de recurso extraordinário e especial: os autos são remetidos ao STJ. Concluído o julgamento do recurso especial, os autos serão remetidos ao Supremo Tribunal Federal para apreciação do recurso extraordinário, se este não estiver prejudicado. Se o relator do recurso especial considerar prejudicial o recurso extraordinário, em decisão irrecorrível, sobrestará o julgamento e remeterá os autos ao Supremo Tribunal Federal. Se o relator do recurso extraordinário, em decisão irrecorrível, rejeitar a prejudicialidade, devolverá os autos ao Superior Tribunal de Justiça para o julgamento do recurso especial.

16. Recurso especial com matéria constitucional: se o relator, no Superior Tribunal de Justiça, entender que o recurso especial versa sobre questão constitucional, deverá conceder prazo de 15 (quinze) dias para que o recorrente demonstre a existência de repercussão geral e se manifeste sobre a questão constitucional. O relator remeterá o recurso ao Supremo Tribunal Federal, que, em juízo de admissibilidade, poderá devolvê-lo ao Superior Tribunal de Justiça.

17. Ofensa Reflexa da Constituição Federal: Se o Supremo Tribunal Federal considerar como reflexa a ofensa à Constituição afirmada no recurso extraordinário, por pressupor a revisão da interpretação de lei federal ou de tratado, remetê-lo-á ao Superior Tribunal de Justiça para julgamento como recurso especial.

18. Do Julgamento dos Recursos Extraordinário e Especial Repetitivos

a) **Requisito:** multiplicidade de recursos extraordinários com fundamento em idêntica questão de direito.

b) **Efeito:** haverá afetação para julgamento.

c) **Processamento:** arts. 1.036 ao 1.041 do CPC, observado o disposto no Regimento Interno do Supremo Tribunal Federal.

d) **Seleção:** o presidente ou o vice-presidente de tribunal de justiça ou de tribunal regional federal selecionará 2 (dois) ou mais recursos representativos da controvérsia, que serão encaminhados ao Supremo Tribunal Federal para fins de afetação, determinando a suspensão do trâmite de todos os processos pendentes, individuais ou coletivos, que tramitem no Estado ou na região, conforme o caso.

e) **Seleção não vinculante:** a escolha feita pelo presidente ou vice-presidente do tribunal de justiça ou do tribunal regional federal não vinculará o relator no tribunal superior, que poderá selecionar outros recursos representativos da controvérsia.

f) **Seleção adicional:** o relator em tribunal superior também poderá selecionar 2 (dois) ou mais recursos representativos da controvérsia para julgamento da questão de direito independentemente da iniciativa do presidente ou do vice-presidente do tribunal de origem.

g) **Objeto da seleção:** somente podem ser selecionados recursos admissíveis que contenham abrangente argumentação e discussão a respeito da questão a ser decidida.

h) **Exclusão da decisão de sobrestamento:** o interessado pode requerer, ao presidente ou ao vice-presidente, que exclua da decisão de sobrestamento e inadmita o recurso extraordinário que tenha sido interposto intempestivamente, tendo o recorrente o prazo de 5 (cinco) dias para manifestar-se sobre esse requerimento. Da decisão que indeferir o requerimento caberá apenas agravo interno.

i) **Conteúdo da Decisão de Afetação:** I – identificará com precisão a questão a ser submetida a julgamento; II – determinará a suspensão do processamento de todos os processos pendentes, individuais ou coletivos, que versem sobre a questão e tramitem no território nacional; III – poderá requisitar aos presidentes ou aos vice-presidentes dos tribunais de justiça ou dos tribunais regionais federais a remessa de um recurso representativo da controvérsia.

j) **Não afetação:** o relator, no tribunal superior, comunicará o fato ao presidente ou ao vice-presidente que os houver enviado, para que seja revogada a decisão de suspensão.

k) **Pluralidade de afetação:** havendo mais de uma afetação, será prevento o relator que primeiro tiver proferido a decisão de afetação.

l) **Prazo de julgamento dos recursos afetados:** deverão ser julgados no prazo de 1 (um) ano e terão preferência sobre os demais feitos, ressalvados os que envolvam réu preso e os pedidos de *habeas corpus*.

m) **Efeito do julgamento dos recursos afetados:** os órgãos colegiados declararão prejudicados os demais recursos versando sobre idêntica controvérsia ou os decidirão aplicando a tese firmada. Negada a existência de repercussão geral no recurso extraordinário afetado, serão considerados automaticamente inadmitidos os recursos extraordinários cujo processamento tenha sido sobrestado.

n) **Após publicação do acórdão paradigma:** I – o presidente ou o vice-presidente do tribunal de origem negará seguimento aos recursos especiais ou extraordinários sobrestados na origem, se o acórdão recorrido coincidir com a orientação do tribunal superior; II – o órgão que proferiu o acórdão recorrido, na origem, reexaminará o processo de competência originária, a remessa necessária ou o recurso anteriormente julgado, se o acórdão recorrido contrariar a orientação do tribunal superior; III – os processos suspensos em primeiro e segundo graus de jurisdição retomarão o curso para julgamento e aplicação da tese firmada pelo tribunal superior; IV –se os recursos versarem sobre questão relativa a prestação de serviço público objeto de concessão, permissão ou autorização, o resultado do julgamento será comunicado ao órgão, ao ente ou à agência reguladora competente para fiscalização da efetiva aplicação, por parte dos entes sujeitos a regulação, da tese adotada.

19. Processo e julgamento: no Superior Tribunal de Justiça, na forma estabelecida por leis especiais, pela lei processual civil e pelo respectivo regimento interno.

Recurso especial

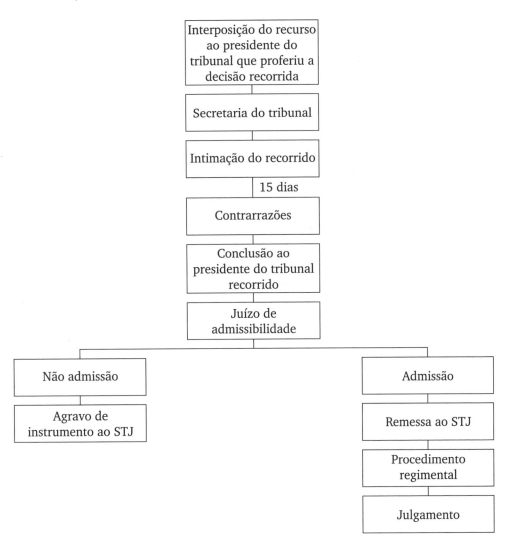

Interposição simultânea dos recursos extraordinário e especial

MODELO DE RAZÕES DE RECURSO ESPECIAL

INTERPOSIÇÃO

EXCELENTÍSSIMO SENHOR DOUTOR DESEMBARGADOR PRESIDENTE DO EGRÉGIO TRIBUNAL DE JUSTIÇA DO ESTADO DE _____

ou

EXCELENTÍSSIMO SENHOR DOUTOR DESEMBARGADOR FEDERAL PRESIDENTE DO EGRÉGIO TRIBUNAL REGIONAL FEDERAL DA ___ REGIÃO

(10 linhas)

_____ (nome), já qualificado nos autos do processo-crime em epígrafe, vem, por seu advogado infra-assinado, à presença de Vossa Excelência, não se conformando com o venerando acórdão de fls. que _____ (especificar o conteúdo da decisão), com fundamento no art. 105, inciso III, alínea _____, da Constituição Federal combinado com os arts. 1.029 e seguintes do CPC e arts. 255 e seguintes do Regimento Interno do STJ, interpor RECURSO ESPECIAL ao Colendo STJ.

(2 linhas)

Termos em que, requerendo seja ordenado o processamento do presente recurso, com as inclusas razões, pede deferimento.

(2 linhas)

Cidade, ____ de _____ de ____.

(2 linhas)

_____

OAB – sob n. ____

RAZÕES DE RECURSO ESPECIAL

(3 linhas)

Recorrente: _____

_____ (nome do recurso) n. _____

(3 linhas)

Colendo STJ,
Douta Turma,
Ínclitos Ministros

(3 linhas)

Impõe-se a reforma do venerando acórdão _____ (especificar o conteúdo), proferido pela Douta Turma, por _____ (motivo do inconformismo), pelas razões a seguir expostas:

(2 linhas)

DOS FATOS

* Narrar os acontecimentos, sem inventar dados ou copiar o problema. Colocar o andamento processual.

(2 linhas)

DA ADMISSIBILIDADE DO RECURSO ESPECIAL

* O candidato tem de demonstrar os requisitos de cabimento do Recurso Especial.

DO DIREITO

- apontar a tese;
- justificar a tese;
- doutrina;
- jurisprudência;
- conclusão.

(2 linhas)

DO PEDIDO

Diante do exposto, demonstrado _____ (motivo do Recurso Especial) requer-se seja o presente recurso conhecido e provido, para tornar sem efeito a decisão que _____, concedendo-se _____ , como medida de inteira justiça.

(2 linhas)

Termos em que
pede deferimento.

(2 linhas)

Cidade, ____ de _____ de ____.

(2 linhas)

_____

OAB – sob n. ____

10 Do agravo em recurso especial e em recurso extraordinário: agravo de admissão

1. Finalidade: pedir o reexame de decisão do presidente ou do vice-presidente do tribunal recorrido que inadmitir recurso extraordinário ou recurso especial, salvo quando fundada na aplicação de entendimento firmado em regime de repercussão geral ou em julgamento de recursos repetitivos.

2. Legitimidade ativa: parte vencida, terceiro prejudicado ou Ministério Público, nos termos do art. 996 do CPP.

3. Requisitos: (a) petição interposta perante o presidente ou vice-presidente do tribunal *de origem*; (b) Súmulas 287/288 do STF; (c) composto por interposição e razões.

4. Prazo: quinze dias, a contar da intimação da decisão (art. 1003, § 5º do CPC).

5. Julgamento: interposição perante o presidente do tribunal de origem e razões ao STJ ou STF.

6. Contraditório: o agravado será intimado, de imediato, para oferecer resposta no prazo de 15 dias.

7. Retratação: é cabível.

8. Se não houver retratação: o agravo será remetido ao tribunal superior competente

7. Interposição conjunta: Na hipótese de interposição conjunta de recursos extraordinário e especial, o agravante deverá interpor um agravo para cada recurso não admitido.

8. Único Agravo: o recurso será remetido ao tribunal competente, e, havendo interposição conjunta, os autos serão remetidos ao Superior Tribunal de Justiça. Concluído o julgamento do agravo pelo Superior Tribunal de Justiça e, se for o caso, do recurso especial, independentemente de pedido, os autos serão remetidos ao Supremo Tribunal Federal para apreciação do agravo a ele dirigido, salvo se estiver prejudicado.

9. Forma: petição escrita.

10. Pagamento: independe do pagamento de custas e despesas postais.

11. Aplicação: do regime de repercussão geral e de recursos repetitivos, inclusive quanto à possibilidade de sobrestamento e do juízo de retratação.

Do Agravo em Recurso Especial e em Recurso Extraordinário: Agravo de Admissão

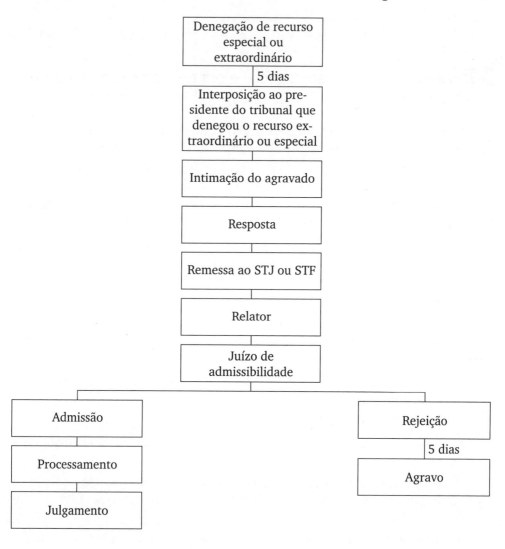

MODELO DE RAZÕES DE AGRAVO EM RECURSO ESPECIAL E EM RECURSO EXTRAORDINÁRIO: AGRAVO DE ADMISSÃO

INTERPOSIÇÃO

EXCELENTÍSSIMO SENHOR DOUTOR DESEMBARGADOR PRESIDENTE DO EGRÉGIO TRIBUNAL DE JUSTIÇA DO ESTADO DE _____

ou

EXCELENTÍSSIMO SENHOR DOUTOR DESEMBARGADOR FEDERAL PRESIDENTE DO EGRÉGIO TRIBUNAL REGIONAL FEDERAL DA ___ REGIÃO

(10 linhas)

_____ (nome), já qualificado nos autos do processo-crime em epígrafe, vem, por seu advogado infra-assinado, à presença de Vossa Excelência, não se conformando com a respeitável decisão de fls. que _____ (especificar o conteúdo da decisão), com fundamento nos arts. 1042 do CPC, interpor AGRAVO DE ADMISSÃO _____ (mencionar se o agravo é em recurso especial ou extraordinário) ao Colendo STJ ou STF.

(2 linhas)

Termos em que, requerendo seja ordenado o processamento do presente recurso, com as inclusas razões, pede deferimento.

(2 linhas)

Cidade, ____ de _____ de ____.

(2 linhas)

_____
OAB – sob n. ____

473

RAZÕES DE AGRAVO EM RECURSO ESPECIAL E EM RECURSO EXTRAORDINÁRIO: AGRAVO DE ADMISSÃO

(3 linhas)

Agravante:_____

Agravado: _____

Origem: _____

Autos do Processo n._____

(3 linhas)

Colendo STJ ou STF,

Douta Turma,

Ínclitos Ministros

(3 linhas)

Impõe-se a reforma da respeitável decisão _____ (especificar o conteúdo) proferida contra o agravante, pelas razões a seguir expostas:

(2 linhas)

DOS FATOS

* Narrar os acontecimentos, sem inventar dados ou copiar o problema. Colocar o andamento processual.

(2 linhas)

DO DIREITO

- apontar a tese: questionar a decisão que inadmitiu o recurso especial ou extraordinário;
- justificar a tese;
- doutrina;
- jurisprudência;
- conclusão.

(2 linhas)

DO PEDIDO

Diante do exposto, requer seja dado provimento ao presente recurso, para que seja admitido _____ (especificar se é recurso especial ou extraordinário), como medida de inteira justiça.

(2 linhas)

Cidade, ____ de _____ de ____.

(2 linhas)

_____

OAB – sob n. ____

11 Agravo interno

1. Finalidade: pedir o reexame de decisão proferida por relator.

2. Legitimidade ativa: parte prejudicada.

3. Requisitos: única petição, em que o recorrente impugnará especificadamente os fundamentos da decisão agravada.

4. Prazo: quinze dias pelo novo CPC.

5. Endereçamento: relator.

6. Contraditório: será intimado o agravado para manifestação sobre o recurso em 15 dias.

7. Juízo de retratação: é possível.

8. Não houver retratação: o relator leva a julgamento pelo órgão colegiado com inclusão em pauta.

9. Vedação ao relator: limitar-se à reprodução dos fundamentos da decisão agravada para julgar improcedente o agravo interno.

10. Julgamento: pelo tribunal competente que iria conhecer o recurso denegado.

11. Características: pede reconsideração da decisão. Caso não seja possível, pedir remessa ao órgão competente.

12. Fundamento legal: art. 1021 do CPC.

13. Processamento regimental: STF – art. 317; STJ – art. 258; TJ – art. 328; varia de regimento interno para regimento interno.

14. Manifestamente inadmissível ou improcedente em votação unânime: o órgão colegiado, em decisão fundamentada, condenará o agravante a pagar ao agravado multa fixada entre um e cinco por cento do valor atualizado da causa. A interposição de qualquer outro recurso está condicionada ao depósito prévio do valor da multa, à exceção da Fazenda Pública e do beneficiário de gratuidade da justiça, que farão o pagamento ao final.

MODELO DE AGRAVO INTERNO

EXCELENTÍSSIMO SENHOR DOUTOR MINISTRO RELATOR DO COLENDO SUPERIOR TRIBUNAL DE JUSTIÇA

ou

EXCELENTÍSSIMO SENHOR DOUTOR MINISTRO RELATOR DO COLENDO SUPREMO TRIBUNAL FEDERAL

ou

EXCELENTÍSSIMO SENHOR DOUTOR DESEMBARGADOR RELATOR DO EGRÉGIO TRIBUNAL DE JUSTIÇA DO ESTADO DE _____

ou

EXCELENTÍSSIMO SENHOR DOUTOR DESEMBARGADOR FEDERAL RELATOR DO EGRÉGIO TRIBUNAL REGIONAL FEDERAL DA ___ REGIÃO

(10 linhas)

_____ (nome), já qualificado nos autos do processo-crime em epígrafe, vem, por seu advogado infra-assinado, à presença de Vossa Excelência, não se conformando com a respeitável decisão de fls. que _____ (especificar o conteúdo da decisão), com fundamento no art. 1.021 do Código de Processo Civil combinado com o art. ____ (indicar o número do artigo) do Regimento Interno do _____ (indicar o tribunal), interpor AGRAVO INTERNO ao Colendo STJ ou STF, ao Egrégio TJ ou TRF.

(2 linhas)

DOS FATOS

* Narrar os acontecimentos, sem inventar dados ou copiar o problema. Colocar o andamento processual.

(2 linhas)

DO DIREITO

- apontar a tese: não esquecer de realizar uma impugnação específica dos fundamentos da decisão agravada;
- justificar a tese;
- doutrina;
- jurisprudência;
- conclusão.

(2 linhas)

DO PEDIDO

Diante do exposto, requer seja dado provimento ao presente recurso, para que _____, como medida de inteira justiça.

(2 linhas)

Termos em que
pede deferimento.

(2 linhas)

Cidade, ____ de _____ de ____.

(2 linhas)

_____

OAB – sob n. ____

Ações Autônomas 10

1 *Habeas corpus*

1. Finalidade: evitar ou cessar violência ou coação à liberdade de locomoção, por ilegalidade ou abuso de poder.

2. Capacidade postulatória: não é necessária a intervenção de advogado.

3. Previsão legal: o *habeas corpus* está previsto no art. 5º, inciso LXVII, da CF e nos arts. 647 a 667 do CPP.

4. Objeto: liberdade de locomoção: direito de ir, vir, ficar, permanecer e deslocar.

5. Terminologia: (a) impetrante: é a pessoa que requer o *habeas corpus*; **(b) paciente:** é a que sofre coação; **(c) detentor:** é a pessoa que tem o paciente sob custódia; **(d) coator:** é a que exerce violência ou coação.

6. Legitimidade ativa: qualquer pessoa, nacional ou estrangeira (a petição deve ser redigida em português), pode fazer uso do *habeas corpus*, em benefício próprio ou alheio.

6.1 Analfabeto: o analfabeto pode impetrar com assinatura a rogo; não basta a impressão digital.

6.2 Ministério Público: o membro do Ministério Público, como fiscal da lei, nos termos do art. 32 da Lei Orgânica n. 8.625/93.

6.3 Juiz: há dois posicionamentos: (a) só pode impetrar quando for paciente; (b) pode impetrar em favor de pessoa que esteja sofrendo a coação ou violência na sua liberdade de locomoção, pois todos têm direito de petição, nos termos do art. 5º, inciso XXXIV, da CF.

6.4 Pessoa jurídica: pode impetrar *habeas corpus* em favor de pessoa física.

7. Legitimidade passiva: autoridade pública ou particular (exemplo: retenção em hospital por não pagamento das despesas).

8. Requisitos: (a) endereçamento; (b) paciente; (c) autoridade coatora; (d) fatos; (e) assinatura do impetrante.

9. Prazo: não tem.

10. Julgamento: autoridade superior à tida como coatora, nos termos do art. 650, § 1º, do CPP.

11. Características

11.1 Ação judicial: pois é pedido de prestação jurisdicional.

11.2 Ação constitucional: prevista na Constituição Federal.

11.3 Ação penal popular: qualquer pessoa pode ajuizar o *habeas corpus*. Conforme observa Alexandre de Moraes[1]: "A legitimidade para ajuizamento do *habeas corpus* é um atributo da personalidade, não se exigindo a capacidade de estar em juízo, nem a capacidade postulatória".

11.4 Caráter sumaríssimo: não admite dilação probatória; o rito processual é desenvolvido em basicamente duas fases: postulatória e decisória.

11.5 Informal: pode ser impetrado por radiograma, telex ou telefone; basta a petição ser redigida por escrito, em língua portuguesa.

11.6 Remédio constitucional: visa pedir ao juiz a cessação da ameaça ou do constrangimento à liberdade de locomoção.

11.7 Ação de procedimento especial: pois se desenvolve através de uma sequência de atos processuais concentrados.

11.8 Ação de caráter penal: pois envolve a liberdade de locomoção.

11.9 Garantia individual: pois serve para proteger a liberdade de locomoção da pessoa humana.

11.10 Ação gratuita: isenta de custas.

12. Liminar em *habeas corpus*

12.1 Admissibilidade: é possível em caráter excepcional, apesar de não estar prevista em lei.

12.2 Finalidade: proteger a pessoa humana que sofre constrangimento na sua liberdade de locomoção, através da antecipação da liberdade ou de medidas urgentes para resguardo do direito de ir, vir, ficar, permanecer e deslocar.

---

[1] MORAES, Alexandre de. *Direito constitucional*. São Paulo: Atlas, 2004. p. 143.

12.3 Requisitos: (a) *fumus boni iuris*: fumaça do bom direito; (b) *periculum in mora*: perigo da demora.

12.4 Modelo da liminar em *habeas corpus*: embora não prevista em lei, a concessão da liminar em *habeas corpus* vem sendo admitida pela jurisprudência sempre que presentes os requisitos a seguir demonstrados:

a) *fumus boni iuris*, está evidenciado pela existência de disposição legal e princípios constitucionais que _____ (mencionar a tese e seu fundamento);

b) *periculum in mora*, por sua vez, está caracterizado, pois, caso não seja concedida a ordem para _____ (mencionar o pedido do HC), de forma urgente e imediata, ocorrerá lesão grave e de difícil reparação.

Dessa forma, presentes os requisitos do *fumus boni iuris* e do *periculum in mora*, como restou comprovado acima, a liminar deve ser concedida, como direito subjetivo do paciente, para boa aplicação da lei penal e respeito aos valores supremos da sociedade.

13. Processamento: (a) apresentação da petição; (b) apresentação do preso, salvo no caso do art. 657 do CPP; (c) realização de diligência; (d) decisão em 24 horas. As informações da autoridade coatora são requisitadas quando em segunda instância. Ministério Público só se manifesta em segunda instância. Se for processo da competência originária de tribunal, será julgado na primeira sessão.

14. Questões processuais: (a) é possível desistência no *habeas corpus;* (b) a autoridade competente para julgar o *habeas corpus* não está vinculada ao pedido e causa de pedir formulado pelo impetrante, podendo julgar aquém ou além do que foi pleiteado; (c) o seu julgamento tem preferência sobre todos os demais procedimentos; (d) não é possível a participação do assistente do Ministério Público nos processos de *habeas corpus*; (e) não é admitida a impetração apócrifa, ou seja, sem identificação e assinatura do impetrante.

15. Cabimento

15.1 Estado de sítio: não pode no estado de sítio, conforme os arts. 138 e 139, ambos da CF.

15.2 Excesso de prazo: é possível ajuizar *habeas corpus* quando ocorrer excesso de prazo na instrução processual penal, salvo se a demora tiver sido causada pela defesa, pelo grande número de acusados envolvidos ou por greve dos serventuários da justiça.

15.3 Punição disciplinar militar: apesar de existir na Constituição Federal, em seu art. 142, § 2º, proibição expressa, podemos dizer que é possível em dois casos excepcionais: (a) autoridade incompetente; (b) não observância das formalidades previstas em lei. Manoel Gonçalves Ferreira Filho[2] assevera que cabe *habeas corpus* em caso de punição disciplinar militar se faltar qualquer dos pressupostos da transgressão militar (hierarquia, poder disciplinar, ato ligado à função e pena prevista em lei).

15.4 Custas processuais: não cabe *habeas corpus* para resolver sobre ônus das custas, por não estar mais em causa a liberdade de locomoção, nos termos da Súmula 395 do STF.

15.5 Pena pecuniária: não cabe contra decisão condenatória a pena de multa, ou relativa a processo em curso por infração penal em que a pena pecuniária seja a única cominada, nos termos da súmula, pois não envolve liberdade de locomoção.

15.6 Pessoas desconhecidas: não é possível conhecimento em favor de pessoas desconhecidas de forma coletiva e indeterminada[3].

15.7 Não concordância do paciente: há dois posicionamentos: (a) impede a ação; (b) irrelevante para a ação.

15.8 Extinção da pena privativa de liberdade: não cabe, nos termos da Súmula 695 do STF.

15.9 Imposição da pena de exclusão de militar ou de perda da patente ou de função pública: não cabe, nos termos da Súmula 694 do STF.

15.10 Extradição: não cabe contra omissão do relator da extradição, se fundada em fato ou direito estrangeiro cuja prova não constava dos autos, nem foi ele provocado a respeito.

15.11 Intimação para depor em CPI: é possível *habeas corpus*, pois a intimação traz em si a ideia da condução coercitiva.

15.12 Empate: prevalece a decisão mais favorável ao paciente. Pouco importa a natureza do recurso que viabiliza a reapreciação do *habeas corpus*. Ordinário ou extraordinário, como é o caso do especial definido no inciso III do art. 105 da CF, ocorrido o empate, cumpre proclamar a decisão mais favorável ao paciente, isso já tendo proferido voto o presidente do órgão julgador – inteligência dos arts. 664, parágrafo único, do CPP, e 162, §§ 2º e 3º, e 181, § 4º, do RISTJ[4].

---

[2] FERREIRA FILHO, Manoel Gonçalves. *Curso de direito constitucional*. São Paulo: Saraiva, 2003. p. 314.

[3] MIRABETE, Julio Fabbrini. *Processo penal*. São Paulo: Atlas, 2002. p. 712.

[4] HC 72.445, rel. Min. Marco Aurélio, j. 2-5-1995, 2ª T., *DJ* de 22-9-1995; HC 89.974, rel. Min. Cezar Peluso, j. 18-11-2008, 2ª T., *DJe* de 5-12-2008.

15.13. *Habeas corpus* **coletivo:** é possível, notadamente nos casos em que se busca a tutela jurisdicional coletiva de direitos individuais homogêneos, sendo irrelevante, para esse efeito, a circunstância de inexistir previsão constitucional a respeito[5].

15.14. Pressuposto: a ação de *habeas corpus* não se revela cabível, quando inexistente situação de dano efetivo ou de risco potencial ao *jus manendi, ambulandi, eundi ultro citroque* do paciente. Esse entendimento decorre da circunstância histórica de a reforma constitucional de 1926 – que importou na cessação da doutrina brasileira do *habeas corpus* – haver restaurado a função clássica desse extraordinário remédio processual, destinando-o, quanto à sua finalidade, à específica tutela jurisdicional da imediata liberdade de locomoção física das pessoas[6].

15.15. Desvio de finalidade: o Ministério Público dispõe de legitimidade ativa *ad causam* para ajuizar, em favor de terceiros, a ação penal de *habeas corpus*. O remédio processual do *habeas corpus* não pode ser utilizado como instrumento de tutela dos direitos do Estado. Esse *writ* constitucional há de ser visto e interpretado em função de sua específica destinação tutelar: a salvaguarda do estado de liberdade do paciente. A impetração do *habeas corpus*, com desvio de sua finalidade jurídico-constitucional, objetivando satisfazer, ainda que por via reflexa, porém de modo ilegítimo, os interesses da acusação, descaracteriza a essência desse instrumento exclusivamente vocacionado à proteção da liberdade individual. Não se deve conhecer do pedido de *habeas corpus* quando este, ajuizado originariamente[7] perante o STF, é desautorizado pelo próprio paciente. Conversão do julgamento em diligência, para que o paciente, uma vez pessoalmente intimado, esclareça se está de acordo, ou não, com a impetração do *writ*. Com a cessação, em 1926, da doutrina brasileira do *habeas corpus*, a destinação constitucional do remédio heroico restringiu-se, no campo de sua específica projeção, ao plano da estreita tutela da imediata liberdade física de ir, vir e permanecer dos indivíduos, pertencendo, residualmente, ao âmbito do mandado de segurança, a tutela jurisdicional contra ofensas que desrespeitem os demais direitos líquidos e certos, mesmo quando tais situações de ilicitude ou de abuso de poder venham a afetar, ainda que obliquamente, a liberdade de locomoção física das pessoas. O remédio constitucional do *habeas corpus*, em consequência, não pode ser utilizado como sucedâneo de outras ações judiciais, notadamente naquelas hipóteses

---

[5] HC 172.136, rel. Min. Nunes Marques, j. 10-10-2020, 2ª T., *DJe* de 1º-12-2020.

[6] HC 102.041, rel. Min. Celso de Mello, j. 20-4-2010, 2ª T., *DJe* de 20-8-2010; HC 112.091 AgR, rel. Min. Dias Toffoli, j. 26-6-2012, 1ª T., *DJe* de 11-9-2012.

[7] HC 69.889 diligência, rel. Min. Celso de Mello, j. 2-2-1993, 1ª T., *DJ* de 1º-7-1993; HC 75.347, rel. Min. Carlos Velloso, j. 3-12-1997, P, *DJ* de 6-3-1998; HC 90.303, rel. Min. Ricardo Lewandowski, j. 12-6-2007, 1ª T., *DJe* de 11-4-2008.

em que o direito-fim (a proteção da relação de confidencialidade entre advogado e cliente, no caso), não se identifica com a própria liberdade de locomoção física. A jurisprudência do STF tem salientado que, não havendo risco efetivo de constrição à liberdade de locomoção física, não se revela pertinente o remédio do *habeas corpus*, cuja utilização supõe, necessariamente, a concreta configuração de ofensa, atual ou iminente, ao direito de ir, vir e permanecer das pessoas. A mera formulação, por representante do Ministério Público, de pedido de interceptação telefônica, para os fins a que se refere a Lei n. 9.296/96, por traduzir simples postulação dependente de apreciação jurisdicional (CF, art. 5º, XII), não importa, só por si, em ofensa à liberdade de locomoção física de qualquer pessoa, descaracterizando-se, desse modo, a possibilidade de adequada utilização do remédio constitucional do *habeas corpus*[8].

15.16. Coação indireta: não é somente a coação ou ameaça direta à liberdade de locomoção que autoriza a impetração do *habeas corpus*. Também a coação ou a ameaça indireta à liberdade individual justifica a impetração da garantia constitucional inscrita no art. 5º, LXVIII, da CF[9].

15.17. Não dilação probatória: o *habeas corpus* é garantia constitucional que pressupõe, para o seu adequado manejo, uma ilegalidade ou um abuso de poder tão flagrante que se revele de plano (inciso LXVIII do art. 5º da Magna Carta de 1988). Tal qual o mandado de segurança, a ação constitucional de *habeas corpus* é via processual de verdadeiro atalho. Isso no pressuposto do seu adequado ajuizamento, a se dar quando a petição inicial já vem aparelhada com material probatório que se revele, ao menos num primeiro exame, induvidoso quanto à sua faticidade mesma e como fundamento jurídico da pretensão[10]. A peculiar natureza processual do *habeas corpus* não admite a realização de dilação probatória, incumbindo ao impetrante o ônus de demonstrar inequívoca e previamente os fatos constitutivos do direito invocado em favor do paciente[11]. A ação de *habeas corpus* constitui remédio processual inadequado, quando ajuizada com objetivo (a) de promover a análise da prova penal, (b) de efetuar o reexame do conjunto probatório regularmente produzido, (c) de provocar a reapreciação da matéria de fato e (d) de proceder à revalorização dos elementos instrutórios coligidos no processo penal de conhecimento[12].

---

[8] HC 83.966 AgR, rel. Min. Celso de Mello, j. 23-6-2004, P, *DJ* de 25-11-2005.

[9] HC 83.162, rel. Min. Carlos Velloso, j. 2-9-2003, 2ª T., *DJ* de 26-9-2003.

[10] HC 96.787, rel. Min. Ayres Britto, j. 31-5-2011, 2ª T., *DJe* de 21-11-2011.

[11] HC 92.702, rel. Min. Joaquim Barbosa, j. 18-2-2010, *DJe* de 26-3-2010; HC 92.664 AgR, rel. Min. Cezar Peluso, j. 13-12-2007, P, *DJe* de 15-2-2008.

[12] HC 69.780, rel. Min. Celso de Mello, j. 1º-12-1992, 1ª T., *DJ* de 17-6-2005; HC 94.817, rel. Min. Gilmar Mendes, j. 3-8-2010, 2ª T., *DJe* de 3-9-2010; HC 98.816, rel. Min. Ricardo Lewandowski, j. 29-6-2010, 1ª T., *DJe* de 3-9-2010.

15.18. Não trancamento: não se tranca ação penal, quando descritos, na denúncia, comportamentos típicos, ou seja, quando factíveis e manifestos os indícios de autoria e materialidade delitivas. O exame da inocência do paciente não se coaduna com a via processual eleita, sendo essa análise reservada aos processos de conhecimento, nos quais a dilação probatória tem espaço garantido[13].

15.19. Excludentes anímicas: a via jurisdicional do *habeas corpus*, necessariamente estreita em função de seu caráter sumaríssimo, não se revela hábil para a análise das excludentes anímicas, *animus jocandi, animus defendendi, animus consulendi, animus corrigendi, animus narrandi,* cuja efetiva ocorrência descaracterizaria a intenção de injuriar[14].

15.20. Dissídio: impossibilidade do reexame, em *habeas corpus*, da existência, ou não, do dissídio de jurisprudência que determinou o conhecimento do recurso especial, por configurar hipótese de matéria de fato[15].

15.21. Sucedâneo da revisão criminal: o *habeas corpus*, ademais, em que pese configurar remédio constitucional de largo espectro, não pode ser utilizado como sucedâneo da revisão criminal, salvo em situações nas quais se verifique flagrante nulidade processual, seja na sentença condenatória, seja no acórdão que a tenha confirmado[16].

15.22. Direito de visita: o *habeas corpus* não constitui meio idôneo para se discutir a legalidade da proibição de visita ao preso, por inexistência de efetiva restrição a seu *status libertatis*[17]. Há entendimento contrário, tendo como fundamento a ideia de que direito de visitas é desdobramento do direito de liberdade. Só há se falar em direito de visitas porque a liberdade do apenado encontra-se tolhida. Liberdade de locomoção entendida de forma ampla, afetando toda e qualquer medida de autoridade que possa em tese acarretar constrangimento da liberdade de ir e vir. Eventual decisão do juízo das execuções que, ao indeferir o pedido de visitas formulado, repercute na esfera de liberdade, porquanto agrava, ainda mais, o grau de restrição da liberdade do paciente[18].

---

[13] HC 95.270, rel. Min. Cármen Lúcia, j. 24-3-2009, 1ª T., *DJe* de 24-4-2009; HC 102.946, rel. Min. Gilmar Mendes, j. 21-9-2010, 2ª T., *DJe* de 15-10-2010.

[14] HC 68.242, rel. Min. Celso de Mello, j. 6-11-1990, P, *DJ* de 15-3-1991.

[15] HC 79.513, rel. p/ o ac. Min. Ilmar Galvão, j. 28-3-2000, 1ª T., *DJ* de 26-9-2003.

[16] HC 101.542, rel. Min. Ricardo Lewandowski, j. 4-5-2010, 1ª T., *DJe* de 28-5-2010; HC 109.547, rel. min. Cármen Lúcia, j. 13-3-2012, 1ª T., *DJe* de 29-3-2012.

[17] HC 145.118 AgR, rel. Min. Dias Toffoli, j. 6-10-2017, 2ª T., *DJe* de 26-10-2017; HC 107.701, rel. Min. Gilmar Mendes, j. 13-9-2011, 2ª T., *DJe* de 26-3-2012.

[18] HC 107.701, rel. Min. Gilmar Mendes, j. 13-9-2011, 2ª T., *DJe* de 26-3-2012; HC 145.118 AgR, rel. Min. Dias Toffoli, j. 6-10-2017, 2ª T., *DJe* de 26-10-2017.

15.23. Guarda de filhos: o *habeas corpus* não é sucedâneo de recurso cabível, não sendo, por esse meio, de pretender-se a solução de questão relativa à guarda de filhos[19]. *Habeas corpus* não é remédio processual adequado para tutela do direito de visita de menor cuja guarda se disputa judicialmente[20].

15.24. Sequestro de bens e bloqueio de valores: o *habeas corpus* não é o meio adequado para impugnar ato alusivo a sequestro de bens móveis e imóveis bem como a bloqueio de valores[21].

15.25. Confisco criminal: o *habeas corpus*, garantia de liberdade de locomoção, não se presta para discutir confisco criminal de bem[22].

15.26. Afastamento ou perda de cargo: o afastamento ou a perda do cargo de juiz federal não são ofensas atacáveis por *habeas corpus*[23].

15.27. Processo administrativo: o *habeas corpus* não é instrumental próprio a questionar a sequência de processo administrativo[24].

15.28. Tipificação: não é possível, na via do *habeas corpus*, fazer incursão sobre a correta tipificação dos fatos imputados ao paciente na ação penal[25].

15.29. Dosimetria da pena: o *habeas corpus*, ressalvadas hipóteses excepcionais, não pode servir para a correção da dosimetria da pena imposta pelo magistrado, mormente se observadas as determinações legais pertinentes ao sistema trifásico de cálculo[26]. O *habeas corpus* não é a via adequada para a análise da pena-base quando sua exasperação tiver apoio nas circunstâncias judiciais constantes do art. 59 do CP[27].

15.30. Trancamento de processo de improbidade administrativa: o *habeas corpus* é meio processual destinado à proteção do direito de ir e vir ameaçado por ilegalidade ou abuso de poder. Daí a impropriedade desse instrumento processual para solver controvérsia cível. Ainda que se admita que a

---

[19]   HC 81.681/RS, rel. Min. Néri da Silveira, *DJ* de 29-8-2003.

[20]   HC 99.369 AgR, rel. Min. Cezar Peluso, j. 18-8-2009, 2ª T., *DJe* de 16-10-2009; HC 99.945 AgR, rel. p/ o ac. Min. Gilmar Mendes, j. 7-2-2013, *DJe* de 21-2-2014.

[21]   HC 103.823, rel. Min. Marco Aurélio, j. 3-4-2012, 1ª T., *DJe* de 26-4-2012.

[22]   HC 99.619, rel. p/ o ac. Min. Rosa Weber, j. 14-2-2012, 1ª T., *DJe* de 22-3-2012.

[23]   HC 99.829, rel. Min. Gilmar Mendes, j. 27-9-2011, 2ª T., *DJe* de 21-11-2011; HC 110.537 AgR, rel. Min. Roberto Barroso, j. 22-10-2013, 1ª T., *DJe* de 18-11-2013; HC 95.496, rel. Min. Cezar Peluso, j. 10-3-2009, 2ª T., *DJe* de 17-4-2009.

[24]   HC 100.664, rel. Min. Marco Aurélio, j. 2-12-2010, 1ª T., *DJe* de 22-2-2011.

[25]   HC 99.417, rel. Min. Ricardo Lewandowski, j. 1º-6-2010, 1ª T., *DJe* de 18-6-2010.

[26]   HC 101.918, rel. Min. Ricardo Lewandowski, j. 11-5-2010, 1ª T, *DJe* de 4-6-2010.

[27]   HC 95.056, rel. Min. Menezes Direito, j. 3-2-2009, 1ª T, *DJe* de 13-3-2009; HC 97.776, rel. Min. Ellen Gracie, j. 2-6-2009, 2ª T., *DJe* de 19-6-2009; RHC 88.288, rel. Min. Eros Grau, j. 2-5-2006, 2ª T., *DJ* de 19-5-2006.

485

ação de improbidade administrativa tem natureza penal, não há como trancá-la em *habeas corpus*, porquanto as sanções previstas na Lei n. 8.429/92 não consubstanciam risco à liberdade de locomoção[28].

15.31. Formulação do pedido de prisão preventiva: a mera formulação de pedido de prisão preventiva por representante do Ministério Público não importa em ofensa à liberdade de locomoção física nos termos constitucionalmente garantidos, sendo firme a jurisprudência deste STF no sentido de que, não havendo risco efetivo de constrição à liberdade de locomoção física, não se revela pertinente o remédio do *habeas corpus*, cuja utilização supõe, necessariamente, a concreta configuração de ofensa – atual ou iminente – ao direito de ir, vir e permanecer das pessoas[29].

15.32. Pena cumprida: se o paciente já cumpriu a pena imposta na condenação, não cabe *habeas corpus* por lhe faltar o objeto específico de sua tutela: a "liberdade de locomoção" – atual ou ameaçada[30]. O processo de *habeas corpus*, uma vez cumprida, integralmente, a pena de prisão, não se revela meio juridicamente idôneo à discussão de eventual ocorrência de nulidade processual na causa de que resultou a condenação criminal, pois, em referido contexto, o exame de tal matéria comporta-se no âmbito da ação de revisão criminal, que constitui, para essa específica finalidade, o instrumento processual adequado[31].

15.33. Expulsão de estrangeiro: o meio processual adequado para se impugnar decreto expulsório é o *habeas corpus*. Assim se firmou a jurisprudência do Supremo, seja porque o expulsando via de regra está preso, seja porque se trata de remédio mais expedito[32]. O remédio de *habeas corpus* não constitui instrumento processual adequado à invalidação do procedimento administrativo de expulsão regularmente instaurado e promovido pelo Departamento de Polícia Federal, especialmente se o súdito estrangeiro interessado – a quem se estendeu, de modo pleno, a garantia constitucional do direito de defesa – não invocou, em momento algum, por inocorrentes, quaisquer das causas de inexpulsabilidade previstas em lei[33].

---

[28] HC 100.244 AgR, rel. Min. Eros Grau, j. 24-11-2009, 2ª T., *DJe* de 19-2-2010.

[29] HC 96.220, rel. Min. Cármen Lúcia, j. 2-6-2009, 1ª T., *DJe* de 1º-7-2009.

[30] HC 68.715, rel. Min. Paulo Brossard, j. 10-12-1991, 2ª T., *DJ* de 14-2-1992; HC 104.105, rel. Min. Ricardo Lewandowski, j. 5-10-2010, 1ª T., *DJe* de 4-11-2010; RHC 84.413, rel. Min. Carlos Velloso, j. 29-6-2004, 2ª T., *DJ* de 20-8-2004.

[31] HC 71.597, rel. Min. Celso de Mello, j. 14-3-1995, 1ª T., *DJe* de 11-12-2009.

[32] HC 72.082, rel. min. Francisco Rezek, j. 19-4-1995, P, DJ de 1º-3-1996; HC 72.851, rel. Min. Celso de Mello, j. 25-10-1995, P, *DJe* de 28-11-2008.

[33] HC 72.851, rel. Min. Celso de Mello, j. 25-10-1995, P, *DJe* de 28-11-2008; HC 92.769, rel. Min. Celso de Mello, j. 19-5-2014, dec. monocrática, *DJe* de 22-5-2014; HC 72.082, rel. Min. Francisco Rezek, j. 19-4-1995, P, *DJ* de 1º-3-1996.

15.34. Restrição profissional: Advogado. Exigência de identificação, por meio de *botton* ou adesivo, para trânsito em dependências do tribunal. *Habeas corpus* de que não se conhece, por não se achar em causa direito de locomoção, senão suposta restrição ao exercício profissional[34].

15.35. Provas: Não cabe o *habeas corpus* para solver controvérsia de fato dependente da ponderação de provas desencontradas; cabe, entretanto, para aferir a idoneidade jurídica ou não das provas onde se fundou a decisão condenatória[35].

16.36 Trancamento da ação penal: é medida excepcional, cabível somente quando manifesta a atipicidade da conduta, causa extintiva de punibilidade ou ausência de indícios de autoria ou de prova sobre a materialidade do delito (*Informativo* n. 767/2023 do STJ).

16.37 Inconstitucionalidade: não é compatível com o *habeas corpus* a pretensão de declaração de inconstitucionalidade do art. 28-A do Código de Processo Penal (*Informativo* n. 758/2022 do STJ).

16.38 *Habeas corpus* preventivo: é cabível visando a concessão de salvo-conduto para o plantio e o transporte de *Cannabis Sativa,* com o objetivo de extração de substância necessária para a produção artesanal dos medicamentos prescritos para fins de tratamento de saúde (*Informativo* n. 742/2022 do STJ).

16. Competência: existem no processo do *habeas corpus* duas espécies de competência: (a) originária: proposta direta no órgão julgador; (b) recursal: quando passa por instâncias.

a) **Súmula 691 do STF:** não compete ao STF conhecer de *habeas corpus* impetrado contra decisão de relator que, em *habeas corpus* requerido a tribunal superior, indefere liminar;

b) **Súmula 606 do STF:** não cabe *habeas corpus* originário para o tribunal pleno de decisão de turma ou do plenário proferida em *habeas corpus* ou no respectivo recurso;

c) **Súmula 648 do STJ:** a superveniência da sentença condenatória prejudica o pedido de trancamento da ação penal por falta de justa causa feito em *habeas corpus.*

17. Espécies: (a) preventivo: serve para afastar ameaça à liberdade de locomoção. O juiz expede salvo-conduto; **(b) repressivo ou liberatório:** serve para afastar constrangimento à liberdade de locomoção. O juiz expede alvará de soltura; **(c) de ofício:** o juiz o concede, no curso de processo criminal, quando houver constrangimento ilegal à liberdade de locomoção. Tais espécies estão comparadas na tabela a seguir exposta:

---

[34] HC 79.084, rel. Min. Octavio Gallotti, j. 4-5-1999, 1ª T, *DJ* de 11-2-2000.

[35] HC 85.457, rel. Min. Sepúlveda Pertence, j. 22-3-2005, 2ª T., *DJ* de 15-4-2005; RHC 94.806, rel. Min. Cármen Lúcia, j. 9-3-2010, 1ª T., *DJe* de 16-4-2010.

487

Itens	Preventivo	Repressivo	De ofício
Cabimento	Quando alguém se achar ameaçado de sofrer violência ou coação em sua liberdade de locomoção por ilegalidade ou abuso de poder.	Quando alguém estiver sofrendo violência ou coação em sua liberdade de locomoção por ilegalidade ou abuso de poder.	Quando alguém, no curso de processo criminal, estiver sofrendo violência ou coação em sua liberdade de locomoção por ilegalidade ou abuso de poder.
Finalidade	Cessar a ameaça.	Cessar a ameaça, impedindo a violência ou coação na liberdade de locomoção.	Cessar o constrangimento, liberando o paciente.
Ordem judicial	Salvo-conduto.	Alvará de soltura.	Alvará de soltura.
Terminologia	Não tem.	Pode ser chamado de liberatório ou suspensivo.	Não tem.

18. Recursos

18.1 Recurso de ofício: quando o juiz de primeiro grau concede a ordem de *habeas corpus*, nos termos do art. 574, inciso I, do CPP. Como observam Ada Pellegrini, Antonio Magalhães e Antonio Scarance[36]: "não se trata propriamente de um recurso, mas de uma condição de eficácia da sentença que somente passa em julgado depois de confirmada em segundo grau de jurisdição".

18.2 Recurso em sentido estrito: quando o juiz de primeiro grau conceder ou negar a ordem de *habeas corpus*, nos termos do art. 581, inciso X, do CPP.

18.3 Recurso ordinário constitucional: (a) STF: quando o *habeas corpus* tiver sido julgado em única instância pelos tribunais superiores (art. 102, inciso II, *a*, da CF); (b) STJ: quando a decisão for proferida em única ou última instância pelos Tribunais Regionais Federais ou pelos Tribunais dos Estados e do Distrito Federal (art. 105, inciso II, *a*, da CF).

18.4 Recursos especial e extraordinário: cabíveis nos casos de concessão de *habeas corpus*, desde que preenchidos os requisitos, conforme capítulo próprio.

---

[36] GRINOVER, Ada Pellegrini; GOMES FILHO, Antonio Magalhães; FERNANDES, Antonio Scarance. *Recurso no processo penal*. São Paulo: Revista dos Tribunais, 1998. p. 381.

19. Reiteração de *habeas corpus*: há três posicionamentos: (a) é possível, desde que haja novas provas ou novos fundamentos; (b) é possível, ainda que com os mesmos fundamentos; (c) não pode, pois existe recurso próprio para discutir a decisão denegatória.

20. Possibilidade de supressão: não é possível suprimir o *habeas corpus* via emenda constitucional, já que se trata de cláusula pétrea, nos termos do art. 60, § 4º, da CF.

21. Origem histórica

21.1 Mundo: há dois posicionamentos: (a) surgiu na Inglaterra, com a Magna Carta; (b) surgiu no direito romano.

21.2 Brasil: surgiu com o Código de Processo Criminal do Império, de 1832; a primeira Constituição foi a de 1891, que admitia *habeas corpus* para proteger direitos pessoais, inclusive liberdade de locomoção; em 1926, a reforma constitucional restringiu o *habeas corpus* em instrumento protetor apenas da liberdade de locomoção.

22. Condições da ação

22.1 Possibilidade jurídica do pedido: o pedido formulado pelo autor tem de ser previsto e aceito pelo ordenamento jurídico.

22.2 Interesse de agir: (a) necessidade: é preciso que haja um constrangimento ou simples ameaça na liberdade de locomoção; (b) adequação: o *habeas corpus* deve ser apto a corrigir ou remover a situação ilegal ou abusiva causada na liberdade de locomoção de uma pessoa.

22.3 Legitimidade para agir: (a) ativa: qualquer pessoa; (b) passiva: autoridade pública ou particular.

23. Efeitos: (a) concessão da ordem: paciente será colocado em liberdade, salvo se por outro motivo deva permanecer preso; **(b) preventivo:** expedição do salvo-conduto; **(c) ordem para anular:** renovação do processo desde o momento em que se verificou o vício.

24. Regras de endereçamento do *habeas corpus*: o *habeas corpus* será endereçado para autoridade superior à tida como coatora, observadas as regras a seguir:

Autoridade coatora	Regra de endereçamento
Delegado da polícia estadual	Excelentíssimo Senhor Doutor Juiz de Direito da ___ Vara Criminal/Júri da Comarca de _____
Delegado da polícia federal	Excelentíssimo Senhor Doutor Juiz Federal da ___ Vara Criminal/Júri da Seção Judiciária de _____
Juiz de Direito	Excelentíssimo Senhor Doutor Desembargador Presidente do Egrégio Tribunal de Justiça do Estado de _____
Juiz Federal	Excelentíssimo Senhor Doutor Desembargador Federal Presidente do Egrégio Tribunal Regional Federal da ___ Região
Tribunal Estadual	Excelentíssimo Senhor Doutor Ministro Presidente do Colendo STJ
Tribunal Regional Federal	Excelentíssimo Senhor Doutor Ministro Presidente do Colendo STJ
Particular	Excelentíssimo Senhor Doutor Juiz de Direito/Federal da ___ Vara criminal/ júri da comarca/seção judiciária de _____
Promotor de justiça	Excelentíssimo Senhor Doutor Desembargador Presidente do Egrégio Tribunal de Justiça do Estado de _____
Membro do MPU que oficie perante Tribunal	Excelentíssimo Senhor Doutor Ministro Presidente do Colendo STJ
Governador, desembargador, membros dos Tribunais de contas dos Estados, do Distrito Federal e dos municípios, dos Tribunais regionais federais, eleitorais e do trabalho.	Excelentíssimo Senhor Doutor Ministro Presidente do Colendo STJ
Membro do MPU que oficie na primeira instância	Excelentíssimo Senhor Doutor Desembargador Federal do Egrégio Tribunal Regional Federal da ___ Região
Juiz do juizado especial criminal	Excelentíssimo Senhor Doutor Juiz Presidente da Egrégia Turma Recursal do Juizado Especial Criminal Federal/Estadual da Seção Judiciária/Comarca de _____
Turma recursal federal	Excelentíssimo Senhor Doutor Desembargador Federal do Egrégio Tribunal Regional Federal da ___ Região
Turma recursal estadual	Excelentíssimo Senhor Doutor Desembargador Presidente do Egrégio Tribunal de Justiça do Estado de _____

25. Aspectos processuais

a) **Violação ao duplo grau de jurisdição:** não é ilegal a decisão de tribunal superior que não conhece de *habeas corpus* cujas questões não foram apreciadas pela decisão contra a qual foi impetrado[37].

b) **Comunicação do julgamento:** o julgamento de *habeas corpus* independe de pauta ou qualquer tipo de comunicação, cumprindo ao impetrante acompanhar a colocação do processo em mesa para julgamento, se deixa de requerer intimação ou ciência prévia para expor oralmente as razões da impetração[38].

c) **Falta de fundamentação:** não é lícito às instâncias superiores suprir, em *habeas corpus* ou recurso da defesa, com novas razões, a falta ou deficiência de fundamentação da decisão penal impugnada[39].

26. Estrutura da peça prática

a) **Endereçamento:** conforme regras no item 24.

b) **Preâmbulo:** (a) nome e qualificação do advogado (precisa qualificar); (b) fundamento legal; (c) nome da peça; (d) identificação da autoridade coatora; (e) frase final.

c) **Dos Fatos:** narrar a infração penal praticada, sem inverter dados, e o andamento processual até o momento do pedido de *habeas corpus*.

d) **Do Direito:** comprovar constrangimento ilegal à liberdade de locomoção.

e) **Do Pedido:** conforme modelo da peça.

f) **Parte Final:** termos em que, pede deferimento; data e indicação da OAB.

g) **Terminologia:** (1) verbo do pedido: requerer; (2) interessado no pedido: paciente; (3) pede: impetrante; (4) causador do constrangimento ilegal: autoridade coatora.

---

[37] RHC 84.570, rel. Min. Cezar Peluso, j. 2-2-2010, 2ª T., *DJe* de 26-3-2010; HC 99.114, rel. Min. Ricardo Lewandowski, j. 21-9-2010, 1ª T., *DJe* de 15-10-2010.

[38] HC 89.339, rel. Min. Cezar Peluso, j. 2-2-2010, 2ª T., *DJe* de 19-2-2010; HC 86.889 ED, rel. Min. Menezes Direito, j. 11-3-2008, 1ª T., *DJe* de 11-4-2008; HC 90.326 QO, rel. Min. Menezes Direito, j. 11-12-2007, 1ª T., *DJe* de 29-2-2008; HC 92.253, rel. Min. Ayres Britto, j. 27-11-2007, 1ª T., *DJ* de 14-12-2007.

[39] HC 100.340, rel. Min. Cezar Peluso, j. 10-11-2009, 2ª T., *DJe* de 18-12-2009.

Habeas corpus

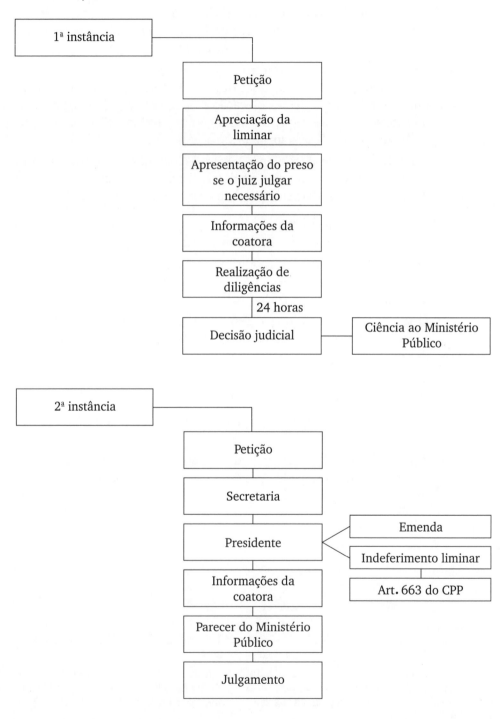

MODELO DE *HABEAS CORPUS*

EXCELENTÍSSIMO SENHOR DOUTOR _____ (item 24)

(10 linhas)

_____ (nome), advogado inscrito na Ordem dos Advogados do Brasil sob n. _____, Seção _____, com escritório na _____ (endereço), vem, à presença de Vossa Excelência, com fundamento no art. 5º, inciso LXVIII, da Constituição Federal combinado com os arts. 647 e seguintes do Código de Processo Penal, impetrar ordem de *HABEAS CORPUS*, com pedido de liminar, contra ato do _____ (autoridade coatora), em favor de _____ (nome do paciente), _____ (nacionalidade), _____ (estado civil), _____ (profissão), residente e domiciliado na _____ (endereço), pelos motivos de fato e de direito a seguir aduzidos:

(2 linhas)

DOS FATOS

* Narrar os acontecimentos, sem inventar dados ou copiar o problema.

(2 linhas)

DO DIREITO

- apontar a tese;
- justificar a tese;
- doutrina;
- jurisprudência;
- conclusão.

(2 linhas)

DA LIMINAR

- apontar o cabimento da liminar no *habeas corpus*;
- demonstrar o *fumus boni iuris*;
- demonstrar o *periculum in mora*;
- conclusão.

DO PEDIDO

a) Parte comum

Diante do exposto, vem requerer que, após solicitadas as informações à autoridade coatora, seja concedida a ordem impetrada, com fundamento no art. 5º, inciso LXVIII, da

Constituição Federal combinado com os arts. 647 e 648, inciso _____, do Código de Processo Penal, decretando-se _____, como medida de inteira justiça.

b) Parte diferencial

- **Extinção da punibilidade**: ... decretando-se a extinção da punibilidade do fato imputado ao paciente na ação penal, já que _____ (motivo da extinção)...

- **Nulidade**: ... decretando-se a anulação _____ (*ab initio* ou a partir do ato _____).

- **Falta de justa causa**: ... decretando-se trancamento da ação penal (se não houver sentença) ou cassação da sentença (se houver sentença).

- **Abuso de autoridade**: ... decretando-se _____ (depende da situação colocada no problema).

c) Pedidos complementares

- **Prisão preventiva**: revogação da prisão preventiva decretada contra o paciente e a expedição do alvará de soltura em seu favor.

- **Prisão em flagrante**: relaxamento da prisão em flagrante imposta ao paciente e expedição do alvará de soltura em seu favor.

- **Iminência de ser preso**: expedição do contramandado de prisão.

- **HC preventivo**: expedição do salvo-conduto.

(2 linhas)

Termos em que
pede deferimento.

(2 linhas)

Cidade, ____ de _____ de ____.

(2 linhas)

_____

OAB – sob n. ____

CASO PRÁTICO

"A", através de notícia veiculada em vários jornais, difamou "B". Este, após 4 anos da publicação da notícia, promoveu uma ação penal contra "A", ação essa que se encontra em curso. Qual a providência a ser tomada pelo advogado de "A"?

1. Rascunho da peça

a) **infração penal:** crime de difamação previsto no art. 139 do CP;

b) **ação penal:** privada;

c) **pena concreta:** não tem;

d) **pena abstrata:** detenção de 3 meses a um ano e multa;

e) **rito processual:** sumaríssimo, pois a pena máxima prevista em lei é inferior a 2 anos;

f) **momento processual:** não definido; apenas diz que a ação penal se encontra em curso;

g) **cliente:** "A";

h) **situação prisional:** solto;

i) **tese:** extinção da punibilidade pela ocorrência da prescrição nos termos do art. 109 do CP;

j) **peça:** *habeas corpus*;

k) **competência:** tribunal de justiça;

l) **pedido:** extinção da punibilidade.

2. Peça prática

EXCELENTÍSSIMO SENHOR DOUTOR DESEMBARGADOR PRESIDENTE DO EGRÉGIO TRIBUNAL DE JUSTIÇA DO ESTADO DE SÃO PAULO

(10 linhas)

_____ (nome), advogado inscrito na Ordem dos Advogados do Brasil sob n. _____, Seção _____, com escritório na _____ (endereço), vem, à presença de Vossa Excelência, com fundamento no art. 5º, inciso LXVIII, da Constituição Federal combinado com os arts. 647 e seguintes do Código de Processo Penal, impetrar ordem de *HABEAS CORPUS*, com pedido de liminar, contra ato do Meritíssimo Juiz de Direito da Vara Criminal, em favor de "A" _____ (nacionalidade), _____ (estado civil), _____ (profissão), residente e domiciliado na _____ (endereço), pelos motivos de fato e de direito a seguir aduzidos:

(2 linhas)

DOS FATOS

"A", ora paciente, praticou crime de difamação previsto no Código Penal contra "B", ora paciente, através de notícia veiculada em vários jornais.

Diante dos fatos, "B" moveu ação penal contra "A", após 4 anos da publicação da notícia (fls.).

(2 linhas)

DO DIREITO

No caso em tela, há extinção da punibilidade pela ocorrência de prescrição nos termos do art. 109 combinado com o art. 107, inciso IV, ambos do Código Penal.

O paciente promoveu a ação penal 4 anos após a publicação da notícia, ultrapassando o prazo prescricional previsto no CP.

O paciente perdeu o direito de promover a ação privada e provocar a prestação jurisdicional porque não exerceu o direito de queixa no prazo legal.

* Dessa forma o Estado perdeu o direito de punir, cessando a punibilidade do fato, em razão da prescrição.

(2 linhas)

DA LIMINAR

DO PEDIDO

Diante do exposto, vem requerer que, após solicitadas as informações à autoridade coatora, seja concedida a ordem impetrada, com fundamento no art. 5º, inciso LXVIII, da Constituição Federal combinado com os arts. 647 e 648, inciso VII, do Código de Processo Penal, decretando-se a extinção da punibilidade do fato imputado ao paciente na ação penal, como medida de inteira justiça.

(2 linhas)

Termos em que
pede deferimento.

(2 linhas)

Cidade, ____ de _____ de ____.

(2 linhas)

_____

OAB – sob n. ____

CASO PRÁTICO

O cidadão "A", carroceiro, favelado, primário, trabalhador, estava transportando sua carroça por uma das ruas do centro quando, perdendo o controle, ocasionou um atropelamento, sendo a vítima o cidadão "B", que veio a falecer. "A" foi denunciado pelo art. 121, § 3º, do CP. A denúncia foi recebida. O processo teve início e o magistrado não deferiu a suspensão processual em favor de "A" porque o réu não reparou o dano. O processo tramitou e "A" acabou condenado a dois anos de detenção com *sursis*. A respeitável sentença já transitou em julgado. Questão: produzir a peça cabível em favor de "A" ao órgão judiciário competente, justificando o endereçamento e a peça.

1. Rascunho da peça

a) **infração penal:** art. 121, § 3º, do Código Penal;

b) **ação penal:** pública incondicionada;

c) **pena concreta:** dois anos de detenção com *sursis*;

d) **pena abstrata:** detenção de um a três anos;

e) **rito processual:** sumário;

f) **momento processual:** sentença transitada em julgado;

g) **cliente:** cidadão "A";

h) **situação prisional:** solto;

i) **tese:** abuso de autoridade, pois o juiz não deferiu a suspensão processual em favor de "A";

j) **peça:** *habeas corpus*: arts. 647 e 648, inciso I, do Código de Processo Penal;

k) **competência:** Tribunal de Justiça;

l) **pedido:** cassação da sentença e concessão do benefício de suspensão condicional do processo.

2. Peça prática

EXCELENTÍSSIMO SENHOR DOUTOR DESEMBARGADOR PRESIDENTE DO EGRÉGIO TRIBUNAL DE JUSTIÇA DO ESTADO DE SÃO PAULO

(10 linhas)

_____ (nome), advogado inscrito na Ordem dos Advogados do Brasil sob n. _____, Seção _____, com escritório na _____ (endereço), vem, à presença de Vossa Excelência, com fundamento no art. 5º, inciso LXVIII, da Constituição Federal combinado com os arts. 647 e seguintes do Código de Processo Penal, impetrar ordem de *HABEAS CORPUS* contra ato do Meritíssimo Juiz de Direito da___ Vara Criminal, em favor de "A" _____, (nacionalidade) _____, (estado civil) _____, (profissão), residente e domiciliado na _____ (endereço), pelos motivos de fato e de direito a seguir aduzidos:

(2 linhas)

DOS FATOS

"A" foi denunciado pela prática de homicídio culposo, já que atropelou "B", quando estava transportando sua carroça por uma das ruas do centro.

A denúncia foi recebida (fls.). O réu foi citado (fls.). A resposta à acusação foi apresentada no prazo legal (fls.). Não foi decretada a absolvição sumária. Na audiência de instrução e julgamento foram realizados atos processuais (fls.). Foram realizados os debates orais (fls.) e foi proferida sentença (fls.).

A respeitável sentença transitou em julgado (fls.).

(2 linhas)

DO DIREITO

A decisão de indeferimento da suspensão processual em favor de "A", em virtude da não reparação do dano, não merece prosperar. Vejamos:

A reparação do dano não é requisito para concessão da suspensão, conforme art. 89 da Lei n. 9.099/95. A exigência de sua comprovação ou da impossibilidade será feita após transcorrido o período de prova.

O paciente preenche as condições legais, quais sejam: pena mínima abstrata não superior a um ano; não está sendo processado por outro crime; não foi condenado por outro crime, e estão presentes as condições do *sursis* previstas no art. 77 do Código Penal.

Dessa forma, presentes os requisitos legais, a suspensão condicional do processo constitui direito público subjetivo do acusado, configurando constrangimento ilegal a exigência, para seu deferimento, de prévia demonstração da reparação do dano ou sua impossibilidade.

Ademais, a vinculação da suspensão processual à reparação do dano ofende o princípio da isonomia previsto no art. 5º, *caput*, da Constituição Federal, pois o acesso ao benefício legal fica restrito aos ricos, que têm condições econômicas de arcar com os prejuízos causados pelo crime.

Dessa forma, como a reparação do dano não é requisito do *sursis* processual, o juiz deve conceder a suspensão do curso do processo.

(2 linhas)

DO PEDIDO

Diante do exposto, vem requerer que, após solicitadas as informações à autoridade coatora, seja concedida a ordem impetrada, com fundamento no art. 5º, inciso LXVIII, da

Constituição Federal combinado com os arts. 647 e 648, inciso I, do Código de Processo Penal, decretando-se a cassação da sentença e concessão do benefício da suspensão condicional do processo, como medida de inteira justiça.

(2 linhas)

Termos em que
pede deferimento.

(2 linhas)

Cidade, ____ de _____ de ____.

(2 linhas)

_____

OAB – sob n. ____

CASO PRÁTICO

"A", funcionário público federal, responsável pela tesouraria do INSS, deu um desfalque de R$ 1.000.000,00 nos cofres da autarquia. Apuradas a autoria e a materialidade e provada a culpa pela infração cometida, o réu foi condenado a uma pena de reclusão de dois anos e três meses, pelo juiz da 20ª Vara criminal de São Paulo. A sentença transitou em julgado. O réu reúne péssimos antecedentes criminais. Foi expedido mandado de prisão. Apresentar medida judicial cabível em favor de "A".

1. Rascunho da peça

a) **infração penal:** peculato, previsto no art. 312 do CP;

b) **ação penal:** pública incondicionada;

c) **pena concreta:** reclusão de dois anos e três meses;

d) **pena abstrata:** reclusão de dois a doze anos e multa;

e) **rito processual:** especial;

f) **momento processual:** trânsito em julgado;

g) **cliente:** "A";

h) **situação prisional:** iminência de ser preso;

i) **tese:** nulidade por incompetência do juízo;

j) **peça:** *habeas corpus*;

k) **competência:** Tribunal Regional Federal;

l) **pedido:** anulação *ab initio* e expedição do contramandado de prisão.

2. Peça prática

EXCELENTÍSSIMO SENHOR DOUTOR DESEMBARGADOR PRESIDENTE DO EGRÉGIO TRIBUNAL REGIONAL FEDERAL DA 3ª REGIÃO

(10 linhas)

_____ (nome), advogado inscrito na Ordem dos Advogados do Brasil sob n. _____, Seção _____, com escritório na _____ (endereço), vem, à presença de Vossa Excelência, com fundamento no art. 5º, inciso LXVIII, da Constituição Federal combinado com os arts. 647 e seguintes do Código de Processo Penal, impetrar ordem de *HABEAS CORPUS*, com pedido de liminar, contra ato do Meritíssimo juiz da 20ª Vara Criminal de São Paulo, em favor de "A" _____, (nacionalidade) _____ , (estado civil) _____, (profissão), residente e domiciliado na _____ (endereço), pelos motivos de fato e de direito a seguir aduzidos:

(2 linhas)

DOS FATOS

"A" foi denunciado pela prática de crime de peculato. "A" foi notificado para apresentar defesa preliminar (fls.). A denúncia foi recebida (fls.). O réu foi citado (fls.). A resposta à acusação foi apresentada no prazo legal (fls.). Não foi decretada a absolvição sumária. Na audiência de instrução e julgamento foram realizados os atos processuais (fls.) Foram realizados os debates orais (fls.). A sentença foi proferida condenando o paciente a uma pena de reclusão de dois anos e três meses (fls.).

A sentença transitou em julgado (fls.). Foi expedido mandado de prisão (fls.).

(2 linhas)

DO DIREITO

No caso em tela há nulidade pela incompetência do juízo, já que a ação penal, tendo como vítima entidade federal, deve ser julgada pela Justiça Federal, nos termos do art. 109, inciso IV, da CF c/c os arts. 74 e 564, inciso I, ambos do CPP.

Há violação ao princípio do juiz natural, já que a pessoa só pode ser processada ou condenada por autoridade competente, ou seja, investida na função jurisdicional e com a medida certa da jurisdição.

No caso, a competência de jurisdição é da Justiça Federal, pois a Constituição Federal prescreve que em todas as ações em que há como vítima uma entidade federal a competência é da Justiça Federal comum.

A regularidade procedimental exige respeito e observância das exigências legais, no sentido de buscar a justa composição da lide. No entanto, a incompetência do juízo representou um vício procedimental, desrespeitando, dessa forma, a ordem legal e, consequentemente, o princípio da legalidade, alicerce do Estado Democrático de Direito.

Dessa forma, comprovada a incompetência do juízo, deve o processo ser anulado, já que o juiz somente tem jurisdição legal nos limites da sua competência.

(2 linhas)

DA LIMINAR

Embora não prevista em lei, a concessão da liminar em *habeas corpus* vem sendo admitida pela jurisprudência sempre que presentes os requisitos a seguir demonstrados:

a) o *fumus boni iuris* está evidenciado pela existência de disposição legal e princípios constitucionais que revelam a incompetência do juízo;

b) o *periculum in mora*, por sua vez, está caracterizado, pois caso não seja concedida a ordem para anular o processo, de forma urgente e imediata, ocorrerá lesão grave e de difícil reparação, consistente em prejuízos na regularidade procedimental.

Assim, presentes os requisitos do *fumus boni iuris* e do *periculum in mora*, como restou comprovado acima, a liminar deve ser concedida, como direito subjetivo do paciente, para boa aplicação da lei penal e respeito aos valores supremos da sociedade.

DO PEDIDO

Diante do exposto, vem requerer que, após solicitadas as informações à autoridade coatora, seja concedida a ordem impetrada, com fundamento no art. 5º, inciso LXVIII, da Constituição Federal combinado com os arts. 647 e 648, inciso VI, do Código de Processo Penal, decretando-se a anulação *ab initio* e expedição do contramandado de prisão, como medida de inteira justiça.

(2 linhas)

**Termos em que
pede deferimento.**

(2 linhas)

Cidade, ____ de _____ de ____.

(2 linhas)

_____

OAB – sob n. ____

501

CASO PRÁTICO

"A", que não se conforma com a mesada que recebe de seu pai, subtrai deste determinado objeto que vende a fim de apurar certa importância de que necessita. O pai de "A" leva o fato ao conhecimento da polícia, que, em investigações, deslinda o caso, indicando "A" como autor do furto. Convocada a prestar declarações, a vítima manifesta seu desinteresse pelo prosseguimento do inquérito por saber então que seu filho fora o autor do furto. A despeito de tal pronunciamento, o inquérito é remetido a juízo, sendo "A" denunciado como incurso nas penas do art. 155 do Código Penal. E, finalmente, condenado. "A" é preso para cumprir a sanção que lhe foi imposta. Elaborar a peça profissional que julgar mais adequada aos interesses de "A".

1. Rascunho da peça

a) **infração penal:** furto, previsto no art. 155 do CP;

b) **ação penal:** pública incondicionada;

c) **pena concreta:** não tem;

d) **pena abstrata:** reclusão de um a quatro anos e multa;

e) **rito processual:** ordinário;

f) **momento processual:** condenação, sem especificar se houve abertura de prazo para intimação;

g) **cliente:** "A";

h) **situação prisional:** preso;

i) **tese:** falta de justa causa pelo art. 181, inciso II, do CP;

j) **peça:** *habeas corpus*;

k) **competência:** Tribunal de justiça;

l) **pedido:** cassação da sentença e expedição do alvará de soltura.

2. Peça prática

EXCELENTÍSSIMO SENHOR DOUTOR DESEMBARGADOR PRESIDENTE DO EGRÉGIO TRIBUNAL DE JUSTIÇA DO ESTADO DE SÃO PAULO

(10 linhas)

_____ (nome), advogado inscrito na Ordem dos Advogados do Brasil sob n. _____, Seção _____, com escritório na _____ (endereço), vem, à presença de Vossa Excelência, com fundamento no art. 5º, inciso LXVIII, da Constituição Federal combinado com os arts. 647 e seguintes do Código de Processo Penal, impetrar ordem de *HABEAS CORPUS*, com pedido de liminar, contra ato do Meritíssimo Juiz de direito da Vara Criminal, em favor de "A" _____, (nacionalidade) _____, (estado civil) _____, (profissão), residente e domiciliado na _____ (endereço), pelos motivos de fato e de direito a seguir aduzidos:

(2 linhas)

DOS FATOS

"A" foi denunciado pela prática de crime de furto. A denúncia foi recebida (fls.). O réu foi citado (fls.). A resposta à acusação foi apresentada no prazo legal (fls.).

Não foi decretada a absolvição sumária (fls.). Na audiência de instrução e julgamento foram realizados os atos processuais (fls.). As alegações finais foram apresentadas (fls.). A sentença condenatória foi proferida.

(2 linhas)

DO DIREITO

No caso em tela há ocorrência da imunidade absoluta prevista no art. 181, inciso II, do Código Penal, de modo que não pode ser instaurado inquérito policial e muito menos ação penal contra o beneficiário, por falta de interesse de agir, uma vez que não é possível a imposição de pena.

O paciente cometeu crime de furto em prejuízo de seu pai e, em razão da existência de laço familiar, será isento de pena, caracterizando a imunidade penal absoluta.

Dessa forma, reconhecida uma escusa absolutória de caráter pessoal, deve o juiz cassar a sentença e, por consequência, excluir a possibilidade de punição do fato imputado ao paciente.

(2 linhas)

DA LIMINAR

Embora não prevista em lei, a concessão da liminar em *habeas corpus* vem sendo admitida pela jurisprudência sempre que presentes os requisitos a seguir demonstrados:

a) o *fumus boni iuris* está evidenciado pela existência de disposição legal e princípios constitucionais que revelam a falta de justa causa caracterizada pela imunidade patrimonial;

b) o *periculum in mora*, por sua vez, está caracterizado, pois, caso não seja concedida a ordem para cassar a sentença e libertar o paciente, de forma urgente e imediata, ocorrerá lesão grave e de difícil reparação.

Dessa maneira, presentes os requisitos do *fumus boni iuris* e do *periculum in mora*, como restou comprovado acima, a liminar deve ser concedida, como direito subjetivo do paciente, para boa aplicação da lei penal e respeito aos valores supremos da sociedade.

DO PEDIDO

Diante do exposto, vem requerer que, após solicitadas as informações à autoridade coatora, seja concedida a ordem impetrada, com fundamento no art. 5º, inciso LXVIII, da Constituição Federal combinado com os arts. 647 e 648, inciso I, do Código de Processo Penal, decretando-se a cassação da sentença proferida contra o paciente e expedição do alvará de soltura, como medida de inteira justiça.

(2 linhas)

**Termos em que
pede deferimento.**

(2 linhas)

Cidade, ____ de _____ de ____.

(2 linhas)

_____

OAB – sob n. ____

2 Mandado de segurança

1. Previsão constitucional: art. 5º, inciso LXIX, da Constituição Federal.

2. Previsão legal: o mandado de segurança está disciplinado na Lei n. 12.016/2009.

3. Objeto: proteger direito líquido e certo, não amparado por *habeas corpus* ou *habeas data*.

4. Finalidade: reparar ou afastar ou corrigir ilegalidade ou abuso de poder praticado por autoridade ou agentes no exercício de função pública ao direito líquido e certo.

504

5. Direito líquido e certo: é o direito comprovado de plano. Como bem observa Hely Lopes[40], direito líquido e certo é o que se apresenta manifesto na sua existência, delimitado na sua extensão e apto a ser exercido no momento da impetração.

6. Fundamento: o mandado de segurança deve ser impetrado quando houver ilegalidade (desconformidade com a lei) ou abuso de poder (1) desvio de poder: ato com finalidade diversa da prevista em lei; (2) excesso de poder: prática do ato além dos limites permitidos, causado por autoridade pública ou agente no exercício de função pública.

7. Natureza: ação constitucional de natureza civil, ou seja, requerimento de prestação jurisdicional previsto na CF.

8. Legitimidade ativa: titular do direito individual ou coletivo líquido e certo, podendo ser pessoa física ou jurídica ou formal. É possível impetrar mandado de segurança: (a) Ministério Público, nos termos do art. 32 da Lei Orgânica n. 8.625/93; (b) órgão com capacidade processual; (c) universalidade reconhecida por lei.

9. Legitimidade passiva: autoridade pública ou agente de pessoa jurídica no exercício de atribuições do Poder Público.

a) **ato complexo** – há dois posicionamentos: (1) autoridade inferior; (2) última autoridade que, com sua vontade, integrou o ato complexo;

b) **ato colegiado** – presidente do órgão;

c) **ato composto** – autoridade superior.

10. Requisitos: (a) direito líquido e certo: comprovado de plano; (b) ilegalidade ou abuso de poder; (c) lesão ou ameaça de lesão; (d) ato comissivo ou omissivo de autoridade pública ou agente no exercício de função pública.

11. Prazo: 120 dias, a partir da ciência do ato impugnado. Pela Súmula 632 do STF é constitucional lei que fixa o prazo de decadência para a impetração do mandado de segurança. Cabe ressalvar que no mandado de segurança preventivo não há falar em prazo decadencial do direito de impetração do remédio.

12. Forma: a impetração pode ser feita por telegrama ou radiograma ao juiz, em caso de urgência.

13. Julgamento: a competência é determinada pela categoria da autoridade coatora e sua sede funcional.

14. Características: (a) ação civil; (b) caráter sumaríssimo; (c) a decisão é exequível; (d) caráter subsidiário, pois protege direito líquido e certo não ampa-

---

[40] MEIRELLES, Hely Lopes. *Mandado de segurança e ação popular*. São Paulo: Revista dos Tribunais, 1995. p. 15.

rado por *habeas corpus* e *habeas data*; (e) instrumento de liberdade civil e política, pois é usado para que os indivíduos se defendam de atos ilegais ou praticados com abuso de poder[41].

15. Processamento: (a) apresentação da petição; (b) notificação da autoridade coatora para prestar informações em dez dias; (c) parecer do MP em cinco dias; (d) decisão em cinco dias.

16. Aspectos processuais

16.1 Litisconsórcio: é possível pluralidade de pessoas no polo ativo ou passivo.

16.2 Liminar: cabível sempre que houver relevância do fundamento do pedido e quando a demora puder acarretar dano irreparável para o impetrante, nos termos do art. 7º da Lei n. 12.016/2009;

16.3 Participação do Ministério Público: ora como parte, ora como fiscal da lei.

16.4 Informações da autoridade coatora: sua falta não gera confissão.

16.5 Dilação probatória: não há exame aprofundado de provas; conforme observa Vicente Greco[42]: "O pressuposto do mandado de segurança, portanto, é a ausência de dúvida quanto à situação de fato, que deve ser provada documentalmente. Qualquer incerteza sobre os fatos decreta o descabimento da reparação da lesão através do mandado, devendo a parte pleitear seus direitos através de ação que comporte dilação probatória."

16.6 Condenação em honorários advocatícios: não cabe, nos termos das Súmulas n. 512 do STF e n. 105 do STJ.

17. Cabimento

17.1 Ato judicial: é possível, desde que não haja recurso específico ou, havendo recurso, não tenha efeito suspensivo.

17.2 Decisão judicial transitada em julgado: não cabe diante do trânsito em julgado.

17.3 Ato disciplinar: é possível quando a autoridade for incompetente ou não houver observância das formalidades previstas em lei.

17.4 Lei em tese: não cabe, pois norma geral e abstrata não gera lesão a direitos subjetivos.

17.5 Lei de efeitos concretos: cabe, pois há providências concretas de execução de ato.

---

[41] MORAES, Alexandre de. *Direito constitucional*. São Paulo: Atlas, 2004. p. 164.

[42] GRECO, Vicente. *Tutela jurisdicional das liberdades*. São Paulo: Saraiva, 1989. p. 162.

17.6. Desbloqueio de bens: não é admissível a impetração de mandado de segurança contra ato jurisdicional que defere o desbloqueio de bens e valores (*Informativo* n. 667/20 do STJ).

17.7. Decisões interlocutórias da Lei n. 9099/95: não cabe mandado de segurança das decisões interlocutórias exaradas em processos submetidos ao rito da Lei n. 9.099/1995 (RE 576.847, rel. min. Eros Grau, j. 20-5-2009, P, *DJe* de 7-8-2009).

18. Espécies: (a) Preventivo: serve para afastar ameaça ou justo receio de lesão a direito; **(b) Repressivo:** serve para afastar constrangimento ou ato lesivo a direito.

19. Cabimento em matéria criminal: algumas situações que admitem mandado de segurança (não é rol taxativo):

a) vista de inquérito por advogado;

b) acompanhar cliente na fase de inquérito;

c) entrevista reservada do advogado com o cliente;

d) obtenção de certidões;

e) direito de juntada de documentos;

f) obter efeito suspensivo de recurso;

g) não admissibilidade do assistente de acusação;

h) apreensão de objetos sem relação com o crime;

i) processar correição parcial denegada;

j) restituição de coisa apreendida por terceiro de boa-fé;

k) acompanhar perícia;

l) para oferecer quesitos em prova pericial;

m) contra medida de sequestro;

n) recusa de expedição de certidão negativa de antecedentes;

o) arquivamento de inquérito policial (*Informativo* n. 785/2023 do STJ).

20. Estrutura da peça prática

a) Endereçamento:

Autoridade Coatora	Regra de Endereçamento
Delegado da polícia estadual	Excelentíssimo Senhor Doutor Juiz de Direito da ___ Vara Criminal/Júri da Comarca de _____
Delegado da polícia federal	Excelentíssimo Senhor Doutor Juiz Federal da ___ Vara Criminal/Júri da Seção Judiciária de _____
Juiz de Direito	Excelentíssimo Senhor Doutor Desembargador Presidente do Egrégio Tribunal de Justiça do Estado de _____
Juiz Federal	Excelentíssimo Senhor Doutor Desembargador Federal Presidente do Egrégio Tribunal Regional Federal da _____ Região
Art. 105, I, *b*	Excelentíssimo Senhor Doutor Ministro Presidente do Colendo STJ.
Art. 102, I, *d*	Excelentíssimo Senhor Doutor Ministro Presidente do Colendo STF.

b) **Preâmbulo:** (a) nome e qualificação do requerente (precisa qualificar); (b) capacidade postulatória; (c) fundamento legal; (d) nome da peça; (e) frase final.

c) **Dos fatos:** narrar a infração penal praticada, sem inventar dados, e o andamento processual até o momento do pedido.

d) **Do direito:** comprovar a presença dos requisitos para a concessão da ordem do mandado de segurança.

e) **Do pedido:** concessão da ordem, da liminar, informações da coatora, oitiva do Ministério Público, juntada de documentos e intimação da pessoa jurídica.

f) **Parte final:** termos em que pede deferimento; data e indicação da OAB.

g) **Terminologia:** (1) verbo do pedido: requerer; (2) interessado no pedido: requerente.

Procedimento do mandado de segurança

MODELO DE MANDADO DE SEGURANÇA

EXCELENTÍSSIMO SENHOR DOUTOR _____

(10 linhas)

_____ (nome), _____ (nacionalidade), _____ (estado civil), _____ (profissão), residente e domiciliado _____ (endereço), por seu advogado infra-assinado, com escritório na _____ (endereço), vem, à presença de Vossa Excelência, com fundamento no art. 5º, inciso LXIX, da Constituição Federal combinado com os artigos da Lei n.

12.016/09, impetrar MANDADO DE SEGURANÇA, com pedido de liminar, contra ato praticado pelo _____ (autoridade coatora), pelos motivos de fato e de direito a seguir aduzidos:

(2 linhas)

DOS FATOS

> * Narrar os acontecimentos, sem inventar dados ou copiar o problema.

(2 linhas)

DO DIREITO

No caso em tela, justifica-se o cabimento do presente mandado de segurança, pela presença dos requisitos, senão vejamos:

(a) prática de ato omissivo ou comissivo pela autoridade coatora;

(b) ilegalidade ou abuso de poder;

(c) lesão ou ameaça de lesão;

(d) direito líquido e certo.

Dessa forma, presentes os requisitos ensejadores do mandado de segurança, a ordem deve ser concedida no sentido de _____ (especificar de acordo com o caso concreto).

(2 linhas)

DA LIMINAR

- apontar o cabimento da liminar no MS;
- demonstrar o *fumus boni iuris*;
- demonstrar o *periculum in mora*;
- conclusão.

DO PEDIDO

Diante do exposto, requer-se:

a) a concessão da liminar *inaudita altera pars*, com base no art. 7°, inciso III, da Lei n. 12.016/2009, no sentido de _____;

b) notificação da autoridade coatora para que preste as informações que entender necessárias no prazo de dez dias, nos termos do art. 7°, inciso I, da Lei n. 12.016/2009;

c) ciência do feito ao órgão de representação judicial da pessoa jurídica interessada, nos termos do art. 7°, inciso II, da Lei n. 12.016/2009;

d) oitiva do ilustre membro do Ministério Público, para que ofereça parecer no prazo de 10 dias, nos termos do art. 12 da Lei n. 12.016/2009;

e) seja julgada procedente a pretensão da presente ação, confirmando-se a liminar e concedendo-se definitivamente a ordem pleiteada para que _____;

f) seja deferida a juntada de documentos que instruem a inicial.

(2 linhas)

Termos em que
pede deferimento.

(2 linhas)

Cidade, _____ de _____ de ____.

(2 linhas)

_____

OAB – sob n. _____

CASO PRÁTICO

"A" adquiriu, a título oneroso e de boa-fé, um automóvel fruto de estelionato praticado por "B". Instaurado o inquérito policial, a autoridade policial
determinou a busca, a apreensão e o depósito do veículo com o primitivo dono
e vítima da burla. Integrada a ação penal, "A" requereu a devolução do carro
perante o juízo criminal por onde transcorre o processo, sendo-lhe, porém, negada a pretensão. Propor medida adequada a atender os interesses de "A".

1. Rascunho da peça

a) **infração penal:** não tem; há o estelionato praticado por "B";

b) **ação penal:** pública incondicionada;

c) **pena concreta:** não tem;

d) **pena abstrata:** reclusão de um a cinco anos e multa;

e) **rito processual:** ordinário;

f) **momento processual:** fase da ação penal com violação a direito líquido
e certo;

g) **cliente:** "A";

h) **situação prisional:** não tem;

i) **tese:** abuso de autoridade, pois houve a negativa ao direito de restituição do veículo;

j) **peça:** mandado de segurança;

k) **competência:** Tribunal de Justiça;

l) **pedido:** concessão da ordem para determinar a devolução do veículo
apreendido.

2. Peça prática

EXCELENTÍSSIMO SENHOR DOUTOR DESEMBARGADOR PRESIDENTE DO EGRÉGIO TRIBUNAL DE JUSTIÇA DO ESTADO DE SÃO PAULO

(10 linhas)

"A" _____, (nacionalidade) _____, (estado civil) _____, (profissão), residente e domiciliado _____ (endereço), por seu advogado infra-assinado, com escritório na _____ (endereço), vem à presença de Vossa Excelência, com fundamento no art. 5º, inciso LXIX, da Constituição Federal combinado com a Lei n. 12.016/09, impetrar MANDADO DE SEGURANÇA, com pedido de liminar, contra ato praticado pelo Meritíssimo Juiz da Vara Criminal, pelos motivos de fato e de direito a seguir aduzidos:

(2 linhas)

DOS FATOS

O impetrante adquiriu, a título oneroso e de boa-fé, veículo produto de estelionato praticado por "B" (fls.).

Na fase do inquérito policial, a autoridade policial diligenciou determinando a busca, a apreensão e o depósito do veículo (fls.).

Em sede de ação penal, "A" requereu devolução do carro perante o juízo criminal (fls.). O juiz proferiu decisão denegatória (fls.).

(2 linhas)

DO DIREITO

No caso em tela justifica-se o cabimento do presente mandado de segurança, pela presença dos requisitos. Vejamos:

a) prática de ato comissivo por autoridade pública: negativa, pelo juiz criminal, da pretensão de restituição do carro requerida pelo impetrante;

b) ilegalidade ou abuso de poder: o terceiro de boa-fé (impetrante) adquirente de coisa objeto de estelionato deve ter seu direito preservado, por imposição da equidade e da segurança do comércio jurídico;

c) lesão: o impetrante está sofrendo prejuízo com a não devolução do veículo, ou seja, há um constrangimento concretizado;

d) direito líquido e certo: direito de ser mantido na posse do veículo que foi apreendido pela autoridade pública.

Dessa forma, presentes os requisitos ensejadores do mandado de segurança, a ordem deve ser concedida com a devolução do veículo.

(2 linhas)

DA LIMINAR

Conforme o art. 7º, inciso III, da Lei n. 12.016/09, é possível a concessão da liminar sempre que presentes os requisitos a seguir demonstrados:

a) o *fumus boni iuris* (relevante fundamento) está evidenciado pela existência de disposição legal que reconhece o direito de posse por parte de terceiro de boa-fé;

b) o *periculum in mora* (ineficácia da medida), por sua vez, está caracterizado, pois, caso não seja devolvido o veículo, de forma urgente e imediata, ocorrerá lesão grave e de difícil reparação, consistente nos prejuízos na vida profissional do impetrante.

Dessa forma, presentes os requisitos do *fumus boni iuris* e do *periculum in mora*, como restou comprovado acima, a liminar deve ser concedida, como direito subjetivo do impetrante, para boa aplicação da lei penal e respeito aos valores supremos da sociedade.

DO PEDIDO

Diante do exposto, requer-se:

a) a concessão da liminar *inaudita altera pars*, com base no art. 7º, inciso III, da Lei n. 12.016/2009, no sentido de que haja a devolução do veículo;

b) notificação da autoridade coatora para que preste as informações que entender necessárias no prazo de dez dias, nos termos do art. 7º, inciso I, da Lei n. 12.016/2009;

c) ciência do feito ao órgão de representação judicial da pessoa jurídica interessada, nos termos do art. 7º, inciso II, da Lei n. 12.016/2009;

d) oitiva do ilustre membro do Ministério Público, para que ofereça parecer no prazo de 10 dias, nos termos do art. 12 da Lei n. 12.016/2009;

e) seja julgada procedente a pretensão da presente ação, confirmando-se a liminar e concedendo-se definitivamente a ordem pleiteada para que haja devolução do veículo;

f) seja deferida a juntada de documentos que instruem a inicial.

(2 linhas)

Termos em que
pede deferimento.

(2 linhas)

Cidade, _____ de _____ de _____.

(2 linhas)

_____

OAB – sob n. _____

3 Revisão criminal

1. Finalidade: pedir o reexame de decisão transitada em julgado. Segundo Ada Pellegrini[43] e outros, a revisão criminal tem como objetivo primordial a restauração do *status dignitatis* do condenado e a liberação dos efeitos penais, civis e administrativos que permanecem mesmo após a extinção da pena.

2. Juízos na revisão criminal: (a) **rescindente ou revidente:** é o que desconstitui a decisão transitada em julgado; (b) **rescisório ou revisório:** cuida da sua substituição por outra decisão.

3. Correlação do pedido: o tribunal pode, na revisão criminal, fazer julgamento *extra* ou *ultra petita*.

4. Objeto: sentença condenatória ou absolutória imprópria. É cabível o ajuizamento de revisão criminal em face de decisão unipessoal de relator que dá provimento a recurso especial para restabelecer sentença condenatória (*Informativo* n. 749/22 do STJ).

5. Natureza: há os seguintes posicionamentos:

a) **corrente majoritária:** ação impugnativa autônoma, pois origina nova relação processual;

b) **corrente minoritária:** recurso, pois a finalidade é substituir uma decisão pela outra.

Podemos afirmar que a revisão criminal tem três naturezas: (1) **doutrinária:** (a) ação impugnativa autônoma, pois origina nova relação processual; (b) ação penal rescisória ou desconstitutiva, pois visa reverter ou desfazer o trânsito em julgado; (2) **legal:** no CPP é prevista como recurso; (3) **na perspectiva do condenado:** a revisão é um direito.

6. Pressuposto: existência de sentença (condenatória ou absolutória imprópria) transitada em julgado (processo findo). Trânsito em julgado: (a) quando não cabe mais recurso; (b) quando não for interposto o recurso cabível, gerando preclusão.

7. Documento indispensável: a revisão criminal deve ser instruída com a certidão do trânsito em julgado.

8. Causa de pedir: a revisão criminal deve ser fundamentada em uma das hipóteses legais previstas no art. 621 do CPP.

9. Características

a) **Ação penal:** pois envolve defesa da liberdade.

---

[43] GRINOVER, Ada Pellegrini; GOMES FILHO, Antonio Magalhães; FERNANDES, Antonio Scarance. *Recursos no processo penal*. São Paulo: Revista dos Tribunais. 1998. p. 324.

b) **Ação constitutiva:** visa criar, modificar ou extinguir uma situação processual; noutros termos, visa desfazer os efeitos de sentença condenatória ou absolutória imprópria transitada em julgado.

c) **Ação de conhecimento:** visa pedir ao juiz o reconhecimento de um direito.

d) **Garantia fundamental:** meio usado para garantir o direito de não sofrer sentenças injustas e viciadas.

e) **Ação *sui generis*:** não há parte contrária, mas somente o autor, questionando um erro judiciário que a vitimou[44].

10. Fundamento: a revisão criminal serve para desconstituir o trânsito em julgado em casos excepcionais previstos em lei no sentido de fazer prevalecer justiça sobre a certeza do direito:

a) **como observa Gianpaolo P. Smanio**[45]: "A coisa julgada no processo penal deve ceder aos imperativos da justiça, prevalecendo a vontade real e não a verdade formal";

b) **como observa Ada P. Grinover e outros**[46]: "Só em casos excepcionais, taxativamente elencados pelo legislador, prevê o ordenamento jurídico a possibilidade de desconstituir-se a coisa julgada por intermédio da revisão criminal [...]. Isto ocorre quando a sentença se reveste de vícios extremamente graves, que aconselham a prevalência do valor 'justiça' sobre o valor 'certeza'";

c) **Hidejalma Muccio**[47]: "A necessidade de se buscar correção, a perfeição da decisão e a sua efetiva justiça, fez com que o Estado viesse a permitir a revisão de seus julgados".

11. Legitimidade ativa: réu ou procurador legalmente habilitado. No caso de morte do réu, a revisão pode ser movida pelo CADI (cônjuge, ascendente, descendente ou irmão). No conceito de cônjuge inclui-se o companheiro. Há uma ordem preferencial, de forma que o abandono ou desistência da revisão criminal permite que haja o prosseguimento por qualquer das pessoas seguintes. Se o condenado morrer no curso do processo revisional, o presidente do tribunal ou relator do processo nomeia curador, nos termos do art. 631 do CPP.

---

[44] NUCCI, Guilherme. *Código de Processo Penal comentado*. São Paulo: Revista dos Tribunais, 2004. p. 920.

[45] SMANIO, Gianpaolo Poggio. *Processo penal*. São Paulo: Atlas, 2005. p. 142.

[46] GRINOVER, Ada Pellegrini; GOMES FILHO, Antonio Magalhães; FERNANDES, Antonio Scarance. *Recursos no processo penal*. São Paulo: Revista dos Tribunais, 1998. p. 305.

[47] MUCCIO, Hidejalma. *Prática de processo penal*: teoria e prática. São Paulo: HM, 2005. p. 954.

12. Legitimidade do réu sem advogado: há uma discussão doutrinária a respeito da constitucionalidade do art. 623 do CPP, quando prescreve que o réu pode pessoalmente propor revisão criminal:

a) uma corrente sustenta ser o art. 623 do CPP inconstitucional, pois viola o art. 133 da Constituição Federal, que prescreve ser o advogado indispensável à administração da justiça;

b) outra corrente sustenta que o art. 623 do CPP não é inconstitucional, pois como é uma ação que visa dar plenitude de defesa, restaurando a dignidade do condenado, é permitida a propositura direta, sem advogado.

13. Legitimidade do procurador legalmente habilitado: é advogado inscrito nos quadros da OAB; não são exigidos poderes especiais.

14. Legitimidade do Ministério Público: há dois posicionamentos:

a) o primeiro sustenta que pode ajuizar revisão criminal, pois é órgão incumbido de fiscalizar a lei e defender os interesses da sociedade;

b) o segundo sustenta que não pode ajuizar revisão criminal, pois não foi legitimado pela lei, nos termos do art. 623 do CPP.

15. Prazo: qualquer tempo, após o trânsito em julgado, nos termos do art. 622 do CPP; não importa se o réu já cumpriu pena, se houve extinção da punibilidade ou se o réu faleceu.

16. Após extinção da pena: é possível revisão criminal, pois o objetivo é a restauração da dignidade humana.

17. Decisão do Tribunal do júri: há dois posicionamentos:

a) é possível, em nome da ampla defesa; não há ofensa à soberania dos veredictos, pois trata-se de um favor da liberdade do réu; quem adota esse posicionamento diverge no órgão competente para julgamento da revisão criminal: (1) tribunal de segundo grau é competente para juízo rescindente e rescisório; (2) o tribunal de segundo grau só é competente para o juízo rescindente;

b) não é possível, pois ofende a soberania dos veredictos.

18. Cabimento:

18.1. Quando a sentença condenatória for contrária a texto expresso da lei (artigo 621, inciso I, do CPP):

a) **Abrangência:** incompatibilidade à lei processual ou material (não deve ser compreendida apenas como a norma penal escrita, abrangendo, também, qualquer ato normativo que tenha sido utilizado como fundamento da sentença condenatória, a norma penal processual, a norma processual civil – aplicável subsidiariamente ao processo penal, na forma do art. 3º do CPP – e a norma constitucional.

b) **Cabimento:** não abrange aplicação de lei posterior mais benigna (nesse caso, o competente é o juiz das execuções penais); não cabe quando a decisão rescindenda se tiver baseado em texto legal de interpretação controvertida nos tribunais.

c) **Admissibilidade:** é admissível a revisão criminal fundada no art. 621, I, do CPP ainda que, sem indicar nenhum dispositivo de lei penal violado, suas razões apontem tanto a supressão de instância quanto a ausência de esgotamento da prestação jurisdicional (*Informativo* n. 656/2019 do STJ).

18.2. Quando a sentença condenatória for contrária à evidência dos autos (artigo 621, inciso I, do CPP): só indícios, sem consistência, sem provas idôneas.

18.3. Quando a sentença condenatória se fundar em provas comprovadamente falsas (artigo 621, inciso II, do CPP): a prova da falsidade deve ser colhida em outro processo, mas não pode ser colhida no da revisão.

18.4. Quando surgirem novas provas de circunstância que autorize a diminuição da pena (artigo 621, inciso III, do CPP): são atenuantes ou causas de diminuição de pena.

18.5. Quando surgirem novas provas de inocência do condenado (artigo 621, inciso III, do CPP): produzida no contraditório ou desconhecida na época da sentença.

a) **Prova nova:** o laudo pericial juntado em autos de ação penal quando ainda pendente de julgamento agravo interposto contra decisão de inadmissão de recurso especial enquadra-se no conceito de prova nova, para fins de revisão criminal (art. 621, III, do CPP) – *Informativo* n. 606/2017 do STJ.

b) **Retratação da vítima:** a uma prova substancialmente nova. A via adequada para nova tomada de declarações da vítima com vistas à possibilidade de sua retratação é o pedido de justificação (art. 861 do CPC), ainda que ela já tenha se retratado por escritura pública. A justificação é o único meio que se presta para concretizar essa nova prova a fim de instruir pedido de revisão criminal, pois não serve para a ação revisional prova produzida unilateralmente, como a juntada da declaração da vítima firmada em cartório no sentido de que o condenado não foi o autor do crime. Tal prova só é válida se, necessariamente, for produzida na justificação judicial com as cautelas legais (RvCr 177-DF, 3ª S., *DJ* de 4-8-1997).

19. Não cabimento: (a) para modificar fundamento da absolvição; (b) se ocorrer extinção da punibilidade antes da sentença; (c) sentença condenatória estrangeira, ainda que homologada.

19.1. Instrumento de veiculação recursal: a revisão criminal não atua como ferramenta processual destinada a propiciar tão somente um novo julgamento, como se fosse instrumento de veiculação de pretensão recursal. Possui pressupostos de cabimento próprios que não coincidem com a simples finalidade de nova avaliação do édito condenatório (*Informativo* n. 958/2019 do STF).

19.2. Inadmissão de recurso: o condenado não tem o direito subjetivo de, fora da destinação legal do meio de impugnação da revisão criminal, perseguir a desconstituição de decisões desfavoráveis que tenham sido proferidas em processos penais (*Informativo* n. 951/2019 do STF).

19.3. Mero reexame de fatos e provas: revisão criminal quando utilizada como nova apelação, com vista ao mero reexame de fatos e provas, não se verificando hipótese de contrariedade ao texto expresso da lei penal ou à evidência dos autos, consoante previsão do art. 621, I, do CPP (*Informativo* n. 746/22 do STJ).

19.4. Mudança de entendimento jurisprudencial: não autoriza o ajuizamento de revisão criminal, ressalvadas as hipóteses excepcionalíssimas de entendimento pacífico e relevante (*Informativo* n. 783/2023 do STJ).

20. Reiteração de pedido: é possível, desde que haja novas provas.

21. Pode-se na revisão aplicar lei penal não benéfica? Não, em face da Súmula 611 do STF e do art. 66, inciso I, da LEP.

22. Recolhimento à prisão: o condenado não é obrigado a recolher-se à prisão, nos termos da Súmula 393 do STF.

23. Competência: a revisão criminal é ação de competência originária de tribunal, de forma que não é possível a revisão ser julgada por juiz de primeira instância. As regras de competência na revisão variam conforme o lugar em que foi proferida a sentença transitada em julgado: (a) se a sentença for proferida em primeira instância, será competente o tribunal que seria competente para análise do eventual recurso; (b) se não for proferida em primeira instância, será competente o tribunal que proferiu o acórdão em ação penal originária ou em recurso. O candidato deve grifar e observar os seguintes dispositivos:

STF: 102, I, *j*: compete ao STF processar e julgar a revisão criminal de seus julgados.

STJ: 105, I, *e*: compete ao STJ processar e julgar a revisão criminal de seus julgados.

TRF: 108, I, *b*: compete ao TRF processar e julgar a revisão criminal de julgados seus ou dos juízes federais da região.

TJ: em caráter residual, compete ao TJ processar e julgar a revisão criminal de seus julgados ou dos juízes estaduais.

Justiça Eleitoral e Militar: compete processar e julgar a revisão criminal de seus julgados.

Órgão interno competente: depende do Regimento Interno e da lei de organização judiciária.

24. Efeitos: (a) a decisão na revisão criminal de um corréu pode beneficiar os demais, desde que não fundada em condições pessoais; (b) se houver absolvição, ocorre o restabelecimento de todos os direitos perdidos em face da condenação, nos termos do art. 627 do CPP; (c) não pode ser agravada a pena imposta pela decisão revista; (d) a revisão não tem efeito suspensivo.

25. Processamento: (a) apresentação da petição ao presidente do tribunal competente; (b) análise do presidente; (c) distribuição do relator; (d) apensamento aos autos (se não advier dificuldade para a execução da sentença); (e) parecer do MP em dez dias; (f) autos voltam para o relator dar o relatório em dez dias; (g) autos vão para o revisor: revisão e marcação da data para julgamento; (h) julgamento: alteração na classificação do delito, absolvição do acusado, modificação da pena ou anulação do processo.

26. Indeferimento liminar: cabe o recurso inominado do art. 625, §§ 3º e 4º, do CPP.

27. Normas complementares do processamento: podem ser previstas nos regimentos internos.

28. Julgamento: a revisão criminal pode ser julgada:

a) **improcedente:** são cabíveis recurso extraordinário e especial, embargos de declaração e os infringentes/nulidades (quando for decisão não unânime e desfavorável proferida no STF);

b) **procedente:** o tribunal pode:

- absolver: manda colocar o réu em liberdade, nos termos do art. 629 do CPP; haverá o restabelecimento de todos os direitos perdidos em virtude da condenação, devendo o tribunal, se for o caso, impor a medida de segurança cabível, nos termos do art. 627 do CPP:

- diminuir a pena;

- alterar a classificação do delito;

- anular o processo.

29. Indenização por erro judiciário: quando houver erro judiciário, a parte prejudicada pode pedir indenização visando à reparação dos seus prejuízos. Tal pedido pode ser feito em sede de revisão criminal ou em processo à parte. A responsabilidade do Estado diante de erro judiciário é objetiva e independe da titularidade da ação penal.

30. Confronto

a) Revisão criminal e ação rescisória

Itens	Revisão criminal	Ação rescisória
Prazo	Não tem; pode ser proposta a qualquer tempo.	Prazo de dois anos.
Legitimidade ativa	Privativa da defesa.	Qualquer das partes ou por terceiros juridicamente interessados.

31. Revisão *pro societate*: não é possível.

32. *Reformatio in pejus* indireta: quando o tribunal anular a decisão não pode impor outra prejudicial ao sentenciado.

33. Recursos: embargos de declaração, recurso especial, recurso extraordinário e agravo regimental.

34. Ônus da prova: cabe ao sentenciado demonstrar a existência de vício grave na decisão transitada em julgado.

35. Deserção: não há deserção com a fuga do condenado após a propositura do pedido.

36. Decisão unipessoal: é cabível o ajuizamento de revisão criminal em face de decisão unipessoal de relator que dá provimento a recurso especial para restabelecer sentença condenatória (*Informativo* n. 749/2022 do STJ).

37. Acórdão na revisão criminal: após o trânsito em julgado do acórdão, a certidão do julgamento do tribunal deve ser juntada aos autos para execução pelo juiz da execução penal.

a) **Desconstituição:** o Tribunal pode, a qualquer momento e de ofício, desconstituir acórdão de revisão criminal que, de maneira fraudulenta, tenha absolvido o réu, quando, na verdade, o posicionamento que prevaleceu na sessão de julgamento foi pelo indeferimento do pleito revisional (*Informativo* n. 555/2015 do STJ).

38. Estrutura da peça prática

a) **Endereçamento:** ação de competência originária de tribunal, conforme as regras no item 23.

b) **Preâmbulo:** (a) nome e qualificação do requerente (precisa qualificar, pois é peça de competência originária); (b) capacidade postulatória; (c) fundamento legal; (d) nome da peça; (e) inconformismo com a sentença; (f) trânsito em julgado; (g) frase final.

c) **Dos fatos:** narrar a infração penal praticada, sem inventar dados, e o andamento processual até o momento do pedido da revisão criminal.

d) **Do direito:** comprovar uma das hipóteses do art. 621 do CPP.

e) **Do pedido:** (a) alteração na classificação do delito; (b) absolvição; (c) modificação da pena; (d) anulação do processo.

f) **Parte final:** termos em que pede deferimento; data e indicação da OAB.

g) **Terminologia:** (a) verbo do pedido: requerer; (b) interessado no pedido: peticionário ou revisionando.

Procedimento da revisão criminal

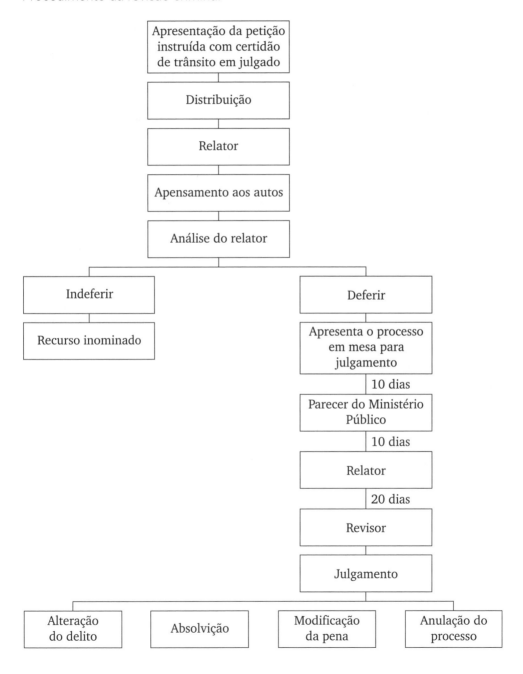

MODELO DE REVISÃO CRIMINAL

EXCELENTÍSSIMO SENHOR DOUTOR DESEMBARGADOR PRESIDENTE DO EGRÉGIO TRIBUNAL DE JUSTIÇA DO ESTADO DE _____

ou

EXCELENTÍSSIMO SENHOR DOUTOR DESEMBARGADOR FEDERAL PRESIDENTE DO EGRÉGIO TRIBUNAL REGIONAL FEDERAL DA ___ REGIÃO

ou

EXCELENTÍSSIMO SENHOR DOUTOR MINISTRO PRESIDENTE DO COLENDO SUPERIOR TRIBUNAL DE JUSTIÇA (quando a condenação tiver sido proferida pelo STJ)

ou

EXCELENTÍSSIMO SENHOR DOUTOR MINISTRO PRESIDENTE DO COLENDO SUPREMO TRIBUNAL FEDERAL (quando a condenação tiver sido proferida pelo STF)

(10 linhas)

_____ (nome), _____ (nacionalidade), _____ (estado civil), _____ (profissão), residente e domiciliado _____ (endereço), vem, por seu advogado infra-assinado (doc. 1), à presença de Vossa Excelência, não se conformando com a respeitável sentença, já transitada em julgado (certidão anexa – doc. 2), de fls. que _____ (especificar o conteúdo da decisão), com fundamento nos arts. 621 e seguintes do Código de Processo Penal, apresentar REVISÃO CRIMINAL pelos motivos de fato e de direito a seguir aduzidos:

(2 linhas)

DOS FATOS

* Narrar os acontecimentos, sem inventar dados ou copiar o problema. Colocar o andamento processual.

(2 linhas)

DO DIREITO

- apontar a tese;
- justificar a tese;
- doutrina;
- jurisprudência;
- conclusão.

(2 linhas)

DO PEDIDO

a) Parte comum

Diante do exposto, vem requerer seja acolhido o presente pedido revisional, decretando-se _____, como medida de inteira justiça.

b) **Parte diferencial:** varia conforme o art. 626 do CPP.

- decretando-se a alteração na classificação da infração para o crime de _____.

- decretando-se a absolvição do revisionando...

- decretando-se a modificação da pena imposta ao revisionando...

- decretando-se a anulação do processo...

(2 linhas)

**Termos em que
pede deferimento.**

(2 linhas)

Cidade, ____ de _____ de ____.

(2 linhas)

_____

OAB – sob n. ____

CASO PRÁTICO

"A", depois de regularmente processado, foi condenado pela prática de aborto em "B", e por isso acha-se preso com sentença já confirmada em segunda instância. Examinados os autos, verifica-se que inexiste exame de corpo de delito direto ou indireto, tendo as decisões judiciais se valido da confissão de "B" para justificar a sanção penal. Elaborar a peça profissional apta a resolver a situação de "A".

1. Rascunho da peça

a) **infração penal:** art. 124 do Código Penal;

b) **ação penal:** pública incondicionada;

c) **pena concreta:** não tem;

d) **pena abstrata:** detenção de um a três meses;

e) **rito processual:** júri;

f) **momento processual:** trânsito em julgado; a dica é a frase "com sentença já confirmada em segunda instância";

g) **cliente:** "B";

h) **situação prisional:** preso;

i) **tese:** nulidade, pela falta de laudo pericial; a confissão da suposta gestante não supre o exame de corpo de delito;

j) **peça:** revisão criminal; cabe também *habeas corpus;*

k) **competência:** tribunal de justiça;

l) **pedido:** acolhimento do pedido revisional, decretando a anulação do processo para que o requerente seja absolvido.

2. Peça prática

EXCELENTÍSSIMO SENHOR DOUTOR DESEMBARGADOR PRESIDENTE DO EGRÉGIO TRIBUNAL DE JUSTIÇA DO ESTADO DE SÃO PAULO

(10 linhas)

_____ (nome), _____ (nacionalidade), _____ (estado civil), _____ (profissão), residente e domiciliado _____ (endereço), vem, por seu advogado infra-assinado (doc. 1), à presença de Vossa Excelência, não se conformando com a respeitável sentença condenatória, já transitada em julgado (certidão anexa – doc. 2), de fls., com fundamento nos arts. 621 e seguintes do Código de Processo Penal, apresentar REVISÃO CRIMINAL pelos motivos de fato e de direito a seguir aduzidos:

(2 linhas)

DOS FATOS

"A" foi denunciado pela prática de crime de aborto. A denúncia foi recebida (fls.). O réu foi citado (fls.). A resposta à acusação foi apresentada no prazo legal (fls.).

Não foi decretada absolvição sumária (fls.). Na audiência de instrução e julgamento foram realizados os atos processuais (fls.). As alegações finais foram apresentadas (fls.). A sentença condenatória foi proferida (fls.).

O peticionário acha-se preso com sentença já confirmada em segunda instância (fls.).

(2 linhas)

DO DIREITO

No caso em tela, resta evidente a ocorrência de uma nulidade absoluta, já que não houve exame de corpo de delito para verificação do crime de aborto, exigido pela lei, nos termos do art. 158 combinado com o art. 564, inciso III, *b*, ambos do Código de Processo Penal.

O crime de aborto é um dos crimes previstos na legislação penal que deixa vestígios materiais, ou seja, sinais aparentes de sua prática, uma vez que se pode visualizar o feto sendo expulso e morto.

O art. 158 do Código Penal prescreve que quando a infração deixar vestígios é indispensável o exame de corpo de delito, para verificação da prova da existência do crime. E o Código erige em nulidade insanável a falta de exame de corpo de delito nos crimes que deixam vestígios, ressalvado, contudo, o suprimento pela prova testemunhal (art. 564, III, *b*, do CPP).

No presente caso, apesar de o crime ter deixado vestígios, *não houve exame de corpo de delito*, meio eficaz para esclarecimento dos fatos e busca da verdade.

A confissão do peticionário não é meio idôneo para substituir o exame de corpo de delito, pois de forma isolada revela-se frágil e não apta a comprovar a existência das infrações que deixam vestígios materiais.

Outrossim, a não comprovação da existência do crime, mais do que problema de nulidade, representa falta de prova destinada a comprovar a materialidade do crime e que interfere na decisão do processo.

O objeto da prova, ou seja, a materialidade, não foi comprovada, de modo que não há elementos suficientes para formar o convencimento judicial de reconhecimento de uma condenação. Embora com indícios da ocorrência do ilícito se tenha instaurado a ação penal, não ficou comprovada cumpridamente sua materialidade.

Diante da falta de exame de corpo de delito não há certeza necessária para que o juiz declare a existência da responsabilidade criminal e imponha sanção a determinada pessoa. Deve, portanto, absolver o acusado, pois não há prova da existência do fato.

(2 linhas)

DO PEDIDO

Diante do exposto, vem requerer seja acolhido o presente pedido revisional, decretando-se a anulação do processo para que o requerente seja absolvido, como medida de inteira justiça.

(2 linhas)

**Termos em que
pede deferimento.**

(2 linhas)

Cidade, ____ de _____ de ____.

(2 linhas)

_____

OAB – sob n. ____

Peças da Execução Criminal

11

Visão Geral na Execução Penal

1. Regulamentação: Lei n. 7.210/84.

2. Aplicação: presos provisório e definitivo.

3. Objetivo: efetivar as disposições de sentença ou decisão criminal e proporcionar condições para a harmônica integração social do condenado e do internado.

4. Aplicação subsidiária: o Código de Processo Penal é aplicado na execução penal, de forma subsidiária.

5. Natureza jurídica da execução penal: atividade complexa, desenvolvida simultaneamente nos planos jurisdicional e administrativo.

6. Pressuposto da execução penal: sentença penal condenatória ou absolutória imprópria transitada em julgado.

7. Direitos do condenado e ao internado: serão assegurados todos os direitos não atingidos pela sentença ou pela lei. Não haverá qualquer distinção de natureza racial, social, religiosa ou política. O sentenciado não pode votar e ser votado no período de cumprimento de pena, mesmo que não esteja em regime fechado. O preso provisório pode votar e ser votado, porém na prática não tem sido possível em face da dificuldade material.

8. Atividades de execução da pena e da medida de segurança pelo Estado: recorrer à cooperação da comunidade: a) redução da distância entre a população carcerária e a comunidade; b) órgão da execução penal o conselho da comunidade; c) cidadania, dignidade, erradicação e construção da sociedade; d) reinclusão social na análise dos direitos e deveres dos sentenciados, em razão do fim socialmente regenerador do cumprimento da pena.

9. Execução da pena de multa:

a) **Natureza da multa com o advento da Lei n. 9.268/96:** dívida de valor. dívida de valor; à luz do preceito estabelecido pelo inciso XLVI do art. 5º da Constituição Federal, a multa é espécie de pena aplicável em retribuição e em prevenção à prática de crimes, não perdendo sua natureza de sanção penal.

b) **Em caso de inadimplemento:** não pode ser convertida em prisão. Uma vez extinta, pelo seu cumprimento, a pena privativa de liberdade ou a restritiva de direitos que a substituir, o inadimplemento da pena de multa não obsta a extinção da punibilidade do apenado, porquanto, após a nova redação dada ao art. 51 do Código Penal, pela Lei n. 9.268/96, a pena pecuniária passou a ser considerada dívida de valor, adquirindo caráter extrapenal (*Informativo* n. 671/2020 do STJ).

c) **Base:** certidão da sentença condenatória com trânsito em julgado, que valerá como título executivo judicial.

d) **Iniciativa:** Ministério Público. O Ministério Público tem legitimidade para promover medida assecuratória que vise à garantia do pagamento de multa imposta por sentença penal condenatória (*Informativo* n. 558/2015 do STJ).

e) **Forma:** processado em autos apartados.

f) **Finalidade da citação do condenado:** no prazo de 10 (dez) dias, pagar o valor da multa ou nomear bens à penhora.

g) **Decorrido o prazo, não houve pagamento da multa ou o depósito da respectiva importância:** será feita a penhora de tantos bens quantos bastem para garantir a execução. A nomeação de bens à penhora e a posterior execução seguirão o que dispuser a lei processual civil. Se a penhora recair em bem imóvel, os autos apartados serão remetidos ao Juízo Cível para prosseguimento. Recaindo a penhora em outros bens, dar-se-á prosseguimento nos termos do § 2º do art. 164 da Lei de Execução Penal (a nomeação de bens à penhora e a posterior execução seguirão o que dispuser a lei processual civil).

h) **Suspensão da execução:** quando sobrevier ao condenado doença mental.

i) **Desconto no vencimento ou salário do condenado:** o juiz poderá determinar que a cobrança da multa se efetue mediante desconto no vencimento ou salário do condenado: 1) o limite máximo do desconto mensal será o da quarta parte da remuneração e o mínimo o de um décimo; 2) o desconto será feito mediante ordem do juiz a quem de direito; 3) o responsável pelo desconto será intimado a recolher mensalmente, até o dia fixado pelo juiz, a importância determinada.

j) **Parcelamento da multa:** é possível até o término do prazo a que se refere o art. 164 desta Lei (10 dias do trânsito em julgado) – poderá o condenado requerer ao juiz o pagamento da multa em prestações mensais, iguais e sucessivas. O juiz, antes de decidir, poderá determinar diligências para verificar a real situação econômica do condenado e, ouvido o Ministério Público, fixará o número de prestações. Se o condenado for impontual ou se melhorar de situação econômica, o juiz, de ofício ou a requerimento do Ministério Público, revogará o benefício executando-se a multa, na forma prevista neste Capítulo, ou prosseguindo-se na execução já iniciada. Quando a pena de multa for aplicada cumulativamente com pena privativa da liberdade, enquanto esta estiver sendo executada, poderá aquela ser cobrada mediante desconto na remuneração do condenado (art. 168). Se o condenado cumprir a pena privativa de liberdade ou obtiver livramento condicional, sem haver resgatado a multa, far-se-á a cobrança nos termos da execução forçada.

k) **Competência:** transitada em julgado a sentença condenatória, a multa será executada perante o juiz da execução penal.

l) **Normas aplicáveis:** normas relativas à dívida ativa da Fazenda Pública, inclusive no que concerne às causas interruptivas e suspensivas da prescrição.

10. Regime disciplinar diferenciado

a) **Relação com a pena:** é uma forma especial de cumprimento da pena no regime fechado.

b) **RDD como sanção disciplinar:**

   b1) **cabimento:** prática de fato previsto como crime doloso que ocasione subversão da ordem ou disciplina internas;

   b2) **destinatário:** preso provisório, ou condenado, nacional ou estrangeiro;

   b3) **duração máxima:** de até 2 (dois) anos;

   b4) **repetição:** por nova falta grave de mesma espécie;

   b5) **recolhimento:** em cela individual;

   b6) **visitas:** quinzenais, de 2 (duas) pessoas por vez, a serem realizadas em instalações equipadas para impedir o contato físico e a passagem de objetos, por pessoa da família ou, no caso de terceiro, autorizado judicialmente, com duração de 2 (duas) horas. A visita será gravada em sistema de áudio ou de áudio e vídeo e, com autorização judicial, fiscalizada por agente penitenciário. Após os primeiros 6 (seis) meses de regime disciplinar diferenciado, o preso que não receber a visita poderá, após prévio agendamento, ter contato telefônico, que será gravado, com uma pessoa da família, 2 (duas) vezes por mês e por 10 (dez) minutos;

b7) **banho de sol:** direito do preso à saída da cela por 2 (duas) horas diárias para banho de sol, em grupos de até 4 (quatro) presos, desde que não haja contato com presos do mesmo grupo criminoso;

b8) **entrevistas:** sempre monitoradas, exceto aquelas com seu defensor, em instalações equipadas para impedir o contato físico e a passagem de objetos, salvo expressa autorização judicial em contrário;

b9) **correspondência:** fiscalização do conteúdo da correspondência;

b10) **audiências:** participação em audiências judiciais preferencialmente por videoconferência, garantindo-se a participação do defensor no mesmo ambiente do preso.

c) **RDD como medida cautelar:**

c1) **destinatários:** presos provisórios ou condenados, nacionais ou estrangeiros;

c2) **cabimento:** I – que apresentem alto risco para a ordem e a segurança do estabelecimento penal ou da sociedade; II – sob os quais recaiam fundadas suspeitas de envolvimento ou participação, a qualquer título, em organização criminosa, associação criminosa ou milícia privada, independentemente da prática de falta grave.

d) **Cumprimento do RDD em presídio federal:**

d1) **cabimento:** quando existirem indícios de que o preso exerce liderança em organização criminosa, associação criminosa ou milícia privada, ou que tenha atuação criminosa em 2 (dois) ou mais Estados da Federação, o regime disciplinar diferenciado será obrigatoriamente cumprido em estabelecimento prisional federal;

d2) **prorrogação:** o regime disciplinar diferenciado poderá ser prorrogado sucessivamente, por períodos de 1 (um) ano, existindo indícios de que o preso: I – continua apresentando alto risco para a ordem e a segurança do estabelecimento penal de origem ou da sociedade; II – mantém os vínculos com organização criminosa, associação criminosa ou milícia privada, considerados também o perfil criminal e a função desempenhada por ele no grupo criminoso, a operação duradoura do grupo, a superveniência de novos processos criminais e os resultados do tratamento penitenciário;

d3) **segurança:** o regime disciplinar diferenciado deverá contar com alta segurança interna e externa, principalmente no que diz respeito à necessidade de evitar contato do preso com membros de sua organização criminosa, associação criminosa ou milícia privada, ou de grupos rivais.

MODELO BÁSICO DE PETIÇÃO DE BENEFÍCIO OU INCIDENTE NA EXECUÇÃO PENAL (MODELO GENÉRICO)

EXCELENTÍSSIMO SENHOR DOUTOR JUIZ DE DIREITO DA ___ VARA DAS EXECUÇÕES CRIMINAIS DA COMARCA DE _____ (se for competência estadual)

EXCELENTÍSSIMO SENHOR DOUTOR JUIZ FEDERAL DA ___ VARA DAS EXECUÇÕES CRIMINAIS DA SEÇÃO JUDICIÁRIA DE _____ (se for competência federal)

* O endereçamento é sempre para o Juiz da Vara das Execuções Criminais. O candidato deve verificar apenas se é competência federal ou estadual. Não usar abreviaturas. Após o endereçamento, o candidato deve dar um espaçamento de 10 linhas.

Nome do requerente, já qualificado nos autos do processo-crime em epígrafe, vem, por seu advogado infra-assinado, à presença de Vossa Excelência, com fundamento nos artigos _____, requerer o/a _____ (nome do benefício), pelos motivos de fato e de direito a seguir aduzidos:

DOS FATOS

* O candidato deve indicar o tópico DOS FATOS, narrar o andamento processual e os fatos, sem inventar dados.

DO DIREITO

* O candidato deve indicar o tópico DO DIREITO, demonstrando os requisitos necessários para obtenção do benefício da execução penal. Deve concluir afirmando que a presença dos requisitos legais gera direito subjetivo para o requerente.

DO PEDIDO

* O candidato deve indicar o tópico DO PEDIDO, realçando a necessidade da oitiva do Ministério Público antes da concessão do benefício. Não esquecer que o pedido deve ser completo, inclusive com fundamentação legal.

PARTE FINAL

Termos em que,
pede deferimento.

Cidade, _____.

_____.
OAB – sob n. _____

1 Livramento condicional

1. Conceito: é a concessão provisória e antecipada da liberdade do condenado, mediante o preenchimento de requisitos previstos em lei. Como afirma Heleno Cláudio Fragoso[1], o livramento condicional implica uma renúncia condicionada e revogável do Estado à execução da pena. É um instituto jurídico previsto, tanto no CP (arts. 83 a 90) quanto na Lei n. 7.210/1984 (Lei de Execução Penal – LEP) (arts. 131 a 146).

2. Finalidade: (a) reduzir o tempo de prisão, mediante preenchimento de requisitos e aceitação de certas condições; (b) antecipar provisoriamente a liberdade com condições estabelecidas e fiscalização constante; (c) readaptar o condenado ao convívio social; (d) aplicado ao apenado para que ele fique solto, mediante condições, por um tempo determinado e denominado de "período de prova" (art. 26, II, da LEP), com a finalidade de extinguir a pena privativa de liberdade. Ultrapassado o período de prova, ou seja, não revogado o livramento condicional, encerra-se seu período declarando-se extinta a pena privativa de liberdade.

3. Características: (a) medida penal; (b) instituto de política criminal; (c) direito subjetivo de liberdade, desde que preenchidos os requisitos legais; (d) medida administrativa, pois durante o período do livramento o condenado é observado pelos sujeitos da execução penal; (e) benefício do condenado; (f) forma de execução da pena: é a última fase do cumprimento da pena, qual seja, a liberdade condicional; (g) medida jurisdicional, pois é concedida pelo juiz da execução penal do lugar onde o beneficiário cumpre a pena; (h) incidente na execução da pena; (i) instrumento de ressocialização.

4. Requisitos

4.1 Objetivos: são os relacionados com a pena e a reparação do dano:

a) **tipo de pena:** privativa de liberdade;

b) **quantidade da pena (pena concreta):** igual ou superior a dois anos;

c) **tempo de cumprimento da pena:**

Situação	Tempo	Tipo
Não reincidente em crime doloso + bons antecedentes.	1/3.	Especial.
Reincidente em crime doloso.	1/2.	Ordinário.
Crimes hediondos.	2/3, salvo reincidente específico.	Qualificado.
Não reincidente em crime doloso + maus antecedentes.	1/3 ou 1/2.	Verificar a posição mais favorável ao seu cliente na OAB.

---

[1] FRAGOSO, Heleno Cláudio. *Lições de direito penal*. Rio de Janeiro: Forense, 1990. p. 370.

No caso de condenado por associação ao tráfico: caso não seja reincidente específico, deve cumprir 2/3 da pena para fazer jus ao livramento condicional, nos termos do art. 44, parágrafo único da Lei n. 11.343/2006, nos termos do *Informativo* 568 do STJ.

Na definição do requisito objetivo para a concessão de livramento condicional, a condição de reincidente em crime doloso deve incidir sobre a somatória das penas impostas ao condenado, ainda que a agravante da reincidência não tenha sido reconhecida pelo juízo sentenciante em algumas das condenações, nos termos do *Informativo* 561 do STJ.

d) **reparação do dano:** salvo impossibilidade em face da precária situação econômica.

4.2 Subjetivos: dizem respeito à pessoa do condenado.

a) **Bom comportamento durante a execução da pena**

a1) **Análise global:** o comportamento do condenado deve ser resultado de um conjunto de fatores, como o número e o tipo das faltas disciplinares, o caráter e a personalidade e suas relações com os demais presos e com os funcionários;

a2) **Critério temporal:** a avaliação do comportamento do executado não pode ser limitada a um período absoluto e curto de tempo;

a3) **Não configuração de falta grave:** a mudança de endereço sem autorização judicial durante o curso do livramento condicional, em descumprimento a uma das condições impostas na decisão que concedeu o benefício, não configura, por si só, falta disciplinar de natureza grave, nos termos do *Informativo* n. 562 do STJ;

a4) **Elementos concretos:** a jurisprudência do STJ se firmou no sentido de que, para que se afaste o requisito subjetivo das benesses executórias, deve o ser com base nos elementos concretos extraídos da execução. Dessa forma, o histórico prisional conturbado do apenado, somado ao crime praticado (uma condição legal do atual art. 83, parágrafo único, do Código Penal), afasta a constatação inequívoca do requisito subjetivo para a concessão do livramento condicional (*Informativo* n. 735/2022 do STJ);

a5) **Parâmetro:** o bom comportamento deve considerar todo o histórico prisional, não se limitando ao período de 12 meses referido no art. 83, inciso III, *b*, do CP (*Informativo* n. 776/2023 do STJ).

a6) **Insuficiência:** a ausência de falta grave nos últimos 12 meses não é suficiente para satisfazer o bom comportamento (*Informativo* n. 756/2022 do STJ).

b) **bom desempenho no trabalho que lhe foi atribuído:** salvo no estabelecimento em que não há possibilidade de trabalho. Guilherme Nucci[2] diz que na demonstração desse requisito é necessário parecer da comissão técnica de classificação;

c) **aptidão para prover à própria subsistência mediante trabalho honesto:** deve ser demonstrado se o sentenciado tem condições de retornar ao convívio social para exercer atividade útil e honesta; não é exigida proposta de emprego;

d) **não cometimento de falta grave nos últimos 12 (doze) meses:** o condenado não pode praticar conduta contrária ao bom andamento da execução penal. No art. 50 da Lei de Execução Penal há rol taxativo dessas faltas graves:

d1) **penas privativas de liberdade:** I – incitar ou participar de movimento para subverter a ordem ou a disciplina; II – fugir; III – possuir, indevidamente, instrumento capaz de ofender a integridade física de outrem; IV – provocar acidente de trabalho; V – descumprir, no regime aberto, as condições impostas; VI – inobservar os deveres previstos nos incisos II e V do art. 39 da Lei de Execução Penal (obediência ao servidor e respeito a qualquer pessoa com quem deva relacionar-se; execução do trabalho, das tarefas e das ordens recebidas); VII – tiver em sua posse, utilizar ou fornecer aparelho telefônico, de rádio ou similar, que permita a comunicação com outros presos ou com o ambiente externo; VIII – recusar submeter-se ao procedimento de identificação do perfil genético;

d2) **penas restritivas de direito:** I – descumprir, injustificadamente, a restrição imposta; II – retardar, injustificadamente, o cumprimento da obrigação imposta; III – inobservar os deveres previstos nos incisos II e V do art. 39 da Lei de Execução Penal (obediência ao servidor e respeito a qualquer pessoa com quem deva relacionar-se; execução do trabalho, das tarefas e das ordens recebidas).

4.3 Requisitos específicos

a) **nos crimes dolosos cometidos com violência ou grave ameaça:** precisa da cessação da periculosidade, ou seja, a quase certeza de que o sentenciado não mais voltará a delinquir quando retornar ao convívio social. Alguns doutrinadores, para demonstração desse requisito, afirmam ser necessário o exame criminológico;

b) **nos crimes previstos na Lei n. 8.072/90:** não ser reincidente específico. Há três posicionamentos sobre o conceito de reincidente específico (na OAB, adote o mais favorável ao cliente): (1) é praticar

---

[2] NUCCI, Guilherme. *Código Penal comentado*. São Paulo: Revista dos Tribunais, 2003. p. 329.

outro crime hediondo; (2) é praticar outro crime que viole o mesmo bem jurídico; (3) é praticar o mesmo tipo penal.

5. *Habeas corpus*: em caráter excepcional, só é cabível na concessão do livramento condicional quando preenchidos dois requisitos: (a) manifesta ilegalidade; (b) não necessidade de exame aprofundado de provas.

6. Estrangeiro: (1) residente no país: pode obter livramento condicional, desde que sejam preenchidos os seguintes requisitos: (a) visto permanente no Brasil; (b) endereço fixo; (c) certidão de não expulsão; **(2) permanência irregular ou visto temporário:** não pode obter livramento condicional, pois não preenche condição do livramento, qual seja, exercer atividade honesta e remunerada.

7. Livramento condicional cautelar: na OAB, o candidato deve adotar o seguinte posicionamento:

a) **se estiver pela vítima do crime:** não é possível, por falta de previsão legal, por violação ao devido processo legal e por representar julgamento *extra petita*;

b) **se estiver pelo infrator:** é possível, pois o juiz tem o poder geral de cautela, nos termos do art. 66, inciso VI, da LEP.

8. Crime hediondo: é possível conceder livramento condicional ao condenado por crime hediondo ou equiparado, salvo se for reincidente específico. A concessão do benefício é compatível com a regra do cumprimento integral em regime fechado, pois o livramento não é regime de cumprimento de pena, mas forma de antecipar a liberdade.

9. Duração ou período de prova: é o tempo restante da pena a ser cumprida, limitado ao disposto no art. 75 do CP.

10. Egresso: terminologia usada para o beneficiado do livramento condicional no período de prova.

11. Soma das penas: é possível para efeito de livramento condicional, mesmo que tenham sido aplicadas em processos distintos.

12. Insubsistente: o condenado foge do presídio após concessão do livramento e antes da cerimônia (art. 137 da LEP).

13. Revogação do livramento condicional

13.1 Requisito da revogação: é necessário antes de a revogação ouvir o sentenciado liberado para garantir seu direito de defesa.

13.2 Revogação obrigatória: é a que decorre da lei. São as hipóteses:
a) condenação irrecorrível a pena privativa de liberdade por crime praticado antes do benefício;
b) condenação irrecorrível a pena privativa de liberdade por crime praticado durante o benefício.

13.3 Revogação facultativa: é a que decorre do prudente critério do juiz. São as seguintes hipóteses:

a) condenação irrecorrível, por crime ou contravenção, a pena não privativa de liberdade;

b) descumprimento das condições impostas (o juiz pode optar entre revogar, advertir ou condicionar).

13.4 Efeito da revogação

a) condenação irrecorrível por crime praticado durante o livramento condicional: impossibilidade de concessão do livramento em relação à mesma pena e não cômputo do tempo de liberdade como pena cumprida;

b) condenação irrecorrível por crime praticado antes do livramento condicional: possibilidade de concessão de livramento em relação à mesma pena, soma das penas para obtenção do benefício e cômputo do tempo de liberdade como pena cumprida;

c) descumprimento das condições impostas na sentença ou condenação por contravenção penal: impossibilidade de concessão do livramento em relação à mesma pena e não cômputo do tempo de liberdade como pena cumprida.

14. Condições do livramento condicional

14.1 Competência na fixação: juiz da execução.

14.2 Características: (a) alterabilidade: as condições judiciais podem ser modificadas, nos termos do art. 144 da LEP; **(b) bilateralidade:** necessidade de aceitação das condições impostas, sob pena de tornar sem efeito o livramento, devendo a pena ser cumprida.

14.3 Condições obrigatórias

a) obter ocupação lícita, em tempo razoável, se for apto para o trabalho: conforme observa Cezar R. Bitencourt[3], as entidades assistenciais deverão prestar apoio ao egresso na difícil tarefa de conseguir trabalho honesto; a eventual deficiência física do apenado não impedirá a obtenção do livramento condicional;

b) comunicar ao juiz, periodicamente, sua ocupação;

c) não mudar de comarca sem autorização judicial: se for autorizado, deve ser remetida cópia da sentença do livramento ao Juízo do lugar para onde ele se houver transferido e à autoridade incumbida da observação cautelar e de proteção, nos termos do art. 133 da LEP.

---

3 BITENCOURT, Cezar Roberto. *Código Penal comentado.* São Paulo: Saraiva, 2002. p. 286-287.

14.4 Condições facultativas (dentre outras que o juiz pode fixar)

a) não mudar de residência sem comunicação ao juiz e à autoridade incumbida da observação cautelar e de proteção: tal condição se refere à mudança de residência dentro da mesma comarca;

b) recolher-se à habitação em hora fixada;

c) não frequentar determinados lugares.

15. Requisito formal: há necessidade de manifestação do Ministério Público e do defensor antes do deferimento do livramento condicional, nos termos do art. 112, § 2º, da LEP.

16. Extinção da pena: se após o término do período de prova não tiver ocorrido revogação.

17. Iniciativa: ofício, requerimento do interessado, Ministério Público ou representação do Conselho Penitenciário.

18. Declaração: juiz, por sentença declaratória.

19. Crime cometido na vigência: prorroga o período de prova até o trânsito em julgado da decisão: (a) decisão condenatória: revogação; (b) decisão absolutória: juiz declara a extinção.

20. Crime cometido antes da vigência: o juiz deve decretar a extinção da pena, não havendo prorrogação.

21. Procedimento: (a) apresentação do requerimento; (b) oitiva do diretor do estabelecimento penitenciário, do Ministério Público e do defensor; (c) relatório minucioso do diretor do estabelecimento penal, nos moldes do art. 714 do CPP; (d) deferido o livramento, serão impostas condições e expedida a carta de livramento; (e) cerimônia do livramento: leitura da sentença, explicação das condições e causas de revogação; (f) início do período de prova: o liberado fica sob vigilância; (g) audiência admonitória presidida pelo Conselho Penitenciário ou designação judicial: (1) se aceitar: recebe caderneta com identificação e condições; (2) se não aceitar: sem efeito.

22. Confronto

Itens	*Sursis*	Livramento condicional
Cumprimento da pena	Não tem.	Tem.
Início do período de prova	Audiência admonitória.	Cerimônia.
Período de prova	Dois a quatro anos.	Restante da pena.
Concessão	Juiz na sentença.	Juiz da execução.
Recurso	Apelação.	Agravo em execução.

23. **Necessidade de parecer do Conselho Penitenciário:** há dois posicionamentos:

a) é necessário, pois: (1) não é possível afastar o conselho de decisão de antecipação provisória da liberdade, como entidade fiscalizadora e colaboradora da execução penal; (2) há previsão expressa da necessidade do parecer no art. 131 da LEP, que, inclusive, é específico sobre livramento condicional;

b) não é necessário parecer do Conselho Penitenciário, nos termos do art. 70 da LEP.

POSIÇÃO NA OAB

Como é difícil saber a posição de cada examinador da prova da OAB, recomendamos que o candidato, no pedido da peça do livramento condicional, em relação ao parecer do Conselho Penitenciário, justifique o seu **ponto de vista após a parte final da peça**, conforme exemplos abaixo:

Justificativa

a) **se o candidato colocar o parecer, apresentar a seguinte justificativa:** a colocação da necessidade do parecer do Conselho foi feita tendo em vista o art. 131 da Lei de Execução Penal, que exige para o livramento condicional, além dos requisitos do art. 83 do Código Penal, a oitiva do Ministério Público e do **Conselho Penitenciário**;

b) **se o candidato não colocar o parecer, apresentar a seguinte justificativa:** a não colocação da necessidade do parecer do Conselho foi feita tendo em vista o art. 70, inciso I, da LEP, que dispensa o Conselho de emitir manifestação antes do deferimento do livramento condicional, restringindo-se suas intervenções aos pedidos de indulto e comutação de pena, à exceção daqueles indultos com base no estado de saúde do apenado.

24. **Relação com detração penal:** a pena remida pelo trabalho é considerada para efeitos do livramento, nos termos do art. 128 da LEP.

25. **Falta grave:** não interrompe o prazo para obtenção de livramento condicional, nos termos da Súmula 441 do STJ.

26. **Livramento condicional e remição:** cometimento de crime durante o período de prova do livramento condicional não implica a perda dos dias remidos, nos termos do *Informativo* n. 539 do STJ.

27. **Vedação do livramento condicional:** o condenado expressamente em sentença por integrar organização criminosa ou por crime praticado por meio de organização criminosa não poderá progredir de regime de cumprimento de pena ou obter livramento condicional ou outros benefícios prisionais se houver elementos probatórios que indiquem a manutenção do vínculo associativo (art. 2º, § 9º da Lei n. 12.850/2013).

28. Extinção da punibilidade: a ausência de suspensão ou revogação do livramento condicional antes do término do período de prova enseja a extinção da punibilidade pelo integral cumprimento da pena, nos termos da Súmula 617 do STJ.

29. Limite da pena: a pena unificada para atender ao limite de trinta anos de cumprimento, determinado pelo art. 75 do Código Penal, não é considerada para a concessão de outros benefícios, como o livramento condicional ou o regime mais favorável de execução – Súmula 715 do STF.

30. Estrutura da peça prática:

a) **Endereçamento:** juiz da execução federal ou estadual, nos termos do art. 66, inciso III, *e*, da LEP.

b) **Preâmbulo:** (a) nome e qualificação do requerente (não precisa qualificar, pois não é peça inicial); (b) capacidade postulatória; (c) fundamento legal; (d) nome da peça; (e) frase final.

c) **Dos fatos:** narrar a infração penal praticada, sem inventar dados, e o andamento processual até o momento do pedido do livramento condicional.

d) **Do direito:** comprovar a presença dos requisitos para a concessão do livramento condicional.

e) **Do pedido:** concessão do livramento condicional e expedição do alvará de soltura.

f) **Parte final:** termos em que, pede deferimento; data e indicação da OAB.

g) **Terminologia:** (1) verbo do pedido: requerer; (2) interessado no pedido: requerente.

Fluxograma do pedido de livramento condicional

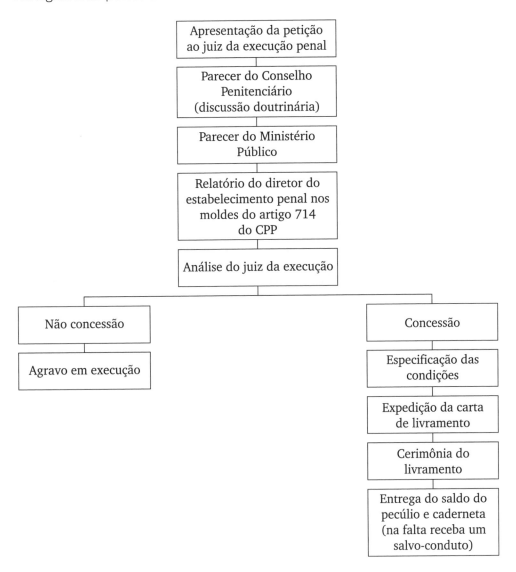

MODELO DE LIVRAMENTO CONDICIONAL

EXCELENTÍSSIMO SENHOR DOUTOR JUIZ FEDERAL DA ____ VARA DAS EXECUÇÕES CRIMINAIS DA _____ (se for matéria federal)

EXCELENTÍSSIMO SENHOR DOUTOR JUIZ DE DIREITO DA ____ VARA DAS EXECU-ÇÕES CRIMINAIS DA _____ (se for matéria ESTADUAL)

(10 linhas)

_____ (nome), já qualificado nos autos do processo-crime em epígra-fe, vem, por seu advogado infra-assinado, à presença de Vossa Excelência, com fundamento nos arts. 83 e seguintes do Código Penal combinado com o art. 66 _____ e com os arts. 131 e seguintes da Lei de Execução Penal, requerer LIVRAMENTO CONDICIONAL, pelos moti-vos de fato e de direito a seguir aduzidos:

(2 linhas)

DOS FATOS

    * Narrar os acontecimentos, sem inventar dados ou copiar o problema.

(2 linhas)

DO DIREITO

    * Demonstrar os requisitos para concessão do livramento condicional.

O requerente foi condenado à pena _____, pela prática _____ (infra-ção), tendo a respeitável sentença transitado em julgado (doc. 1).

As certidões criminais (doc. 2) comprovam ser o requerente _____.

O requerente já cumpriu _____ da pena imposta pelo Estado (doc. 3).

Segundo declaração do diretor do presídio, o requerente sempre demonstrou bom comportamento carcerário e aptidão para prover a própria subsistência _____ (doc. 4).

Finalmente, preenchidos os requisitos objetivos e subjetivos do livramento condicional, deve ser concedido ao condenado seu direito subjetivo da antecipação provisória da liberdade.

(2 linhas)

DO PEDIDO

Diante do exposto, requer, após ouvido o Conselho Penitenciário e parecer do Digno Representante do Ministério Público, com fundamento nos arts. 83 e seguintes do Código Penal combinado com o art. 66 _____ e com os arts. 131 e seguintes da Lei de Execução Penal, a concessão do LIVRAMENTO CONDICIONAL, com a expedição da respectiva carteira e do alvará de soltura, como medida de inteira justiça.

(2 linhas)

Termos em que
pede deferimento.

(2 linhas)

Cidade, ____ de _____ de ____.

(2 linhas)

_____

OAB – sob n. ____

Justificativa

a) **Se o candidato colocar o parecer, apresentar a seguinte justificativa:** a colocação da necessidade do parecer do Conselho foi feita tendo em vista o art. 131 da Lei de Execução Penal, que exige para o livramento condicional, além dos requisitos do art. 83 do Código Penal, a oitiva do Ministério Público e **do Conselho Penitenciário.**

b) **Se o candidato não colocar o parecer, apresentar a seguinte justificativa:** a não colocação da necessidade do parecer do Conselho foi feita tendo em vista a Lei de Execução Penal, art. 70, inciso I, que dispensa o Conselho de emitir manifestação antes do deferimento do livramento condicional, restringindo-se suas intervenções aos pedidos de indulto e comutação de pena, à exceção daqueles indultos com base no estado de saúde do apenado.

CASO PRÁTICO

"A" foi condenado à pena de cinco anos de reclusão, por violação ao art. 33 da Lei n. 11.343/2006. A sentença já transitou em julgado. "A" está recolhido na Casa de Detenção há exatamente dois anos. É primário e não possui nenhum outro processo em andamento. Tem bom comportamento carcerário e já conta com proposta de emprego para quando estiver em liberdade. Questão: Adotar medida que possibilite a libertação de "A".

1. Rascunho da peça

a) **infração penal:** art. 33 da Lei n. 11.343/06;

b) **ação penal:** pública incondicionada;

c) **pena concreta:** 5 anos de reclusão;

d) **pena abstrata:** reclusão de 5 (cinco) a 15 (quinze) anos e pagamento de 500 (quinhentos) a 1.500 (mil e quinhentos) dias-multa;

e) **rito processual:** especial, previsto na Lei n. 11.343/2006;

f) **momento processual:** execução penal, pois está recolhido na Casa de Detenção;

g) **cliente:** "A";

h) **situação prisional:** preso;

i) **tese:** livramento condicional é um direito subjetivo de "A", em razão do preenchimento dos requisitos subjetivos e objetivos previstos em lei;

j) **peça:** livramento condicional;

k) **competência:** juiz da Vara das Execuções Criminais;

l) **pedido:** concessão do livramento condicional.

2. Peça prática

EXCELENTÍSSIMO SENHOR DOUTOR JUIZ DE DIREITO DA ___ VARA DAS EXECUÇÕES CRIMINAIS DE SÃO PAULO

(10 linhas)

"A", já qualificado nos autos do processo-crime em epígrafe, vem, por seu advogado infra-assinado, à presença de Vossa Excelência, com fundamento nos arts. 83 e seguintes do Código Penal, combinado com os arts. 66, inciso III, alínea e, e 131 e seguintes da Lei de Execução Penal, requerer LIVRAMENTO CONDICIONAL, pelos motivos de fato e de direito a seguir aduzidos:

(2 linhas)

DOS FATOS

"A" foi denunciado pela prática do tráfico ilícito de entorpecentes como incurso nas penas do art. 33 da Lei n. 11.343/2006.

A denúncia foi oferecida (fls.). O réu foi citado para comparecimento em audiência de instrução e julgamento (fls.). A denúncia foi recebida (fls.). Na audiência de instrução e julgamento, foram realizados os atos processuais, o réu foi interrogado (fls.), as testemunhas inquiridas (fls.), e as partes realizaram os debates orais (fls.).

O juiz proferiu sentença condenatória, sujeitando o réu a cumprir a pena de 5 anos de reclusão, por violação ao art. 33 da Lei n. 11.343/06 (fls.). A sentença transitou em julgado (fls.)

Transitada em julgado, foi expedida guia para recolhimento de "A", na Casa de Detenção (fls.). "A" está recolhido na Casa de Detenção, há exatamente dois anos (fls.).

(2 linhas)

DO DIREITO

O requerente foi condenado à pena de três anos de reclusão, pela prática do crime de tráfico ilícito de entorpecentes, tendo a respeitável sentença transitada em julgado (doc. 1).

As certidões criminais (doc. 2) comprovam ser o requerente primário, não possuindo nenhum outro processo em andamento.

O requerente já cumpriu dois anos da pena imposta pelo Estado (doc. 3), ou seja, mais da metade da pena, atendendo, dessa forma, o requisito objetivo do tempo da pena cumprida, nos termos do art. 83, inciso I, do Código Penal.

Segundo declaração do diretor do presídio, o requerente sempre demonstrou bom comportamento carcerário e aptidão para prover a própria subsistência, contando com proposta de emprego, para quando estiver em liberdade (doc. 4).

Finalmente, preenchidos os requisitos objetivos e subjetivos do livramento condicional, deve ser concedido ao condenado seu direito subjetivo da antecipação provisória da liberdade.

(2 linhas)

DO PEDIDO

Diante do exposto, requer, após ouvido o Conselho Penitenciário e parecer do Digno Representante do Ministério Público, com fundamento nos arts. 83 e seguintes do Código Penal combinado com o art. 66, inciso III, alínea *e*, e com os arts. 131 e seguintes da Lei de Execução Penal, a concessão do LIVRAMENTO CONDICIONAL, com a expedição da respectiva carteira e do alvará de soltura, como medida de inteira justiça.

(2 linhas)

**Termos em que
pede deferimento.**

(2 linhas)

Cidade, _____ de _____ de ____.

(2 linhas)

_____

OAB – sob n. _____

Justificativa: a não colocação da necessidade do parecer do Conselho foi feita tendo em vista o art. 70, inciso I, da Lei de Execução Penal, que dispensa o Conselho de emitir manifestação antes do deferimento do livramento condicional, restringindo-se suas intervenções aos pedidos de indulto e comutação de pena, à exceção daqueles indultos com base no estado de saúde do apenado.

2 Reabilitação criminal

1. Finalidade: (a) restituir situação anterior à condenação; (b) restaurar dignidade social; (c) reintegrar no exercício dos direitos atingidos pela condenação; (d) estimular a regeneração.

2. Natureza: (a) causa suspensiva de alguns efeitos secundários da condenação e dos registros criminais; (b) direito do condenado que preencher os requisitos legais (o preenchimento dos requisitos objetivos e subjetivos dos arts. 93 e 94 do Código Penal e do art. 744 do Código de Processo Penal impõe a declaração da reabilitação criminal requerida – Pet 8314 do STF).

3. Pressuposto: sentença condenatória com trânsito em julgado cuja pena tenha sido executada ou esteja extinta.

4. Requisitos: (a) decurso de dois anos da extinção da pena ou da audiência admonitória; (b) bom comportamento público e privado durante esses dois anos; (c) domicílio no país durante esses dois anos; (d) reparação do dano, salvo impossibilidade absoluta ou renúncia comprovada da vítima.

5. Competência: juiz da condenação, mesmo que a condenação tiver sido proferida em tribunal, nos termos do art. 743 do CPP.

6. Reincidência: não apaga reabilitação.

7. Reabilitação em porções: não cabe reabilitação parcial, pois deve cumprir todas as penas e depois pedir reabilitação.

8. Legitimidade ativa: condenado, devidamente representado por advogado.

9. Morte do reabilitado: extingue o processo, não podendo a reabilitação ser requerida por herdeiros ou sucessores.

10. Atitudes do juiz diante do pedido de reabilitação: (a) concede: ocorrerá o sigilo sobre o processo e a condenação, e a suspensão dos efeitos extrapenais específicos; **(b) não concede:** recurso cabível; pode ser requerida novamente, desde que haja novos elementos.

11. Documentação: nas certidões criminais não aparecerá registro do processo e da condenação, salvo em caso de requisições judiciais.

12. Revogação

12.1 Motivo: quando o reabilitado for condenado como reincidente, por decisão definitiva, a pena que não seja de multa.

12.2 Iniciativa: de ofício ou a requerimento do Ministério Público.

12.3 Requisito: (a) se for feito de ofício: oitiva das partes; **(b) se for feito por requerimento do Ministério Público:** oitiva do condenado.

12.4 Recurso: contra a decisão de revogação da reabilitação cabe apelação.

12.5 Efeitos: uma vez revogada a reabilitação, os efeitos extrapenais específicos suspensos voltam a ter eficácia.

13. Efeitos

13.1 Sigilo do processo e condenação do reabilitado: não mais constarão registros criminais em certidões criminais ou folhas de antecedentes; a doutrina critica esse efeito, em face do art. 202 da LEP, que dispõe que o sigilo é automático.

13.2 Suspensão dos efeitos extrapenais específicos que constam no art. 92 do Código Penal: (a) incapacidade para o exercício do pátrio poder, tutela ou curatela: uma vez reabilitado, o agente não pode exercer a capacidade do pátrio poder, tutela ou curatela em relação ao filho, tutelado ou curatelado ofendido pelo crime; **(b)** perda do cargo, função ou mandato eletivo: uma vez reabilitado, não é possível reconduzir o reabilitado para o mesmo cargo; **(c)** inabilitação para dirigir veículo: uma vez reabilitado, será habilitado para dirigir veículo.

14. Prazo: dois anos após a extinção ou término da pena, computado nesse período o prazo do *sursis* ou do livramento condicional, se não houver revogação. O art. 743 do CPP foi revogado.

15. Prescrição: (a) pretensão punitiva: não permite a reabilitação; **(b)** pretensão executória: permite a reabilitação.

16. Processamento: (a) apresentação do pedido; (b) realização de diligências; (c) oitiva do Ministério Público; (d) decisão sobre o pedido de reabilitação.

17. Decisão sobre o pedido de reabilitação

17.1 Concessão: (a) recurso: apelação e recurso de ofício; **(b) providência:** comunicar ao Instituto de Identificação e Estatística ou repartição congênere, após sentença irrecorrível; **(c) efeitos:** (1) sigilo sobre o processo e condenação, salvo requisição judicial; (2) suspensão dos efeitos extrapenais específicos.

17.2 Não concessão: (a) recurso: apelação; **(b)** não gera efeitos do sigilo nem da suspensão dos efeitos extrapenais específicos.

18. Documentos comprobatórios dos requisitos da reabilitação

18.1 Previsão legal: art. 744 do CPP;

18.2 Enumeração: (a) antecedentes: certidões comprobatórias de não ter o requerente respondido, nem estar respondendo, a processo penal, em qualquer das comarcas em que houver residido durante o prazo de dois anos; **(b) bom comportamento:** atestados de autoridades policiais, fornecidos por pessoas a cujo serviço tenha estado ou outros documentos que comprovam bom comportamento; **(c) domicílio:** documentos como atestados de residência ou declarações testemunhais; **(d) reparação do dano:** prova do ressarcimento ou da impossibilidade (não tem condições de ressarcir sem prejuízo da sua subsistência e de sua família).

19. Estrutura da peça prática

a) **Endereçamento:** juiz de direito ou federal da condenação.

b) **Preâmbulo:** (a) nome e qualificação do requerente (não precisa qualificar, pois não é peça inicial); (b) capacidade postulatória; (c) fundamento legal; (d) nome da peça; (e) frase final.

c) **Dos fatos:** narrar a infração penal praticada, sem inventar dados, e o andamento processual até o momento do pedido de reabilitação.

d) **Do direito:** comprovar os requisitos da reabilitação.

e) **Do pedido:** concessão da reabilitação.

f) **Parte final:** termos em que, pede deferimento; data e indicação da OAB.

g) **Terminologia:** (1) verbo do pedido: requerer; (2) interessado no pedido: requerente.

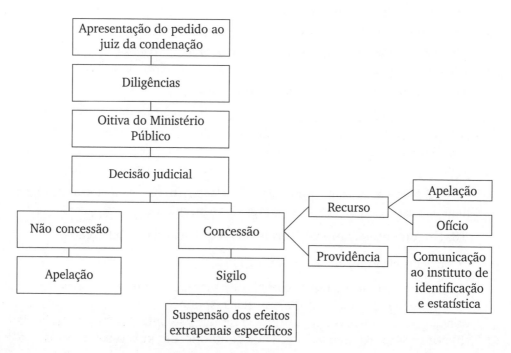

MODELO DE REABILITAÇÃO CRIMINAL

EXCELENTÍSSIMO SENHOR DOUTOR JUIZ DE DIREITO DA ___ VARA CRIMINAL DA COMARCA _____ (ESTADUAL)

EXCELENTÍSSIMO SENHOR DOUTOR JUIZ FEDERAL DA ___ VARA CRIMINAL DA SEÇÃO JUDICIÁRIA _____ (FEDERAL)

(10 linhas)

_____ (nome), já qualificado nos autos do processo-crime em epígrafe n. _____, vem, por seu advogado infra-assinado, à presença de Vossa Excelência, com fundamento nos arts. 93 e seguintes do Código Penal combinado com os arts. 743 e seguintes do Código de Processo Penal, requerer REABILITAÇÃO CRIMINAL, pelos motivos de fato e de direito a seguir aduzidos:

(2 linhas)

DOS FATOS

* Narrar os acontecimentos, sem inventar dados ou copiar o problema.

(2 linhas)

DO DIREITO

* Demonstrar os requisitos para concessão da reabilitação criminal.

Conforme a certidão do trânsito em julgado da respeitável sentença expedida por este Digno Juízo (doc. 2) e a certidão do término do cumprimento da pena (doc. 3), constata-se que a pena imposta ao requerente extinguiu-se há _____.

As certidões criminais (doc. 4) comprovam que, durante esse período, o requerente não respondeu nem se encontra respondendo a processo criminal.

Durante _____, contados do dia do término da execução da pena, o requerente manteve domicílio no país, conforme as contas de luz e escritura de sua casa (doc. 5), bem como mantém emprego fixo, conforme Carteira Profissional (doc. 6).

Segundo declarações, atestados e certidões anexas, o requerente sempre demonstrou bom comportamento público e privado (docs. 7 e 8).

Em relação ao dano causado pelo crime, o requerente realizou o seu ressarcimento integral, conforme documento público lavrado pela própria vítima (doc. 9).

Finalmente, preenchidos os requisitos objetivos e subjetivos da Reabilitação, deve ser esta concedida ao requerente.

(2 linhas)

DO PEDIDO

Diante do exposto, requer, após oitiva do Digno Representante do Ministério Público, com fundamento nos arts. 93 e seguintes do Código Penal combinado com os arts. 743 e seguintes do Código de Processo Penal, a concessão da REABILITAÇÃO CRIMINAL, assegurando-se _____, como medida de inteira justiça.

(2 linhas)

Termos em que
pede deferimento.

(2 linhas)

Cidade, ____ de _____ de ____.

(2 linhas)

_____

OAB – sob n. ____

CASO PRÁTICO

"A" foi processado e condenado pela prática do crime de furto. Ocorre que, há mais de quatro anos, já cumpriu a pena que lhe foi imposta. Pretendendo sanar as marcas do passado, limpando sua folha de antecedentes, procurou seu escritório de advocacia para que fossem tomadas as providências pertinentes. Elaborar peça adequada.

1. Rascunho da peça

a) **infração penal:** crime de furto;

b) **ação penal:** pública incondicionada;

c) **pena concreta:** não mencionada;

d) **pena abstrata:** reclusão de um a quatro anos e multa;

e) **rito processual:** ordinário;

f) **momento processual:** execução penal;

g) **cliente:** "A";

h) **situação prisional:** preso;

i) **tese:** tem direito à reabilitação, já que preenche os requisitos legais;

j) **competência:** Juiz da Vara Criminal;

k) **pedido:** concessão da reabilitação.

2. Peça prática

EXCELENTÍSSIMO SENHOR DOUTOR JUIZ DE DIREITO DA ___ VARA CRIMINAL DA COMARCA DA CAPITAL

(10 linhas)

_____ (nome), já qualificado nos autos do processo-crime em epígrafe n. _____, vem, por seu advogado infra-assinado, à presença de Vossa Excelência, com fundamento nos arts. 93 e seguintes do Código Penal combinado com os arts. 743 e seguintes do Código de Processo Penal, requerer REABILITAÇÃO CRIMINAL, pelos motivos de fato e de direito a seguir aduzidos:

(2 linhas)

DOS FATOS

O requerente foi denunciado pela prática de crime de furto. A denúncia foi recebida (fls.). O réu foi citado (fls.). A resposta à acusação foi apresentada no prazo legal (fls.).

As testemunhas foram inquiridas (fls.). Na fase do art. 397 do CPP, não foi decretada a absolvição sumária (fls.). A audiência de instrução e julgamento foi realizada (fls.). As alegações finais foram apresentadas (fls.). A sentença condenatória foi proferida (fls.).

A sentença transitou em julgado (fls.). O requerente já cumpriu pena há mais de quatro anos (fls.).

(2 linhas)

DO DIREITO

Conforme a certidão do trânsito em julgado da respeitável sentença expedida por este Digno Juízo (doc. 2) e a certidão do término do cumprimento da pena (doc. 3), constata-se que a pena imposta ao requerente extinguiu-se há mais de quatro anos.

As certidões criminais (doc. 4) comprovam que, durante esse período, o requerente não respondeu nem se encontra respondendo a processo criminal.

Durante mais de quatro anos, contados do dia do término da execução da pena, o requerente manteve domicílio no país, conforme as contas de luz e escritura de sua casa (doc. 5), bem como mantém emprego fixo, conforme Carteira Profissional (doc. 6).

Segundo declarações, atestados e certidões anexas, o requerente sempre demonstrou bom comportamento público e privado (docs. 7 e 8).

Em relação ao dano causado pelo crime, o requerente realizou seu ressarcimento integral, conforme documento público lavrado pela própria vítima (doc. 9).

Finalmente, preenchidos os requisitos objetivos e subjetivos da reabilitação, deve ser esta concedida ao requerente.

(2 linhas)

DO PEDIDO

Diante do exposto, requer, após oitiva do digno representante do Ministério Público, com fundamento nos arts. 93 e seguintes do Código Penal combinado com os arts. 743 e seguintes do Código de Processo Penal, a concessão da REABILITAÇÃO CRIMINAL, assegurando--se sigilo sobre o processo e condenação, como medida de inteira justiça.

(2 linhas)

Termos em que
pede deferimento.

(2 linhas)

Cidade, ____ de _____ de ____.

(2 linhas)

_____
OAB – sob n. ____

3 Agravo em execução

1. Previsão legal: art. 197 da Lei de Execução Penal.

2. Cabimento: decisão proferida por juiz da execução penal ou proferida durante o processo de execução penal ou relativa à execução penal. O art. 66 da LEP fornece um roteiro das hipóteses de cabimento do agravo em execução:

a) **Aplicação da lei penal mais benigna:** quando lei posterior retirar o caráter criminoso do fato ou favorecer, de qualquer outro modo, o infrator, como a diminuição de pena.

b) **Extinção da punibilidade:** há um rol exemplificativo das causas extintivas de punibilidade no art. 107 do Código Penal.

c) **Soma ou unificação de penas:** quando houver concurso formal ideal, crime continuado ou o total exceder ao limite máximo previsto no Código Penal.

d) **Progressão de regime:** transferência do condenado do regime mais rigoroso para o regime menos rigoroso.

e) **Regressão de regime:** transferência do condenado do regime mais rigoroso para o regime menos rigoroso.

f) **Detração penal:** cômputo, na pena privativa de liberdade e na medida de segurança, do tempo de prisão provisória, no Brasil ou no estrangeiro, de prisão administrativa e internação.

g) **Remição penal:** possibilidade de o condenado que cumpre pena em regime fechado ou semiaberto descontar do tempo da execução da pena os dias efetivamente trabalhados (a cada três dias trabalhados terá o desconto de um dia na pena).

h) **Suspensão condicional da pena:** suspensão da pena privativa de liberdade por um período, com imposição de condições.

i) **Livramento condicional:** antecipação provisória da liberdade, com imposição de obrigações.

j) **Incidentes da execução:** questões que surgem no curso do processo de execução penal que podem levar à redução, extinção ou substituição da pena.

k) **Autorizar saídas temporárias:** (1) permissão de saída: sair com escolta por falecimento ou doença grave de cônjuge, companheiro, ascendente, descendente ou irmão, ou por necessidade de tratamento médico; (2) saída temporária: sair sem escolta para frequentar cursos profissionalizantes, de segundo grau ou superior. Visita à família ou participação em atividades de convívio social.

l) **Tarefas administrativas:** art. 66, incisos VI a IX, da LEP.

m) **Remoção de condenado:** (1) fora da comarca: precisa de precatória; (2) dentro da comarca: decisão pode ser da autoridade administrativa; (3) outro país: extradição ou expulsão; (4) para hospital psiquiátrico ou manicômio.

n) **Pena restritiva de direito:** o juiz fixará a forma de cumprimento e a fiscalização.

o) **Conversão da pena restritiva de direito em privativa de liberdade:** (a) descumprimento injustificado da condição imposta; (b) quando o condenado praticar qualquer das faltas graves previstas no art. 51, incisos I, II e III, da LEP; (c) no art. 44, § 5º, do CP; (d) se o condenado não for encontrado para ser intimado do início do cumprimento da pena.

p) **Conversão da pena privativa de liberdade em restritiva de direitos.**

q) **Medida de segurança:** aplicação, substituição da pena por medida de segurança, revogação, desinternação e restabelecimento de situação anterior).

3. **Processamento:** há dois posicionamentos:

a) majoritário: na forma do recurso em sentido estrito (arts. 581 a 592 do CPP);

b) minoritário: na forma do agravo de instrumento do Código de Processo Civil, por analogia.

4. Previsão das decisões na execução: estão previstas no art. 66 da LEP e no art. 581, incisos XI, XII, XVII, XIX, XX, XXI, XXII e XXIII.

5. Decisão denegatória: carta testemunhável.

6. Prazo: cinco dias, conforme a Súmula 700 do STF. O início do prazo é da data da intimação da decisão.

7. Efeito suspensivo: (a) cabimento: decisão que concede desinternação ou liberação (art. 179 da LEP); **(b) meios de obtenção:** mandado de segurança ou *habeas corpus*, conforme o caso.

8. Efeito regressivo: é o juízo de retratação, presente no recurso em sentido estrito. O órgão prolator da decisão tem a possibilidade de se retratar da decisão.

9. Legitimidade ativa: réu ou representante legal e Ministério Público.

10. Processamento: (a) apresentação do recurso perante o juiz da execução penal; (b) razões e contrarrazões em dois dias; (c) juízo de retratação em dois dias; (d) se mantiver, remete ao tribunal competente; (e) se reformar, cabe ao recorrido elaborar simples petição em cinco dias para requerer a subida dos autos.

11. Substituição por *habeas corpus*: não é cabível a impetração de *habeas corpus* em substituição à utilização de agravo em execução na hipótese em que não há ilegalidade manifesta relativa a matéria de direito cuja constatação seja evidente e independa de qualquer análise probatória (*Informativo* n. 513/2013 do STJ). É possível a impetração de *habeas corpus* em substituição à utilização do agravo em execução, previsto no art. 197 da LEP, desde que não seja necessário revolvimento de provas para a sua apreciação e que a controvérsia se limite à matéria de direito (*Informativo* n. 509/2012 do STJ).

12. Esquema da peça prática das Razões

12.1 Interposição

a) Endereçamento: juiz federal ou estadual da vara das execuções criminais.

b) Preâmbulo: (a) nome e qualificação do agravante (não precisa qualificar, pois não é peça inicial); (b) capacidade postulatória; (c) inconformismo com o recurso da outra parte; (d) fundamento legal; (e) nome da peça; (f) tribunal; (g) frase final.

c) Conteúdo da Interposição: (a) intimação do agravado nos termos do art. 588 do CPP; (b) requerer o efeito regressivo do recurso de agravo, com base no art. 589 do CPP, seguindo o rito do recurso em sentido estrito.

d) Parte final: termos em que, requerendo seja ordenado o processamento do presente recurso, pede deferimento; data e assinatura.

12.2 Razões

a) Nome da peça: centro da folha.

b) Dados de identificação: agravante, agravado, número do processo e juízo de origem.

c) Saudação: (1) se for federal: Egrégio Tribunal, Colenda Turma, Eméritos julgadores, Douta Procuradoria da República; (2) se for estadual: Egrégio Tribunal, Colenda Câmara, Eméritos julgadores, Douta Procuradoria de Justiça.

d) Dos fatos: narrar a infração penal praticada, sem inventar dados, e o andamento processual até o momento da decisão proferida pelo juiz da execução penal.

e) Do direito: comprovar a tese, de acordo com o enunciado.

f) Do pedido: conhecimento + provimento do recurso + pedido específico.

g) Parte final: termos em que, pede deferimento; data e indicação da OAB.

h) Terminologia: (1) verbo do recurso: interpor Agravo em execução; (2) recorrente: agravante; (3) recorrido: agravado.

13. Esquema da peça prática das contrarrazões

13.1 Interposição

a) Endereçamento: juiz federal ou estadual da Vara das Execuções Criminais.

b) Preâmbulo: (a) nome e qualificação do agravante (não precisa qualificar, pois não é peça inicial); (b) capacidade postulatória; (c) inconformismo; (d) fundamento legal; (e) nome da peça; (f) tribunal; (g) frase final.

c) Parte final: termos em que, requerendo seja ordenado o processamento do presente recurso, pede deferimento; data e assinatura.

13.2 Contrarrazões

a) Nome da peça: centro da folha.

b) Dados de identificação: agravante, agravado, número do processo e juízo de origem.

c) Saudação: (1) se for federal: Egrégio Tribunal, Colenda Turma, Eméritos julgadores, Douta Procuradoria da República; (2) se for estadual: Egrégio Tribunal, Colenda Câmara, Eméritos julgadores, Douta Procuradoria de Justiça.

d) Dos fatos: narrar a infração penal praticada, sem inventar dados, e o andamento processual até o momento da decisão do juiz de Execução Penal e a interposição do agravo em execução.

e) Do direito: comprovar a tese, de acordo com o enunciado.

f) Do pedido: não provimento do recurso + pedido específico.

g) **Parte final:** termos em que, pede deferimento; data e indicação da OAB.

h) **Terminologia:** (1) verbo do recurso: interpor Agravo em execução; (2) recorrente: agravante; (3) recorrido: agravado.

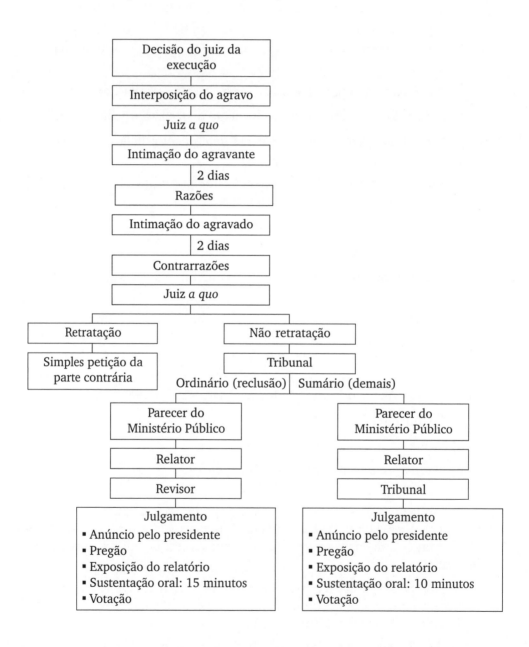

MODELO DE RAZÕES DO AGRAVO EM EXECUÇÃO

INTERPOSIÇÃO

EXCELENTÍSSIMO SENHOR DOUTOR JUIZ DE DIREITO DA ___ VARA DAS EXECUÇÕES CRIMINAIS DA COMARCA _____ (ESTADUAL)

EXCELENTÍSSIMO SENHOR DOUTOR JUIZ FEDERAL DA ___ VARA DAS EXECUÇÕES CRIMINAIS DA SEÇÃO JUDICIÁRIA _____ (FEDERAL)

(10 linhas)

_____ (nome), já qualificado nos autos do processo-crime em epígrafe n. _____ , vem, por seu advogado infra-assinado, à presença de Vossa Excelência, não se conformando com a respeitável decisão de fls. que _____ (especificar o conteúdo da decisão), com fundamento no art. 66, inciso _____, combinado com o art. 197, ambos da Lei de Execução Penal, interpor AGRAVO EM EXECUÇÃO.

(2 linhas)

Requer a intimação do agravado para apresentar contrarrazões no prazo de dois dias, nos termos do art. 588 do CPP.

(1 linha)

Após a intimação do agravado, não sendo exercido o juízo de retratação, nos termos do art. 589 do CPP, caso Vossa Excelência entenda que deva manter a respeitável decisão, requer seja o presente recurso remetido ao Egrégio Tribunal competente.

(1 linha)

Termos em que, requerendo seja ordenado o processamento do presente recurso, com as inclusas razões, pede deferimento.

(2 linhas)

Cidade, ____ de _____ de ____.

(2 linhas)

_____

OAB – sob n. ____

RAZÕES DE AGRAVO EM EXECUÇÃO

(3 linhas)

Agravante: _____

Agravado: _____

Origem: _____

Autos do Processo n. _____

(3 linhas)

Meritíssimo Juiz,

Egrégio Tribunal,

Colenda Câmara,

Doutos Julgadores

(3 linhas)

Não se conformando com a respeitável decisão proferida, vem dela AGRAVAR, aguardando que ao final se digne Vossa Excelência em reformá-la pelas razões a seguir expostas:

(2 linhas)

DOS FATOS

* Narrar os acontecimentos, sem inventar dados ou copiar o problema. Colocar o andamento processual.

(2 linhas)

DO DIREITO

- apontar a tese;
- justificar a tese;
- doutrina;
- jurisprudência;
- conclusão.

(2 linhas)

DO PEDIDO

Diante do exposto, requer seja conhecido e dado provimento ao presente recurso, para tornar sem efeito a decisão impugnada, no sentido de _____, como medida de inteira justiça.

(2 linhas)

Termos em que
pede deferimento.

(2 linhas)

Cidade, ____ de _____ de ____.

(2 linhas)

_____

OAB – sob n. ____

MODELO DE CONTRARRAZÕES DO AGRAVO EM EXECUÇÃO

PETIÇÃO DE JUNTADA

EXCELENTÍSSIMO SENHOR DOUTOR JUIZ DE DIREITO DA ___ VARA DAS EXECUÇÕES CRIMINAIS DA COMARCA _____ (ESTADUAL)

EXCELENTÍSSIMO SENHOR DOUTOR JUIZ FEDERAL DA ___ VARA DAS EXECUÇÕES CRIMINAIS DA SEÇÃO JUDICIÁRIA _____ (FEDERAL)

(10 linhas)

_____ (nome), já qualificado nos autos do processo-crime em epígrafe n. _____, vem, por seu advogado infra-assinado, à presença de Vossa Excelência, não se conformando com o recurso interposto pelo _____, com fundamento no art. 66, inciso _____, combinado com o art. 197, ambos da Lei de Execução Penal, requerer a juntada das CONTRARRAZÕES DE AGRAVO EM EXECUÇÃO.

(2 linhas)

Assim sendo, caso Vossa Excelência entenda que deva reformar a respeitável decisão, requer seja o presente recurso remetido ao Egrégio Tribunal competente.

(1 linha)

Termos em que, requerendo seja ordenado o processamento das contrarrazões, pede deferimento.

(2 linhas)

Cidade, ____ de _____ de ____.

(2 linhas)

_____

OAB – sob n. ____

CONTRARRAZÕES DE AGRAVO EM EXECUÇÃO

(3 linhas)

Agravante:_____

Agravado: _____

Origem: _____

Autos do Processo n._____

(3 linhas)

Meritíssimo Juiz,

Egrégio Tribunal,

Colenda Câmara,

Doutos Julgadores

(3 linhas)

Não se conformando com o recurso interposto por _____ contra a respeitável decisão de fls. proferida em favor do agravado, vem apresentar CONTRARRA-ZÕES, aguardando afinal se dignem Vossas Excelências em mantê-la, pelas razões a seguir expostas:

(2 linhas)

DOS FATOS

* Narrar os acontecimentos, sem inventar dados ou copiar o problema. Colocar o andamento processual.

(2 linhas)

DO DIREITO

- apontar a tese;
- justificar a tese;
- doutrina;
- jurisprudência;
- conclusão.

(2 linhas)

DO PEDIDO

Diante do exposto, requer seja dado provimento ao presente recurso, devendo ser mantida a respeitável decisão, no sentido de _____, como medida de inteira justiça.

(2 linhas)

Termos em que
pede deferimento.

(2 linhas)

Cidade, ____ de _____ de ____.

(2 linhas)

_____

OAB – sob n. ____

CASO PRÁTICO

"A" viu-se condenado pelo juiz da 3ª Vara Criminal a dois anos de reclusão, por crime de falsidade ideológica e foi contemplado com o *sursis* por igual período. Em liberdade, "A" assassinou um desafeto, respondendo ao processo em liberdade. Ciente da nova infração cometida, o Dr. Promotor requereu ao juiz a revogação do *sursis* concedido a "A" e foi atendido. Propor medida judicial cabível em favor de "A".

1. Rascunho da peça

a) **infração penal:** crime de falsidade ideológica;

b) **ação penal:** pública incondicionada;

c) **pena concreta:** dois anos de reclusão;

d) **pena abstrata:** reclusão, de um a cinco anos, e multa, se o documento é público; reclusão, de um a três anos, e multa, se o documento é particular;

e) **rito processual:** ordinário;

f) **momento processual:** execução penal, pois a revogação do *sursis* exige o advento de sentença condenatória irrecorrível;

g) **cliente:** "A";

h) **situação prisional:** preso;

i) **tese:** não revogação do *sursis*;

j) **peça:** agravo em execução;

k) **competência:** juiz da Vara das Execuções Criminais;

l) **pedido:** concessão do *sursis*.

2. Peça prática

INTERPOSIÇÃO

EXCELENTÍSSIMO SENHOR DOUTOR JUIZ DE DIREITO DA ___ VARA DAS EXECUÇÕES CRIMINAIS DA COMARCA DA CAPITAL

(10 linhas)

"A", já qualificado nos autos do processo-crime em epígrafe n. _____, vem, por seu advogado infra-assinado, à presença de Vossa Excelência, não se conformando com a respeitável decisão de fls. que revogou o *sursis*, com fundamento no art. 66, inciso III, *d*, combinado com o art. 197, ambos da Lei de Execução Penal, interpor AGRAVO EM EXECUÇÃO.

(2 linhas)

Assim sendo, caso Vossa Excelência entenda que deva manter a respeitável decisão, requer seja o presente recurso remetido ao Egrégio Tribunal competente.

(1 linha)

Termos em que, requerendo seja ordenado o processamento do presente recurso, com as inclusas razões, pede deferimento.

(2 linhas)

Cidade, ____ de _____ de ____.

(2 linhas)

_____

OAB – sob n. ____

RAZÕES DE AGRAVO EM EXECUÇÃO

(3 linhas)

Agravante: "A"

Agravado: Justiça Pública

Origem: Vara das execuções criminais

Autos do Processo n. _____

(3 linhas)

Meritíssimo Juiz,

Egrégio Tribunal,

Colenda Câmara,

Doutos Julgadores

(3 linhas)

Não se conformando com a respeitável decisão proferida, vem dela AGRAVAR, aguardando que ao final se dignem Vossas Excelências em reformá-la, pelas razões a seguir expostas:

(2 linhas)

DOS FATOS

"A" foi denunciado pela prática de crime de falsidade ideológica. A denúncia foi recebida (fls.). O réu foi citado (fls.). A defesa inicial foi apresentada no prazo legal (fls.).

As testemunhas foram inquiridas (fls.). Na fase do art. 397 do CPP, não foi decretada a absolvição sumária (fls.). A audiência de instrução e julgamento foi realizada (fls.). As alegações finais foram apresentadas (fls.). A sentença condenatória foi proferida (fls.).

O juiz proferiu sentença condenatória, sujeitando o réu a cumprir a pena de dois anos de reclusão, por violação ao art. 299 do Código Penal (fls.). "A" foi contemplado com *sursis* (fls.). Em liberdade, "A" assassinou um desafeto, respondendo ao processo em liberdade (fls.).

Em razão da nova infração cometida, a Justiça Pública requereu a revogação do *sursis* (fls.). O juiz concedeu a revogação de *sursis* (fls.).

(2 linhas)

DO DIREITO

No caso em tela há a caracterização do abuso de autoridade por parte do juiz da 3ª Vara Criminal, já que revogou *sursis* concedido ao agravante sem base legal, senão vejamos:

O agravante responde ao processo em liberdade em razão de ter assassinado um desafeto. A sentença ainda não foi proferida.

561

O juiz revogou o *sursis* somente pelo motivo da existência de outro processo, contrariando a lei, pois a revogação obrigatória ou facultativa exige o advento de sentença condenatória irrecorrível, fato que não aconteceu.

O máximo que poderia existir no caso, com base na lei, seria a prorrogação do período de prova, nos termos do art. 81, § 2º, do Código Penal, já que o agravante está sendo processado por outro crime.

(2 linhas)

DO PEDIDO

Diante do exposto, requer seja dado provimento ao presente recurso, para tornar sem efeito a decisão impugnada que revogou o *sursis*, no sentido de manter a suspensão condicional da pena, como medida de inteira justiça.

(2 linhas)

Termos em que
pede deferimento.

(2 linhas)

Cidade, _____ de _____ de _____.

(2 linhas)

_____

OAB – sob n. _____

CASO PRÁTICO

"A" viu-se condenado pelo juiz da 3ª Vara Criminal a dois anos de reclusão, por crime de falsidade ideológica e foi contemplado com o *sursis* por igual período. Em liberdade, "A" assassinou um desafeto, respondendo ao processo em liberdade. Ciente da nova infração cometida, o Dr. Promotor requereu ao juiz a revogação do *sursis* concedido a "A" e não foi atendido. Em razão da decisão denegatória, o promotor interpôs agravo em execução. Propor medida judicial cabível em favor de "A".

1. Rascunho da peça

a) **infração penal:** crime de falsidade ideológica;

b) **ação penal:** pública incondicionada;

c) **pena concreta:** 2 anos de reclusão;

d) **pena abstrata:** reclusão, de 1 a 5 anos, e multa, se o documento é público; reclusão, de 1 a 3 anos, e multa, se o documento é particular;

e) **rito processual:** ordinário;

f) **momento processual:** execução penal, pois a revogação do *sursis* exige o advento de sentença condenatória irrecorrível;

g) **cliente:** "A";

h) **situação prisional:** preso;

i) **tese:** não revogação do *sursis*;

j) **peça:** agravo em execução;

k) **competência:** Juiz da Vara das Execuções Criminais;

l) **pedido:** concessão do *sursis*.

2. Peça prática

PETIÇÃO DE JUNTADA

EXCELENTÍSSIMO SENHOR DOUTOR JUIZ DE DIREITO DA ___ VARA DAS EXECUÇÕES CRIMINAIS DA COMARCA DA CAPITAL

(10 linhas)

"A", já qualificado nos autos do processo-crime em epígrafe n. _____, vem, por seu advogado infra-assinado, à presença de Vossa Excelência, não se conformando com o recurso interposto pela Justiça Pública, com fundamento nos arts. 66, inciso III, *d*, combinado com o art. 197, ambos da Lei de Execução Penal, requerer a juntada das CONTRARRAZÕES DE AGRAVO EM EXECUÇÃO.

(2 linhas)

Assim sendo, caso Vossa Excelência entenda que deva reformar a respeitável decisão, requer seja o presente recurso remetido ao Egrégio Tribunal competente.

(1 linha)

Termos em que, requerendo seja ordenado o processamento das contrarrazões, pede deferimento.

(2 linhas)

Cidade, ____ de _____ de ____.

(2 linhas)

_____

OAB – sob n. ____

CONTRARRAZÕES DE AGRAVO EM EXECUÇÃO

(3 linhas)

Agravante: Justiça Pública

Agravado: "A"

Origem: Vara das Execuções Criminais

Autos do Processo n. _____

(3 linhas)

Meritíssimo Juiz,

Egrégio Tribunal,

Colenda Câmara,

Doutos Julgadores

(3 linhas)

Não se conformando com o recurso interposto por _____ contra a respeitável decisão de fls. proferida em favor do agravado, vem apresentar CONTRARRAZÕES, aguardando afinal se dignem Vossas Excelências em mantê-la, pelas razões a seguir expostas:

(2 linhas)

DOS FATOS

"A" foi denunciado pela prática de crime de falsidade ideológica. A denúncia foi recebida (fls.). O réu foi citado (fls.). A defesa inicial foi apresentada no prazo legal (fls.).

As testemunhas foram inquiridas (fls.). Na fase do art. 397 do CPP, não foi decretada a absolvição sumária (fls.). A audiência de instrução e julgamento foi realizada (fls.). As alegações finais foram apresentadas (fls.). A sentença condenatória foi proferida (fls.).

O juiz proferiu sentença condenatória, sujeitando o réu a cumprir a pena de dois anos de reclusão, por violação ao art. 299 do Código Penal (fls.). "A" foi contemplado com *sursis* (fls.). Em liberdade, "A" assassinou um desafeto, respondendo ao processo em liberdade (fls.).

Em razão da nova infração cometida, a Justiça Pública requereu a revogação do *sursis* (fls.). O juiz não concedeu a revogação de *sursis* (fls.). O promotor agravou (fls.).

(2 linhas)

DO DIREITO

No caso em tela, não pode prevalecer a tese de revogação do *sursis*, já que sem base legal, senão vejamos:

O agravante responde ao processo em liberdade em razão de ter assassinado um desafeto. A sentença ainda não foi proferida.

O douto promotor pede ao juiz a revogação do *sursis* somente pelo motivo da existência de outro processo, contrariando a lei, pois a revogação obrigatória ou facultativa exige o advento de sentença condenatória irrecorrível, fato que não aconteceu.

O máximo que poderia existir no caso, com base na lei, seria a prorrogação do período de prova, nos termos do art. 81, § 2º, do Código Penal, já que o agravante está sendo processado por outro crime.

(2 linhas)

DO PEDIDO

Diante do exposto, requer seja dado provimento ao presente recurso, devendo ser mantida a respeitável decisão, no sentido de manter o *sursis*, como medida de inteira justiça.

(2 linhas)

Termos em que
pede deferimento.

(2 linhas)

Cidade, _____ de _____ de ____.

(2 linhas)

_____
OAB – sob n. _____

4 Pedido de remição

1. **Previsão legal:** arts. 126 a 130 da Lei n. 7.210/84.

2. **Finalidade:** descontar um dia de pena a cada três dias trabalhados. Como observam Moraes e Smanio[4]: "Trata-se de um meio de abreviar ou extinguir a pena, oferecendo um estímulo ao sentenciado para corrigir-se por meio do trabalho."

3. **Cabimento:** pode remir o condenado em regime fechado ou semiaberto. Segundo o STJ, no regime aberto, a remição somente é conferida se há frequência em curso de ensino regular ou de educação profissional (AgR no REsp 1.258.989/RS).

a) **Frequência a curso de ensino formal:** é causa de remição de parte do tempo de execução de pena sob regime fechado ou semiaberto, nos termos da súmula 341 do STJ.

b) **Extramuros:** é possível a remição de parte do tempo de execução da pena quando o condenado, em regime fechado ou semiaberto, desempenha atividade laborativa, ainda que extramuros, nos termos da Súmula 562 do STJ.

_____
4 MORAES, Alexandre de; SMANIO, Gianpaolo Poggio. *Legislação penal especial*. São Paulo: Atlas, 2002. p. 192.

4. Remir sem trabalhar: quando sofre acidente de trabalho e fica impossibilitado de prosseguir.

5. Decretação: juiz da execução.

6. Requisito: oitiva do Ministério Público.

7. Jornada de trabalho: oito horas de trabalho diário; se trabalhar menos, não terá direito ao desconto. É certo que, para fins de remição da pena pelo trabalho, a jornada não pode ser superior a oito horas (STF, HC 136.701, rel. Min. Marco Aurélio, 1ª T., *DJe* 31-7-2018). No entanto, no caso de superação da jornada máxima de 8 horas, o Superior Tribunal de Justiça firmou entendimento de que "eventuais horas extras devem ser computadas quando excederem a oitava hora diária, hipótese em que se admite o cômputo do excedente para fins de remição de pena" (HC 462.464/SP, rel. Min. Felix Fischer, 5ª T., *DJe* de 28-9-2018).

8. Estudo: a contagem do tempo será feita à razão de 1 (um) dia de pena a cada 12 (doze) horas de frequência escolar × atividade de ensino fundamental, médio, inclusive profissionalizante, ou superior, ou ainda de requalificação profissional – divididas, no mínimo, em 3 (três) dias.

a) **Tempo excedido:** na frequência escolar, ao limite legal de 12 horas a cada 3 dias deve ser considerado para fins de remição da pena (*Informativo* n. 677/2020 do STJ).

b) **Local:** as atividades de estudo poderão ser desenvolvidas de forma presencial ou por metodologia de ensino a distância e deverão ser certificadas pelas autoridades educacionais competentes dos cursos frequentados.

c) **Acréscimo:** o tempo a remir em função das horas de estudo será acrescido de 1/3 (um terço) no caso de conclusão do ensino fundamental, médio ou superior durante o cumprimento da pena, desde que certificada pelo órgão competente do sistema de educação.

d) **Liberdade condicional:** o condenado que cumpre pena em regime aberto ou semiaberto e o que usufrui liberdade condicional poderão remir, pela frequência a curso de ensino regular ou de educação profissional, parte do tempo de execução da pena ou do período de prova.

e) **Curso profissionalizante à distância:** exige a apresentação de certificado emitido por entidade educacional devidamente credenciada perante o Ministério da Educação (MEC) – *Informativo* n. 748/2022 do STJ. A ineficiência do Estado em fiscalizar as horas de estudo realizadas a distância pelo condenado não pode obstaculizar o seu direito de remição da pena, sendo suficiente para comprová-las a certificação fornecida pela entidade educacional (*Informativo* n. 1.061/2022 do STF).

f) **Aprovação no Enem:** aprovação no Enem autoriza a **remição** de pena por estudo, mesmo que o apenado já tenha concluído o ensino médio antes de dar início ao cumprimento da pena, ressalvado o acréscimo de 1/3, com fundamento no art. 126, § 5º, da Lei de Execução Penal (*Informativo* n. 783/2023 do STJ).

9. Falta grave

9.1 Efeitos: há os seguintes posicionamentos:

a) **majoritário:** perda do tempo remido; recomeça a contar a partir da infração disciplinar; dentro dessa corrente há divergência quanto à necessidade ou não de declaração judicial sobre a referida perda: (1) não precisa de manifestação judicial[5]; (2) é necessária, pois a execução penal é judicial[6];

Reconhecida falta grave, a perda de até 1/3 do tempo remido (art. 127 da LEP) pode alcançar dias de trabalho anteriores à infração disciplinar e que ainda não tenham sido declarados pelo juízo da execução no cômputo da remição, nos termos do *Informativo* n. 571 do STJ[7].

b) **minoritário[8]:** há *bis in idem* na atribuição da perda dos dias remidos, além da sanção disciplinar e da regressão de regime decorrente de falta grave.

9.2 Oitiva do condenado: há os seguintes posicionamentos:

a) é necessária a oitiva do próprio condenado em audiência perante o juiz;

b) é necessária a oitiva do condenado por meio de defesa técnica em audiência perante o juiz;

c) não é necessária a oitiva do condenado.

10. Livramento condicional: o tempo remido é considerado para fins de livramento condicional.

11. Indulto: o tempo remido é considerado para fins de indulto.

12. Trabalho:

a) **Abrangência:** pelo STJ, abarca atividade estudantil.

b) **Necessidade:** não basta vontade de trabalhar, sendo necessário o efetivo trabalho.

---

[5] MIRABETE, Julio Fabbrini. *Execução penal*. São Paulo: Atlas, 1995. p. 320-321.

[6] MESQUITA JÚNIOR, Sidio Rosa de. *Manual de execução penal*. São Paulo: Atlas, 2002. p. 282.

[7] A remição na execução da pena constitui benefício submetido à cláusula *rebus sic stantibus*. Assim, o condenado possui apenas a expectativa do direito de abater os dias trabalhados do restante da pena a cumprir, desde que não venha a ser punido com falta grave. Nesse sentido, quanto aos dias de trabalho a serem considerados na compensação, se, por um lado, é certo que a perda dos dias remidos não pode alcançar os dias trabalhados após o cometimento da falta grave, sob pena de criar uma espécie de conta-corrente contra o condenado, desestimulando o trabalho do preso, por outro lado, não se deve deixar de computar os dias trabalhados antes do cometimento da falta grave, ainda que não tenham sido declarados pelo juízo da execução, sob pena de subverter os fins da pena, culminando por premiar a indisciplina carcerária. Precedente citado: HC 286.791-RS, 5ª T., *DJe* de 6-6-2014. REsp 1.517.936-RS, rel. Min. Maria Thereza de Assis Moura, j. 1º-10-2015, *DJe* de 23-10-2015.

[8] NOGUEIRA, Paulo Lúcio. *Comentários à Lei de Execução Penal*. São Paulo: Saraiva, 1996. p. 201.

c) **Deferimento:** para deferimento da remição são excluídos os dias de descanso obrigatório e os dias em que a jornada de trabalho for inferior a seis horas.

d) **Vedação:** são vedadas compensações na jornada de trabalho.

e) **Não trabalho:** não é considerado trabalho para fins de remição a feitura por detento de petições e requerimentos em favor de seus colegas (se tal situação for do cliente exigida no Exame de Ordem, defender a posição do seu cliente, afirmando ser trabalho para fins de remissão).

f) **Dúvida:** se houver dúvida no registro dos dias trabalhados para fins de remição, deve ser interpretada a favor do condenado.

g) **Leitura[9]:** a atividade de leitura pode ser considerada para fins de remição de parte do tempo de execução da pena, pois visa propiciar a cultura, possui caráter ressocializador, até mesmo por contribuir na restauração da autoestima, além de diminuir consideravelmente a ociosidade dos presos e reduz a reincidência criminal, nos termos do *Informativo* n. 564 do STJ.

h) **Dia:** a remição da pena pelo estudo deve ocorrer independentemente de a atividade estudantil ser desenvolvida em dia não útil, nos termos do *Informativo* n. 556 do STJ.

i) **Antes da execução:** é possível a remição do tempo de trabalho realizado antes do início da execução da pena, desde que em data posterior à prática do delito (*Informativo* n. 625/18 do STJ).

j) **Coral:** o reeducando tem direito à remição de sua pena pela atividade musical realizada em coral (*Informativo* n. 613/2017 do STJ).

k) **Domingos e feriados:** se o preso, ainda que sem autorização do juízo ou da direção do estabelecimento prisional, efetivamente trabalhar nos domingos e feriados, esses dias deverão ser considerados no cálculo da remição da pena (*Informativo* n. 586/2016 do STJ).

---

[9] O fato de o estabelecimento penal assegurar acesso a atividades laborais e a educação formal não impede a remição por leitura e resenha de livros. Inicialmente, consigne-se que a jurisprudência do STJ tem admitido que a norma do art. 126 da LEP, ao possibilitar a abreviação da pena, tem por objetivo a ressocialização do condenado, sendo possível o uso da analogia *in bonam partem*, que admita o benefício em comento em razão de atividades que não estejam expressas no texto legal, como no caso, a leitura e resenha de livros, nos termos da Recomendação n. 44/2013 do CNJ (AgR no AREsp 696.637-SP, 5ª T., *DJe* de 4-3-2016; HC 326.499-SP, 6ª T., *DJe* de 17-8-2015; e HC 312.486-SP, 6ª T., *DJe* de 22-6-2015). Ademais, o fato de o estabelecimento penal onde se encontra o paciente assegurar acesso a atividades laborais e a educação formal não impede que se obtenha também a remição pela leitura, que é atividade complementar, mas não subsidiária, podendo ocorrer concomitantemente. Assim, as horas dedicadas à leitura e resenha de livros, como forma da remição pelo estudo, são perfeitamente compatíveis com a participação em atividades laborativas fornecidas pelo estabelecimento penal, nos termos do art. 126, § 3º, da LEP, uma vez que a leitura pode ser feita a qualquer momento do dia e em qualquer local, diferentemente da maior parte das ofertas de trabalho e estudo formal. Precedente citado: HC 317.679-SP, 6ª T., *DJe* de 2-2-2016. HC 353.689-SP, rel. Min. Felix Fischer, j. 14-6-2016, *DJe* de 1º-8-2016.

13. Medida de segurança: não gera remição.

14. Documentação: o registro de todos os condenados que estejam trabalhando e dos dias de trabalho de cada um deles é documentado por atestado firmado pelo diretor da cadeia pública.

15. Obrigação do diretor da cadeia: deve enviar todo o mês cópia do registro de todos os condenados que estejam trabalhando e dos dias de trabalho de cada um deles ao juiz da execução penal.

16. Preso provisório: tem direito à remição, pois, se pode o mais, que é ter direito à detração, pode o menos, que é ter direito à remição; uma vez recolhido à cadeia pública, terá os mesmos direitos dos condenados do regime fechado[10].

17. Efeito da concessão da remição: a guia de recolhimento do condenado deve ser retificada, nos termos do art. 106, § 2º, da LEP.

18. Crimes: (a) falsidade ideológica: se declarar ou atestar falsamente prestação de serviço para fim de instruir pedido de remição; **(b) falsidade material:** se falsificar ou alterar os registros ou as cópias mensais encaminhadas ao juiz da execução para efeito da remição.

19. Pandemia: negar aos presos que já trabalhavam ou estudavam antes da pandemia de Covid-19 o direito de continuar a remitir sua pena se revela medida injusta, pois: (a) desconsidera o seu pertencimento à sociedade em geral, que padeceu, mas também se viu compensada com algumas medidas jurídicas favoráveis, o que afrontaria o princípio da individualização da pena (art. 5º, XLVI, da CF/1988), da isonomia (art. 5º, *caput*, da CF/1988) e da fraternidade (art. 1º, II e III, 3º, I e III, da CF/1988); (b) exige que o legislador tivesse previsto a pandemia como forma de continuar a remição, o que é desnecessário ante o instituto da derrotabilidade da lei (é o ato pelo qual uma norma jurídica deixa de ser aplicada, mesmo presentes todas as condições de sua aplicabilidade, de modo a prevalecer a justiça material no caso concreto) – *Informativo* n. 749/2022 do STJ.

20. Remição ficta: não cabe a remição ficta no trabalho de natureza eventual, porquanto não se pode presumir que deixou de ser oferecido e exercido em razão do estado pandêmico (*Informativo* n. 768/2023 do STJ). O instituto da remição exige, necessariamente, a prática de atividade laboral ou educacional. Trata-se de reconhecimento pelo Estado do direito à diminuição da pena em virtude de trabalho efetuado pelo detento. Quando não for realizado trabalho, estudo ou leitura, não há que se falar em direito à remição (*Informativo* n. 904/2018 do STF).

21. Estrutura da peça prática

a) **Endereçamento:** juiz da execução (federal ou estadual), nos termos do art. 66, inciso III, *c*, da LEP.

b) **Preâmbulo:** (a) nome e qualificação do requerente (não precisa qualificar, pois não é peça inicial); (b) capacidade postulatória; (c) fundamento legal; (d) nome da peça; (e) frase final.

---

[10] MIRABETE, Julio Fabbrini. *Execução penal*. São Paulo: Atlas, 1997. p. 292.

c) **Dos fatos:** narrar a infração penal praticada, sem inventar dados, e o andamento processual até o momento do pedido da remição.

d) **Do direito:** comprovar o efetivo trabalho, salvo quando sofre acidente de trabalho.

e) **Do pedido:** concessão da remição e retificação da guia de recolhimento.

f) **Parte final:** termos em que, pede deferimento; data e indicação da OAB.

g) **Terminologia:** (1) verbo do pedido: requerer; (2) interessado no pedido: requerente.

Pedido de remição

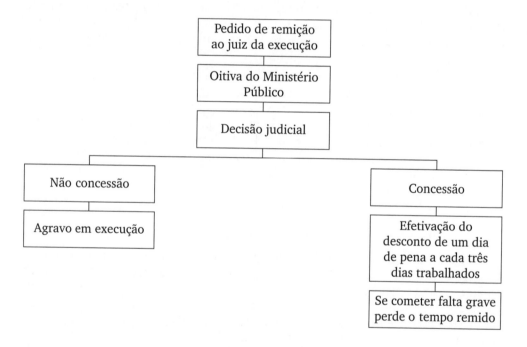

MODELO DE PEDIDO DE REMIÇÃO

EXCELENTÍSSIMO SENHOR DOUTOR JUIZ DE DIREITO DA ___ VARA DAS EXECUÇÕES CRIMINAIS DA COMARCA _____ (ESTADUAL)

EXCELENTÍSSIMO SENHOR DOUTOR JUIZ FEDERAL DA ___ VARA DAS EXECUÇÕES CRIMINAIS DA SEÇÃO JUDICIÁRIA _____ (FEDERAL)

(10 linhas)

_____ (nome), já qualificado nos autos do processo-crime em epígrafe, vem, por seu advogado infra-assinado, à presença de Vossa Excelência, com fundamento no art. 126 combinado com o art. 66, inciso III, alínea *c*, ambos da Lei de Execução Penal, requerer REMIÇÃO, pelos motivos de fato e de direito a seguir aduzidos:

(2 linhas)

DOS FATOS

* Narrar os acontecimentos, sem inventar dados ou copiar o problema.

(2 linhas)

DO DIREITO

* Demonstrar os requisitos para concessão da remição.

O requerente foi condenado à _____, pela prática _____ (infração) (doc. 2).

O requerente encontra-se recolhido _____, cumprindo a sua pena em regime _____ (fechado ou semiaberto – art. 126 da Lei da Execução Penal) (doc. 3).

O requerente realiza atividade laborativa ordenada na _____, cumprindo de forma regular as regras e horários na função exercida (doc. 4).

Finalmente, conforme o art. 126 da Lei de Execução Penal, diante do tempo de _____ (lapso temporal do trabalho), deve ser reduzido o tempo de duração da pena privativa de liberdade em _____ (*quantum* de diminuição) (doc. 5).

(2 linhas)

DO PEDIDO

Diante do exposto, requer, após parecer do digno representante do Ministério Público, nos termos do art. 126 combinado com o art. 66, inciso III, alínea *c*, ambos da Lei de Execução Penal, a concessão da REMIÇÃO, com a consequente retificação da guia de recolhimento do condenado beneficiado, nos termos do art. 106, § 2º, da LEP, como medida de inteira justiça.

(2 linhas)

Termos em que
pede deferimento.

(2 linhas)

Cidade, ____ de _____ de ____.

(2 linhas)

_____

OAB – sob n. ____

CASO PRÁTICO

Marcos foi condenado à pena de cinco anos de reclusão, por violação ao art. 33 da Lei n. 11.343/2006. A sentença já transitou em julgado. Marcos está recolhido na Casa de Detenção há exatamente dois anos. Cumpre a pena em regime fechado. Na Casa de Detenção trabalha como ajudante de cozinha, de acordo com as regras impostas no regulamento carcerário. Consta na sua guia de recolhimento que já trabalhou 546 dias. Questão: Adotar medida que possibilite a redução da pena de Marcos.

1. Rascunho da peça

a) **infração penal:** art. 33 da Lei n. 11.343/2006;

b) **ação penal:** pública incondicionada;

c) **pena concreta:** 5 anos de reclusão;

d) **pena abstrata:** reclusão de 5 (cinco) a 15 (quinze) anos e pagamento de 500 (quinhentos) a 1.500 (mil e quinhentos) dias-multa;

e) **rito processual:** especial, previsto na Lei n. 11.343/2006;

f) **momento processual:** execução penal, pois está recolhido na Casa de Detenção;

g) **cliente:** Marcos;

h) **situação prisional:** preso;

i) **tese:** tem direito à remição em razão de efetivo trabalho desempenhado na cadeia pública como ajudante de cozinha;

j) **peça:** pedido de remição;

k) **competência:** Juiz da Vara das Execuções Criminais;

l) **pedido:** concessão do desconto de, a cada três dias trabalhados, um dia na pena.

2. Peça prática

EXCELENTÍSSIMO SENHOR DOUTOR JUIZ DE DIREITO DA ___ VARA DAS EXECUÇÕES CRIMINAIS DE SÃO PAULO

(10 linhas)

Marcos, já qualificado nos autos do processo-crime em epígrafe, vem, por seu advogado infra-assinado, à presença de Vossa Excelência, com fundamento nos arts. 126 e seguintes da Lei de Execução Penal, requerer REMIÇÃO, pelos motivos de fato e de direito a seguir aduzidos:

(2 linhas)

DOS FATOS

Marcos foi denunciado pela prática do tráfico ilícito de entorpecentes, como incurso nas penas do art. 33 da Lei n. 11.343/2006.

A denúncia foi oferecida (fls.). O réu foi citado para comparecimento em audiência de instrução e julgamento (fls.). A denúncia foi recebida (fls.). Na audiência de instrução e julgamento, foram realizados os atos processuais (fls.), e as partes realizaram os debates orais (fls.).

O juiz proferiu sentença condenatória, sujeitando o réu a cumprir a pena de cinco anos de reclusão, por violação ao art. 33 da Lei n. 11.343/2006 (fls.). A sentença transitou em julgado (fls.)

Transitada em julgado, foi expedida guia para recolhimento de Marcos na Casa de Detenção (fls.). O requerente está recolhido na Casa de Detenção há exatamente dois anos (fls.).

Consta na guia de recolhimento e no atestado do diretor da Casa de Detenção (fls.) que o requerente trabalhou 546 dias como ajudante de cozinha, de acordo com as regras do regulamento carcerário.

(2 linhas)

DO DIREITO

O requerente foi condenado à pena de cinco anos de reclusão, pela prática do crime de tráfico ilícito de entorpecentes, tendo a respeitável sentença transitado em julgado (doc. 1).

O requerente encontra-se recolhido na Casa de Detenção, cumprindo a sua pena em regime fechado (doc. 3).

O requerente realiza atividade laborativa ordenada na função de ajudante de cozinha, cumprindo de forma regular as regras e horários na função exercida (doc. 4).

Finalmente, conforme o art. 126 da Lei de Execução Penal, diante do tempo de 546 dias de trabalho, deve ser reduzido o tempo de duração da pena privativa de liberdade em 182 dias (doc. 5).

O desconto deve ser concedido de forma a atingir os objetivos da reintegração social, através da abreviação da duração da pena imposta ao condenado pelo trabalho. Como bem observa Mirabete, em sua obra *Execução penal*, Atlas, p. 290:

"Trata-se de um direito do condenado em reduzir pelo trabalho prisional o tempo de duração da pena privativa de liberdade cumprida em regime fechado ou semiaberto".

(2 linhas)

DO PEDIDO

Diante do exposto, requer, após parecer do digno representante do Ministério Público, nos termos do art. 126 combinado com o art. 66, inciso III, alínea *c*, ambos da Lei de Execução Penal, a concessão da REMIÇÃO, com a consequente retificação da guia de recolhimento do condenado beneficiado, nos termos do art. 106, § 2º, da LEP, como medida de inteira justiça.

(2 linhas)

**Termos em que
pede deferimento.**

(2 linhas)

Cidade, ____ de _____ de ___.

(2 linhas)

_____

OAB – sob n. ____

5 Pedido de detração penal

1. Previsão legal: art. 42 do Código Penal combinado com o art. 66, inciso III, *c*, da LEP.

2. Conceito: cômputo na pena privativa de liberdade e na medida de segurança do tempo de prisão provisória (prisão anterior ao trânsito em julgado: flagrante, preventiva, temporária, por pronúncia e por sentença condenatória recorrível), no Brasil ou no estrangeiro, de prisão administrativa e de internação em hospital de custódia e tratamento ou estabelecimento similar.

3. Característica: dá efetividade ao princípio basilar da dignidade da pessoa humana e ao comando máximo do caráter ressocializador das penas, que é um dos principais objetivos da execução da pena no Brasil (*Informativo* n. 758/2022 do STJ).

4. Competência: juiz da execução (art. 66, III, *c*, da LEP).

5. Legitimidade ativa: condenado ou representante legal ou cônjuge ou parente ou descendente.

6. Requisito: oitiva do Ministério Público.

7. Indeferimento: agravo em execução.

8. Relação com outros institutos

8.1 *Sursis*: caberá detração em relação à pena fixada, desde que o *sursis* não tenha sido revogado.

8.2 Prescrição: será aplicada sobre o restante da pena, depois de feita a detração.

8.3 Pena restritiva de direitos: alguns doutrinadores defendem a ideia de caber detração, por ter caráter mais brando e substitutivo.

8.4 Pena de multa: há dois posicionamentos: (a) não cabe, por falta de previsão legal; (b) cabe, aplicando-se por analogia o art. 42 do Código Penal.

8.5 Medida de segurança: o desconto na contagem da medida de segurança deve ser no prazo mínimo de internação ou de tratamento ambulatorial.

8.6 Regime inicial de cumprimento de pena: não sofre influência da detração penal.

8.7 Prisão civil: há dois posicionamentos: (a) não pode, por falta de previsão legal; (b) pode, desde que haja nexo entre a prisão civil e a condenação criminal.

8.8 Medida cautelar de recolhimento domiciliar noturno e nos dias de folga: caberá detração penal, em homenagem aos princípios da proporcionalidade e do *ne bis in idem* (*Informativo* n. 758/2022 do STJ).

9. Processos distintos: é cabível a aplicação do benefício da detração penal previsto no art. 42 do CP em processos distintos, desde que o delito pelo qual o sentenciado cumpre pena tenha sido cometido antes da segregação cautelar, evitando a criação de um crédito de pena (*Informativo* n. 509/2012 do STJ).

10. Defensoria pública: tem competência para requerer detração penal, nos termos do art. 81, inciso I, alínea *e*, da LEP.

11. Estrutura da peça prática

a) **Endereçamento:** juiz da execução federal ou estadual, nos termos do art. 66, inciso III, *c*, da LEP.

b) **Preâmbulo:** (a) nome e qualificação do requerente (não precisa qualificar, pois não é peça inicial); (b) capacidade postulatória; (c) fundamento legal; (d) nome da peça; (e) frase final.

c) **Dos fatos:** narrar a infração penal praticada, sem inventar dados, e o andamento processual até o momento do pedido de detração.

d) **Do direito:** comprovar os requisitos da detração penal.

e) **Do pedido:** concessão da detração penal.

f) **Parte final:** termos em que, pede deferimento; data e indicação da OAB.

g) **Terminologia:** (1) verbo do pedido: requerer; (2) interessado no pedido: requerente.

Pedido de detração penal

MODELO DE PEDIDO DE DETRAÇÃO PENAL

EXCELENTÍSSIMO SENHOR DOUTOR JUIZ DE DIREITO DA ___ VARA DAS EXECUÇÕES CRIMINAIS DA COMARCA _____ (ESTADUAL)

EXCELENTÍSSIMO SENHOR DOUTOR JUIZ FEDERAL DA ___ VARA DAS EXECUÇÕES CRIMINAIS DA SEÇÃO JUDICIÁRIA _____ (FEDERAL)

(10 linhas)

_____ (nome), já qualificado nos autos do processo-crime em epígrafe, vem, por seu advogado infra-assinado, à presença de Vossa Excelência, com fundamento no art. 42 do Código Penal combinado com o art. 66, inciso III, c, da Lei de Execução Penal, requerer DETRAÇÃO PENAL, pelos motivos de fato e de direito a seguir aduzidos:

(2 linhas)

DOS FATOS

* Narrar os acontecimentos, sem inventar dados ou copiar o problema.

(2 linhas)

DO DIREITO

       * Demonstrar os requisitos para concessão da detração penal do art. 42 do Código Penal.

       O requerente foi condenado à _____, pela prática _____ (infração) (doc. 2).

       Consta dos autos que o requerente cumpriu _____ (especificar o que pode ser descontado) (doc. 3).

       Finalmente, conforme o art. 42 do Código Penal, diante do tempo de _____ (prisão ou de internação) já cumprido pelo condenado, deve ser concedido o abatimento na _____ (pena ou medida de segurança).

(2 linhas)

DO PEDIDO

       Diante do exposto, requer, após parecer do digno representante do Ministério Público, com fundamento no art. 42 do Código Penal combinado com o art. 66, inciso III, *c*, da Lei de Execução Penal, a concessão da DETRAÇÃO PENAL, como medida de inteira justiça.

(2 linhas)

       **Termos em que
pede deferimento.**

       (2 linhas)

       Cidade, ____ de _____ de ____.

       (2 linhas)

       _____

       OAB – sob n. ____

CASO PRÁTICO

Marcos foi condenado à pena de três anos de reclusão, por violação ao art. 28 da Lei n. 11.343/2006. A sentença já transitou em julgado. Marcos está recolhido na Casa de Detenção. Cumpre a pena em regime fechado. Consta na sua guia de recolhimento que já sofreu prisão preventiva por 90 dias. Questão: Adotar medida que possibilite a redução da pena de Marcos.

1. Rascunho da peça

a) **infração penal:** art. 28 da Lei n. 11.343/2006;

b) **ação penal:** pública incondicionada;

c) **pena concreta:** 3 anos de reclusão;

d) **pena abstrata:** reclusão de 3 a 15 anos, e pagamento de 50 a 360 dias-multa;

577

e) **rito processual:** especial, previsto na Lei n. 11.343/2006;

f) **momento processual:** execução penal, pois está recolhido na Casa de Detenção;

g) **cliente:** Marcos;

h) **situação prisional:** preso;

i) **tese:** tem direito à detração penal, pois sofreu prisão preventiva por 90 dias;

j) **peça:** pedido de detração penal;

k) **competência:** Juiz da Vara das Execuções Criminais;

l) **pedido:** concessão da detração penal.

2. Peça prática

EXCELENTÍSSIMO SENHOR DOUTOR JUIZ DE DIREITO DA ___ VARA DAS EXECUÇÕES CRIMINAIS DA COMARCA DA CAPITAL

(10 linhas)

Marcos, já qualificado nos autos do processo-crime em epígrafe, vem, por seu advogado infra-assinado, à presença de Vossa Excelência, com fundamento no art. 66, inciso III, *d*, da Lei de Execução Penal, requerer DETRAÇÃO PENAL, pelos motivos de fato e de direito a seguir aduzidos:

(2 linhas)

DOS FATOS

Marcos foi denunciado pela prática de tráfico ilícito de entorpecentes, como incurso nas penas do art. 28 da Lei n. 11.343/2006.

A denúncia foi oferecida (fls.). O réu citado para comparecer em audiência de instrução e julgamento (fls.). A denúncia foi recebida (fls.). Na audiência de instrução e julgamento foram realizados os atos processuais (fls.), e as partes realizaram os debates orais (fls.).

O juiz proferiu sentença condenatória, sujeitando o réu a cumprir a pena de três anos de reclusão, por violação ao art. 28 da Lei n. 11.343/2006 (fls.). A sentença transitou em julgado (fls.)

Transitada em julgado, foi expedida guia para recolhimento de Marcos, na Casa de Detenção (fls.). O requerente está recolhido na Casa de Detenção (fls.).

Consta nos autos que o requerente foi preso preventivamente por 90 dias (fls.).

(2 linhas)

DO DIREITO

O requerente foi condenado a três anos de reclusão, por violação ao art. 28 da Lei n. 11.343/2006 (doc. 2).

Consta dos autos que o requerente cumpriu 90 dias de prisão preventiva (doc. 3).

Finalmente, conforme art. 42 do Código Penal, diante do tempo de 90 dias de prisão preventiva, já cumprido pelo condenado, deve ser concedido abatimento na pena imposta pelo juiz na sentença, totalizando dois anos e sete meses.

(2 linhas)

DO PEDIDO

Diante do exposto, requer, após parecer do digno representante do Ministério Público, com fundamento no art. 42 do Código Penal combinado com o art. 66, inciso III, *c*, da Lei de Execução Penal, a concessão da DETRAÇÃO PENAL, como medida de inteira justiça.

(2 linhas)

Termos em que
pede deferimento.

(2 linhas)

Cidade, ____ de _____ de ____.

(2 linhas)

_____

OAB – sob n. ____

6 Pedido de indulto

1. Previsão legal: arts. 187 e seguintes da LEP.

2. Conceito: forma de renúncia do Estado ao direito de punir. Como observa Mirabete[11], é ato de clemência do Poder Público em favor de um réu ou de vários réus.

3. Natureza: ato discricionário do Presidente da República. É um instituto da execução penal. Trata-se de competência privativa que pode ser delegada aos ministros de Estado, ao procurador-geral da República ou ao advogado-geral da União, nos termos do art. 84, inciso XII, combinado com o parágrafo único, ambos da CF.

a) **Fundamento:** Inicialmente cumpre salientar que o indulto, no ordenamento pátrio, não está restrito apenas a fundamentos humanitários e costuma ser previsto anualmente, de forma coletiva, como verdadeiro instrumento de política criminal colocado à disposição do Presidente da República, segundo sua conveniência. O perdão das penas é, então, ato discricionário associado, comumentemente, ao combate ao hiperencar-

---

[11] MIRABETE, Julio Fabbrini. *Execução penal*. São Paulo: Atlas, 2002. p. 416.

ceramento, com vistas ao retorno do preso ao convívio social (*Informativo* n. 659/2019 do STJ).

4. Instrumento normativo da concessão do indulto: decreto presidencial.

5. Competência para decidir sobre indulto: juiz da Execução Criminal nos termos do art. 66, inciso III, alínea *f*, da LEP; a decisão judicial tem natureza declaratória.

6. Requisitos do procedimento: (a) decreto presidencial; (b) apreciação judicial; (c) manifestação do Ministério Público.

7. Abrangência: a decisão judicial guarda relação com o decreto presidencial, de forma que a concessão do indulto só alcança as penas abrangidas no decreto presidencial[12].

8. Indeferimento: agravo em execução.

9. Características (*Informativo* n. 1.094/2023 do STF): a) um dos mecanismos políticos de extinção da punibilidade previstos expressamente pela atual ordem constitucional; b) instrumento de política criminal, voltado a atenuar possíveis incorreções legislativas ou judiciárias em prol da reinserção e ressocialização de condenados que a ele façam jus; c) ato de governo ou ato político (espécie do gênero ato administrativo); d) reveste-se de ampla discricionariedade; e) legítimo mecanismo de freios e contrapesos para coibir excessos e permitir maior equilíbrio na justiça criminal (*Informativo* n. 939/2019 do STF).

10. Espécies de indulto

10.1 Quanto à abrangência: (a) pleno: é o que extingue a pena; **(b) parcial ou comutação:** é o que diminui a pena ou a transforma em uma pena de menor gravidade.

10.2 Quanto às condições: (a) condicional: exige o preenchimento de condição por parte do indultado; admite recusa; **(b) incondicional:** não exige condição por parte do indultado; não pode ser recusado.

10.3 Quanto aos beneficiários: (a) individual: alcança uma pessoa determinada; **(b) coletivo:** abrange um grupo de sentenciados. Segundo Guilherme Nucci[13] somente quando o decreto for dirigido a uma pessoa, sem estabelecer qualquer condição, o juiz é obrigado a acatar, liberando o condenado.

11. Legitimidade ativa

11.1 Indulto individual: condenado ou Ministério Público ou Conselho Penitenciário ou iniciativa da autoridade administrativa.

11.2 Indulto coletivo: juiz, de ofício, ou a requerimento do interessado, do Ministério Público, do Conselho Penitenciário ou por iniciativa da autoridade administrativa.

---

[12] MARCÃO, Renato Flávio. *Lei de Execução Penal anotada*. São Paulo: Saraiva, 2001. p. 500.

[13] NUCCI, Guilherme de Souza. *Código Penal comentado*. São Paulo: Revista dos Tribunais, 2003. p. 367.

11.3. Defensoria Pública: tem competência para requerer indulto, nos termos do art. 81, inciso I, alínea *h*, da Lei de Execução Penal.

12. Efeito: o indulto só atinge os efeitos principais da condenação. De acordo com a Súmula 631 do STJ, o indulto extingue os efeitos primários da condenação (pretensão executória), mas não atinge os efeitos secundários, penais ou extrapenais.

13. Momento: após o trânsito em julgado de condenação. Conforme observa Fernando Capez[14], a jurisprudência tem admitido o indulto após o trânsito em julgado para a acusação, ainda que caiba recurso da defesa.

14. Crimes insuscetíveis: os crimes hediondos, de tortura, tráfico e terrorismo. Há quem diga que a Lei dos Crimes Hediondos só proibiu a anistia e a graça.

15. Processamento

15.1 Indulto individual: (a) apresentação da petição ou proposta com documentos; (b) entrega da petição e dos documentos ao Conselho Penitenciário para elaboração de parecer; (c) análise do pedido pelo Conselho Penitenciário, que poderá promover as diligências necessárias; (d) parecer do Ministério Público; (e) remessa dos autos para o Ministério da Justiça; (f) despacho do Presidente da República ou seu delegado; (g) se conceder o indulto, baixará decreto; (h) concedido o indulto, o juiz da execução deve decretar a extinção da punibilidade ou comutar a pena.

15.2 Indulto coletivo: (a) concessão do indulto por decreto; (b) juntada de cópia do decreto aos autos; (c) concedido o indulto, o juiz decreta a extinção da punibilidade ou comutação de ofício ou por requerimento do interessado, do Ministério Público ou por iniciativa do Conselho Penitenciário ou de autoridade administrativa.

16. Prática de falta grave: não interrompe prazo para fins de indulto, nos termos da Súmula 535 do STJ. O art. 3º do Decreto n. 7.873/2012 prevê que apenas falta disciplinar de natureza grave prevista na Lei de Execução Penal cometida nos 12 (doze) meses anteriores à data de publicação do decreto pode obstar a concessão do indulto.

17. O descumprimento das condições impostas para o livramento condicional: é cediço, portanto, que o descumprimento das condições do livramento condicional não encontra previsão no art. 50 da Lei de Execuções Penais, o qual elenca de forma taxativa as faltas graves. Eventual descumprimento de condições impostas não pode ser invocado a título de infração disciplinar grave a fim de impedir a concessão do indulto. Desse modo, não há amparo no decreto concessivo para que faltas disciplinares não previstas na LEP sejam utilizadas para obstar a concessão do indulto, a título de não preenchimento do requisito subjetivo (*Informativo* n. 670/2020 do STJ).

---

[14] CAPEZ, Fernando. *Execução penal*. São Paulo: Damásio de Jesus, 2004. p. 162.

18. Limite constitucional: o ato de indulto não é passível de restrição fora dos parâmetros constitucionais. É admissível a revisão judicial de todas as espécies dessa clemência para se verificar o cumprimento dos requisitos da CF (*Informativo* n. 939/2019 do STF).

19. Controle judicial (*Informativo* n. 1.094/2023 do STF): é possível realizar o controle de constitucionalidade de decreto de indulto, notadamente quanto a possível ocorrência de desvio de finalidade. É inconstitucional – por violar os princípios da impessoalidade e da moralidade administrativa (CF/1988, art. 37, *caput*) e por incorrer em desvio de finalidade – decreto presidencial que, ao conceder indulto individual (graça em sentido estrito), visa atingir objetivos distintos daqueles autorizados pela Constituição Federal de 1988, eis que observa interesse pessoal ao invés do público. O indulto é ato discricionário, mas não poder absoluto acima da Constituição e das leis. Mesmo quando discricionários, os atos do poder público são controláveis quanto a razoabilidade, proporcionalidade, finalidade, eficiência, economicidade, em meio a outros parâmetros. Não se trata de o intérprete substituir os critérios do administrador pelos seus próprios, mas sim de confrontar o ato praticado com os valores e princípios que informam a Constituição e o Estado de Direito (*Informativo* n. 925/2018 do STF).

20. Impedimento: ao Judiciário não cabe a análise de mérito (juízo de conveniência e oportunidade), ou seja, adentrar o mérito das escolhas do Presidente da República feitas dentre as opções constitucionalmente lícitas. Não é possível trocar o subjetivismo do Chefe do Executivo pelo subjetivismo de outro Poder. Não compete ao Poder Judiciário reescrever o decreto de indulto (*Informativo* n. 939/2019 do STF).

21. Estrutura da peça prática

a) **Endereçamento:** juiz da execução (federal ou estadual), nos termos do art. 66, inciso III, *f*, da LEP.

b) **Preâmbulo:** (a) nome e qualificação do requerente (não precisa qualificar, pois não é peça inicial); (b) capacidade postulatória; (c) fundamento legal; (d) nome da peça; (e) frase final.

c) **Dos fatos:** narrar a infração penal praticada, sem inventar dados, e o andamento processual até o momento do pedido do indulto.

d) **Do direito:** comprovar a presença dos requisitos para concessão do indulto.

e) **Do pedido:** concessão do indulto e extinção da punibilidade.

f) **Parte final:** termos em que, pede deferimento; data e indicação da OAB.

g) **Terminologia:** (1) verbo do pedido: requerer; (2) interessado no pedido: requerente.

Indulto individual

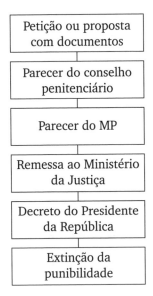

Indulto coletivo

MODELO DE PEDIDO DE INDULTO

EXCELENTÍSSIMO SENHOR DOUTOR JUIZ DE DIREITO DA ___ VARA DAS EXECUÇÕES CRIMINAIS DA COMARCA _____ (ESTADUAL)

EXCELENTÍSSIMO SENHOR DOUTOR JUIZ FEDERAL DA ___ VARA DAS EXECUÇÕES CRIMINAIS DA SEÇÃO JUDICIÁRIA _____ (FEDERAL)

(10 linhas)

_____ (nome), já qualificado nos autos do processo-crime em epígrafe, vem, por seu advogado infra-assinado, à presença de Vossa Excelência, com fundamento nos artigos 66, III, *f*, c/c os artigos 187 e seguintes da Lei de Execução Penal, requerer INDULTO, pelos motivos de fato e de direito a seguir aduzidos:

(2 linhas)

DOS FATOS

* Narrar os acontecimentos, sem inventar dados ou copiar o problema.

(2 linhas)

DO DIREITO

* Demonstrar os requisitos para a concessão do indulto dos arts. 187 e seguintes da LEP, inclusive os requisitos constantes no decreto que concedeu o benefício.

(2 linhas)

DO PEDIDO

Diante do exposto, requer, após oitiva do membro do Ministério Público, com fundamento nos arts. 66, III, *f*, c/c os arts. 187 e seguintes da Lei de Execução Penal, a concessão do INDULTO e, consequentemente, a declaração da extinção da punibilidade, como medida de inteira justiça.

(2 linhas)

Termos em que
pede deferimento.

(2 linhas)

Cidade, ____ de _____ de ____.

(2 linhas)

_____

OAB – sob n. ____

7 Pedido de progressão de regime

1. Previsão legal: arts. 112 a 117 da LEP.

2. Finalidade: passar de um regime mais rigoroso para outro mais brando de cumprimento da pena privativa de liberdade.

3. Legitimidade ativa: Ministério Público, advogado, sentenciado ou de ofício pelo juiz.

4. Requisitos:

4.1 Objetivo: é o *quantum* de cumprimento de pena:

I – 16% (dezesseis por cento) da pena, se o apenado for primário e o crime tiver sido cometido sem violência à pessoa ou grave ameaça;

II – 20% (vinte por cento) da pena, se o apenado for reincidente em crime cometido sem violência à pessoa ou grave ameaça;

III – 25% (vinte e cinco por cento) da pena, se o apenado for primário e o crime tiver sido cometido com violência à pessoa ou grave ameaça;

IV – 30% (trinta por cento) da pena, se o apenado for reincidente em crime cometido com violência à pessoa ou grave ameaça;

V – 40% (quarenta por cento) da pena, se o apenado for condenado pela prática de crime hediondo ou equiparado, se for primário (é reconhecida a retroatividade do patamar estabelecido no art. 112, V, da Lei n. 13.964/2019, àqueles apenados que, embora tenham cometido crime hediondo ou equiparado sem resultado morte, não sejam reincidentes em delito de natureza semelhante – *Informativo* n. 699/2021 do STJ); tendo em vista a legalidade e a taxatividade da norma penal (art. 5º, XXXIX, CF), a alteração promovida pela Lei n. 13.964/2019 ("Pacote Anticrime") no art. 112 da LEP não autoriza a incidência do percentual de 60% (inciso VII) aos condenados reincidentes não específicos para o fim de progressão de regime. Diante da omissão legislativa, impõe-se a analogia *in bonam partem*, para aplicação, inclusive retroativa, do inciso V do art. 112 da LEP (lapso temporal de 40%) ao condenado por crime hediondo ou equiparado sem resultado morte reincidente não específico – *Informativo* n. 1.032/2021 do STF;

VI – 50% (cinquenta por cento) da pena, se o apenado for: a) condenado pela prática de crime hediondo ou equiparado, com resultado morte, se for primário, vedado o livramento condicional (aplica-se o percentual de 50% ao condenado por crime hediondo com resultado morte e reincidente genérico, quando a condenação tenha ocorrido antes da entrada em vigor da Lei n. 13.964/2019 – "Pacote Anticrime" – *Informativo* n. 755/2022 do STJ); b) condenado por exercer o comando, individual ou coletivo, de organização criminosa estruturada para a prática de crime hediondo ou equiparado; ou c) condenado pela prática do crime de constituição de milícia privada;

VII – 60% (sessenta por cento) da pena, se o apenado for reincidente na prática de crime hediondo ou equiparado;

585

VIII – 70% (setenta por cento) da pena, se o apenado for reincidente em crime hediondo ou equiparado com resultado morte, vedado o livramento condicional.

Obs.: não se considera hediondo ou equiparado o crime de tráfico de drogas previsto no § 4º do art. 33 da Lei n. 11.343/2006.

4.2 Subjetivo: o mérito do condenado é demonstrado pela boa conduta carcerária, comprovada pelo diretor do estabelecimento, respeitadas as normas que vedam a progressão; é a ideia da probabilidade de adaptação do condenado ao regime mais brando. Podem ser apontados os seguintes meios de avaliação da boa conduta carcerária: (a) autodisciplina; (b) noção de responsabilidade pelos seus próprios atos; (c) realização e participação em atividades de reintegração ao convívio social, como trabalhos internos; (d) noção de respeito para com os seus semelhantes.

4.3 Formal: manifestação prévia do Ministério Público e do defensor. Com o advento da Lei n. 10.792/2003, o exame criminológico e o parecer da Comissão Técnica de Classificação deixaram de ser requisitos para a progressão de regime. De acordo com a Súmula 439 do STJ, admite-se o exame criminológico pelas peculiaridades do caso, desde que em decisão motivada. A decisão do juiz que determinar a progressão de regime será sempre motivada e precedida de manifestação do Ministério Público e do defensor, procedimento que também será adotado na concessão de livramento condicional, indulto e comutação de penas, respeitados os prazos previstos nas normas vigentes.

5. *Habeas corpus*: não é possível, pois a concessão da progressão de regime depende da produção de provas.

6. Progressão por salto: passagem direta do fechado para o aberto. Sobre a admissibilidade desta progressão, há os seguintes posicionamentos:

a) não pode, pois, como observam Moraes e Smanio[15]: "a inércia do Estado em resolver o problema carcerário não poderá permitir a concessão indiscriminada de progressões do regime fechado diretamente ao regime aberto";

b) pode, pois a falta de vagas em colônias penais agrícolas, industriais e similares é problema do Estado e não do condenado que está sofrendo constrangimento ilegal.

O STJ firmou entendimento de que é inadmissível a chamada progressão *per saltum* de regime prisional, nos termos da Súmula 491.

7. Crimes especiais e progressão:

7.1 Crimes hediondos: a possibilidade de progressão de regime nos crimes hediondos passou pelas seguintes fases, até chegar à Lei atual, n. 11.464/2007:

---

[15] MORAES, Alexandre de; SMANIO, Gianpaolo Poggio. *Legislação penal especial*. São Paulo: Atlas, 2002. p. 177.

a) Lei n. 8.072/90: art. 2º, § 1º: a pena por crime previsto neste artigo será cumprida integralmente em regime fechado. Em face da Lei dos Crimes hediondos, surgiram dois posicionamentos:

a1) não admite progressão, nos termos do art. 2º, § 1º, da Lei;

a2) admite progressão, pois há ofensa ao princípio da individualização da pena.

b) Lei n. 9.455/97: art. 1º, § 7º: o condenado por crime previsto nesta Lei (tortura), salvo a hipótese do § 2º (na mesma pena incorre quem submete pessoa presa ou sujeita à medida de segurança a sofrimento físico ou mental, por intermédio da prática de ato não previsto em lei ou não resultante de medida legal), iniciará o cumprimento da pena em regime fechado.

Em face da previsão da possibilidade da progressão de regime no crime de tortura, surgiram dois posicionamentos acerca da extensão do benefício para os demais crimes hediondos:

b1) o benefício deve ser estendido, já que delitos idênticos devem receber o mesmo tratamento, em nome do princípio da proporcionalidade;

b2) o benefício não deve ser estendido, pois o legislador limitou sua aplicação ao crime de tortura.

c) Súmula 698 do STF (Sessão Plenária de 24-9-2003): não se estende aos demais crimes hediondos a admissibilidade de progressão no regime de execução da pena aplicada ao crime de tortura.

d) Decisão do Plenário do STF em 23-2-2006 (*HC* 82.959-SP, rel. Marco Aurélio, m.v.): declarou, *incidenter tantum*, a inconstitucionalidade do § 1º do art. 2º da Lei n. 8.072, de 25 de julho de 1990, nos termos do voto do relator, vencidos os ministros Carlos Velloso, Joaquim Barbosa, Ellen Gracie, Celso de Mello e Nelson Jobim, Presidente. O Tribunal, por votação unânime, explicitou que a declaração incidental de inconstitucionalidade do preceito legal em questão não gerará consequências jurídicas com relação às penas já extintas nesta data, pois esta decisão plenária envolve, unicamente, o afastamento do óbice representado pela norma ora declarada inconstitucional, sem prejuízo da apreciação, caso a caso, pelo magistrado competente, dos demais requisitos pertinentes ao reconhecimento da possibilidade de progressão. A progressão foi fundamentada na garantia da individualização da pena – art. 5º, inciso XLVI, da Constituição Federal.

e) Lei 11.464/2017: o art. 2º da Lei n. 8.072/90 (Lei dos Crimes Hediondos) teve nova redação, dada pela Lei n. 11.464, publicada em 29 de março de 2007, que admitia a progressão de regime prisional quando se tratar de condenação por crime hediondo e seus equiparados (tortura, tráfico ilícito de entorpecentes e drogas afins e terrorismo), uma vez que o novo § 1º do art. 2º da Lei dos Crimes Hediondos diz que a pena por crime será cumprida inicialmente em regime fechado. O § 2º do mencionado artigo estabelecia a quantidade da pena que deve ser cumprida para que seja possível a progressão do regime (ou seja, 2/5 para apenados primários e 3/5 para reincidentes). Cabe ressaltar que, no caso de reincidentes, a Lei dos Crimes Hediondos não faz distinção entre reincidência comum e específica, de forma que, havendo reincidência, ao condenado deverá ser aplicada a fração de 3/5 da pena cumprida para fins de progressão do regime (*Informativo* n. 563 do STJ).

f) **Dias atuais:** a Lei n. 13.964/2019 revogou o art. 2º, § 2º, da Lei n. 8.072/90. De acordo com a nova sistemática, a pena privativa de liberdade será executada em forma progressiva, com a transferência para regime menos rigoroso, a ser determinada pelo juiz, nos crimes hediondos, quando o preso tiver cumprido ao menos: 40% (quarenta por cento) da pena, se o apenado for condenado pela prática de crime hediondo ou equiparado, se for primário; 50% (cinquenta por cento) da pena, se o apenado for: condenado pela prática de crime hediondo ou equiparado, com resultado morte, se for primário, vedado o livramento condicional, ou condenado por exercer o comando, individual ou coletivo, de organização criminosa estruturada para a prática de crime hediondo ou equiparado; ou condenado pela prática do crime de constituição de milícia privada; 60% (sessenta por cento) da pena, se o apenado for reincidente na prática de crime hediondo ou equiparado; 70% (setenta por cento) da pena, se o apenado for reincidente em crime hediondo ou equiparado com resultado morte, vedado o livramento condicional.

7.2 Crimes de tortura: admite progressão de regime, pois a lei diz que a pena começa a ser cumprida no regime fechado.

8. Progressão do regime semiaberto para o aberto (arts. 114 e 115 da LEP): (a) cumprimento de 1/6 da pena; (b) aceitação do programa e das condições gerais impostas pelo juiz; (c) aceitação das condições especiais fixadas pelo juiz; (d) compatibilidade do sentenciado com o regime aberto.

8.1 Crimes Hediondos ou Assemelhados: quando cometidos antes da vigência da Lei n. 11.464/2007 sujeitam-se ao disposto no art. 112 da Lei n. 7.210/84 (Lei de Execução Penal) para a progressão de regime prisional (Súmula 471 do STJ).

9. Recurso: a concessão ou denegação da progressão de regime enseja agravo em execução, nos termos do art. 197 da LEP.

10. Prisão-albergue domiciliar

10.1 Conceito: é o recolhimento do indivíduo que está cumprindo pena no regime aberto para sua residência particular, desde que preenchida uma das seguintes situações previstas no art. 117 da LEP: (a) condenado maior de 70 anos; (b) condenado acometido de doença grave; (c) condenada com filho menor ou deficiente físico ou mental; condenada gestante.

10.2 Normas do regime: a pessoa que cumpre a pena na sua residência tem de obedecer às regras do regime aberto; porém, na prática, pela ausência de fiscalização do poder público, a medida torna-se ineficiente. Como bem observa Mirabete[16], a prisão-albergue domiciliar é um verdadeiro simulacro da execução da pena, passando a ser forma velada de impunidade, contribuindo para o descrédito do regime aberto e da defesa social.

10.3 Possibilidade de concessão da prisão-albergue domiciliar fora das hipóteses do art. 117 da LEP, quando há inexistência de casa de albergado: há duas posições:

a) não é possível, pois o art. 117 da LEP enumera situações taxativas;

b) é possível, pois o sentenciado não tem culpa pelo problema penitenciário do Estado.

11. STJ e regime aberto: é inadmissível a fixação de pena substitutiva (art. 44 do CP) como condição especial ao regime aberto, nos termos da Súmula 493.

12. Prática de falta grave: interrompe a contagem do prazo para a progressão de regime de cumprimento de pena, o qual se reinicia a partir do cometimento dessa infração (Súmula 534 do STJ). O cometimento de falta grave durante a execução da pena privativa de liberdade interrompe o prazo para a obtenção da progressão no regime de cumprimento da pena, caso em que o reinício da contagem do requisito objetivo terá como base a pena remanescente, nos termos do art. 112, § 6º, da Lei de Execução Penal.

13. Progressão de regime especial: é o caso da mulher gestante ou que for mãe ou responsável por crianças ou pessoas com deficiência, que deve preencher os seguintes requisitos cumulativos para concessão do benefício executório: I – não ter cometido crime com violência ou grave ameaça a pessoa; II – não ter cometido o crime contra seu filho ou dependente; III – ter cumprido ao menos 1/8 (um oitavo) da pena no regime anterior; IV – ser primária e ter bom comportamento carcerário, comprovado pelo diretor do estabelecimento; V – não ter integrado organização criminosa (esse requisito deve ser interpretado de acordo com a definição de organização criminosa da Lei n. 12.850/2013)[17]. O cometimento de novo crime doloso ou falta grave implicará a revogação do benefício.

---

[16] MIRABETE, Julio Fabbrini. *Execução penal*. São Paulo: Atlas, 2002. p. 273-274.

[17] O argumento de que o termo organização criminosa não se refere ao crime previsto na Lei n 12.850/2013, tratando-se, na verdade, de uma expressão genérica, a qual abrange todas as espécies de sociedades criminosas, não se coaduna com a correta exegese da norma. Com efeito, a referida regra tem conteúdo material (norma híbrida), porquanto trata de progressão de regime prisional, relacionado com o *jus libertatis*, o que impõe, ao intérprete, a submissão a todo o conjunto de princípios inerentes às normas penais. Não é legítimo que o julgador, em explícita violação ao princípio da taxatividade da lei penal, interprete extensivamente o significado de organização criminosa a fim de abranger todas as formas de *societas sceleris*. Tal proibição fica ainda mais evidente quando se trata de definir requisito que restringe direito executório implementado por lei cuja finalidade é aumentar o âmbito de proteção às crianças ou pessoas com deficiência, reconhecidamente em situação de vulnerabilidade em razão de suas genitoras ou responsáveis encontrarem-se reclusas em estabelecimentos prisionais. A teleologia da norma e a existência de complemento normativo impõem exegese restritiva e não extensiva (*Informativo* n. 678/2020 do STJ).

14. Decisão judicial concessiva: a decisão do juiz que determinar a progressão de regime será sempre motivada e precedida de manifestação do Ministério Público e do defensor.

15. Apenados que foram condenados por crime hediondo mas que são reincidentes em razão da prática anterior de crimes comuns: não há percentual previsto na Lei de Execuções Penais, em sua nova redação, para fins de progressão de regime, visto que os percentuais de 60% e 70% se destinam unicamente aos reincidentes específicos, não podendo a interpretação ser extensiva, vez que seria prejudicial ao apenado. Assim, por ausência de previsão legal, o julgador deve integrar a norma aplicando a analogia *in bonam partem*. Diante da lacuna na lei, deve ser observado o lapso temporal relativo ao primário. Impõe-se, assim, a aplicação do contido no inciso VI, *a*, do referido artigo da Lei de Execução Penal, exigindo-se, portanto, o cumprimento de 50% da pena para a progressão de regime (*Informativo* n. 681/2020 do STJ).

16. Data-base para subsequente progressão de regime: é aquela em que o reeducando preencheu os requisitos do art. 112 da Lei de Execução Penal (*Informativo* n. 595/2017 do STJ).

17. Condição para a progressão de regime: não havendo na sentença condenatória transitada em julgado determinação expressa de reparação do dano ou de devolução do produto do ilícito, não pode o juízo das execuções inserir referida condição para fins de progressão, sob pena de se ter verdadeira revisão criminal contra o réu. Para que a reparação do dano ou a devolução do produto do ilícito faça parte da própria execução penal, condicionando a progressão de regime, mister se faz que conste expressamente da sentença condenatória, de forma individualizada e em observância aos princípios da ampla defesa e do contraditório, tão caros ao processo penal, observando-se, assim, o devido processo legal (*Informativo* n. 709/21 do STJ).

18. Esquema da peça prática

a) **Endereçamento:** juiz da execução (federal ou estadual), nos termos do art. 66, inciso III, *b*, da LEP. Se a sentença não transitou em julgado, será competente o juiz da condenação, nos termos das Súmulas 716 e 717, ambas do STF.

- Súmula 717: não impede a progressão de regime de execução de pena, fixada em **sentença não transitada em julgado,** o fato de o réu se encontrar em prisão especial.

- Súmula 716: admite-se a progressão de regime de cumprimento da pena ou a aplicação imediata de regime menos severo nela determinada, **antes do trânsito em julgado da sentença condenatória.**

b) **Preâmbulo:** (a) nome e qualificação do requerente (não precisa qualificar, pois não é peça inicial); (b) capacidade postulatória; (c) fundamento legal; (d) nome da peça; (e) frase final.

c) **Dos fatos:** narrar a infração penal praticada, sem inventar dados, e o andamento processual até o momento do pedido da progressão de regime.

d) **Do direito:** comprovar a presença dos requisitos para concessão da progressão de regime.
e) **Do pedido:** progressão de regime.
f) **Parte final:** termos em que, pede deferimento; data e indicação da OAB.
g) **Terminologia:** (1) verbo do pedido: requerer; (2) interessado no pedido: requerente.

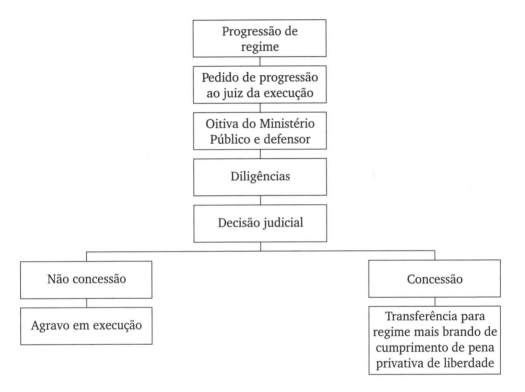

MODELO DE PEDIDO DE PROGRESSÃO DE REGIME

EXCELENTÍSSIMO SENHOR DOUTOR JUIZ DE DIREITO DA ___ VARA DAS EXECUÇÕES CRIMINAIS DA COMARCA _____ (ESTADUAL)

EXCELENTÍSSIMO SENHOR DOUTOR JUIZ FEDERAL DA ___ VARA DAS EXECUÇÕES CRIMINAIS DA SEÇÃO JUDICIÁRIA DE _____ (FEDERAL)

(10 linhas)

_____ (nome), já qualificado nos autos do processo-crime em epígrafe, vem, por seu advogado infra-assinado, à presença de Vossa Excelência, com fundamento nos arts. 66, III, *b*, combinado com o art. 112, ambos da Lei de Execução Penal, requerer PROGRESSÃO DE REGIME, pelos motivos de fato e de direito a seguir aduzidos:

(2 linhas)

DO DIREITO

* Demonstrar os requisitos para a concessão da progressão, conforme exemplo abaixo:

O requerente foi condenado à pena _____, pela prática de _____ (infração), tendo a respeitável sentença transitado em julgado (doc. 1).

O requerente já cumpriu _____ da pena imposta pelo Estado (doc. 3), o que comprova o preenchimento do requisito objetivo previsto no art. 112 da Lei de Execução Penal.

Segundo declaração do diretor do presídio, o requerente sempre demonstrou bom comportamento durante a execução da pena, atestado pelo diretor do estabelecimento penitenciário e pela probabilidade de adaptação do condenado ao regime mais brando, através de adequação temperamental e do senso de responsabilidade, autodisciplina e respeito (doc. 4).

Durante sua vida carcerária, o requerente realizou trabalhos internos e não cometeu faltas disciplinares, o que representa elemento positivo para a progressão (fls.). É imperioso registrar que o requerente não cometeu falta grave nos últimos 12 (doze) meses, conforme atestado (doc. 5).

* Não esquecer, caso apareça no caso prático algum vício relacionado à apuração da falta grave: praticada a falta disciplinar, deverá ser instaurado o procedimento para sua apuração, conforme regulamento, assegurado o direito de defesa. A decisão será motivada.

Finalmente, preenchidos os requisitos objetivos e subjetivos da progressão de regime, deve ser concedido ao condenado seu direito de passar para um regime mais brando de cumprimento da pena privativa de liberdade.

(2 linhas)

DO PEDIDO

Diante do exposto, requer-se, após oitiva do representante do Ministério Público, com fundamento no art. 66, III, *b*, combinado com o art. 112, ambos da Lei de Execução Penal, a concessão da PROGRESSÃO DO REGIME _____ PARA O _____, em favor do requerente, como medida de inteira justiça.

(2 linhas)

**Termos em que
pede deferimento.**

(2 linhas)

Cidade, ____ de _____ de ____.

(2 linhas)

OAB – sob n. ____

CASO PRÁTICO

"A" foi condenado à pena de 12 anos de reclusão, em regime fechado, por homicídio simples. A sentença já transitou em julgado. "A" está recolhido na Casa de Detenção há exatamente quatro anos. Tem bom comportamento carcerário, demonstrado através da colaboração em trabalhos internos e pelo não registro de faltas disciplinares nem de tentativa de fuga. Questão: adotar medida que possibilite a progressão de regime.

1. Rascunho da peça

a) **infração penal:** homicídio;

b) **ação penal:** pública incondicionada;

c) **pena concreta:** 12 anos de reclusão;

d) **pena abstrata:** reclusão de 6 a 20 anos;

e) **rito processual:** júri;

f) **momento processual:** execução penal, pois está recolhido na Casa de Detenção;

g) **cliente:** "A";

h) **situação prisional:** preso;

i) **tese:** tem direito à progressão de regime, em razão do preenchimento dos requisitos subjetivos e objetivos previstos em lei;

j) **peça:** pedido de progressão de regime;

k) **competência:** Juiz da Vara das Execuções Criminais;

l) **pedido:** concessão da progressão de regime.

2. Peça prática

EXCELENTÍSSIMO SENHOR DOUTOR JUIZ DE DIREITO DA ___ VARA DAS EXECUÇÕES CRIMINAIS DE SÃO PAULO

(10 linhas)

"A", já qualificado nos autos do processo-crime em epígrafe, vem, por seu advogado infra-assinado, à presença de Vossa Excelência, com fundamento no art. 66, III, *b*, combinado com o art. 112, ambos da Lei de Execução Penal, requerer PROGRESSÃO DE RE-GIME, pelos motivos de fato e de direito a seguir aduzidos:

(2 linhas)

DOS FATOS

A denúncia foi recebida (fls.). O réu foi citado para apresentar resposta à acusação (fls.). Não houve decretação de absolvição sumária (fls.). Na audiência de instrução e julgamento, foram realizados os atos processuais e as partes realizaram os debates orais (fls.). Na segunda fase do procedimento do júri, foram praticados todos os atos, desde a apresentação do rol de testemunhas até a sentença.

A respeitável sentença transitou em julgado (fls.). Na fase de execução da pena, o requerente pede a progressão de regime (fls.).

(2 linhas)

DO DIREITO

O requerente foi condenado à pena de 12 anos de reclusão, pela prática de homicídio qualificado, tendo a respeitável sentença transitado em julgado (doc. 1).

O requerente já cumpriu dois anos, ou seja, 25% da pena imposta pelo Estado (doc. 3), considerando que o apenado é primário e o crime foi cometido com violência à pessoa ou grave ameaça, o que comprova o preenchimento do requisito objetivo previsto no art. 112 da Lei de Execução Penal.

Segundo declaração do diretor do presídio, o requerente sempre demonstrou bom comportamento durante a execução da pena, atestado pelo diretor do estabelecimento penitenciário e pela probabilidade de adaptação do condenado ao regime mais brando, por meio de adequação temperamental e do senso de responsabilidade, autodisciplina e respeito (doc. 4).

Durante sua vida carcerária, o requerente realizou trabalhos internos e não cometeu faltas disciplinares, o que representa elemento positivo para a progressão (fls.).

Finalmente, preenchidos os requisitos, objetivos e subjetivos da progressão de regime, deve ser concedido ao condenado seu direito de passar para um regime mais brando de cumprimento da pena privativa de liberdade.

(2 linhas)

DO PEDIDO

Diante do exposto, requer-se, após oitiva do representante do Ministério Público, com fundamento no art. 66, III, *b*, combinado com o art. 112, ambos da Lei de Execução Penal, a concessão da PROGRESSÃO DO REGIME FECHADO PARA O SEMIABERTO, em favor do requerente, como medida de inteira justiça.

(2 linhas)

Termos em que
pede deferimento.

(2 linhas)

Cidade, ____ de _____ de ____.

(2 linhas)

_____

OAB – sob n. ____

CASO PRÁTICO

Carlos foi processado e condenado com trânsito em julgado pela prática de homicídio simples (art. 121, *caput*) praticado na cidade de Avaré, no ano de 2001, tendo sido condenado pelo Juiz de Avaré à pena de seis anos de reclusão a ser cumprida em regime fechado, em face de sua condição de reincidente. Iniciada a execução de sua pena na Penitenciária de Avaré, passaram-se exatos dois anos desde o início do cumprimento da sua pena no regime fechado, ainda não pleiteando Carlos qualquer benefício no âmbito da execução penal, não obstante o seu bom comportamento na prisão e a existência da Vara de Execução na cidade de Avaré. Questão: Como advogado de Carlos, faça a peça adequada.

1. Rascunho da peça

a) **infração penal:** homicídio simples;

b) **ação penal:** pública incondicionada;

c) **pena concreta:** 6 anos de reclusão;

d) **pena abstrata:** reclusão de 6 a 20 anos;

e) **rito processual:** júri;

f) **momento processual:** execução penal, pois está recolhido na Penitenciária de Avaré;

g) **cliente:** Carlos;

h) **situação prisional:** preso;

i) **tese:** tem direito à progressão de regime, em razão do preenchimento dos requisitos subjetivos e objetivos previstos em lei;

j) **peça:** pedido de progressão de regime;

k) **competência:** Juiz da Vara das Execuções Criminais de Avaré;

l) **pedido:** concessão da progressão de regime.

2. Peça prática

EXCELENTÍSSIMO SENHOR DOUTOR JUIZ DE DIREITO DA ___ VARA DAS EXECUÇÕES CRIMINAIS DE AVARÉ

(10 linhas)

CARLOS, já qualificado nos autos do processo-crime em epígrafe, vem, por seu advogado infra-assinado, à presença de Vossa Excelência, com fundamento no art. 66, III, *b*, combinado com o art. 112, ambos da Lei de Execução Penal, requerer PROGRESSÃO DE REGIME, pelos motivos de fato e de direito a seguir aduzidos:

DOS FATOS

O requerente foi denunciado pelo crime de homicídio simples (fls.). A denúncia foi recebida (fls.). O réu foi citado para apresentar resposta à acusação (fls.). Não houve decretação de absolvição sumária (fls.). Na audiência de instrução e julgamento, foram realizados os atos processuais, e as partes realizaram os debates orais (fls.). Na segunda fase do procedimento do júri, foram praticados todos os atos, desde a apresentação do rol de testemunhas até a sentença.

A respeitável sentença transitou em julgado (fls.). Na fase da execução da pena, o requerente pede a progressão de regime (fls.).

(2 linhas)

DO DIREITO

O requerente foi condenado à pena de 6 anos de reclusão, pela prática de homicídio simples, tendo a respeitável sentença transitado em julgado (doc. 1).

O requerente já cumpriu dois anos, ou seja, 25% da pena imposta pelo Estado (doc. 3), considerando que o apenado é primário e o crime foi cometido com violência à pessoa ou grave ameaça, o que comprova o preenchimento do requisito objetivo previsto no art. 112 da Lei de Execução Penal.

Segundo declaração do diretor do presídio, o requerente sempre demonstrou bom comportamento carcerário durante os dois anos no cárcere, atestado pelo diretor do estabelecimento penitenciário e pela probabilidade de adaptação do condenado ao regime mais brando, por meio de adequação temperamental e do senso de responsabilidade, autodisciplina e respeito (doc. 4).

Durante sua vida carcerária, o requerente realizou trabalhos internos e não cometeu faltas disciplinares, o que representa elemento positivo para a progressão (fls.).

Finalmente, preenchidos os requisitos objetivos e subjetivos da progressão de regime, deve ser concedido ao condenado seu direito de passar para um regime mais brando de cumprimento da pena privativa de liberdade.

(2 linhas)

DO PEDIDO

Diante do exposto, requer-se, após oitiva do representante do Ministério Público, com fundamento no art. 66, III, *b*, combinado com o art. 112, ambos da Lei de Execução Penal, a concessão da PROGRESSÃO DO REGIME FECHADO PARA O SEMIABERTO, em favor do requerente, como medida de inteira justiça.

(2 linhas)

Termos em que
pede deferimento.

(2 linhas)

Cidade, ____ de _____ de ____.

(2 linhas)

_____
OAB – sob n. ____

8 Pedido de lei penal benéfica

1. Finalidade: pedir ao juiz da execução a aplicação da lei penal mais benéfica, nos moldes do art. 2º do Código Penal combinado com o art. 5º, XL, da CF.

2. Indeferimento: agravo em execução.

3. Competência: juiz da execução, nos moldes da Súmula 611 do STF e do art. 66, inciso I, da LEP.

4. Legitimidade ativa: condenado ou representante legal ou cônjuge ou parente ou descendente.

5. Requisito: oitiva do Ministério Público.

6. Momento: após o trânsito em julgado.

7. Casos de lei penal benéfica (*lex mitior*)

7.1 *Abolitio criminis*: lei penal posterior deixar de considerar como crime determinado comportamento criminoso.

7.2 *Novatio legis in mellius*: lei penal posterior beneficiar o réu de qualquer outra forma, como diminuindo pena.

8. Situações polêmicas

8.1 Combinação de leis: há dois posicionamentos:

a) não é possível, já que se o juiz combinar as leis estaria legislando, criando lei nova, não prevista nem autorizada pelo legislador;

b) é possível, já que se o juiz combinar as leis estaria apenas concretizando processo de integração de leis.

8.2 *Vacatio legis*

a) Conceito: é o período entre a publicação da lei e a sua entrada em vigor.

b) Finalidade: fazer com que a sociedade amadureça o conhecimento da lei.

c) Eficácia: como regra geral, nesse período a lei não gera direitos nem obrigações; porém, quando se trata de lei penal benéfica, surgem dois posicionamentos:

- sim, pois é lei posterior; o que importa é a publicação: publicou, produz efeitos;
- não, pois no período de *vacatio legis* a lei não produz efeitos, continua imperando a lei antiga, não importando se é lei penal benéfica.

8.3 Lei interpretativa

a) Conceito: é lei que visa explicar outra lei já editada.

b) Finalidade: buscar o significado de lei já editada.

c) Possibilidade de retroatividade: há os seguintes posicionamentos:

- pode retroagir, já que lei interpretativa é lei explicativa, que não inova a ordem jurídica, apenas visa esclarecer ou interpretar o conteúdo de lei editada; não importa se o conteúdo da lei é benéfico ou prejudicial ao réu;
- pode retroagir, quando for benéfica ao réu;
- não pode retroagir, porque não existe leis interpretativas, a função de explicar ou interpretar as leis cabe aos aplicadores do Direito, e não ao legislador.

Cabe ressalvar que se a lei interpretativa perder sua natureza de explicar para inovar, aplicam-se as regras de retroatividade da lei penal comum, ou seja, se inovar para prejudicar, não retroage; se inovar para beneficiar, pode retroagir.

8.4 *Lex Mitior* inconstitucional

a) Inconstitucionalidade: é a incompatibilidade vertical do ato legislativo ou administrativo com a Constituição.

b) Controle de constitucionalidade: é a verificação da compatibilidade de ato legislativo ou administrativo com a Constituição.

c) Espécies de controle: (1) difuso: é o feito por qualquer juiz ou tribunal; (2) concentrado: é o feito por apenas determinado órgão.

d) Aplicação de pena benéfica inconstitucional: depende da espécie do controle: (1) se for difuso, pode o juiz ou tribunal decidir a respeito; (2) se for concentrado, e o órgão incumbido de funcionar como guardião da Constituição já decidiu pela inconstitucionalidade, tal orientação deve ser seguida pelo efeito vinculante. Mas, como observa Nucci[18], em se tratando de norma penal relacionada à liberdade, não pode prevalecer o interesse coletivo sobre o particular, de forma que o melhor a ser feito é aplicar efeitos *ex nunc*, para evitar prejuízos incalculáveis.

8.5 Apuração da lei penal benéfica: em primeiro lugar faz comparação dos textos legais em abstrato; depois, no âmbito concreto; se ainda não der para apurar, perguntar ao réu; em último lugar, na dúvida, não aplicar a lei a casos já transitados em julgado, para manter a segurança jurídica.

8.6 Lei mista: é a que contém disposições de natureza penal e processual; nesse caso, a maioria doutrinária e jurisprudencial sustenta que devem ser aplicadas as regras de retroatividade da lei penal, e não da lei processual.

8.7 Teoria da ponderação diferenciada: no caso de *lex mitior*, é possível a retroatividade de *toda* a lei ou de *apenas parte* dela, por ter conteúdo benéfico (Luiz Flávio Gomes).

9. Efeito: a aplicação da lei penal mais benéfica gera a extinção da punibilidade. A cláusula de extinção de punibilidade, por afetar a pretensão punitiva do Estado, qualifica-se como norma penal de caráter material, aplicando-se, em consequência, quando mais favorável, aos delitos cometidos sob o domínio de sua vigência temporal, ainda que já tenha sido revogada pela superveniente edição de uma *lex gravior*.

10. Pena cumprida: não há retroatividade da lei mais benigna para alcançar pena já cumprida (RE 395.269/04/STF).

11. Estrutura da peça prática

a) **Endereçamento:** juiz da execução (federal ou estadual), nos termos do art. 66, inciso I, da LEP.

b) **Preâmbulo:** (a) nome e qualificação do requerente (não precisa qualificar, pois não é peça inicial); (b) capacidade postulatória; (c) fundamento legal; (d) nome da peça; (e) frase final.

c) **Dos fatos:** narrar a infração penal praticada, sem inventar dados, e o andamento processual até o momento do pedido da aplicação da lei penal benéfica.

d) **Do direito:** comprovar a ocorrência da situação de lei penal benéfica.

e) **Do pedido:** aplicação da lei penal benéfica.

f) **Parte final:** termos em que, pede deferimento; data e indicação da OAB.

g) **Terminologia:** (1) verbo do pedido: requerer; (2) interessado no pedido: requerente.

---

[18] NUCCI, Guilherme de Souza. *Código Penal comentado*. São Paulo: Revista dos Tribunais, 2003. p. 54.

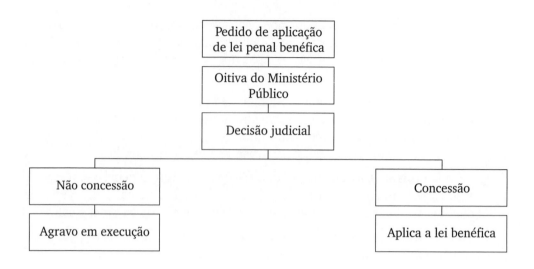

MODELO DE PEDIDO DE LEI BENÉFICA

EXCELENTÍSSIMO SENHOR DOUTOR JUIZ DE DIREITO DA ___ VARA DAS EXECUÇÕES CRIMINAIS DA COMARCA _____ (ESTADUAL)

EXCELENTÍSSIMO SENHOR DOUTOR JUIZ FEDERAL DA ___ VARA DAS EXECUÇÕES CRIMINAIS DA SEÇÃO JUDICIÁRIA DE _____ (FEDERAL)

(10 linhas)

_____ (nome), já qualificado nos autos do processo-crime em epígrafe, vem, por seu advogado infra-assinado, à presença de Vossa Excelência, com fundamento no art. 2º do Código Penal combinado com o art. 5º, XL, da Constituição Federal e com o art. 66, inciso I, da Lei de Execução Penal, requerer a aplicação da Lei n. _____, por ser mais benéfica ao condenado, pelos motivos de fato e de direito a seguir aduzidos:

(2 linhas)

DOS FATOS

* Narrar os acontecimentos, sem inventar dados ou copiar o problema.

(2 linhas)

DO DIREITO

* Demonstrar o cabimento da lei penal mais favorável.

* Aplicação do princípio da retroatividade da lei mais benigna, nos moldes do art. 5º, inciso XL, da CF.

* *Abolitio criminis*: lei posterior torna atípico o fato: extingue a punibilidade, com a cessação dos efeitos penais.

* *Novatio legis in mellius*: lei posterior que favorece o agente, de outra forma que não seja extinguindo o crime.

(2 linhas)

DO PEDIDO

Diante do exposto, requer, após parecer do digno representante do Ministério Público, a aplicação da Lei n. _____, no sentido de _____, nos termos do art. 2º do Código Penal combinado com o art. 5º, XL, da Constituição Federal e com o art. 66, inciso I, da Lei de Execução Penal, como medida de inteira justiça.

(2 linhas)

Termos em que
pede deferimento.

(2 linhas)

Cidade, _____ de _____ de _____.

(2 linhas)

_____

OAB – sob n. _____

CASO PRÁTICO

Caio seduziu Mévia, que era sua namorada e tinha 17 anos na ocasião dos fatos. Autoria e materialidade incontestes. Caio foi processado e condenado pela prática do crime de sedução. A sentença já transitou em julgado e Caio está cumprindo pena. Como advogado, tome a medida cabível em favor de Caio.

1. Rascunho da peça

a) **infração penal:** sedução;

b) **ação penal:** privada;

c) **pena concreta:** não fornecido;

d) **pena abstrata:** reclusão de 2 a 4 anos;

e) **rito processual:** ordinário;

f) **momento processual:** execução penal;

g) **cliente:** Caio;

h) **situação prisional:** preso;

i) **tese:** tem direito à liberdade, pois ocorreu *abolitio criminis*;

j) **peça:** pedido de lei benéfica;

k) **competência:** Juiz da Vara das Execuções Criminais;

l) **pedido:** aplicação da lei penal benéfica e extinção da punibilidade.

2. Peça prática

EXCELENTÍSSIMO SENHOR DOUTOR JUIZ DE DIREITO DA ___ VARA DAS EXECUÇÕES CRIMINAIS DA COMARCA DE SÃO PAULO

(10 linhas)

_____ (nome), já qualificado nos autos do processo-crime em epígrafe, vem, por seu advogado infra-assinado, à presença de Vossa Excelência, com fundamento no art. 2º do Código Penal combinado com o art. 5º, XL, da Constituição Federal e com o art. 66, inciso I, da Lei de Execução Penal, requerer a aplicação da Lei n. 11.106, de 28 de março de 2005, por ser mais benéfica ao condenado, pelos motivos de fato e de direito a seguir aduzidos:

(2 linhas)

DOS FATOS

O requerente foi acusado por crime de sedução, já que teria seduzido mulher virgem, com 17 anos, aproveitando-se de sua inexperiência.

A queixa foi recebida (fls.). O réu foi citado (fls.). A resposta à acusação foi apresentada no prazo legal (fls.).

Na fase do art. 397 do CPP, não foi decretada a absolvição sumária (fls.). A audiência de instrução e julgamento foi realizada (fls.). Foram apresentadas as alegações finais (fls.). O juiz proferiu sentença condenatória (fls.). A sentença transitou em julgado e o requerente está cumprindo pena (fls.).

(2 linhas)

DO DIREITO

No caso em tela, o advento da Lei n. 11.106, de 28 de março de 2005, trouxe benefícios para o requerente, já que extinguiu o crime de sedução, ocorrendo o fenômeno da *abolitio criminis*.

Em consonância com o princípio da retroatividade da lei penal mais benigna, o fenômeno da *abolitio criminis* gera a não punição do infrator, já que ninguém será punido por fato que lei posterior deixa de considerar crime.

Dessa forma, o requerente deve ser colocado em liberdade, e não só o crime, mas também todos os reflexos penais decorrentes da aplicação da lei anterior devem desaparecer.

Cabe justificar o pedido perante este Douto Juízo na Súmula 611 do STF: "Transitada em julgado a sentença condenatória, compete ao juízo das execuções a aplicação de lei mais benigna."

Assim, diante da ocorrência da *lex mitior*, requer a aplicação da lei penal benéfica, de aplicação obrigatória, inclusive por imposição constitucional.

(2 linhas)

DO PEDIDO

Diante do exposto, requer, após parecer do digno membro do Ministério Público, a aplicação da Lei n. 11.106/2005, no sentido de decretar a extinção da punibilidade do requerente, pela ocorrência da *abolitio criminis*, nos termos do art. 2º do Código Penal combinado com o art. 5º, XL, da Constituição Federal e com o art. 66, inciso I, da Lei de Execução Penal, como medida de inteira justiça. Requer, outrossim, a expedição do alvará de soltura.

(2 linhas)

**Termos em que
pede deferimento.**

(2 linhas)

Cidade, _____ de _____ de _____.

(2 linhas)

_____

OAB – sob n. _____

9 Pedido de unificação de penas (art. 111 da LEP)

1. Competência: juiz da execução, de ofício ou a pedido do condenado, representante legal, cônjuge, parente ou descendente.

2. Previsão legal: arts. 69, 71 e 75, todos do Código Penal, e art. 66, III, *a*, da LEP.

3. Cabimento: (a) concurso formal ideal; (b) crime continuado; (c) total exceder o limite máximo previsto no CP.

4. Natureza: (a) incidente na execução; (b) medida jurisdicional.

5. Efeito: transformação em uma única pena.

6. Pressuposto: quando houver condenação por mais de um crime, no mesmo processo ou em processos distintos.

7. Finalidade: a determinação do regime de cumprimento será feita pelo resultado da soma ou unificação das penas, observada, quando for o caso, a detração ou remição. Tem por objetivo restringir o tempo de encarceramento do condenado, mas não é parâmetro para a concessão de outros benefícios da execução tais como a progressão de regime de cumprimento da pena e o livramento condicional (*Informativo* n. 142/99 do STF).

8. Sistema de penas: excetuando os casos de concursos formal e continuado, que podem ser reconhecidos em sede de execução penal, com a consequente unificação das penas aplicadas, nas demais situações de concurso de penas ocorrerá a simples soma para fins de cumprimento (art. 66, III, *a*, da LEP).

9. Concurso formal ou ideal: o agente pratica dois ou mais crimes (da mesma natureza ou não), mediante uma só conduta, sendo-lhe aplicada a mais grave das penas cabíveis. Se as penas forem iguais, aplica-se somente uma delas. Em ambos os casos, a pena será aumentada de um sexto (1/6) até a metade (1/2).

10. Crime continuado: o agente, mediante mais de uma conduta, comete mais de um crime da mesma espécie (diz respeito ao tempo, ao lugar, à maneira de execução e a outras características que façam presumir a continuidade delitiva). Será aplicada a pena de um só dos crimes se as penas forem idênticas. Se as penas forem diversas, será aplicada a mais grave. Em qualquer caso, a pena será aumentada de um sexto (1/6) a um terço (1/3).

O crime continuado específico exige, além dos requisitos do crime continuado previstos no *caput* do art. 70, os seguintes: (a) crime doloso; (b) vítimas diferentes; (c) violência ou grave ameaça à pessoa, nos termos do art. 71, parágrafo único, do CPP.

11. Limite da pena de prisão (CP, art. 75): o limite de pena de prisão é aplicado ao tempo de cumprimento de pena, não podendo servir de base para o cálculo de outros benefícios, como livramento condicional (Súmula 715 do STF). O tempo de cumprimento das penas privativas de liberdade não pode ser superior a 40 (quarenta) anos. Quando o agente for condenado a penas privativas de liberdade cuja soma seja superior a 40 (quarenta) anos, devem elas ser unificadas para atender ao limite máximo.

a) **Justificativa:** o limite da pena privativa de liberdade justifica-se pela vedação da pena de caráter perpétuo (art. 5º, XLVII, *b*, da Constituição Federal).

b) **Limite máximo:** antes da Lei n. 13.964/2019 o tempo de cumprimento das penas privativas de liberdade não podia ser superior a 30 anos. Com a lei, o prazo do tempo máximo foi ampliado para 40 anos. A referida Lei n. 13.964/2019, que provocou a alteração, é irretroativa.

c) **Medida de segurança:** a internação, ou tratamento ambulatorial, será por tempo indeterminado, perdurando enquanto não for averiguada, mediante perícia médica, a cessação de periculosidade. Parte da doutrina sustenta a inconstitucionalidade da duração indeterminada, de forma que, por interpretação sistemática e teleológica dos arts. 75 e 97 do CP e 183 da LEP, o período máximo é de 40 anos. Outra parte concorda com a lei, pois entende que o prazo indeterminado existe para proteger e recuperar o responsável pela infração penal. Pela Súmula 527 do STJ, o tempo de duração da medida de segurança não deve ultrapassar o limite máximo da pena abstratamente cominada ao delito praticado.

12. **Defensoria Pública:** incumbe requerer a unificação de penas, nos termos do art. 81-B, I, *d*, da LEP.

13. **Não aplicação:** a unificação de penas não enseja a alteração da data-base para concessão de novos benefícios executórios (*Informativo* n. 644/2019 do STJ).

14. **Entendimento do STJ:** nos termos da Súmula 441 do STJ, a falta grave não interrompe o prazo para a concessão do livramento condicional, por ausência de previsão legal, e esse entendimento se aplica mesmo no caso de unificação de pena, a qual, do mesmo modo, não atinge o indulto e a comutação.

15. **Unificação de penas e superveniência de condenação:** a condenação do réu por crime praticado após a primeira unificação de penas privativas de liberdade, para efeito de aplicação do limite máximo para o cumprimento de pena, enseja a realização de nova unificação, desprezando-se o tempo de pena já cumprido, nos termos do disposto no art. 75, § 2º, do CP (*Informativo* n. 317/2003 do STF).

16. **Livramento condicional e unificação de penas:** o cometimento de novos delitos, durante o livramento condicional, enseja a realização de nova unificação, para efeito de incidência do limite máximo para o cumprimento da pena, desprezando-se o tempo de pena já cumprido, nos termos do disposto no art. 75, § 2º, do CP (*Informativo* n. 448/2006 do STF).

17. **Reclusão e detenção:** concorrendo penas de reclusão e detenção, ambas devem ser somadas para efeito de fixação da totalidade do encarceramento, porquanto constituem reprimendas de mesma espécie, ou seja, penas privativas de liberdade (*Informativo* n. 771/2023 do STJ).

18. **Estrutura da peça prática**

a) **Endereçamento:** juiz da execução (federal ou estadual), nos termos do art. 66, inciso III, *a*, da LEP.

b) **Preâmbulo:** (a) nome e qualificação do requerente (não precisa qualificar, pois não é peça inicial); (b) capacidade postulatória; (c) fundamento legal; (d) nome da peça; (e) frase final.

c) **Dos fatos:** narrar a infração penal praticada, sem inventar dados, e o andamento processual até o momento do pedido de unificação de penas.

d) **Do direito:** comprovar os requisitos para a concessão da unificação das penas.

e) **Do pedido:** após a oitiva do Ministério Público, o reconhecimento do concurso formal ou crime continuado ou limite de prisão, e a concessão da comutação da pena, na forma do art. 66, inciso III, *a*, combinado com o art. 111, ambos da Lei de Execução Penal.

f) **Parte final:** termos em que, pede deferimento; data e indicação da OAB.

g) **Terminologia:** (1) verbo do pedido: requerer; (2) interessado no pedido: requerente.

MODELO DE PEDIDO DE UNIFICAÇÃO DE PENAS

EXCELENTÍSSIMO SENHOR DOUTOR JUIZ DE DIREITO DA ___ VARA DAS EXECUÇÕES CRIMINAIS DA COMARCA _____ (ESTADUAL)

EXCELENTÍSSIMO SENHOR DOUTOR JUIZ FEDERAL DA ___ VARA DAS EXECUÇÕES CRIMINAIS DA SEÇÃO JUDICIÁRIA DE _____ (FEDERAL)

(10 linhas)

_____ (nome), já qualificado nos autos do processo-crime em epígrafe, vem, por seu advogado infra-assinado, à presença de Vossa Excelência, com fundamento no art. 66, inciso III, *a*, combinado com o art. 111, ambos da Lei de Execução Penal, requerer a UNIFICAÇÃO DAS PENAS, pelos motivos de fato e de direito a seguir aduzidos:

(2 linhas)

DOS FATOS

* Narrar os acontecimentos, sem inventar dados ou copiar o problema.

(2 linhas)

DO DIREITO

* Demonstrar os requisitos para a concessão da unificação das penas.

a) Continuidade delitiva: crimes da mesma espécie e semelhantes nas condições de tempo, lugar, maneira de execução e outras circunstâncias.

b) Total da pena exceder o limite máximo previsto no CP.

c) Concurso formal ideal: mesma ação ou omissão, pratica dois ou mais crimes, da mesma espécie ou não.

(2 linhas)

DO PEDIDO

Diante do exposto, requer, após a oitiva do Ministério Público, o reconhecimento do _____ (cabimento do pedido – concurso formal ou crime continuado ou limite de prisão) e a concessão da Unificação de Penas, na forma do art. 66, inciso III, *a*, combinado com o art. 111, ambos da Lei de Execução Penal, como medida de inteira justiça!

(2 linhas)

Termos em que
pede deferimento.

(2 linhas)

Cidade, ____ de _____ de ____.

(2 linhas)

_____

OAB – sob n. ____

10 Pedido de extinção de punibilidade

1. Previsão legal: art. 66, inciso II, da LEP.

2. Legitimidade ativa: condenado ou seu representante legal ou seu cônjuge, parente ou descendente.

3. Requisito no processamento: oitiva do Ministério Público.

4. Indeferimento: cabe agravo em execução.

5. Causas extintivas de punibilidade: estão concentradas no art. 107, mas trata-se de rol não taxativo, de forma que existem outras causas previstas em legislação especial e na parte especial do Código Penal.

6. Análise do art. 107: das causas extintivas de punibilidade arroladas neste art. 107 do CP, as que podem ocorrer após o trânsito em julgado são:

a) **morte do agente:** causa incomunicável que extingue todos os efeitos da sentença condenatória e comprovada por certidão de óbito;

b) *abolitio criminis*: lei penal posterior que deixa de considerar criminoso determinado comportamento;

c) **prescrição da pretensão executória:** extingue a pena principal, em face da inércia do Estado;

d) **anistia, graça e indulto:** renúncia do Estado ao direito de punir.

Itens	Anistia	Graça/Indulto
Conceito	Esquecimento jurídico do ilícito.	Atinge a punibilidade.
Momento	Antes ou após o trânsito em julgado.	Após o trânsito em julgado.
Competência	Congresso Nacional (art. 48, VIII, da CF).	Presidente da República (art. 84, XII, da CF).
Efeitos	Penais principais e secundários.	Extinção da punibilidade.

Natureza	Lei penal de efeito retroativo.	Decreto presidencial.
Revogação	Após concedida não pode ser revogada.	Quando for comutação da pena ou indulto condicionado.
Objeto	Atinge fatos.	Atinge pessoas.

7. Defensoria Pública: incumbe requerer a declaração de extinção da punibilidade, nos termos do art. 81-B, I, *c*, da LEP.

8. Estrutura da peça prática

a) **Endereçamento:** juiz da execução (federal ou estadual), nos termos do art. 66, inciso II, da LEP.

b) **Preâmbulo:** (a) nome e qualificação do requerente (não precisa qualificar, pois não é peça inicial); (b) capacidade postulatória; (c) fundamento legal; (d) nome da peça; (e) frase final.

c) **Dos fatos:** narrar a infração penal praticada, sem inventar dados, e o andamento processual até o momento do pedido de extinção da punibilidade.

d) **Do direito:** comprovar a ocorrência da causa extintiva de punibilidade.

e) **Do pedido:** decretação da extinção da punibilidade.

f) **Parte final:** termos em que, pede deferimento; data e indicação da OAB.

g) **Terminologia:** (1) verbo do pedido: requerer; (2) interessado no pedido: requerente.

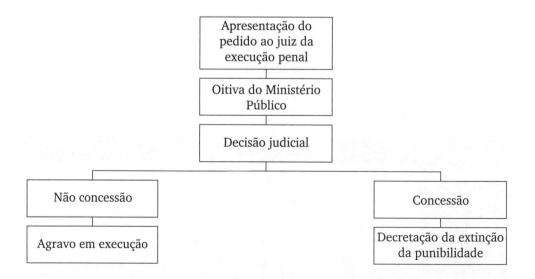

MODELO DE PEDIDO DE EXTINÇÃO DA PUNIBILIDADE

EXCELENTÍSSIMO SENHOR DOUTOR JUIZ DE DIREITO DA ___ VARA DAS EXECUÇÕES CRIMINAIS DA COMARCA _____ (ESTADUAL)

EXCELENTÍSSIMO SENHOR DOUTOR JUIZ FEDERAL DA ___ VARA DAS EXECUÇÕES CRIMINAIS DA SEÇÃO JUDICIÁRIA DE _____ (FEDERAL)

(10 linhas)

_____ (nome), já qualificado nos autos do processo-crime em epígrafe, vem, por seu advogado infra-assinado, à presença de Vossa Excelência, com fundamento no art. 66, II, da Lei de Execução Penal combinado com o art. 107, inciso _____, do CÓDIGO PENAL, requerer a EXTINÇÃO DA PUNIBILIDADE, pelos motivos de fato e de direito a seguir aduzidos:

(2 linhas)

DOS FATOS

* Narrar os acontecimentos, sem inventar dados ou copiar o problema.

(2 linhas)

DO DIREITO

* Demonstrar a ocorrência da causa extintiva de punibilidade.

(2 linhas)

EXEMPLO

* No caso em tela, ocorreu _____ (mencionar a causa), nos termos do artigo _____ (fundamento legal e constitucional), implicando a renúncia do Estado em punir o autor do delito.

O que existe, no caso, é o desaparecimento da pretensão punitiva do Estado, acarretando a impossibilidade jurídica de impor a pena ao agente (se for *abolitio criminis*, ressaltar a extinção da pena e do próprio crime).

(2 linhas)

DO PEDIDO

Diante do exposto, requer, após parecer do digno representante do Ministério Público, a decretação da EXTINÇÃO DA PUNIBILIDADE, nos termos do art. 107, inciso ___ do Código Penal, combinado com o art. 66, inciso VI, da LEP, como medida de inteira justiça.

(2 linhas)

Termos em que
pede deferimento.

(2 linhas)

Cidade, ___ de _____ de ___.

(2 linhas)

_____

OAB – sob n. ___

11 Pedido de comutação de pena

1. Competência: é concedido pelo Presidente da República[19], nos termos do art. 84, inciso XII, da CF, com audiência, se necessário, dos órgãos instituídos em lei.

a) **Natureza:** a comutação é uma espécie de indulto parcial. É típico ato de governo, caracterizado pela discricionariedade do presidente da República, respeitados os limites manifestos na Constituição.

b) **Fundamento:** a comutação da pena, no ordenamento pátrio, não está restrita apenas a fundamentos humanitários e costuma ser prevista anualmente, de forma coletiva, como verdadeiro instrumento de política criminal colocado à disposição do Presidente da República, segundo sua conveniência. O perdão das penas é, então, ato discricionário associado, comumentemente, ao combate ao hiperencarceramento, com vistas ao retorno do preso ao convívio social (*Informativo* n. 659/2019 do STJ).

c) **Limites:** a competência do Presidente da República para a concessão de indulto deve ser interpretada de modo sistemático e em harmonia com as previsões definidas pelo legislador penal. Do contrário, haverá usurpação da competência legislativa do Congresso e violação ao princípio da separação de Poderes. A concessão do indulto é ato discricionário, mas não poder absoluto acima da Constituição e das leis. Mesmo quando discricionários, os atos do poder público são controláveis quanto à

---

[19] A concessão do benefício do indulto é uma faculdade atribuída ao Presidente da República. Assim, é possível a imposição de condições para tê-lo como aperfeiçoado, desde que em conformidade com a CF (AI 701.673 AgR, rel. Min. Ricardo Lewandowski, j. 5-5-2009, 1ª T., *DJe* de 5-6-2009).

razoabilidade, proporcionalidade, finalidade, eficiência, economicidade, em meio a outros parâmetros (*Informativo* n. 925/2018 do STF).

2. Forma: a comutação da pena é concedida por decreto[20] e o juiz da execução a ajustará aos termos do decreto. Segundo a jurisprudência do STJ, para a análise do pedido de indulto ou comutação de penas, o magistrado deve restringir-se ao exame do preenchimento dos requisitos previstos no decreto presidencial, uma vez que os pressupostos para a concessão da benesse são da competência privativa do presidente da República. Dessa forma, qualquer outra exigência caracteriza constrangimento ilegal (*Informativo* n. 670/20).

3. Parecer: incumbe ao Conselho Penitenciário emitir parecer comutação de pena, nos termos do art. 70, inciso I, da Lei n. 7.210/84.

4. Defensoria Pública: cabe à defensoria requerer a comutação de pena, quando velar pela regular execução da pena e da medida de segurança, oficiando, no processo executivo e nos incidentes da execução, para a defesa dos necessitados em todos os graus e instâncias, de forma individual e coletiva.

5. Decisão concessiva: a decisão será sempre motivada e precedida de manifestação do Ministério Público e do defensor.

6. Natureza da sentença concessiva: declaratória.

7. Direito subjetivo: não cabe ao magistrado criar pressupostos não previstos no decreto presidencial, para que não ocorra violação do princípio da legalidade. De fato, preenchidos os requisitos estabelecidos no decreto presidencial, não há como impedir ou condicionar a concessão da comutação da pena ao sentenciado sob nenhum outro fundamento, tendo a sentença natureza meramente declaratória.

8. Falta grave do condenado: não tem o condão de interromper a contagem do prazo para a concessão do benefício da comutação da pena, por ausência de previsão legal, salvo se houver expressa previsão no Decreto Presidencial que concede o benefício. Cabe ressaltar que a prática de falta grave pelo apenado não constituirá, por si só, motivo apto a justificar a negativa de concessão do benefício pelo juízo da execução (*Informativos* n. 527/529 do STJ). De acordo com a Súmula 535 do STJ a prática de falta grave não interrompe prazo para fins de indulto.

9. Negativa da comutação: é discricionariedade conferida ao Presidente da República.

a) **critérios:** compete ao Presidente da República definir a concessão ou não do indulto, bem como seus requisitos e a extensão desse verdadeiro

---

[20] O decreto presidencial que concede o indulto configura ato de governo, caracterizado pela ampla discricionariedade (HC 90.364, rel. Min. Ricardo Lewandowski, j. 31-10-2007, P, *DJ* de 30-11-2007; HC 81.810, rel. Min. Cezar Peluso, j. 16-4-2009, P, *DJe* de 7-8-2009).

ato de clemência constitucional, a partir de critérios de conveniência e oportunidade[21];

b) **não vinculação:** a concessão de indulto não está vinculada à política criminal estabelecida pelo Legislativo, tampouco adstrita à jurisprudência formada pela aplicação da legislação penal, muito menos ao prévio parecer consultivo do Conselho Nacional de Política Criminal e Penitenciária, sob pena de total esvaziamento do instituto, que configura tradicional mecanismo de freios e contrapesos na tripartição de poderes[22].

10. Requisitos: os requisitos necessários à comutação da pena são de natureza objetiva. É exigido além do lapso temporal, o mérito. Dessa forma, requisito de natureza subjetiva só será exigido se houver previsão expressa no decreto presidencial. Não pode o Judiciário, interpretando extensivamente a norma, exigir outros requisitos além dos previstos no decreto presidencial de concessão do benefício da comutação de penas.

a) **Papel do Judiciário:** há a possibilidade de o Poder Judiciário analisar somente a constitucionalidade da concessão da *clementia principis*, e não o mérito, que deve ser entendido como juízo de conveniência e oportunidade do Presidente da República, que poderá, entre as hipóteses legais e moralmente admissíveis, escolher aquela que entender como a melhor para o interesse público no âmbito da Justiça Criminal[23].

b) **Requisito temporal e medida de segurança:** sendo a medida de segurança sanção penal, o período de cumprimento repercute no tempo exigido para o indulto[24].

11. Periodicidade do decreto presidencial: anual.

12. Finalidade do benefício: não há extinção da pena, implicando mera redução ou substituição da reprimenda.

13. *Habeas Corpus*: pode ser utilizado como meio para impugnar decisão do juízo da execução que indeferiu pedido de comutação da pena. A existência de recurso próprio ou de ação adequada à análise do pedido não obsta a apreciação das questões na via do *habeas corpus*, ademais por não ser necessário o exame do conjunto fático-probatório (*Informativo* n. 452/2010 do STJ).

14. Estrutura da peça prática

a) **Endereçamento:** juiz da execução (federal ou estadual), nos termos do art. 66, inciso VI, da LEP.

---

[21] ADI 5.874, rel. p/ o ac. Min. Alexandre de Moraes, j. 9-5-2019, P, *DJe* de 5-11-2020.

[22] ADI 5.874, rel. p/ o ac. Min. Alexandre de Moraes, j. 9-5-2019, P, *DJe* de 5-11-2020.

[23] ADI 5.874, rel. p/ o ac. min. Alexandre de Moraes, j. 9-5-2019, P, *DJe* de 5-11-2020.

[24] RE 628.658, rel. min. Marco Aurélio, j. 5-11-2015, P, *DJe* de 1º-4-2016.

b) **Preâmbulo:** (a) nome e qualificação do requerente (não precisa qualificar, pois não é peça inicial); (b) capacidade postulatória; (c) fundamento legal; (d) nome da peça; (e) frase final.

c) **Dos fatos:** narrar a infração penal praticada, sem inventar dados, e o andamento processual até o momento do decreto de comutação.

d) **Do direito:** comprovar a presença dos requisitos previstos no decreto presidencial para a concessão da comutação da pena.

e) **Do pedido:** concessão da comutação da pena.

f) **Parte final:** termos em que, pede deferimento; data e indicação da OAB.

g) **Terminologia:** (1) verbo do pedido: requerer; (2) interessado no pedido: requerente.

MODELO DE PEDIDO DE COMUTAÇÃO DA PENA

EXCELENTÍSSIMO SENHOR DOUTOR JUIZ DE DIREITO DA ___ VARA DAS EXECUÇÕES CRIMINAIS DA COMARCA _____ (ESTADUAL)

EXCELENTÍSSIMO SENHOR DOUTOR JUIZ FEDERAL DA ___ VARA DAS EXECUÇÕES CRIMINAIS DA SEÇÃO JUDICIÁRIA DE _____ (FEDERAL)

(10 linhas)

_____ (nome), já qualificado nos autos do processo-crime em epígrafe, vem, por seu advogado infra-assinado, à presença de Vossa Excelência, com fundamento no art. 84, XII, da Constituição Federal combinado com o art. 66, inciso VI, da Lei de Execução Penal, requerer a COMUTAÇÃO DA PENA, pelos motivos de fato e de direito a seguir aduzidos:

(2 linhas)

DOS FATOS
* Narrar os acontecimentos, sem inventar dados ou copiar o problema.

(2 linhas)

DO DIREITO
* Demonstrar a presença dos requisitos do decreto presidencial. Fere o princípio da legalidade fundamentar a vedação da comutação da pena em requisitos não previstos no decreto presidencial, pois os pressupostos para a concessão do benefício são da competência privativa do Presidente da República.

(2 linhas)

DO PEDIDO

Diante do exposto, requer, após parecer do digno representante do Ministério Público e oitiva do Conselho Penitenciário, a concessão da COMUTAÇÃO DA PENA, nos termos do art. 84, inciso XII, da Constituição Federal, combinado com o art. 66, inciso VI, da LEP, como medida de inteira justiça.

(2 linhas)

Termos em que pede deferimento.

(2 linhas)

Cidade, ＿＿ de ＿＿＿＿＿ de ＿＿.

(2 linhas)

_____

OAB – sob n. ＿＿

"Pacote Anticrime" 12

1. Manifestação: pela Lei n. 13.964/2019.

2. Conteúdo: alterações no sentido de aperfeiçoar a legislação penal e processual penal.

3. Finalidade: aumentar a eficácia no combate ao crime organizado, ao crime violento e à corrupção, além de reduzir pontos de estrangulamento do sistema de justiça criminal.

4. Alterações no Código Penal

a) **Legítima defesa:** houve inclusão do parágrafo único no art. 25 do CP, mencionando situação de legítima defesa do agente de segurança pública que repele agressão ou risco de agressão a vítima mantida refém durante a prática de crimes.

b) **Pena de multa:** fez previsão da competência do juízo da execução penal para execução da pena de multa, nos termos do art. 51 do CP.

c) **Limite das penas privativas de liberdade:** há um novo limite máximo de cumprimento de pena: o tempo de cumprimento das penas privativas de liberdade não pode ser superior a 40 (quarenta) anos, nos termos do art. 75 do CP.

d) **Requisitos do livramento condicional:** foi introduzido o requisito de não cometimento de falta grave nos últimos doze meses; e em relação ao requisito subjetivo, foi alterado de comprovação de comportamento satisfatório durante execução da pena para bom comportamento durante a execução da pena.

e) **Confisco alargado:** na hipótese de condenação por infrações às quais a lei comine pena máxima superior a 6 (seis) anos de reclusão, poderá ser decretada a perda, como produto ou proveito do crime, dos bens correspondentes à diferença entre o valor do patrimônio do condenado e aquele que seja compatível com o seu rendimento lícito.

f) Causas impeditivas da prescrição: foram inseridas duas novas causas suspensivas da prescrição: na pendência de embargos de declaração ou de recursos aos Tribunais Superiores, quando inadmissíveis. Enquanto não cumprido ou não rescindido o acordo de não persecução penal.

g) Roubo majorado pelo emprego de arma: são majorantes do crime de roubo: se a violência ou grave ameaça é exercida com emprego de arma branca; se a violência ou grave ameaça é exercida com emprego de arma de fogo de uso restrito ou proibido, aplica-se em dobro a pena.

h) Estelionato: ação penal é pública condicionada a representação se a vítima for: I – a Administração Pública, direta ou indireta; II – criança ou adolescente; III – pessoa com deficiência mental; ou IV – maior de 70 (setenta) anos de idade ou incapaz.

i) Concussão: a pena máxima do crime passa a ser 12 anos e não mais 8 anos.

5. Alterações na Lei de Execução Penal

5.1. Identificação do perfil genético do condenado

1. **Regulamentação:** deverá fazer constar garantias mínimas de proteção de dados genéticos, observando as melhores práticas da genética forense.

2. **Autoridade policial:** federal ou estadual, poderá requerer ao juiz competente, no caso de inquérito instaurado, o acesso ao banco de dados de identificação de perfil genético.

3. **Acesso:** deve ser viabilizado ao titular de dados genéticos o acesso aos seus dados constantes nos bancos de perfis genéticos, bem como a todos os documentos da cadeia de custódia que gerou esse dado, de maneira que possa ser contraditado pela defesa.

4. **Condenado por crime doloso praticado com violência grave contra a pessoa, bem como por crime contra a vida, contra a liberdade sexual ou por crime sexual contra vulnerável:** que não tiver sido submetido à identificação do perfil genético por ocasião do ingresso no estabelecimento prisional deverá ser submetido ao procedimento durante o cumprimento da pena.

5. **Amostra biológica coletada:** só poderá ser utilizada para o único e exclusivo fim de permitir a identificação pelo perfil genético, não estando autorizadas as práticas de fenotipagem genética ou de busca familiar. Uma vez identificado o perfil genético, a amostra biológica

deverá ser correta e imediatamente descartada, de maneira a impedir a sua utilização para qualquer outro fim.

6. **Realização:** a coleta da amostra biológica e a elaboração do respectivo laudo serão realizadas por perito oficial.

7. **Falta grave:** recusa do condenado em submeter-se ao procedimento de identificação do perfil genético.

5.2 Das faltas disciplinares de natureza grave: foi ampliado para incluir como falta grave recusar em submeter-se ao procedimento de identificação do perfil genético.

5.3 Regime disciplinar diferenciado

1. **Relação com a pena:** é uma forma especial de cumprimento da pena no regime fechado.

2. **RDD como sanção disciplinar:** (1) cabimento: prática de fato previsto como crime doloso que ocasione subversão da ordem ou disciplina internas; (2) destinatário: preso provisório, ou condenado, nacional ou estrangeiro; (3) duração máxima: de até 2 (dois) anos; (4) repetição: por nova falta grave de mesma espécie; (5) recolhimento: em cela individual; (6) visitas: quinzenais, de 2 (duas) pessoas por vez, a serem realizadas em instalações equipadas para impedir o contato físico e a passagem de objetos, por pessoa da família ou, no caso de terceiro, autorizado judicialmente, com duração de 2 (duas) horas. A visita será gravada em sistema de áudio ou de áudio e vídeo e, com autorização judicial, fiscalizada por agente penitenciário. Após os primeiros 6 (seis) meses de regime disciplinar diferenciado, o preso que não receber a visita poderá, após prévio agendamento, ter contato telefônico, que será gravado, com uma pessoa da família, 2 (duas) vezes por mês e por 10 (dez) minutos; (7) banho de sol: direito do preso à saída da cela por 2 (duas) horas diárias para banho de sol, em grupos de até 4 (quatro) presos, desde que não haja contato com presos do mesmo grupo criminoso; (8) entrevistas: sempre monitoradas, exceto aquelas com seu defensor, em instalações equipadas para impedir o contato físico e a passagem de objetos, salvo expressa autorização judicial em contrário; (9) correspondência: fiscalização do conteúdo da correspondência; (10) audiências: participação em audiências judiciais preferencialmente por videoconferência, garantindo-se a participação do defensor no mesmo ambiente do preso.

3. **RDD como medida cautelar:** (1) destinatários: presos provisórios ou condenados, nacionais ou estrangeiros; (2) cabimento: I – que apresentem alto risco para a ordem e a segurança do estabelecimento penal ou da sociedade; II – sob os quais recaiam fundadas suspeitas

de envolvimento ou participação, a qualquer título, em organização criminosa, associação criminosa ou milícia privada, independentemente da prática de falta grave.

4. **Cumprimento do RDD em presídio federal:** (1) cabimento: quando existirem indícios de que o preso exerce liderança em organização criminosa, associação criminosa ou milícia privada, ou que tenha atuação criminosa em 2 (dois) ou mais Estados da Federação, o regime disciplinar diferenciado será obrigatoriamente cumprido em estabelecimento prisional federal; (2) prorrogação: o regime disciplinar diferenciado poderá ser prorrogado sucessivamente, por períodos de 1 (um) ano, existindo indícios de que o preso: I – continua apresentando alto risco para a ordem e a segurança do estabelecimento penal de origem ou da sociedade; II – mantém os vínculos com organização criminosa, associação criminosa ou milícia privada, considerados também o perfil criminal e a função desempenhada por ele no grupo criminoso, a operação duradoura do grupo, a superveniência de novos processos criminais e os resultados do tratamento penitenciário; (3) segurança: o regime disciplinar diferenciado deverá contar com alta segurança interna e externa, principalmente no que diz respeito à necessidade de evitar contato do preso com membros de sua organização criminosa, associação criminosa ou milícia privada, ou de grupos rivais.

5.4 Saída temporária: não terá direito à saída temporária o condenado que cumpre pena por praticar crime hediondo com resultado morte.

5.5 Progressão de regime: neste tema regulado entre os arts. 112 a 117 da LEP, cuja finalidade é passar de um regime mais rigoroso para outro mais brando de cumprimento da pena privativa de liberdade, o "Pacote Anticrime" trouxe as seguintes inovações:

1. **Alteração no *quantum* do cumprimento de pena:** em cumprimento ao requisito objetivo: I – 16% (dezesseis por cento) da pena, se o apenado for primário e o crime tiver sido cometido sem violência à pessoa ou grave ameaça; II – 20% (vinte por cento) da pena, se o apenado for reincidente em crime cometido sem violência à pessoa ou grave ameaça; III – 25% (vinte e cinco por cento) da pena, se o apenado for primário e o crime tiver sido cometido com violência à pessoa ou grave ameaça; IV – 30% (trinta por cento) da pena, se o apenado for reincidente em crime cometido com violência à pessoa ou grave ameaça; V – 40% (quarenta por cento) da pena, se o apenado for condenado pela prática de crime hediondo ou equiparado, se for primário; VI – 50% (cinquenta por cento) da pena, se o apenado for: a) condenado pela prática de crime hediondo ou equiparado, com resultado morte, se for primário, vedado o livramento condicional;

b) condenado por exercer o comando, individual ou coletivo, de organização criminosa estruturada para a prática de crime hediondo ou equiparado; ou c) condenado pela prática do crime de constituição de milícia privada; VII – 60% (sessenta por cento) da pena, se o apenado for reincidente na prática de crime hediondo ou equiparado; VIII – 70% (setenta por cento) da pena, se o apenado for reincidente em crime hediondo ou equiparado com resultado morte, vedado o livramento condicional.

2. **Requisito subjetivo:** houve alteração apenas na forma de redação, antes era necessário ostentar bom comportamento carcerário comprovado pelo diretor do estabelecimento, respeitadas as normas que vedam a progressão, agora o mérito do condenado é demonstrado pela boa conduta carcerária, comprovada pelo diretor do estabelecimento, respeitadas as normas que vedam a progressão; é a ideia da probabilidade de adaptação do condenado ao regime mais brando. Podem ser apontados os seguintes meios de avaliação da boa conduta carcerária: (a) autodisciplina; (b) noção de responsabilidade pelos seus próprios atos; (c) realização e participação em atividades de reintegração ao convívio social, como trabalhos internos; (d) noção de respeito para com os seus semelhantes.

3. **Prática de falta grave:** interrompe a contagem do prazo para a progressão de regime de cumprimento de pena, o qual se reinicia a partir do cometimento dessa infração (Súmula 534 do STJ). O cometimento de falta grave durante a execução da pena privativa de liberdade interrompe o prazo para a obtenção da progressão no regime de cumprimento da pena, caso em que o reinício da contagem do requisito objetivo terá como base a pena remanescente, nos termos do art. 112, § 6º, da Lei de Execução Penal.

4. **Não hediondo ou equiparado para fins de progressão de regime:** o crime de tráfico de drogas privilegiado, nos termos do art. 33, § 4º, da Lei n. 11.343/2006.

6. Alterações no Código de Processo Penal

a) Recursos extraordinário e especial: o recurso extraordinário e o recurso especial serão processados e julgados no Supremo Tribunal Federal e no Superior Tribunal de Justiça na forma estabelecida por leis especiais, pela lei processual civil e pelos respectivos regimentos internos.

b) Recurso em sentido estrito: foi incluída uma hipótese de cabimento: da decisão, despacho ou sentença que recusar homologação à proposta de acordo de não persecução penal.

c) Nulidades: foi incluída uma nova nulidade, a que surge em decorrência de decisão carente de fundamentação.

d) Sentença do júri condenatória: o juiz mandará o acusado recolher-se ou recomendá-lo-á à prisão em que se encontra, se presentes os requisitos da prisão preventiva, ou, no caso de condenação a uma pena igual ou superior a 15 (quinze) anos de reclusão, determinará a execução provisória das penas, com expedição do mandado de prisão, se for o caso, sem prejuízo do conhecimento de recursos que vierem a ser interpostos. O presidente poderá, excepcionalmente, deixar de autorizar a execução provisória das penas, se houver questão substancial cuja resolução pelo tribunal ao qual competir o julgamento possa plausivelmente levar à revisão da condenação.

e) Apelação interposta contra decisão condenatória do Tribunal do Júri a uma pena igual ou superior a 15 (quinze) anos de reclusão: não terá efeito suspensivo. Excepcionalmente, poderá o tribunal atribuir efeito suspensivo à apelação, quando verificado cumulativamente que o recurso: I – não tem propósito meramente protelatório; e II – levanta questão substancial e que pode resultar em absolvição, anulação da sentença, novo julgamento ou redução da pena para patamar inferior a 15 (quinze) anos de reclusão. O pedido de concessão de efeito suspensivo poderá ser feito incidentemente na apelação ou por meio de petição em separado dirigida diretamente ao relator, instruída com cópias da sentença condenatória, das razões da apelação e de prova da tempestividade, das contrarrazões e das demais peças necessárias à compreensão da controvérsia.

f) Prisão preventiva

1. **Decretação de ofício pelo juiz:** não é mais possível; a decretação da prisão preventiva pelo juiz depende de requerimento do Ministério Público, do querelante ou do assistente, ou por representação da autoridade policial.

2. **Fundamentação na decretação**

- a decisão que decretar a prisão preventiva deve ser motivada e fundamentada em receio de perigo e existência concreta de fatos novos ou contemporâneos que justifiquem a aplicação da medida adotada;

- a decisão que decretar, substituir ou denegar a prisão preventiva será sempre motivada e fundamentada;

- na motivação da decretação da prisão preventiva ou de qualquer outra cautelar, o juiz deverá indicar concretamente a existência de fatos novos ou contemporâneos que justifiquem a aplicação da medida adotada;

- não se considera fundamentada qualquer decisão judicial, seja ela interlocutória, sentença ou acórdão, que: I – limitar-se à indicação, à reprodução ou à paráfrase de ato normativo, sem explicar sua relação com a causa ou a questão decidida; II – empregar conceitos jurídicos indeterminados, sem explicar o motivo concreto de sua incidência no caso; III – invocar motivos que se prestariam a justificar qualquer outra decisão; IV – não enfrentar todos os argumentos deduzidos no processo capazes de, em tese, infirmar a conclusão adotada pelo julgador; V – limitar-se a invocar precedente ou enunciado de súmula, sem identificar seus fundamentos determinantes nem demonstrar que o caso sob julgamento se ajusta àqueles fundamentos; VI – deixar de seguir enunciado de súmula, jurisprudência ou precedente invocado pela parte, sem demonstrar a existência de distinção no caso em julgamento ou a superação do entendimento;

- decisão carente de fundamentação é nula, nos termos do art. 564, V, do CPP;

3. **Periodicidade na manutenção:** decretada a prisão preventiva, deverá o órgão emissor da decisão revisar a necessidade de sua manutenção a cada 90 (noventa) dias, mediante decisão fundamentada, de ofício, sob pena de tornar a prisão ilegal;

4. **Casos de não decretação:** não será admitida a decretação da prisão preventiva com a finalidade de antecipação de cumprimento de pena ou como decorrência imediata de investigação criminal ou da apresentação ou recebimento de denúncia; a prisão preventiva em nenhum caso será decretada se o juiz verificar pelas provas constantes dos autos ter o agente praticado o fato sob o amparo de excludente de ilicitude.

g) Prisão em flagrante: após apresentação do juiz à pessoa presa: será realizada a audiência de custódia com a presença do acusado, seu advogado constituído ou membro da Defensoria Pública e o membro do Ministério Público. Após o juiz ouvir MP e defesa, deverá, de forma fundamentada: (1) relaxar a prisão ilegal; ou (2) converter a prisão em flagrante em preventiva, quando presentes os requisitos da prisão preventiva, e se revelarem inadequadas ou insuficientes as medidas cautelares diversas da prisão; ou (3) conceder liberdade provisória, com ou sem fiança.

1. **Apresentação do juiz à pessoa presa:** estando a pessoa presa, acometida de grave enfermidade ou havendo circunstância comprovadamente excepcional que a impossibilite de ser apresentada ao juiz no prazo de 24 horas, deverá ser assegurada a realização da audiência no local em que ela se encontra e, nos casos em que o deslocamento se mostre inviável, deverá ser providenciada a condução para a audiência de custódia imediatamente após restabelecida sua condição de saúde ou de apresentação, nos termos da Resolução n. 213 do CNJ.

2. **Crime de abuso de autoridade (Lei n. 13.869/2019):** (a) a autoridade judiciária que, dentro de prazo razoável, deixar de relaxar a

prisão manifestamente ilegal; (b) a autoridade judiciária que, dentro de prazo razoável, deixar de substituir a prisão preventiva por medida cautelar diversa ou de conceder liberdade provisória, quando manifestamente cabível.

3. **Não realização da audiência de custódia no prazo:** a autoridade que deu causa, sem motivação idônea, à não realização da audiência de custódia no prazo de 24 horas responderá administrativa, civil e penalmente pela omissão. A não realização de audiência de custódia sem motivação idônea ensejará também a ilegalidade da prisão, a ser relaxada pela autoridade competente, sem prejuízo da possibilidade de imediata decretação de prisão preventiva.

4. **Excludente de ilicitude:** se o juiz verificar, pelo auto de prisão em flagrante, que o agente praticou o fato sob o amparo de uma excludente de ilicitude, poderá, fundamentadamente, conceder ao acusado liberdade provisória, mediante termo de comparecimento obrigatório a todos os atos processuais, sob pena de revogação.

5. **Reincidência ou organização criminosa armada ou milícia:** se o juiz verificar que o agente é reincidente ou que integra organização criminosa armada ou milícia, ou que porta arma de fogo de uso restrito, deverá denegar a liberdade provisória, com ou sem medidas cautelares.

h) **Falta de exibição de mandado:** se a infração for inafiançável, a falta de exibição do mandado não obstará a prisão, e o preso, em tal caso, será imediatamente apresentado ao juiz que tiver expedido o mandado, para a realização de audiência de custódia.

i) **Prisão cautelar e prisão definitiva:** ninguém poderá ser preso senão em flagrante delito ou por ordem escrita e fundamentada da autoridade judiciária competente, em decorrência de prisão cautelar ou em virtude de condenação criminal transitada em julgado.

j) **Da prisão, das medidas cautelares e da liberdade provisória**
1. **Procedimento:** ressalvados os casos de urgência ou de perigo de ineficácia da medida, o juiz, ao receber o pedido de medida cautelar, determinará a intimação da parte contrária, para se manifestar no prazo de 5 (cinco) dias, acompanhada de cópia do requerimento e das peças necessárias, permanecendo os autos em juízo, e os casos de urgência ou de perigo deverão ser justificados e fundamentados em decisão que contenha elementos do caso concreto que justifiquem essa medida excepcional.

2. **Substituição de ofício pelo juiz:** o juiz poderá, de ofício ou a pedido das partes, revogar a medida cautelar ou substituí-la quando

verificar a falta de motivo para que subsista, bem como voltar a decretá-la, se sobrevierem razões que a justifiquem.

3. *Ultima ratio*: a prisão preventiva somente será determinada quando não for cabível a sua substituição por outra medida cautelar, observado o art. 319 deste Código, e o não cabimento da substituição por outra medida cautelar deverá ser justificado de forma fundamentada nos elementos presentes do caso concreto, de forma individualizada.

k) Cadeia de custódia e das perícias em geral

1. **Conceito**: conjunto de todos os procedimentos utilizados para manter e documentar a história cronológica do vestígio (todo objeto ou material bruto, visível ou latente, constatado ou recolhido, que se relaciona à infração penal) coletado em locais ou em vítimas de crimes, para rastrear sua posse e manuseio a partir de seu reconhecimento até o descarte.

2. **Finalidade**: assegurar a originalidade, a autenticidade e a integridade do vestígio, garantindo assim a idoneidade e transparência na produção da prova técnica.

3. **Realização**: aqueles que entram em contato direta ou indiretamente com o material probatório e estão presentes do momento em que se tem conhecimento do fato delituoso até o esgotamento definitivo do interesse do Estado na preservação do vestígio.

4. **Trâmite do vestígio na cadeia de custódia:**

a) **início**: preservação do local de crime ou com procedimentos policiais ou periciais nos quais seja detectada a existência de vestígio. O agente público que reconhecer um elemento como de potencial interesse para a produção da prova pericial fica responsável por sua preservação;

b) **reconhecimento**: ato de distinguir um elemento como de potencial interesse para a produção da prova pericial;

c) **isolamento**: ato de evitar que se altere o estado das coisas, devendo isolar e preservar o ambiente imediato, mediato e relacionado aos vestígios e local de crime;

d) **fixação**: descrição detalhada do vestígio conforme se encontra no local de crime ou no corpo de delito, e a sua posição na área de exames, podendo ser ilustrada por fotografias, filmagens ou croqui; é indispensável a sua descrição no laudo pericial produzido pelo perito responsável pelo atendimento;

e) **coleta**: ato de recolher o vestígio que será submetido a análise pericial, respeitando suas características e natureza; a coleta dos vestígios

623

deverá ser realizada preferencialmente por perito oficial, que dará o encaminhamento necessário para a central de custódia, mesmo quando for necessária a realização de exames complementares;

f) **acondicionamento:** procedimento por meio do qual cada vestígio coletado é embalado de forma individualizada, de acordo com suas características físicas, químicas e biológicas, para posterior análise, com anotação da data, hora e nome de quem realizou a coleta e o acondicionamento. O recipiente para acondicionamento do vestígio será determinado pela natureza do material. Todos os recipientes deverão ser selados com lacres, com numeração individualizada, de forma a garantir a inviolabilidade e a idoneidade do vestígio durante o transporte. O recipiente deverá individualizar o vestígio, preservar suas características, impedir contaminação e vazamento, ter grau de resistência adequado e espaço para registro de informações sobre seu conteúdo. O recipiente só poderá ser aberto pelo perito que vai proceder à análise e, motivadamente, por pessoa autorizada. Após cada rompimento de lacre, deve-se fazer constar na ficha de acompanhamento de vestígio o nome e a matrícula do responsável, a data, o local, a finalidade, bem como as informações referentes ao novo lacre utilizado. O lacre rompido deverá ser acondicionado no interior do novo recipiente;

g) **transporte:** ato de transferir o vestígio de um local para o outro, utilizando as condições adequadas (embalagens, veículos, temperatura, entre outras), de modo a garantir a manutenção de suas características originais, bem como o controle de sua posse;

h) **recebimento:** ato formal de transferência da posse do vestígio, que deve ser documentado com, no mínimo, informações referentes ao número de procedimento e unidade de polícia judiciária relacionada, local de origem, nome de quem transportou o vestígio, código de rastreamento, natureza do exame, tipo do vestígio, protocolo, assinatura e identificação de quem o recebeu;

i) **processamento:** exame pericial em si, manipulação do vestígio de acordo com a metodologia adequada às suas características biológicas, físicas e químicas, a fim de se obter o resultado desejado, que deverá ser formalizado em laudo produzido por perito;

j) **armazenamento:** procedimento referente à guarda, em condições adequadas, do material a ser processado, guardado para realização de contraperícia, descartado ou transportado, com vinculação ao número do laudo correspondente;

k) **descarte:** procedimento referente à liberação do vestígio, respeitando a legislação vigente e, quando pertinente, mediante autorização judicial.

5. Central de custódia:

a) **existência:** em todos os institutos de criminalística deverá haver uma central de custódia;

b) **finalidade:** guarda e controle dos vestígios;

c) **gestão:** deve ser vinculada diretamente ao órgão central de perícia oficial de natureza criminal;

d) **conteúdo:** toda central de custódia deve possuir os serviços de protocolo, com local para conferência, recepção, devolução de materiais e documentos, possibilitando a seleção, a classificação e a distribuição de materiais, devendo ser um espaço seguro e apresentar condições ambientais que não interfiram nas características do vestígio;

e) **entrada e saída:** na central de custódia, a entrada e a saída de vestígio deverão ser protocoladas, consignando-se informações sobre a ocorrência no inquérito que a ele se relacionam. Todas as pessoas que tiverem acesso ao vestígio armazenado deverão ser identificadas e deverão ser registradas a data e a hora do acesso;

f) **registro:** por ocasião da tramitação do vestígio armazenado, todas as ações deverão ser registradas, consignando-se a identificação do responsável pela tramitação, a destinação, a data e horário da ação;

g) **devolução:** após a realização da perícia, o material deverá ser devolvido à central de custódia, devendo nela permanecer;

h) **não espaço ou condições de armazenar determinado material:** deverá a autoridade policial ou judiciária determinar as condições de depósito do referido material em local diverso, mediante requerimento do diretor do órgão central de perícia oficial de natureza criminal.

6. **Violação da cadeia de custódia:** é a inidoneidade do caminho que deve ser percorrido pela prova até sua análise pelo magistrado. Sobre a violação existe divergência, de forma que há dois posicionamentos:

a) ilegitimidade (ou ilicitude) da prova, de maneira que não pode ser admitida no processo[1]; tem como objetivo garantir a todos os acusados o devido processo legal e os recursos a ele inerentes, como a

---

[1] LOPES JR., Aury. *Direito processual penal.* 15. ed. São Paulo: Saraiva, 2018.

ampla defesa, o contraditório e principalmente o direito à prova lícita;

b) esse tipo de vício deve ser resolvido pela atribuição de "menor valor ao meio de prova" em questão[2].

7. **Fraude processual:** é proibida a entrada em locais isolados, bem como a remoção de quaisquer vestígios de locais de crime antes da liberação por parte do perito responsável, sendo tipificada como fraude processual a sua realização.

8. **Parâmetro:** todos vestígios coletados no decurso do inquérito ou processo devem ser tratados como descrito na lei, ficando o órgão central de perícia oficial de natureza criminal responsável por detalhar a forma do seu cumprimento.

l) **Prova inadmissível:** o juiz que conhecer do conteúdo da prova declarada inadmissível não poderá proferir a sentença ou acórdão.

m) Medidas assecuratórias

1. **Avaliação e leilão:** transitada em julgado a sentença condenatória, o juiz, de ofício ou a requerimento do interessado ou do Ministério Público, determinará a avaliação e a venda dos bens em leilão público cujo perdimento tenha sido decretado.

2. **Destino do dinheiro apurado:** será recolhido aos cofres públicos o que não couber ao lesado ou a terceiro de boa-fé. O valor apurado deverá ser recolhido ao Fundo Penitenciário Nacional, exceto se houver previsão diversa em lei especial.

3. **Utilização dos bens apreendidos pelos órgãos da persecução:** o juiz poderá autorizar, constatado o interesse público, a utilização de bem sequestrado, apreendido ou sujeito a qualquer medida assecuratória pelos órgãos de segurança pública, do sistema prisional, do sistema socioeducativo, da Força Nacional de Segurança Pública e do Instituto Geral de Perícia, para o desempenho de suas atividades. O órgão de segurança pública participante das ações de investigação ou repressão da infração penal que ensejou a constrição do bem terá prioridade na sua utilização. Fora das hipóteses anteriores, demonstrado o interesse público, o juiz poderá autorizar o uso do bem pelos demais órgãos públicos. Se o bem for veículo, embarcação ou aeronave, o juiz ordenará à autoridade de trânsito ou ao órgão de registro e controle a expedição de certificado provisório de registro e licenciamento em favor do órgão público beneficiário, o qual esta-

---

[2] BADARÓ, Gustavo. A cadeia de custódia e sua relevância para a prova penal. In: SIDI, Ricardo; LOPES, Anderson Bezerra (Org.). *Temas atuais da investigação preliminar no processo penal.* Belo Horizonte: D'Plácido, 2017.

rá isento do pagamento de multas, encargos e tributos anteriores à disponibilização do bem para a sua utilização, que deverão ser cobrados de seu responsável. Transitada em julgado a sentença penal condenatória com a decretação de perdimento dos bens, ressalvado o direito do lesado ou terceiro de boa-fé, o juiz poderá determinar a transferência definitiva da propriedade ao órgão público beneficiário ao qual foi custodiado o bem.

n) Restituição de coisas apreendidas

1. **Alienação das coisas apreendidas:** (a) Avaliação e leilão: transitada em julgado a sentença condenatória, o juiz, de ofício ou a requerimento do interessado ou do Ministério Público, determinará a avaliação e a venda dos bens em leilão público cujo perdimento tenha sido decretado; (b) Destino do dinheiro apurado: será recolhido aos cofres públicos o que não couber ao lesado ou a terceiro de boa-fé. O valor apurado deverá ser recolhido ao Fundo Penitenciário Nacional, exceto se houver previsão diversa em lei especial.

2. **Decretação de perdimento de obras de arte ou de outros bens de relevante valor cultural ou artístico:** se o crime não tiver vítima determinada, poderá haver destinação dos bens a museus públicos.

o) Arquivamento das investigações

1. **Legitimidade:** o arquivamento do inquérito policial é feito por pedido do Ministério Público e decidido pelo juiz. A autoridade policial não pode arquivar o inquérito, nos termos da sua característica de indisponibilidade prevista no art. 17 do CPP. Na ação penal pública incondicionada, a vítima não tem direito líquido e certo de impedir o arquivamento do inquérito ou das peças de informação (*Informativo* n. 565/2015 do STJ).

2. **Antes da Lei n. 13.964/2019:** o juiz podia tomar as seguintes atitudes diante do pedido ministerial de arquivamento: (a) concordância: neste caso, o inquérito será arquivado; (b) discordância: neste caso, o juiz remete os autos do inquérito e o pedido do arquivamento ao: (b1) se for promotor de justiça (membro do Ministério Público Estadual): ao Procurador-Geral de Justiça, nos termos do art. 28 do CPP combinado com o art. 10, IX, *d*, da Lei n. 8.625/93, que pode oferecer a denúncia, designar outro órgão do Ministério Público que está obrigado a oferecer a denúncia ou ainda insistir no arquivamento; (b2) se for Procurador-Geral de Justiça (chefe do MP estadual): ao Colégio de Procuradores, nos termos do art. 12, XI, da Lei n. 8.625/93: "Compete ao Colégio de Procuradores: rever, mediante requerimento de legítimo interessado, nos termos da Lei Orgânica, decisão de arquivamento de inquérito policial ou peças de informa-

ções determinada pelo Procurador-Geral de Justiça, nos casos de sua atribuição originária"; (b3) se for membro do Ministério Público Federal: à Câmara de Coordenação e Revisão, nos termos do art. 62, IV, da Lei Complementar n. 75/93: "Compete às Câmaras de Coordenação e Revisão: (...) IV – manifestar-se sobre o arquivamento de inquérito policial, inquérito parlamentar ou peças de informação, exceto nos casos de competência originária do Procurador-Geral", combinado com o art. 171, V, da Lei Complementar n. 75/93; (b4) se for competência originária do STF: está obrigado a determinar o arquivamento quando requerido pelo Procurador-Geral da República.

3. **Sistemática atual (com a Lei n. 13.964/2019):** ordenado o arquivamento do inquérito policial ou de quaisquer elementos informativos da mesma natureza, o órgão do Ministério Público comunicará à vítima, ao investigado e à autoridade policial e encaminhará os autos para a instância de revisão ministerial para fins de homologação, na forma da lei. No caso de morte decorrente de intervenção policial, deve o promotor de justiça (membro do MP estadual) ou o procurador da República (membro do MP federal) notificar a vítima e/ou familiares sobre o pronunciamento do MP, nos termos do art. 4º, VII, da Resolução n. 129/2015 do Conselho Nacional do MP.

4. **Discordância da vítima, ou seu representante legal:** poderá, no prazo de 30 (trinta) dias do recebimento da comunicação, submeter a matéria à revisão da instância competente do órgão ministerial, conforme dispuser a respectiva lei orgânica.

5. **Ações penais relativas a crimes praticados em detrimento da União, Estados e Municípios:** a revisão do arquivamento do inquérito policial poderá ser provocada pela chefia do órgão a quem couber a sua representação judicial.

6. **Homologação pela instância de revisão:** (1) se for promotor de justiça (membro do Ministério Público Estadual): ao Procurador-Geral de Justiça, nos termos do art. 28 do CPP, combinado com o art. 10, IX, *d*, da Lei n. 8.625/93, que pode oferecer a denúncia, designar outro órgão do Ministério Público que está obrigado a oferecer a denúncia ou ainda insistir no arquivamento; (2) se for Procurador-Geral de Justiça (chefe do MP estadual): ao Colégio de Procuradores, nos termos do art. 12, XI, da Lei n. 8.625/93: "Compete ao Colégio de Procuradores: rever, mediante requerimento de legítimo interessado, nos termos da Lei Orgânica, decisão de arquivamento de inquérito policial ou peças de informações determinada pelo Procurador-Geral de Justiça, nos casos de sua atribuição originária"; (3) se for membro do Ministério Público Federal: à Câmara de Coordenação e Revisão, nos termos do art. 62, IV, da Lei Complementar n. 75/93: "Compete

às Câmaras de Coordenação e Revisão: (...) IV – manifestar-se sobre o arquivamento de inquérito policial, inquérito parlamentar ou peças de informação, exceto nos casos de competência originária do Procurador-Geral", combinado com o art. 171, V, da Lei Complementar n. 75/93.

7. **Motivação:** o inquérito policial somente pode ser arquivado por determinação judicial, a requerimento do Ministério Público, quando houver justa causa. Não existe a possibilidade do arquivamento de inquérito "de ofício". Se o juiz determinar o arquivamento sem pedido do Ministério Público, caberá correição parcial.

8. **Efeito da decisão judicial sobre o arquivamento:** faz coisa julgada formal, pois pode o inquérito ser desarquivado, diante do aparecimento de novas provas, nos termos do art. 18 do CPP: "Depois de ordenado o arquivamento do inquérito pela autoridade judiciária, por falta de base para a denúncia, a autoridade policial poderá proceder a novas pesquisas, se de outras provas tiver notícia", e da Súmula 524 do STF: "Arquivado o inquérito policial, por despacho do juiz, a requerimento do promotor de justiça, não pode a ação penal ser iniciada, sem novas provas".

Cabe ressalvar que não é possível reabertura de inquérito policial quando este houver sido arquivado a pedido do Ministério Público com apoio na extinção de punibilidade do indiciado ou na atipicidade penal da conduta a ele imputada. Promovido o arquivamento do inquérito policial pelo reconhecimento de legítima defesa, a coisa julgada material impede a rediscussão do caso penal em qualquer novo feito criminal, descabendo perquirir a existência de novas provas (*Informativo* n. 554/2015 do STJ).

9. **Recurso:** em regra, a decisão de arquivamento é irrecorrível, exceto: (a) nos crimes contra a economia popular, o recurso cabível é o de ofício (art. 7º da Lei n. 1.521/51: "Os juízes recorrerão de ofício sempre que absolverem os acusados em processo por crime contra a economia popular ou contra a saúde pública, ou quando determinarem o arquivamento dos autos do respectivo inquérito policial"); (b) nas contravenções previstas nos arts. 58 e 60, ambos do Decreto-lei n. 6.259/44 (art. 6º, parágrafo único, da Lei n. 1.508/51), o recurso cabível é o recurso em sentido estrito: "Art. 6º Quando qualquer do povo provocar a iniciativa do Ministério Público, nos termos do art. 27 do Código do Processo Penal, para o processo tratado nesta lei, a representação, depois do registro pelo distribuidor do juízo, será por este enviada, *incontinenti*, ao Promotor Público, para os fins legais. Parágrafo único. Se a representação for arquivada, poderá o seu autor inter-

629

por recurso no sentido estrito". Há também a possibilidade de recurso dentro do procedimento previsto no art. 28 do CPP, definido no art. 12, XI, da Lei n. 8.625/93.

10. **Ação penal privada:** convém ressaltar que não cabe ação penal privada subsidiária da pública se o Ministério Público pede arquivamento do inquérito policial, pois não houve inércia. Na ação penal privada não há necessidade do pedido de arquivamento: basta o curso do prazo decadencial do direito de queixa. Caso seja requerido o arquivamento, deve ser recebido como renúncia tácita ao direito de queixa, dando ensejo à extinção da punibilidade.

11. **Local dos autos do inquérito arquivado:** secretaria do juiz das garantias a disposição das partes e demais interessados, nos termos do art. 3º-C do CPP.

p) Acordo de não persecução penal

1. **Partes do acordo:** entre o órgão da acusação e o investigado.

2. **Conteúdo do acordo para o investigado:** assume sua responsabilidade, aceitando cumprir, desde logo, condições menos severas do que a sanção penal aplicável ao fato a ele imputado.

3. **Requisito para o investigado:** ser assistido por advogado.

4. **Requisito do acordo:** precisa ser homologado pelo juiz.

5. **Pressupostos:** (1) existência de procedimento investigatório; (2) não ser caso de arquivamento dos autos; (3) cominada pena mínima inferior a 4 anos (para aferição da pena mínima cominada ao delito serão consideradas as causas de aumento e diminuição aplicáveis ao caso concreto) se o crime não for cometido com violência ou grave ameaça à pessoa; (4) confissão formal e circunstanciada da prática do crime pelo investigado.

6. **Condições (podem ser cumulativas ou alternativas):** I – reparar o dano ou restituir a coisa à vítima, exceto na impossibilidade de fazê-lo; II – renunciar voluntariamente a bens e direitos indicados pelo Ministério Público como instrumentos, produto ou proveito do crime; III – prestar serviço à comunidade ou a entidades públicas por período correspondente à pena mínima cominada ao delito diminuída de um a dois terços, em local a ser indicado pelo juízo da execução, na forma do art. 46 do CP; IV – pagar prestação pecuniária, a ser estipulada nos termos do art. 45 do CP, a entidade pública ou de interesse social, a ser indicada pelo juízo da execução, que tenha, preferencialmente, como função proteger bens jurídicos iguais ou semelhantes aos aparentemente lesados pelo delito; ou V – cumprir, por prazo determinado, outra condição indicada pelo

Ministério Público, desde que proporcional e compatível com a infração penal imputada.

7. **Não cabimento do acordo:** I – se for cabível transação penal de competência dos Juizados Especiais Criminais, nos termos da lei; II – se o investigado for reincidente ou se houver elementos probatórios que indiquem conduta criminal habitual, reiterada ou profissional, exceto se insignificantes as infrações penais pretéritas; III – ter sido o agente beneficiado nos 5 (cinco) anos anteriores ao cometimento da infração, em acordo de não persecução penal, transação penal ou suspensão condicional do processo; e IV – nos crimes praticados no âmbito de violência doméstica ou familiar, ou praticados contra a mulher por razões da condição de sexo feminino, em favor do agressor.

8. **Formalidades:** o acordo de não persecução penal será formalizado por escrito e será firmado pelo membro do Ministério Público, pelo investigado e por seu defensor.

9. **Análise judicial:** para a homologação do acordo de não persecução penal, será realizada audiência na qual o juiz deverá verificar a sua voluntariedade, por meio da oitiva do investigado na presença do seu defensor, e sua legalidade.

10. **Homologação:** o juiz devolve os autos ao MP para que inicie a execução perante o juízo da execução penal.

11. **Não homologação:** se o juiz considerar inadequadas, insuficientes ou abusivas as condições dispostas no acordo de não persecução penal, devolverá os autos ao Ministério Público para que seja reformulada a proposta de acordo, com concordância do investigado e seu defensor.

12. **Não cabimento do acordo:** o juiz poderá recusar homologação à proposta que não atender aos requisitos legais ou quando não for realizada a adequação a que se refere o § 5º do art. 28-A (se o juiz considerar inadequadas, insuficientes ou abusivas as condições dispostas no acordo de não persecução penal, devolverá os autos ao Ministério Público para que seja reformulada a proposta de acordo, com concordância do investigado e seu defensor). Recusada a homologação, o juiz devolverá os autos ao Ministério Público para a análise da necessidade de complementação das investigações ou o oferecimento da denúncia.

13. **Descumprimento do acordo:** a vítima será intimada da homologação do acordo de não persecução penal e de seu descumprimento. Descumpridas quaisquer das condições estipuladas no acordo de não persecução penal, o Ministério Público deverá comunicar ao juízo,

para fins de sua rescisão e posterior oferecimento de denúncia. O descumprimento do acordo de não persecução penal pelo investigado também poderá ser utilizado pelo Ministério Público como justificativa para o eventual não oferecimento de suspensão condicional do processo.

14. **Antecedentes criminais do investigado:** a celebração e o cumprimento do acordo de não persecução penal não constarão de certidão de antecedentes criminais, exceto para os fins previstos no inciso III do § 2º do art. 28-A (não cabe o acordo no caso de ter sido o agente beneficiado nos 5 anos anteriores ao cometimento da infração, em acordo de não persecução penal, transação penal ou suspensão condicional do processo).

15. **Cumprimento do acordo:** cumprido integralmente o acordo de não persecução penal, o juízo competente decretará a extinção de punibilidade.

16. **Recusa por parte do Ministério Público, em propor o acordo de não persecução penal:** o investigado poderá requerer a remessa dos autos a órgão superior, na forma do art. 28 do CPP.

q) Juiz de garantias

1. **Conceito:** é o que atua na fase investigatória até o recebimento da denúncia ou queixa. Após o recebimento da peça acusatória o juiz atuante no processo criminal é o juiz da instrução e julgamento.

2. **Finalidade da criação:** com o juiz de garantias, tem-se a separação entre os órgãos jurisdicionais de controle da investigação preliminar e de julgamento do caso penal, visando à preservação da imparcialidade.

3. **Fundamento:** é uma opção política do processo penal, inserida no modelo democrático do processo penal, vinculado à Constituição Federal e aos diplomas internacionais[3].

4. **Vedações ao juiz:** 1) a iniciativa do juiz na fase de investigação; 2) a substituição da atuação probatória do órgão de acusação.

5. **Função:** controle da legalidade da investigação criminal e pela salva-guarda dos direitos individuais cuja franquia tenha sido reservada à autorização prévia do Poder Judiciário.

6. **Atribuições:** rol não taxativo: outras matérias inerentes às atribuições de controle da legalidade da investigação criminal e pela salvaguarda dos direitos individuais cuja franquia tenha sido reservada à autorização prévia do Poder Judiciário.

---

[3] GIACOMOLLI, Nereu José. Juiz de garantias: um nascituro estigmatizado. In: MALAN, Diogo; MIRZA, Flávio (coord.). *70 anos do Código de Processo Penal brasileiro:* balanços e perspectivas de reforma. Rio de Janeiro: Lumen Juris, 2011.

1) comunicação da prisão: receber a comunicação imediata da prisão, nos termos do inciso LXII do *caput* do art. 5º da Constituição Federal (a prisão de qualquer pessoa e o local onde se encontre serão comunicados imediatamente ao juiz competente e à família do preso ou à pessoa por ele indicada). No art. 306 do CPP, a prisão de qualquer pessoa e o local onde se encontre serão comunicados imediatamente ao juiz competente, ao Ministério Público e à família do preso ou à pessoa por ele indicada;

2) controle da legalidade da prisão em flagrante: receber o auto da prisão em flagrante para o controle da legalidade da prisão, observado o disposto no art. 310 do CPP (após receber o auto de prisão em flagrante, no prazo máximo de até 24 horas após a realização da prisão, o juiz deverá promover audiência de custódia com a presença do acusado, seu advogado constituído ou membro da Defensoria Pública e o membro do Ministério Público; nessa audiência, o juiz deverá, fundamentadamente: I – relaxar a prisão ilegal; ou II – converter a prisão em flagrante em preventiva, quando presentes os requisitos constantes do art. 312 do CPP, e se revelarem inadequadas ou insuficientes as medidas cautelares diversas da prisão; III – conceder liberdade provisória, com ou sem fiança);

3) zelo: zelar pela observância dos direitos do preso, podendo determinar que este seja conduzido à sua presença, a qualquer tempo; assegurar prontamente, quando se fizer necessário, o direito outorgado ao investigado e ao seu defensor de acesso a todos os elementos informativos e provas produzidos no âmbito da investigação criminal, salvo no que concerne, estritamente, às diligências em andamento;

4) informação: ser informado sobre a instauração de qualquer investigação criminal;

5) decisão: decidir sobre o requerimento de prisão provisória ou outra medida cautelar, observado o disposto no § 1º deste artigo (esse § 1º foi vetado); decidir sobre o requerimento de produção antecipada de provas consideradas urgentes e não repetíveis, assegurados o contraditório e a ampla defesa em audiência pública e oral; decidir sobre os requerimentos de: (1) interceptação telefônica, do fluxo de comunicações em sistemas de informática e telemática ou de outras formas de comunicação; (2) afastamento dos sigilos fiscal, bancário, de dados e telefônico; (3) busca e apreensão domiciliar; (4) acesso a informações sigilosas; (5) outros meios de obtenção da prova que restrinjam direitos fundamentais do investigado; decidir sobre o recebimento da denúncia ou queixa, nos termos do art. 399 do Código de Processo Penal (recebida a denúncia ou queixa, o juiz designará dia e hora para a audiência, ordenando a intimação do acusado, de seu defensor, do Ministério Público e, se for o caso, do querelante e do assistente); decidir sobre a homologação de acordo de não persecução penal ou os de colaboração premiada, quando formalizados durante a investigação; determinar o trancamento do inquérito policial quando não houver fundamento razoável para sua instauração ou prosseguimento; determinar a instauração de incidente de insanidade mental; julgar o *habeas corpus* impetrado antes do oferecimento da denúncia; deferir pedido de admissão de assistente técnico para acompanhar a produção da perícia;

6) prorrogação: prorrogar a prisão provisória ou outra medida cautelar, bem como substituí-las ou revogá-las, assegurado, no primeiro caso, o exercício do contraditório em audiência pública e oral, na forma do disposto neste Código ou em legislação especial pertinente; prorrogar o prazo de duração do inquérito, estando o investigado preso, em vista das razões apresentadas pela autoridade policial e observado o disposto no § 2º do art. 3º-B do CPP (se o investigado estiver preso, o juiz das garantias poderá, mediante representação da autoridade policial e ouvido o Ministério Público, prorrogar, uma única vez, a duração do inquérito por até 15 dias, após o que, se ainda assim a investigação não for concluída, a prisão será imediatamente relaxada);

7) requisição: requisitar documentos, laudos e informações ao delegado de polícia sobre o andamento da investigação.

7. **Competência:** todas as infrações penais, exceto as de menor potencial ofensivo.

8. **Cessação da competência:** recebimento da denúncia ou queixa na forma do art. 399 do Código de Processo Penal.

9. **Competência após recebimento da denúncia ou queixa:** as questões pendentes serão decididas pelo juiz da instrução e julgamento.

10. **Força jurídica das decisões proferidas pelo juiz das garantias:** não vinculam o juiz da instrução e julgamento, que, após o recebimento da denúncia ou queixa, deverá reexaminar a necessidade das medidas cautelares em curso, no prazo máximo de 10 (dez) dias.

11. **Local dos autos que compõem as matérias de competência do juiz das garantias:** ficarão acautelados na secretaria desse juízo, à disposição do Ministério Público e da defesa, e não serão apensados aos autos do processo enviados ao juiz da instrução e julgamento, ressalvados os documentos relativos às provas irrepetíveis, medidas de obtenção de provas ou de antecipação de provas, que deverão ser

remetidos para apensamento em apartado. Fica assegurado às partes o amplo acesso aos autos acautelados na secretaria do juízo das garantias.

12. **Impedimento de o juiz de garantias funcionar no processo**: atuação na fase de investigação (praticar qualquer ato incluído nas competências dos arts. 4º e 5º do Código de Processo Penal): ficará impedido de funcionar no processo. Nas comarcas em que funcionar apenas um juiz, os tribunais criarão um sistema de rodízio de magistrados.

13. **Designação**: conforme as normas de organização judiciária da União, dos Estados e do Distrito Federal, observando critérios objetivos a serem periodicamente divulgados pelo respectivo tribunal.

14. **Cumprimento das regras sobre tratamento dos presos**: vedação: acordo ou ajuste de qualquer autoridade com órgãos da imprensa para explorar a imagem da pessoa submetida à prisão, sob pena de responsabilidade civil, administrativa e penal; regulamentação: as autoridades deverão disciplinar, em 180 (cento e oitenta) dias, o modo pelo qual as informações sobre a realização da prisão e a identidade do preso serão, de modo padronizado e respeitada a programação normativa sobre tratamento dos presos, transmitidas à imprensa, assegurados a efetividade da persecução penal, o direito à informação e a dignidade da pessoa submetida à prisão.

r) **Acompanhamento das investigações**: garantias defensivas especiais para agentes da segurança pública

1. **Condição de investigado**: quando os servidores vinculados à segurança pública figurarem como investigados em inquéritos policiais, inquéritos policiais militares e demais procedimentos extrajudiciais, cujo objeto for a investigação de fatos relacionados ao uso da força letal praticados no exercício profissional, de forma consumada ou tentada, incluindo as situações de legítima defesa, o indiciado poderá constituir defensor.

2. **Direito do investigado**: deverá ser citado da instauração do procedimento investigatório, podendo constituir defensor no prazo de até 48 (quarenta e oito) horas a contar do recebimento da citação. Esgotado o prazo com ausência de nomeação de defensor pelo investigado, a autoridade responsável pela investigação deverá intimar a instituição a que estava vinculado o investigado à época da ocorrência dos fatos, para que essa, no prazo de 48 (quarenta e oito) horas, indique defensor para a representação do investigado.

3. **Efeito extensivo**: tais disposições se aplicam aos servidores militares vinculados às instituições das Forças Armadas, desde que os fatos investigados digam respeito a missões para a garantia da lei e da ordem.

4. Vetos rejeitados: são os artigos que vetados pelo Presidente da República foram derrubados pelo Congresso. Uma vez derrubados, os dispositivos são incluídos na Lei n. 13.964/2019:

a) Homicídio praticado com arma de fogo de uso restrito: art. 121, § 2º, VIII, Código Penal: homicídio qualificado: se o homicídio é cometido: com emprego de arma de fogo de uso restrito ou proibido.

b) Crimes conta a honra praticados pela internet: art. 141, § 2º, Código Penal: se o crime é cometido ou divulgado em quaisquer modalidades das redes sociais da rede mundial de computadores, aplica-se em triplo a pena.

c) Juiz das garantias e audiência por videoconferência: art. 3º-B, § 1º, CPP: o preso em flagrante ou por força de mandado de prisão provisória será encaminhado à presença do juiz de garantias no prazo de 24 (vinte e quatro) horas, momento em que se realizará audiência com a presença do Ministério Público e da Defensoria Pública ou de advogado constituído, vedado o emprego de videoconferência.

d) Defesa para agentes de segurança pública: art. 14-A, §§ 3º, 4º e 5º, Código de Processo Penal e art. 16-A, §§ 3º, 4º e 5º, Decreto-lei n. 1.002/69: acompanhamento das investigações: garantias defensivas especiais para agentes de segurança pública.

e) Extração de DNA: art. 9º-A, *caput* e §§ 5º, 6º e 7º, Lei de Execução Penal: identificação de perfil genético do condenado: o condenado por crime doloso praticado com violência grave contra a pessoa, bem como por crime contra a vida, contra a liberdade sexual ou por crime sexual contra vulnerável, será submetido, obrigatoriamente, à identificação do perfil genético, mediante extração de DNA (ácido desoxirribonucleico), por técnica adequada e indolor, por ocasião do ingresso no estabelecimento prisional. A amostra biológica coletada só poderá ser utilizada para o único e exclusivo fim de permitir a identificação pelo perfil genético, não estando autorizadas as práticas de fenotipagem genética ou de busca familiar. Uma vez identificado o perfil genético, a amostra biológica recolhida deverá ser correta e imediatamente descartada, de maneira a impedir a sua utilização para qualquer outro fim. A coleta da amostra biológica e a elaboração do respectivo laudo serão realizadas por perito oficial.

f) Progressão de regime e bom comportamento: art. 112, § 7º, Lei de Execução Penal: o bom comportamento é readquirido após 1 (um) ano da ocorrência do fato, ou antes, após o cumprimento do requisito temporal exigível para a obtenção do direito.

g) Captação ambiental: art. 8º-A, §§ 2º e 4º, Lei n. 9.296/96: requisitos da captação ambiental de sinais eletromagnéticos, ópticos ou acústicos para investigação ou instrução criminal: (1) autorização do juiz; (2)

requerimento da autoridade policial ou do Ministério Público (deverá descrever circunstanciadamente o local e a forma de instalação do dispositivo de captação ambiental); (3) a prova não puder ser feita por outros meios disponíveis e igualmente eficazes; (4) houver elementos probatórios razoáveis de autoria e participação em infrações criminais cujas penas máximas sejam superiores a quatro anos ou em infrações penais conexas. O prazo da captação ambiental não poderá exceder o prazo de quinze dias, renovável por decisão judicial por iguais períodos, se comprovada a indispensabilidade do meio de prova e quando presente atividade criminal permanente, habitual ou continuada. Aplicam-se subsidiariamente à captação ambiental as regras previstas na legislação específica para a interceptação telefônica e telemática.